QingPu

年鉴2019

QINGPU NIANJIAN

《青浦年鉴》编纂委员会 编

上海文化出版社

图书在版编目(CIP)数据

青浦年鉴．2019／《青浦年鉴》编纂委员会编．
—上海:上海文化出版社,2019．12
ISBN 978-7-5535-1814-5

Ⅰ．①青…　Ⅱ．①青…　Ⅲ．①青浦区—2019—年鉴
Ⅳ．①Z525．13

中国版本图书馆 CIP 数据核字(2019)第228056号

出 版 人:姜逸青

责任编辑:郑　梅

装帧设计:王　茵

书　　名:青浦年鉴(2019)

作　　者:《青浦年鉴》编纂委员会

出　　版:上海世纪出版集团　上海文化出版社

地　　址:上海市绍兴路7号　200020

发　　行:上海文艺出版社发行中心

上海市绍兴路50号　200020　www.ewen.co

印　　刷:上海信老印刷厂

开　　本:889×1194mm　1/16

印　　张:31

印　　次:2019年12月第一版　2019年12月第一次印刷

书　　号:ISBN 978-7-5535-1814-5/Z·035

定　　价:220.00元

告 读 者:如发现本书有质量问题请与印刷厂质量科联系　T:021-39907735

4月2日，中国国际进口博览会参展签约仪式举行 （青浦报社供稿）

10月18日，“对接进博会·汇聚西虹桥”——2018青浦区投资环境推介会举行

（西虹桥公司供稿）

11月，首届中国国际进口博览会主会场 （区重大办供稿）

10月26日，青浦区服务保障进口博览会志愿服务誓师大会举行 （青浦报社供稿）

护航“进博会”相关部门执法人员
（青浦报社供稿）

“进博会”汽车展区内展示的由洛伐克Aero Mobil公司研发的全球首款飞行汽车　（陈松青摄）

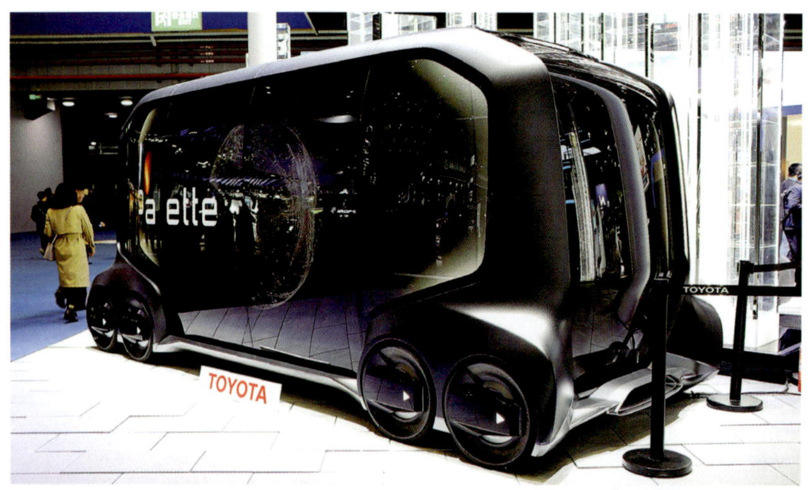

“进博会”汽车展区内某车企展示的无人驾驶概念车　（陈松青摄）

“进博会”现场参观者与仿真五指机械手互动握手　（陈松青摄）

三菱电机研发的MELFA FR系列工业机器人日式扇子舞表演 （陈松青摄）

德国光伏企业AVANCIS公司展出可用作幕墙的发电玻璃 （陈松青摄）

“进博会”国家区埃及馆展品 （陈松青摄）

6月6日，青浦区与江苏省苏州市签订区域联动发展全面战略合作框架协议（青浦报社供稿）

5月23日，青浦区与浙江省嘉兴市签订区域联动发展全面战略合作框架协议（青浦报社供稿）

7月5日，青浦区举行打响“四大品牌”暨服务长三角一体化发展系列活动。图为相关区域内进行的长三角一体化发展战略合作签约仪式

（青浦报社供稿）

4月2日，太湖流域片第四次河长制工作交流会在青浦区召开　　（区水务局供稿）

12月26日，省市断头路复兴路对接曙光路工程正式开工　　（区建交委供稿）

11月，已建设完工的环城水系治理工程淀浦河风光

（区水务局供稿）

12月，南淀浦河两岸环城水系建设现状

（区水务局供稿）

12月，建设中的环城水系二期工程（区水务局供稿）

11月，环城水系二期一标段俯瞰（区重大办供稿）

11月，环城水系二期一标段建设现状（区重大办供稿）

12月，金泽水库生态廊道

4月，淀山湖彩虹桥俯瞰
（区重大办供稿）

（区水务局供稿）

11月，整治后的苏州河四期支流——小涞港 （区重大办供稿）

3月，位于业锦路与嘉松中路交界处的赵巷商业地块超市项目竣工

（淀山湖新城公司供稿）

11月13日，绿地全球商品贸易港开业

（西虹桥公司供稿）

1月，赵巷商业商务区夜景

1月26日，位于赵巷镇汇金路590号的青浦宝龙广场澳门街（一期）开业 （陈松青摄）

（青浦报社供稿）

9月，获亚洲首个LEED认证的轨道交通17号线诸光路站

（青浦报社供稿）

8月28日，青浦区教师进修学院附属中学正式启用
（青浦报社供稿）

11月，已装修完工的御澜湾幼儿园
（区重大办供稿）

6月，建设中的区档案馆新馆 （淀山湖新城公司供稿）

11月，大社区24A-10A养老院竣工　（区重大办供稿）

12月，内部装修中的徐泾镇养护院
（区重大办供稿）

11月，坐落于重固镇的福泉养护院建成进入调试阶段
（青浦报社供稿）

12月，建设中的崧泽高架西延伸段

（区重大办供稿）

12月，基本完工的复兴路北延伸段新改建项目（区重大办供稿）

11月，建设中的嘉松中路改扩建项目（区重大办供稿）

12月，已竣工的青昆路

（区重大办供稿）

11月，基本竣工的盈淀路（区重大办供稿）

1月16日，云轮大数据新建研发总部基地开工仪式举行 （青浦报社供稿）

11月23日，虹桥完美中心动工仪式举行

（西虹桥公司供稿）

7月5日，上海青浦工业园区产业项目集中签约及上海市西软件信息园高质量发展现场会在上海爱仕达汽车零部件有限公司二期扩建项目现场举行

（西虹桥公司供稿）

5月18日，2018年青浦科技节开幕式在朱家角尚都里广场举行

（区科协供稿）

9月13日，“2018中国快递论坛”在青浦区举行

（区经委供稿）

7月27日，青浦区创建全国文明城区全域旅游全民动员启动仪式——旅游行业迎首届进口博览会倒计时100天誓师活动在朱家角镇举行

（区旅游局供稿）

1月16日，德邦物流股份有限公司在上海证券交易所上市 （德邦物流股份有限公司供稿）

4月，社区智慧微菜场（青浦报社供稿）

9月15日，盈创3D打印循环产业博览园落户青浦工业园区 （青浦报社供稿）

10月1—6日，上海旅游节花车在东方绿舟展出　　（区旅游局供稿）

6月29日晚上，2018年上海市民武术节在朱家角镇开幕　　（朱家角镇供稿）

6月5日，2018年青浦区“六五”环境日文艺汇演举行（区生态环境局供稿）

5月3日，江南音乐传承与实践基地在朱家角镇挂牌成立　（朱家角镇供稿）

10月18日，“青龙流觞”文艺盛典暨第六届白鹤沪剧节颁奖仪式举行

（白鹤镇供稿）

恋上  练塘

9月29日，2018年上海练塘茭白节暨古镇旅游文化购物节在练塘镇开幕

（区旅游局供稿）

5月5日，“追艺术之梦，寻时代之魂”——青浦区第十届学生艺术节举行　（青浦报社供稿）

3月4日，“国旗下成长”——上海青少年升国旗暨爱国宣讲主题活动（青浦区专场）在青浦博物馆举行　（团区委供稿）

7月8日，2018年MISA上海国际青少年音乐夏令营入营仪式在东方绿舟举行　（区旅游局供稿）

1月27日，青浦区“放歌淀山湖”青年歌手大赛优秀歌手签约盛典举行　（青浦报社供稿）

4月4日，徐泾艺术团国风街舞《一梦千寻》在第二届“大世界城市舞台中国魅力榜”上海赛区夺冠

（青浦报社供稿）

10月2—6日，“角里记忆·大美课植”传统文化实景演绎周活动在朱家角镇举行　（区旅游局供稿）

4月，“上海杨氏太极拳传承基地”青浦教学点成立

（青浦报社供稿）

3月25日，2018年上海（青浦）市民文化节启动
（青浦报社供稿）

6月22日，第二十八个全国土地日（6月25日）前夕，2018年上海市全国土地日系列活动在练塘镇拉开序幕　（青浦报社供稿）

1月20日，青浦区举办第六届“青角薄稻米”品鉴会
（青浦报社供稿）

2018青浦便览

QINGPU BIANLAN

人口状况

户籍人口数
48.9万人
其中：非农业人口
36.5万人

常住人口数
121.9万人
其中：外来常住人口数
71.3万人

地区生产总值(GDP)

增长**7.4%**

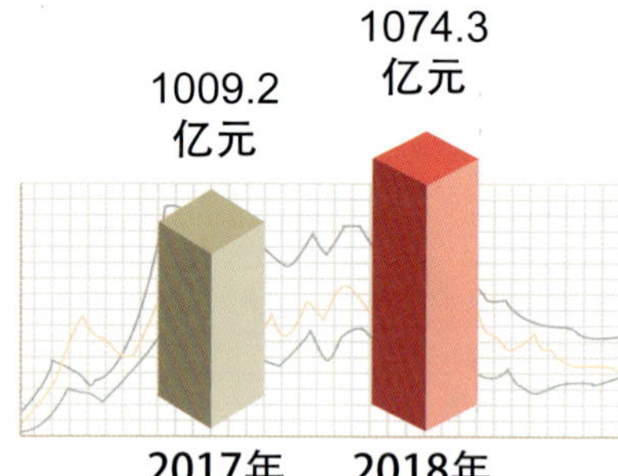

地区生产总值结构

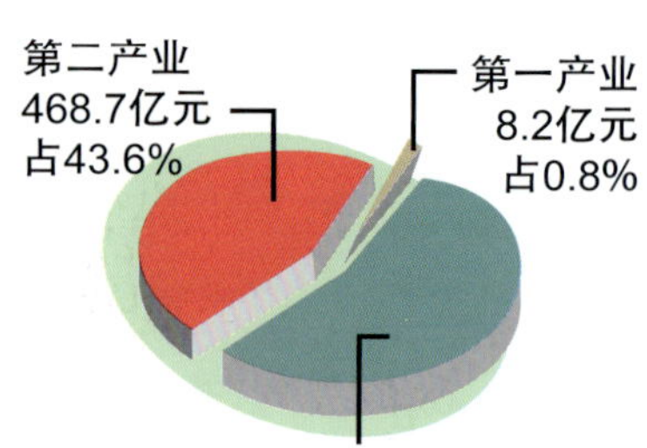

工业总产值

增长**-2.0%**

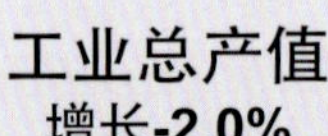

农业总产值

增长**3.8%**

财政收入

增长**10.7%**

合同外资额

增长**11.1%**

社会消费品零售总额

增长**3.0%**

2017年

2018年

全社会固定资产投资总额

增长**12.4%**

2017年 515.7亿元

2018年 579.8亿元

农村居民人均可支配收入

增长**9.3%**

28695元

31364元

2017年 2018年

城镇居民人均可支配收入

增长9.5%

年末城乡居民储蓄余额

增长**9.9%**

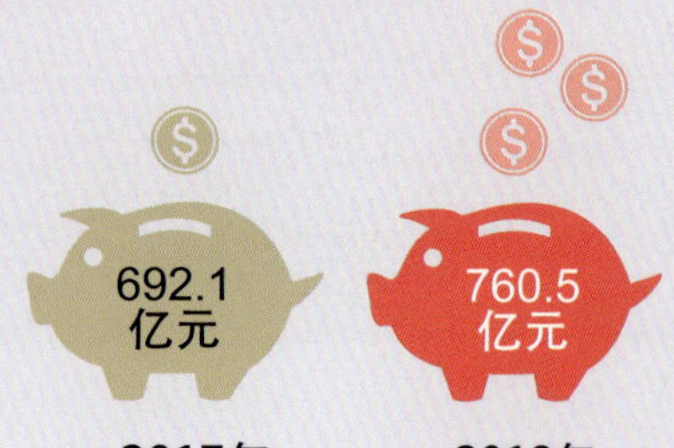

编辑说明

一、《青浦年鉴 2019》是中共上海市青浦区委员会、上海市青浦区人民政府主办的综合性地方文献，记载 2018 年度青浦区自然、政治、经济、文化、社会等方面的情况，为各级党政机关、有关部门和社会各界人士及中外投资者了解青浦提供较全面、系统的信息资料，并为青浦区今后的编史修志工作做好资料积累。

二、《青浦年鉴 2019》以马列主义、毛泽东思想、邓小平理论和"三个代表"重要思想、科学发展观和习近平新时代中国特色社会主义思想为指导，全面、客观地记载 2018 年青浦区贯彻落实中共十九大和习近平总书记上海讲话重要精神，中共上海市委十一届三次、四次全会以及中共青浦区委五届五次、六次全会等精神，围绕"四个全面"战略布局和"五位一体"总体布局，推进实施全面跨越式发展战略，所取得的新成就、新经验及发生的新情况、新问题等。服务现实，借鉴后人。

三、《青浦年鉴 2019》框架主要按类目、分目、条目 3 个层次设计，以条目为主要载体，共收录条目 1291 条（不包括概述性条目）。全书共设 31 个类目，依次为特载、专文、专记、大事记、概貌、中共上海市青浦区委员会、上海市青浦区人民代表大会、上海市青浦区人民政府、政协上海市青浦区委员会、纪检·监察、民主党派·工商联、人民团体·社会团体、法治·武装、农业、工业·建筑业、旅游业、商贸·服务业、民营经济·开发区、金融、综合经济管理、环境·水务、城乡建设与管理、公用事业、住房保障和房屋管理、信息业与信息化建设、教育·科技、文化与广播影视、卫生·体育、社会保障、社会生活和镇·街道。卷首安排反映 2018 年青浦区重大政治、文化、社会活动等照片以及 2018 年青浦主要经济指标示例图及青浦区行政区划图。卷末设荣誉榜、重要文件目录、统计资料和全书索引。

四、《青浦年鉴 2019》所刊数据，除国家统计部门正式公布的外，均由区内各相关单位提供，并经供稿单位领导审核。内容中如有个别数据与统计部门不一致的，应以统计部门正式公布的数据为准。

五、全书中出现的青浦区各相关单位全称，在书中《概貌》类目下《区领导班子成员和区级机构负责人名录》中基本覆盖，且括注简称，在其前后如出现，一般用简称；如无特殊情况，则其对应的上级单位也用简称。全书中专业术语，首次出现时用全称，随文括注简称，此后再出现时一般用简称。

六、《青浦年鉴 2019》收录内容时限为 2018 年 1 月 1 日至 12 月 31 日。个别内容为反映其发生、发展的全过程作适当的上溯或下延。

七、《青浦年鉴 2019》中之"上年"，即为 2017 年；之"年末""至年底"，即为 2018 年年底。

八、《青浦年鉴 2019》中之"市"或有个别特殊地方之"本市"，即指上海市。

《青浦年鉴》编辑部

2019 年 9 月

目　录

上海市青浦区人民代表大会

上海市青浦区人民政府

民主党派·工商联

人民团体·社会团体

法治・武装

农 业

工业·建筑业

民营经济·开发区

金 融

综合经济管理

公用事业

住房保障和房屋管理

信息业与信息化建设

教育·科技

文化与广播影视

卫生·体育

社会保障

社会生活

镇·街道

荣 誉 榜

重要文件目录

统计资料

中共上海市青浦区委员会常务委员会工作报告

中共上海市青浦区委五届七次全会

(2018年12月29日)

中共上海市青浦区委书记 赵惠琴

2018年,区委常委会坚持以习近平新时代中国特色社会主义思想为指导,认真贯彻落实党的十九届二中、三中全会,习近平总书记在进博会开幕式上的主旨演讲和视察上海工作时的重要讲话精神,认真贯彻落实十一届市委四次、五次全会精神,坚持稳中求进总基调,紧紧围绕中国国际进口博览会和长三角一体化发展这两个国家战略,统筹推进"五位一体"(即经济建设、政治建设、文化建设、社会建设、生态文明建设)总体布局,协调推进"四个全面"(即全面建成小康社会、全面深化改革、全面依法治国、全面从严治党)战略布局,全面贯彻落实市委的一系列工作部署,做好生态建设、特色产业、乡村振兴三篇文章,加快树立"上海之门"的城市新形象,推动青浦全面跨越式高质量发展,顺利完成了年度目标任务,全区经济建设、政治建设、文化建设、社会建设、生态文明建设和党的建设取得了新进展。

一年来,在市委的坚强领导下,区委常委会坚持服务国家大局、服务国家战略,切实发挥党的领导核心作用,把方向、谋大局、定政策、促改革,团结带领全区各级党组织和广大干部群众,主动服务国家战略,树立"上海之门"目标,积极谋划长远发展,抢抓机遇、挂图作战、拼搏进取,各级组织狠抓贯彻落实,各级干部展现担当精神,各项工作取得明显成效。尤其是协同推进对内对外两个开放,胜利完成了中央和市委交给我们的两件大事。

第一,全力以赴服务保障"进博会"。区委常委会认为,认真做好首届中国国际进口博览会服务保障工作,是市委交给青浦的重要政治任务,也是青浦实现自身发展的重大机遇。在没有先例可循的情况下,我们积极探索创新制度机制,紧紧团结依靠全区各级领导干部和广大党员群众,打赢了三场攻坚战,圆满完成了服务保障各项工作任务,得到中央、市委充分肯定和社会各界广泛好评。一是打赢了环境配套攻坚战。面对时间紧、任务重、标准高、资金大的种种困难,第一时间成立服务保障进博会前线指挥部,靠前指挥、挂图作战、一线督阵,攻克了资金关、程序关、质量关三大难关,高质量完成66个、总资金50.19亿元的配套建设和整治项目。二是打赢了安全保障攻坚战。面对巨大客流,反复研究、制定和演练安全工作方案,落实分时分段管理,坚持动态车流疏导和静态泊车组织相结合、技防和人防相结合,经受了大客流、大交通、大稳控三大考验,实现会展期间"零上访""零滋扰""零火灾""零事故"。三是打赢了城市管理攻坚战。面对城市管理标准从镇级水平向国际一流水平对标的挑战,探索创新“1+8”(“1”指进博会5.9平方公里核心区,“8”指市场监管、城管、安监、消防、环保、水务、建管、绿容等8个部门)网格化管理、“一级指挥三级响应”应急指挥和领导带班值守、部门联合巡查、快查快处、督查督办等机制,通过工作架构、指挥体系、运行机制三大创新,确保问题发现和处置在第一时点,实现“103060”目标(即简单问题10分钟处置完成,一般问题30分钟处置完成,疑难问题60分钟处置完成)。

第二,主动作为对接落实长三角一体化发展。区委常委会认为,紧紧抓住长三角一体化发展上升为国家战略重大机遇,对于青浦加快打造“上海之门”和实现全面跨越式高质量发展具有全局性、决定性的重大意义。我们坚持以服务国家战略为最大使命,协同推进对内对外两个开放,重点对接落实长三角一体化发展这一国家战略。一是充分认识长三角一体化发展的积极意义。深入学习、准确把握中央指示精神和市委工作要求,统一干部思想,明确长三角一体化发展的本质、模式和影响,坚持以高质量为导向、以一体化为路径、以改革开放为方法,培育发展动能,推进示范建设,提升城市能级。二是主动承接长三角一体化发展的核心功能。坚持站在长三角一体化发展的大局中思考和谋划青浦的发展与定位,主动跨前,加强与国家、上海和联动地区的对接,提出了共建“五个新区”(即长三角国际贸易龙头区、长三角协同创新核心区、长三角乡村振兴先行区、长三角江南文化示范区、长三角社会治理样板区)的战略构想,形成并上报了四个方面26条具体诉求建议,积极承接国际贸易、协同创新、乡村振兴等功能,积极探索更高质量的一体化发展模式。三是积极落实长三角一体化发展的先行任务。积极落实长三角地区主要领导座谈会精神,全面推进“123456”重点工作(“1”指上海市青浦区委、区政府制定出台的《关于青浦区深度融入长三角一体化发展的若干意见》;“2”指上海市青浦区与浙江嘉兴市、江苏省苏州市签署的《区域联动发展全面战略合作框架协议》;“3”指优化营商环境,打响上海服务、上海制造、上海购物、上海文化四大品牌,深度融入长三角一体化发展三位一体协同推进;“4”指推进青浦区、江苏省昆山市、江苏省苏州市吴江区、浙江省嘉兴市嘉善县四地融合联动发展;“5”指四地融合联动发展探索推进五项重点任务;“6”指四地融合联动发展打好六大“组合拳”),联合周边近沪地区共同打好规划契合、设施汇合、产业耦合、功能聚合、治理融合、环保联合“六大组合拳”,加快推进断头路打通等七大领域77项任务。长三角一体化上升为国家战略后,进一步增强使命感和紧迫感,成立贯彻落实习近平总书记上海讲话精神领导小组,重点抓好长三角一体化国家战略在青浦的落实。同时,立足当下、迅速行动,全面开展现状资源排查、管控和空间腾挪等工作,加快推进已批准的重大产业、基础设施和生态治理项目,力争尽快体现显示度。

一年来,我们紧跟全市发展的大局,立足赶超,奋力跨越,出台《中共青浦区委全面深化改革2018年工作要点》,全面推进8大领域25个方面共114项具体改革任务。全面从严治党持续深化,经济增长效益持续向好,城市宜居水平持续提升,门户服务功能持续壮大,社会治理能力持续增强。主要做了以下几方面工作。

一、坚持高质量发展导向,经济增长效益持续向好

区委常委会坚持以创新驱动发展、以改革引领发展,全面加强党对经济工作的领导,建立区委财经领导小组,区四套班子领导带头联系走访服务企业,出台了一系列服务区域经济发展的制度机制,认真贯彻落实市委“四大品牌”(即上海服务、上海制造、上海购物、上海文化四大品牌)等战略部署,积极践行“四个论英雄”(即以亩产论英雄、以效益论英雄、以能耗论英雄、以环境论英雄)、做好“三篇文章”(即生态建设、特色产业、乡村振兴)等要求,按照本区主导产业体系、科创中心布局和平台发展模式,加快推进工作落实,不断优化产业结构、转换增长动力、提升经济密度、提高产出效率,取得积极成效。主要表现为:一是经济增长始终保持前列。研究制定《青浦区经济社会全面跨越式发展战略阶段性总体方案》。地区生产总值保持平稳增长,区级一般公共预算收入预计完成203亿元,增长8%,总量全市第七、增幅第四。全社会固定资产投资预计完成540亿元,位于全市第三;合同外资、实到外资分别完成全年考核指标的129.0%和123.7%。完成“十三五”规划实施情况中期评估,基本实现“时间过半、任务过半”。二是产业结构调整力度持续增强。加快低效产能淘汰,编制“一基地四社区”(“一基地”指青浦工业园区,“四社区”指徐泾工业园区、华新工业园区、朱家角工业园区、练塘工业园区四个产业社区)制造业发展布局规划,104区块完成产业结构调整项目155个,涉及土地85.1公顷;完成集建区外建设用地减量化立项210公顷。深入推进工业领域节能减排,申能青浦热电完成管网切换并正式供热,全区工业燃煤户实现清零。“三大两高一特色”(“三大”指大物流、大会展、大商贸三大现代服务业产业集群,“两高”指高端信息技术和高端智能制造两大智能制造集群,“一特色”指文旅健康产业集群)主导产业发展迅速,实施《青浦区全面落实打响上海“四大品牌”实现跨越式发展的指导意见》,会展服务、快递物流、北斗导航、民用航空四大平台经济得到巩固提升,跨境电商、新能源汽车、智能机器人、医药医械等新兴平台建设成效初显。设立总规模为6亿元的文化发展基金,28个文创项目获市、区两级文创产业发展扶持资金5552万元。招商引资取得丰硕成果,引进网易、安谋中国(ARM)、清华启迪科技、印尼金光集团等一批具有产业带动效应的大项目。“一带三中心”(即轨交17号线沿线软件信息产业发展带和青东、青中、青西科创中心)科创布局扎实推进,华为海思、中核建设、威马汽车等项目顺利落地,与哈工大、上海工程大共建人工智能产业联合研究院。青浦出口加工区整合优化为综合保税区获国务院批复。三是区域营商环境持续优化。推进“放管服”改革,取消、调整行政审批事项33项,初步完成“3515”和“3545”审批改革目标(“3”指企业开办3个工作日;“5”指房地产登记5个工作日出产权证;“15”、“45”指建设工程项目登记,即工业项目15天、小型项目35天、大型项目45天)。全面推进“互联网+政务服务”,建成“一网通办”青浦子门户,个人社区事务实现“全市通办”。四是国资国企改革持续深化。出台《关于青浦区区管国有企业下属公司深化改革实施方案》,全面推进“一园三区”一体化改革,新设北斗导航研发与转化科创平台,完成青浦燃气和上海燃气集团股权合作。完善财政管理制度,深化

"镇财区管"改革,试点镇级财务总监、财政所长委派制度。

二、坚持高品质生活目标,城市宜居水平持续提升

区委常委会坚持以人民为中心的发展思想,扎实做好各项民生实事,确保改革发展成果与人民群众共建共享、渐进渐享,公共服务品质和社会保障水平实现稳步提升。主要表现为:一是民生保障进一步加强。城乡居民人均可支配收入达47300元,同上年比增长9.4%,增幅高于全市平均水平,继续领先经济增长。实施新一轮社会事业三年行动计划,持续深化教育综合改革,宋庆龄学校高中部、青浦世外学校初中部、青浦平和双语学校如期开学,兰生复旦青浦分校正式签约,协和双语学校加快建设计划2019年9月招生。深化公立医院改革,有序推进分级诊疗和延伸处方下沉工作,加快引进复旦大学附属妇产科医院青浦分院、瑞金医院门诊部、市儿童医院青浦分院等优质医疗资源。继续做好就业、养老、助残、困难救助等各项工作,新增就业岗位19921个;新增养老床位1100张,长护险试点惠及群众53.3万人次;救助城乡低保、重残无业对象9.6万人。不断完善"四位一体"[即廉租住房、共有产权保障住房(经济适用住房)、公共租赁住房、征收安置住房(动迁安置房)保障体系]住房保障体系,竣工动迁安置房12.3万平方米,完成旧住房综合改造12875户、80.7万平方米。坚决落实打好扶贫攻坚战要求,继续做好对云南省德宏州、青海省果洛州的对口支援工作。二是乡村振兴力度不断加大。认真做好市委、市政府乡村振兴现场推进会服务保障工作,设立区实施乡村振兴战略工作领导小组,出台乡村振兴战略实施意见,拟定三年行动计划。深入推进农业供给侧结构性改革,与光明集团开展全面战略合作,探索混合所有制发展模式,初步打响"蛙稻米"等一批优质农产品品牌。全面完成镇级产权制度改革,形成一批集体经济"造血"项目,"百村基金"村级集体经济意向参投3.46亿元。三是生态宜居水平不断提升。实施国家生态文明建设示范区规划,启动青松生态走廊建设,森林覆盖率(陆域)达16.8%。深入推进"无违建先进居村""无违建先进街镇"创建并取得积极成效,重固累积实现腾地113.33公顷,白鹤镇吴淞江两岸及生态整治等重点工作有序推进。全面做实河长制,在全市率先成立区级河湖管理事务中心。深入推进水污染防治行动计划,启动苏州河四期支流水环境综合整治工作,2个国考断面和14个市考断面达标。实施新一轮清洁空气行动计划,实施"进博会"空气质量保障和重污染天气应急管控。全区环境空气质量指数(AQI)优良率72.5%,比上年提高3.6个百分点,PM2.5平均浓度41微克/立方米、下降10.9%。落实土壤污染防治行动计划和工作方案,完成重点行业企业用地调查,加强建设用地储备、出让、收回、续期等环节管理。持续落实中央、市环保督察及各类环保专项审计、督察反馈问题整改,建立区环保督察制度。

三、坚持高能级城市定位,门户服务功能持续壮大

区委常委会坚持服务大局、追求卓越,积极对接长三角一体化发展和《上海市城市总体规划(2017—2035年)》,持续深化"一城两翼"战略布局,加快树立"上海之门"城市新形象,在服务全市、服务长三角、服务全国过程中,增强自我服务能力和近沪服务能力,"双城"(即上海对外服务的门户城市和长三角一体化发展的示范城市)门户功能进一步夯实,生态宜居水平持续提升。主要表现为:一是西虹桥中央商务区形象加快显现。区域规划体系进一步完善,《青浦区总体规划暨土地利用总体规划(2017—2035)》、徐泾新市镇总体规划上报审批,赵巷、重固总体规划初步方案基本完成。重大功能性基础设施建设取得阶段性成果,S26入城段以及汇龙路、华志路等一批区区对接道路建成通车,崧泽高架西延伸工程主线高架桩基全面施工。"进博会"带动发展效应初步显现,服务保障"进博会"配套建设和整治任务高标准完成,东浩兰生"一带一路"进口商品展销中心、绿地全球商品贸易港等一批"6+365"常年展示交易平台(即根据《中国国际进口博览会实施方案》,由市政府负责建设,推进"进博会""6天+365天"专业服务的运作模式,实现"参展一周、服务一年")上线运营。赵巷商业商务区漕河泾项目一期开工建设,市西软件信息园控规完成公示。二是新城城市功能不断完善。功能性配套设施加快建设,区体育文化活动中心、区档案馆新建、青浦图书馆扩容等项目加快推进。重大基础设施建设有序推进,环城水系公园二期工程建设加速推进;青浦大道项目启动施工招标工作。三是区域联动效应有效提升。加大区域资源整合力度,实施《关于促进镇企联动打响"四大品牌"推动高质量发展的实施方案》,编制环淀山湖存量资源管控和盘活利用实施方案,全面推进二级水源保护区内工业企业清拆,区域内资金、土地等资源利用效率持续提升。加强文化发展顶层设计,落实文化发展三年行动计划,区域内"一廊一轴三区"("一廊"指"上海之源"古文化走廊,"一轴"指轨道交通17号线文化发展轴,"三区"指青东海派时尚文化集聚区、新城都市文化功能核心区、青西滨湖文旅休闲集聚区)文化联动发展格局加快形成,一批市、区重点文化项目加速落地,徐泾虹馆演艺中心、世界你好美术馆和手工艺博览园等崛起成为具有一定影响力的文化新地标。突出重大项目带动作用,朱家角"文创+基金"特色小镇建设有序推进,上海股权交易中心青浦中心顺利落户;金泽镇华为研发基地和人才公寓项目基本完成征收补偿工作。朱家角、金泽、练塘等青西三镇新市镇总体规划获市政府批准。

四、坚持高效能管理创新,社会治理能力持续增强

区委常委会持续深化创新社会治理加强基层建设工作,积极推进机制创新、加强功能整合,党建引领下的自治、共治、德治、法治一体的基层治理格局进一步完善。主要表现为:一是基层治理格局进一步完善。圆满完成村居"两委"(即村委会、居委会)换届选举,党员和群众意见与组织意图实现高度一致。"一站两中心"(党建服务站+综合治理中心+综合服务中心)建设实现全覆盖,村居干部基本实现下楼集中办公,直面群众受理和解决问题。启动推进基层党建网格、城市管理网格和综合治理网格"三网融合"。二是党领导下的自治共治进一步强化。持续深化社会治理创新,发挥基层党组织在基层社会治理中的领导核心作用,健全完善街道社区委员会和社区代表会议制度。开展"上善家园"试点,推进110家"客堂间"建设。大力推进社会组织培育发展,孵化培育本土社会组织30余家,开展社区公益活动千余场。深入推进群团改革,圆满完成群团组织换届任务,支持各群团组织发挥在基层治理中发挥作用。三是城市管理精细化标准进一步提升。积极开展全国文明城区创建(以下简称创全)，制定实施"创全"三年行动计划和工作方案，完成首次年度测评。加快实施加强城市管理精细化工作三年行动计划，美丽街区、美丽家园等创建工作有序推进。加快推进智慧城市建设和数字化、网络化、智能化"三化融合"，深化"雪亮工程""智慧公安"建设，完成青浦区"十三五"规划城市图像监控系统建设，全区智能监控点位增至2.2万个，建成"智慧安防社区"539个。积极推进垃圾综合治理。加强"12345"市民服务热线、网格化管理与大调研事项办理协调联动，强化网格督查，不断提高网格案件发现质量，市级先行发现率考核位于郊区前列。四是社会安全稳定大局进一步巩固。围绕服务保障进博会，全面加强社会面安全防控，织密"进博会"安全防控网络；全面加强正面舆论引导，举办新闻发布会3次，中央、市级媒体发布报道900余篇，动员文明志愿者3000余名；全面加强团结凝聚，做好民族宗教和港、澳、侨台等各方面统战工作。有序推进群众信访事项依法分类处理，加强矛盾纠纷多元化解机制建设，一大批信访矛盾得到及时有效化解。实有人口登记率达到95.7%。加大破案打击和扫黑除恶力度，全区报警类"110"接报数、违法犯罪案件接报数分别下降17.1%和21.3%。加强新设金融投资类企业准入审核，严厉打击"套路贷"、非法集资等违法犯罪行为。五是依法治区工作进一步深入。全面建立区委区政府法律顾问制度，各街镇(即街道、镇的简称)、各村居的法律顾问签约率达到100%。以学习宣传宪法为重点，扎实开展"七五"普法工作。

五、坚持高标准责任协同，全面从严治党持续深化

区委常委会坚持以党的政治建设为统领，充分发挥总揽全局、协调各方的作用，全面领导本地区经济建设、政治建设、文化建设、社会建设、生态文明建设和全面负责本地区党的建设，健全完善有关议事决策规则及请示汇报制度，着力把全面从严治党各项措施落到实处，不断夯实党的执政基础，在实战中培养锻炼了一支高素质干部队伍，在全区营造了担当作为、团结奋进的良好氛围。主要表现为：一是强化全面从严治党的统筹深化。成立全面从严治党工作领导小组，把全面从严治党纳入经常化管理框架，加强对党的各项建设的工作统筹和党委领导下全区重点工作的统筹。始终把政治学习放在重要位置，深入开展"不忘初心、牢记使命，贯彻落实党的十九大精神"学习实践活动，区委常委会扩大会议带头学习中央市委重要文件、会议、讲话精神，并要求各级党委、党组建立经常性政治学习制度。定期听取人大、政府、政协、"两院"(即法院、检察院)、群团等各党组和各党委工作部门汇报，支持人大、政协、统战等各方面代表围绕中心工作积极建言献策，在服务保障进博会等重点工作中全面动员四套班子领导和群团组织、民主党派等参与，营造了良好的干事创业氛围。按照中央、市委的统一部署，有序推进机构改革。深入推进司法改革。全面完成国家监察体制改革试点任务。积极推进党支部规范化建设，全面深化城市基层党建，开展"上善先锋行·护航进博会"等区域化党建活动，有力凸显党组织战斗堡垒作用和党员先锋模范作用。推进全国双拥模范城区创建工作。做好老干部、档案、保密、史志等各方面工作。二是强化管党治党的责任协同。制定区委推进全面从严治党健全"四责协同"(即党委主体责任、纪委监督责任、党委书记第一责任、班子成员一岗双责)实施意见和6个配套制度，形成"1+6"管党治党制度体系，构建知责、履责、督责、述责和问责"五责闭环"联动体系。持续开展领导带队"三个责任制"检查和述职评议、考核常态化工作机制，把落实"两个维护"作为重点监督检查内容，压紧压实管党治党政治责任。深入开展网格化党建，统筹推进机关、国企、"两新组织"(指新经济组织和新社会组织)等重点领域党建工作。加强意识形态责任落实，组织开展全区领导干部中心组学习13次，开展"习近平新时代中国特色社会主义思想进基层"等主题宣讲活动400余场次。认真做好市委巡视整改，建立健全长效制度，尤其在工程建设领域，结合落实本区政府性投资项目管理办法，各类不规范现象得到明显遏制。加强对党的十九大精神和党章党规执行情况的监督检查，今年以来，共受理违反中央八项规定精神问题件38件，党政纪立案52人次。三是强化干部担当作为的正向激励。贯彻落实中央、市委关于进一步激励广大干部新时代新担当新作为的相关意见，制定出台干事创业容错免责办法，进一步强化实干导向和正向激励，干部的发展信心和精神面貌更为振奋。深入开展大调研工作，提高广大干部发现问题、分析问题、解决问题的能力，累计走访农户6.4万户、居民11万户、企业11.2万家，收集问题2.2万个，解决率95.4%，收集建议2772条。编制新一轮干部教育培训规划，大力推进高素质专业化干部队伍建设。认真完成年轻干部调研，摸清干部底数，试点推出区级机关储备干部招聘。

以上这些工作的开展和成绩的取得，是我们严格贯彻落实习近平新时代中国特色社会主义思想的结果，是我们严格贯彻落实市委、市政府重大战略部署和得到市委、市政府大力支持的结果，是区四套班子团结协作、全区干部奋力拼搏、广大群众共同奋战的结果，同时也凝结着各位区委委员、候补委员的智慧和辛劳。

在总结工作的同时，我们也清醒看到，对照更高要求，还存在困难和问题。主要是：新形势下主动对接服务国家战略的能力和水平还需要进一步提升，新定位下全面提升城市能级和核心竞争力的布局还需要进一步深化，新要求下创新深化社会治理的力度和格局还需要进一步加强。对于这些问题，我们将准确认识发展新形势，牢牢把握发展新内涵，把产生问题的症结找准，把解决问题的办法想好，理清思路、扭住关键、精准发力，一件一件抓落实、促解决，努力开创青浦发展的新局面。

上海市青浦区人民代表大会常务委员会工作报告

上海市青浦区第五届人民代表大会第三次会议

（2018 年 1 月 18 日）

上海市青浦区人大常委会主任　朱明福

各位代表：

我受青浦区第五届人民代表大会常务委员会的委托，向大会报告工作，请予审议，并请列席会议的同志提出意见。

一、2017 年工作回顾

2017 年是本届区人大常委会（以下简称“常委会”）依法履职的第一年，正逢党的十九大胜利召开。面对新形势、新任务、新要求，常委会认真学习贯彻党的十九大和习近平总书记系列重要讲话精神，以及市第十一次党代会、区第五次党代会、五届区委四次全会精神，以邓小平理论、“三个代表”重要思想、科学发展观、习近平新时代中国特色社会主义思想为指导，在中共青浦区委的坚强领导下，紧紧围绕全区中心工作，切实履行宪法法律赋予的职责，努力推进青浦全面跨越式发展和社会主义民主政治建设。

一年来，召开常委会会议 8 次，审议“一府两院”专项工作报告 13 项，计划、预决算和审计工作报告 5 项，对 2 部法规实施情况进行了执法检查，对 2 部法规实施情况进行了执法调研，对 4 名区政府组成部门主要负责人履职情况进行了评议，对区政府 3 件规范性文件开展了合法性审查；召开常委会主任会议 19 次，主任会议成员集体调研“一府两院”有关工作 19 项，组织代表听取“一府两院”有关工作报告 12 项；依法就有关区本级财政决算、预算调整和召开区五届人大二次、三次会议等重大事项作出决议、决定 4 项。

（一）围绕全区中心大局，积极推进全面跨越式发展

常委会始终围绕中心、服务大局，聚焦全面跨越式发展战略，加强对改革创新、环境治理等全区重点工作的监督，有力发挥了支持保障作用。

*开展助推跨越式发展主题活动。*实施跨越式发展是五届区委四次全会作出的重大决策。常委会迅速跟进、积极贯彻，组织开展了助推跨越式发展系列主题活动，举办了区人大代表、常委会组成人员 2 个层面的学习报告会，和常委会党组、区人大代表、区人大机关干部 3 个层面的学习讨论会。全体区人大代表和区镇、街道人大干部积极参与，围绕区委书记赵惠琴所作的《面向未来、砥砺奋进，全面推动青浦实现跨越式发展》的主题报告，畅谈学习认识、深入领会内涵、积极提出建议，进一步增强了宣传贯彻、助推落实跨越式发展的使命和决心。常委会组成人员专题听取区发改委关于全面实施跨越式发展战略总体方案的制定情况，提出完善方案的具体建议。及时收集汇总主题活动开展情况，由常委会党组向区委上报了《关于区人大助推实现跨越式发展学习讨论情况的报告》，主动为全面跨越式发展凝心聚力，营造良好氛围。

*推进创新驱动、转型发展。*经济持续健康发展关系全区改革发展大局。常委会关注动能转换，组织区人大代表认真评议区政府工作，建议区政府在着力促进产业发展、加大招商统筹力度、大力发展实体经济等方面进一步采取有效举措，推动经济动能转换和提质增效。区政府认真办理代表建议，明确以着力打造“三大两高一特色”主导产业体系、“一带三中心”创新发展区域等为重点，为全面推动跨越式发展积蓄新动能。关注深化改革，聚焦国资国企改革、供给侧结构性改革、行政审批制度改革、营改增实施、农业服务体系建设等重点，开展专项监督和集体调研，支持区政府针对改革深层次矛盾和问题，以更大勇气和决心进一步落实改革举措，着力以改革促发展。关注创新转型，围绕城乡规划、工业区土地二次开发、人才强区战略、科创中心（众创空间）建设、PPP 项目建设管理等工作，通过专题听取报告、监督调研、实地视察等方式，建议区政府坚持规划引领，进一步提升土地利用效能，大力集聚优质项目和人才资源，加强项目监管和服务，推动大众创业、万众创新。关注财经管理，开展对 2016 年财政决算（草案）和 2016 年本级预算执行及其他财政收支审计、审计中发现问题整改、2017 年计划和预算执行、2018 年计划和预算草案等情况的监督检查，审查批准 2016 年本级决算，要求区政府完善计划和预算科学编制、有效执行，加

强审计成果运用和审计发现问题的整改落实;加强产业政策落地生效,发挥积极财政政策的促进作用。

*推进区域生态环境综合治理。*生态环境综合治理是全区上下合力攻坚的一场硬仗。常委会发挥履职监督作用,深入代表和群众,开展宣传动员、收集意见建议,由常委会党组向区委上报了《关于基层区人大代表建言生态环境综合治理、中小河道整治和人口管理服务工作的报告》,指出了"五违四必"(五违"指违法用地、违法建筑、违法经营、违法排污和违法居住;"四必"指安全隐患必须消除,违法建筑必须拆除,脏乱差现象必须改变,违法经营必须取缔)综合整治中一些不容忽视的问题,得到了区委主要领导的批示肯定。找准监督切入点,听取审议区政府关于本区生态环境综合治理、中小河道整治和黑臭河道治理等情况的报告,在充分肯定治理成效的同时,从坚持依法行政、加强宣传引导、强化系统治理、注重民生需求等方面提出建议。专题听取区政府关于2016年环境状况及环境保护目标完成、"农林水"三年行动计划等情况的报告,监督调研水源保护、环城河水系治理、美丽乡村建设等工作,督促区政府严格落实中央环保督察整改要求,着力整改突出环境问题,推动生态优势切实转化为发展优势。常委会有关工作委员会还通过与市人大联动开展《上海市环境保护条例》执法调研、开展新农村建设专项监督等工作,促进城乡环境不断改善。

(二)围绕人民群众关切,积极推进社会民生改善

常委会坚持以人民为中心的发展思想,关注人民群众最关心最直接最现实的利益问题,加强监督检查,努力增强人民群众的获得感、幸福感、安全感。

*加强对社会事业和民生保障工作的监督。*社会民生关系群众根本利益。常委会持续关注社会事业发展,通过监督调研新一轮社会事业设施建设三年行动计划编制、高考改革、社区居家养老、全民健身运动开展等情况,督促区政府及相关部门坚持目标和需求导向,科学规划布局、加大投入力度,积极补齐民生短板。专项监督2016年度文化影视经费使用管理情况,针对公共文化设施配置、文化资源保护等问题,提出进一步加强项目统筹管理、落实文化设施建设规划、加强文化资源保护与发展等建议。持续关注民生实事项目建设,专题听取区政府关于2017年政府性投资项目和重点工程项目推进、实事工程建设等情况的报告,对其中31个项目进行跟踪监督,督促区政府及相关部门优化项目前期论证、细化专项管理、强化事中事后监管,推动项目整体进度有了大幅提升。持续关注部分农民居住困难等问题,通过监督调研,建议区政府加快规划编制落地,完善农民建房政策,稳妥推进试点工作。常委会有关工作委员会还对公立医院综合改革、文化资源保护传承、文化执法以及对台工作、宗教场所管理、回民公墓(二期)运行等工作开展了督查和调研。

*加强对事关群众切身利益法律法规实施情况的监督。*食品安全、道路交通一直是群众关注的热点问题。常委会开展对《上海市食品安全条例》实施情况的执法检查,以办理有关食品安全代表议案为切入点,专门成立5个小组,由常委会主任、副主任带队,围绕落实政府监管责任和企业主体责任、行刑衔接和群防共治、整治无证无照经营、食用农产品安全监管等开展重点检查,促进区政府及相关部门严格落实监管措施和责任,加大执法监管力度,进一步提高全区食品安全监管水平。以检查《上海市道路交通管理条例》贯彻实施为切入点,结合常委会主任会议成员集体调研城区交通"排堵保畅"三年行动计划实施情况,聚焦普法宣传、多部门联动机制建立、规范执法、优化交通组织等环节,督促区政府加快推进规划编制和实施,加强"智慧交通"建设和精细化管理,坚持处罚和教育相结合,进一步提升全区道路交通管理水平。配合市人大开展《上海市消费者权益保护条例》实施情况的联动检查和调研,切实保护消费者权益。区人大有关专门委员会、常委会有关工作委员会还对本区贯彻实施《反家庭暴力法》《上海市华侨权益保护条例》情况开展了监督调研,有效维护了各类群体的合法权益。

*加强对基层社会治理工作的监督。*基层社会治理与群众生活密切相关。常委会监督调研基层社工队伍建设,针对社工队伍工作积极性等问题,提出要进一步完善考核培训、薪酬待遇等政策措施,促进社工队伍规范化、专业化、职业化发展。监督调研"行刑衔接"工作,针对存在的思想认识、工作机制等问题,从建立健全信息共享、工作联动、考核监督机制等方面提出对策建议,促进基层社会治理法治化。组织代表听取加强社会治理构建多元化矛盾纠纷化解机制、居民小区物业管理和综合治理等情况报告,围绕构建调解网络体系、优化资源整合、健全考评机制、加强诉调对接保障和小区物业管理、综合治理中群众关注的停车难、管理难等突出问题,提出了针对性建议。

*加强对司法机关公正司法的监督。*司法公正事关群众切身利益和社会公平正义。常委会关注未成年人健康成长,听取审议区检察院关于未成年人刑事检察工作的报告,区分不同职能,分别对区政府、区检察院提出完善工作机制、加强未成年人犯罪预防体系建设等建议。区政府、区检察院认真落实,进一步强化协作配合,加强工作合力,加大普法宣传教育力度,确定在中山医院青浦分院开通"未成年被害人医疗就诊绿色通道"。关注民事执行,跟踪监督区法院民事执行情况,督促区法院围绕实现"基本解决执行难"目标,进一步完善执行难综合治理格局,加强宣传和信息公开,加大攻坚力度,提升工作实效。关注公益诉讼工作,常委会主任会议专题听取区检察院工作报告,提出健全工作机制、加大宣传力度、提升办案能力等建议。此外,组织代表专题听取区法院、区检察院半年度工作情况,代表们结合群众关注的热点问题与"两院"负责人面对面交流,提出了进一步加强和改进"两院"工作的建议。区人大有关专门委员会还对区检察院民事行政检察等工作开展监督调研,为改进工作建言献策。

(三)围绕代表依法履职,积极推进代表主体作用发挥

常委会把充分发挥代表主体作用作为提升履职实效的重要支撑,进一步完善代表工作格局,把扩大代表参与、发挥代表作用贯穿于人大各项工作,不断夯实履职的民意基础。

*着力开展联系走访活动。*密切常委会组成人员与代表的联系,围绕"创建全国文明城区"和区域生态环境综合治

理、中小河道综合整治、食品安全监管、道路交通综合治理等重点工作,开展常委会组成人员分组走访代表活动,认真收集意见建议,全年走访代表252人次。健全代表与选民、群众的联系网络,为每名区人大代表在原选区落实20人左右的选民联络员,经常性开展联系活动,注重收集、汇总群众的意见诉求,加强意见诉求的处理反馈。组织开展2次市、区人大代表进社区集中联系人民群众活动,331人次的市、区人大代表分赴126个社区联系点,共收集对"一府两院"工作、食品安全法律法规实施、生活垃圾分类减量立法等有关建议572条。

*着力督办代表议案和代表建议。*围绕区五届人大一次会议主席团交付审议的《关于建议区人大持续跟踪监督推进本区食品安全工作的议案》,常委会在深入调研基础上,审议通过代表议案审议结果的报告。在听取审议区政府办理代表议案审议结果报告的同时,结合专题询问,指出了食品安全源头控制、农业投入品监管、农产品检测、菜市场管理、无证无照经营整治、食品安全共治等工作中存在的问题,提出了改进建议。区政府及相关部门认真落实,加强源头治理,加大执法力度,推动群防共治,努力建设市民满意的食品安全城区。进一步加强代表建议督办工作,在监督调研基础上,听取审议"一府两院"代表建议办理情况的报告,强化常委会主任、副主任领衔督办,专门委员会和工作委员会分类督办,代表工作室综合督办的机制,办理质量和实效有了明显提升。区五届人大一次会议以来代表共提出115件建议,目前解决采纳的74件,占64.35%;计划解决的11件,占9.56%;留作参考的30件,占26.09%。

*着力提升代表履职能力。*加强代表履职学习,组织437人次代表参加常委会举办的形势报告会、法制讲座和专题学习班,保障代表履职需求。年中,组织246人次代表赴11个点开展集中视察,了解轨道交通17号线、淀山湖防洪大堤、东航技术应用研发中心、世界外国语学校等项目建设情况,了解全区经济社会发展和司法工作,保障代表知情知政。增加基层人大代表列席常委会会议的人数,全年有123名代表列席常委会会议、762人次代表参与常委会监督调研、执法检查等活动。广大代表广泛参与常委会工作,为常委会工作增添了活力。

*着力健全代表工作制度。*为适应人大工作新形势、新任务的要求,区五届人大二次会议表决通过了《青浦区人民代表大会关于代表议案的规定》和《青浦区人民代表大会关于代表建议、批评和意见的规定》,为进一步加强代表议案、代表建议办理工作提供了制度保障。制定《关于加强镇、街道人大代表工作室和社区人大代表工作站规范化建设的实施意见(试行)》,目前全区已建立11个人大代表工作室、60个人大代表工作站,部分街镇还建立了人大代表联系点,进一步延伸拓展了代表履职平台。制定《关于组建代表专业小组和开展活动的办法(试行)》,组建法制和内务司法、财经和预算、教科文卫和侨民宗、城建环保和农业农村等4个专业代表小组,充分发挥代表专业背景和特长作用。制定下发《关于区人大代表小组活动经费使用管理事项的通知》,规范代表履职费使用管理。

(四)围绕与时俱进要求,积极推进常委会自身建设

常委会着眼推动人大工作与时俱进,认真学习贯彻党的十九大关于"使各级人大及其常委会成为全面担负起宪法法律赋予的各项职责的工作机关,成为同人民群众保持密切联系的代表机关"的新要求,积极推进"两学一做"学习教育常态化、制度化,不断提升依法履职能力和水平。

*注重加强学习。*围绕学习贯彻党的十九大精神,通过常委会党组专题学习讨论、邀请党的十九大代表作辅导报告、区人大年度务虚会等形式,深入学习领会习近平新时代中国特色社会主义思想的丰富内涵和精神实质,切实增强政治意识、大局意识、核心意识、看齐意识。围绕学习贯彻五届区委四次全会精神,通过开展多层面的专题学习和讨论,深刻把握跨越式发展战略的核心要义,提升助推跨越式发展的思想认识和行动自觉。围绕加强新形势下人大工作能力建设,通过邀请全国人大代表、有关专家作专题报告、法制讲座和现场教学等形式,加强对法律法规、人大工作形势与任务、人大工作职责、履职能力建设、人大预算监督等知识的学习研讨,努力提高常委会组成人员、人大代表和机关干部运用法治思维和法治方式,把握大局、依法履职的能力水平,增强人大的制度自信、人大的岗位自信、人大代表的价值自信。

*注重改进作风。*一是压实工作任务。探索实行区人大常委会年度工作目标管理,将人大工作细化成70项具体任务,落实牵头领导、责任委室和配合部门,做到任务明确、责任明确、节点明确,有效保障常委会工作顺利推进。二是抓好基层服务。认真落实组团式联系服务群众、企业活动,注重下基层、访企业、问群众的实效。召开3次街镇人大工作例会,改进会议形式,面上交流与点上视察相结合,提升会议实效。三是强化人大宣传。制作常委会履职专题片,加强人大宣传载体建设,丰富宣传内容和手段,增强人大工作影响力。四是加强廉洁自律。强化常委会班子成员和全体机关干部的廉洁从政意识,筑牢反腐倡廉思想防线。认真落实15个党风廉政责任项目,形成了一批阶段性成果。

*注重完善制度。*一是健全联系制度。建立常委会主任、副主任分工AB角制度和常委会主任、副主任联系非驻会委员制度。区人大有关专门委员会、常委会有关工作委员会制定《关于监督工作要求》《关于在监督"两院"工作中有关纪律的规定》《关于加强联系监督工作的试行办法》等制度,规范工作程序。二是加强内部管理。制定区人大及其常委会各委室外出考察、常委会机关财务管理办法、关于各类假期以及请假制度的管理规定(试行)等制度。三是强化信访工作。深化与"一府两院"定期信访沟通机制。全年共受理信访124件(批)505人次。

常委会认真筹备召开区五届人大二次会议,顺利选举出35名由本区产生的新一届市人大代表。坚持党管干部和人大依法行使人事任免权的有机统一,依法任免本区国家机关工作人员155人次、区法院人民陪审员14人次,组织任命的新一届区人大常委会代表资格审查委员会和各工作机构、办事机构组成人员、新一届区政府组成人员在常委会会议上集中进行宪法宣誓。召开常委会党组与“一府两院”党组联席会议，就年度工作安排等重要事项进行沟通联系。认真做好市十四届人大五次会议青浦代表团、市人大青浦小组代表闭会期间的服务工作。

一年来，常委会按照“微创新、再提炼”的要求，着力推动人大工作与时俱进。一是进一步担当好党委制定重大决策过程中社情民意的收集者。围绕跨越式发展、区域生态环境综合治理、代表进社区联系人民群众等重点工作，认真倾听民意、凝聚民智，汇总形成了4份专题报告，为区委决策部署提供参考。二是进一步探索好对常委会任命人员履职情况的监督。年内，听取区司法局局长、统计局局长、科委主任、规土局局长等4名区政府组成部门主要负责人履职情况的报告并开展满意度测评。三是进一步开展好常委会主任会议成员监督调研。调研前充分“预调研”，调研后注重反馈调研建议。四是进一步完善好预算监督。要求审计部门首次以表格形式分类反映部门预算单位存在的问题，加强新一轮预算审查咨询专家聘任管理，有关工作委员会每季度开展对政府全口径预算收支执行等情况的跟踪监督。

各位代表，常委会工作取得的成绩，是中共青浦区委正确领导的结果，是全体区人大代表、常委会组成人员、区人大专门委员会、常委会工作委员会、街道人大工委组成人员和常委会机关全体干部积极履职的结果，是区人民政府、区人民法院、区人民检察院和各镇人大协同配合的结果，也是全区人民及社会各界大力支持的结果。在此，我代表区人大常委会向大家表示衷心的感谢！

我们也清醒地看到，区人大及其常委会同成为全面担负起宪法法律赋予各项职责的工作机关、成为同人民群众保持密切联系的代表机关的新要求还有距离，主要表现在：人大干部的能力水平与推进青浦全面跨越式发展的新任务还有差距；监督工作还存在重程序的现象，监督实效有待进一步增强；部分代表参与人大工作的广度和深度还不够，履职意识和能力有待进一步提高；代表履职阵地建设还不够完善，运行机制、活动内容等有待进一步完善，等等。对于这些问题，我们将高度重视、认真研究，努力加以改进。

二、2018年主要工作

各位代表，2018年是贯彻落实党的十九大精神的开局之年，是决胜全面建成小康社会、实施“十三五”规划承上启下的关键一年，也是青浦实施全面跨越式发展战略的落实年。常委会要贯彻落实党的十九大精神和十一届市委三次全会、五届区委五次全会精神，以习近平新时代中国特色社会主义思想为指导，坚持党的领导、人民当家做主、依法治国有机统一，在中共青浦区委的坚强领导下，坚持围绕中心、服务大局、履职为民，全面担负起宪法法律赋予的各项职责的工作机关、同人民群众保持密切联系的代表机关的职责，充分发挥地方国家权力机关作用，为全面推进青浦跨越式发展作出区人大新的贡献。

（一）以党的十九大精神为引领，坚定人大工作正确政治方向

一要以习近平新时代中国特色社会主义思想为指导，继续组织常委会组成人员、人大代表和机关干部深入学习贯彻党的十九大精神，切实把思想和行动统一到党的十九大精神上来，自觉运用新思想、新理念、新论断武装头脑、指导实践、推动工作，坚定道路自信、理论自信、制度自信、文化自信，增强政治意识、大局意识、核心意识、看齐意识。二要充分发挥常委会党组的领导核心作用，始终把坚持党的领导贯穿于人大工作各方面、全过程，自觉做到与区委政治上同向、思想上同心、行动上同步，保证党的路线方针政策和各项主张在人大工作中得到坚决的贯彻落实。三要自觉围绕区委的决策部署履行职责，更好地担当起党的主张变成国家意志的保障者、党的主张成为全民行动的推动者、党委制定重大决策过程中社情民意的收集者、深入推进全面从严治党的先行者，坚持重大问题、重要事项及时由常委会党组向区委请示报告，始终保持人大工作正确的政治方向。

（二）以推进全面跨越式发展为主线，有效履行法定职能

一要紧紧围绕加快建设上海对外服务的门户城市和跨越式发展的重点工作，关注人民群众日益增长的美好生活需要与不平衡、不充分发展之间的矛盾问题，积极履行监督职能。聚焦高质量发展，监督调研区域营商环境优化、市西软件信息园建设等工作，专题听取区政府关于“三大两高一特色”主导产业体系建设情况的报告，听取审议区政府关于“十三五”规划实施情况中期评估的报告，跟踪督察国资国企改革等情况，促进提升全区经济创新力和竞争力。加强对计划、预算执行、审计工作及审计整改等情况的监督检查，监督调研本区预算公开推进情况，积极推进预算联网监督，听取审议区政府关于2017年度旅游经费使用管理情况的报告，促进提升财政资金使用效益。聚焦城乡一体化发展，重点关注乡村振兴战略的实施，持续跟踪政府性投资项目和重大项目工程推进情况，专题听取美丽乡村三年行动计划实施情况的报告，监督调研第二轮“农林水”三年行动计划推进情况，持续关注农业供给侧结构性改革、农民居住解困等工作，促进城乡功能融合、协调发展。聚焦生态环境保护，审议区政府关于2017年本区环境保护工作及环境保护目标完成情况的报告，跟踪调研生态环境综合治理后续管理、“河长制”深化落实等工作，开展生活垃圾分类处置专项监督，促进改善环境质量，提升青浦生态的知名度和美誉度。聚焦民生事业发展，监督调研社会事业设施建设三年行动计划推进、义务教育优质均衡发展、家庭医生制服务落实、残疾人就业、住宅小区物业管理等情况，对公共文化服务体系建设、老旧小区综合改造、养老设施建设运行等工作开展专项监督，持续关注人民群众“舌尖上的安全”，促进民生持续改善。聚焦依法治区，专项监督区法院行政审判工作情况，监督调研司法综合配套改革、公共法律服务体系建设等情况，专题听取监察体制改革、村居换届准备等情况，认真开展规范性文件备案审查，促进依法行政、公正司法。二要认真贯彻中央、市委《关于健全人大讨论决定重大事项制度、各级政府重大决策出台前向本级人大报告的实施意见》精神，促进完善相关制度。依法讨论、决定重大事项，就事关经济社会发展全局的重大问题，安排听取审议关于区域总体规划、财政决算、预算

调整等重大事项的报告,依法作出相关决议。三要依法行使人事任免职权,保障常委会组成人员对人事任免事项的知情权、表达权和监督权。严格任免程序,完善宪法宣誓制度和方式。推进任后监督,继续听取区政府组成部门主要负责人履职情况报告,开展满意度测评,促进被任命人员更好地依法行政、履职为民。

(三)以优化履职服务为抓手,努力促进代表更好地发挥主体作用

一要进一步抓好联系服务工作。围绕成为同人民群众保持密切联系的代表机关,认真开展常委会组成人员联系走访、集中约见代表等活动,及时了解代表所思所想和意见建议。继续深入开展代表进社区联系人民群众等活动,引导代表经常性深入基层和群众,及时听取和反映选民的意见要求。有计划组织代表向原选区选民报告履职情况,主动接受选民群众监督。二要进一步保障知情知政。通过组织代表参加“一府两院”重点工作报告会、约见区政府领导等活动,促进代表更好地了解区情实际。坚持邀请代表列席常委会会议,参加常委会执法检查、集中视察、专题调研等活动,扩大代表对常委会活动的参与。三要进一步规范履职阵地。加强代表工作站建设,指导各镇人大、街道人大工委着力打造示范性代表工作室和工作站,不断完善运行机制,进一步拓展延伸阵地功能,提升活动质量。发挥专业代表小组的作用,围绕常委会监督重点,深入开展调研,提出专业性意见建议。推进人大履职平台信息化建设,提升代表履职信息化水平。四要进一步激发履职热情。有针对性加强代表履职学习,组织代表参加履职培训,提升代表参加审议、视察调研和提出代表议案、建议的水平。尊重代表履职成果,加大代表议案、建议督办力度,组织代表认真调研、参与督办,完善督办和沟通协调机制,提升代表建议的解决满意度。加强代表履职管理,完善代表履职记录记载机制。优化代表履职服务保障,为代表更好地履职创造条件、提供便利。

(四)以提升依法履职水平为关键,进一步加强常委会和机关自身建设

一要强化思想引领。按照区委部署开展“不忘初心、牢记使命”主题教育,自觉担负起推动人民代表大会制度不断完善和人大工作与时俱进的重要政治责任,把人大工作更好地融入新时代中国特色社会主义建设的伟大实践之中,更好地融入全区跨越式发展的大局之中,切实增强做好新形势下人大工作的责任感和使命感。二要保持务实作风。更加注重调查研究,更加注重下基层、访代表、问群众的实效,更加注重与街镇人大的联系互动,努力使代表提出的建议更符合实际、履职的成果更具有实效。三要改进工作方式。积极探索做好人大工作的新方法、新途径,进一步加强和改进监督工作,不断完善区人大及其常委会各项工作制度,切实加强人大宣传工作,讲述好“人大故事”、传播好“人大声音”。四要加强队伍建设。严格落实“一岗双责”、“三个责任制”要求,自觉遵守中央八项规定,严肃工作纪律,保持忠诚干净担当,努力提高常委会组成人员和人大干部的能力水平。

各位代表,党的十九大提出了决胜全面建成小康社会、夺取新时代中国特色社会主义伟大胜利的新目标新任务,也为发展社会主义民主政治指明了方向,这对区人大及其常委会的工作提出了新的更高的要求。我们要更加紧密地团结在以习近平同志为核心的党中央周围,在中共青浦区委的坚强领导下,紧紧依靠全区人民,不忘初心、牢记使命,锐意进取、埋头苦干,为坚持和完善人民代表大会制度,为推进青浦全面跨越式发展,建设上海对外服务的门户城市和生态宜居的现代化新青浦、人民群众幸福美好新生活而不懈奋斗!

上海市青浦区人民政府工作报告

上海市青浦区第五届人民代表大会第三次会议
(2018 年 1 月 16 日)
上海市青浦区人民政府区长　夏科家

各位代表：

现在，我代表青浦区人民政府，向大会报告政府工作，请予审议。请政协委员和其他列席人员提出意见。

一、2017 年工作回顾

过去一年，我们在市委、市政府和区委的坚强领导下，认真学习宣传贯彻党的十九大精神和习近平新时代中国特色社会主义思想，全面落实市第十一次和区第五次党代会部署，坚持稳中求进工作总基调，坚持新发展理念，落实全面跨越式发展战略，以提升城乡发展一体化综合水平为主线，着力深化供给侧结构性改革，着力推进创新驱动发展、经济转型升级，统筹推进稳增长、促改革、调结构、惠民生、防风险等各项工作，胜利完成了区五届人大一次会议确定的目标任务。

一年来，全区经济社会发展保持平稳健康、持续增长的良好态势，全面跨越式发展迈出坚实步伐。一是经济实力迈上新台阶。地区生产总值实现 1009.2 亿元、比上年增长 7.4%，过千亿大关。三次产业结构比为 0.8∶46.3∶52.9，产业结构继续优化。一般公共预算收入完成 517.1 亿元、增长 22.0%；区级一般公共预算收入完成 188 亿元、增长 20.9%，总量和增速分别位列全市第七和第三。二是新旧动能加快转化。规划轨道交通 17 号线产业走廊，上海市西软件信息园获市政府批准并揭牌，“一带三中心”科创布局初步确立。战略性新兴产业产值占规上工业总产值比重稳步提高，达到 30%。招商引资势头良好，一批总部型、研发型、科技型高端企业加快集聚，合同外资达到 8.1 亿美元、增长 22.7%，创 2005 年以来新高。人才发展计划及相关政策全面实施，科技创新能力不断增强。三是城乡发展一体化提速。全社会固定资产投资创历史新高、达到 515.7 亿元，增长 32.6%。轨道交通横贯东西，青浦枢纽门户地位日益凸显。区域城乡规划体系加快完善，新型城镇化高质量发展。农业供给侧结构性改革实施，美丽乡村建设获得“中国人居环境范例奖”。四是生态建设取得新突破。生态环境综合治理和中小河道综合整治取得显著成效，得到市委、市政府高度肯定并作为全市标杆。单位生产总值综合能耗、主要污染物排放量削减率预计可完成市下达目标。五是人民生活进一步改善。城乡居民人均可支配收入 43225 元、增长 9.1%，增幅高于全市平均水平，继续领先经济增长，其中农村居民人均可支配收入 28695 元、增长 9.6%。基本公共服务、社会治理、城市治理、政府治理水平稳步提高。国家卫生区通过复审，全国文明城区创建迎检取得阶段性胜利，成功创建全国首批、全市首家水生态文明城市，生态宜居水平不断提升。

一年来，我们主要做了以下工作：

(一)坚持深化供给侧结构性改革，积极主动对接上海科创中心建设，努力构建具有竞争力的创新产业体系

积极培育发展新动能。结合全市对郊区定位和自身优势特色，研究确定“三大两高一特色”的新一轮主导产业体系。产业功能平台建设成效显著，中国国际进口博览会落户国家会展中心；“三通一达”(即圆通速递、申通速递、中通速递、韵达快递)四家快递企业总部均成功上市，圆通速递“物流信息互通共享技术及应用国家工程实验室”揭牌运作；北斗导航基地和智慧物流基地被核定为国家火炬特色产业基地；跨境电子商务平台全年销售出单数超过 100 万单。上海市西软件信息园核心区建设启动，华为公司青浦研发基地与云创新中心项目启动，中核建、哈工大机器人等产业项目落地建设，39 个重大项目集中开工。编制并实施产业结构调整和转型升级三年行动计划，完成产业结构调整项目 1012 项、面积 277.1 公顷。

优化创新创业环境。落实减税降费各项举措，实现减税约 34.8 亿元，减收和清退收费资金 4404 万元。启动组团式联系服务企业工作。全面落实“科创 18 条”(即 2015 年 12 月印发的《中共青浦区委、青浦区人民政府关于贯彻 <中共上海市委、上海市人民政府关于加快建设具有全球影响力的科技创新中心的意见> 的实施意见》)，北斗项目获得上海市科技进步特等奖，8 家企业被认定为市科技小巨人或培育企业，新孵化企业 253 家、累计达 974 家。强化金融服务实体经济功能，有效发挥创投基金作用，加大对中小微企业融资支持，新增上市企业 4 家、累计 21 家。制定实施“1+1+5”(即《青浦区“十三五”人才发展规划》《青浦区人才发展三年行动计划(2017—2019 年)》和《关于促进创新创业人才发展的暂行办法》以及实施细则、《青浦区人才公寓供应实施办法（试行）》《青浦区人才开发激励办法（试行）》《青浦区人才积分管理办法（试行）》）人才政策，启动与上海国家会计学院人才培养战略合作，兑现创新创业优秀人才团队奖励资金5089.1万元，累计筹措人才公寓3253套，新建院士专家工作站5家，引进院士2人、专家16人。

加快重点领域改革。聚焦“放管服（即简政放权、放管结合、优化服务）”改革。取消行政审批事项20项，推行行政审批标准化，产业项目行政审批时限再精简、较法定时限缩减72.5%。强化事中事后监管，推进“双随机、一公开”，执行108项事中事后监管方案。积极推进“三个一批”（即当场办结一批，提前服务一批，当年落地一批）改革，实施当场办结、提前服务和当年落地项目目录管理。推进“互联网+政务服务”，网上政务大厅已接入426个审批事项和130个服务事项，市场监管注册许可大厅整体入驻区行政服务中心，全面推进企业简易注销登记和“一址多照”改革。主动对接自贸试验区“三区一堡”（即建设开放和创新融为一体的综合改革试验区、开放型经济体系的风险压力测试区、提升政府治理能力的先行区、服务国家“一带一路”建设和推动市场主体走出去的桥头堡）建设，出口加工区转综合保税区工作有序推进，“跨境电子商务企业直联公共服务平台”改革创新经验向全市推广。国资国企改革持续深化，实施“一园三区”一体化改革，青浦公用事业公司全面接收20家公用服务类企业，青浦房屋管理有限公司成立。加强公共资金、资产、资源管理，进一步加强政府性投资项目管理。规范PPP项目管理，建立投资认定和财务监理工作机制。

（二）坚持城乡发展一体化，提升城市功能和品质，努力打造上海对外服务的门户城市和长三角一体化的综合性节点城市

加快“一城两翼”建设。基础设施建设取得新突破，轨道交通17号线建成运营，G318跨嘉松路桥通车，盈港路二期、四期、五期基本完成，崧泽高架西延伸段开工，推进嘉松公路改扩建，省市、区区对接道路进展顺利。着力提升新城城市功能和品质，环城水系公园一期基本完工，继续推动城区交通“排堵保畅”，道路交通网络进一步拓展完善。西虹桥中央商务区核心功能日益完善，绿地虹桥世界中心酒店群开业，蟠龙古镇“城中村”改造PPP项目启动实施。青西三镇联动发展稳步推进，开展淀山湖地区存量资源调查整治，青西郊野公园一期正式开园，淀山湖防洪大堤及湖滨生态修复工程、西部流域泄洪通道工程完工。积极创建国家全域旅游示范区。

推进新型城镇化建设。新一轮区域总体规划编制基本完成，新市镇总体规划编制稳步开展，朱家角镇、练塘镇、金泽镇总规基本完成，全区控详规划覆盖率达83%。徐泾镇楼宇经济发展态势良好，老集镇“城中村”改造动迁启动。赵巷镇新城二区整体转型加快，成为市西软件信息园核心区所在地。华新镇加快产业结构调整，城镇建设管理水平不断提升。重固镇国家新型城镇化综合试点稳步推进，31个项目启动建设。白鹤镇积极谋划整体转型升级，草莓产业创新发展行动计划启动。朱家角镇“文创+基金”中国特色小镇建设有序实施，古镇5A级旅游景区创建工作加快推进。练塘镇进一步凸显生态优势，启动“上海市美丽乡村示范镇”建设。金泽镇全方位对接华为研发基地及其上下游企业落地，金商公路改建工程开工。

“三农”工作力度不断加大。完成农业布局规划、设施农用地规划，第一轮“农林水”联动项目基本完成，粮食烘干中心和农机服务中心项目加快推进，农产品“三品”认证率（无公害农产品、绿色食品、有机食品认证）达到74%以上，上海自在青西农业发展有限公司组建运营。启动新一轮美丽乡村三年行动计划，推进村庄改造6923户，启动33个镇级、8个区级美丽乡村创建工作，3个村入选市级美丽乡村示范村、累计达11个，青西地区农村生活污水处理覆盖率达94%，基本实现全覆盖。全面完成村社分账工作，完成赵巷等5个街镇的镇级产权制度改革。全区土地承包经营权确权登记颁证工作全面完成，土地经营权委托流转率超过85%。村级保障经费标准从村均80万元提高至120万元，市级经济薄弱村综合帮扶项目全面建成，农村集体经济组织“造血”项目有序推进。

（三）坚持治理创建并进，不断提升生态优势，努力把生态优势转化为发展优势

加强生态整治。“五违四必”生态环境综合治理成绩显著，累计拆除违法建筑1349.2万平方米，整改违法用地330.7公顷，市级重点区域香花桥地块整治顺利通过市级验收；在全市率先推进“无违村居”创建，247个村居已申报创建，131个村居通过区级复核验收。河长制实现全覆盖，列入整治计划的68条河道消除黑臭，2个国考断面和11个市考断面达到考核要求，770条河道“三清”任务全面完成，市委市政府城乡中小河道综合整治现场会在我区召开。完成中央环保督察整改各项任务，10家城镇污水处理厂尾水重金属稳定达标，完成锁定的4639家违法违规建设项目清理整治，二级水源保护区内358个排污口关闭。在全市率先完成黄浦江上游浮吊整治工作。大力推行环保“行刑同步”新机制，侦破污染环境刑事案件25起，破案数超2016年全市总数，威慑效应明显。

推进生态创建。启动国家生态文明建设示范区创建，开展国家生态文明先行示范区建设中期评估，国家卫生区复审以全市总分第一通过国家级验收。落实淀山湖国家主体功能区建设三年行动方案。完成第六轮环保三年行动计划。金泽水库原水工程青浦支线顺利完成调试切换，我区原水供应更优质、应对突发事件能力更强。持续开展水污染防治行动，5座城镇污水处理厂完成提标改造。启动实施土壤污染防治工作，开展污染场地修复治理试点。推进清洁空气行动计划，空气质量指数（AQI）优良率为68.2%，PM2.5平均浓度47微克/立方米、下降13.0%。森林覆盖率（陆域）达到16.2%，人均公园绿地面积达到6.9平方米，建成区绿化覆盖率达到40.9%。

资源能源节约利用。推进土地节约集约利用，完成集建区外建设用地减量化立项288.3公顷，拆除245.0公顷、为全年目标的136.1%，总量位列全市第一；我区因土地节约集约利用成效较好、闲置土地较少，被国务院通报表扬。青浦工业园区积极创建国家级生态园区，工业园区能源供应中心主体工程基本建成。继续推进天然气入户三年行动计划，出台液化气统一配送实施方案并开展试点。积极消纳处置建筑垃圾,推进单位生活垃圾强制分类工作。

(四)坚持保障和改善民生,完善公共服务体系,努力提升人民群众的获得感、幸福感

*加快社会事业发展。*制定实施新一轮社会事业设施建设三年行动计划。深化教育综合改革,顺利完成首轮高考综合改革各项任务;制定了深入推进学区化集团化办学实施意见,青浦世界外国语学校建成启用,平和双语学校青浦分校开工建设;启动校长聘任制、教师聘用制试点;规范教育培训市场,教育培训机构关闭66家、整改101家;启动学前儿童看护点综合整治;爱心暑托班持续推进。综合医改试点深入推进,扎实推进社区卫生服务综合改革,健全公立医院评价和管理机制,加强医疗服务监管,试点分级诊疗,优化就医服务流程,改善就医体验;全面完成第四轮公共卫生体系建设、第五轮建设健康城区三年行动计划,顺利通过国家慢性病综合防控示范区复审;完成全国基层中医药工作先进单位期满市级复核,成立复旦大学中西医结合研究院临床基地。推进医养结合,做实社区卫生服务中心与养老服务机构签约服务。妇女儿童、计生服务、慈善公益、国防动员、双拥和档案工作取得新进展,民族宗教、港澳台侨、合作交流、外事工作得到加强。

*强化基本民生保障。*实施更加积极的就业政策,新增就业岗位21713个,完成年度指标的120.6%;城镇登记失业人数4900人,控制在市下达指标内;全面开展创业型城区建设;促进离土农民就业,调整完善西劳外输非农就业补贴,政策覆盖到白鹤镇,新增非农就业人数5321人。实施被征地人员社会保险制度调整工作,惠及全区14.4万原征地镇保和征地养老人员。稳步提升各类群体养老待遇水平,惠及9万多名老年人。完善社区居家养老服务体系,全面启用老年照护统一需求评估信息平台,淀山湖福利院加快建设,97家老年人日间服务中心、7家助餐服务点正常运行。推出“残疾人大病重病医疗保险项目”,建立扶残涉农经济组织,帮扶1186名农村困难残疾人实现劳动增收。调整完善青西三镇贫困人员财政直补政策。完成区属动迁安置房建设三年行动计划,累计开工项目4个、竣工113.9万平方米、安置4417户;完成住宅小区综合治理三年行动计划,累计实施3545户共24.8万平方米旧住房综合改造;完成307万平方米二次供水设施改造、7个老旧小区消防设施改造以及650万平方米老旧小区技防设施改造。有序解决农民居住困难问题,开展危房解困的农民建房审批。

*提升文化软实力。*大力开展文明创建,取得创建全国文明城区提名区资格。召开区文化发展大会,启动文化发展三年行动计划,进一步强化文化引领。扶持群文工作和农村特色文化活动,引导社会力量参与文化建设。落实公共文化艺术空间形态设计,形成轨道交通17号线等“文化风景线”。完成区文化馆影剧院内部改造,推进青浦区图书馆二期扩容,区体育文化中心加快建设。加强文物资源修缮保护,“青龙镇与海上丝绸之路”展览在青浦博物馆开展。成功举办上海世界华人龙舟邀请赛、国际青少年足球邀请赛以及市民文化节、淀山湖文化艺术节暨旅游购物节等品牌活动和赛事。金泽镇入选国家首批“运动休闲特色小镇”试点。

(五)坚持创新和加强社会治理,夯实基层基础,努力推进社会治理体系和能力现代化

*持续深化社会治理创新。*首批8家基本管理单元通过市级验收,加快推进第二批基本管理单元资源配置项目建设。推广村居“两个中心”(即社区事务服务中心、社会治安综合治理中心)为民服务平台,开展农村社区建设试点,加强农村基层建设。新批准设立居委会19个。完善社区工作者队伍建设管理机制。信访事项办理基本实现“案清事明”工作目标,创新领导预约接访机制,不断完善“周周清”工作制度,建立“月月评”工作模式,强化信访工作责任落实,全区信访态势总体可控。推进全民普法,扎实开展人民调解工作,全面推进社区矫正管理国家级标准化试点。防范和打击非法集资,推进互联网金融风险专项整治。出台加强人口综合调控总体方案,开展房屋租赁管理“房东责任制”试点,“两个实有”全覆盖常态长效建设扎实推进,全区实有人口121.2万人,其中来沪人员69.2万人、下降3.1%,降幅居全市第4。开展“类住宅”项目清理整顿,整体上平稳有序可控。

*加强城市综合管理。*加强规范化建设,实施不满意工单专项治理和网格督查工作,12345市民服务热线绩效考核排名提高到全市第六。严格执行新颁布的《上海市食品安全条例》,加强食品安全工作,建设市民满意的食品安全城区。执法查处物业管理区域内破坏房屋外貌、承重墙结构、擅自改变物业使用性质等违法行为为51起,开展户外广告整治、餐厨垃圾油脂违法行为整治,“厂改居”整治64家、共清退人员5500余人。扎实开展专项整治,全力开展安全生产大检查,严厉打击安全生产违法违规行为392起,关闭取缔企业135家,整改各类隐患7597项。保持道路交通违法行为大整治力度,规范非机动车和行人交通行为;消防安全管理加强,发现并督促整改火灾隐患1万余处;深化社区警务改革,完成全部社区警务室达标建设,推进村居网格化工作站与社区警务室融合发展;全区报警类“110”接报数、违法犯罪案件接报数分别下降10.3%和7.2%,社会治安平稳可控。加强突发事件防范与处置能力建设,不断完善应急管理体制机制。

同时,我们进一步加强政府自身建设,政府服务管理水平不断提高。一是法治建设加强。强化法治思维和法治方式,深入推进依法行政。自觉接受区人大及其常委会的依法监督,主动接受区政协的民主监督,认真听取民主党派、工商联、无党派人士和各人民团体的意见。办理人大代表建议113件,解决采纳72件;办理政协提案179件,解决或采纳121件;加强人大代表建议和政协提案跟踪办理。加强行政规范性文件制定和备案管理。行政机关负责人出庭应诉率提高到58.0%,增幅显著。选聘新一批区政府法律顾问。二是效能建设加强。推进政府系统运行目标管理,改进督查和绩效考核工作。深化责任清单管理。梳理完成区镇职责事项和条块关系清单。制定实施“互联网+政务服务”方案。开展第二批共6家单位行政执法类公务员分类管理改革。推进行政服务中心和社区事务受理服务中心标准化建设。三是作风建设加强。推进“两学一做”学习教育常态化制度化,贯彻落实《中国共产党廉洁自律准则》《中国共产党纪律处分条例》,认真履行党风廉政建设责任制。持之以恒落实中央八项规定精神,落实公务卡新政,严格落实“三公”经费

(即政府部门人员因公出国境经费、公务车购置及运行费、公务招待费)管理,认真开展津贴补贴专项清理整改,大力推进出租出借办公用房清理整治,开展全区行政事业单位不动产专项审计。出台政务公开实施意见,加大考核力度。强化审计监督,制定审计全覆盖实施意见,探索审计整改闭环管理,加大审计发现问题追责问责。

各位代表,过去一年,我区经济社会发展势头喜人,成绩来之不易。这是市委市政府和区委坚强领导的结果,是大家撸起袖子加油干的结果,凝聚着全区人民的心血、汗水和智慧。在此,我代表青浦区人民政府,向辛勤劳动、默默奉献的全区人民致以崇高的敬意!向给予政府工作大力支持的人大代表和政协委员,向各民主党派、工商联、无党派人士、各人民团体和社会各界人士,向全体离退休老同志,向驻青部队和单位致以诚挚的感谢!

当前我区正处于从经济追赶迈向全面跨越的关键时期,我们清醒地看到,经济社会发展还存在不少困难和问题。主要表现在:创新环境、"两高"人才(即高层次人才、高技能人才)的发展还不充分,实体经济还不够强,新动能尚未形成支撑,经济发展的质量和效益有待进一步提高;区域、城乡发展不平衡差距依然较大,农业农村仍是短腿短板,医疗、教育、养老等基本公共服务有待进一步加强;防范化解重大风险、精准脱贫、污染防治三大攻坚战任务艰巨,城市生产安全、运行安全、环境安全、消防安全、食品安全等领域还有不少薄弱环节,城市管理精细化水平有待进一步提高。同时,政府职能转变还需深化,队伍建设和作风建设仍需加强。我们将坚持需求导向、问题导向、效果导向,把人民对美好生活的向往作为奋斗目标,将发展不平衡不充分问题作为主攻方向,把各项工作做得更好更扎实。

二、2018 年主要任务

2018 年,是贯彻党的十九大精神的开局之年,是改革开放 40 周年,是决胜全面建成小康社会、实施"十三五"规划承上启下的关键一年,也是我区围绕市、区党代会目标,实施全面跨越式发展战略的落实年,做好今年工作意义重大。我们要认真落实十一届市委三次全会、五届区委五次全会部署,进一步强化创新驱动、突出制度供给、扩大服务功能、创造品质生活,以更宽的视野、更高的站位、更实的举措、更优的作风,着力破解"五大关键问题"(即五届区委四次全会提出的把提升人民群众的幸福感作为跨越式发展的最大追求、把打造上海对外服务的门户城市作为跨越式发展的最大目标、把构建具有竞争力的创新体系作为跨越式发展的最大突破、把社会治理体系和能力现代化作为跨越式发展的最大工程、把生态优势转化为发展优势作为跨越式发展的最大课题),扎实推进全面跨越式发展战略实施,加快打造上海对外服务的门户城市和长三角一体化发展的综合性节点城市,全面建设生态宜居的现代化新青浦,为全市构筑"四大优势"(即彰显功能优势、增创先发优势、打造品牌优势、厚植人才优势)、打响"四大品牌"、当好"全国改革开放排头兵、创新发展先行者"作出更大贡献。

做好今年政府工作,要全面贯彻党的十九大精神,以习近平新时代中国特色社会主义思想为指导,坚持党的全面领导、坚持以人民为中心、坚持稳中求进工作总基调、坚持新发展理念,按照高质量发展的要求,统筹推进"五位一体"总体布局、协调推进"四个全面"战略布局,以供给侧结构性改革为主线,持续做好稳增长、促改革、调结构、惠民生、防风险等各项工作,保持经济社会持续健康发展,努力取得全面跨越式发展的新突破、新作为。

综合各方面因素,建议 2018 年全区经济社会发展的主要预期目标是:经济发展质量和效益进一步提高,地区生产总值增长 7%,区级一般公共预算收入增长 10%;人民生活水平进一步提高,城镇登记失业人数控制在市下达指标 5000 人以内,城乡居民人均可支配收入增速领先经济增长;生态环境持续改善,单位生产总值综合能耗、主要污染物排放量削减率确保完成市下达目标。

今年要重点做好以下工作。

(一)持续提升经济发展质量

按照高质量发展的要求,以供给侧结构性改革为主线,重点在"破""立""降"上下功夫,坚持质量第一、效益优先,推动质量变革、效率变革、动力变革,积极抢占产业链、价值链的高端,切实增强发展新动能。

着力发展实体经济。落实本市实体经济"50 条",深入实施"中国制造 2025"和"互联网 +"战略,编制新一轮产业布局规划,加快"三大两高一特色"主导产业集聚发展和产业链延伸,着力加快建设实体经济、科技创新、现代金融、人力资源协同发展的产业体系。大力发展战略性新兴产业,提升发展优势产业,培育制造业竞争新优势;推动生产性服务业向专业化和价值链高端延伸,推动生活性服务业向精细化和高品质转变。深化拓展产业功能平台,更加重视包括会议、论坛等重大活动平台对产业集聚和带动的影响力,延伸快递物流产业链,提升会展服务规模和拉动效应,强化北斗导航创新研究院功能,推进东航产业生态体系建设和合作项目落地,加快培育发展跨境电商、软件信息、智能制造等更多新平台。实施新一轮产业结构调整和转型升级三年行动计划,完成产业结构调整项目 300 项、200 公顷,推动存量工业用地二次开发和重点区域转型升级,鼓励"区区合作、品牌联动"开发。严格执行产业项目"闭环"管理,认真落实当场办结、提前服务、当年落地"三个一批"要求,加快重点产业项目建设。促进有效投资特别是民间投资合理增长,着力扩大工业投资。创造更好的购物消费环境,突出时尚消费,增强消费的基础性作用。完成国家全域旅游示范区创建,推动会、商、文、旅、体、农融合发展。开展质量提升行动,推动企业完善标准体系、锻造自主品牌。深入实施军民融合发展战略,强化基础设施、产业发展等重点领域军民融合。

提升科技创新能力。加快市西软件信息园核心区开发,深化推进"一带三中心"科创布局。加强公共技术服务平台建设,完善配套扶持政策,推进产学研共建,提升平台规模和综合服务能力,为企业技术创新提供支撑。提升众创空间能级,突出产业特色,形成集聚优势,强化中小企业孵化和服务功能。强化企业创新主体地位,积极发展"四新"(即新技术、新业态、新模式、新产业经济)经济,培育"专精特新"(即专业化、精细化、特色化、新颖化中小企业)中小企业,培育更多的"隐形冠军"和"独角兽"企业。促进科技成果转化和产业化,支持企业与高校、科研院所的产学研合作,继续推进院士专家工作站和"海智计划"。推进知识产权战略，强化知识产权创造、保护、运用。推进科教结合，探索引进符合我区功能和产业特点的科技和教育资源。

优化产业发展生态。强化产业政策的系统性、集成度，持续做好精准扶持和全方位服务。增强金融服务实体经济能力，引导金融机构加大对重点领域和薄弱环节的支持力度，鼓励企业利用资本市场拓宽融资渠道；充分发挥产业发展基金、创业投资基金的引导和撬动作用，探索开展投贷联动，推进私募基金产业规范集聚发展。实施更积极、更开放、更有效的人才集聚政策，深入实施新一轮人才发展三年行动计划，加大相关政策宣传落地力度，推动需求和政策更精准对接，让"两高"人才发展更充分，加快构筑人才高地。

（二）大力优化营商环境

拿出"改革开放再出发"的决心和勇气，全力落实本市优化营商环境行动方案，做强做优已有强项、提升补齐短板弱项、打响特色亮点品牌，加快形成法治化、国际化、便利化的营商环境，努力形成制度竞争优势。

深入推进简政放权、放管结合、优化服务改革。积极对接上海自贸区改革，复制推广浦东综合配套改革试点。深化行政审批制度改革，着力深化"证照分离"改革试点，进一步清理行政事业性收费，当好"店小二"，不断激发市场活力和社会创造力。特别要聚焦审批中频度最高、周期最长、手续最繁的企业设立、不动产登记以及产业项目施工建设等环节行政审批事项，全力进行简化优化，同时推进网上办、集中批、联合审、区域评、代办制、快递送、不见面等方式，大幅提高审批服务效率，切实提升企业对营商环境改善的感受度。加强事中事后监管，完善监管制度，创新监管方式，加强社会信用体系建设，更加有效维护市场秩序。加快推进"互联网+政务服务"，重点落实企业市场准入"全网通办"、个人社区事务"全市通办"、政府政务信息"全城共享"，加强政务信息汇集共享应用。深入开展组团式联系服务企业工作，加快构建"亲""清"新型政商关系，切实解决企业的"难点""痛点""堵点"问题。支持民营企业发展，激发各类市场主体活力。

着力推进政府职能转变。着眼于使市场在资源配置中起决定性作用和更好发挥政府作用，把发挥政府作用的核心放在更好而不是更多上，切实履行公共服务、市场监管、社会管理、环境保护等职责。加快建立现代财政制度，推进区与镇财政事权和支出责任改革，推进"镇财区管"财务委派制度；强化中期财政规划对年度预算的约束，加强预算支出标准体系建设，全面实施预算绩效管理。全面梳理盘整国有资产资金资源，落实相关制度，加大统筹力度，提高资源配置效率和效益。强化企业党建和党的领导，明确区管企业功能定位，实施分类管理，完善企业法人治理结构，全面完成"一园三区"一体化整合，深化二级子公司改革，推动区管企业在增强城市综合服务能力、核心竞争力上发挥更大作用。深化投融资体制改革，总结 PPP 试点经验，规范有序推进项目建设，尽早体现项目成果。

（三）提升门户城市功能和品质

坚持服务大局、追求卓越，积极对接长江三角洲城市群发展规划和上海 2035 城市总体规划，深化"一城两翼"战略布局，倾力打造"上海之门"，在服务全市、服务长三角、服务全国过程中，增强自我服务能力和近沪服务能力，提升"双城"门户功能和生态宜居水平，不断厚植发展优势。

服务对外开放和长三角一体化发展。配合办好首届中国国际进口博览会，举全区之力做好各项服务保障工作，培育发展相关产业，放大中博会对全区发展的辐射带动效应。落实本市加强招商引资统筹要求，牢牢把握土地供应和产业准入两条底线，细化区域产业导向和布局，对镇级招商引资予以规范并加强区级统筹，继续优化整合一批经济小区，着力提升招商引资质量和整体效益，杜绝新增"三高一低"企业和项目，同时继续做好安商稳商服务。推进开放经济发展，落实加快构建开放型经济新体制"33 条"、鼓励外资研发中心发展等意见，推进贸易投资便利化，鼓励更多本土跨国企业利用青浦的优势发展壮大，鼓励外资公司来青浦拓展研发、贸易、结算等全球运营功能。积极参与"一带一路"（即丝绸之路经济带和 21 世纪海上丝绸之路）、长江经济带等国家战略，主动融入和服务长三角一体化发展。通过做强做优平台经济服务和环淀山湖战略协同区联动等方式，加强与周边地区设施汇合、产业耦合、功能集合、治理联合、战略融合，切实从行政区经济转向功能区经济，在更大范围上承载对外服务功能。积极帮助对口支援地区打赢脱贫攻坚战，携手奔小康。

加快重大项目和重点区域建设。完成全区总体规划报批，加快编制新市镇总体规划，提升控规覆盖率，加快编制村庄规划。落实本市优化重大工程前期工作意见，加快基础设施建设，建成中博会相关配套工程项目，开工青浦大道、港俞路等新城骨干道路，编制中运量轨道交通网络专项规划，编制完成区、省对接道路近期建设项目专项规划。深化新城产城融合核心示范区建设，加快环城水系公园二期建设，做好轨交站点周边配套道路建设和市容景观提升，促进沿线商业综合体有效运营。着力提升西虹桥中央商务区核心功能，积极引进高能级企业入驻，加快完善商业、交通、能源等功能配套。统筹推进淀山湖地区国家主体功能区建设和国家历史文化名镇联动开发，推动"一链一湖"（"一链"指沿火泽荡—封漾荡—北横港—大莲湖形成的一条"蓝色珠链"，布局休闲康体、文化体育、创新创业、高端配套服务等功能；"一湖"指一片滨湖风景带，沿淀山湖营造一条活力廊道，沿廊道布局商榻、大观园、滨湖片区、西岑四个服务节点）规划落地，加强存量资源管控和盘活利用，促进文旅健康产业集聚发展，深化朱家角古镇国家 5A 级旅游景区创建。立足各镇自身优势，注重发扬生态、人文等特色，走集约高效、更高质量的新型城镇化道路。加快朱家角特色小镇、重固新型城镇化综合试点建设，推进徐泾城市副中心、赵巷商业商务小镇、华新一流新市镇建设，引导白鹤借力周边城镇圈发展，支持金泽生态科创小镇、练塘三生融合示范镇建设。

（四）做好公共服务和民生保障

坚持尽力而为、量力而行，加快实施新一轮社会事业设施建设三年行动计划，完善公共服务体系，保障群众基本生活，努力使群众有更多的获得感、幸福感和安全感。

优先发展教育事业。落实立德树人根本任务，以提升办学质量为出发点，深化教育综合改革，抓好年度重点改革项

目落实,保障中考改革顺利推进,做好教育综合改革中期评估。深入推进学区化、集团化办学,探索街镇参与办学管理新机制,努力办好家门口的每一所学校。完善教育公共服务,规范义务教育学校内部教学秩序,着力解决中小学生课外负担重等突出问题。深化职业教育集团建设,深入开展“中高职贯通”“中本贯通”和“现代学徒制”试点。加强教师队伍管理,强化教育人才梯队建设,完善教师招培聘机制,探索区域内教师流动机制,推进干部聘任制、任期制以及教师聘用制。研究完善学前教育特别是幼托服务体系,解决好婴幼儿照护和儿童早期教育服务问题。规范义务教育阶段的招生秩序,稳妥实施纳民小学和学前教育看护点全面关停工作。

大力建设健康青浦。推行全生命周期健康管理,落实健康上海2030规划纲要,继续强化公共卫生体系建设。全面推进综合医改试点,健全公立医院运行机制和投入增长机制,落实现代医院管理制度。深化社区卫生综合改革,做实家庭医生制服务,全面实施分级诊疗制度,试点开展“全专结合”的微家医服务模式,完善社区卫生服务中心及卫生室(站)标准化建设,积极开展流动人口基本公共卫生计生服务均等化示范区建设。有效配置卫生计生资源,积极引进市级优质资源,推进医疗联合体建设。推进中山医院青浦分院创建复旦大学附属医院,加强与复旦大学附属妇产科医院合作,加快推进区妇幼保健院建设,深入开展复旦大学中西结合研究院与区中医医院合作。鼓励支持社会办医,满足多层次多样化健康需求。

提高就业质量和社会保障水平。崇尚勤劳,千方百计增加城乡居民收入,关注农村低保低收入家庭增收。实施新一轮创业带动就业计划,精准做好高校毕业生、失业青年、退役士兵、离土农民、残疾人等重点群体就业帮扶,推动青年职业训练营建设,扩大青浦籍在校大学生回流计划覆盖面,新增就业岗位18000个,新增非农就业岗位4000个,帮助成功创业450人,营造和谐稳定的劳动关系。进一步完善“9073”养老服务体系,深化医养结合和居家养老服务体系建设,完善老年照护综合管理信息平台,稳步提高老年养护院、日间服务中心、标准化活动室、助餐服务点、睦邻点等老年人设施服务水平,推进老年宜居社区建设,试点加装电梯等适老性改造。健全多层次社会保障体系,全面实施长期护理保险试点,全面落实特困人员救助供养制度。

强化住房保障和市场调控。持续完善“四位一体”住房保障体系,加快建立租购并举的房地产市场供应体系,实施新一轮区属动迁安置房建设三年行动计划,建设和盘活一批公共租赁房和人才公寓,新增租赁住房9000套、代理经租房源4500套。深化“美丽家园”建设,制定实施住宅小区综合治理、老旧小区综合改造、住宅小区物业管理3个三年行动计划,分三年完成200万平方米旧住房综合改造,完成“二次供水”设施改造,严格落实物业管理主体责任,实施重点区域城中村改造。进一步健全房屋管理体制,做实做强青浦房屋管理有限公司,落实加快住房制度改革和长效机制建设部署,加强房地产市场综合调控。

促进各项社会事业全面协调发展。加强妇女儿童权益保障。推进残疾人事业发展。关心爱护青年,为他们人生出彩搭建舞台。深化国防动员和双拥共建。完善社会福利、慈善事业、优抚安置等制度。继续做好民族、宗教、外事、港澳、对台和侨务工作。

(五)积极实施乡村振兴战略

贯彻落实中央农村工作会议精神,按照产业兴旺、生态宜居、乡风文明、治理有效、生活富裕的总要求,运用转化农业普查成果,健全完善城乡融合发展体制机制,以更大的决心、更明确的目标、更有力的举措推动农业农村现代化。

深入推进农业供给侧结构性改革。坚持质量兴农、绿色兴农,落实农业产业布局规划,完成粮食功能区、蔬菜保护区、特色农产品优势区“三区”划定,进一步优化农业产业结构,增加优质、绿色农产品有效供给。编制农业全产业链发展规划,促进一、二、三产业融合发展。加大高标准粮田、设施菜田等基础设施建设力度,加快实施第二轮“农林水”联动三年行动计划,打造商榻、蒸淀和太浉3个重点片区。推进多种形式的适度规模经营,加快培育新型农业经营主体,推广龙头企业带动小农户发展等模式。发挥现代农业园区示范带动作用,推进农产品公共品牌建设,加大农业科技成果转化和应用。推进农业标准化生产,完善农产品质量安全监管体系,探索质量安全与“三品”认证、农业项目补贴挂钩机制。探索农业社会化服务,重点推进粮食烘干中心与农机服务组织等项目建设。

全面推进美丽乡村建设。推动美丽乡村连点成片建设,探索田园综合体试点,着力凸显乡村特色,保留乡村肌理、水乡韵味,创新多元发展模式,增强内生动力,实现可持续发展。争创3个左右市级示范村,启动6个以上区级试点、30个左右镇级达标村创建,加快实施村庄改造,进一步完善农村基础设施、公共服务设施。加强农村生态环境建设,进一步提高农村生活污水处理覆盖面,提升建设、处理和管理水平;全面推进农业水价综合改革,降低农业用水量和设施管护成本;实施化肥农药减量替代,实现农作物秸秆综合利用率95%以上。加强农民建房管理,做好危房解困的农民建房审批,稳妥推进青西三镇无地农民(渔民)住房解困工作。加快休闲农业和乡村旅游发展,有序开展民宿经营试点。

深化农村综合改革。落实《上海市农村集体资产监督管理条例》,全面完成镇级产权制度改革,建立完善法人治理结构和运行监管体制,形成集体资产保值增值的可持续发展模式。推进农村集体资产由街镇统筹经营管理。优化村社分账运行机制,进一步完善事权划分、预算编制、收支管理等各项制度。优化集体经济“造血”机制,探索设立“百村基金”,做大做强区级平台集体经济造血项目,街镇造血项目基本全覆盖。落实农村土地所有权、承包权、经营权“三权分置”,发挥农村土地流转公开交易街镇分中心作用,进一步引导农户委托流转,加强土地承包经营权日常管理。

(六)加强生态建设和环境治理

坚持人与自然和谐共生,深入实施“气十条”“水十条”“土十条”,持续建设绿水青山,着力推进绿色发展,提供更多优质生态产品,努力把绿水青山变为金山银山。

打好污染防治攻坚战。推动“五违”整治向无违创建转变,加快实现“五违”全面归零,健全完善发现、处置、问责等常态长效管理机制,加强整治后地块规划引导,进一步提升生态修复水平。巩固提升治水管水成效，启动苏州河四期支流水环境综合整治，深化太湖流域水环境综合治理，全面完成二级水源区内工业企业清拆，加快推进新谊河、新塘港前期工作；全面落实一河一策，推进57条断头河沟通、54公里中小河道生态修复，进一步深化中小河道综合治理；促进河长全面履职，推行河道一体化养护。实施朱家角、练塘等2家污水处理厂提标改造，实施34.5万平方米住宅小区雨污分流改造。巩固中央和市环保督察各项成果，及时整改存在问题，深入开展环境排查整治，用好"行刑同步"机制，强化失信联合惩戒，依法从严从快从重处置环保等领域违法行为。

全面加强生态建设。编制实施国家生态文明建设示范区规划，推进国家生态文明先行示范区建设，启动第七轮环保三年行动计划。启动新一轮清洁空气行动计划，推进各项大气污染物协同控制和减排，加强扬尘全程检测和防控。全面实施土壤污染防治行动计划，大力推进土壤污染预防和治理修复等工作。推进单位生活垃圾强制分类工作全覆盖，开展重固、赵巷全区域生活垃圾分类试点，积极实施生活垃圾分类减量，完善垃圾收运处全程管理，做好废弃油脂、建筑垃圾、污水污泥等属地化资源化无害化处置。加快绿地林地建设，大力推进青松走廊等市级重点生态廊道建设，森林覆盖率（陆域）达到16.6%，人均公园绿地面积达到7.5平方米。

深入推进绿色发展。加强土地节约集约利用，启动第三次全国土地调查工作，落实土地全生命周期管理，完善土地管理执法常态机制，以"零容忍"态度坚决整治新增违法用地和新增违法建筑，健全拆违、减量化土地后续利用和管控机制，完成集建区外建设用地减量化立项180公顷。巩固全国水生态文明城市建设试点创建成果，深化落实最严格水资源管理制度，加强工业、农业和生活节水。推动绿色循环低碳发展，做好工业园区国家级园区循环化改造示范试点建设中期评估，完成能源供应中心热力项目建设，推广绿色建筑、光伏发电、分布式能源建设应用，推进新能源交通及配套充电设施建设。

（七）进一步促进文化繁荣发展

培育和践行社会主义核心价值观，深入实施文化发展和全国文明城区创建三年行动计划，大力弘扬上海城市精神，让"绿色青浦、上善之城"城市新形象深入人心，更好地满足人民群众的文化需求，着力增强青浦文化软实力、综合竞争力。

做强文化产业。加快落实"一廊一轴三区"（即构建"上海之源"古文化走廊，打造轨道交通17号线文化发展轴，建设青东海派时尚文化集聚区、新城都市文化功能核心区和青西滨湖文旅休闲集聚区）文化发展布局，唱响"上海之源""上海之门""上海之魂"，打造上海西部重要的文化创意基地。落实本市文创"50条"，设立文化发展专项基金，统筹搭建好服务平台、创作平台、展示平台、消费平台和产业平台。推动产业载体建设，提升文化创意产业园区能级，推进现有文化产业园区资源整合，积极打造示范性园区。培育新型文化业态，积极推动文化与制造、科技、旅游、会展和商贸等产业融合发展。

加强文化保护传承。重点打造"一廊"，围绕崧泽、福泉山、青龙镇3个古文化遗址，打造南北贯通的古文化走廊。加强文物保护利用，编制福泉山遗址和青龙镇遗址保护规划，青龙镇遗址和陈云故居申报第八批全国重点文物保护单位，制定文物工程修缮管理办法，做好历史文化风貌区和优秀历史建筑保护工作。弘扬优秀传统文化，深化非物质文化遗产的宣传推介和保护传承，做好非遗资源的文艺再创作。开展高端论坛、展览展示等重大文化活动，提升文化影响力。

提升文化体育服务供给质量。优化文化设施功能和资源配置，完善全民健身公共服务体系。建成"文化青浦云"，便于群众了解活动信息、参与文化活动。加快区体育文化中心项目建设，进一步加强街镇、村居公共文化服务，推进基本管理单元社区文化活动分中心、村居综合文化活动室建设，实施公共文体设施社会化、专业化管理，努力打造"15分钟文化体育生活圈"，提高群众的利用率和满意率。完善公益性演出补贴机制，引导社会力量参与公共文化服务。发展竞技体育和品牌赛事，办好区第五届运动会、淀山湖文化艺术节、世界华人龙舟邀请赛等活动。

（八）提升社会治理和风险防控能力

构建党组织统一领导下的自治共治德治法治为一体的基层治理格局，大力推进城市精细化管理，切实保障城市有序安全干净、社会和谐稳定。

深化社会治理创新。深入推进《青浦区加强社会治理"十三五"规划》，加强动态监测、检查评估。持续提升基本管理单元组织功能和服务效能，深入推进新城一站和徐泾北大居"3+3"［即社区事务受理分中心、社区卫生服务分中心、社区文化活动分中心、城管工作站（网格中心）、市场监管站（所）、公安派出所（警务站）］服务管理资源建设。抓住住宅小区综合治理契机，深化社区自治共治，加强社区居委会规范化建设、提升工作能级，打造"上善家园"品牌。抓好村居委会换届选举，健全村务监督委员会，深化村居"两个中心"建设，推进农村社区建设试点工作，扩大村规民约覆盖面。加强社区工作者队伍建设，持续完善管理考核激励机制。加强社会组织综合监管和品牌建设，完善政府购买社会组织服务目录管理和绩效评价，推动街镇社会组织服务中心实体化建设全覆盖。巩固人口管理和服务基础，提升人房信息质量，全面实施房屋租赁管理"房东责任制"，坚决守住人口规模底线。

加强城市精细化管理。落实本市实施意见，制定本区实施方案和三年行动计划，持续精准补短板，提高城市科学化、精细化、智能化、法治化管理水平。加强热线督办工作，提升"12345"市民服务热线工作的实际解决率和市民满意率。全面完成村居网格化工作站规范化建设，深化与警务工作站融合发展，推进"城管进社区"，加强社会化协同管理，完善"应发现、尽发现，应处置、尽处置"工作机制，增强网格化管理实效。深化"智慧城市"建设，切实增强信息化对城市生产生活的支撑、引领、带动效用。深入推进标准化菜市场、社区智慧微菜场建设，管好"菜篮子"。优化城乡公交服务，有序实施线网加密和运能提升，完善轨道交通17号线公交配套，逐步提升"村村通"公交运营效能，狠抓便捷准点安全，提高公交服务满意率。积极推进城乡"厕所革命"。做好防汛防台工作，强化隐患排查整改，实施道路排水管道提标改造。

强化城市安全和风险稳控。加强社会治安、安全生产等软环境建设，努力将青浦打造成为上海最安全地区之一。推进安全生产领域改革发展，制定实施安全生产三年行动计划，健全公共安全体系，加强安全生产标准化建设，提升防灾减灾能力，持续做好消防、建筑施工、特种设备、危险化学品以及高层建筑、轨道交通等重点领域、重点区域的风险隐患排查整治，确保不发生重特大安全事故。逐步推进液化气全区统一配送。全面贯彻落实《上海市食品安全条例》，从严加强食品安全工作，积极推进小型餐饮临时备案管理，强化网络食品经营主体责任，落实农村自办酒席、老年人助餐点等场所常态管理，逐步建立从农田到餐桌的全过程监管体系，完成市民满意的食品安全城区创建。加强道路交通管理，深化交通行为样板路段创建，强化工程运输企业分类管理和集中整治。建设“智慧公安”样板区，完善立体化、信息化社会治安防控体系，加快推进“雪亮工程”建设，扎实开展“智慧安防社区”建设，优化警力资源配置。深入推进重大决策和重点建设项目风险评估，做好重点领域风险防范和处置。加强金融风险防控，落实打击非法金融长效机制，开展互联网金融从业机构清理整顿。严格落实信访工作责任制，加强信访法治化建设，努力实现责任信访、法治信访、阳光信访目标。着力完善公共法律服务体系，不断健全矛盾纠纷多元化解机制。推进应急能力建设，加强应急预案实战化演练。

（九）全面加强政府自身建设

坚持党的领导，认真落实全面从严治党要求，努力建设人民满意的法治政府、创新政府、廉洁政府和服务型政府，进一步提升政府治理能力现代化水平。

坚持从严治政。充分发挥区政府党组领导核心作用，强化自身建设，旗帜鲜明讲政治，牢固树立“四个意识”，严格遵守党章党纪，切实履行党组职责和“三个责任制”，着力增强各项本领。认真开展“不忘初心、牢记使命”主题教育，推进“两学一做”学习教育常态化制度化，深入开展大调研，坚持“三严三实”（即严以修身、严以用权、严以律己，谋事要实、创业要实、做人要实），坚决反对“四风”（即形式主义、官僚主义、享乐主义和奢靡之风），增强政府系统干部队伍的群众观念、法治思维、创新意识和履职能力。加强目标管理，狠抓责任落实，强化问责追责。倡导责任意识，给干事者鼓劲，为担当者撑腰。

坚持依法行政。全面依法治区，严格遵守宪法和法律，充分发挥政府法律顾问作用，提高规范性文件制定质量和水平，建设法治政府。加大政务公开力度，扎实推进权力清单、责任清单和负面清单公开和财政信息公开，实现行政审批和行政执法“双公示”。推进政府决策的科学化民主化法治化，广泛听取各方面意见，主动加强党内监督，依法接受区人大及其常委会的监督，自觉接受区政协的民主监督，重视司法、舆论、社会监督。

坚持廉洁从政。认真贯彻中央八项规定精神，厉行节约反对浪费。深入落实党风廉政建设“一岗双责”制度，坚决落实廉洁自律准则和纪律处分条例，促进廉政建设与业务工作融合，加强廉政风险防控。保持惩治腐败高压态势，聚焦重点领域，严肃查处侵害群众利益的不正之风和腐败问题。加强审计监督，推进审计全覆盖，加强审计公开和问题整改落实。

各位代表，新时代新征程，新青浦新生活，青浦正向全面跨越式发展迈进。前景光明，挑战也十分艰巨，绝不是轻轻松松就能实现的。要想群众幸福指数跑赢经济增长指数，必须紧紧依靠全区人民，付出更为艰苦的努力。让我们更加紧密地团结在以习近平同志为核心的党中央周围，在市委市政府和区委坚强领导下，不忘初心、牢记使命，锐意进取、埋头苦干，推动我区全面跨越式发展，为建成更高水平全面小康社会、建设生态宜居的现代化新青浦、为人民群众幸福美好新生活而努力奋斗！

政协上海市青浦区第五届委员会常务委员会工作报告

政协上海市青浦区第五届委员会第二次会议

（2018 年 1 月 15 日）

上海市青浦区政协主席 李华桂

各位委员：

我代表中国人民政治协商会议上海市青浦区第五届委员会常务委员会，向大会作工作报告，请予审议。

一、2017 年工作回顾

2017 年是实施“十三五”规划的重要一年，也是五届区政协的开局之年。一年来，区政协在中共青浦区委的坚强领导下，全面贯彻中共十八大和十八届历次全会精神，认真学习贯彻中共十九大精神和习近平新时代中国特色社会主义思想，紧紧围绕区第五次党代会的目标任务、五届区委四次全会的决策部署和区委、区政府中心工作，弘扬团结和民主两大主题，带领广大政协委员，认真履行政治协商、民主监督、参政议政职能，为实施全面跨越式发展战略作出了积极贡献。

（一）加强理论学习，提升思想政治素养

学习是统一思想的基础、知情明政的起点、协商议政的前提。一年来，按照“懂政协、会协商、善议政”的要求，向委员推送学习资料 16 期，组织专题报告会、区情通报会等学习活动 17 场，参加各类学习的委员累计 1500 多人次。

增进政治共识。举办党的十九大精神学习报告会，邀请市委宣讲团专家作辅导讲座，帮助委员准确把握十九大的精神实质和丰富内涵，坚定自觉地用习近平新时代中国特色社会主义思想武装头脑，指导实践，推动工作。为帮助委员深入了解全面跨越式发展战略，请区委主要领导作“全面推动青浦实现跨越式发展”报告。此外，还举办了“牢固树立‘四个意识’坚定维护党的领导核心”辅导讲座、市第十一次党代会精神辅导报告等学习活动，进一步提高委员的思想政治素质。

把握形势任务。请区委主要领导对五届区政协常委会提要求，为新一届政协开好局起好步明方向。请区政府主要领导通报年度经济社会发展情况，为委员全面了解区情创造条件。邀请区委、区政府分管领导专题通报党风廉政建设、全国文明城区创建、国资国企改革、文化产业发展、“五违四必”综合整治、中小河道治理、社会组织建设、全域旅游发展等工作，帮助委员知情明政。组织开展“面向未来，砥砺奋进，全面推动青浦实现跨越式发展”主题大讨论，举办中国经济发展战略、长三角一体化发展等学习讲座，帮助委员准确把握大势大局，更好发挥作用。

提升履职能力。针对本届委员中新委员比例较高的特点，举办两期委员培训班。请市政协领导作专题讲座，鼓励委员讲好政协话，干好政协事，做一名称职的政协委员。专题解读中共中央办公厅《关于加强和改进人民政协民主监督工作的意见》，了解掌握政协民主监督的性质定位、目的意义、重点内容、程序环节等规定。同时，安排提案、社情民意、财政预算报告审议等学习讲座，多方面增强委员的履职本领。此外，拓展学习形式，组织部分政协常委、委员参加全国政协、市政协等举办的学习培训，进一步提升委员履职能力。

（二）围绕中心工作，广泛开展协商建言

围绕中心、服务大局是人民政协履职的重要原则。区政协紧扣区第五次党代会、五届区委四次全会提出的目标任务，精心组织认真实施年度协商计划，开展协商活动 24 场、网上议政 13 次，参加委员 700 余人次，一些意见和建议得到区委、区政府领导的充分肯定。

聚焦创新转型发展谋良策。围绕“科创中心建设背景下青浦创新发展”开展常委会议协商，委员们从完善“一带三中心”科创布局、促进工业园区转型发展、打造有温度的创业街区、加快高端人才队伍建设等方面提出意见和建议。同时，还就“财政预算编制”“经济小区与特色产业园区建设”“侨资企业发展”等议题，组织委员协商议政，为改革创新和产业发展建言献策。

聚焦城乡协调发展出实招。围绕“区域总体规划编制”开展专题议政会协商，委员们对提高存量土地利用效益、促进薄弱区域发展、推进工业用地减量化、完善农业整体规划布局、加快建设城市基础设施等方面提出建议。此外，还围绕“青龙古镇规划建设”“村庄规划编制与美丽乡村建设”“提升城管执法能力和水平”等议题，开展协商活动，为新型

城镇化建设资政建言。

聚焦社会民生改善建诤言。围绕“文化传承与文化产业发展”开展常委会议协商，委员们结合我区实际情况提出了不少有针对性的意见和建议。围绕“创建全国文明城区”开展专题议政会协商，先后视察了三元河菜场、桥梓湾广场等区域，在协商会上提出了加强城中村治理、提高小区物业管理水平、优化静态交通建设管理等建议。同时，还就“学区化集团化办学与深化教育改革”“社区建设治理”“宗教场所管理”等议题，开展协商议政，为优化公共服务体系、创新社会治理建言献策。

聚焦生态文明建设促提升。围绕“‘五违四必’区域生态环境综合整治”举行常委会议协商，在察看夏阳街道整治点、观看专题片的基础上，委员们从整治小区违法建筑、动员群众参与治理、加强长效管理等方面提出意见和建议。开展《关于创建青西三镇美丽河道的几点建议》重点提案办理协商，对进一步推进中小河道治理和落实河长制长效管理措施提出了意见和建议。同时，还就“垃圾分类收运处理和减量”“工业企业污染治理”等议题，组织委员开展协商，为生态文明建设献计出力。

（三）突出重点内容，扎实推进民主监督

民主监督的目的是协助党和政府解决问题、改进工作、增进团结、凝心聚力。区政协坚持目标导向，在参与中支持、在支持中服务、在服务中监督，较好地发挥了民主监督的独特作用。

促进提案办理落实。五届一次会议以来，收到提案189件，经审查立案182件，并从中确定了6件重点提案，由主席、副主席负责督办。报送提案专报18期，《关于全面促进青浦快递总部经济创新驱动、转型升级的建议》等11期提案专报得到区委、区政府领导的充分肯定，不少建议得到办理单位采纳。努力推进提案的“二次答复”工作，组织开展提案办理情况视察，进一步提高提案办理质量。邀请区政府分管领导专题通报提案办理情况，目前182件提案已全部办结。

组织委员开展视察。围绕8项议题，分类开展知情视察、专题视察，累计500多人次委员参加了各类视察活动。围绕“跨境电子商务发展”“政府性投资项目建设”两个议题，开展知情视察。围绕“轨道交通17号线建设运行”“重固镇新型城镇化建设”“基本管理单元公共服务建设”等6个议题，开展专题视察，向有关部门提出加强轨道交通沿线环境综合整治、推进产城融合发展、提升基本管理单元信息功能平台等意见和建议。区委主要领导对视察专报《关于轨道交通17号线规划建设运行管理的建议》作出重要批示，要求有关部门认真采纳。

积极反映社情民意信息。组建反映社情民意特邀信息员和工作联络员队伍，拓宽信息收集渠道。全年收集社情民意信息456篇，向区委、区政府及其职能部门报送信息204件，《关于对公共自行车租赁点统一配置垃圾桶的建议》《关于进一步推进我区与上海政法学院合作的建议》等信息，区领导十分重视，批示相关单位研究采纳；向市政协报送信息195件，《关于构建亲清政商关系的几点建议》被转送全国政协，《关于进一步发挥农村社会组织在加强基层社会治理中作用的建议》得到了市委主要领导的批示。

实施专项监督。依托地区委员活动小组，组织政协委员深入11个街镇、街道，围绕“促进区域中小河道治理”“五违四必生态环境综合整治”开展专项督查，了解工作推进情况。在此基础上，开展集中视察，赴殷家桥江、环城水系公园淀浦河先行段察勘现场，听取情况介绍，提出监督性建议。区政府主要领导和分管领导对专项监督报告《关于中小河道治理、河长制及环城水系公园建设的建议》《关于促进“五违四必”生态环境综合整治的建议》作出批示。同时，发挥特邀监督的重要作用，推荐66名政协委员担任28家职能部门的特邀监督员。

（四）强化问题导向，认真组织调查研究

调查研究始终是履行政协职能的基础所在。根据党政所需、群众所盼、政协所能开展23项课题调研，深入实际，集合众智，提出对策和建议。

开展重点课题调研。根据区委提出的“努力打造6～8个具有一定规模和影响力的产业功能平台”的构想，以及“三大两高一特色”的主导产业方向，围绕“深化和拓展我区产业功能平台”的重点调研铴，课题，成立重点课题组，开展系列座谈、走访、考察等活动，广泛听取各界的意见和建议。在充分研究论证的基础上，形成了《关于深化和拓展我区产业功能平台的调研报告》，从汇聚实现跨越式发展的共识、激发产业能级提升的动力、夯实千亿平台的基础三个方面提出11条建议，并以区政协常委会议建议案报送区委、区政府，供决策参考。

开展主席集体调研。聚焦“企业创新转型发展”“工业园区二次开发”“白鹤镇门户小镇规划建设”“养老设施规划建设”“社会综合治理”“司法服务经济社会发展”等重点工作，先后到青浦工业园区等15家单位了解情况，分析研究发展中的难点堵点，提出建设性意见和建议。同时，就贯彻执行《上海市食品安全条例》、建设市民满意的食品安全城区开展集体调研，对加强食品安全监管工作，提出参考性意见和建议。

开展委组课题调研。围绕“提升快递总部经济能级”“区域历史文化资源类型、分布及开发利用”“激活古文化资源打造文化新干线”“加强人口综合调控工作”“快递企业劳动用工调查及思考”“宗教场所与村居结对共治”“侨联组织参与基层社会治理”等7项课题，各专委会、界别组带领委员开展小型多样化的专题调研，深入实际摸清现状，围绕问题分析原因、提出建议。这些课题调研发挥了委组界别的专业优势，调研成果以大会发言、提案、反映社情民意信息等形式予以转化，在有关工作中发挥了助推作用。

（五）促进团结合作，激发社会各界活力

团结和民主是人民政协性质的集中体现。区政协坚持把“两大”主题落实到履行职能的全过程，努力为建设生态宜居的现代化新青浦广泛凝聚正能量、汇集更多同行者。

发挥党派团体作用。定期联系党派团体、委组界别等负责人，通报区政协年度工作情况，征求改进政协工作的建议。关心党派团体自身建设和工作开展情况，将4名民主党派负责人任命为区政协副秘书长。加强合作共事，积极向各党派团体和界别征集协商议题，完善年度协商计划，鼓励他们联合开展调研、视察、界别协商等活动。同时，通过青浦政协网站、《青浦政协》刊物、联合时报、人民政协报等媒体，广泛宣传党派团体和委员的履职实践。

积极开展联络联谊。坚持主席会议成员联系委员制度，通过走访、谈心等方式，了解委员的工作、生活情况，争取相关单位对委员履职的支持。举办“两新组织党建”“银企合作”等主题的企业家委员沙龙活动，促进委员之间的互动交流。编纂印发文史资料——《沈瘦东序跋选辑》，发挥政协文史工作“存史、资政、团结、育人”的独特作用。广泛开展政协工作交流，与市、区政协和外省市政协同仁互相探讨，学习借鉴。

鼓励委员服务社会。支持委员发挥自身优势，在“创全”工作、生态治理、促进就业、教育公平、医疗服务等方面办实事、做好事。发出“绿色青浦由我来添彩，五届政协因我而精彩”倡议书，号召委员们做生态环境综合整治的拥护者、践行者和推动者。举办退伍军人就业招聘洽谈会，发动企业家委员提供工作岗位。拓展“校企合作”形式，鼓励委员企业在上海政法学院设立奖学金。组织医疗卫生界别委员赴香花桥等社区开展体检义诊、健康讲座等服务活动，受到基层群众的欢迎。

（六）夯实履职基础，加强政协自身建设

加强自身建设是政协有效履职的前提。坚持发挥党组的领导核心作用，把提高协商活动组织能力和协商建言能力作为加强自身建设的主线，结合实际创造性地开展工作。

加强组织建设。建立主席会议成员 AB 角分工制度，强化主席、副主席协同配合。明确新一届区政协工作机构，选好配强 8 个专委会、26 个界别活动组、11 个地区委员活动小组负责人。运用多种形式，与委组界别负责人加强联系沟通，总结交流工作经验，开展业务指导，明确工作要求。将全体政协委员编入到 11 个街镇委员活动小组，组织委员深入基层，走近群众。认真做好区政协之友社换届工作，召开五届一次社员大会，回顾总结五年来的实践经验，对今后的工作提出设想，并选举产生新一届理事会成员。

完善制度建设。认真落实协商民主广泛多层制度化发展的要求，及时完善有关履职制度，制定了《政协上海市青浦区委员会委员履职工作规则（试行）》《政协上海市青浦区委员会提案办理协商办法》《政协上海市青浦区委员会提案审查工作细则》，修订了《政协上海市青浦区委员会委员履职量化综合评价办法》《政协上海市青浦区委员会反映社情民意信息工作条例》，进一步推动了政协工作的制度化、规范化、程序化。

提高服务能力。推进“两学一做”学习教育常态化制度化，开展组团式联系服务群众、委员、企业活动，切实转变工作作风。实行年度重点工作目标管理，通过“一要点两计划”，将年度重点工作细化实化量化为百余项，明确责任主体、工作要求、时间节点，抓好推进落实。全年在青浦政务公共信息平台发布信息 150 余条，及时反映政协工作动态。提高政协工作信息化水平，完善委员履职 APP 平台，为委员开展网上议政、网络学习提供便利。加强政协机关干部队伍建设，提升机关干部工作能力。

各位委员，一年来区政协工作取得的成效，是区委坚强领导，区人大、区政府和社会各方面大力支持的结果，是参加区政协的各党派团体、社会各界人士和全体委员共同努力的结果。在此，我代表区政协常委会，向一年来为区政协工作作出积极贡献的各党派团体和全体委员，向关心支持区政协工作的全区各级党政组织和社会各界人士，表示崇高的敬意和衷心的感谢！

同时，我们也清醒看到，政协工作还存在一些不足。主要是：调查研究的深度和广度、协商建言的质量，与大兴调查研究之风、更好助力党委政府科学决策的要求还有差距；民主监督的形式和机制，与中共中央办公厅《关于加强和改进人民政协民主监督工作的意见》、市委办公厅《关于加强和改进人民政协民主监督工作的实施意见》的要求还有差距；专委会、界别组、地区委员活动小组的创新意识、活动形式，与发挥其在政协工作中基础性和代表性作用的要求还有差距；协商活动的组织能力与提高政协工作科学化水平的要求还有差距。对此，在今后工作中，我们要加以改进。

二、2018 年主要任务

2018 年是贯彻中共十九大精神的开局之年，是改革开放 40 周年，是决胜全面建成小康社会、实施“十三五”规划承上启下的关键一年，也是我区围绕市、区党代会目标，实施全面跨越式发展战略的落实年。区政协工作的总体要求是：全面贯彻党的十九大精神，以习近平新时代中国特色社会主义思想为指导，在中共青浦区委的坚强领导下，坚持以人民为中心的发展理念，坚持团结和民主两大主题，带领广大政协委员，立足新时代，贯彻新思想，担当新使命，围绕五届区委五次全会确定的目标任务，积极开展政治协商、民主监督、参政议政履职实践，以更深入的调研、更广泛的协商、更务实的建言，切实发挥协商民主重要渠道和专门协商机构作用，为实施全面跨越式发展战略作出新贡献、展现新作为。为此，我们要做好以下工作：

（一）坚持学习先行，始终保持正确政治方向

突出学习重点。坚持把学习贯彻党的十九大精神作为首要政治任务，围绕十九大提出的重要思想、重要观点、重大判断、重大举措，尤其是关于人民政协工作的新论述、新部署、新要求，深入开展学习活动，进一步夯实团结奋斗的共同思想政治基础，不断引导广大委员增进对中国共产党和中国特色社会主义的政治认同，更加自觉地以习近平新时代中国特色社会主义思想为指导，把思想和行动统一到十九大确定的目标任务上，落实到围绕中心服务大局的各项工作中，共同致力于扎实推进全面跨越式发展的目标任务。

丰富学习形式。举办中国国际进口博览会与世界经贸发展、人工智能与创新发展、中国周边安全形势与外交战略等专题报告会，帮助委员拓宽视野、把握形势任务。邀请区领导作区情通报、专题通报，帮助委员知情明政、把握履职重点。积极发挥政协常委、委组界别负责人的学习带头作用，结合协商、调研、视察、提案等履职活动，开展经常性学习，提高自身工作质量和水平，增强服务经济社会发展的能力。

增强学习实效。发扬理论联系实际的优良学风，结合我区发展现状，把准服务大局的坐标，围绕区域经济发展的主攻方向和双城功能定位，在实施产业战略、生态战略、文化战略、空间战略、乡村振兴战略，提升城市服务功能的外向度、发展功能的融合度、生态功能的宜居度、文化功能的集聚度等方面，找准学以致用的结合点，把学习成果落实在谋发展、促改革、助创新上。

（二）坚持服务大局，紧扣跨越式发展建言献策

认真编制协商计划。立足青浦正在走向全面跨越式发展的新时代，把准产业体系、城市功能、协调发展要有实质性突破的现实需要，广泛征集协商议题，通过各种形式听取党派团体、界别和全体政协委员的意见，努力使协商议题紧扣中心、贴近民心、符合实际。召开区政府区政协年度工作座谈会，深入沟通协调，使政协年度协商计划与区政府年度重点工作安排衔接更加紧密。

精心组织协商活动。按照高质量发展的要求，紧扣强化创新驱动、突出制度供给、扩大功能服务、创造品质生活，围绕发展实体经济、环保督察整改项目落实、城市安全体系建设、住宅小区综合治理、建设食品安全城区等议题，开展常委会议协商、专题议政会协商；围绕深化农业供给侧结构性改革和农村综合改革等议题，听取专题通报；围绕长期护理保险试点等工作开展对口协商和界别协商。

深入开展调查研究。大兴调查研究之风，坚持需求导向、问题导向、效果导向，紧扣“提高城乡发展一体化综合水平”的主线，有序组织开展调查研究。围绕“优化区域发展营商环境”“打造上海之源古文化走廊”，组织开展重点课题调研。围绕建设创新产业体系、实施乡村振兴战略等领域的相关工作，开展主席集体调研。同时，统筹开展委组课题调研，支持党派团体和专委会开展联合调研。

（三）坚持民主监督，助推决策部署贯彻落实

完善民主监督机制。认真贯彻落实中共中央办公厅《关于加强和改进人民政协民主监督工作的意见》、市委办公厅《关于加强和改进人民政协民主监督工作的实施意见》，推动区政协民主监督的制度化、规范化、程序化建设。完善民主监督组织领导、协调落实、办理反馈、权益保障等机制，使民主监督形式与内容相匹配，同履行政治协商、参政议政职能相结合，确保政协民主监督有力有序开展。

突出民主监督重点。把握政协民主监督的性质和定位、方向和原则，聚焦区域发展的重要领域、重点工作、重大项目，积极开展民主监督活动，务实提出监督性建议，切实增强监督实效。围绕政府性投资项目建设、医疗卫生体制改革、垃圾分类处置等工作，统筹开展会议监督、提案监督、视察监督、社情民意信息监督等活动，强化问题导向，注重实例、数据支撑，努力做到发言说到点子上，监督点在关键处。

创新民主监督方式。制定提案办理协商计划，切实推进提案监督分层开展。加强反映社情民意信息队伍建设，拓宽收集渠道，提高社情民意信息质量。积极开展视察监督，如实反映情况，坦诚提出建设性意见。有序开展专项监督，围绕区委、区政府补短板的重点工作，献计出力。探索和完善民主监督形式，寓监督于协商、视察、提案、反映社情民意信息等工作之中。

（四）坚持团结民主，广泛凝聚人心汇聚力量

加强合作共事。坚持定期走访党派团体、委组界别负责人，关心他们自身建设和工作情况，听取他们对经济社会发展和政协工作的意见和建议。与民主党派联合开展调研、视察等活动，积极邀请党派团体成员参与协商活动，为他们开展工作、发挥作用创造条件。各党派团体的优秀调研成果，要更多地转化为大会发言、政协提案，供区委、区政府和有关方面参考。

团结社会各界。坚持主席会议成员走访委员制度，听取意见，增进了解。举办企业家委员沙龙等特色活动，加强委员互动交流。充分发挥委员在界别中的代表性和影响力，引导委员密切联系所在的界别群众。依托11个地区委员活动小组，推动委员进社区全覆盖，探索开展委员组团式服务村居活动。加强联系区内少数民族和宗教界人士、港澳台侨界人士、新社会阶层代表人士，鼓励他们服务和参与我区经济社会发展。

促进和谐稳定。坚持履职为民的初衷，牢记使命和责任，开展组团式联系服务群众、企业活动，协助做好诉求表达、利益协调、权益保障等工作。支持委组界别、政协委员根据自身实际，在促进就业、捐资助学、扶贫帮困、医疗服务、文化建设等方面，更多地服务社会、改善民生。支持区政协之友社秉持“学习提高、团结联谊”的宗旨，有序开展知情明政、增进共识、反映社情民意信息等活动，鼓励社员们继续为政协工作和青浦发展发挥余热。

（五）坚持强基固本，着力提高政协履职水平

充分发挥常委会领导作用。要旗帜鲜明讲政治，深入学习贯彻落实党的十九大精神，增强政治意识、大局意识、核心意识、看齐意识，坚定中国特色社会主义道路自信、理论自信、制度自信、文化自信，更加自觉服从服务于区第五次党代会、五届区委四次、五次全会提出的目标任务。要加强履职能力建设，团结、引导政协委员立足本职岗位讲奉献，主动做全面跨越式发展的拥护者、同行者和助力者。政协常委要认真履职尽责，自觉锤炼道德品行，当好表率，树好形象。

积极发挥委组界别基础代表作用。加强对专委会的领导，通过规范做法、量化任务、搭建平台，提高专委会工作水平。健全工作制度，丰富活动形式，推进专委会成为政协经常性工作实施的主要载体。加强界别工作，完善以专委会为组织依托的界别活动方式，充分调动专委会、界别组开展政治协商、民主监督、参政议政的积极性。推进地区委员活动小组工作，发挥联系服务基层群众的桥梁纽带作用。

更好发挥机关服务保障作用。坚决贯彻中央八项规定精神，认真开展“不忘初心、牢记使命”主题教育系列活动，继续推进“两学一做”学习教育常态化制度化，切实转变工作作风，增强做好政协工作的本领。加强工作统筹，围绕协商议题，推动调研、视察、议政、监督的衔接联动。加强政协机关干部队伍建设，提高办事效率、服务质量和工作亲和度，为发挥委员主体作用提供良好保障。

各位委员、同志们，新青浦走进新时代，新跨越迈向新生活。让我们更加紧密地团结在以习近平同志为核心的中共中央周围，高举中国特色社会主义伟大旗帜，认真贯彻落实党的十九大对人民政协工作的新部署新要求，在中共青浦区委的坚强领导下，不忘初心，牢记使命，同向合力，为全面建设生态宜居的现代化新青浦、努力建设人民群众幸福美好新生活贡献智慧和力量！

关于青浦区深度融入长三角一体化发展的若干问题研究

长江三角洲是我国经济最具活力、开放程度最高、创新能力最强、吸纳外来人口最多的区域之一，是“一带一路”与长江经济带的重要交汇地带，在国家现代化建设大局和全方位开放格局中具有举足轻重的战略地位。加快推进长三角一体化发展，既是大势所趋，也是内在要求。青浦区作为上海市唯一一个与苏、浙两省都接壤的区域，应当在一体化发展中发挥更加积极的作用。

一、长三角一体化发展沿革

改革开放以来，长三角区域经济一体化大致经历了 3 个阶段，目前正在进入新的阶段。

（一）第一阶段（1982—1988 年），以上海经济区的建立为标志

国务院于 1982 年发布《关于成立上海经济区和山西能源基地规划办公室的通知》，决定建立以上海为中心，包括长江三角洲江苏省的苏州、无锡、常州、南通和浙江省的杭州、嘉兴、湖州、宁波等城市的上海经济区，目的是搞好国民经济管理体制的改革，通过中心城市和工业基地把条条块块协调起来，形成合理的经济区和经济网络。这一阶段，长三角区域经济一体化的理念和制度平台，即区域经济合作及一系列组织架构，如省市领导人会议等初步确立。然而，真正对一体化进程产生深刻影响的是在“上海经济区”的制度框架下，上海国营企业和苏、浙地区乡镇企业之间以“横向联合”“星期天工程师”以及“品牌共享”为载体的技术转移和产业转移，确立了上海和苏、浙地区的产业水平分工格局由政府设定制度框架，营造氛围和环境，微观主体担任主角的行动模式。至此，长三角区域经济一体化基本形成。

（二）第二阶段（1990—2000 年），以浦东开发开放为标志

国际产业转移作为新动力的出现，为区域经济一体化注入了新的活力，进而加大了市场主导的区域一体化的进程。在微观层面，区域内部的企业跨区域发展开始形成势头，由上海向苏、浙地区的技术和产业转移更多地表现为苏、浙企业主动向上海跨区域发展，并以此获取发展资源。由市场主体推进的一体化进程在这一阶段表现突出；同时，政府间的协作也得到加强与更多的认同。1992 年成立的长江三角经协（委）办主任联席会议，由上海、无锡、宁波等 14 个城市组成，上海为常务主席方，定期协调长三角城市间经济合作的重大事宜。1997 年，江苏泰州入会；是年，15 个市决议将联席会升级为市长级协调组织，更名为“长江三角洲城市经济协调会”，每两年召开一次会议。

（三）第三阶段（2001—2011 年），以中国加入世贸组织为标志

在这一背景下，国内外企业主导的要素跨区域流动的深化和广化，开始形成由企业内地域分工的展开为标志的地区间产业分工新格局。这一阶段，无论是在组织和制度层面，还是在市场和非制度层面，均显示了更加成熟的景象。不但一体化机制的层次多、内容完善，政府部门间的协调功能逐渐突出，而且长三角区域经济一体化的社会资本整合也获得了大幅度提升。2008 年，国务院发布《关于进一步推进长江三角洲地区改革开放和经济社会发展的指导意见》，首次从国家层面以中央文件形式对长三角区域经济发展做出指导，由此标志着长三角一体化正式上升到国家战略的高度。2009 年，安徽省作为正式成员出席长三角地区主要领导人座谈会、长三角地区合作与发展联席会议。2010 年，国家发改委印发了《长江三角洲地区区域规划》，明确要充分发挥长江三角洲地区区域合作协调机制的作用，建立健全泛长江三角洲地区合作机制，促进生产要素跨地区自由流动，实现人口和产业有序转移。

（四）第四阶段（2012 年—），以党的十八大要求推进区域协调发展为标志

2016 年，国家发改委和住建部联合印发了《长江三角洲城市群发展规划》，明确要以建设统一大市场为重点，推动市

场体系统一开放、基础设施共建共享、公共服务统筹协调、生态环境联防共治，创建城市群一体化发展的“长三角模式”。2017 年，《上海市城市总体规划(2017—2035 年)》(以下简称《上海 2035》)正式发布，提出上海要与长三角城市群一道，共同代表国家在更高层次、更广领域参与国际竞争与合作，并且明确了 4 个跨省市的战略协同区。2018 年，首届中国国际进口博览会开幕式上，习近平总书记宣布支持长江三角洲区域一体化发展并上升为国家战略。一体化的新阶段呈现出 4 个特点：

1. *从经济合作到全方位合作*。之前的合作主要集中在经济领域。在京津冀一体化、粤港澳一体化加速推进的背景下，长三角一体化也进入了提速期，逐步转向经济、文化、社会、生态等多领域合作，比如正在编制的《长三角一体化发展三年行动计划》，就确定了交通、能源、环保、科创等多个专题。

2. *从省市合作到地方合作*。之前的合作主要集中在省市层面。在各方合作意愿不断强化的背景下，长三角一体化逐步由“顶层设计”转向“基层推动”，区县甚至乡镇之间的合作互动日益频繁，比如松江最早提出的“G60 科创走廊”就拓展至嘉兴、杭州等地。

3. *从单向合作到多向合作*。之前的合作主要集中在苏、浙、皖的城市单向接轨上海。在区域内联系交流更加频繁的背景下，上海与苏、浙、皖以及苏、浙、皖之间的多向合作日趋活跃，比如上海正在推动的优化营商环境改革，就充分借鉴了江苏的“不见面审批”和浙江的“最多跑一次”。

4. *从松散合作到紧密合作*。之前的合作主要集中在相对松散的座谈会、联席会议等形式。在合作要求不断提升的背景下，合作方式也更加紧密，比如新设立的长三角区域合作办公室，标志着合作机制从偏重“理念”转向偏重“操作”。

二、长三角一体化发展存在主要问题

尽管长三角一体化发展进程不断深入，但是仍然存在诸多不尽如人意之处，区域分割与“边界效应”仍然比较显著。2013 年 7 月 23 日，习近平总书记在征求对全面深化改革的意见和建议时，强调了要着力解决全面深化改革的 6 个重大问题，第一个就是如何进一步形成全国统一的市场体系，形成公平竞争的发展环境。十八届三中全会通过的《中共中央关于全面深化改革若干重大问题的决定》进一步指出：“必须加快形成企业自主经营、公平竞争，消费者自由选择、自主消费，商品和要素自由流动、平等交换的现代市场体系，着力清除市场壁垒。”可见，包括长三角在内，各类隐性壁垒仍然普遍存在。这其中的主要症结就在于行政区划对区域经济的刚性约束而产生的“行政区经济”，其有五大表现，即：企业竞争中渗透着强烈的地方政府经济行为、生产要素的跨行政区受阻、行政区经济的稳态结构、行政中心与经济中心的高度一致性和行政区边界经济的衰竭性。从青浦与周边区域之前的发展来看，都具有强烈的“行政区经济”特征，主要表现为以下几个方面：

(一)规划编制壁垒

在规划编制和战略研究上，各城市仍然“各自为政”，相互之间的对接很不充分，至于经济、社会、交通、生态等领域一体化的专项规划更是几乎为零，主要有三方面表现：

1. *静态思维*。比如据统计，南京以下的长江段，已建、在建和待建的万吨以上码头泊位共 100 多个，其投资建设都由当地政府主导，各地均以自己认定的腹地计算货源，由于不合理的重复计算，导致码头泊位建成后货源不足，浪费巨大。

2. *发展重心相互远离*。现有的行政区划管理体制使得外围地区高度依赖中心地区，无形中削弱了跨边界的经济联系，比如青浦、昆山、吴江、嘉善的发展重心各自靠近自己的城市中心，行政边缘区域经济活动相对较弱，而且现状和规划多为基本农田或绿地林地，进一步增加了区域之间的边界厚度。

3. *设施网络为“局域网”而不是“互联网”*。比如接壤区域的跨省市对接道路，或是由于规划线路“跑偏”，或是由于规划等级不一，导致跨界交通不畅；又比如，长三角推动多年的交通卡互通工程，至今也没有达到预期效果。

(二)交通建设壁垒

长三角中心城市之间的长距离、快速化的“主动脉”交通联系发展迅速，但是毗邻区域之间的日常性、便捷化的“毛细血管”交通联系严重滞后。对于边缘区域而言，承担的更多的是过境交通，结果就是“灯下黑”，导致毗邻区域之间“鸡犬之声相闻而不能至”，难以形成“同城效应”。这其中除了之前提到的规划因素外，还有三方面原因：

1. *投资成本*。比如长期以来，上海市层面对于省市对接道路没有支持政策，建设成本全部要地方政府承担，导致地方政府积极性不高；同时接壤区域大部分为乡道、村道等低等级道路设施，缺乏必要的道路养护，路面损坏较为严重。

2. *协调成本*。苏、浙地区的市级甚至县级都有一定的自主权，而上海市的管理体制中，几乎所有的权限都集中在市级层面，区级自主权有限，因此与毗邻区域的协调不得不上升到省级层面。

3. *管理成本*。一方面，跨界道路打通后，可能会吸引大量的交通流量，给区域带来较大的交通压力；另一方面，两省交界的地方政府还承担着道口检查、人口调控等任务，如果跨界道路增多，那么管理任务就会加大。

(三)经济发展壁垒

经济合作始终是长三角一体化的主基调，尽管已经破除了地方保护等显性壁垒，但仍然存在不少隐性壁垒，主要有三方面表现：

1. *产业结构趋同*。各区域招商引资过程中围绕稀缺资源和优质项目无序竞争，都想“一口吞下去”，导致一方面经常出现一家企业同时和几家地方政府“谈合作”，不得不竞相压价；另一方面区域之间产业布局缺乏分工，集群效应不显著。

2. *干预企业架构*。长三角的企业在发展中逐渐形成前“店”(在沪、苏、浙、皖中心城市)后“厂”(在沪郊或苏、浙、皖中小城市)的经营格局，出于税收等因素考虑，各地区都希望企业把“店”设在本地或者“厂店合一”。

3. *资源自由流动与整合不足*。比如，企业特别是纳税大户企业如果出于各种原因要进行迁移，地方政府往往会“感情挽留”，或者采取或明或暗的行政措施，增加企业的迁移成本。再比如，环太湖和近淀山湖地区古镇数量众多，但这些“大珠小珠”却没有形成“一串珍珠”。

（四）公共服务壁垒

随着长三角一体化程度的深化，居住在一个城市、就业在另一个城市，生活在一个城市、消费在另一个城市的“双城记”越来越多，但是跨区域的公共服务还远远无法满足需求，主要有两方面表现：

1. 硬件方面表现为服务能力不强。《上海2035》指出要提升近沪服务能力，但是优质服务资源仍然高度集中在中心城区，尽管近年来有向郊区转移的趋势，但是对于青浦而言，在高等教育、优质医疗、高品质文化体育等方面的资源还相对欠缺，难以为近沪区域提供差异化公共服务。

2. 软件方面表现为服务基础欠缺。特别是在跨省市就业、就医、保障等方面的环节仍未全面打通。比如，青浦区制定的鼓励青西三镇和白鹤镇群众跨区域就业的“西劳外输”政策，为了确保精准补贴，需要获取社保缴纳信息，但是由于省外信息无法获取，导致部分跨省就业的群众无法享受补贴。再比如，青浦区白鹤镇在吴淞江北岸有两块“飞地”（指属某行政区管辖，但与该行政区主体不相毗连的土地），这里的群众就医在附近的花桥绿地医院最为便利，但是由于医保没有互通，不得不绕道过江到镇里的社区卫生服务中心。

（五）社会治理壁垒

省市接壤地区大多为“三不管”（泛指大家都不管）区域，社会治理往往较为薄弱、甚至出现“真空”状态，主要有三方面表现：

1. 人口管理难。跨省市的流动人口管理与服务可能会叠加更多的问题与情况。比如，在信访矛盾处理中，一类典型的问题就是“三跨”（即跨地区、跨部门、跨行业）、“三分离”（即人事分离、人户分离、人事户分离）。

2. 应急管理难。一旦出现紧急情况，难以在短时间内进行有效的沟通协调。比如，2013年嘉兴市出现大规模死猪投入河道事件，由于没有及时进行沟通和预警，导致这些死猪漂流到黄浦江，甚至在国际上产生负面影响。

3. 信用管理难。由于政府之间的信息不对称和区域之间的信息壁垒，个别不法企业和法人在受到打击后，在另一个区域“换个马甲”另起炉灶，加大了社会管理成本。比如，上海在开展“五违四必”整治之后，大量的违法企业就迁入了周边地区。

（六）环境保护壁垒

长三角地区生态环境虽然是一个系统，不会受到行政区划的制约，最需要一体化的治理保护，但是长期以来并没有形成有效的工作合力，主要有三方面表现：

1. 对于环境资源的认识不同。由于区位不同，接壤区域对于同一自然资源的定位和利用的认识也不同。比如，跨越上海和江苏的淀山湖，对于上海来说是上游水源地，以严格保护为主；对于江苏来说则是下游区域，所以进行了较高强度的开发。

2. 采取环境污染的边界布局。对于无法避免的环境污染，各地都倾向于“以邻为壑”的做法。比如，不少地区的垃圾填埋场、严重污染企业等都倾向于布局在边界地区，由此引发了跨区域的环保信访矛盾。

3. 尚未形成环保管理的合力。跨区域的非法倾倒生活垃圾、建筑渣土、危险废物等违法行为时有发生。比如，2016年就曾发生过近万吨生活垃圾倾倒至长江口的严重环境事件。

三、长三角一体化对于青浦区及周边区域发展的现实意义

实施长江经济带建设、特别是长三角一体化的国家战略，进一步加强青浦区与长三角周边区域的融合发展，是打破“边界效应”，推进“行政区经济”转向“区域经济”的必然选择，对青浦区及其周边区域能够形成“1+1>2”的双赢局面。我们认为主要有以下几方面意义：

（一）经济上有利于打造上海之门

1. 有利于打开“两个扇面”。深度融入一体化发展，能够进一步深化形成青浦依托虹桥的对外开放和面向苏、浙的对内开放“两个扇面”，激发对内开放的新动能，增强对周边地区的辐射带动力，加快建设服务长三角、服务长江流域、服务全国的“上海之门”。特别是《上海2035》已经明确提出建设卓越全球城市的定位，与苏、浙、皖的城市功能有了显著的分层；青浦作为上海的一个区，也将与周边区域进行差异化合作，门户功能将进一步显现。

2. 有利于重塑区位优势。根据《上海2035》，青东地区已经纳入上海主城片区管理，使其由之前的主城近郊的区位，提升为中心城区的区位；深度融入长三角一体化后，青西地区也将由现在的上海边缘的区位，提升为长三角中心的区位。

3. 有利于产业合理布局。一体化发展有利于在更广领域、更高平台、更大范围整合资源与市场，共同构建若干万亿级、千亿级产业集群，打响“四个上海”品牌。比如，青浦可以依托北斗产业园、哈工大长三角人工智能产业联盟等载体，打响“青浦制造”品牌；依托市西软件信息园、“三通一达”等快递物流载体，打响“青浦服务”品牌；依托国家会展中心与中博会永久会址、奥特莱斯等载体，打响“青浦购物”品牌；依托青西历史文化名镇与青龙古镇、淀山湖等载体，打响“青浦文化”品牌。

（二）规划上有利于发挥协同优势

通过开展跨省区的经济社会发展规划和城市规划，有利于从更大层面和更高站位统筹谋划产业布局、基础设施建设、重大项目工程、生态环境保护、民生保障、社会治理等，实现各区域优势互补、合作共赢、错位发展。比如，市级层面可通过与苏、浙共同开展环淀山湖战略协同区研究，积极响应共建长三角创新中心研究，共同谋划“安亭—白鹤—花桥”城镇圈协同发展等，真正把概念转化为实际行动；再比如，青浦可通过与周边区域共同开展联合招商、产业转移、园区托管等专项研究，以及道路交通、环境保护等专项规划，真正构建产业生态和发挥网络效应。

（三）建设上有利于形成同城效应

特别是省市对接道路的打通，甚至远期推进跨省市轨道交通的衔接，能够进一步畅通毗邻区域间的联系，在消除“灯下黑”的同时，缩短区域之间心理距离、降低时间成本。客观上讲，交通条件的改善有利于提升环沪区域的土地价值，苏、浙地区更为积极，但是也会产生两种效应：一是溢出效应，能够使上海更加充分地发挥现有优势，带动周边区域发展；二是虹吸效应，能够进一步吸引周边区域优质资源向上海集中

集聚,促进产业分层发展和改善布局。可以预期,未来无论是长三角中心城市,还是苏、浙、沪邻近区域,都会上演更多的“双城记”,居住在江(浙)、工作在上海的格局会进一步拓展,人口和要素在区域间的自由流动,也将在一定程度上缓解上海的人口调控压力,并为周边地区的发展注入新的活力。

(四)民生上有利于方便群众生活

通过一体化加大公共服务资源的共享力度,打破不同行政区域的就业、就医、养老等衔接壁垒,织密做实民生保障服务网,有利于共建联系密切的跨区域生活圈,提高当地群众的获得感。

(五)治理上有利于凝聚治理合力

通过区域间填补信息鸿沟、推动信息共享、开展联合执法,能够大大提升人口管理、应急管理、信用管理、安全管理等社会治理实效,有效应对各类跨区域的不稳定因素。

(六)环境上有利于共建绿水青山

通过协商,一致明确跨区域环境保护的边界范围、基本要求、保护标准和行动计划,甚至能够探索建立跨区域生态补偿机制和环境赔偿机制,有利于提升区域生态环境总体质量,创造更加显著的生态效益,切实将绿水青山转变为“金山银山”。

四、青浦区在长三角一体化进程中的努力方向

中共上海市委书记李强在十三届全国人大一次会议上海代表团全体会议答中外媒体提问时指出,长三角一体化总体聚焦规划对接、战略协同、专题合作、市场统一、机制完善5个着力点,近期重点是抓好成立长三角区域合作办公室、制定三年行动计划、开好主要领导座谈会3件事。我们通过主动与接壤的浙江省嘉善县和江苏省昆山市、吴江区进行调研走访,梳理出青、嘉、昆、吴四地在打破行政区划限制、推动道路交通基础设施联通、推动产业合作、深化社会治理、推进生态环境治理与保护、建立稳定的协作机制等方面具有强烈的合作意愿。我们认为应当从以下方面作出努力:

(一)推动规划契合

包括开展跨区域经济社会发展战略协同研究、开展重点区域发展规划研究、开展跨区域产业布局规划研究、开展跨区域环境保护治理规划研究等。特别是积极响应浙江提出的共建长三角创新中心设想,努力抢占一体化发展先机。

(二)推动设施汇合

包括加快道路交通网络建设、推进航道建设等前期工作、完善跨区域市政基础设施建设布局等。特别是聚焦17条省市对接“断头路”,加快推进相关工作,同时积极开展轨道交通17号线延伸研究。

(三)推动产业耦合

包括聚焦中博会放大会展业辐射效应、推动快递物流转型发展、优化商务商贸发展、支持产业园区合作共建、打造一流营商环境等。特别是全力做好中博会服务保障,积极引导快递物流等产业疏解非核心功能,主动复制推广苏、浙在优化营商环境方面的经验。

(四)推动功能聚合

包括提升城市能级、优化教育发展质量、推进医疗合作机制、构建文化服务体系、联合打造体育品牌、积极参与环淀山湖战略协同区建设等。特别是积极响应环淀山湖古镇群联合申报世界遗产名录并联合开展前期研究,加强与环淀山湖、太湖古镇群的交流合作,研究打造环湖古镇旅游产品。

(五)推动治理融合

包括建立社会治安综合治理联动机制、建立突发事件信息共享机制、加强市场监管部门联合执法和专项合作、完善社会保障体系等。特别是加强与周边区域合作,共同构筑中国国际进口博览会安全保障“护城河”,深化流动人口的管理服务。

(六)推动环保联合

包括推进淀山湖、太浦河、吴淞江联保共治和联手打赢蓝天保卫战、全面开展土壤污染防治、加强环境联合监管与执法等。特别是将围绕淀山湖、太浦河、吴淞江重点区域,抓好工业企业关停、违法建筑清拆、苏州河四期工程建设等工作,进一步加强跨区域联防联治。

总而言之,青浦区在融入一体化发展中要实现“三个转变”:一是从习惯于眼睛向内向胸怀全市、立足长三角面向全国全球转变,观大局、谋大势,做到“开明睿智、大气谦和”;二是从行政区经济观点向功能区经济观点转变,打破行政区划壁垒;三是从同质竞争向协同发展转变,做自己最适合、最擅长的事,做最能彰显自身特色和优势的事,更多做强身健体、培植优势的事,而不是相互抢项目、争资源,真正做到“海纳百川,追求卓越”。

(区委研究室)

青浦区服务保障中国国际进口博览会工作纪实

2018年11月5—10日，首届中国国际进口博览会（以下简称“进博会”）在国家会展中心（上海）（以下简称“会展中心”）举办。这是迄今为止世界上第一个以进口为主题的国家级展会，首次举办就吸引了五大洲172个国家、地区和国际组织参会，有3600多家参展企业、超过40万名境内外采购商到会洽谈，累计意向成交578.3亿美元，累计进场80万人；这是国际贸易发展史上一大创举，也向全世界展示了中国的国家形象、经贸发展成就和特色优势产品。

在迎接、举办“进博会”期间，中共青浦区委、区政府在市委、市政府的直接领导下及商务部等相关部门的指导支持下，在有关地区的配合支持下，认真落实属地责任，全面加强组织领导，强化党建引领和宣传发动，全力补足功能短板、提供优质服务、融入青浦元素、承接产业溢出效应，努力将青浦打造成为国家“一带一路”对外贸易展示的示范区，力争使“进博会”成为向世界展示青浦新形象的重要窗口和推动青浦跨越式发展的重要载体。为此，青浦区于5月上旬成立前线指挥部，下设“一办九组”（即指挥部办公室和综合协调组、项目建设组、产业对接组、城市管理组、安全保障组、维护稳定组、舆论宣传组、党建服务组、宾客接待组），上下联动、统筹协调，不折不扣做好各项服务保障工作。

一、全域发动、全区参与，扁平管理、挂图作战

2017年5月，习近平总书记在“一带一路”国际合作高峰论坛上宣布，中国将从2018年起举办中国国际进口博览会。首届“进博会”由中华人民共和国商务部和上海市人民政府主办、中国国际进口博览局和国家会展中心（上海）承办，旨在坚定支持贸易自由化和经济全球化、主动向世界开放市场。

11月12日，青浦区服务保障首届中国国际进口博览会工作人员代表与区四套班子成员等领导在国家会展中心（上海）南广场合影　　（陈松青摄）

2018年4月17日，上海市召开“进博会”200天动员大会，吹响举全市之力办好进博会的进军号。18日，青浦区召开专题会，第一时间传达学习中央政治局委员、上海市委书记李强在动员大会上的讲话精神，研究部署具体贯彻落实意见。中共青浦区委书记赵惠琴强调要深刻认识举办“进博会”的重大意义和使命，提高政治站位、增强工作责任，不折不扣完成好这一重要任务。

3月28日，区委、区政府召开青浦区迎接进“进博会”200天誓师大会，动员推进迎展、护展重大项目。赵惠琴在会上指出，办好“进博会”是区今年一项重大的政治任务，对标市委、市政府提出的“最高标准,最好水平”总体要求,结合青浦区存在的实际问题,完善工作机制,强化工作督查机制,紧扣时间节点推进建设进度。

5月7日,区委、区政府成立青浦区服务保障“进博会”前线指挥部,并下发《关于成立青浦区服务保障中国国际进口博览会前线指挥部的通知》(青委〔2018〕41号),由赵惠琴担任总指挥,区委副书记、区长夏科家担任第一副总指挥,其余18名区领导担任副总指挥,下设“一办九组”,明确办公室和各专项工作组任务,统筹协调推进服务保障各项工作;坚持“自我加压、跨前一步、主动对接”,以最高标准、最强措施、最严要求、最好水平,举全区之力做好筹备工作,服务保障好首届“进博会”。制定实施《青浦区承接首届中国国际进口博览会总体方案》,明确协同发挥公安、城管、安监等部门合力、挂图作战,做到项目上墙、责任上墙、进度上墙、考评上墙,确保配套项目建设9月底之前全部完成。前期建设推进阶段,“一办九组”各司其职,分头推进;指挥部每周例会,集中研究、集体决策。后期运行保障阶段,24小时指挥和应急处置,每天晨会通报情况。其间,综合协调、项目建设、城市管理3个组会同其他相关单位,结合专家意见及实际情况,着力推进66个“进博会”配套项目建设任务,其中涉及道路交通建设、智能安防建设、架空线入地和合杆整治、河道治理、绿化景观提升等四大类多个方面,总投资50.19亿元。

7月27日,首届“进博会”倒计时100天之际,“冲刺100天,决胜进博会”誓师动员大会在上海展览中心举行。中共中央政治局委员、国务院副总理胡春华出席大会并讲话。胡春华强调,举办“进博会”,是以习近平同志为核心的党中央着眼新一轮高水平对外开放作出的重大决策,是我们坚定支持贸易自由化、主动向世界开放市场的重大举措。要坚持精益求精,高水平高质量做好服务保障,为国内外嘉宾提供热情周到的服务,打造最好、最难忘的参展参会体验,用心锻造进口博览会的服务“金牌”。李强指出,我们要深入贯彻落实习近平总书记“努力办成国际一流博览会”的重要指示精神,按照党中央、国务院决策部署,以最高标准、最快速度、最实作风,举全市之力确保首届“进博会”取得圆满成功。

至9月30日,全区66个“进博会”配套项目全部竣工。10月1—15日,启动“啄木鸟行动”,排查项目各环节,确保工作无疏漏;16日,开始进行全面覆盖的精细化管理工作。10月27日,“进博会”实战动员大会暨岗位综合演练启动仪式在设置前线指挥部的西虹桥指挥中心举行。赵惠琴作动员令,动员大家一要振奋精神、昂扬斗志,二要勇于担当、冲锋在前,三要严守纪律、能打胜仗,要心无旁骛地投入到实战演练中,全力打赢服务保障最后的攻坚战。

(一)基础设施建设及公共配套类项目

1. *新建、改建道路及交通设施*。至9月30日,“会展中心”外围12项15条配套道路建设全部完成。其中,通车4条(S26公路高架、青浦区汇龙路、蟠龙路、蟠龙路桥及接坡),完工工程1项(诸光路人行地道北出入口工程)。

对7个路口的合杆、对11个电力开关站进行整治和重新设计。共拔除杆件960根,改造7个路口合杆169根,减少52.9%;徐民路、蟠和路、龙联路新立综合杆217根。配合架空线入地,在“会展中心”周边500米半径内共建成10个电力开关站。

利用临时闲置空地改造11处停车场,折合小车泊位1万多个;在相关轨道交通沿线站点设置停车场,引导客流“P+R”(P即停车,R即换乘)出行;安排6条接驳公交线路,包括71路中运量延伸线和3条轨道交通、2条停车场接驳线。

“进博会”交通APP覆盖公交接驳站、出租车上下客点、停车场、公交站和轨道交通站点等展馆周边交通信息及场馆进出口、场馆内部展区分布等信息。路线规划量身定制,一键导航抵离场馆。

2. *架空线入地和电力保障工程*。“进博会”核心区电力架空线入地工程历时半年多,共涉及龙联路、崧泽大道、蟠中路、徐民路、谢卫路、沪青平公路等8条道路共18.38公里,道路上方架空线入地90余公里,剪除黑缆18865米,于9月底前全部完成,系统消灭了城市架空线“蜘蛛网”。9月15日中午,随着国网上海青浦供电公司调控中心发出送电指令、运维人员操作后,“进博会”主场馆第三路电源于顺利完成送电。至此,“会展中心”供电系统在“双保险”的基础上,再增加一道“后备保险”,在最大限度上保障场馆供电可靠。

3. *全面提升水环境质量*。“进博会”周边河道治理类项目包含河道清淤、驳岸、水质净化、河道绿化、水生植物种植等,范围内主要有蟠龙港、小涞港、徐泾江等26条河道,总长约37.68公里,面积约12平方公里。主要治理措施有:一是控源截污。对涉及的9个小区、38个企业、3条道路进行雨污混接改造;对雨水管网进行疏通,及时发现和处置新增污染源。二是增加水动力。在河中设计新建6座装配式景观溢流堰,抬高和调节河道水位,呈现跌水小瀑布效果。三是水生态修复。种植矮苦草、狐尾草、菊花草等水生植物和投放食藻虫,打造水下森林;设置20处视频实时监控和2处水质在线监测,运用信息化手段实现实时化管理。四是营造水景。种植沉水植物7.2万平方米、挺水植物1万平方米、地被植物10万平方米、大小乔木1.3万株,实现四季有景;依托区水务局系统内20家基层单位,成立青浦区护河志愿服务总队,有1200余名志愿者负责日常巡河、护河工作。通过对河道的全面整治提升,营造出宜人的滨水场所,创造具有地域特色的城市空间,构建健康的城市生态。其中,“会展中心”以东的小涞港面貌焕然一新,核心区主要水质指标从劣Ⅴ类到Ⅳ类,提升了两个等级,氨氮、总磷等污染物指标消减约80%,溶解氧增加约4倍,水体透明度提升4倍,稳定维持在1.5米以上,局部区域达到2米以上,相关部门采取以矮苦草、狐尾草、菊花草等水生植物和食藻虫为核心的水生态技术,营造“鱼翔浅底”景观,同时研究采用浮游动物引导水下生态修复技术,提高小涞港水体透明度,让曾经反复治理反复黑臭的小涞港重现了“水清岸绿、鱼翔浅底”的江南水韵,获“2018年长江经济带最美湖泊”之一。

4. *全覆盖稽查、巡查*。青浦区严格按照《青浦区政府性投资项目管理办法及其配套办法》,专门设立稽察组,开展全覆盖、全过程项目稽察,全程跟踪落实问题整改。6月15日,综合协调组全面启动。随着“进博会”配套项目建设进入收尾阶段,工作重心转移为提升和管理,前线指挥部适时建立“综合巡查、专项巡查和日常巡查”三级巡查机制。其中,综合巡查是由指挥部领导轮流带领“一办九组”相关部门主要负责人和建设、设计、施工、监理单位有关负责人以及专家、市民巡访团成员等，对配套项目建设和相关服务保障工作进行现场巡查；专项巡查是由指挥部各专项工作组按照职责分工对全区域相关工作进行专业性巡查，每周不少于2次；日常巡查是由各业务主管部门、街镇和代建单位对自身工作职责和管理范围内的各项工作开展日常性巡查，每周不少于3次。9—11月，三级巡查机制持续做好查漏补缺工作，且保证发现问题做出及时整改，仅领导带队巡查一项共计整改问题2000件~3000件。

（二）市容、市貌整治类项目

为营造、保障"进博会"安全、整洁、有序的环境，相关部门压实责任、狠抓落实，加强城市精细化管控，开展市容顽症专项治理，制定一体化保洁养护工作实施方案，涉及地域总面积38.16平方公里。扎实提升城市治理能力和水平，有效改善了市容环境质量。

1. 提升核心区绿化市容景观。研究制定《青浦区"美丽街区"建设三年行动计划》，锁定17个区域建设任务，稳步、有序推进全区"美丽街区"建设。重点聚焦1平方公里核心区及周边重点保障区域，新建九块绿地、整治提升四块绿地，面积近30万平方米；完成盈港东路、涞港路乔木调整种植工作；完成夜间景观灯光照明改造、立体绿墙造型、护栏花箱组合等绿化市容景观改造。

2. 加强市容环境综合治理。一是深化落实市容环境卫生责任区制度。加强徐泾地区21条道路市容环境卫生责任区管理示范道路的管理。二是开展重点保障区域专项整治。共拆除亭棚31处和违法户外广告478块，拆除西郊家园内违规店招店牌100余块、违章搭建61处，腾退谢卫路两侧沿街门店66户、企业1家。累计拆除违建面积5000平方米、店招店牌面积1895平方米。于6月底完成绍虹路、申武路中轴线绿化，面积共31311平方米。将徐民路（诸光路—华徐公路）原双向两车道扩建为双向四车道。至5月，完成西郊家园动迁安置小区前期整治，如期完成其后改建工程所涉及基础设施修缮、绿化绿地补种、道路"白改黑"和建筑外立面刷新等。三是开展西虹桥区域已收储地块整治。重点对其中16块地块加强治理，通过撒花籽、撒草籽、盖绿网等措施，改善整体市容环境面貌。四是制定实施西虹桥区域非机动车停放管理方案。指导和督促徐泾镇按照疏堵结合要求，对乱停放的非机动车加强整治；会同相关部门，挖掘7块区域进行统一划线、规范停放。五是开展轨道交通站点周边市容环境整治。重点对西虹桥区域3个轨道交通站点（2号线徐泾东站、17号线诸光路站和蟠龙路站）开展市容环境巡查整治，并延伸至17号线沿线其他站点，强化网格巡查发现和快速处置。六是加快推进环卫基础设施建设。落实"会展中心"周边停车场、公厕配套工作；采用租赁临时公厕的方式缓解展会期间大客流用厕需求。

3. 推进市容环卫常态化管理。对徐泾西虹桥地区5.9平方公里实施一体化养护保洁，着力解决职能交叉、管理盲区的问题。对核心区1平方公里按照一类标准、延展区4.9平方公里按照二类标准，将道路保洁、水域保洁、绿化养护、设施保洁等实施一体化作业。制定《关于建立完善青浦区生活垃圾全程分类体系的实施方案》（青府办发〔2018〕58号）等文件，督促指导各街镇做好建筑垃圾源头申报、中转分拣、运输物流、末端处置等环节，形成每月检查通报机制。拟定垃圾分类减量工作实施意见，分解落实6.65万户指标任务（绿色账户开卡户数已达2.3万户，占计划数的35%）；梳理全区集镇地区102个垃圾分类居住区达标验收、农村地区22个示范村创建以及夏阳街道、盈浦街道垃圾分类样板居住区拓展范围；完成95辆垃圾分类收运装备（垃圾收运车）政府采购，锁定干、湿垃圾分类收运车辆243辆，完成全区集镇地区3600余只道路果壳箱干垃圾、可回收物组合式标识更新工作。

（三）社会安全保障类项目

为确保"进博会"安全、顺利、圆满进行，全区上下众志成城，牢固树立底线思维和红线意识，深入开展安全隐患排查整治，加强重点领域、重点行业的安全管理。整个"进博会"期间，区域内未发生有重大社会影响的安全事故。

1. 切实维护城市安全。开展"3+6"安全专项整治（即涉爆粉尘、有限空间、化工和危险化学品生产企业安全专项整治以及危险化学品、电动自行车、大型商业综合体、打击假冒特种作业操作证、空中坠物、建筑施工安全专项整治），全面排查国家会展中心5公里范围内危险化学品企业，11月1—10日期间每天开展巡查。加强消防管理，在全市率先完成5处市、区两级重大火灾隐患挂牌督办区域（单位）整治，集中开展消防"大排查、大整治"行动30余轮次，检查场所单位6000余家，督改火灾隐患15000余处，严防死守，全区连续21天实现"零火灾"。加强特种设备安全保障，做好展会期间商标广告监管和消费市场价格维稳工作。严格食品安全管控，加强对参展企业、食品原料供应商的资质审查，加大对展馆内公共餐饮、集体供餐、团膳外卖等食品经营单位巡查监管力度。做好公共卫生、医疗卫生保障，加强对会展中心、接待酒店以及周边各类公共场所的卫生监督检查。加强旅游综合保障，做好酒店、景点（区）、旅行社的管理协调，落实旅游景区安全管控措施。制定完善《进口博览会路线运行保障方案》，完成轨道交通2号线、17号线应急客流输运保障方案，落实二级公交应急运力预备制度。对徐泾地区网格化管理边界进行重新核定，确保责任网格全覆盖、无盲点、不交叉，形成重点保障区域事件清单250余项；陆续组织"会展中心"核心区现场保障人员提前进驻，开展模拟演练及压力测试等工作；实施网格巡查处置一体化，实施24小时三班制全覆盖巡查和处置；加强城市管理综合执法，启动"一级勤务执法"实战模式，落实全天候执法管控。加强应急管理。于9月7日在"会展中心"北广场举办大型综合应急演练。采用实地、实战、指挥中心与现场互动、主演练现场和分演练现场并行的方式，涵盖事故应急救援处置的各个环节；实施晨会制度，前线指挥中心昼夜轮班值守，强化实施突发事件和值班值守情况日报告制度；安排智能交通安全管理系统、市域卡口监测系统、智能语音识别系统、无人机管控系统、"一标六实"（"一标"即标准地块，"六实"即实有人口、实有单位、实有房屋、实有安保设备、实有力量装备、实有警情）警用地理信息应用系统等24个项目。

2. 层层部署安保工作。在市公安局统筹下，制定并实施十五类共162项"进博会"安保行动计划。制定安保方案，多次进行压力测试检验"大客流"疏散管控等工作，先后组织联合演练18次、“红蓝对抗”演练59次，整改隐患问题90余处。制定封闭管理方案，加强隐患排查，对401场配套活动逐一落实安全监管。建成市域卡口检测系统，5月运行后至年底，累计核查车辆1422万辆次、人员5043万人次，抓获逃犯41人。开展枪爆物品、非法液化气和“黑汽柴油”等专项整治，督促寄递物流企业全面、严格落实安防措施，确保核心区禁寄物品“零出现”。面对大客流、大交通、大稳控，形成针对性的分时分段管理方案，利用“进博会”前的5个大型展会进行压力测试和应急疏散演练，确保“进博会”期间客流疏散迅速、有序；采用技防和人防相结合，布防“过滤线”，打造“圈层防护、人物干净、宽松高效、有序安全”的智慧安保模式。

3. 维护社会和谐稳定。加强突出矛盾摸排攻坚，做到发现在早、防范在先、处置在小，系统防控和降低社会稳定风险。健全信访工作责任机制，推动人民调解、司法调解、行政调解协调联动，推进矛盾依法及时就地化解；坚持“有黑扫黑、无黑除恶、无恶治乱”，深入开展扫黑除恶专项斗争，对涉赌类案件、寻衅滋事、聚众斗殴等侵犯人身权利类案件，“套路贷”等新型犯罪“露头就打”；坚持专群结合，全民共创平安。区检察院制定服务保障“进博会”若干意见，组建青年检察干警先锋队。区法院推出10项服务举措，设立“进博会”会展业案件立案专窗。10月8日，为“进博会”度身定做的“涉外商事审判法庭”——上海市青浦区人民法院西虹桥（进口博览会）人民法庭正式在“会展中心”揭牌成立，并制定《西虹桥（进口博览会）人民法庭工作规则》和《关于西虹桥（进口博览会）人民法庭案件受理范围的规定》，建立健全西虹桥（进口博览会）法庭运行制度机制。全区组织发动平安志愿者参与“进博会”期间社会面防控工作，参与隐患排查、矛盾调处、巡逻防控、站点守护、道口及水路支流河口管控等，共有44.7万余人次。

（四）管理服务类项目

1. 做好各项服务。一是窗口服务。开展服务窗口和服务明星评选活动，提高交通、旅游、商业，餐饮等行业服务质量。二是志愿者服务。成立“青浦文明志愿者联盟”。7月起，推出五大志愿服务行动，常态化开展迎办“进博会”志愿服务项目142个；在未成年人群体中开展主题宣传和礼仪培训，鼓励广大青少年当好小小东道主。

2. 开展护航行动。一是开展“上善先锋行 · 护航进博会”区域化党建主题活动。5月17日，该活动启动仪式在“会展中心”举行。会上，区委常委、组织部部长蒋仁辉发布“四大护航行动，百项志愿服务”（“四大行动”指岗位行动、家园行动、志愿行动、文明行动）项目。二是聚焦两个“一百”激发斗志。开展“百项志愿服务”，梳理制定130项进博志愿服务项目，提升护航实效；命名百个“党员先锋岗”，在项目建设一线、重点窗口单位和服务行业及“会展中心”等部分驻区单位深化“岗位建新功、党员见行动”活动。三是聚焦“三五”集中行动汇聚力量。组织全区基层党组织和广大党员于5月起在每月5日、15日、25日开展“三五”集中行动等主题党日实践活动，全过程做好“进博会”服务保障工作。

3. 组织立功竞赛。积极响应市总工会组织的“凝心聚力进博会、建功立业创一流”立功竞赛活动。深入开展大比武、大练兵、大竞赛、大培训、大献计等技能培训、竞赛，活动设立项目建设、产业对接、城市管理、安全保障、维护稳定、综合保障以及会展服务七大赛区，覆盖涉及“进博会”全部保障项目。全区72家企事业单位、3万余名职工参与立功竞赛，形成了比、学、赶、帮、超的生动局面。

综观“进博会”筹备工作，青浦举全区之力，实行“挂图作战”，在200天内全部完成所承担的66项任务。之后，又开展“啄木鸟行动”进行自查，于10月15日实现精细化管理全覆盖，确保5.9平方公里核心区内所有事件全覆盖，并在临近节点时每天进行实战演练。

二、上下联动、精心服务，全力以赴、护航进博

11月5—10日展会期间，青浦全区上下更是全力以赴、拉满“弓弦”，做到一丝不苟、明见万里，尽心竭力为“进博会”保驾护航，确保万无一失。

（一）国家主席习近平出席开幕式并发表主旨演讲

11月5日，“进博会”开幕式举行。国家主席习近平出席开幕式并发表题为《共建创新包容的开放型世界经济》的主旨演讲。包括多个国家和地区领导人、国际组织负责人在内的1500多名与会嘉宾现场聆听。习近平指出，中国经济是一片大海，而不是一个小池塘。大海有风平浪静之时，也有风狂雨骤之时。没有风狂雨骤，那就不是大海了。狂风骤雨可以掀翻小池塘，但不能掀翻大海。经历了无数次狂风骤雨，大海依旧在那儿！经历了5000多年的艰难困苦，中国依旧在那儿！形象的“大海论”，道出了中国和中国经济的坚韧不拔，道出了中华民族海纳百川的开阔胸怀。习近平还指出，追求幸福生活是各国人民共同愿望。人类社会要持续进步，各国就应该坚持要开放不要封闭，要合作不要对抗，要共赢不要独占。他向会议倡导：共同维护自由贸易和多边贸易体制，共建创新包容的开放型世界经济，向着构建人类命运共同体目标不懈奋进，开创人类更加美好的未来！他还提出了关于上海的3条重要措施，即：增设上海自贸试验区新片区，在上证所设立科创板、试点注册制，“长三角区域一体化”上升为国家战略。

多位外国元首和政府首脑，世界贸易组织、国际货币基金组织、世界银行等国际组织负责人在主论坛上致辞。平行论坛和国际媒体论坛3000人与会，20多名外国政要发表演讲，30多位知名企业家、智库专家和国际组织负责人参与讨论互动。各方嘉宾围绕全球经贸发展前沿问题开展交流，凝聚更多共识，呼吁反对保护主义、单边主义，打造了发出中国声音和中国主张的世界最高水平论坛。

（二）配合做好内、外宾接待工作

会展期间，青浦区共接待辽宁省、大连市交易团团部成员268人，累计接待外宾139人，参与接待俄罗斯总理梅德韦杰夫一行到青浦参观。同时，按照市委、市政府部署和要求，配合市旅游局全力做好会务住宿保障、旅游服务提升、城市形象宣传等工作。

（三）志愿者积极参与服务工作

全方位的志愿服务于11月3—12日期间开展，重点在“会展中心”周边、旅游景区、购物商圈、重要交通路口、酒店宾馆等区域，共安排志愿服务点331个，主要提供交通路口指引、站台秩序维护、景区引导讲解、“进博会”宣传等服务工作。全区共有超过 10000 名志愿者参与服务，为外国参展商和来宾提供语言翻译、为观展宾客提供交通引导，“微笑四叶草”志愿者的专业热情服务得到了中外宾客的交口称赞。

（四）相关部门做好保障工作

11 月 4—12 日，公安青浦分局服从市公安交警总队安排，组织警力与相关交警支队等，在“进博会”交通管制区内的 9 个重点区域、路口设置事故快处服务点，并在部分重点高速公路、城市快速路下匝道出口，选择合适点位设置交通事故快处点，安排民警值守，负责重要通道内发生的交通事故。

志愿者为参观者作引导 （绿色青浦供稿）

按照市委、市政府的部署和要求，市旅游局牵头旅行保障组各单位，全力做好会务住宿保障、旅游服务提升、城市形象宣传等工作。将全市 80 间客房以上的 1711 家酒店、约 41.1 万张床位纳入住宿保障范围；启动措施稳控房价，集体约谈在线订房平台，拉起住宿价格防护网；分类落实重点团组 80 家接待酒店。突出提升服务品质，组织开展 380 余批次培训，覆盖旅游管理和服务人员约 7 万人次；组织检查旅游重点区域的中外文规范用语用字。

各街镇积极开展服务。快递物流企业集聚的华新镇开展快递物流行业论坛、技能练兵，以党建引领，保障“进博会”期间物流快递畅通无阻；旅游资源丰富的朱家角镇则在轨道交通 17 号线朱家角站点、古镇旅游公司票务处和景点处、朱家角汽车站新设党员示范岗、党员先锋岗和党员责任区，为市民游客提供相关服务；区经委整合全区消费资源，打造品牌节庆活动，开发特色旅游产品，提升青浦商业消费供给品质；公安青浦分局在徐泾派出所辖区内开展集中整治行动；区妇联动员全区适龄女性积极参与平安服务、城市服务、交通服务，配合做好志愿者招募、培训等工作。

“进博会”召开之际，设立 4 个保障性医疗站。每个站里配备内、外科医生和疾病预防控制中心医生以及护士各 1 人，直至展会结束。此外，“进博会”医疗保障定点医院还专门开设绿色通道，展会期间，全市共有 18 家定点医院为参观人员、参展商等提供便捷的医疗和急救服务。

（五）展会取得圆满成功

展会第一天，中美洲际直升机投资（上海）有限公司采购完成 22851.94 万美元直升机项目成为青浦交易团首日最大单。展会接近尾声时，不少签约“6+365”一站式交易平台的参展企业开始准备直接将展品从“会展中心”转移至平台，实现无缝衔接。无论是展会现场的交易，还是“6+365”平台旺盛的人气，都显示出“进博会”打造“买全球、卖全球”开放平台的效应已经开始显现；把“进博会”6 天的精彩，演变成 365 天的常态，让进博会“永不落幕”的机制已现端倪。这既为中国推动实现高质量发展注入了新动力、打造了新引擎，又将为推动开放型世界经济发展打造新平台、创造新机遇。

11 月 5 日，中美洲际直升机投资（上海）有限公司采购完成的直升机项目成为青浦交易团“进博会”首日最大单 （绿色青浦供稿）

整个“进博会”期间，青浦区全面梳理重点部位和关键环节，切实加强安全保卫和和交通保障工作，守好安全底线；加强社会面整体防控，加强风险排查和隐患化解；组织广大群众有序、文明观博。圆满完成中央、市委赋予青浦的工作任务。

三、表彰先进、总结经验，弘扬精神、砥砺奋进

11 月 10 月，举世瞩目的“进博会”落下帷幕。12 日，青浦区举行第三次服务保障“进博会”新闻发布会。赵惠琴、夏科家向新闻媒体发布青浦区服务保障首届“进博会”总体情况。赵惠琴指出，青浦区在“进博会”举办过程中“打赢了三个攻坚战、收获了五个金苹果”(“三个攻坚战”指环境配套攻坚战、安全保障攻坚战、城市管理攻坚战;“五个金苹果”指城市得到了宣传和认可、干部得到了磨练和锻炼、产业得到了带动和提升、管理得到了创新和检验、自信得到了激发和强化)。“进博会”举办期间,青浦区经受最复杂的考验,城市环境、城市功能、城市格局有了质的飞跃,全区上下凝聚了最广泛的团结氛围,得到了最有利的政策礼包。下阶段青浦的工作重点主要是,在认真总结经验做好迎接来年“进博会”准备的同时,主动作为服务好扩大开放和长三角一体化两个国家战略,打造好上海之门,不断提升城市能级和核心竞争力。一是共同打造长三角国际贸易龙头区,唱好“6+365”永不落幕的“进博会”大戏,重点打造进口商品贸易、时尚品牌消费和名优食品展销“三个中心”。二是共同打造长三角协同创新核心区,积极把握上海证券交易所设立科创板并试点注册制的机遇,大力推进长三角区域人才、资金和成果等核心要素联动,共同建设具有全国影响力的创新发展示范区。重点打造软件信息创新、科技转化创业和创新资源集聚配置“三个高地”。三是共同打造长三角乡村振兴先行区,重点是依托背靠上海超大城市、面向江浙广阔腹地的战略位置和产业、空间、生态、文化等方面的比较优势,发挥好上海协同长三角实施乡村振兴战略的引领作用。四是共同打造长三角江南文化示范区,重点是加强与环淀山湖区域古镇群的合作,加强规划和设计对接,打造具有一流水准的水乡文化展示区,重点打造江南水乡、教育服务和文化产业“三个品牌”。五是共同打造长三角社会治理样板区,重点打造城市管理精细化、公共服务便捷化、基层治理法治化“三个样板区”。

11月28日,“凝心聚力进博会,建功立业再出发”——青浦区服务和保障首届中国国际进口博览会总结表彰活动在区会务中心举办　(区委宣传部供稿)

11月23日,首届中国国际进口博览会上海城市保障总结表彰大会在“会展中心”举行。市委书记、中国国际进口博览会城市保障领导小组组长李强强调,要深入学习贯彻习近平总书记在首届中国国际进口博览会开幕式上的主旨演讲和考察上海时的重要讲话精神,按照“办出水平、办出成效、越办越好”的指示要求,为持续办好“进博会”提供更优服务保障,不断放大“进博会”溢出带动效应,全面展示全市上下担当作为新风貌,奋力开创新时代上海各项事业发展新局面。市领导为受到表彰的先进集体和个人代表颁奖,为保障单位代表颁发荣誉牌,为志愿者代表颁发证书。28日,“凝心聚力进博会,建功立业再出发”——青浦区服务和保障首届中国国际进口博览会总结表彰活动在区会务中心举行。赵惠琴出席活动并讲话,她代表区委、区政府向为首届进博会成功举办作出突出贡献的全区建设者、工作者、志愿者,向所有为“进博会”奉献力量的广大群众和社会各界致以感谢。区领导为受到表彰的先进集体和个人代表颁奖。

12月21日,“上善先锋行,护航进博会”——青浦区“进博先锋行动”先进基层党组织和优秀共产党员事迹报告会在区会务中心举行。区委常委、组织部部长蒋仁辉,市委组织部组织一处副处长赵加强出席活动。青浦区获评上海市“进博先锋行动”先进基层党组织和优秀共产党员代表,以及区基层党组织和党员代表等600余人参加报告会。27日,公安青浦分局在“会展中心”虹馆举行青浦公安首届中国国际进口博览会安全保卫工作总结表彰仪式。市公安局党委副书记、副局长陈臻,区委副书记、代区长余旭峰出席表彰活动并讲话。区领导出席仪式并为受表彰集体和个人颁奖。

“圆满、精彩、难忘”的2018年“进博会”落幕了,它永远留在青浦人民的印象中、记忆里。青浦区将在认真总结经验、迎接新一届“进博会”的同时,充分发挥“进博会永久举办地”的优势,把握长三角一体化发展上升为国家战略的重大机遇,以改革开放再出发的勇气和智慧,主动服务中国扩大开放和长三角一体化发展国家战略;以建设“上海之门”为城市发展目标,围绕开放之门、创新之门、服务之门、文化之门的目标内涵,加快打造中国全球购物的桥头堡、长三角协同创新主阵地、上海对外服务大前门、江南文化发展示范区和城市精细化管理样板区,推进从严治党、发展质量、营商环境、城市能级、生活品质、社会治理全面跨越式发展。

(区史志办)

1月

1日 上午,2018青浦区元旦迎新徒步活动在东方绿舟举行,全区近2000名市民参加。

3日 中共青浦区委五届五次全会在区会务中心举行。会议传达十一届市委三次全会精神,审议通过区委常委会2017年工作报告、2018年工作要点,审议通过《中国共产党上海市青浦区第五届委员会第五次全体会议决议》。

8日 青浦区召开"不忘初心、牢记使命,推动青浦全面跨越式发展"大调研动员部署会。

15日 下午,中国人民政治协商会议上海市青浦区第五届委员会第二次会议在区会务中心开幕。会议于1月18日下午闭幕。

16日 上午,上海市青浦区第五届人民代表大会第三次会议在区会务中心开幕。经大会选举,王翔当选为青浦区监察委员会主任。会议于1月19日上午闭幕。

是日 德邦物流股份有限公司首次公开发行股票(股票代码:603056)并在上海证券交易所上市交易,为国内主板IPO上市的首家物流快递企业。发行股份总数3000万股,发行价4.84元/股。

22日 青浦区监察委员会举行挂牌仪式。

2月

6日 上海市副市长彭沉雷到青浦区调研美丽乡村建设情况,实地踏看朱家角镇张马村老年活动中心、沿河村庄、民宿和王金村社区事务受理中心、综治工作中心等,并召开座谈会听取基层需求。区领导赵明、金俊峰等陪同调研。

8日 中共上海市青浦区第五届纪律检查委员会第三次全体会议在区会务中心举行。

14日 青浦区入选2018—2020年创建周期全国文明城市提名城市。

26日 青浦区第五届人大常委会第十次会议在区会务中心举行。区人大常委会主任朱明福,副主任陶夏芳、胡海民、何强、赵宏林出席会议。会议决定任命马彩云为区人民政府副区长(挂任职务),为期1年。

26—28日 韩国保宁市议会代表团到青浦区进行友好交流访问。代表团一行先后参观上海移动互联网产业基地、青浦工业园区韩资企业——好丽友食品有限公司、青浦现代农业园区。

3月

2日 青浦区人民政府与威马汽车集团举行战略合作协议签约仪式。双方就"一总部、三中心、一基金"(即威马汽车全球运营管理总部、中国销售中心、智能网联软件中心、中国采购中心和百亿规模产业基金)、企业落户、政策支持等问题达成一致意见,全面开展战略合作。

9日 国务院安委办第十四督导组到青浦区开展安全生产专项督导,听取情况汇报,进行台账检查,并到相关企业开展实地检查。

是日 上海交通大学党委书记姜斯宪一行到中国北斗产业技术创新西虹桥基地进行产学研合作考察,区领导赵惠琴、余旭峰、王凌宇等陪同调研。在参观北斗西虹桥基地展示厅后,双方就推动产学研深度合作、促进校地共建创新发展等相关内容进行座谈交流。

15日 中共上海市委常委、组织部部长吴靖平到青浦区调研,先后走访中国北斗产业技术创新西虹桥基地、华新镇嵩山村、赵巷镇中步村和新城一站大型居住社区,并与基层党员代表座谈。区领导赵惠琴、韩顺芳、蒋仁辉等陪同调研。

23—25日 以"乐享莓好春光·共兴丝路名镇"为主题的第九届上海白鹤草莓文化节在白鹤草莓园举行。

30日 上午,青浦区卫生和计划生育委员会与复旦大学附属妇产科医院合作共建复旦大学附属妇产科医院青浦分院签约仪式在区政府东裙楼会议室举行。复旦妇产科青浦分院定位为非营利性公立医院,位于朱家角新镇区,占地面积约6.4公顷,医院规模为500张床位。

4月

2日 水利部太湖流域片河长制工作交流会在青浦区召开。会议总结前阶段河长制工作成效,交流流域片河长制工作经验，分析研究存在的主要问题，部署2018年工作要点。

3日　苏州市市委副书记、市长李亚平率党政代表团到青浦区考察交流。代表团一行实地参观哈工大人工智能产业园、踏看省市对接道路盈淀路项目工地、考察中国北斗产业技术创新西虹桥基地，并就深化长三角一体化发展等相关事宜进行座谈。区领导赵惠琴、夏科家、陈庆江、倪向军等陪同调研。

是日　兰生复旦青浦分校签约仪式在上海淀山湖新城发展有限公司举行，标志着兰生复旦青浦分校项目正式落户青浦。该分校位于朱家角新市镇区域港周路以西地块，拟从幼儿园举办至高中。

4日　青浦区创建全国文明城区动员大会在区会务中心举行。

8日　中共中央政治局委员、上海市委书记李强到青浦区调研。李强一行实地走访淀山湖防洪大堤、金泽镇蔡浜村、青西郊野公园、环城水系公园（淀浦河东段），实地考察哈工大人工智能产业园、中国北斗产业技术创新西虹桥基地、威马汽车技术有限公司。市委常委、市委秘书长诸葛宇杰，区领导赵惠琴、夏科家、朱明福、李华桂等陪同调研。

10—14日　青浦区党政代表团赴云南省德宏州开展扶贫协作工作，察看援建项目，深入农寨与基层干部群众交流座谈，并签订结对帮扶合作协议。

11—14日　健康产业领袖峰会（医药展）在国家会展中心（上海）举行。医药展由中国国际医疗器械博览会、全国药品交易会、中国国际医药原料药设备交易会三大展会组成，展览面积35万平方米，有30多个国家和地区的近7000家企业参展。

13—19日　第七届中国工艺美术大师评选在徐泾镇的世界手工艺产业博览园举行，有全国31个省、市、自治区201位参评者的603件作品参与评选。展览面积近万平方米，以中国传统五音“宫、商、角、徵、羽”为主题，串联出“玉石雕刻”“其他雕刻”“工艺陶瓷”“编织印染”“金属漆器”五大展区。

18日　青浦区委与上海政法学院党委中心组联组学习会暨区校全面战略合作框架协议签约仪式在上海政法学院举行。双方签署青浦区人民政府与上海政法学院全面战略合作协议。

20日　青浦区报刊联盟揭牌成立。该联盟首批成员单位共27家，编发报刊29种，全区发行量近30万份。

21日　2018年上海城市业余联赛——“青浦·白鹤杯”上海市门球精英赛在白鹤镇举行。有全市各区选拔推荐的24支门球队的214名运动员参赛。

是日　2018年“妮维雅”杯青浦区足球超级联赛开赛仪式在区体育中心举行。有全区各镇、街道及企事业单位共35支队伍的700名足球爱好者参赛。该联赛分超级组、冠军组、精英组3个组别，至7月15日结束。经比赛，朱家角星火足球队获得超级组冠军。

23日　中共上海市委副书记、市长应勇到青浦区调研首届中国国际进口博览会重点保障工作情况，区委副书记、区长夏科家陪同调研。

25日　韩国保宁市企划监查室室长金信焕率保宁市友好代表团到青浦区访问。访问团一行实地参观青浦区实验中学、盈浦街道社区卫生服务中心，并就公共社会事业发展有关情况进行沟通交流。

29—30日　由华新小学教育集团举办的第二届“金锦弘”杯全国小学生足球邀请赛在华新小学举行。有上海、浙江、江苏等省市共23支小学生足球队参赛。

是月　落户于青浦工业园区的绿邦实业（上海）股份有限公司挂牌中国青年创新创业板，成为青浦区首家挂牌该板的企业。

5月

3日　由朱家角镇人民政府、中国音乐学院贺绿汀中国音乐高等研究院、中国音乐非物质文化遗产保护与研究中心共同创办的朱家角镇江南音乐传承与实践基地在尚都里揭牌成立。

是日　《中国共产党人的杰出楷模周恩来展》在陈云纪念馆开展。展览分“不忘初心、坚守信仰”“对党忠诚、维护大局”“热爱人民、勤政为民”“自我革命、永远奋斗”“勇于担当、鞠躬尽瘁”“严于律己、清正廉洁”6个方面，通过珍贵历史资料和照片，全面展现周恩来同志的高尚品德和伟大风范。展览于6月23日结束。

4日　上海市社会主义学院青浦实践教学基地揭牌授牌仪式在区会务中心举行。

6日　2018年上海市青少年跆拳道锦标赛在青浦区体育馆举行。有全市15个区的186名运动员参赛。比赛按照参赛选手年龄分A组、B组，分别进行个人竞技赛和品势赛。

7日　青浦区服务保障中国国际进口博览会前线指挥部成立大会暨第一次全体会议在西虹桥管理服务中心举行。

9日　中国物流与采购联合会服务贸易分会正式落户朱家角中采服务贸易产业园。

13日　2018“中建东孚”环淀山湖（上海青浦）半程马拉松赛在东方绿舟举行。比赛设半程马拉松和8公里欢乐跑两个项目，有近2000人参赛。

15日　中国核工业建设股份有限公司总部正式落地青浦区，是青浦引入的第一家央企总部。

17日　“上善先锋行·护航进博会”青浦区区域化党建主题活动在国家会展中心举行。活动发布“四大护航行动，百项志愿服务”项目，主要集中在5—11月。

23日　青浦区与浙江省嘉兴市签订区域联动发展全面战略合作框架协议，双方以合作共赢、融合发展为抓手，全面推进青浦区跨越式发展和嘉兴市“两富”“两美”建设。

24日　青海省果洛州州委书记武玉嶂，州委副书记、州长白加扎西率党政代表团到青浦区学习考察。武玉嶂一行在区领导赵惠琴、夏科家、蒋仁辉、姜道荣、顾骏等陪同下，先后考察青西郊野公园、哈工大人工智能产业园等。

是日　云南省红河州绿春县县委书记李国民率代表团到青浦区学习考察。区领导夏科家、顾骏等会见代表团一行，双方就加强合作事宜进行交流。

26日　以“绿色青浦、乐享区运”为主题的青浦区第五

5月26日，青浦区第五届运动会开幕式在区体育中心举行

（区政府网站供稿）

届运动会开幕式在区体育中心举行。有全区各街镇、机关企事业单位共57个代表团近700名运动员参赛。运动会共设足球、篮球、乒乓球等43个大项308个小项，设置青少年组、中青年组、老年组、公开组4个竞赛组别。运动会于11月30日闭幕。

28日　德国丽莎市友好代表团到青浦区访问考察。代表团一行先后参观海德堡印刷设备上海有限公司、哈工大人工智能产业园、国家会展中心、世界你好美术馆、青浦博物馆等，并与区教育系统人员展开交流，探讨未来合作计划。

是日　苏州市吴江区区委副书记、区长李铭率考察团到青浦区学习交流，先后考察美丽乡村赵巷镇中步村和哈工大人工智能产业园。区领导夏科家、陈庆江、顾骏等参加会见，双方就推进长三角一体化合作发展进行交流。

30日　青浦区人民政府与民航华东空管局举行战略合作框架协议签约仪式，共同推进青浦区域的产业升级及华东空管的行业发展。

6月

1日　由上海市法学会、上海政法学院、青浦区人民法院共同主办的"长三角环境资源司法保护论坛"在上海政法学院举行。同时，长三角环境资源司法研究基地正式揭牌成立，长三角地区12家法院共同签署《长三角环境资源司法保护协作备忘录》。

4日　青浦区召开优化营商环境、打响"四大品牌"暨长三角一体化发展推进会，出台青浦区全面落实打响上海"四大品牌"、深度融入长三角一体化发展等一系列政策举措。

5日　青浦区落实打响上海"四大品牌"深度融入长三角一体化发展新闻发布会在区会务中心举行。

6日　青浦区党政代表团赴江苏省苏州市学习考察。代表团一行先后考察苏南国家自主创新示范区昆山核心区、锦溪祝甸古窑文化园、亨通集团有限公司、吴江区社会综合治理联动指挥中心、东太湖生态园等项目。青浦区和苏州市共同签署《区域联动发展全面战略合作框架协议》。

7日　中共中央政治局委员、上海市委书记李强到青浦区调研进口博览会配套道路交通项目建设和环境整治提升相关工作。区委书记赵惠琴，区委常委、副区长陈庆江等陪同调研。

13日　青浦区乡村振兴暨生态环境保护和城市管理精细化工作推进大会在区会务中心举行。

29日　青浦区庆祝中国共产党成立97周年座谈会在区会务中心举行。

是月　白鹤草莓获国家农产品地理标志，区域保护范围为白鹤镇境内所辖21个行政村。这是继2008年练塘茭白获国家农产品地理标志后青浦特产第二次获此殊荣。

7月

5日　国家税务总局上海市青浦区税务局正式挂牌成立，标志着原上海市青浦区国家税务局、上海市地方税务局青浦区分局正式合并。

8日　2018中国（上海）国际青少年足球邀请赛在复旦大学附属中学青浦分校开幕。有斐济、墨西哥、澳大利亚等10个国家和地区共16支青少年校园足球队参赛。

13日　上海市委、市政府在青浦区朱家角镇举行实施乡村振兴战略现场推进会。会前，市领导到张马村实地察勘美丽乡村建设最新进展，先后走进村社区事务服务中心、综治中心和党建服务站，察看"张马·羲田"主题民宿项目和上海寻梦源香草农场。

18日　中共青浦区委五届六次全会在区会务中心举行。区委书记赵惠琴作《全面提升城市能级，加快建设上海之门》主题讲话，区委副书记、区长夏科家作关于《青浦区总体规划暨土地利用总体规划（2017—2035）》（草案）的说明。

20日　青浦区党政代表团赴青海省果洛州开展对口支援与合作交流。代表团一行实地查看班玛县多贡麻寄宿制学校、红军沟纪念馆等上海援建项目，走访援青干部挂职单位果洛州旅游局。

23日　沪、滇、藏、青青少年手拉手质量夏令营在东方绿舟开营，有藏族、彝族、佤族、白族、傣族、布朗族等60余名青少年参加。

26日　青浦区人民政府与上海市国际贸易促进委员会签订全面战略合作协议，充分发挥双方在多领域、多层次的深入合作，推动资源共享和优势互补。

27日　《人民日报》、新华社、中央电视台、中央人民广播电台等中央主要媒体及省市级媒体的150名记者到青浦区现场参观并采访国家会展中心周边地区服务保障进口博览会情况。采访团一行实地参观徐民路（华徐公路—诸光路）道路改建工程施工现场，了解道路建设及周边商业地块百老汇、宝龙项目的开发情况。

是日　青浦区创建全国文明城区全域旅游全民动员启动仪式——旅游行业迎进口博览会倒计时100天誓师活动在朱家角镇举行。

30日　“为进博喝彩·展青浦风采”——青浦区服务保障中国国际进口博览会倒计时100天社会宣传主题活动在青浦文化剧场举行。

是月　青浦城区首条公交车专用道正式启用。该专用道为盈港路二期(西起漕盈路,东至汇金路),运行时间为每天7:00—8:30、16:30—18:00(周六、周日、节假日除外)。

是月　上海轨道交通17号线诸光路站通过LEED(绿色建筑认证体系)银级认证,成为亚洲首个获得地铁LEED认证的车站。

8月28日,青浦区教师进修学院附属中学启用仪式举行　(区教育局供稿)

8月

2日　由上海市学生联合会主办的首届“上海市青少年手拉手质量夏令营”在东方绿舟开营,有沪、滇两地共60名学生参加活动。

是日　中共上海市委常委、常务副市长周波到青浦区开展工作调研,实地踏勘绿地虹桥世界中心、青浦区服务保障进口博览会前线指挥部,并召开座谈会。区领导赵惠琴、夏科家、余旭峰、倪向军等陪同调研。

7日　青浦区进口博览会党群服务站揭牌仪式暨志愿者培训会在青浦区服务保障进口博览会前线指挥部举行。

8日　2018上海青浦淀山湖文化艺术节暨旅游购物节在崧泽广场开幕。艺术节通过“魅力之城,时代节拍”“人文之城,古韵流芳”“创意之城,多彩视界”三大板块,共开展70余项、200多场遍布全区各街镇的文化活动,于9月27日闭幕。

9日　江苏省东台市市委书记陈卫红率党政代表团到青浦区学习考察。代表团一行实地走访中国北斗产业技术创新西虹桥基地、圆通速递总部、哈工大人工智能产业园。青浦区与东台市签订合作框架协议,区发改委、农委、旅游局和青浦工业园区分别与东台市发改委、农委、旅游局、经济开发区签署《合作框架协议》。

是日　中共上海市委副书记、市长应勇,副市长时光辉到青浦区调研生态廊道建设工作,实地查看青东农场生态廊道相关情况。区领导赵惠琴、夏科家、顾骏等陪同调研。

15日　环淀山湖战略协同区联席会议在青浦区举行。青浦区和江苏省昆山市、吴江区及浙江省嘉善县共同签署环淀山湖战略协同区一体化发展合作备忘录,四地有关部门共签订11个专项合作协议,内容涉及区域化党建、旅游联盟、水域保洁一体化、气象部门战略协同发展等。会议还发布《环淀山湖战略协同区青昆吴善一体化对接事项清单(2018—2020)》。

16日　青浦区人民政府与中国中电国际信息服务有限公司签署战略合作框架协议。双方以智慧城市、智慧产业合作为引领,推动资源共享和优势互补。

21日　全国人大常委会委员、海峡两岸关系协会会长张志军一行在上海市台办主任李文辉等陪同下到青浦区调研,了解青浦台企经营发展情况,研究加强两岸半导体产业合作思路,听取台商融入当地经济社会发展的经验及意见。区领导赵惠琴、孙挺等陪同调研。

28日　青浦区教师进修学院附属中学正式启用。该校位于青浦新城一站大型居住社区内,总用地面积28620平方米,总建筑面积17170平方米,设计规模30个教学班。

9月

1日　国务院办公厅印发《港澳台居民居住证申领发放办法》开始正式实施。上午8点30分,居住在青浦区的某台湾人士在夏阳派出所成功办理台湾居民居住证,上海市第一张台湾居民居住证受理成功。

4日　国务院批复上海青浦出口加工区整合优化为青浦综合保税区。

5日　由武汉中共中央机关旧址纪念馆与陈云纪念馆联合主办的“红色记忆——中共中央在武汉”专题展在陈云纪念馆开展。展览分“革命中心北移与中共中央迁汉”“大革命局部失败与中共五大”“革命危机加深与中共应对危机的努力”“大革命全面失败与八七会议召开”“土地革命战争兴起和中共中央离汉”5个部分。展览于10月上旬结束。

6日　中共中央政治局委员、上海市委书记李强到青浦区调研进口博览会周边交通配套工程,区领导赵惠琴、夏科家、韩顺芳、陈庆江、王德强等陪同调研。

7日　2018年青浦区服务保障进口博览会大型综合应急演练活动在国家会展中心举行。

10日　斯里兰卡公共行政管理兼法律秩序部长班达拉

率领跨党派部长、议会团一行到青浦区开展交流访问。双方就文化科技、经贸合作、旅游宣传等方面加强合作事宜进行交流。

13 日　以“新时代、新梦想、新征程、新作为——快递让生活更美好”为主题的 2018 中国快递论坛在青浦区举行。论坛发布《2018 中国快递论坛青浦宣言》。

14 日　青浦区人民政府与启迪科技城集团在北京清华科技园签署合作协议。双方明确推进产业导入，共同发展总部经济、数字经济、芯片研发和大健康产业等，携手共建长三角创新产业集群。

18 日　青浦区人民政府与安谋科技(中国)有限公司举行战略合作框架协议签约仪式。根据协议，安谋公司在青浦区建设“Arm 中国人工智能业务总部”项目，该项目包括 Arm 中国人工智能芯片研究院、Arm 中国人工智能芯片创新平台以及支撑人工智能芯片和应用所需的创新生态资源。

9 月 18—23 日，第十届上海世界华人龙舟邀请赛在朱家角镇举行

(区政府网站供稿)

18—23 日　第十届上海世界华人龙舟邀请赛在朱家角镇举行。有美国、加拿大、瑞士、澳大利亚、新加坡、马来西亚、菲律宾、新西兰、俄罗斯、意大利等国家和中国香港、台湾等地区共 36 支队伍的 712 名领队、教练和运动员参赛。经比赛，意大利华人龙舟队、俄罗斯旋风龙舟队分别获得 12 人龙舟 A 组、B 组第一名，吴江区龙舟队获得长三角友谊赛第一名。

26 日　由区长科瓦奇皮特率领的匈牙利布达佩斯第十六区政府代表团到青浦区访问交流。代表团一行先后参观青浦区博物馆、青浦工业园区、盈浦街道社区卫生服务中心和朱家角古镇。

28 日　“月朗山高——元代任仁发家族特展”在青浦博物馆开展。展览汇集国内收藏机构藏品和辅助展品近 50 件，分“家族渊源”“治水功臣”“翰墨丹青”“乐善好义”“家族墓地”5 个单元展陈。展览于 12 月 31 日结束。

是日　青浦区人民政府与网易公司签署投资意向协议。根据协议，双方共同打造网易上海国际文创科技园，全面落地网易公司与青浦优势资源相匹配的文创产业。

10 月

1 日　盈淀路改建工程正式建成通车，成为上海市首个实现通车的长三角一体化“打通省界断头路”项目。该项目全长约 890 米，由青浦区盈淀路向西，跨新建的石浦港桥，与昆山市淀山湖镇新乐路相接。

8 日　上海市青浦区人民法院西虹桥(进口博览会)人民法庭正式揭牌成立。该法庭位于青浦区涞港路 181 号国家会展中心 B 座办公楼 202 号，主要审理涉进口博览会、涉会展业、涉国家会展中心的民商事案件和具有涉外性质的商事案件。

10 日　中共上海市委常委、统战部部长郑钢淼到青浦区调研服务保障进口博览会工作情况。郑钢淼一行先后实地视察国家会展中心、青浦区服务保障进口博览会前线指挥部、基督教徐泾主恩堂、上海中昊针织有限公司等。区领导赵惠琴、孙挺、顾骏等陪同调研。

10 月 1 日，盈淀路改建工程正式建成通车　(区政府网站供稿)

16 日　上海市人大常委会主任殷一璀率队到青浦区开展垃圾分类立法调研活动。区领导赵惠琴、朱明福、赵宏林、倪向军等陪同调研。

17 日　长三角地区跨界环境污染事故应急演练在青浦区金泽水库举行。演练主要包含应急联动、队伍拉动、现场仪器操作和样品分析四大科目。

18 日　对接进博会·汇聚西虹桥——2018 青浦区投资环境推介会在国

家会展中心(上海)举行。会上发布《青浦区对接“6+365”中国国际进口博览会实施意见(暂行)》。

26日　复旦大学中西医结合研究院与青浦区中医医院临床基地签约仪式在青浦区政府会议室举行。

是日　青浦区服务保障进口博览会志愿服务誓师大会在上海国家会计学院举行。青浦区服务保障进口博览会志愿服务指挥中心正式揭牌成立。

27日　青浦区服务保障首届中国国际进口博览会实战动员大会暨岗位综合演练启动仪式在西虹桥指挥中心举行。

是日　青浦区人民政府与国家能源投资集团有限责任公司签署战略合作协议。双方就发挥各自资源优势,推动能源产业链的协同发展,全面增强核心竞争力达成一致意见。

29日　青浦区第五届人大常委会第十六次会议在区会务中心举行。区人大常委会主任朱明福,副主任陶夏芳、胡海民、何强、赵宏林出席会议。会议审议并通过关于接受林晓镍辞去区人民法院院长职务的请求,任命麦玨为区人民法院副院长、代理院长、审判委员会委员、审判员。

11月

4日　几内亚共和国投资与公私伙伴关系部部长一行到青浦区访问,实地参观考察上海西郊国际农产品交易中心。

5—10日　以“新时代,共享未来”为主题的首届中国国际进口博览会在国家会展中心(上海)举行。中共中央总书记、国家主席、中央军委主席习近平出席开幕式,并发表题为《共建创新包容的开放型世界经济》的主旨演讲。作为世界上第一个以进口为主题的国家级展会,首届进口博览会共吸引172个国家、地区和国际组织参会,3600多家企业参展,超过40万名境内外采购商到会洽谈,累计意向成交578.3亿美元。

7日　青浦区人民政府与印度尼西亚金光集团举行战略合作意向书签约仪式,共同打造智能信息产业园。

13日　中国国际进口博览会6+365常年展示交易平台——绿地全球商品贸易港正式开港。该贸易港位于上海绿地虹桥世界中心内,紧邻国家会展中心,展出总面积超过11万平方米。

18日　2018年全国油画作品展在青浦区青渚美术馆开展,共展出全国各地精选的油画作品241件。展览于12月17日结束。

是日　首届大中华区KTM模拟赛车电子竞技冠军赛在青浦西虹桥同联创新产业园举行。经比赛,尹正(gtr1994)、钟炎成(Fire Fire)、韩非(lolicnmagic)夺得前三名。

是日　2018年上海城市业余联赛“中国太平杯”高智尔球公开赛暨“速珂杯”第二届长三角地区交流赛在青浦区凤溪小学举行。有上海13个区以及江苏、浙江、安徽等长三角地区的32支队伍近300名选手参赛。

19日　中共中央政治局委员、上海市委书记李强到青浦区专题调研实施长江三角洲区域一体化发展国家战略有关情况。李强一行先后视察淀山湖、上海美蓓亚精密机电有限公司,并召开座谈会,听取实施长三角一体化发展国家战略相关工作汇报。市委常委、市委秘书长诸葛宇杰,区领导赵惠琴、夏科家、韩顺芳、陈庆江、倪向军等陪同调研。

是日　金泽古镇被上海市旅游景区质量等级评定委员会批准为国家AAA级旅游景区。

24日　首届上海公安半程马拉松赛在东方绿舟水上运动中心举行。有全市各级公安机关的交警、特警、巡警共600余名选手参赛。比赛分半程马拉松和健康欢乐跑(10公里)两个单项。

28日　江苏省宜兴市市委书记沈建率党政代表团到青浦区考察调研。沈建一行先后参观中国北斗产业技术创新西虹桥基地、哈工大人工智能产业园、朱家角镇张马村。青浦区委书记赵惠琴会见代表团一行,区领导朱明福、李华桂、余旭峰、陶夏芳、倪向军等陪同考察。

是日　“凝心聚力进博会,建功立业再出发”——青浦区服务和保障首届中国国际进口博览会总结表彰活动在区会务中心举行。

是日　青浦区首家商标品牌指导站在位于青浦工业园区内的移动智地挂牌成立。

30日　青浦区创建全国文明城区迎接检查工作动员会在区会务中心召开,会议对创全迎检工作进行全面部署并提出具体要求。

是日　环淀山湖战略协同区文化一体化发展合作备忘录签约仪式在上海展览中心举行。上海市青浦区文广影视局、浙江省嘉善县文广新局、江苏省苏州市吴江区文广新局、江苏省昆山市文广新局共同签订备忘录,标志着四地文化一体化发展合作正式启动。

是月　青浦区的《徐泾汤炒烹饪技艺》和《金泽庙会》被列入第六批上海市非物质文化遗产代表性项目扩展名录。

12月

5日　青浦区召开区政府主要领导调整宣布会。会上宣布市委决定:余旭峰任中共青浦区委副书记,推荐为青浦区区长候选人;免去夏科家中共青浦区委副书记、区长、常委、委员职务。

8日　2018年“华新杯”上海跳绳精英赛在青浦区体育馆举行。有全市18名跳绳大师和11支花样跳绳精英队的近200位选手参赛。比赛设大师赛、小型集体自编花样赛、大型集体自编花样赛、上海跳绳大师秀展示等项目。

10日　青浦区第五届人大常委会第十八次会议在区会务中心举行。区人大常委会主任朱明福,副主任陶夏芳、胡海民、何强、赵宏林出席会议。会议审议并通过关于接受夏科家辞去区人民政府区长职务的请求,任命余旭峰为区人民政府代理区长。

12日　环淀山湖战略协同区党建共建联席会议第一次会议在青浦区召开。会议通过《环淀山湖战略协同区党建共建联席会议章程》《2019年环淀山湖战略协同区党建共建合作项目》。青浦区与江苏省吴江区、昆山市和浙江省的嘉善县四地毗邻街镇签订结对共建协议。

21日　2018上海国际导航产业与科技发展论坛在中国

12 月 25 日，青浦区庆祝改革开放 40 周年大会在区会务中心举行
（区政府网站供稿）

北斗产业技术创新西虹桥基地举行。

是日　韩国保宁市政府代表团一行到青浦区进行友好交流访问，双方就进一步深化两地间交流与合作进行沟通。

是日　上善先锋行·护航进博会——青浦区“进博先锋行动”先进基层党组织和优秀共产党员事迹报告会在区会务中心举行。

25 日　青浦区庆祝改革开放 40 周年大会在区会务中心举行。区四套班子领导参加会议，并于会前参观“辉煌跨越——青浦区庆祝改革开放 40 周年主题展”。

26 日　“省市断头路”复兴路对接曙光路项目正式开工。该项目位于青浦区朱家角镇，北起江苏省界，接昆山市曙光路，南至青浦区淀山湖大道，接复兴路，总投资 3.79 亿元。

29 日　中共青浦区委五届七次全会在区会务中心举行。会议传达十一届市委六次全会精神，审议通过区委常委会 2018 年工作报告、2019 年工作要点，审议通过《中国共产党上海市青浦区第五届委员会第七次全体会议决议》。

漕河泾开发区赵巷园区效果图　（区重大办供稿）

地域、行政区划、人口

■地域 青浦区位于北纬30°59'-31°16'、东经120°53'-121°17'之间，地处上海市西南部，太湖下游，黄浦江上游。东与虹桥综合交通枢纽毗邻，西连江苏省的吴江、昆山两市，南与松江区、金山区及浙江省嘉善县接壤，北与嘉定区相接，为长江三角洲经济圈中心地带。总面积668.52平方公里。地形东西两翼宽阔，中心区域狭长，形如展翅飞翔的蝴蝶。地势平坦，平均海拔高度在2.8米-3.5米之间。境内江河纵横交错，湖泊星罗棋布，内河航运具有得天独厚的优势，可通行50吨-300吨货船，是苏、浙、沪的重要水上通道。陆路交通十分便捷，有6条高速公路在境内通过：南北向有15国道(G15)沈海高速和1501国道(G1501)上海绕城高速；东西向有50国道(G50)沪渝高速、42国道(G42)沪蓉高速、32省道(S32)申嘉湖高速、26省道(S26)沪常高速。嘉闵高架和崧泽高架直通虹桥综合交通枢纽。

■行政区划 至年末，全区共有8个镇、3个街道，分别是赵巷镇、徐泾镇、华新镇、重固镇、白鹤镇、朱家角镇、练塘镇、金泽镇、夏阳街道、盈浦街道、香花桥街道。辖184个行政村和141个居民委员会。

■人口 至年末，全区有常住人口121.9万人，其中：外来常住人口71.3万人，比上年末增加0.55万人，占常住人口的58.49%。户籍人口48.92万人，总户数17.71万户，平均每户人口3人。户籍人口中，男性24.07万人、女性24.85万人；农业人口12.43万人、非农业人口36.49万人。年内，户籍人口实际出生3286人，出生率6.76‰；死亡3839人，死亡率7.89‰，自然增长率-1.14‰。年末，60岁以上人口15.38万人，占户籍人口比重的31.44%，比上年提高0.85%。

气象、水文

■气候特点 2018年气温比常年明显偏高。年降水与汛期降水量均比常年略偏多，梅雨期降水量比常年偏少。日照比常年略偏多。年内，影响全区的台风有4个。其中：台风“云雀”“摩羯”和“温比亚”先后于8月登陆上海，上海成为全国首个30天内有3个台风登陆的城市。

年平均气温17.5℃，比常年偏高1.2℃。年最高气温38.0℃，出现在5月16日，为1959年有气象记录以来5月气温最高值，也是上海最早出现38℃以上高温的罕见纪录。全年≥35℃高温日数12天(常年为10天)，≥37℃酷暑日数5天。年最低气温-8.1℃，出现在1月13日，全年≤-5℃低温日数6天。初霜日、初冰日皆为12月14日。各季度气温状况：冬季(2017年12月—2018年2月)平均气温5.1℃，比常年略偏低0.3℃；春季(3—5月)平均气温17.4℃，比常年明显偏高2.5℃；夏季(6—8月)平均气温27.8℃，比常年偏高1.1℃；秋季(9—11月)平均气温18.2℃，比常年偏高0.9℃。

年降水量1280.6毫米，比常年偏多13%。降水日数144天，比常年偏多10%。日降水量≥50毫米暴雨日数3天，分别出现在4月23日、7月30日和8月17日。汛期(6—9月)降水量616.1毫米，较常年略偏高。梅雨量177.4毫米，为常年的89%。梅雨日数19天，梅雨期6月19日—7月8日。

年日照1846.3小时，比常年偏多6%。年内，降雪日数11天，积雪日数5天，均比常年明显偏多，最大雪深10厘米，出现在1月26日。其中，1月25日出现暴雪，雨雪量达11.9毫米；1月25—28日出现连续积雪天气。 (胡伟田)

■强对流天气过程实况 受第12号台风“云雀”影响，8月2日20时至8月3日20时，全区大部分地区降大到暴雨，个别站点达暴雨到大暴雨，最大降水量出现在青浦现代农业园区，为89.4毫米，青浦站降水量35.4毫米；全区普遍出现6—7级阵风。受第14号台风“摩羯”外围环流影响，8月12日08时至8月13日08时，全区普降大雨，个别站点暴雨，其中徐泾地区55.6毫米为最大；全区出现6级阵风。8月17日凌晨，第18号台风“温比亚”在浦东新区南部沿海登陆，登陆时强度为热带风暴级，是年内登陆上海的第3个台风，也是1949年以来直接登陆上海的第5个台风。受其影响，8月16—17日，青浦区普降大到暴雨，局部地区大暴雨，其中华新地区129.7毫米为最大，青浦站降水量75.6毫米；小时最大雨量46.6毫米，出现在徐泾地区(8月17日13时—14时)；

全区最大风力 7 级。 （胡伟田）

■2018 年气温、降水量、日照与历史资料对比分析

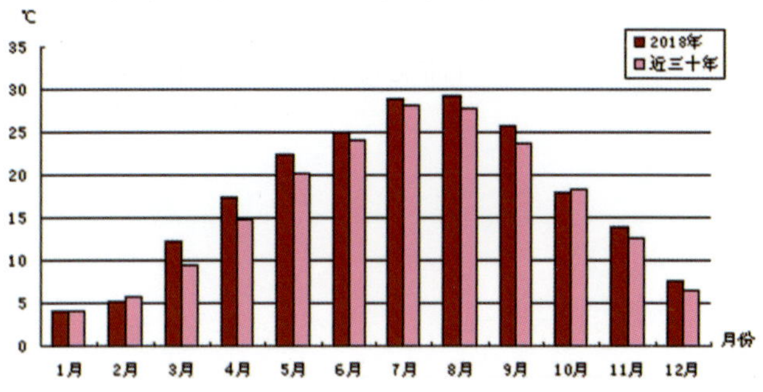

图 1 月平均气温与近三十年月平均气温对比图

说明：年内，1 月、2 月、10 月的平均气温比常年略偏低 0.1℃—0.6℃，6 月、7 月、8 月、11 月、12 月的平均气温比常年偏高 0.8℃—1.4℃；3 月、4 月、5 月、9 月的平均气温比常年明显偏高 1.9℃—2.7℃。

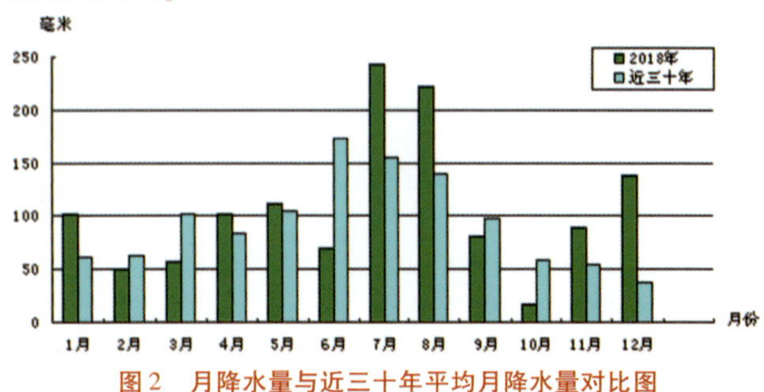

图 2 月降水量与近三十年平均月降水量对比图

说明：年内降水分布不均，2 月、3 月、6 月、9 月、10 月的降水量分别为常年的 79%、56%、40%、83% 和 27%；其余月份降水量比常年偏多，其中 12 月偏多 276%，月降水日数达 19 天，为历史同期最多降水日数。

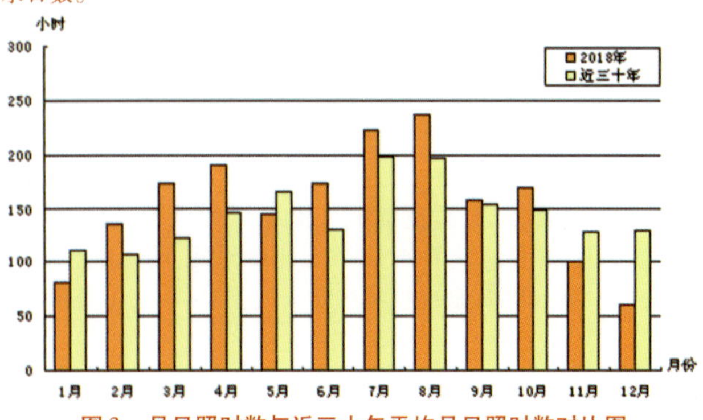

图 3 月日照时数与近三十年平均月日照时数对比图

说明：年内，1 月、5 月、11 月、12 月的日照比常年同期偏少；其余月份的日照比常年同期偏多。 （胡伟田）

■水文 青浦区位于长江三角洲太湖平原东侧，地处苏、浙、沪两省一市交界处，属黄浦江水系。境内河网密布、河道纵横交错，水流交互贯通，截至 2018 年底，河湖总面积计 124.79 平方公里，占全区总面积的 18.62%。河流总长度 2502.26 公里，其中市管河流 102.73 公里、区管河流 325.72 公里、镇管河流 320.43 公里、村级河流 1669.36 公里，其他河道 84.01 公里，河网密度为每平方公里 3.73 公里。西部地区湖荡簇聚，主要河流多为东西走向或西北东南走向；东部地区水面积较少，主要河流多南北走向。境内市管河流有吴淞江、油墩港、太浦河、红旗塘—大蒸塘—圆泄泾、淀浦河、拦路港—泖河—斜塘 6 条河流，区管河流有急水港、莲盛竖河、俞汇塘、范塘（青浦段）、白牛塘（青浦段）、泖阳港、北横港、南横港、朱泖河、淀山港、朱昆河、西大盈港、华田泾、东大盈港、枯泽塘、毛河泾、新谊河、新通波塘等 46 条河流，镇管河流 150 条、村级河流 1732 条。其中，太浦河是太湖洪水东泄的主要通道，源于江苏省太湖，汇入青浦境内泖河；淀浦河是连接青浦、松江、闵行三区，横穿青浦腹地的骨干河道，源于淀山湖，汇入黄浦江；拦路港是连接淀山湖和黄浦江的南北向主要通道。按水文情势分，青浦境内水系可分为三类：一是感潮较强地区，为泖河、大蒸塘及两侧河流；二是感潮较弱地区，为青浦腹部地区河流；三是感潮极弱地区，为商榻地区河流。

根据上海市水环境监测中心青浦分中心对全区骨干河道及淀山湖湖区水质检测结果分析：按地表水环境质量标准（GB3838－2002）评价，青浦区西部地区水质集中在Ⅲ类，东中部地区水质集中在Ⅲ类至Ⅳ类，主要污染物是氨氮。骨干河道溶解氧指标集中在Ⅰ类、Ⅱ类，氨氮指标集中在Ⅱ类、Ⅲ类、Ⅳ类，总磷指标集中在Ⅱ类、Ⅲ类，高锰酸盐指数指标集中在Ⅱ类、Ⅲ类。太浦河、拦路港水质为Ⅲ类。总体上，青浦西部地区水质状况好于青浦腹部地区和东部地区。淀山湖水质为劣Ⅴ类，主要污染物是总磷、总氮。淀山湖湖区溶解氧指标为Ⅰ类，氨氮指标为Ⅱ类，总磷指标为Ⅳ类，高锰酸盐指数指标为Ⅲ类，总氮指标为劣Ⅴ类。 （王 翠）

国民经济和社会发展综述

2018 年，青浦区认真贯彻落实党的十九大精神和习近平新时代中国特色社会主义思想，牢牢把握稳中求进工作总基调，坚持新发展理念，紧紧围绕中国国际进口博览会和长三角一体化发展两大国家战略，加快树立“上海之门”目标，全力以赴推进高质量发展，努力优化营商环境，全力打响“四大品牌”，做好生态建设、特色产业和乡村振兴三篇文章，全区经济社会持续保持平稳健康发展，全面跨越式发展的态势进一步凸显。

1. 综合实力进一步增强。全年实现地区生产总值 1074.3 亿元，比上年增长 6.4%，其中：第一产业增加值 8.2 亿元，比上年增长 4.1%；第二产业增加值 468.7 亿元，比上年增长 0.2%；第三产业增加值 597.5 亿元，比上年增长 11.9%。三次产业结构比为 0.8∶43.6∶55.6。按常住人口计算，青浦区人均生产总值为 88130 元，比上年增长 5.3%。财政收入继续保持平稳增长。全年一般公共预算收入 572.4 亿元，比上年增长 10.7%。其中：区级一般公共预算收入 203.1 亿元，比上年增长 8.0%，总量位居全市第七位，增幅位居全市第四位。全年一般公共预算支出 333.5 亿元，比上年减少 13.1%。其中：科学技术支出 6.7 亿元，比上年增长 33.7%；农林水支出 30.9 亿元，比上年增长 26.7%；文化体育与传媒支出 2.9 亿元，比上年增长 16.7%；资源勘探信息等支出 38.1 亿元，比上年增长 16.2%；社会保障和就业支出 25.4 亿元，比上年增长 7.7%。全年税收收入 528.4 亿元，比上年增长12.0%，其中：区级税收收入173.0亿元，比上年增长10.4%。完成全社会固定资产投资579.8亿元，比上年增长12.4%。其中：第一产业完成投资1.5亿元；第二产业完成投资52.3亿元，增长14.7%；第三产业完成投资526.0亿元，增长11.9%。

2. 经济运行保持平稳。全年实现农业总产值20.8亿元，比上年增长3.8%。进一步优化农业产业结构与农业供给侧结构性改革，共完成8万亩水稻、6.8万亩蔬菜和0.81万亩特色农产品优势区的“三区”划定。白鹤草莓地理标志产品通过国家认证。全年实现工业增加值432.2亿元，比上年下降0.5%。完成规模工业总产值1537.3亿元，比上年下降2.0%。各工业园区（青浦工业园区、3个绿色工业园区和5个产业区块）完成规模工业产值1323.0亿元，比上年下降1.5%，占全区规模工业产值比重86.1%，其中：青浦工业园区完成984.0亿元，占全区规模工业产值比重64.0%。全年完成产业结构调整项目806项，调整土地面积266公顷。实现建筑业总产值108.4亿元，比上年下降5.8%。招商引资势头良好，合同外资和实到外资均创近五年来新高。全年完成合同外资9.0亿美元，其中：1000万美元以上大项目24个，合计6.8亿美元，占比75.3%。完成实到外资6.2亿美元，其中：1000万美元以上的大项目16个，到位资金5.6亿美元，占比90.1%。合同外资和实到外资中，服务业项目金额均占主导，分别达到76.3%和81.9%。全年外贸进出口总额761.3亿元，比上年增长0.2%。其中：出口额415.1亿元，比上年下降1.8%；进口额346.2亿元，比上年增长2.7%。服务业保持较快发展态势。全年第三产业增加值比上年增长11.9%，高于全区生产总值增幅5.5个百分点，支撑全区经济增长。全年实现社会消费品零售总额581.0亿元，比上年增长3.0%。年内，国家会展中心共举办展览45个，展出总面积556.5万平方米，接待676.1万人次。首届中国国际进口博览会顺利举行，青浦举全区之力胜利完成服务保障工作，同时抢抓展会溢出效应，加快建设运营“1+4”平台（即与国家会展中心合作建立海外贸易组织办公平台，以及东浩兰生“一带一路”进口商品展销中心、绿地全球商品贸易港、西郊国际农产品交易中心、青浦跨境电商保税展示贸易物流中心4个常年展示交易平台）。全年实现旅游总收入80.7亿元，比上年增长7.5%；旅游接待人次1004.9万人次，比上年增长8.0%。全年实现交通运输和仓储业增加值121.7亿元，比上年增长56.8%。

3. 实事工程和重大项目建设继续推进。全面完成年度9项实事工程项目：完成农村低收入户危旧房改造25户，完成城东新村、城北新村、盈中新村等老旧小区约34万平方米的美丽家园创建工作。完成徐泾镇、华新镇老式居民小区天然气入户工程852户，居民住宅二次供水设施改造18020户。新建农村生活污水处理设施，涉及7个街镇5600户；美丽乡村厕所提升改造10所。完成夏阳湖、崧泽广场、侨鑫绿地、章浜路绿地、保安路城东新村托儿所绿地、万寿小花园6块公共绿地改造。帮助长期失业青年就业210人，中高层次培训5000人，帮助成功创业450人。为符合条件的长期护理保险参保老人提供10万人次的居家照护服务。对1万人进行院前急救培训，完成600对符合生育政策计划怀孕夫妇的免费孕前优生健康检查，60岁以上老年人家庭医生“1+1+1”签约服务指标新增50000人。新建、更新健身步道2282米，完成区级文艺资源配送173场。在各街镇开设爱心暑托班13个，面向社会招收小学生700名。年内，安排重大建设项目121项（含在青浦建设的市重大项目18项），计划开工71项，实际开工57项，开工率86.4%。计划竣工36项，实际竣工36项，竣工率100%。计划投资299.4亿元，实际投资250亿元，投资完成率83.5%。

4. 环境保护与绿化建设有序推进。全年空气质量指数（AQI）达到二级及优于二级的天数268天，空气质量指数AQI优良率73.4%，比上年提高5.2个百分点。全区水环境持续改善，19个市考核断面达标率84.2%，比上年提高15.8个百分点。完成新一轮《青浦区清洁空气行动计划（2018—2022年）》编制和2018年大气污染防治重点工作。积极开展土壤污染防治，统筹实施《青浦区土壤污染防治行动计划工作方案2018年重点任务清单》40项。推进实施第七轮环保三年行动计划，清单内项目完成3项，开工启动56项。

至年末，全区绿地总面积6719.5万平方米，其中：园林绿地面积3791.9万平方米、生产绿地面积2927.6万平方米。全区绿化覆盖总面积6759.8万平方米，其中：园林绿化覆盖面积3832.2万平方米、生产绿地面积2927.6万平方米。全区公共绿地面积1050.7万平方米，绿地率41.6%，绿化覆盖率41.8%，人均公共绿地面积8.64平方米/人。青浦城区绿地总面积556.4万平方米，绿化覆盖面积579.4万平方米，其中：公共绿地面积201.5万平方米、居住区绿地面积156.2万平方米、道路绿地面积76.4万平方米。青浦城区绿地率31.8%，绿化覆盖率33.1%，城区人均公共绿地面积7.56平方米/人。

5. 民生保障水平持续提升。全年帮助成功创业508人，创业见习127人，创业培训430人。城镇登记失业人数4488人，控制在市政府下达目标5000人之内。新增就业岗位19921个，其中：新增农村富余劳动力非农就业岗位6052个，残疾人就业安置岗位456个。全年职业技能培训人数21283人，其中：中高层次培训6751人，农民工等级工培训5461人，中小微企业集中服务平台培训5173人。至年末，全区有养老机构26家，养老床位6941张，有907名助老员为4600多名老人提供政府托底的居家养老服务，社区老年人日间服务中心125家，社区老年人助餐点22个，市级标准化老年活动室262个。全年新（改）建市级标准化老年活动室10家、助餐点4家。全年发放特困人员实物救助1046人次，累计金额4.2万元；发放重残无业人员生活补助金41148人次，累计金额5140.6万元；发放粮油帮困供应卡55177人次，累计金额385.1万元；发放城乡居民最低生活保障金54515人次，累计金额4865.6万元，发放低保、低收入家庭人员医疗救助金4385人次，累计金额1322.4万元。

6. 公用事业建设进一步完善。至年末，全区天然气管道总长度1494公里，销售天然气总量15126.1万立方米，其中工业用气量5057.7万立方米、家庭用气量3799.5万立方米。用气总户数18.8万户，其中家庭用气18.7万户。全年供应液化气总量7825吨，其中家庭用气量7633.4吨；用气总户数11.6万户，其中家庭用户11.3万户。至年末，全区城市道路总里程192公里，桥梁129座，桥梁总长度5067米。其中区管城市道路103.5公里。全区公路总里程981.7公里，桥梁1303座，桥梁长度45345.6米。至年末，全区已投运110千伏变电站12座，合计容量1521兆伏安；投运35千伏变电站39座，合计容量1876.5兆伏安。全区共有10千伏及以上高压架空线路895条，长度2543.4公里；380伏低压架空线路22676条，长度2715.2公里；10千伏及以上高压电缆9124根，长度3508.8公里；380伏低压电缆58488根，长度3950.6公里。至年末，全区用电客户数45.3万户，全年售电量66.6亿千瓦时，比上年增长2.7%。其中：第一产业用电量0.4亿千瓦时，下降8.7%；第二产业用电量35.6亿千瓦时，下降6.6%；第三产业用电量19.0亿千瓦时，增长21.3%；城乡居民生活用电11.6亿千瓦时，增长9.4%。

7. 各项社会事业全面发展。全区专利申请量7175件，专利授权量4832件，有效专利拥有量19427件。至年末，全区共有经认定备案的众创空间38家，其中：国家级科技企业孵化器1家、市级科技企业孵化器9家。年内，认定为市科技小巨人（含培育）企业11家，获市创新资金项目立项50个，认定为市高新技术成果转化项目32个，有9家企业获“2017年度上海市高新技术成果转化项目百佳”，1家企业获2018年上海市电子商务“双推”创新平台立项。至年末，全区固定电话总数28.7万户，4G手机用户107.4万户，城市光网接入用户28.9万户，数字整转用户25.8万户。

至年末，全区有教育单位（含民办）199个，其中：幼儿园91所、义务教育阶段学校53所、高中6所、特殊教育2所、中职教育38所、其他教育事业单位8所。在校生82534人，其中：在园幼儿27027人、义务教育46493人、高中5793人、特殊教育289人、中职2932人。

开展“上海之源”古文化走廊专题规划研究，完成福泉山遗址保护规划编制，有序推进青龙镇遗址、陈云故居申报第八批全国重点文物单位工作。青浦文化馆新推特色文化品牌“青浦有戏”，各类文化活动吸引市民参与21.6万人次。青浦图书馆图书流通74.9万册，举办各类读书活动220场，8万人次参与。青浦博物馆全年接待观众14.7万人次。完成市、区两级文化资源配送284场，全区农村、流动数字电影放映6026场次。

至年末，全区有各级各类卫生计生机构376所，门急诊人次数574.4万人次，比上年增长2.0%，出院病人数53070人，比上年增长4.0%；手术人次数28531人次，比上年增长5.4%。年内，大力推动分级诊疗，提高居民就医获得感，落实中山医院青浦分院向社区卫生服务中心开放50%以上的专家门诊号源，全部开放专科门诊号源。优化医疗资源布局，与复旦大学附属妇产科医院签约共建复旦大学附属妇产科医院青浦分院。全面完成第四轮公共卫生体系三年行动计划。

年内，先后举办第十届上海世界华人龙舟邀请赛、2018上海市民武术节开幕式、第五届国际交互绳大奖赛等8项重要赛事；承办上海市第八届舞龙舞狮锦标赛、上海市陆上划船器比赛、上海市社区健身操大赛等12项市级赛事。举办青浦区第五届运动会，全区有57个代表团、1.5万余人次参加。组织开展各级各类群众体育赛事活动387项次，共9.9万余人次参与。至年末，全区有田径、水上、篮球等业余训练项目24个，田径、游泳、篮球等“一条龙”布训项目5个，在训运动员7200余人，青少年注册运动员1951人。全年有700余名运动员参加各级各类比赛，共获得47金56银64铜。

区领导班子成员和区级机构负责人名录

中共上海市青浦区委员会（简称区委）

书　记：赵惠琴（女）
副书记：夏科家（2018年12月免）
　　　　余旭峰（2018年12月任）
　　　　韩顺芳（女）
常　委：陈庆江　赵　明　余旭峰　蒋仁辉
　　　　孙　挺（女）　王　翔　姜道荣
　　　　刘辽军（2018年2月任）

上海市青浦区人民代表大会常务委员会（简称区人大常委会）

主　任：朱明福
副主任：陶夏芳（女）　胡海民　何　强　赵宏林

上海市青浦区人民政府（简称区政府）

党组书记：夏科家（2018年12月免）
　　　　　余旭峰（2018年12月任）
区　长：夏科家（2018年12月免）
代理区长：余旭峰（2018年12月任）
副区长：陈庆江　余旭峰　王凌宇　倪向军（女）
　　　　金俊峰　顾　骏　王德强
　　　　马彩云（女，挂职，2018年2月任）

中国人民政治协商会议上海市青浦区委员会（简称区政协）

主　席：李华桂（女）
副主席：顾啸流　董永元　王海青（女）
　　　　叶　明（2018年10月免）　饶斐文

中共上海市青浦区委员会办公室（简称区委办）

主　任：彭一浩（区委机要局局长）
副主任：李　欢（女，2018年6月免）
　　　　朱加军（2018年3月免）
　　　　徐卫华（援滇）　汤马欢
　　　　陈　杰（区保密局局长）
　　　　柏海峰（2018年7月任）

中共上海市青浦区委员会研究室（简称区委研究室）

主　任：孙鸿根（2018年3月免）
　　　　朱加军（2018年3月任）

区人大常委会

办公室
主　任：许　峰
副主任：周雄文　俞全明
　　　　杨文治（挂职，2018年7月任、12月免）

研究室
主　任:许　峰
副主任:陶　磊(女)
代表工作室
主　任:徐一军
副主任:徐　新(女)
代表资格审查委员会
主任委员:陆志斌
副主任委员:徐一军
人事工作委员会
主　任:陆志斌
副主任:徐一军
教育科学文化卫生工作委员会
主　任:印国荣
副主任:庄惠元　周敏华(女)
华侨民族宗教事务工作委员会
主　任:印国荣
副主任:庄惠元
城市建设环境保护工作委员会
主　任:盛自力
副主任:孙海铭
农业与农村工作委员会
主　任:盛自力
副主任:汤福明
预算工作委员会
主　任:朱　民
副主任:杨莉炯(女)　王连军
法制委员会
主任委员:张丽莉(女)
副主任委员:张　备
内务司法委员会
主任委员:张丽莉(女)
副主任委员:张　备
财政经济委员会
主任委员:华　琼(女)
副主任委员:尤佳秋

上海市青浦区人民政府办公室(简称区政府办)
主　任:陈汇青
副主任:陈　阳　金国宏　李柏青
王　滨　姚晓平

上海市青浦区人民政府研究室(简称区政府研究室)
主　任:余　翔

上海市青浦区人民政府外事办公室(简称区外事办)
主　任:陈汇青
副主任:陈　阳

上海市青浦区人民政府法制办公室(简称区法制办)
主　任:陈汇青
副主任:姚晓平

上海市青浦区人民政府合作交流办公室(简称区合作交流办)
主　任:陈汇青
副主任:王　滨

上海市青浦区人民政府地区办公室(简称区地区办)
主　任:钱坤荣
副主任:张跃才

上海市青浦区人民政府应急办公室(简称区应急办)
主　任:张桂根
副主任:钱　斌

上海市青浦区机关事务管理局(简称区机管局)
书记、局长:戴秀河
副局长:计红星

区政协
秘书长、办公室主任:张正华(女)
专委办主任、副秘书长:诸福先
副秘书长:徐海燕(女)
办公室副主任:钱震杰
专委办副主任:张　亮(2018 年 1 月任)
提案委员会
主　任:顾啸流
副主任:张　静(女)　金国宏　徐连光　诸福先
经济委员会
主　任:徐　农
副主任:池学聪　杜黎明　程光宇　虞　骏
人口资源环境建设委员会
主　任:池春燕
副主任:吴金英(女)　邱宝荣　倪达锋　雷　鹏
教科文卫体委员会
主　任:周思琴(女,2018 年 7 月免)
刘　敏(2018 年 7 月任)
副主任:王翠玲(女)　顾爱根
徐　斌(2018 年 7 月任)
黄海忠
社会和法制委员会
主　任:倪　健(女,2018 年 7 月免)
吴　春(2018 年 7 月任)
副主任:张小英(女,2018 年 7 月免)
高　峰　徐卫军　戴秀河
民族和宗教委员会
主　任:田春红(女)
副主任:刘　江(女)
张小英(女,2018 年 7 月任)
张卫兴　徐　珏(女,2018 年 7 月免)
耿卫忠
学习和文史委员会
主　任:吴　春(2018 年 7 月免)
周思琴(女,2018 年 7 月任)
副主任:王　辉　田惠敏
港澳台侨委员会
主　任:杭　萍(女)
副主任:罗　青　谢松峰

中共上海市青浦区纪律检查委员会(简称区纪委)
书　记:王　翔
副书记:胡元强　仲吉宇

常 委:徐 飞 孙 蔚
童 伟(女) 金 平(女)

上海市青浦区监察委员会(简称区监委)

主 任:王 翔(2018 年 1 月任)
副主任:胡元强(2018 年 1 月任)
仲吉宇(2018 年 1 月任)

中共上海市青浦区委员会组织部(简称区委组织部)

部 长:蒋仁辉
副部长:谢苏命(2018 年 3 月免)
陆志斌 徐连光(区编办主任)
沈秋英(女) 孙鸿根(2018 年 3 月任)
编办副主任:张永刚

中共上海市青浦区委员会宣传部(简称区委宣传部)

部 长:姜道荣
副部长:吴 春(兼新闻办主任,2018 年 3 月免)
周思琴(女,兼新闻办主任,2018 年 3 月任)
俞 峰(文明办主任)
杨 艳(女,挂职,2018 年 7 月任、12 月免)
文明办副主任:盛 斌
新闻办副主任:张桂根(兼)

中共上海市青浦区委员会统战部(简称区委统战部)

部 长:孙 挺(女)
副部长:张 静(女) 李建明 汤宏波 石惠军

上海市青浦区民族和宗教事务办公室(简称区民宗办)

主 任:汤宏波
副主任:沈 英(女)

上海市青浦区人民政府侨务办公室(简称区侨办)

主 任:曹 杰
副主任:苏备备(女)

上海市青浦区人民政府台湾事务办公室(简称区台办)

主 任:石惠军
副主任:冯永强

上海市青浦区社会主义学院(简称区社院)

院 长:孙 挺(女)
副院长:陈 冰(女) 周敏华(女)

中共上海市青浦区委政法委员会(简称区委政法委)

书 记:赵 明
副书记:陈卫国(2018 年 3 月免)
陈 林(区维稳办主任)
曹秋龙(2018 年 3 月任)
区综治办主任:曹秋龙
区综治办副主任:夏家喜 陈 钢

中共上海市青浦区区级机关工作委员会(简称区级机关工作党委)

书 记:黄齐红
副书记、纪工委书记:王丽霞(女)

中共上海市青浦区社会工作委员会(简称区社会工作党委)

书 记:沈秋英(女)
副书记:戴永军

中共上海市青浦区委老干部局(简称区委老干部局)

局 长:谢苏命(2018 年 3 月免)
孙鸿根(2018 年 3 月任)
副局长:顾军燕(女) 仇加鸿

中共上海市青浦区委、青浦区人民政府信访办公室(简称区信访办)

主 任:徐学军
副主任:顾雅静(女) 徐险峰 钱 斌

上海市青浦区档案局(简称区档案局)

书记、局长:周锦忠(档案馆馆长)
副局长:胡国新(2018 年 10 月任) 刘静俊
档案馆副馆长:柴 飚 戴晓萍(女)

中共上海市青浦区委员会党校(简称区委党校)

校 长:韩顺芳(女)
常务副校长:陈菊英(女)
副校长:莘小龙(2018 年 3 月免)
占雪根(2018 年 3 月免)
武志华 李继力(2018 年 7 月任)

中共上海市青浦区委员会党史研究室、上海市青浦区地方志办公室(简称区史志办)

主 任:胡爱明
副主任:毛雪明

上海市青浦报社(简称青浦报社)

总 编:徐 珏(女)
副总编:陈金辉 徐 斌

上海市青浦区总工会(简称区总工会)

书 记:赵宏林(2018 年 3 月免)
吴 春(2018 年 3 月任)
主 席:赵宏林
常务副主席:吴 春(2018 年 4 月任)
副书记、副主席:朱俊华(2018 年 3 月免)
纪检组组长:冯永新
副主席:倪 健(女)
蔡学锋(2018 年 12 月任)
黄春风(挂职) 周振波(兼)
刘沪颖(女,兼,2018 年 4 月免)
黄 敏(女,兼,2018 年 4 月任)

中国共产主义青年团上海市青浦区委员会(简称共青团青浦区委)

书 记:沈竹林
副书记:叶丽君(女) 宋 波
王 琼(女,挂职)
张福奇(兼) 白敬轩(兼)

上海市青浦区妇女联合会(简称区妇联)

书记、主席:张国妹(女)
副主席、纪检组组长:谢 华(女)
副主席:郭慧清(女)
庄伟华(女,挂职)
周 瑜(女,兼)
顾 峻(女,兼)

上海市青浦区工商业联合会(简称区工商联)

书记、常务副主席:李建明
主 席:池学聪

副主席：蒋　华

上海市青浦区归国华侨联合会（简称区侨联）

书记、主席：杭　萍（女）
专职副主席、纪检组组长：袁曦敏（女，兼任秘书长）
兼职副主席：刘　敏　沈钦华　谢松峰
刘严雄　汪　清

上海市青浦区残疾人联合会（简称区残联）

书记、理事长：陆惠星
副理事长、纪检组组长：庄惠元
副理事长：陈水根（2018 年 3 月免）
陈　燕（女，2018 年 3 月任）

上海市青浦区人民检察院（简称区检察院）

书记、检察长：郑永生
副检察长：周红亚（女）
黄建荣（2018 年 5 月免）
徐庆天（2018 年 7 月任）
刘华敏（2018 年 7 月任）
纪检组组长：张金华

上海市青浦区人民法院（简称青浦法院）

书　记：林晓镍（2018 年 10 月免）
麦　珏（女，2018 年 10 月任）
院　长：林晓镍
副院长：胡春明　王贤诚　张富泉
纪检组组长：穆华平
政治部主任：周向东

中国人民解放军上海市青浦区人民武装部（简称区人武部）

政　委：刘辽军
部　长：李会林
副部长：王海涛

上海市青浦区发展和改革委员会（简称区发改委）

书记、主任：朱正伟
副书记、纪委书记：蒋金坤
副主任：卫　星（女）　张　隽
叶　慧（女）　夏　骥

上海市青浦区经济委员会（简称区经委）

书记、主任：朱要武
副书记、纪委书记：王　强
副主任：杨河生　杜黎明　张正义　陆蓓蕾（女）

上海市青浦区农业委员会（简称区农委）

书记、主任：谢　辉
副书记：沈玲英（女）
纪委书记：曾庆奎
副主任：朱雪生　吴建平　邓春兴

上海市青浦区建设和管理委员会（简称区建管委）

书记、主任：陆章一
副书记：孙　俭（女）
纪委书记：朱　亮
副主任：张　诚　许卫民　倪达锋　浦浩良

上海市青浦区重大项目建设办公室（简称区重大办）

主　任：陈庆江
常务副主任：陆章一
副主任：张　诚　李柏青（兼）
卫　星（女，兼）
朱永强（兼）
刘少峰（兼）

上海市青浦区科学技术委员会、上海市青浦区科学技术协会（简称区科委、区科协）

书记、主任、主席：张宏洲
副书记：奚玉麟
纪委书记：张跃春
副主任：朱国健　凌雪庆　刘志斌
副主席：宋　琳（女）
副主任、副主席：沈　峰

上海市青浦区国有资产监督管理委员会（简称区国资委）

书记、主任：虞　骏
副书记：李成芳（女）
纪委书记：章红军
副主任：瞿坚春（女）　江　辉　潘桢栋

上海市公安局青浦分局（简称青浦公安分局）

书记、局长、督察长：王德强
副书记、政委、纪委书记：杨　俊
副局长：唐祖玉（2018 年 10 月免）
成玉之　华　钢　刘懿骏　陈永强
赵　熠（2018 年 8 月任）
政治处主任：沈红开
指挥处处长：郭爱民

上海市青浦区司法局（简称区司法局）

书记、局长：张小云
副书记：尤建华
纪委书记：杨雪虹（女）
副局长：张小英（女，2018 年 5 月免）
尤海东　谢天凡

上海市青浦区人力资源和社会保障局（简称区人社局）

书记、局长：俞藕英（女）
副书记：缪琦珺
纪委书记：夏剑群（女）
副局长：唐金龙　周维平　徐卫军　杨惠芳（女）

上海市青浦区民政局（简称区民政局）

书记、局长：施剑文
副书记：徐建青
纪委书记：黄　涛
副局长：陆云棣
陈　燕（女，2018 年 3 月免）
沈纪国　高　峰
庄　娟（女，2018 年 3 月任）

上海市青浦区财政局（简称区财政局）

书记、局长：徐　英（女）
副局长、纪检组组长：马　铭
副局长：庄爱军　蔡云峰

上海市青浦区审计局（简称区审计局）

书记、局长：张国兴
副局长、纪检组组长：赖伟春（女）

副局长:章福生　汪　畅(女)

上海市青浦区教育局(简称区教育局)

书　记:孙　卫

副书记、局长:程卫国

副书记:黄海忠

纪委书记:王　良

副局长:王海青(女)　姚金生

江雪元　高　燕(女)

上海市青浦区卫生和计划生育委员会(简称区卫生计生委)

书　记:徐春余

副书记:符仁美

主　任:饶斐文

纪委书记:庄　娟(女,2018 年 3 月免)

副主任:金贵元　吴金英(女)

胡　炯　季春华

上海市青浦区文化广播影视管理局(简称区文广影视局)

书　记:周思琴(女,2018 年 3 月免)

沈秋娟(女,2018 年 3 月任)

副书记:沈秋娟(女,2018 年 3 月免)

局　长:周思琴(女,2018 年 5 月免)

沈秋娟(女,2018 年 5 月任)

副局长:陈　涛　田惠敏

金　璀(女)

许　诺(2018 年 3 月任)

上海市青浦区体育局(简称区体育局)

书记、局长:张瑞云

副书记、纪委书记:顾爱根

副局长:黄春明　杜　敏(女)

上海市青浦区绿化和市容管理局(简称区绿化市容局)

书记、局长:朱　奇

副书记、纪委书记:胥蔚青(女)

副局长:陈正贤　莫林明　夏亚刚

上海市青浦区城市管理行政执法局(简称区城管执法局)

书记、局长、大队长:陈　瑜

副局长、副大队长、纪检组组长:冯柏亭

副局长、副大队长:龚海明　周俊林

副局长:成玉之(兼)

上海市青浦区环境保护局(简称区环保局)

书记、局长:杨佃辉

副书记、纪委书记:危建国

副局长:沈林弟　顾四清　邵志学

上海市青浦区规划和土地管理局(简称区规划土地局)

书记、局长:程卫东

副书记:王玉龙

纪委书记:濮俭青

副局长:蔡急成　朱永强

谢润华(2018 年 1 月任)

上海市青浦区住房保障和房屋管理局(简称区房管局)

书记、局长:朱思毅

副书记:盛　青

纪委书记:林夫珍(女)

副局长:邱宝荣　陈仲兴　徐　黉(女)

上海市青浦区水务局(简称区水务局)

书记、局长:程光宇

副书记:夏永兴

纪委书记:许秋凤(女)

副局长:朱宏进　王维维

上海市青浦区安全生产监督管理局(简称区安全监管局)

书记、局长:杨叶青

副局长、纪检组组长:宋瑞雪

副局长:高剑峰　刘良春(2018 年 11 月任)

上海市青浦区民防办公室(简称区民防办)

书记、主任:许建忠

副主任、纪检组组长:周志良

副主任:冯国栋

上海市青浦区统计局(简称区统计局)

书记、局长:张　炜

副局长、纪检组组长:费金卫云

副局长:俞军军

国家统计局青浦调查队(简称青浦调查队)

队　长:蔡　磊

副队长:甘富新

纪检员:章　兰(女)

上海市青浦区旅游局(简称区旅游局)

书记、局长:薛　锋

副局长、纪检组组长:陆玉林

副局长:徐瑞国

上海市青浦区城市网格化综合管理中心(简称区网格化管理中心)

书记、主任:钱　斌

副主任:方　晖(女)　金为民

上海市青浦区行政服务中心(简称区行政服务中心)

书记、主任:张慧明

副主任、纪检组组长:刘少峰

副主任:何辉萍(女)

复旦大学附属中山医院青浦分院(简称中山医院青浦分院)

院　长:樊　嘉

书记、副院长:刘　敏

副书记、执行院长:李　锋

副书记:蒋小兰(女)

纪委书记:戚怡杰

副院长:范隆华　钱　进(女)　朱　斌

上海市青浦区红十字会(简称区红十字会)

会　长:王凌宇

常务副会长:俞赞红(女)

副会长:黄　涛

上海青浦工业园区发展(集团)有限公司(简称工业园区集团公司)

书记、董事长:于海平(2018 年 8 月免)

陈晓荣(2018 年 8 月任)

副书记、总经理:曹林云

副书记:姚　峰

监事会主席:蒋　彪
监事会副主席:冯和生
纪委书记:李　力(女)
副总经理:诸　威　程小钧
　　董立平　沈　豪

上海青浦现代农业园区发展有限公司(简称青浦现代农业园区)

书记、董事长、总经理:丁国平
常务副总经理:唐仁龙(2018年4月任)
监事会主席:陈卫国(2018年4月任)
监事会副主席:唐仁龙(2018年5月免)
纪委书记:王华生
副总经理:薛建德

上海淀山湖新城发展有限公司(简称淀山湖新城公司)

书记、董事长:蒋家敏
副书记、总经理:谢　明
副书记:王海林
副书记、副总经理:徐　农
监事会主席:陆剑波
纪委书记:潘　辉
副总经理:张春根　胡继军　张建峰　张　浩
　　潘　俊(女)

上海西虹桥商务开发有限公司(简称西虹桥公司)

书记、董事长:顾连云
副书记、总经理:池春燕
监事会主席:周亚军
纪委书记:潘士金
副总经理:郭连江　王锡璟　康　峻

上海青浦发展(集团)有限公司(简称青发集团)

书记、董事长:章凌云
副书记、总经理:雷　鹏
监事会主席:徐　庆
副书记、纪委书记:张　吉
副总经理:邓大虹　干建平　杜伟云　周永宏

上海青浦公用事业投资控股有限公司(简称青浦公用事业公司)

书记、董事长:章凌云
副书记、总经理:肖贵珉
监事会主席:徐红岗
副书记、纪委书记:张　吉
副总经理:邓大虹　付乐奎　施英君(女)

上海市青浦区供销合作联合社(简称区供销社)

书记、主任:沈金华
监事会主席:王　健(女)
纪委书记:戴秋怡(女)
副主任:朱　毅　姜文辉(2018年6月任)

中华人民共和国青浦海关(简称青浦海关)

副关长:宋　虎　李　伟
　　黄爱琴(女,2018年1月任)

国家税务总局上海市青浦区税务局(简称区税务局)

书记、局长:丰卫东
副局长:张振明　田德松　吕　英(女)
纪检组组长:黄　炜
总经济师:许　峰

上海市青浦区市场监督管理局(简称区市场监管局)

书记、局长:王毅荣
副书记:谢春元(2018年3月免)
副书记、纪委书记:顾坚定
副局长:徐永华　钟　青(女)
　　张卫平　钱卫红(女)　沈根弟

上海市青浦区气象局(简称区气象局)

书　记:徐建中(2018年10月免)
副书记、副局长:李保清(主持工作)
副局长:沈　洁(女)

上海市邮政公司青浦区邮政分公司(简称青浦邮政分公司)

书记、总经理:刘丽芳(女,2018年6月任)
副书记、副总经理:李亦亦(女,主持工作,2018年6月免)
纪委书记、副总经理:何　伟
副总经理:张　力　王　辉

上海烟草集团青浦烟草糖酒有限公司(简称青浦烟草公司)

书记、局长、总经理:包华杰
副书记:曲志兵
副局长:沈　艳(女)
副总经理:孙　健(2018年7月免)
　　陈　康(2018年7月任)

国网上海市电力公司青浦供电公司(简称青浦供电公司)

总经理:周雷勇
书　记:范　烨
副总经理:鲍长庚　陈超杰　吴伟东
纪委书记:沈海东
总工程师:肖　飞

中国电信股份有限公司上海青浦电信局(简称中国电信上海公司青浦局)

书记、局长:季宏锋(2018年8月任)
　　封家俭(2018年8月免)
副局长、纪委书记:姚晓华(女)
副局长:高　波　祝晓剑

中国移动通信集团上海有限公司青浦分公司(简称上海移动青浦分公司)

书记、总经理:王文欣(2018年3月免)
　　吴　勇(2018年3月任)
副总经理:徐莉丽(女,2018年3月免)

镇、街道负责人名录

中共上海市青浦区赵巷镇委员会、上海市青浦区赵巷镇人民政府(简称赵巷镇)

书　记:王玲锦(女)
副书记、镇长:陆冬云
副书记:高　峰(2018 年 6 月任,援青)
　　沈　健　吴建英(女)
人大主席:刘益民
纪委书记:姚明明
副镇长:钱永林　夏继东　董　斌(援疆)
　　王　萍(女)　杨辰灏

中共上海市青浦区徐泾镇委员会、上海市青浦区徐泾镇人民政府(简称徐泾镇)

书　记:赵　峰
副书记、镇长:潘恩华
副书记:沈永连　孙　茂
人大主席:陆彩娥(女)
纪委书记:王永飞
副镇长:汪　清　朱　勤(女)　陆　辉　潘雪明

中共上海市青浦区华新镇委员会、上海市青浦区华新镇人民政府(简称华新镇)

书　记:陆　青
副书记、镇长:林　峰
副书记:朱红珍(女)　陈爱明
人大主席:吴希铭
纪委书记:邵　云
副镇长:尤洪明　胡永青(援滇)
　　高雪峰　徐剑峰(女)

中共上海市青浦区重固镇委员会、上海市青浦区重固镇人民政府(简称重固镇)

书　记:陈祝平(2018 年 2 月免)
副书记、镇长:金　彪
副书记:潘勇强(2018 年 6 月任,援青)
　　方伟忠　杨　嵘
人大主席:张惠娟(女)
纪委书记:朱　琦(女)
副镇长:顾荷英(女)　陆全林　金圣君　盛　钢

中共上海市青浦区白鹤镇委员会、上海市青浦区白鹤镇人民政府(简称白鹤镇)

书　记:张　明
副书记、镇长:朱磊明
副书记:张卫兴　叶　岚
人大主席:蔡双琪
纪委书记:朱玮军(女)
副镇长:陈卫群　陈栋辉　庄祥华　陈飞飞(女)

中共上海市青浦区朱家角镇委员会、上海市青浦区朱家角镇人民政府(简称朱家角镇)

书　记:高　健
副书记、镇长:乔惠锋
副书记:范国强　张小英(女,2018 年 5 月任)
人大主席:诸建芳(女)
纪委书记:杨　钦
副镇长:陆小龙　江　怀(援滇)
　　朱巧其　沈　培　季　靓(女)

中共上海市青浦区练塘镇委员会、上海市青浦区练塘镇人民政府(简称练塘镇)

书　记:王永根
副书记、镇长:方志坚
副书记:陆秋根　周文娟(女)
人大主席:陆桂芳(女)
纪委书记:刘成涛
副镇长:管文军　印　剑　肖　菁(女)
　　倪争艳(女,2018 年 1 月任)
　　沈　峰(2018 年 1 月免)

中共上海市青浦区金泽镇委员会、上海市青浦区金泽镇人民政府(简称金泽镇)

书　记:谭　伟
副书记、镇长:凌　敏
副书记:郭正梁　徐　慧(女)
人大主席:徐福星
纪委书记:王　华
副镇长:朱卫东　陆慧明　庄跃华　吴建芳(女)

中共上海市青浦区夏阳街道党工委、上海市青浦区夏阳街道办事处(简称夏阳街道)

书记、人大工委主任:陈　达
副书记、办事处主任:陈晓荣(2018 年 8 月免)
副书记:肖　飞　任建荣
纪工委书记:王　娟(女)
办事处副主任:许伟明　金　红(援滇)　陈　冰
　　邹　梅(女)　谭　洁(女)

中共上海市青浦区盈浦街道党工委、上海市青浦区盈浦街道办事处(简称盈浦街道)

书记、人大工委主任:徐孝芳(女)
副书记、办事处主任:沈　敏
副书记:潘慧敏(女)　章国新
纪工委书记:许芳群(女)
办事处副主任:朱春健　沈丽萍(女)　陆广军　陈小玉

中共上海市青浦区香花桥街道党工委、上海市青浦区香花桥街道办事处(简称香花桥街道)

书记、人大工委主任:朱建忠
副书记、办事处主任:张　兵
副书记:陈林德　陈金新
纪工委书记:许　华(女)
办事处副主任:徐文芳　姚伟明　沈备云
　　姜维维(女)

民主党派负责人名录

中国国民党革命委员会上海市青浦区委员会(简称民革区委)
主任委员:沈伯明(2018 年 4 月任)
副主任委员:沈伯明(2018 年 4 月免) 朱国君

中国民主同盟上海市青浦区委员会(简称民盟区委)
主任委员:王海青(女)
副主任委员:高晓生 宋伟倩 康军平

中国民主建国会上海市青浦区委员会(简称民建区委)
主任委员:高 峰
副主任委员:钱 珏(女) 卢伟光 李 峰

中国民主促进会上海市青浦区总支委员会(简称民进总支)
主任委员:姚伟明
副主任委员:裘德荣

中国农工民主党上海市青浦区委员会(简称农工党区委)
主任委员:饶斐文
副主任委员:田惠敏 朱 斌

中国致公党上海市青浦区总支部委员会(简称致公党总支)
主任委员:姚 蓁(女)
副主任委员:周敏华(女) 沈卫星

九三学社上海市青浦区委员会(简称九三学社区委)
主任委员:朱国健
副主任委员:袁永坤 田春红(女)

金融机构负责人名录

中国农业银行股份有限公司上海青浦支行(简称农业银行青浦支行)
书记、行长:王连军
纪委书记:陈毛根
副行长:郑 谷(2018 年 12 月免)
王 豪 周 斌 陈 炎(2018 年 12 月任)

中国建设银行股份有限公司上海青浦支行(简称建设银行青浦支行)
书 记:姚涣冰(2018 年 1 月免)
张 悦(2018 年 9 月任)
行 长:姚涣冰(2018 年 1 月免)
张 悦(2018 年 12 月任)
纪委书记:周嘉健(2018 年 5 月免)
卜 燕(女,2018 年 5 月任)
副行长:戎 狄(2018 年 12 月免)
张 悦(2018 年 12 月免)
高 驰 朱利锋

中国工商银行股份有限公司上海市青浦支行(简称工商银行青浦支行)
行 长:叶明雯(女)
副行长:范 锋 金 伟
丁钰杰(女,2018 年 1 月任)
李 锋(2018 年 2 月免)

中国银行股份有限公司上海市青浦支行(简称中国银行青浦支行)
行 长:周国栋(2018 年 9 月免)
宋一兵(2018 年 9 月任)
副行长:汤 蕾(女) 朱华栋(2018 年 7 月免)
赵 明 杨 震(2018 年 7 月任)

上海银行股份有限公司青浦支行(简称上海银行青浦支行)
行 长:沈 喆
副行长:胡 云(2018 年 4 月任)
徐伟新(2018 年 4 月任)

中国光大银行股份有限公司上海青浦支行(简称光大银行青浦支行)
行 长:马红兵(2018 年 2 月免、8 月任)
蔡 洁(女,2018 年 2 月任、8 月免)
副行长:沈立萍(女,2018 年 5 月任)
王 琳(女)

交通银行股份有限公司上海青浦支行(简称交通银行青浦支行)
行 长:张 波
副行长:顾 伟 张振元 夏 颖(女)

上海农村商业银行股份有限公司青浦支行(简称上海农商银行青浦支行)
书记、行长:王丽芳(女,2018 年 7 月免)
书 记:许建华(2018 年 7 月任)
行 长:占玲灵(女,2018 年 8 月任)
副行长:张云根 庄国林 蔡夏晰(女)

上海浦东发展银行股份有限公司青浦支行(简称浦发银行青浦支行)
行 长:宋志青
副行长:褚彩萍(女) 罗 森(2018 年 4 月任)
乐 华(2018 年 11 月任)
张 毅(2018 年 4 月免)
忻 毅(2018 年 11 月免)

中国农业发展银行上海市青浦区支行(简称农发行青浦支行)
行 长:史斌全
副行长:管 超

平安银行股份有限公司上海青浦支行(简称平安银行青浦支行)
行 长:王盛华

兴业银行股份有限公司上海青浦支行(简称兴业银行青浦支行)
行 长:范益红(女)

中国民生银行股份有限公司上海青浦支行(简称民生银行青浦支行)

行　长:朱丽青(女)

副行长:沈　勇(2018年4月免)

陆　斌(2018年4月任)

中国邮政储蓄银行股份有限公司上海青浦区支行(简称邮储银行青浦区支行)

书　记:秦建忠

行　长:秦建忠(2018年8月免)

副行长:姚　健(2018年8月任)

王彩妹(女,2018年2月任)

洪云川(2018年9月免)

中信银行股份有限公司上海青浦支行(简称中信银行青浦支行)

副行长:章珂杰(主持工作)　罗帮胜

广发银行上海青浦支行(简称广发青浦支行)

行　长:沈迎宾(2018年3月任)

杭州银行股份有限公司上海青浦支行(简称杭州银行青浦支行)

副行长:宋伟宁　陆卫东　唐彩萍(女)

华夏银行股份有限公司上海青浦支行(简称华夏银行上海青浦支行)

行　长:项　军(2018年7月免)

顾　静(女,2018年11月任)

副行长:姚　虹(女)

招商银行股份有限公司上海青浦支行(简称招商银行青浦支行)

行　长:朱　坚

副行长:薛韵婷(女)

浙江泰隆商业银行股份有限公司上海青浦支行(简称泰隆银行青浦支行)

行　长:郑小挺(2018年12月免)

马　岛(2018年12月任)

浙江稠州商业银行股份有限公司上海青浦支行(简称稠州银行青浦支行)

行　长:浦浩军(2018年9月免)

朱松华(兼,2018年9月任)

浙江民泰商业银行股份有限公司上海青浦支行(简称民泰银行青浦支行)

行　长:邵灵彬

副行长:吕　淼(2018年7月任)

大连银行股份有限公司青浦支行(简称大连银行青浦支行)

行　长:曹佃州

北京银行股份有限公司青浦支行(简称北京银行青浦支行)

行　长:沈　燕(女)

副行长:贾　涛　郁文刚(2018年6月任)

宁波通商银行股份有限公司上海青浦支行(简称宁波通商银行青浦支行)

行　长:顾徐浩(2018年7月免)

副行长:潘伟强(2018年7月主持工作)　邬革革(女)

上海青浦刺桐红村镇银行股份有限公司(简称青浦刺桐红村镇银行)

董事长、行长:叶树平

副行长:张　斌(女)

中国人民财产保险股份有限公司上海市青浦支公司(简称人保财险青浦支公司)

总经理:金建平

副总经理:徐　辉(女)

中国人寿保险股份有限公司上海市青浦支公司(简称人寿保险青浦支公司)

总经理:朱筱安

副总经理:沈　斌

中国太平洋财产保险股份有限公司上海市青浦支公司(简称太平洋产险青浦支公司)

总经理:陆宏信

副总经理:徐　清

安信农业保险股份有限公司上海青浦支公司(简称安信青浦支公司)

总经理:王　晓(2018年3月免)

王　策(2018年6月任)

副总经理:张秀红(女)

综 述

2018年,区委常委会坚持以习近平新时代中国特色社会主义思想为指导,贯彻落实党的十九届二中、三中全会和十一届市委四次、五次全会精神,围绕中国国际进口博览会和长三角一体化发展这两个国家战略,统筹推进"五位一体"总体布局,协调推进"四个全面"战略布局,做好生态建设、特色产业、乡村振兴3篇文章,顺利完成年度目标任务,全区经济建设、政治建设、文化建设、社会建设、生态文明建设和党的建设取得了新进展。一是完成服务保障"进博会"各项任务。完成66个配套建设和整治项目。落实人流分时分段管理,实现会展期间"零上访""零滋扰""零火灾""零事故"。探索创新"1+8"网格化管理("1"指进博会5.9平方公里核心区,"8"指市场监管、城管、安监、消防、环保、水务、建管、绿容等8个部门)、"一级指挥三级响应"应急指挥和领导带班值守、部门联合巡查、快查快处、督查督办等机制,实现"103060"目标(即简单问题10分钟处置完成,一般问题30分钟处置完成,疑难问题60分钟处置完成)。二是落实长三角一体化发展。坚持以高质量为导向、以一体化为路径、以改革开放为方法,培育发展动能,推进示范建设,提升城市能级。提出共建"五个新区"的战略构想,探索更高质量的一体化发展模式。联合周边近沪地区共同打好规划契合、设施汇合、产业耦合、功能聚合、治理融合、环保联合等6项举措,加快推进断头路打通等七大领域77项任务。三是坚持高质量发展导向,经济增长效益持续向好。编制"一基地四社区"("一基地"指青浦工业园区,"四社区"指徐泾工业园区、华新工业园区、朱家角工业园区、练塘工业园区以及若干零星工业用地)制造业发展布局规划,迅速发展"三大两高一特色"("三大"指大物流、大会展、大商贸三大现代服务业产业集群,"两高"指高端信息技术和高端智能制造两大智能制造集群,"一特色"指文旅健康产业集群)主导产业,推进"一带三中心"("一带"指以轨道交通17号线全线开通为契机,以配套支持虹桥商务区建设和串联轨道交通17号线沿线区域发展为功能定位,围绕市西软件信息园打造软件和信息服务业创新集群;"三中心"指青东科创中心、中部科创中心、青西科创中心)科创布局。推进"放管服"改革,全面推进"互联网+政务服务",建成"一网通办"青浦子门户,个人社区事务实现"全市通办",全面推进"一园三区"[即上海青浦工业园区发展(集团)有限公司、上海张江高新技术产业开发区青浦园区(集团)有限公司、上海青浦出口加工区开发有限公司]一体化改革。四是坚持高品质生活目标,城市宜居水平持续提升。加强民生保障,持续深化教育综合改革,深化公立医院改革,继续做好就业、养老、助残、困难救助等各项工作,不断完善"四位一体"(即廉租住房、公共租赁住房、共有产权保障房、征收安置住房)住房保障体系。加大乡村振兴力度,制定出台乡村振兴战略实施意见,拟定三年行动计划。推进农业供给侧结构性改革。完成镇级产权制度改革。提升生态宜居水平,实施国家生态文明建设示范区规划,推进"无违建先进居村""无违建先进街镇"创建;全面做实河长制,2个国考断面和14个市考断面达标;实施新一轮清洁空气行动计划,落实土壤污染防治行动计划和工作方案,建立区环保督察制度。五是坚持高能级城市定位,门户服务功能持续壮大。持续深化"一城两翼"战略布局,夯实"双城"(即上海对外服务的门户城市和长三角一体化发展的示范城市)门户功能,建成S26入城段以及汇龙路、华志路等一批区区对接道路,完成服务保障进博会配套建设和整治任务。完善新城城市功能,加快建设功能性配套设施、重大基础设施、环城水系公园二期工程,青浦大道项目启动施工招标工作。提升区域联动效应,加大区域资源整合力度,落实《青浦区文化发展三年行动计划(2017—2019)》,形成区域内"一廊一轴三区"("一廊"指构建"上海之源"古文化走廊,"一轴"指轨道交通17号线文化发展轴,"三区"指青东海派时尚文化集聚区、新城都市文化功能核心区、青西滨湖文旅休闲集聚区)文化联动发展格局,朱家角、金泽、练塘等青西三镇新市镇总体规划获市政府批准。六是坚持高效能管理创新,社会治理能力持续增强。完成村(居)"两委"换届选举,"一站两中心"(即党建服务站、综合治理中心和综合服务中心)建设实现全覆盖,完善街道社区委员会和社区代表会议制度,推进110家"客堂间"建设。开展全国文明城区创建,完成首次年度测评。加快推进"智慧城市"建设和数字化、网络

12 月 29 日，中国共产党上海市青浦区第五届委员会第七次全体会议在区会务中心召开（区委办供稿）

化、智能化“三化融合”，深化“雪亮工程”“智慧公安”建设，完成青浦区“十三五”规划中城市图像监控系统建设。推进垃圾综合治理。建立区委、区政府法律顾问制度。七是坚持高标准责任协同，全面从严治党持续深化。深入开展“不忘初心、牢记使命，贯彻落实党的十九大精神”学习实践活动。有序推进机构改革。深入推进司法改革。制定区委推进全面从严治党健全“四责协同”（即“党委主体责任”“纪委监督责任”“党委书记第一责任”“班子成员一岗双责”）实施意见和 6 个配套制度，构建知责、履责、督责、述责和问责“五责闭环”联动体系。深入开展大调研工作，提高广大干部发现问题、分析问题、解决问题的能力。（杨俊茜）

重要活动

■五届区委五次全会 该会于 1 月 3 日召开。全会传达十一届市委三次全会精神，审议区委常委会 2017 年工作报告、2018 年工作要点。（杨俊茜）

■五届区委六次全会 该会于 7 月 18 日召开。全会审议《青浦区总体规划暨土地利用总体规划（2017—2035）（草案）》，审议并通过《中国共产党上海市青浦区第五届委员会第六次全体会议决议》，同意陈祝平辞去区委委员职务，递补区委候补委员徐春余为区委委员。（杨俊茜）

■五届区委七次全会 该会于 12 月 29 日召开。全会传达十一届市委六次全会精神，听取和审议区委书记赵惠琴受区委常委会委托作的题为《抢抓机遇·勇担使命，全面打造长三角一体化发展新典范》的主题报告，审议并通过区委常委会 2018 年工作报告、2019 年工作要点、《中国共产党上海市青浦区第五届委员会第七次全体会议决议》。区领导余旭峰、陈庆江、赵明、蒋仁辉、孙挺、王翔、姜道荣、刘辽军等出席。（杨俊茜）

■2019 年工作务虚会 该会于 12 月 6—7 日召开。区委书记赵惠琴，区委副书记、副区长余旭峰，区人大常委会主任朱明福，区政协主席李华桂等四套班子领导出席会议并讲话。区相关部门负责人作交流发言。（杨俊茜）

■市委领导调研 3 月 15 日，市委常委、组织部部长吴靖平到青浦区调研。吴靖平一行先后走访北斗产业技术创新西虹桥基地、华新镇嵩山村、赵巷镇中步村和新城一站大型居住社区，并与基层党员代表座谈。区领导赵惠琴、韩顺芳、蒋仁辉陪同调研。

4 月 8 日，中央政治局委员、市委书记李强全天到青浦区调研。上午，李强一行实地走访淀山湖防洪大堤、金泽镇蔡浜村、青西郊野公园、环城水系公园（淀浦河东段）。下午，实地考察哈工大人工智能产业园、中国北斗产业技术创新西虹桥基地、威马汽车技术有限公司。市委常委、市委秘书长诸葛宇杰等参加调研。区领导赵惠琴、夏科家、朱明福、李华桂、韩顺芳、陈庆江、赵明、余旭峰、倪向军、金俊峰、顾骏、王德强等陪同调研。

7 月 11 日，市委农办、市农委主任张国坤一行到青浦区调研美丽乡村建设。张国坤一行实地走访朱家角镇张马村，察看“一站两中心”建设运营及乡村旅游民宿项目情况，区领导赵惠琴、夏科家、韩顺芳、金俊峰等陪同调研。

7 月 13 日，市委、市政府在青浦区朱家角镇举行实施乡村振兴战略现场推进会。会前，市领导到张马村，实地察看美丽乡村建设最新进展。先后走进村社区事务服务中心、综治中心和党建服务站，察看“张马·義田”主题民宿项目和上海寻梦源香草农场。会上，区委书记赵惠琴代表青浦区作交流发言，区领导夏科家、朱明福、韩顺芳、赵明、金俊峰、顾骏、王德强等参加会议。（杨俊茜）

2018 年区委重要会议和主要活动情况表

表 1

名称	时间	主要内容
区委常委会	1 月 5 日	会议部署“不忘初心、牢记使命，贯彻落实党的十九大精神”学习实践活动，学习中央政治局委员、市委书记李强在营商环境调研座谈会上的讲话，听取关于青浦区 2017 年人口综合调控和管理服务工作推进情况的汇报，审议青浦区产业结构调整和转型升级三年行动计划（2018—2020 年）和青浦区 2018 年政府性投资项目计划

（续表）

名称	时间	主要内容
“不忘初心、牢记使命，推动青浦全面跨越式发展”大调研动员部署会	1月8日	区委书记赵惠琴出席部署会并讲话，区委副书记、区长夏科家主持会议，区委副书记韩顺芳部署工作
深化国家监察体制改革试点工作转隶大会	1月8日	区委书记赵惠琴出席大会并讲话，区委副书记韩顺芳主持会议，区领导朱明福、赵明、余旭峰、蒋仁辉、王翔、郑永生等参加
慈善基金工作会议暨第二十四届“蓝天下的至爱”启动仪式	1月10日	区委书记赵惠琴出席会议并讲话，副区长金俊峰同志主持会议，市慈善基金会副理事长吴明，区领导赵惠琴、韩顺芳、胡海民、董永元和市慈善基金会青浦代表机构会长张海珍等参加
青浦区监察委员会挂牌仪式	1月22日	区领导赵惠琴、朱明福、赵明、余旭峰、蒋仁辉、郑永生等出席
区委常委学习（扩大）会暨区委中心组集中学习会	1月30日	会议传达市“两会”情况和中央政治局委员、市委书记李强在参加青浦团审议时的讲话精神，邀请上海市委党校马克思主义学院常务副院长王公龙教授作《学习贯彻习近平新时代中国特色社会主义思想》的辅导报告
区委常委会	2月1日	会议学习习近平总书记、王沪宁书记在新进中央委员会的委员、候补委员和省部级主要领导干部学习贯彻习近平新时代中国特色社会主义思想和党的十九大精神研讨班上的讲话；听取区委常委“三个责任制”（即意识形态责任制、基层党建工作责任制、党风廉政建设责任制）述职；听取“三个责任制”检查的情况汇报；听取关于创新创业人才团队奖励、纳税百强企业的情况汇报；听取太阳岛高尔夫球场相关工作汇报；听取区委常委会对照检查材料起草情况汇报，听取关于召开五届区纪委三次全会方案的汇报；审议2018年度人大协商、政协协商、政党协商计划；审议关于成立人大、政府、政协机关党组和国家统计局青浦调查队党组的方案
2018年青浦区纳税百强和创新创业人才表彰会	2月1日	区委书记赵惠琴出席表彰会并讲话，区委副书记、区长夏科家致辞，区领导朱明福、李华桂、韩顺芳、余旭峰、蒋仁辉、孙挺、姜道荣等参加
军政迎春座谈会	2月7日	区领导赵惠琴、夏科家、朱明福、李华桂、韩顺芳、刘辽军、金俊峰等参加
五届区纪委三次全会第一次会议	2月8日	区委书记赵惠琴出席会议并讲话，区纪委书记王翔主持会议，区领导夏科家、朱明福、李华桂、韩顺芳等出席
老干部迎春座谈会	2月13日	区领导赵惠琴、夏科家、朱明福、韩顺芳、蒋仁辉等出席
西虹桥商务区开发建设指挥部第十六次全体会议	2月22日	区委书记赵惠琴出席会议并讲话，区委副书记、区长夏科家主持会议，区领导朱明福、李华桂、陈庆江、余旭峰、倪向军、顾骏、王德强等参加
区委常委会	2月26日	会议审议青浦区着力优化营商环境实施方案，讨论关于落实首届中国国际进口博览会总体方案及配套建设与环境整治工作，听取关于落实扫黑除恶工作和全国“两会”青浦区稳定工作有关情况的汇报，审议区委政法暨信访工作报告、区委武装工作报告
人民武装工作会议	2月27日	区委书记赵惠琴出席会议并讲话。区委副书记、区长夏科家主持会议，区委常委、区人武部政委刘辽军作工作报告，副区长金俊峰传达上海警备区党委扩大会议精神，区领导陶夏芳、董永元等出席
政法暨信访工作会议	2月27日	区委书记赵惠琴出席会议并讲话，区委副书记、区长夏科家主持会议，区委常委、政法委书记赵明作工作报告，区领导陶夏芳、金俊峰、王德强、董永元、林晓镍、郑永生等出席
区委常委会	3月2日	会议传达市委季度工作会议精神，听取关于2017年度区委常委会民主生活会情况通报，审议市委巡视组巡视反馈整改情况的报告
残疾人联合会第五次代表大会	3月6日	区委书记赵惠琴出席大会开幕式并讲话，市残联副理事长刘骏，区领导夏科家、朱明福、李华桂、韩顺芳、胡海民、金俊峰等出席
纪念“三八”国际妇女节108周年暨先进家庭表彰大会	3月8日	区委书记赵惠琴出席大会并讲话，市妇联主席、党组书记徐枫，区领导李华桂、孙挺、陶夏芳、胡海民、王凌宇、王海青等出席
区委常委会	3月9日	会议学习习近平总书记、李克强总理、汪洋主席、在中央农村工作会议上的讲话及《中共中央国务院关于实施乡村振兴战略的意见》，听取关于2018年基层组织换届选举有关工作的情况汇报，审议组织、宣传、统战工作报告
组织、宣传、统战工作会议	3月14日	区委书记赵惠琴出席会议并讲话，区领导蒋仁辉、孙挺、姜道荣分别作工作报告
基层组织换届选举工作动员会	3月16日	区委书记赵惠琴出席动员会并讲话，区委副书记韩顺芳主持会议，区领导赵明、蒋仁辉、金俊峰等出席

（续表）

名称	时间	主要内容
区委常委会	3月19日	会议听取关于村居党组织换届选举工作程序等情况的汇报，学习《上海市推动长江经济带发展实施规划》及《关于做好新时代上海金融工作加快国际金融中心的实施意见》，传达市大调研工作精神及听取大调研推进情况汇报，审议关于成立区委全面从严治党领导小组的方案
区委常委会（扩大）会议	3月22日	会议传达学习全国“两会”和习近平总书记重要讲话精神以及市委常委会扩大会议有关精神，区四套班子领导赵惠琴、夏科家、朱明福、李华桂等出席
迎中国国际进口博览会200天誓师大会暨重大项目实事工程推进会	3月28日	区委书记赵惠琴，市住建委副主任、市重大办常务副主任江小龙出席会议并讲话；区委副书记、区长夏科家主持会议；区领导朱明福、李华桂、陈庆江、余旭峰、倪向军、顾骏、王德强、马彩云等出席
区委常委会	3月30日	会议审议区委中心组理论学习计划、2018年宣传工作方案；审议2018年区委、区政府重点工作任务分工方案，讨论区委督查工作领导小组2018年工作要点；审议青浦区落实首届中国国际进口博览会配套建设与环境整治任务清单；审议关于创建全国文明城区相关工作计划
创建全国文明城区动员大会	4月4日	区委书记赵惠琴出席动员大会并讲话，市委宣传部副部长、市文明办主任潘敏出席会议并讲话，区委副书记韩顺芳主持会议，区领导陈庆江、姜道荣、胡海民、顾骏、董永元等出席
区委常委会	4月9日	会议传达中央政治局委员、市委书记李强到青浦调研精神和乡村振兴战略会议精神，听取《关于本市各区党委建立健全巡察制度的实施意见》的解读及有关工作设想，听取关于基层党组织换届选举工作的情况汇报，审议关于规范和完善区管处级干部、科级干部选拔任用工作的实施意见，审议关于深入贯彻落实中央八项规定精神的实施细则，审议区级机关党工委、社会工作党委、离退休干部党工委、区委党校工作汇报
扶贫协作工作	4月10—14日	区委书记赵惠琴率青浦区党政代表团赴德宏州开展扶贫协作工作，区领导孙挺、顾骏参加
全面从严治党领导小组第一次工作例会	4月18日	会议听取区人大党组、区政府党组、区政协党组，区纪委、区委组织部、区委宣传部、区委统战部、区委政法委、区人武部落实全面从严治党工作推进情况及下一步工作计划汇报
中心组联组学习会	4月18日	青浦区委与上海政法学院党委中心组联组学习会暨区校全面战略合作框架协议签约仪式举行，邀请市政协副主席、民建中央副主席周汉民作《“一带一路”：从倡议到共识》专题辅导报告。区委理论学习中心组成员赵惠琴、夏科家、朱明福、李华桂、韩顺芳等参加
现场踏勘“进博会”配套保障项目建设情况	5月3日	区委书记赵惠琴带队现场踏勘进口博览会配套保障项目建设情况，区领导韩顺芳、陈庆江、赵明、余旭峰、蒋仁辉、倪向军、王德强等参加
区委常委会第50次会议暨全面深化改革领导小组第10次会议、创新社会治理加强基层建设工作领导小组第11次会议	5月4日	会议审议区总体规划暨土地利用总体规划（2017—2035），审议2018年区委全面深化改革工作和区创新社会治理工作要点，审议青浦区服务保障中国国际进口博览会前线指挥部组建方案，审议关于开展“上善先锋行·护航中博会”主题活动和启动仪式方案，审议区贯彻落实上海第二环境保护督察组督察反馈意见整改方案
服务保障中国国际进口博览会前线指挥部成立大会暨第一次全体会议	5月7日	区委书记赵惠琴、市商务委副主任吴星宝为前线指挥部揭牌；区委副书记、区长夏科家，虹桥商务区管委会副主任费小妹为进口博览会倒计时揭牌；吴星宝致辞；区委副书记韩顺芳主持会议
创新社会治理加强基层建设推进大会	5月9日	区委书记赵惠琴出席大会并讲话，区委副书记、区长夏科家主持会议，区委副书记韩顺芳作工作部署，区领导朱明福、蒋仁辉、金俊峰等出席
区委常委会	5月21日	会议传达部分区委书记座谈会等市委近期召开的会议精神，审议关于推进乡村振兴战略的实施意见，学习《习近平在十九届中央政治局第五次集体学习时的讲话》《关于加强调查研究提高调研实效的通知》《关于严禁自行出台政策发放工资津贴补贴有关问题的通知》文件精神，审议关于全面落实打响上海“四大品牌”实现跨越式发展的指导意见，审议关于区深度融入长三角一体化发展的若干意见，审议关于加强城市管理精细化工作三年行动计划，审议关于开展“无违居村（街镇）”创建工作的实施意见，审议区质量提升行动工作方案（2018—2020），审议第五届区运会开幕式相关方案
服务保障进口博览会前线指挥部第二次全体会议	5月22日	会议审议关于增加前线指挥部副总指挥等人员的方案，听取8个工作组工作开展、问题及建议的情况汇报
人才工作领导小组会议	5月30日	区委书记赵惠琴出席会议并讲话，区委常委、组织部部长蒋仁辉主持会议，区领导夏科家、金俊峰、顾啸流等出席
优化营商环境打响“四大品牌”暨长三角一体化发展推进大会	6月4日	区委书记赵惠琴出席大会并讲话，区委副书记、区长夏科家作工作部署，区委常委、副区长余旭峰主持会议，区四套班子领导朱明福、李华桂等出席

（续表）

名称	时间	主要内容
服务保障进口博览会前线指挥部第三次全体会议	6月5日	会议审议《中国国际进口博览会配套项目稽察工作方案》《首届“进博会”建设工程文明、安全施工工作方案》《关于国家会展中心南广场主入口周边改造和盈港东路景观提升方案》《关于青浦区“凝心聚力进博会，建功立业创一流”立功竞赛活动实施方案》《关于“不忘初心跟党走，向我看齐助盛会”主题活动方案》，听取8个工作小组工作开展、问题及建议的汇报，听取关于开展西虹桥商务区道路状况及管线调查勘测情况的汇报，听取关于绿地虹桥世界中心商业中心入驻企业注册登记协调事宜的汇报
部分街镇及区属公司书记座谈会	6月7日	区委书记赵惠琴主持座谈会，区领导夏科家、韩顺芳等出席
区委常委会	6月8日	会议传达中央政治局委员、市委书记李强调研“进博会”配套交通项目有关精神，学习《上海市事业单位领导人员管理暂行办法》《关于进一步激励广大干部新时代新担当新作为的意见》文件精神，听取关于做好2018年村居委会及村居党组织换届选举工作的相关事项、关于落实食品安全党政同责工作情况和关于司法体制综合配套改革推进落实情况等汇报，审议《关于全面实施跨越式发展战略的总体方案》《关于在青浦区深入开展扫黑除恶专项斗争的工作方案》
乡村振兴暨生态环境保护和城市管理精细化工作推进大会	6月13日	区委书记赵惠琴出席大会并讲话，区委副书记、区长夏科家作工作部署，区委副书记韩顺芳主持会议，区领导李华桂、陈庆江、余旭峰、姜道荣等出席
区委常委会	6月15日	会议听取关于上半年经济运行情况和关于建立区委法律顾问制度的汇报，审议《关于加快特色产业集群发展培育经济增长新动能的实施意见》《关于做好新时代青浦金融工作加快打造“上海之门”的实施意见》《关于加快区文化创意产业创新发展的实施意见》和《2018年青浦区绩效考核实施办法》
区服务保障进口博览会前线指挥部第四次全体会议	6月19日	会议审议《首届中国国际进口博览会上海青浦交易分团工作方案》，听取8个工作组工作开展、问题及建议的汇报
区委常委会	6月25日	会议传达中纪委纪检监察工作座谈会精神、审议区委关于推进全面从严治党健全“四责协同”机制的实施意见及相关工作建议，听取关于上半年贯彻执行中央八项规定精神和纠正新“四风”问题情况的自查报告及关于市委第五巡视组移交区委事项整改情况的报告，审议区委委托各民主党派区级组织对美丽乡村长效管理工作开展专项民主监督的方案
纪念建党97周年座谈会	6月29日	区委书记赵惠琴出席座谈会并作主题讲话，区委副书记、区长夏科家主持会议并传达十一届市委四次全会精神，区委副书记韩顺芳传达中央政治局委员、市委书记李强在上海市庆祝中国共产党成立97周年座谈会讲话精神，区领导朱明福、李华桂等参加
服务保障进口博览会前线指挥部第五次全体会议	7月3日	会议审议关于进口博览会周边道路合杆整治方案及关于举办“对话进博会”活动方案，听取8个工作组工作开展、《青浦区对接“6+365”中国国际进口博览会实施意见》制定及《关于开展集中排查化解涉法涉诉信访积案专项工作的实施方案》说明的情况汇报
区委常委会	7月4日	会议组织学习国务院第六百八十六号令《宗教事务条例》，审议《关于推进全面从严治党健全“四责协同”机制的实施意见的五项配套制度》《上海西虹桥导航技术有限公司组建方案》，听取关于五届区委六次全会方案的汇报
全面从严治党工作领导小组全体会议暨“四责协同”机制建设推进会	7月6日	区委书记赵惠琴出席会议并讲话，区委副书记、区长夏科家主持会议，区领导朱明福、陈庆江、赵明、余旭峰、蒋仁辉、孙挺、王翔、刘辽军出席，区委副书记韩顺芳通报“三个责任制”检查情况
区委常委会	7月16日	会议传达市生态环境保护大会、市进一步扩大开放推进大会、市对口支援与合作交流工作领导小组全体会议、实施乡村振兴战略现场推进会精神，听取关于大调研工作问题解决和专题调研的相关情况汇报，听取区人大常委会党组、区政协党组及各常委部门关于上半年工作情况和下半年工作安排的汇报，听取关于区五届人大第十四次会议有关事宜及政府工作报告起草情况的汇报，听取五届区委六次全会有关材料起草情况的汇报
服务保障中国国际进口博览会前线指挥部第六次全体会议	7月17日	会议听取8个工作组工作的情况汇报，听取关于专项稽察工作的情况汇报及“进博会”区域建设工程巡查情况的报告，审议《徐泾镇道路两侧市容市貌整治与改造、城市门户综合整治方案》《关于“为进博喝彩展青浦风采”青浦区服务保障中国国际进口博览会倒计时100天社会宣传主题活动方案》《进口博览会倒计时100天中宣部采访团来青采访接待方案》和《青浦区服务保障首届中国国际进口博览会重大项目推进情况新闻发布会方案》
防御第十号台风“安比”工作部署会	7月20日	区委书记赵惠琴出席部署会并讲话，区委常委、副区长陈庆江主持会议，区领导余旭峰、王凌宇、倪向军、金俊峰、顾骏、王德强、马彩云等出席
首届中国国际进口博览会开幕式倒计时100天采访活动	7月27日	区委书记赵惠琴出席活动并讲话，区领导韩顺芳、陈庆江、余旭峰、顾骏、王德强等参加

（续表）

名称	时间	主要内容
服务保障中国国际进口博览会前线指挥部全会第七次会议	7月31日	会议听取8个工作组工作开展、"进博会"核心区域合杆整治工作以及《首届中国国际进口博览会展期划分方案》的情况汇报
区委常委会	8月3日	会议学习习近平总书记和中央政治局委员、组织部部长陈希在全国组织工作会议上的讲话及《关于适应新时代要求大力发现培养选拔优秀青年干部的意见》，听取关于《地方党政领导干部安全生产责任制规定》文件解读、区委关于加强新形势下党的督促检查工作的实施办法编制情况的汇报、关于村居委会换届选举的情况报告，审议《关于实行国家机关"谁执法谁普法"责任制的实施办法》
区委常委会	8月10日	会议学习习近平总书记在同团中央新一届领导班子集体谈话时的讲话，听取关于安全生产有关情况、维稳和信访重点情况的汇报；会议还研究了其他事项
服务保障中国国际进口博览会前线指挥部全会第八次会议	8月14日	会议审议《关于小涞港岸线绿化景观提升方案》、国展中心周边临时户外广告设置方案以及"进博会"治安管理服务中心建设情况，听取8个工作组近期工作情况的汇报
区委常委会	8月24日	会议传达市组织工作会议精神，学习《上海市农村人居环境整治实施方案（2018—2020年）》，听取关于大调研重大复杂问题及"三跨"问题解决情况通报和2018年青浦区重大项目建设推进情况汇报，审议"美丽街区"建设三年行动计划（2018—2020年）
服务保障中国国际进口博览会前线指挥部全会第九次会议	8月28日	会议听取各工作组工作情况的汇报，讨论青浦区承接系列招商推介活动总体方案，研究"进博会"青浦区平安志愿者参与社会面防控工作方案等三个方案
反腐败协调小组会议	8月29日	区委书记赵惠琴出席会议并讲话，会议讨论并通过《关于建立青浦区办理职务犯罪案件协作配合机制的意见》《关于建立青浦区党员和公职人员涉嫌违纪违法信息向区纪委监委区委组织部及时通报处理工作机制的意见》《青浦区追逃追赃和防逃工作协作机制》三项制度，区委常委、区纪委书记王翔主持会议，区领导赵明、王德强、郑永生等出席
区委常委会	9月3日	会议传达十一届市委五次全会精神学习修订后的《中国共产党纪律处分条例》精神
服务保障中国国际进口博览会前线指挥部全会第十次会议	9月11日	会议听取各工作组工作情况、关于对盈港东路（涞港路—诸光路）主车道及附属设施等进行维修及整治的情况及关于2018年中国快递论坛筹备推进情况的汇报，研究2018青浦"对接6+365，会聚西虹桥"进口博览会招商活动方案
区委常委会	9月20日	会议学习《关于加强和改进党的新闻舆论工作的实施意见》，听取村居"两个中心"建设及干部下沉落实情况的汇报，审议关于落实党政同责加强食品安全工作的意见
服务保障中国国际进口博览会前线指挥部第十一次全体会议	9月25日	会议听取各工作组工作、青浦区服务保障进口博览会第一次综合巡查及整改落实情况的汇报，研究国家会展中心周边盈港东路、崧泽大道路面提升方案、青浦区服务保障首届中国国际进口博览会新闻发布会（之二）方案
服务保障中国国际进口博览会前线指挥部全会第十二次会议	10月9日	会议听取各工作组工作情况、关于青浦区服务保障进口博览会第二次综合巡查及整改落实情况、关于对接"进博会"投资促进活动安排和参观路线的情况及关于美都环卫公司保洁服务人员招聘工作情况的汇报，研究护航"进博会"先进基层党组织和优秀党员先进事迹集中宣讲活动方案
区委常委会	10月12日	会议传达市委宣传思想工作会议精神，听取关于全国教育大会、中央教育工作领导小组2018年工作要点、上海全面深化新时代教师队伍建设改革的实施意见等"一会两文件"的解读，听取关于热线工单办理、网格化管理工作有关情况的通报和关于三季度经济运行情况的分析
服务保障中国国际进口博览会前线指挥部全会第十三次会议	10月16日	会议听取各工作组工作情况及转段工作汇报，听取第三次综合巡查及整改落实情况的汇报，听取青浦区社会观众组织实施方案、关于新增建设项目工作任务、关于安保过滤线相关保障事项等情况汇报，研究"对接进博会，汇聚西虹桥"2018青浦区投资环境推介会方案
全面推进城市管理精细化暨生活垃圾分类工作现场推进会	10月18日	区委书记赵惠琴出席推进会并讲话，区委副书记、区长夏科家主持会议，副区长顾骏作工作部署。市绿化市容局局长邓建平，区领导朱明福、李华桂、韩顺芳等出席
服务保障中国国际进口博览会前线指挥部全会第十四次会议	10月23日	会议听取各工作组工作情况、关于青浦区服务保障进口博览会第五次综合巡查及整改落实情况汇报，研究青浦区服务保障"进博会"实战指挥工作方案及巡查演练方案、青浦区服务保障"进博会"志愿者誓师大会方案、开展青浦区服务保障"进博会"立功竞赛表彰活动的实施方案、青浦区服务保障首届中国国际进口博览会新闻发布会（之三）方案
服务保障中国国际进口博览会前线指挥部全会第十五次会议	10月30日	会议听取各工作组工作情况、关于青浦区服务保障"进博会"岗位综合演练徒步巡查情况、新增建设项目内容、区建设管理系统"进博会"期间保障工作、对接"进博会"外国经贸团组投资促进参观考察等情况的汇报

（续表）

名称	时间	主要内容
区委常委会	10 月 31 日	会议学习习近平总书记在十九届中央政治局第八次集体学习时的讲话，传达中央政治局委员、市委书记李强在警备区第十三次党代表大会上的讲话，听取关于信访和维稳情况汇报，审议关于设立区实施乡村振兴工作领导小组的方案及相关会议制度、关于积极打响“四大品牌”推动高质量发展促进镇司联动的实施方案、关于区管国有企业下属公司深化改革实施方案
区委常委会	11 月 8 日	会议传达习近平总书记在上海视察工作时的重要讲话精神及中央政治局委员、市委书记李强相关讲话精神，传达习近平总书记在民营企业座谈会上的讲话精神
服务和保障首届中国国际进口博览会总结表彰活动	11 月 28 日	区委书记赵惠琴出席活动并代表区委、区政府向为首届进博会成功举办作出突出贡献的全区建设者、工作者、志愿者，向坚持奋战在一线和所有为进博会奉献力量的广大群众和社会各界致以感谢
区委常委会	11 月 29 日	会议传达学习近期市委相关会议精神，学习习近平总书记在中央政治局第九次集体学习时的讲话，学习市委、市政府《关于全面提升民营企业经济活力大力促进民营企业健康发展的若干意见》，审议关于成立青浦区全面落实习近平总书记上海考察指示精神领导小组的方案
区创建全国文明城区迎检工作会	11 月 30 日	区委书记赵惠琴出席工作会并讲话，区委副书记韩顺芳主持会议，区委常委、宣传部部长姜道荣作工作部署
区委常委会	12 月 14 日	会议传达市委学习讨论会、全市纪检监察机关学习讨论会、市促进民营经济发展大会等精神，学习习近平总书记在中央政治局第十次集体学习时的讲话精神及在上海市委市政府工作汇报后的讲话，听取关于五届区委七次全会有关安排、关于 2018 年度效能考核有关情况、关于区“两会”有关情况等汇报，审议人大、政府、政协三个党组和区委工作部门年度工作报告以及关于区委 2018 年意识形态责任制落实情况的报告
五届区委常委会第六十八次会议暨区党政机构改革工作领导小组第一次会议	12 月 21 日	会议讨论区委常委会 2018 年度工作报告及 2019 年工作要点，听取关于区“两会”有关报告起草情况和关于区党政机构改革工作日程安排及职责分工的汇报，审议青浦区机构改革方案，传达市区级党政机构改革有关精神
区委常委会	12 月 24 日	会议讨论五届区委七次全会有关领导讲话文件，传达学习全市领导干部会议精神；学习《中共上海市委关于贯彻 < 中国共产党党务公开条例（试行）> 的实施细则》（以下简称《实施细则》），听取关于青浦区扫黑除恶专项斗争开展情况及督导反馈情况的报告，审议《青浦区扫黑除恶专项斗争督导反馈问题整改方案》《关于加强青浦区统计工作的实施意见》，会议还研究了其他事项
庆祝改革开放 40 周年大会	12 月 25 日	区委书记赵惠琴出席并讲话，区委副书记、区长余旭峰主持，区四套班子领导参加会议，并于会前参观青浦区庆祝改革开放 40 周年主题展

（杨俊茜）

组织工作

■概况 2018 年，全区组织系统全面贯彻党的十九大精神、全国和全市组织工作会议精神，在区委领导下，围绕新时代党的建设总要求，聚焦主责主业、强化担当作为，推进干部、党建、人才等各项工作，为青浦全面跨越式高质量发展、“上海之门”建设提供坚强组织保证。

至年底，全区共有基层党组织 2336 个，其中党委 69 个、党总支 122 个、党支部 2145 个，另外还有党组 30 个、党工委 6 个。全区共有党员 45781 人，全年发展党员 502 人。（李宓斯）

■服务保障“进博会” 选派优秀年轻干部到区进博办、重大办、营商办、精细化推进办等与“进博会”保障密切相关的部门挂职锻炼。开展“上善先锋行·护航进博会”主题活动，命名 102 个进博会党员先锋岗，成立“进博会”党建服务站，构建互联互动、共建共享的进博

5 月 17 日，“上善先锋行·护航进博会”青浦区区域化党建主题活动启动仪式举行（区委组织部供稿）

党建格局。5 个基层党组织、5 名党员获评市"进博先锋行动"党组织和优秀共产党员,开展先进事迹宣讲,发挥示范引领作用,推动各级党组织和广大党员立足岗位当先锋、作表率。(李宓斯)

■加强党的政治建设 严肃党内政治生活,抓好党章的学习贯彻,将党章作为处干班、中青班等各类主体班次的重要学习内容,推动各级党组织和党员干部认真学习党章、维护尊崇党章。严格落实新形势下党内政治生活若干准则,指导全区 74 家区管处级领导班子开好 2017 年度民主生活会。成立 17 个督导组,加强会前指导、会中督导、会后整改,有效提高民主生活会质量。指导开展基层党组织组织生活会和民主评议党员工作,强化督查检查,抓好制度落实。(李宓斯)

■开展"不忘初心、牢记使命,贯彻落实党的十九大精神"学习实践活动 以学习贯彻习近平新时代中国特色社会主义思想和党的十九大精神为主线,对照青浦区实施意见和任务清单,开展学习实践活动。1—2 月,开展"学习贯彻十九大、砥砺奋进话跨越"微党课展播 8 期。4 月,开展"不忘初心、牢记使命,书写青浦新画卷"书法作品征集展示活动。6 月,部署开展"我的初心使命"等主题党日活动,开展集体瞻仰和重温入党誓词活动等。不断深化"岗位建新功,党员见行动"活动,区 3 个岗位(即上海市公安局青浦分局出入境接待窗口党员示范岗、青浦区市场监督管理局注册许可窗口党员示范岗、青浦区就业促进中心党员示范岗)获评市"优秀党员示范岗"。组织学习钟扬、邹碧华等先进事迹,教育引导广大党员牢记初心使命、筑牢理想信念根基。(李宓斯)

■加强领导班子和领导干部能力建设 开展换届以来领导班子自身建设情况集中回访评估,形成四大类共 70 份评估报告,推动领导班子高效运转。实施习近平新时代中国特色社会主义思想学习培训计划,分领域、分类别举办领导干部、基层党组织书记、党员和党务干部等集中轮训。先后举办学习贯彻党的十九大精神处级领导干部专题研讨班、科级干部专题培训示范班,举办处干班 1 期、中青班 1 期、青干班 1 期,提升学习教育实效。开展全区干部教育培训工作专题调研,启动编制新一轮干部教育培训规划,优化干部教育培训工作格局。(李宓斯)

■发现储备和培养锻炼年轻干部 配合市委组织部对区"789"(即 1970 年以后出生的现任副局级和正处级干部、1980 年以后出生的现任正处级和副处级干部、1990 年以后出生的现任正科级和副科级干部)年轻干部进行调研,开展区优秀干部专项调研,形成优秀副处级、正科级、副科级干部名单。创设干部成长锻炼平台,做好援外驻外干部和专业技术人才选派工作,先后选派 48 名干部到区委巡察组、区信访办等一线岗位挂职锻炼,妥善安排 32 名外省市干部到青浦挂职。在中青班上举办青年干部论坛、主题演讲等活动,为青年干部成长成才搭建舞台,举办优秀副科级青年干部培训班 1 期,推动干部政治历练和实践锻炼。(李宓斯)

3 月 16 日,青浦区基层党组织换届选举工作动员会暨基层党组织换届选举工作培训会召开 (区委组织部供稿)

■推动干部管理举措落细落实 修订区处级干部、科级干部选拔任用制度,配套制定答复意见,开展选人用人专项检查。从严规范机构改革期间的干部选任工作,年内共审核 32 个处级单位、141 名科级干部的提任交流意向。全年共调整区管领导干部 85 人次,其中提职、提级 10 人,交流、轮岗 7 人,其他变动 68 人次。完善日常严管机制,做好年度集中报告和抽查核实工作,全年应报告领导干部个人有关事项 676 人,实际报告 676 人;抽查核实 70 人,对核实不一致的,落实相应组织处理措施。持续开展超职数配备等专项整治,推进经济责任审计党政同审和全覆盖。(李宓斯)

■抓好基层党组织建设 做好基层党组织换届选举工作,成立基层党组织换届选举工作领导小组和 3 个村居"两委"换届工作督查组。强化党组织审核把关,严格落实 5 条人选标准和 8 项负面清单,加强纪律教育,严肃换届风气,全区 184 个村、124 个居民区党组织完成集中换届选举工作。全面推进党支部规范化建设,制定《关于在全区开展党支部规范化建设的实施意见(试行)》,进一步明确规范标准和工作要求。开展 2017 年基层党组织书记抓基层党建述职评议考核工作和 2018 年基层党建责任制检查,提高党支部建设工作质量。(李宓斯)

■以党建服务保障中心工作 开展网格化党建,制定《关于推进网格化党建工作的实施意见(试行)》,推动"三网融合"(即党建网格、社会治理网格、城市综合管理网格),加强党建引领下的为民服务体系建设。围绕长三角区域一体化发展,启动环淀山湖战略协同区党建共建工作。8月，青浦、昆山、吴江、嘉善四地签订党建共建框架协议。12月，牵头召开第一次联席会议，深化“毗邻党建”工作。围绕做好乡村振兴这篇大文章，开展课题调研，研究制定《党建引领乡村振兴实施方案》，探索党建引领乡村振兴的新路径。（李宓斯）

■**推动城市基层党建融合发展** 深化推进“上善先锋行”区域化党建工作，推动资源整合、集约共享。加强党建服务中心(站点)建设，拓展政治功能和服务功能。加强分类别、分领域指导，统筹推进机关、国企、“两新”等重点领域党建工作。牵头召开学校党建工作推进会，召开律师行业党的建设工作座谈会，加强对公立医院党建工作的精准指导，推进园区、楼宇、商圈市场、外资企业、快递企业党建工作，推动各领域党建全面提升、全面进步。（李宓斯）

■**党员队伍教育管理** 做好换届后村居党组织书记集中培训工作，制定《村居党组织书记备案管理的办法》，举办村居党组织书记培训班，提高带头人队伍履职能力和服务水平。加强党代表履职工作，10月，开展“汇聚代表力量·共护进博盛会”市党代表青浦组和市级机关第四组、市人大代表青浦组联组活动，举办一线代表履职培训班。做好2018年大学生村干部遴选工作，举办大学生村干部培训班。多次召开基层党建重点任务推进会，先后开展3次党费工作督查和补交党费自审工作。严把发展党员政治关，加强全过程纪实管理。组建15个检查组开展新发展党员全覆盖排查检查，加强对失联党员、流动党员的处置和管理。（李宓斯）

10月11日，市党代表市级机关第四组和青浦组、市人大代表青浦组联组活动举行（区委组织部供稿）

■**强化党管人才工作机制** 组织召开区人才工作领导小组会议，明确全年人才工作方向。开展“人才看青浦”系列活动，联系走访人才，加强对人才的政治引领、政治吸纳。年内，继续制作“夏阳湖夜话”之“人才访谈”系列节目9期，该节目累计播出32期。健全区人才政策体系，牵头对人才发展三年行动计划的配套补充政策进行修订。启动区人才开发激励办法和人才积分管理办法相关人才购房和住房补贴的申请受理工作，对“十三五”人才发展规划和人才发展三年行动计划完成情况进行中期评估。持续完善人才公寓管理制度，优化申请流程、缩短申请周期、明确审核时限，全年共完成5个批次人才公寓的汇总审核、审议、摇号工作，700多名人才签约入住人才公寓。（李宓斯）

■**搭建人才发展提升平台** 组织人才参加各类研修和培训，会同区人社局举办新经济组织高层次人才研修班1期，先后推荐区内优秀人才参加市高级专家研修班、高技能人才研修班、女性人才研修班等。开展上海“千人计划”“领军人才”“青年拔尖人才”“青年英才”等各类人才工程的选拔、推荐和申报工作，牵头开展区第二届青年英才选拔工作，解决好人才在医疗、子女教育等方面的需求。（李宓斯）

9月12—13日，青浦区学习贯彻全国和全市组织工作会议精神专题培训班举办（区委组织部供稿）

■**自身建设** 加强区委组织部机关支部规范化建设，带头严格落实“三会一课”(“三会”指定期召开支部党员大会、支部委员会、党小组会，“一课”指按时上好党课)、主题党日、党员领导干部双重组织生活制度，举办专题讲座，开展“我与十九大代表面对面”主题党日活动等，组织党员参观党性教育基地、观看红色电影。落实从严治部要求，严格“三个责任制”工作要求，修订完善部务会议事规则，带头执行中央八项规定和组工干部“十严禁”“五条禁令”等纪律要求。学习市委全会、区委全会等重要会议精神，举办宪法知识学习专题报告、学习贯彻全国和全市组织工作会议精神学习交流会和专题培训班、组织系统信息员业务培训等。牵头开展事业单位大调研工作，共调研单位140家，覆盖率100%。继续做好支部结对、部风监督评议等工作，完善基层分管领导季度例会制度，加强对党员干部的关心关怀，打造模范过硬的组工队伍。

（李宓斯）

2月13日，区委直属党组织书记抓“三个责任制”述职述责评议会召开

（区委组织部供稿）

宣传工作与精神文明创建

■概况 2018年，青浦区宣传思想工作按照区委的总体部署，深入学习宣传贯彻习近平新时代中国特色社会主义思想和党的十九大精神，在十一届市委四次全会和五届区委六次全会精神的引领下，聚焦党的理论武装、服务保障“进博会”、创建全国文明城区、强化正面宣传正向引导、打响“青浦文化”品牌等中心工作，把握正确的政治方向和宣传导向，主动服从服务大局，唱响主旋律、凝聚正能量，为加快建设“上海之门”提供了强有力的思想保证、舆论支持、精神动力和文化环境。

（朱明亚）

■学习宣传贯彻习近平新时代中国特色社会主义思想 制定年度区委中心组学习计划和处级单位中心组学习意见，下发处级单位中心组学习季度重点提示。开展与上海政法学院联组学习、苏州学习考察等全区领导干部中心组学习13次。加强理论研究，区委中心组“知行合一，推动青浦全面跨越式发展”项目获得“上海市党委中心组学习实践创新成果奖”。做好宣传阐释，组织开展“习近平新时代中国特色社会主义思想进基层”“推动青浦全面跨越式发展”“助力进口博览会”等主题宣讲活动400余场次，承办市级江南文化系列讲座。朱家角镇农民宣讲团获得“上海市基层宣讲先进集体”、区理论宣讲团成员叶志明获得“上海市基层宣讲先进个人”。

（朱明亚）

■落实意识形态工作责任制 落实区委全面从严治党各项工作部署，牵头成立思想建设组，建立定期会议、督促检查、考核评议等制度。落实意识形态工作责任制相关考核办法、管理办法，上半年对徐泾镇、华新镇、重固镇等17家单位，下半年对经委、发改委、文广影视局等17家单位落实意识形态工作责任制情况开展实地抽查，检查发现问题全部督促整改完成。做好市委督查组对青浦区意识形态工作责任制督查的迎检、汇报工作，督查成绩在全市名列前茅。

（朱明亚）

7月30日，“为进博喝彩·展青浦风采”——青浦区服务保障中国国际进口博览会倒计时100天社会宣传主题活动举行

（区委宣传部供稿）

■服务保障首届“进博会” 组建“进博会”宣传报道专班，召开新闻发布会3次，在中央级媒体发布涉青服务保障“进博会”相关新闻报道100余篇，市级媒体800余篇，区级媒体560余篇，新媒体发布和转载5000余篇次，汇编《青浦区服务保障首届中国国际进口博览会媒体报道撷英》。设计推出服务保障“进博会”和创全系列传播主画面，制作发放主题宣传折页35万份、宣传海报6万张、宣传品16万份，布置道旗1万余组，设置大型户外广告19块。组建“四叶草新媒体联盟”，加强自媒体自我管

理。成立“进博会”舆情处置工作专班，展会期间妥善处置负面舆情10余起，编发《进口博览会舆情管理工作专班值班日报》13期。组织服务保障“进博会”倒计时100天社会宣传主题活动，开展“服务进博盛会·展示青浦风采”群众性主题实践活动100余场次，开展文艺创作评选及巡演活动13场次。开展“凝心聚力进博会·建功立业创一流”立功竞赛活动，评选最美服务窗口和最美服务明星各100个。组织区服务和保障首届“进博会”总结表彰活动，表彰区级先进集体52家、先进个人56人。成立“青浦文明志愿者联盟”，招募文明志愿者3000多名，排摸确定服务点位331个，设计推出联盟标识和系列装备。组织志愿者岗前培训，编制志愿服务指导手册、上岗服务轮班表和保障激励方案，举行誓师大会，成立前线工作指挥部。展会期间，全区文明志愿者在国展中心核心区外围及拓展区累计上岗1.1万余人次，提供交通指引、参观协助、应急救助等各类志愿活动20.83万余人次，“微笑四叶草”入选2018年全国学雷锋志愿服务“四个100”先进典型活动名单。 （朱明亚）

■**新闻宣传报道** 形成区重大新闻报道例会制度，与《解放日报》、东方网签订战略合作协议。聚焦全区重要成就、重大战略、重点工作等内容，在中央、市级主流纸媒组织策划主题宣传报道1200余篇（其中头版报道69篇、整版报道49篇），比上年增长365%，在广播电视媒体播发新闻380余条，在新媒体刊发报道8000余条。 （朱明亚）

■**舆论监督管理** 制定下发新闻发布和新闻发言人、新闻通讯员、舆情信息员等三项制度，规范舆情处置等工作流程，加强新闻宣传队伍管理。妥善处置区公交配套调整等20余起热点敏感事件的舆情应对引导。建立新闻信息和舆情信息检索报送制度，编发《涉青新闻及互联网涉青舆情概要》74期、《每日舆情快报》150期，区委主要领导就媒体关注、舆论监督、网民呼声的相关问题先后批示18次，落实涉事单位和部门3个工作日内书面反馈制度，形成《涉青新闻及互联网涉青舆情概要情况反馈报告》24期。 （朱明亚）

■**媒体融合发展** 申报全市首批县级融媒体试点单位，拟定媒体融合发展初步方案，稳步推进区级融媒体中心建设。4月17日，青浦报微信公众号上线；4月20日，青浦区报刊联盟成立。全年“绿色青浦”微信公众号共推送信息1400余条次，“青浦大调研”微信公众号共推送信息540余条次，“绿色青浦”政务微博新浪平台共发布信息1300余条次，“绿色青浦”获2018年“上海政务新媒体优秀奖”。 （朱明亚）

■**精神文明创建** 召开创全启动大会，发布创全三年行动计划、创全工作方案，完善创全领导小组、创全各指挥部设置，创全办公室实体化运作。明确工作项目，形成“专项会议”“专项检查”“专项培训”“专项汇报”等11个类别35个创建项目。动员多方参与，以“创全志愿服务大放送”“上善讲堂”“百场巡回故事会”等活动为载体，联合各类群团组织开展创全系列活动1200余场次，参与市民2.4万余人次。营造浓郁氛围，与上海人民广播电台（AM990）、东方有线、巴士公交等合作推出创全系列公益广告3000余条次。统筹全区阵地载体，布置道路隔离栏宣传牌3000块、小区楼道宣传镜框4.3万块、社区公益广告宣传牌8000块、小区指引牌及社会主义核心价值观宣传牌1500块、宣传墙画17处。4月，“文明青浦”微信公众号改版上线，编发创全简报38期，在传统媒体、新媒体刊播创全宣传报道300余篇次。根据创全指标和中央文明办实地检查要求，召开迎检推进会，全力以赴投入创全迎检各项工作。区四套班子领导带队赴419个测评点位开展实地检查41次，邀请国家统计局上海城调总队开展模拟测评3次，市民巡访团开展巡查12次，累计发现问题1万余处，整改完成率99.8%。对全区实行创全网格化划分，确保点位有“主人”、点位有管理、点位有督查。举办创全专题培训会60余场次，实现创全责任部门、责任人全覆盖。完成年度创全书面材料梳理、核对和上报工作。组织开展2017—2018年度上海市、区文明单位、文明村、文明小区创建。推出“文明楼道示范点”“文明窗口示范点”“文明场所示范点”“文明村居示范点”“文明路段示范点”系列文明示范点创建。指导、推荐9个街镇获评2016—2017年度上海市文明镇和文明街道，10户家庭获评2016—2017年度上海市文明家庭，1人获评2017年度上海市精神文明好人好事提名奖。 （朱明亚）

■**培育和践行社会主义核心价值观** 开展2018市民修身系列活动，推出青浦区2018市民修身重点活动项目，举办2018市民修身主题活动启动仪式。开展2018年“上善讲堂”活动，全年配送讲堂活动100场，总计全区开展“上善讲堂”1000多场，培训市民2万多人次。启动2018青浦区“价值观引领新风尚·好故事传递正能量”百场故事

4月4日，青浦区创建全国文明城区动员大会在区会务中心召开

（区委宣传部供稿）

会、亲子阅读家庭修身计划、家庭文化节等活动。举行"5.25"上海市"无违法·无事故"交通安全宣传日青浦分会场活动。指导支持社会组织开展"文明交通公益行"系列活动。组织开展"我们的节日·清明"——用声音温暖生命主题活动、"我们的节日·端午——粽情端午诵经典·明德修身共传承"、上善·好家风,书香修身崇德善"——"我们的节日·中秋"经典吟诵会系列民俗文化活动等。（朱明亚）

10月26日,青浦区服务保障进口博览会志愿服务誓师大会在上海国家会计学院举行（区委宣传部供稿）

■**志愿服务工作** 做好区级志愿服务指导中心建设工作,全区实名认证注册志愿者人数18.3万余人,各类志愿服务团体916家,共开展志愿服务项目1200余个。其中,一个志愿服务基地获评2016—2017年度上海市优秀志愿者服务基地称号、一个志愿服务项目获评2016—2017年度上海市优秀志愿服务品牌项目、37名志愿者获评2016—2017年度上海市优秀志愿者、16名志愿者获评2016—2017年度上海市志愿服务优秀组织者。开展系列志愿服务主题活动。举办"3.5"学雷锋主题活动,开展"我的志愿故事"征集活动。组织做好轨道交通17号线志愿者、第七届中国工艺美术大师评选志愿者、应急演练等区重点项目、重大活动的志愿服务工作。（朱明亚）

■**未成年人思想道德建设** 开展青浦区上善人物——"美德少年"的评选和学习活动,推选部分少年参与市级评选,其中4位获市级"百优"道德实践风尚人物奖。开展"童谣唱响新时代,争做上善好少年"和"童声喝彩进口博览会"童谣征集活动,共计征集童谣1500余首,其中晨星幼儿园的作品《江南水乡》获得2018年上海市优秀童谣传唱优秀奖。暑期协调全区学校少年宫筹备暑期兴趣班近30项,指导各街镇筹备未成年人暑期实践项目近60项。青浦区青少年校外活动联席会议办公室、青浦区关心下一代工作委员会、沈巷小学的项目获2018年上海市未成年人暑期实践优秀项目奖。开展"与进口博览会同行,当好小小东道主"的未成年人研学主题活动。开展传统节日、民俗类未成年人活动40余项,参与学生3.8万余人次。至年底,全区共有重固、夏阳、盈浦、香花4所指导站,全年共开展实践项目56项,学生参与5000余人次。与团区委、区教育局等部门联合开办爱心暑托班,共开设班级27个,招收学生近1500人。全区共有学校少年宫13所,于6月成立区级学校少年宫联盟,全年共计开展兴趣班50余项,参与学生万余人次。（朱明亚）

9月7日,上海市中小学生"迎进博,学礼仪,讲文明"主题活动启动仪式在东方绿舟青少年校外活动营地举行（区委宣传部供稿）

■**庆祝改革开放40周年主题宣传** 研究制定《中共青浦区委宣传部关于开展庆祝改革开放40周年系列主题活动暨群众性主题宣传教育活动的通知》,策划开展庆祝改革开放40周年座谈会、举办改革开放40周年主题展览、开展先进典型宣传表彰等三大主题活动,同时,协调相关单位开展"改革开放我知道"知识竞赛、"庆祝改革开放40周年"主题团日活动等10项群众性主题宣传教育活动。5月起,在全区范围内开展"改革开放再出发,我为上海/青浦献一计"建议征集活动,至12月31日,收集到意见、建议125条。（朱明亚）

■**打响"上海文化"品牌** 制定打响"上海文化"品牌专项行动方案,出台加强文化事业发展基金管理、推进街镇（村居）公共文化服务、加快文化创意产业创新发展、实施文物保护工程等相关规定。与复旦大学合作筹建“江南文化”研究青浦基地。11月30日，联合昆山市、吴江区、嘉善县举办环淀山湖协同区文化一体化合作备忘录签约仪式。推进文化发展三年行动计划、“上海文化”品牌建设涉青20例重点项目，加快构建“一廊一轴三区”文化发展布局。（朱明亚）

■文化事业发展 举办2018淀山湖文化艺术节暨旅游购物节、市民文化节、市民读书节，累计开展70余个项目、490多场活动，参与市民30余万人次。落实“提升4500个标准化村居综合文化活动室（中心）服务功能”市政府实事项目，对11个街镇村居综合文化活动室示范点进行实地检查验收。开展“海上丝绸之路·中国史迹”和“江南水乡古镇”世界文化遗产保护与申报调研工作，完成福泉山遗址保护规划，启动崧泽、青龙镇、颐浩寺遗址保护规划编制，申报青龙镇遗址、陈云故居为第八批全国重点文物单位，举办《月朗山高——元代任仁发家族特展》。（朱明亚）

■文化产业提升 做好市区两级文化创意产业园区、企业（项目）专项扶持资金的申报评审、资金拨付、跟踪服务和绩效评估等相关工作，全年全区共28个项目获得扶持资金5552万元。助推手工艺产业博览园成功举办第七届中国工艺美术大师评选和全国手工艺产业博览会暨非物质文化遗产传统技艺展，推动工业园区申报国家印刷产业基地，推进朱家角“文创＋基金”小镇建设，支持张军牡丹亭、谭盾水乐堂等4个特色文化项目能级提升。（朱明亚）

■文联工作 开展“文联文学艺术奖”评选工作，完成第二届文艺奖的评选，46个申报作品，经评审，8个获优秀奖、12个获提名奖、2个获奖励资助。开展主题文艺创作展示活动，举办“上海之源”名家篆刻作品青浦邀请展暨青浦区书法作品大展。配合上海文化品牌建设，挖掘青浦籍上海历史文化名人故事，组织开展名人故事创作，完成文字稿30篇。组织开展“新时代·新青浦·新生活”纪念改革开放40周年青浦区美术、书法、摄影作品主题创作活动及“名家看青浦”系列——画家画青浦美术创作活动。继续推进青浦民间艺人普查工作，完成资料收集登记。开展“文联课堂”培训，举办第二届“文联文学艺术奖”颁奖暨文艺创作座谈会。完成区摄影家协会、区作家协会、区书法家协会换届工作。（朱明亚）

统战工作

■概况 2018年，全区统战工作以党的十九大精神和习近平新时代中国特色社会主义思想为引领，按照中央、市委关于统一战线重大决策部署，全面落实五届区委六次全会精神，围绕区委、区政府中心工作和重点任务，开展大服务、大调研、大联合，推进统一战线各领域工作，最大限度为青浦建成更高能级的上海之门，实现全面跨越式高质量发展凝聚人心，汇聚力量。

全区大统战口共包括7个处级单位，实行合署办公，分别为区委统战部、区民族宗教事务办公室、区台湾事务办公室、区侨务办公室、区工商联、区侨联和区社会主义学院。“一部三办”（即区委统战部、区民族宗教事务办公室、区台湾事务办公室、区侨务办公室）合计公务员行政编制18人，内设机构6个。（朱圣聪）

■服务首届“进博会” 开展“统战大课堂”“对话进口博览会”侨界志愿者讲师团街镇巡回宣讲等活动50余场，进行“进博会”专题宣传；借助36个宗教活动场所、“侨务引智服务点”等阵地开展宣传；引导统战成员发挥专业优势服务“进博会”，引导非公企业、侨台资企业参与“进博会”，组织“同心善行”志愿团队护航“进博会”，48名志愿者在朱家角古镇的15个景点开展志愿服务，提供各类服务4996人次；制定并实施《青浦区民族宗教服务保障进口博览会工作方案》，协调配合国家会展中心周边环境整治，组织开展清真食品检查巡访、外事接待礼仪及涉外宗教事项处置专题培训，组织全区20家物流快递企业开展安全防范风险专题培训会；针对性走访侨台资企业，排查不稳定因素，妥善处理台籍参展商涉台突发事件，确保全区涉侨涉台领域和谐稳定。（朱圣聪）

■服务区域经济发展 政党协商聚焦大事同向给力。协助区委制定政党协

7月20日，区委统战部和区经委联合主办的“对话进口博览会”活动举行（区委统战部供稿）

商方案，区委、区政府主要领导带头协商，先后就创新创业体系建设情况、环城水系公园建设情况等重要议题听取党外人士意见建议。全年会议协商7项、约谈协商2项，区委书记主持召开会议协商1次、约谈协商1次。注重意见的收集反馈，进一步提升政党协商的实效。民主监督紧盯难事精准发力。聚焦乡村振兴，青浦区委委托各民主党派区级组织对11个市级示范村及9个市级示范村备选村的美丽乡村长效管理工作开展专项民主监督。至年底，各民主党派共开展实地调研33次、召开座谈会27次，党派成员230余人次参与民主监督，共提出意见建议47条，均被采纳。参政议政关注实事群策群力。引导各领域统战成员围绕做好“三篇文章”（即生态建设、特色产业、乡村振兴）、打响上海“四大品牌”、服务保障进口博览会等重点工作建言献策，上报建言献策信息46篇，多篇建言献策稿件得到中央、市委、区委领导的批示。“两会”期间各民主党派共提交集体提案48件、个人提案63件，提交人大代表建议19件。（朱圣聪）

10月10日，市委常委、统战部部长郑钢淼（左二）视察青浦区统一战线服务保障“进博会”工作（“绿色青浦”微信公众号供稿）

■服务社会民生 开展“同心善行”统一战线服务社会活动。全年共开展活动160余场，受益群众近2万人次。在普遍开展服务社会活动的基础上，聚焦重点对象，有针对性地提供服务资源，如在青西地区专门开展送医进村活动；在少数民族同胞中开展春节送温暖活动，覆盖168个少数民族贫困家庭，帮困金额共计19.03万元；组织非公企业家向全区因大病、重病等原因致困的250户家庭一次性捐款50万元；开展急难台胞救助工作，为困难台胞募集善款31余万元。推进非公企业光彩事业工作。组织开展青年企业家慈善募捐活动，36位青年企业家捐助善款100万元；在学生群体中开展“伴你成长”阳光护苗专项活动，连续9年每年捐款10万元；组织12名非公企业负责人赴云南省德宏州开展“万企帮万村”精准扶贫村企结对帮扶活动，捐赠共计100万元；连续9年参与“青浦区退役军人专场招聘洽谈会”，区工商联会员企业和侨台资企业累计提供工作岗位2000余个。（朱圣聪）

5月3日，“携手新时代·助推新跨越”——青浦区纪念中共中央发布“五一口号”70周年座谈会召开（区委统战部供稿）

■坚持问题导向开展调研 一是开展“不忘初心、牢记使命，推动青浦全面跨越式发展”大调研。按照“主体全覆盖”的要求，开展大调研，对203家社会组织、323户实地型企业、3862家注册型企业开展调研，共计走访295次、召开座谈会101次，征集到问题和困难225个、意见建议97个，已解决问题困难177个。坚持边调研边解决问题，做好问题的汇总、梳理、上报、研处工作。二是开展统战课题调研。围绕区委、区政府的中心工作和统战工作的热点、难点问题，聚焦摸清工作底数、查摆工作短板、破解发展瓶颈3个方面，确定各类调研课题23个，内容涉及宗教场所规划布局、党外干部培养使用等统战各领域亟需突破的瓶颈问题。同时，召开调研课题中期推进会，进一步加强调研全过程监督；召开统战十大重点调研课题汇报会，搭建交流平台、总结工作经验、加强学习探讨、促进成果转化。三是开展基层统战工作调研。部领导班子定期深入街镇开展工作调研，面对面听取意见建议，点对点开展指导，帮助总结经验做法，加大推广力度，提升工作效能。在全区范围内征集到统战实践创新成果25个，盈浦街道《聚义堂——宗教界人士参与社区治理圆桌论坛》等项目取得了很好的社会效果。部领导带头深入统战各领域，走访党外代表人士，帮助排忧解难。（朱圣聪）

■思想引领加强共识教育 强化政治理论学习。组织全区统一战线成员学习宪法、习近平新时代中国特色社会主义思想、《宗教事务管理条例》、十一届市委四次全会、五届区委六次全会精神等。同时，把相关学习作为各主题培训班的重要内容，组建“统战有约”讲师团，宣传党的方针政策、宣传统战知识，讲好统战故事；开展十九大精神和“点赞‘两会’”主题宣讲40多场；组织动员全区民营企业家学习习近平在民营企业座谈会上的讲话精神及在首届中国国际进口博览会开幕式上的主旨演讲；组织学习习近平总书记考察上海时的重要讲话精神。突出主题教育活动。开展“不忘合作初心·继续携手前行”专题教育活动、纪念“五一口号”70周年“七个一”系列活动、非公经济人士理想信念教育实践活动、《一个人的长征》新的社会阶层代表人士理想信念教育演讲、中国侨联“十代会”精神专题学习会、第十一届讲经讲道活动、“上海统一战线与改革开放40周年”作用，开展党外代表人士和统战干部的教育培训工作，全年举办培训班10期，培训622人次。举办统战大课堂4期，参加学习1800余人次。（朱圣聪）

12月12日，青浦区海外联谊会第四届理事大会召开　（区委统战部供稿）

■**需求导向加强工作联合**　举办政企座谈会，倾听企业家的意见和建议，优化营商环境；深化银企对接，中小企业融资难问题得到有效解决；促进校企合作，在“人员培训、就业招聘、服务企业”等方面开展深入合作；完善“科技创新服务中心平台”，助推企业通过科技创新加快完成转型升级；加强警企合作共建，发挥经侦职能作用，服务民营企业发展。（朱圣聪）

2018年5月4日，上海市社会主义学院青浦实践教学基地揭牌授牌仪式举行　（区委统战部供稿）

■**品牌项目助推各阶层联动**　培育品牌，加强管理，提升团体吸引力。指导形成“青知荟萃”“海上新力量·爱青浦”“一粒米·爱乡村”“中华杯”职业技能竞赛等品牌活动，通过这些品牌活动吸引了一批统战成员，发现了一批优秀人才，各统战性团体的知名度不断提升，团体规模不断壮大。设计活动，激发活力，提升团体凝聚力。区新联会全年共设计了四大版块100项活动，有效团结凝聚新的社会阶层人士；区知联会围绕长三角一体化工作组织会员开展调查研究，向“苏浙沪皖”四地知联会论坛报送4篇报告；区工商联组织民营企业参加中国首届长三角（上海）品牌博览会，通过签署四地（即青浦区、昆山市、吴江区、嘉善县）友好商会协议，发挥桥梁纽带作用，为助推区域经济健康协调发展作贡献。搭建平台，助推联动，提升团体影响力。指导区民族联成立青年工作部；区新联会会长无偿提供800平方米新联会专属阵地；创设“盟动青浦”项目，为全区52家新联会联谊组织提供合作平台；举办“一起跑乐捡·汇聚新力量”等12场活动；在“上善同心”微信公众号上开设“人物风采”专栏，全年推送优秀统战成员23人；欧美同学会青浦分会成立“留学人才实践基地”“留学人员之家”，为留学生提供学习、交流、工作平台，收集留学生心声和诉求。（朱圣聪）

■**加强三支队伍建设**　一是加强党外代表人士队伍建设。按照区党外代表人士三年教育培训规划、市情、区情开展第四批党外代表人士实践锻炼工作，共有14名优秀党外代表人士参与锻炼工作，其中宗教教职人员参与实践锻炼的举措得到市委统战部肯定；推进党外代表人士政治安排和实职安排工作，推荐优秀党外干部担任领导职务。二是加强统战性团体负责人队伍建设。点对点指导各街镇统战性团体围绕街镇工作重点因地制宜开展工作;组织区级及基层统战性团体负责人参加主题活动,进一步激发团体活力,提升团体凝聚力。三是加强统战干部队伍建设。创新组织生活方式,与区委组织部、区纪委监察委、区委党校等机关党支部联合开展支部活动;搭建“同心学习会”“同心小课堂”等统战部机关干部平台,组织机关干部开展多种形式的学习活动;召开全区统战工作季度例会及专题工作交流会等,为全区统战干部搭建学习交流的平台;全面梳理全区统战干事和统战社工的配备情况,提供挂职锻炼机会,加强统战干事、统战社工的队伍建设,提高做好工作的积极性和主动性。（朱圣聪）

督查工作

■**概况** 2018年,区委督查室聚焦区委中心工作和区委领导的关注关切,加强统筹协调,精心组织谋划,扎实开展督促检查工作,着力推动区委各项决策部署落地见效。年内,区委督查室起草工作文件4篇,报送市督查专报30篇,编写区督查专报7篇,发布通报4期。（杨　磊）

■**督查区委、区政府重点工作实施情况** 围绕区委工作大局,结合区委常委会工作要点和区政府重点工作安排,协助制订区委、区政府重点工作任务分工方案,确定全年重点督查工作41项。发挥区委督查领导小组统筹协调作用,推动成员单位对重点工作及时开展集中专项督查。年内,先后对征收补偿工作、大调研、加强新形势下民族和宗教工作、群团改革、宪法学习宣传实施等重点工作开展专项督查。（杨　磊）

■**督查党群重点工作实施情况** 坚持项目化推进、全覆盖督查,推动党群部门结合区委常委会工作要点,细化形成目标任务共计80项。同时,明确牵头领导、责任单位和时间节点,分季度对实施情况开展督查和通报。2018年区委工作部门及有关单位确定的80项重点目标任务全部按时完成。（杨　磊）

■**配合做好市委各专项督查任务** 对标上级要求,配合开展好市委各项督查任务,助推全区重点工作有效落实。年内配合开展落实意识形态工作责任制、“五违四必”整治、打响“四大品牌”、推进部队停偿工作、服务保障“进博会”等工作的专项督查。（杨　磊）

■**完善督查工作体制机制** 协助区委制定形成《关于加强新形势下党的督促检查工作的实施办法》,从指导思想、主要任务、工作原则、工作制度、效能建设、组织领导等方面,对加强新形势下全区党的督促检查工作进一步提出明确要求,并形成任务分解、回访调研、联合督查、核查复核等9项配套制度。（杨　磊）

党校工作

■**概况** 2018年,区委党校学习贯彻习近平新时代中国特色社会主义思想,贯彻落实中央、市委和区委关于进一步办好党校的工作要求,坚持围绕中心、服务大局,在干部教育培训、科研咨询、队伍建设、管理服务和党建工作等方面取得新的进展。全年共举办培训班次76期,培训人数7325人次,重点举办主体班4期(处级领导干部进修班1期、中青年干部培训班1期、党外中青年骨干培训班1期、青年干部培训班1期),还举办了学习贯彻十九大精神处级领导干部轮训班4期、村居党组织书记专题班4期、公务员轮训班3期以及各类委托班。开展党的十九大精神、青浦改革40周年以及区委五届七次全会精神宣讲活动,共组织基层宣讲135次。（朱周谊）

■**主体班教学** 把深入学习贯彻习近平新时代中国特色社会主义思想作为重中之重,形成“1+10+X”(即总论+分论+方法论)专题系列课程。加强培训需求调研,开展中青班学员返校活动。在主体班推出访谈式教学、研讨式教学和体验式教学,在中青班开展“如何做好‘三篇大文章’,推进跨越式发展”学员主题论坛,组织主体班到浙江省桐庐、浦江开展异地教学。（朱周谊）

■**理论宣传** 推出十九大精神微党课8课,分别在青浦电视台、青浦党建微信公众号上进行展播。在《青浦报》刊发理论专版3期、理论文章10篇,在青浦电视台录制专题访谈3期,有效解读党的理论、传播党的声音。（朱周谊）

■**科研工作** 开展区领导点题的“党建引领、乡村振兴”“二级巡察工作”“推进城市精细化管理”等课题研究。同时,加强区情案例开发,完成《综合治理中的群众工作》《乡村振兴的探索之路》两篇教学案例。全年获市委党校系统课题立项3项,公开发表论文16篇,完成论著2部,参与各类学术会议征文12篇。（朱周谊）

■**服务长三角一体化发展战略** 主动融入长三角一体化发展国家战略,与浙江省嘉善党校和江苏省吴江党校、昆山党校、金华党校签订教学科研合作框架协议。形成以协调机制为动力、以比较优势为基础、以分工协作为方式的合作模式,促进五地党校各类资源要素合理流动。4月,为发挥合作效益,区委党校组织处干班赴嘉善县开展现场教学;6月,到吴江开展党的建设以及乡村振兴专题学习;9月,与金华党校合作,在金华建立党性教育现场教学基地,充分利用资源,加强合作。（朱周谊）

■**加强党的政治建设理论研讨会** 6月20日,区委党校与市委党校党史党建教研部、区委组织部联合举办的“加强党的政治建设理论研讨会”在区委党校二楼会议厅举行。市委党校副校长郭庆松,区委常委、组织部部长蒋仁辉到会致辞。区委组织部副部长陆志斌,市委党校党史党建教研部副主任、教授杨俊作主旨演讲。闵行区委党校、市委党校第二分校、金山区委党校、松江区委党校、青浦区教育局、青浦区委党校代表等分别作交流发言,部分专家学者作自由发言。市委组织部原副部长、研究员冯小敏,市委党校党史党建教研部主任、教授刘宗洪作专家点评。（朱周谊）

■**开展校际合作交流** 年内,区委党校与浦东党校、静安党校、崇明党校、金山党校、闵行党校等开展教学科研工作研讨,与吴江党校、嘉善党校开展主题党日活动。11月,与市委党校党史党建教研部开展党校“如何打造精品课”工作交流;11月,与市委党校校院工作处开

展"长三角一体化高质量发展党校如何作为"研讨会。（朱周谊）

■**后勤保障** 做好人事、工资、财务、档案、保密、老干部等工作。全年为党校培训、外来单位会议办班等提供餐饮服务近6万人次。召开行政后勤工作推进会，切实抓好后勤服务保障。开展餐饮专业化培训，不断提升后勤服务水平。坚持用制度管人、管事、管权，健全完善校委班子内部建设制度16项、行政管理制度15项以及食堂管理制度16项，做到科学管理，精细管理。开展内部审计，确保各项经费管理规范有效。（朱周谊）

■**深化党的建设工作** 校委会专题听取支部和工青妇工作汇报，着力推进支部和群团工作。丰富主题党建活动，5月，举办"品味经典、对话青春"读书研讨会；9月，举行党校人"新时代、新形象、新作为"大讨论；11月，参加区级机关党工委"改革开放我知道"知识竞赛并获二等奖；12月，与区委老干部局、区行政服务中心联合举办"携手奋进新时代，改革开放再出发"纪念改革开放40周年朗诵会等活动。"党校姓党、党性铸魂"项目被区委组织部评为支部好项目。（朱周谊）

■**加强宣传阵地建设** 通过一报（即《青浦党校通讯》）、一网（即党校门户网站）、一刊（即《青浦党校文苑》）、一公众号（即青浦党校微信公众号），及时向社会各界宣传党校工作。同时，加强信息报送，区委党校信息工作获市委党校系统第一名，获区委办每日要讯C类单位第一名。（朱周谊）

调查研究

■**概况** 2018年，区委研究室围绕区委中心工作，主动作为、求实创新，不断提升"三服务"工作水平，着力发挥以文辅政职能作用，较好地完成了各项目标任务，整体工作推进稳步有序。参与区委年度重点工作的统筹规划，承担区委重要文件、文稿、文案的研究起草和综合协调任务，研究起草区委全会报告等区委重要文件、文稿130余篇，共60余万字；研究制定区委重大工作方案7个；参与和撰写调研报告4篇；研究起草各类学习解读材料10余份。参与区委重点专项工作的协调推进，承担区委全面深化改革等7项区委专项工作的统筹谋划和综合协调任务，牵头或参与各专项工作方案设计、日常推进和督查考核等工作。（艾 歆）

■**重要文稿起草和重大工作方案设计** 研究制定《区委常委会2018年工作报告》《区委常委会2019年工作要点》，经区委全会讨论通过。起草《中共青浦区委全面深化改革领导小组2018年工作要点》八方面二十五类共114项具体任务；起草《青浦区创新社会治理加强基层建设2018年工作要点》四方面十二类55项具体任务，经区委常委会审议通过。研究制定《关于成立中共青浦区委全面从严治党工作领导小组的通知》《关于成立青浦区服务保障中国国际进口博览会前线指挥部的通知》《关于成立青浦区全面贯彻落实习近平总书记考察上海重要讲话精神领导小组工作方案》《关于成立中共青浦区委"不忘初心、牢记使命，推动青浦全面跨越式发展"大调研领导小组工作方案》《关于开展"不忘初心、牢记使命，推动青浦全面跨越式发展"大调研的实施方案》《关于进一步加强群团改革工作的若干意见》等区委重要工作方案和工作机制，经区委常委会审议通过。（艾 歆）

■**完成区委专项工作协调推进任务** 承担区委全面深化改革委员会办公室职能，协助召开领导小组会议1次，优化营商环境、"一园三区"一体化改革等一批重点改革举措得到有效落实，改革的广度、深度和力度得到进一步加强。承担区委全面从严治党领导小组办公室职能，协助召开工作会议6次，管党治党"四责协同"机制得到进一步健全，责任落实更加有力。承担区委大调研领导小组办公室职能，协助召开全区工作动员部署会1次，专项工作推进会6次，组织开展专项督查2次，广大干部发现问题、分析问题、解决问题的能力得到进一步提高，服务群众的宗旨意识和思想自觉得到进一步增强。承担区创新社会治理加强基层建设工作领导小组办公室及推进办职能，协助召开全区工作推进大会1次，领导小组会议1次和有关专项工作推进会议，组织开展专项督查2次，全区村居"一站两中心"建设实现全覆盖。承担区地方群团改革试点工作办公室职能，协助召开党的群团改革工作推进会1次，组织开展专项督查1次，群团改革各项硬指标全面落实到位，各参改单位转职能、转方式、转作风取得新成效。承担区服务保障中国国际进口博览会前线指挥部办公室职能，协助召开指挥部全体会议和现场办公会30余次，探索创造靠前指挥、扁平决策、挂图作战、一线巡查等一批可复制、可推广的制度成果，形成"一级指挥三级响应"应急指挥机制，"1+8"网格化管理"103060"问题处理机制、"3×8"值守巡查机制（即领导分3组24小时带班值守，部门联合巡查机制）等一系列行之有效的工作机制，完成服务保障各项工作任务。（艾 歆）

老干部工作

■**概况** 2018年，青浦区老干部工作以习近平新时代中国特色社会主义思想和党的十九大精神为指导，全面落实新时代党的建设总要求，贯彻落实全国老干部局长会议和市老干部工作会议精神，聚焦全面跨越式发展战略实施，以大调研为抓手，加强离退休干部政治建设、思想建设和党组织建设，做好离退休干部服务工作，发挥老干部独特优势和作用，围绕中心、服务大局，求真务实、有序推进。

年内，青浦区共有离休干部96人，其中由青浦区直接管理的离休干部88人（其中易地安置在本地3人、易地安置到外地4人）、代管8人。全区离休干部中，享局级、原四套班子离休干部4人，参局级离休干部3人，享处级离休干部49人，一般离休干部40人；年龄在80—89岁之间82人、90岁以上14人，年龄最高99岁，最低84岁，平均年龄88.55岁；抗日战争前期参加革命3人、抗日战争后期参加革命16人、解放战争时期参加革命77人；居住在夏阳街道23人、盈浦街道56人、乡镇9人、上海市区7人、外省市1人。年内，共病故离休干部9人。

原四套班子退休干部34人。年龄最高94岁，最低60岁。年内，病故四套班子退休干部1人。（计峻露）

■**从严治党推进离退休干部三项建设**

一是把政治建设摆在首位。举办离退休干部十九大精神专题学习班1次，组织学习习近平新时代中国特色社会主义思想以及新《党章》和《中国共产党纪律处分条例》，引导离退休干部增强党的意识和党员意识，严守政治纪律和政治规矩。二是注重思想引领。举办老干部通报工作会2次；组织近50名离退休干部参加市老干部读书班、形势报告会和专题讲座等；举办离退休干部季度例会4次，围绕服务保障“进博会”等，多次开展“三看”（即看改革成果、看经济发展、看社会进步）活动。三是加强党组织建设。以基层党组织换届为契机，进一步完善离退休干部党组织设置，撤并2个离休干部党支部，对年龄过大的支部班子成员进行调整。按规定落实离退休干部党组织工作经费、党建专项工作经费和离退休干部党组织书记、副书记工作补贴。加强阵地建设，在区老干部活动室开辟离退休干部党建园地，在“青浦党建”微信公众号平台设立“晚晴风采”离退休干部党建宣传专栏。以夏阳街道为试点单位，按照“有利于教育管理、有利于参加活动、有利于发挥作用”原则，建立社区离退休干部常规型党组织21个，在学习活动场所、兴趣组队、社团中建立功能型党组织2个，开展各类学习活动130余次，形成青城“四叶草”、青华“金点子”智囊团等社区离退休干部党建特色项目。 （计峻露）

12月19日，青浦区城市社区离退休干部党建试点工作推进会在区会务中心举行 （区委老干部局供稿）

■**助力青浦跨越式发展** 一是开展“不忘初心、牢记使命、支持改革、助力发展”正能量主题活动。结合纪念改革开放40周年，立足青浦城市发展特点、结合离退休干部实际，组织开展“讲学习，强意识”“忆初心，葆本色”“看变化，赞成就”“说故事，弘精神”“献良策，助发展”“亮风采，当先进”等6个系列活动。二是深化网上正能量活动。加强网络宣传技能培训，邀请社区学校教师开展现场教学。建立全区离退休干部网宣博客“青溪晚霞”，组织老同志通过发表博客、撰写评论等传递网上正能量。全年共发表博文93篇，平均点击率2000左右。建立“网上宣传”“夕阳红”等离退休干部微信群43个。三是做好关心下一代工作。联合区文明办、教育局、团区委组织开展“从石库门再出发——学习党史国史，传承红色基因，争做时代新人”主题教育活动，举办“老少共读”“红色寻访”“教育实践”“五老宣讲”“主题征文”“助力进博”等6项主题活动，其中“红色寻访”获2018年上海市未成年人暑期优秀活动项目。结合城市社区离退休党建试点，在夏阳街道31个村居建立关心下一代工作站。 （计峻露）

4月26日，区委老干部局组织文学组、网宣组老同志到航海博物馆参观考察 （区委老干部局供稿）

■**做好老干部服务管理工作** 一是落实老干部生活待遇。按上海市规定，及时调整离休干部离休费标准、护工费补贴标准和已故离休干部无工作遗属有关补助标准，将离休干部特殊医疗经费补贴标准提高至90%，为45人次离休干部解决特殊用药补贴18万余元。完善因生活长期完全不能自理离休干部护理费的审核工作，累计完成审批93人，实现离休干部全覆盖。重视老干部的健康服务和精神慰藉，开展走访慰问、生病探望、健康体检、“老伙伴”服务等工作，家庭医生服务离休干部签约率100%，办理“长护险”（即上海市长期护理保险）的离休干部占总数的55%。调整“夏送清凉、冬送温暖”上门走访和探望住院老干部慰问金标准。二是为老干部做实事、解难事、办好事。开展应急维修进老干部家庭、家电维保、法律咨询等工作。全年为老干部上门应急维修30余次、家电维保130次、现场法律咨询6次。试行老干部生活一条龙服务,全年免费为老干部理发550人次、扦脚450人次,满意度测评98%。注重对高龄、独居、空巢离休干部的关怀,分别为青浦区首位百岁离休干部和16位新进90周岁的离休干部上门祝寿,定期为22位离休干部提供上门理发、扦脚、陪聊等个性化服务。三是丰富离退休干部精神文化生活。扩大兴趣组队项目,新设歌咏、养生2个退休干部兴趣小组。以各类节庆为契机,年内,组织开展“同心助力进博会,共创全国文明城”——离退休干部欢庆老年节文艺演出、迎春纳福、闹元宵猜灯谜、端午包粽子、中秋开心舞台等活动。举办“不忘初心,永葆本色,助力改革开放再出发”庆祝改革开放40周年书画摄影展,开展闵嘉青(即闵行、嘉定、青浦)联合体活动3次。全年离退休干部以各种形式参加由老干部局组织的各类联欢和日常学习活动近18000人次。

(计峻露)

3月31日,2018年青浦区区级机关党的工作会议召开

(区级机关党工委供稿)

机关党建工作

■**概况** 2018年,区级机关党工委学习贯彻习近平新时代中国特色社会主义思想和党的十九大精神,把握“围绕中心、建设队伍”的总体定位,推进落实机关党建“5+2”(“5”指政治建设、思想建设、组织建设、作风建设和纪律建设,“2”指制度建设和反腐败斗争)重点工作,发挥机关党组织在青浦全面跨越式高质量发展中的服务保障作用,机关党的建设不断取得新进展。

至年底,区级机关党工委共有直属机关党委3个、机关党总支14个、机关党支部45个,党员总数近2800人。

(沈春锋)

■**强化政治理论学习教育** 督促机关党员学深悟透新思想,把“两个维护”作为最高政治准则,增强“四个意识”,树牢“四个自信”,严守党的政治纪律和政治规矩,做好“三个表率”,建设“模范机关”,确保在思想上、政治上、行动上同以习近平同志为核心的党中央保持高度一致。1月8日,举办“深入学习贯彻党的十九大精神专题培训班”;5月,开展“学政治理论,促跨越发展”读书活动和“对话青春,品味经典”征文活动;7月,举办“学习贯彻新时代中国特色社会主义思想专题研修班”。

(沈春锋)

■**推进“两学一做”学习教育常态化制度化** 2月,组织参观“从石库门到天安门”主题展;3月,组织参观“跨越时空的井冈山精神”图片展;4月,组织参展“不忘初心、牢记使命,书写青浦新画卷”作品展;6月,组织开展“不忘入党初心,牢记党员使命”主题教育活动。

(沈春锋)

■**强化政治纪律和政治规矩教育** 4月,集中组织观看“身边的警醒”警示教育片;11月,组织开展廉政知识网上测试学习教育活动;12月,部署开展学习《中国共产党纪律处分条例》;把握节日节庆等时间节点,从小事抓起,防止不良风气反弹回潮,巩固机关作风建设成果。

(沈春锋)

■**执行党的组织生活制度** 采取会议部署、专题调研、下发通知、工作提示等多种形式,督促机关党组织规范落实“三会一课”、组织生活会、谈心谈话、民主评议党员等基本制度,按照“一月一主题、一月一活动”要求,开展固定主题党日活动。

(沈春锋)

■**落实党务工作管理制度** 2月,研究制定区级机关支部规范化建设实施意见,统一印制下发“机关党支部工作记录本”,开展“五好”创建活动,制定下发党建工作指导单和基层党组织抓党建责任清单。年内,进一步规范党费收缴、管理和使用规定,做好党员发展问题整改、机关党组织届中调整、党组织关系转接以及党内关怀等工作。

(沈春锋)

■**激发机关党组织生机活力** 1月,拍摄“铁肩担正义,真情解民忧——倪鸿法官先进事迹教育片”。3月,部署开展“三星”机关党组织创建,至年底,51家机关党组织创成“规范之星”,35家机关党组织创成“务实之星”,3家机关党组织创成“活力之星”。4月,组织开展“最佳组织生活实例”“优秀支部工作法”“优秀书记项目”等征集活动。6月,组织开展“说说我身边的共产党员”征文活动。年内,持续深化党员示范岗、先锋岗和窗口行业践诺等行动。

(沈春锋)

■**三项活动助推跨越发展** 一是服务首届“进博会”。5月,制定下发“不忘初心跟党走,向我看齐助盛会”主题活

11月28日,"不忘初心·砥砺前行——改革开放我知道"区级机关纪念改革开放40周年知识竞赛活动举行 （区级机关党工委供稿）

动方案,开展"上善先锋行,党员展风采"摄影比赛、"金点子"征集、"三五"集中行动等"进博会"服务保障活动,组织开展"机关党员走在前,服务进博做表率"等主题党日活动。二是开展"大调研活动"。深入推进"不忘初心、牢记使命,助推青浦全面跨越式发展"大调研,完成走访调研单位10家,开展集中调研16次,收集上报问题82个;6月,组织开展"不忘入党初心,牢记代表使命"机关党代表主题调研;8月,开展机关党建调研,走访调研机关党组织30余个。三是组织纪念改革开放40周年系列活动。9月,部署开展"与改革同行,做上善先锋"机关支部风采录征集活动。11月,集中开展"学思践悟新思想,改革开放再出发"主题党日活动,学习领会习近平总书记在首届中国国际进口博览会开幕式上的主旨演讲和考察上海工作时的重要讲话精神;组织开展"不忘初心、砥砺前行,改革开放我知道"区级机关纪念改革开放40周年知识竞赛。 （沈春锋）

保密工作

■**概况** 2018年,区保密工作在市国家保密局的业务指导下,结合青浦区保密工作实际,完成脱钩划转后机构和队伍建设,加强保密教育培训,强化保密技术防范,加大保密督查力度,提升保密管理能力和保密工作水平,完成年度保密工作任务。 （方友凯）

■**机构体制调整** 完成脱钩划转后机构和队伍建设工作,确立组织架构,制定"三定"方案,落实人员配备,保障全区保密工作开展。普通办公用房、涉密档案室、文印室、机房、多功能宣教室和谈话室建设完毕并投入使用。 （方友凯）

■**保密教育培训** 3月,组织召开多次保密工作会议,从区委保密委、全区保密干部和各单位保密领导小组三个层面逐级传达上级保密工作会议精神。5月,以全区保密干部和涉密人员培训为重点,举办保密知识讲座和涉密人员管理培训班。年内,在全区范围内开展《保密工作》杂志征订工作,并开展学刊用刊工作。 （方友凯）

■**单位保密管理** 明确全区各单位各级各职领导干部和涉密人员的保密职责,组织签订各类承诺书和责任书,落实保密工作责任。加强相关场所保密管理,严格开展考核,强化安全保密措施。加强涉密文件、资料等的保密管理,规范涉密载体清理、清退、归档、销毁工作。 （方友凯）

■**保密专项检查** 按照中共上海市委保密委员会、上海市国家保密局的统一部署,开展机关单位互联网门户网站保密检查、国家秘密事项数据统计和保密自查自评及督查等工作,并顺利完成任务。 （方友凯）

机构编制

■**概况** 2018年,制定《青浦区党政机构改革调研方案》,开展机构改革调研,对重点涉改部门进行实地走访。提请设立青浦区党政机构改革工作领导小组并下设专项工作组。研究拟定《青浦区机构改革方案》、"三定"(即职能配置、内设机构和人员编制)规定审核原则和机构编制调整方案、区委编委领导体制调整方案、"三定"工作实施意见等。推进重点领域体制改革,明确区委巡察办、巡察组机构编制和人员编制。指导推进区人民法院、区人民检察院内设机构改革,新批建区西虹桥(进口博览会)人民法庭。调整完善青浦区社会信用管理体制。全面开展事业单位大调研,对81家事业单位开展调研67次,共梳理收集问题423个,落实解决派单69件。成立两个课题调研组,研究形成《加强事业单位机构编制管理、统筹使用各类编制资源》《青浦区事业单位与机关职能划分的实践与思考》2篇调研课题报告,其中《青浦区事业单位与机关职能划分的实践与思考》在市委编办主办的《编制管理研究》(2018年第4期)发表。 （石晓勍）

■**街镇管理体制改革** 协调推进街镇管理体制改革,制发《青浦区镇职责事项及条块关系清单》《青浦区镇条块对接运行图》。新增朱家角镇、徐泾镇、赵巷镇社区工作者居民区专用额度88名,新增居民区党组织书记专用事业编制9名。 （石晓勍）

■**简政放权和行政审批标准化工作** 取消区级文件设定的审批事项1项;取消行政审批20项、新增2项、调整12项。组织职能部门对经市级部门重新梳理确认的区级权责清单进行校核,共梳理权责清单事项3230项(其中行政审批事项为26个部门共290项),对应相关责任事项21966项,及时在区政府门户网站和市"一网通办"栏目统一对外公布。 （陶 镭）

■推进"一网通办"和"减证便民"工作 组织各部门通过上海市政务服务标准化管理平台,对十类行政权力对应的政务服务内容,包括政务服务的实施主体、办理期限、咨询途径、投诉渠道等程序性内容进行补充完善。形成区级"马上办、网上办、就近办、一次办"审批服务事项393项,乡镇街道169项。全面梳理办理行政审批、行政给付、行政确认3类事项时向申请人索要的证明材料,取消区级证明1项,建议市级取消2项。共有165个行政审批事项实现"四减"[即减时间、减材料(证明)、减环节、减跑动次数]。 (陶 镭)

■推进"证照分离"改革 做好第一批75项和第二批71项改革试点经验复制推广的宣传贯彻和持续跟踪,统计相关办理情况,总结办证办照、商事登记、市场准入、政府服务方面的创新做法和成效。研究在区级权限内办理减免退税、财政资金扶持、相关证明手续以及行政确认等事宜时实施告知承诺的可能性。 (陶 镭)

■事业单位管理工作 开展机构编制评估,邀请社会第三方服务机构对区人社局、民政局、房管局机关及所属22家事业单位开展评估。保障公益事业发展,新建区教育进修学院附属中学等6所学校和区夏阳街道社区卫生服务中心,调整优化教育、卫生系统编制配备。在区早期教育指导中心内增挂区托育服务指导中心牌子。撤销区水利技术推广站事业建制,新批建区河湖管理事务中心。规范朱家角人民医院名称。加强事业单位登记管理工作。完成事业单位设立登记8家,注销登记1家,变更登记81项,补证2家。严格事业单位用编审核。受理并批复163家事业单位用编计划714名,170家次事业单位交流用编计划401名。 (石晓勍)

档案工作

■概况 2018年,区档案局贯彻《上海市青浦区国民经济和社会发展第十三个五年规划纲要》和《上海市青浦区档案事业发展"十三五"规划纲要》的要求,发挥档案服务大局、服务民生、服务社会的作用,全力推进青浦跨越式发展,较好完成全年的各项工作任务。全年共接待查档者10152人(次),利用档案10779卷(件)。继续做好政府信息公开接待咨询工作,全年集中受理依申请政府信息公开31人次。接收撤销单位爱卫办、出口加工区、张江高新区青浦园、原质监局、食药监局5家单位的文书档案,共计456卷、13516件;接收婚姻登记管理中心婚姻档案5747件、收养档案14卷;农委确权档案4661卷、发改委2346件。收集到41家政府信息公开成员单位主动公开信息2563条,依申请公开信息256条,免于公开信息1151条。 (蔡佳诚)

■推进档案馆新馆建设 围绕档案馆新馆建设重点工作,推进新馆建设相关工作,至12月底,新馆完成竣工验收并开始办理移交手续。同时,为配合新馆后续工作有效开展,制定《档案下架消毒装箱方案》《档案搬迁消毒上架整理方案》,重点强化档案的下架、封箱消毒、装箱、搬运、堆放、清洁消毒、上架等环节。对馆藏档案进行梳理,全年共统计出文书档案40816卷(件),报纸、期刊3804册;会计档案凭证97507本,账册18615本,报表1532本。 (蔡佳诚)

■推进国家级档案馆创建工作 对照《数字档案馆系统测试指标表》《数字档案馆系统测试指标表释义》,对基础设施、系统功能、档案资源、保障体系、服务绩效5个一级指标、18个二级指标共99项评估内容进行逐项梳理,制订年度数字档案馆工作计划责任分工和具体工作方案,细化工作任务分解到人、责任落实到人,建立工作台账。成立以局(馆)长为组长,副局长、副馆长为副组长,各科室长为成员的"国家级数字档案馆"创建工作领导小组,并组织实施。至12月底,完成档案馆藏资源35个全宗的档案目录数据核查、原文数据质量检核工作,共核对条目85604条、文书69605条。 (蔡佳诚)

■加强档案开放鉴定 根据市档案局和区档案工作部署,按照《青浦区档案馆馆藏档案档案解密和划分控制使用范围操作细则》要求,明确档案开放鉴定节点。根据计划,对1987年、1988年馆藏档案进行鉴定划控,共涉及108个全宗12169卷,确定352卷属于公开范围、11817卷属于控制范围,及时报市档案局审批并通过。 (蔡佳诚)

■提升档案文化价值 6月,与区史志办联合举办《奋进新时代——纪念青浦改革开放40周年图片展》,先后在赵巷镇党建服务中心、青浦第一中学、梦空间·城市青年中心、夏阳街道文体中心进行巡回展览,参观人数近2000人次。发挥"青浦档案"微信公众号作用,全年围绕纪念青浦改革开放40周年、建党97周年等共发布微信文章38篇,总阅读量2.4万余次。8月,完成《留住乡愁——飞"阅"青浦水乡村落》画册,画册聚焦青浦美丽乡村建设,颂扬新青浦新农村的和谐繁荣。 (蔡佳诚)

■开展星级认定工作 按照《青浦区档案工作星级单位认定办法及标准》的要求,对年内计划申报星级认定的单位,进行上门业务指导。全年共通过星级单位认定29家,其中五星3家、四星10家、三星16家。 (蔡佳诚)

■加强档案监督指导 根据市档案局《关于加强和改进新形势下本市档案工作的实施意见》的精神,对2018年的考核评分细则作进一步细化,完善档案业务建设的考核内容,制定2018年档案工作考核评分细则。加大对一级单位监督指导力度,全年完成对30家一级单位业务指导,对青发集团、公用事业公司等10家新手单位进行重点指导。围绕区党代会、人代会、政协全会等区级重要会议,以及淀山湖文化艺术节、世界华人龙舟邀请赛等区级重大活动做好档案服务管理工作,共完成党代会归档3件、人代会归档193件、政协全会归档28件。根据《青浦区重点建设工程项目档案管理行政审批和办事指南》的要求,进一步规范重点建设工程项目档案管理的工作程序,严格按照手册规定的程序办理。全年梳理确定14个项目为区重点建设工程项目,完成登记5个项目,完成验收6个项目。 (蔡佳诚)

■开展档案法制宣传 6月9日,结合"6·9"国际档案日,以"纪念青浦改革开放40周年”展览为平台，向社会公众发放新修订的《中华人民共和国档案法》《中华人民共和国档案法实施办法》等法宣资料；同时，为加强基层新上任档案干部的法治宣传力度，发放《档案法律法规知识读本》和《档案管理违法违纪行为处分决定》手册。8月，开展2018年“历史的回声·档案里的故事”——档案法制宣传与档案文化传播全市巡讲（青浦专场）活动。先后在夏阳街道文体中心、上海工商信息学校举办巡讲。（蔡佳诚）

■强化档案法制建设 区档案局优化执法模式，确保依法治档。年内，重点对基层单位的档案业务外包和中介服务工作进行检查，并向区一级指导单位下发《关于进一步加强档案安全工作做好档案业务外包和中介服务登记的通知》。实地检查青发集团、区卫计委两家单位，确保档案实体和信息绝对安全。根据档案局行政权力和行政责任事项要求，对提前向档案馆移交档案的进行审批。对原上海青浦出口加工区开发有限公司、原上海张江高新技术产业开发区青浦园区（集团）有限公司、原上海市食品药品监督管理局青浦分局和原上海市青浦区质量监督局文书档案的提前进馆进行行政审批。开展对重点建设项目（工程）档案的验收。对青浦崧文路菜场新建工程和青浦区崧润路一期新建工程项目档案进行验收。（蔡佳诚）

史志工作

■概况 2018年，区史志办贯彻落实党中央、国务院和市级主管部门有关精神，围绕区委、区政府中心工作，坚持以“存史、资政、育人”为根本任务，贴近中心，服务现实，发挥部门职能作用，开展党史征编及研究工作，推进志鉴编纂。全年完成《青浦年鉴2018》《口述青浦·改革开放（1978—2018）》《青浦区纪念改革开放40周年图册（1978—2018）》3项重点编纂任务；落实市委党史研究室《上海改革开放40年研究丛书——区成就卷》“青浦篇”编写要求，完成题为《在高水平开放中着力打造“上海之门”的绿色青浦》文稿；配合上级部门和兄弟单位做好青浦改革开放40周年主题展资料征编工作和区级机关纪念改革开放40周年知识竞赛题库资料征集工作；完成《党史大事记》双月刊信息报送和《党史信息报》《上海党史与党建》年度征订任务，获2018年度上海党史报刊宣传工作先进集体称号；完成《上海市志·区县简况（1978—2010）》“青浦编”编纂任务和《上海年鉴2018》“青浦区”分目撰稿任务；协助青浦高级中学做好校史编纂工作；完成2018年度市地方志系统统计工作；抓好史志宣传教育，开展地方志法规宣传月活动。（陈松青）

■纪念改革开放40周年资料征编 一是完成《口述青浦·改革开放（1978—2018）》（上下册）编纂工作。全书共征集、整理口述文章近70篇，以改革开放为主题，汇聚青浦改革开放历程中重大事件、典型案例的亲历、亲闻、亲为者的口述，记录青浦改革开放40年的历程和闪光点。其中，上册35篇由市委党史研究室统一出版，其余由区史志办汇编下册出版，均于12月底发行，并作为青浦区庆祝改革开放40周年大会材料发放。二是与青浦区档案局联合编纂《青浦改革开放40周年图册（1978—2018）》，以撤县建区、党的十八大召开为时间节点将内容划分为3个部分，着重展现改革开放的最新成果。图册于12月底出版，共2万字，收录照片500余张。（陈松青）

■纪念改革开放40周年宣传工作 向《上海党史与党建》杂志投送《打造青浦城市新形象》《党群复合治理中的公共关系策略》2篇文稿。通过东方网“红色之声”APP、“绿色青浦”公众微信号、《青浦报》等媒体平台，发布《口述青浦·改革开放（1978—2018）》文章10余篇。为区委、区政府主办，区委宣传部、区委党史研究室、区档案局承办的“改革开放40周年”主题展览提供大量改革开放的成果照片，梳理青浦改革开放40年的历史发展脉络。（陈松青）

■《青浦年鉴2018》撰稿员培训 1月10日，青浦年鉴撰稿员业务培训活动在区委党校举行。邀请原金山区档案局副局长、地方志办公室副主任王应华作题为《关于年鉴稿件撰写几点认识》的业务培训讲座。区史志办主任胡爱明主持培训，全区各单位年鉴撰稿员及史志办全体人员90余人参加培训。

1月26日，《青浦年鉴2018》编纂工作会议在区委党校A303会议室召开。区史志办主任胡爱明出席会议并讲话，副主任毛雪明主持会议。志书年鉴科科长王卫红作《〈青浦年鉴2018〉编写提纲》调整说明，并明确年鉴条目

12月，《口述青浦·改革开放（1978—2018）》（上下册）和《青浦改革开放40周年图册（1978—2018）》出版发行（区史志办）

的设置与撰写、照片搜集与报送等方面撰稿要求。《青浦年鉴2018》撰稿员和编辑人员100余人出席会议。

（陈松青）

■地方志法规宣传活动 区史志办以纪念改革开放40周年为主题，开展地方志法规宣传系列活动。5月19日，“青浦地情知识进校园活动”在青浦实验中学举办，区史志办秘书科科长陈松青为全体教职工近150人作专题讲座宣传地方志法规知识、介绍青浦地情。6月，在青浦区金泽镇设点张挂地方志法规宣传横幅，发放《地方志工作条例》等资料，向市民介绍并宣传地方志法规知识和青浦历史文化；组织发动参与市地方志办公室举办的“走遍上海——地方志与改革开放40周年的记忆”微信随手拍主题活动。

（陈松青）

■《青浦年鉴2018》出版 12月，《青浦年鉴》编纂委员会编辑的《青浦年鉴2018》由上海文化出版社出版发行。该书设31个类目，共有分目217个、条目1292个（不包括概述性条目），照片442帧（其中卷首44帧、随文照片398帧），图3张，表108张，总字数129万字。卷首安排2017年青浦区重大政治、文化、社会活动等照片以及2017年青浦主要经济指标示例图及青浦区行政区划图。卷末设荣誉榜、重要文件目录、统计资料和全书索引。

（陈松青）

漕河泾开发区赵巷园区效果图　　（区重大办供稿）

综　述

2018年，区人大常委会深入学习贯彻习近平新时代中国特色社会主义思想和党的十九大精神，认真贯彻落实市第十一次党代会、区第五次党代会和五届区委五次、六次全会精神，围绕中心、服务大局、心系民生，切实履行法定职责，积极推进青浦全面跨越式高质量发展和社会主义民主政治建设。

区人大常委会自觉服从和服务于全区中心大局，紧扣全面跨越式高质量发展中具有全局性、战略性、长远性影响的重大事项和重点任务履行职责，聚焦服务保障首届“进博会”、支持推动长三角一体化发展、区域重大规划编制和实施，积极发挥人大的支持保障作用，推进高质量发展。认真贯彻市委书记李强对青浦提出的做好“三篇大文章”的要求，找准监督支持青浦区生态环境建设、特色产业发展、乡村振兴战略实施的关键点、切入口，推动实施“三篇大文章”。

坚持以人民为中心的发展思想，始终把群众的期盼和关切作为人大工作的出发点和落脚点，积极回应人民群众关切，持续跟踪民生热点，大力促进社会事业发展，推进民生改善，不断满足人民群众日益增长的美好生活需要。贯彻落实党的十九大关于深化依法治国实践的要求，聚焦全面依法治区，切实担负起宪法和法律赋予的职责，加快推进法治青浦建设，努力营造良好的法治环境。尊重代表主体地位，健全代表履职平台，提高服务保障代表的水平，支持代表依法履职、积极履职，做出人大贡献。

年内，召开区五届人大三次会议，举行常委会会议12次，依法就有关重大事项作出决议、决定5项，听取和审议“一府两院”专项工作报告14项，对4名区政府组成部门主要负责人开展履职评议；召开常委会主任会议19次，主任会议成员集体调研“一府两院”重点工作10项；组织代表听取“一府两院”专项工作报告10项，向区委提交常委会组成人员走访联系代表群众情况报告4份，对3部法律法规实施情况进行执法调研；各专门委员会、工作委员会开展监督调研和跟踪监督工作25项。

（陈硃书）

9月29日，区五届人大常委会第十五次会议举行　（区人大供稿）

人民代表大会及其常务委员会会议

■区第五届人民代表大会第三次会议

1月16—19日，青浦区第五届人民代表大会第三次会议在区会议中心举行。16日上午，举行大会开幕式，会前召开预备会议。青浦区第五届人民代表大会共有代表217名，出席会议代表212名。会议听取和审议区委副书记、区长夏科家关于青浦区人民政府工作报告；审查和批准青浦区2018年国民经济和社会发展计划、青浦区2017年国民经济和社会发展计划执行情况与2018年国民经济和社会发展计划草案的报告；审查和批准青浦区2018年预算、青浦区2017年预算执行情况和2018年预算草案的报告。会议听取和审议区人大常委会主任朱明福作的青浦区人民代表大会常务委员会工作报告、区人民法院院长林晓镍作的青浦区人民法院工作报告和区人民检察院检察长郑永生作的青浦区人民检察院工作报告，并通过相关决议。会议选举王翔为区监察委员会主任。会议还围绕"实施乡村振兴战略,促进城乡一体化发展""激发实体经济活力,促进经济高质量发展""创新社会治理方式,促进基层基础建设""加强环境治理保护,促进生态文明建设""加快公共服务体系建设,促进社会事业发展"专题,组织代表进行专题审议。 (陈硃书)

2018 年青浦区人民代表大会常务委员会会议情况表

表 2

会议名称	时间	主要内容
区五届人大常委会第九次会议	1 月 19 日	审议区监察委人事任命事项
区五届人大常委会第十次会议	2 月 26 日	审议相关人事任免事项和区人大常委会 2018 年度工作要点(草案),听取和审议区五届人大三次会议主席团交付审议的《建议区人大监督推进本区生活垃圾分类和末端处置等管理工作的代表议案》审议结果的报告
区五届人大常委会第十一次会议	3 月 30 日	听取和审议区政府《关于公共文化服务体系建设情况》的报告和区法院《关于本区行政审判工作情况》的报告;听取区城管执法局局长履职情况的报告,开展满意度测评;审议有关代表资格的报告;有关人事任免备案事宜
区五届人大常委会第十二次会议	5 月 30 日	听取区政府《关于 2017 年本区环境保护工作及环境保护目标完成情况》的报告;听取区绿化市容局局长履职情况的报告,开展满意度测评;审议有关人事任免事项;听取区财政局局长履职情况的报告,开展满意度测评;书面审议区人大法制委《关于 2017 年规范性文件备案审查情况》的报告
区五届人大常委会第十三次会议	7 月 6 日	审议区人大常委会关于接受俞光耀辞去上海市第十五届人民代表大会代表职务请求的决议(草案)、区人大常委会关于接受高波、孙军辞去青浦区第五届人民代表大会代表职务请求的决定(草案)和相关人事任免事项
区五届人大常委会第十四次会议	7 月 23 日下午—24 日	听取区政府关于上半年工作情况和相关工作的报告;书面报告区人大常委会、区法院、区检察院上半年工作;听取和审议区政府《关于青浦区总体规划的议案》,依法作出决议;审议人事任免事项;听取和审议区政府关于 2018 年上半年预算执行情况、2017 年决算(草案)和 2017 年度本级预算执行及其他财政收支审计工作的报告,审查和批准 2017 年区本级决算;书面审议区政府、区法院、区检察院关于代表建议办理情况的报告;书面审议区政府关于 2018 年上半年计划执行情况的报告;审议区人大常委会关于接受王丽霞同志辞去区人大常委会委员等职务请求的决定(草案);审议区人大常委会关于接受王丽霞等同志辞去青浦区第五届人民代表大会代表职务请求的决定(草案)
区五届人大常委会第十五次会议	9 月 29 日	审议人事任免事项;听取和审议区政府《关于生活垃圾分类处置代表议案审议结果报告办理情况》的报告;审议关于确认青浦区第五届人民代表大会代表资格的决定(草案);听取和审议区政府《关于"十三五"规划实施情况中期评估》的报告;听取区民政局局长履职情况的报告,开展满意度测评;审议区人大常委会修改《青浦区人民代表大会常务委员会组成人员守则》的决定(草案)
区五届人大常委会第十六次会议	10 月 29 日	审议人事任免事项;审议区人大常委会关于接受林晓镍同志辞去职务请求的决定(草案)和区人大常委会关于林晓镍等同志辞去青浦区第五届人民代表大会代表职务请求的决定(草案),审议区人大常委会主任会议关于提请决定青浦区人民法院代理院长的议案
区五届人大常委会第十七次会议	11 月 29 日	听取和审议区政府关于乡村振兴战略实施情况的报告和区政府关于优化营商环境情况的报告;听取和审议区政府关于提请审议《青浦区 2018 年区本级预算调整方案(草案)》的议案,审查和批准 2018 年区本级预算调整方案;审议决定召开区五届人大四次会议;审议人事任免事项
区五届人大常委会第十八次会议	12 月 10 日	审议表决区人大常委会关于接受夏科家同志辞去青浦区人民政府区长职务请求的决定(草案)和区人大常委会主任会议关于提请决定余旭峰同志为青浦区人民政府代理区长的议案,审议表决区人大常委会关于接受夏科家同志辞去青浦区第五届人民代表大会代表职务请求的决定(草案)
区五届人大常委会第十九次会议	12 月 18 日	补选上海市第十五届人民代表大会代表
区五届人大常委会第二十次会议	12 月 27 日	听取和审议区政府关于 2017 年度本级预算执行和其他财政收支审计整改情况的报告、区政府关于提请审议徐泾镇总体规划暨土地利用总体规划(2017—2035)的议案、区人大常委会代表资格审查委员会关于青浦区第五届人民代表大会代表变动情况的报告(草案)、区政府关于代表建议办理情况的报告,审议区人大常委会工作报告(草案)和关于召开区五届人大四次会议有关事项

(孙　盈)

监督工作

■**概况** 2018年，区人大常委会聚焦改革发展大局，认真履行宪法和法律赋予的职权，充分发挥人大监督职能，依法开展法律监督和工作监督，助推区域经济社会持续发展，支持和推动"一府一委两院"改进工作。（陈祩书）

■**服务保障首届"进博会"** 贯彻落实区委关于全力服务保障"进博会"要求，全程参与服务保障工作。着眼进博安全保障，市、区、镇三级人大联动，专项监督城市公共安全及风险防范工作，多层面、分行业、持续性监督检查，推动消除安全隐患。着眼汇聚代表力量，广泛动员常委会组成人员、广大代表和人大干部立足岗位，积极"宣传进博、参与进博、奉献进博"。（陈祩书）

12月12日，区人大常委会组织区人大代表开展年终视察，图为代表视察"国展中心"现场安保指挥部（区人大供稿）

■**支持推动长三角一体化发展** 利用江、浙、沪十一县、市、区人大工作交流会在青召开契机，倡议各县、市、区人大共同推动长三角地区更高质量一体化发展。组织代表专题听取区政府关于对接长三角一体化工作报告，到长三角地区学习"最多跑一次"改革经验，听取和审议区政府关于优化营商环境情况报告，推动政府深化"放管服"改革和加强"一网通办"建设，提升城市核心功能和服务能级，助力上海"四大品牌"（即"上海服务""上海制造""上海购物""上海文化）建设。（陈祩书）

■**推动实施"三篇大文章"** 围绕市委书记李强同志关于青浦做好"三篇大文章"要求，找准人大履职监督的关键处、切入点，聚焦本区环境状况及环境保护目标完成情况、生活垃圾分类处置、"三大两高一特色"主导产业体系和市西软件信息园建设、乡村振兴战略实施、农林水三年行动计划推进等工作，以代表专题听取区政府报告、主任会议成员集体调研、上下联动开展执法检查等形式，紧盯生态环境建设，关注特色产业发展，助力乡村振兴战略。（陈祩书）

■**开展"十三五"规划实施情况中期评估监督** 成立"十三五"规划中期评估监督调研领导小组，制订工作方案，确定调研重点，精心组织、统筹推进。结合区委大调研工作，深入街镇、委办局、区属公司，了解规划中期实施和评估进展情况。发挥街镇人大贴近基层、贴近群众优势，形成区、镇人大监督合力。聚焦经济社会发展重点、民生关注热点，广泛听取各方意见建议。常委会审议并提出充分运用评估成果，狠抓规划落实，着力解决产业能级、城乡一体化、社会民生和生态环境等方面的突出问题。（陈祩书）

10月17日，区人大常委会主任会议成员集体调研区义务教育优质均衡发展情况，图为在崧淀中学察看学校建设情况（区人大供稿）

■**促进社会民生持续改善** 贯彻以人民为中心的发展思想，围绕社会事业设施建设、食品安全监管、义务教育优质均衡发展、住宅小区物业管理，以及农渔民危房解困、老旧小区综合改造、公交出行、商业配套、菜场整治、公厕改建等群众反映集中的民生热点，加强监督，持续跟踪，督促政府部门直面回应，加快落实解决，积极促进社会事业发展，不断满足人民群众对精神文化的新需求，切实增强群众获得感。（陈祩书）

■**促进法治青浦建设** 贯彻党的十九大关于深化依法治国实践的要求，聚焦推进宪法贯彻实施和营造良好法治环境，组织开展宪法专题学习、宪法宣传活动，及时修订宪法宣誓制度，听取和审议关于本区行政审判工作的报告，监督调研区法院、区检察院的司法体制综合配套改革，依法监督和积极支持监察体制改革试点，努力使遵循宪法成为全区人民的自觉行动，不断推进依法行政、公正司法。全年对区政府和镇人大14件规范性文件开展合法性审查，向市人大报备2件。（陈硃书）

6月7日，区人大常委会主任朱明福（左一）到原选区金泽镇金溪居委会大丰养殖场联系选民群众（区人大供稿）

■**审查监督计划预算编制执行** 聚焦全年计划和预算执行，阶段性、有计划组织全体区人大代表听取区政府上半年工作、政府性投资项目和实事工程建设、2019年计划编制情况。监督调研预算公开工作，专题听取2019年预算编制情况，要求政府各部门、各单位认真贯彻中央关于全面实施预算绩效管理的意见要求，深化预算管理制度改革，拓展审计监督，提升公共财政使用绩效。（陈硃书）

讨论、决定重大事项

■**概况** 2018年，区人大常委会履行重大事项决定权，围绕财政决算、预算调整、城镇规划等进行调查研究，作出相关决议，推动政府重要工作。（陈硃书）

■**批准青浦区2017年度财政决算** 区人大常委会围绕区五届人大三次会议批准的财政预算，结合对审计工作报告的审议，对青浦区2017年度财政决算草案进行审查，作出批准2017年度财政决算的决议。（陈硃书）

■**批准青浦区2018年预算调整方案** 区人大常委会听取和审议区政府关于2018年预算调整方案（草案）的报告，根据预算法规定和上海市有关政府债券额度调整情况，审查、批准2018年预算调整方案。（陈硃书）

10月11日，市、区人大财经工作座谈会期间，市人大常委会副主任肖贵玉（前中）一行在区人大常委会主任朱明福（前左）等陪同下视察环城水系公园古安路淀浦河段建设情况（区人大供稿）

■**批准区域重大规划编制实施** 聚焦青浦新一轮总体规划编制工作，听取和审议区政府有关情况说明，同时结合前期调研情况，审议通过《上海市青浦区总体规划暨土地利用总体规划（2017—2035）》《上海市青浦区徐泾镇总体规划暨土地利用总体规划（2017—2035）》。（陈硃书）

代表工作

■**概况** 2018年，区人大常委会持续致力于健全人大代表履职平台建设，不断提高服务保障能力和水平，支持代表依法履职、积极尽责。（陈硃书）

■**密切代表与人民群众联系** 引导代表根据常委会监督议题，深入收集选民群众的意见建议。全年组织开展市、区人大代表进社区集中联系人民群众活动2次。围绕“十三五”规划实施、政府性投资项目和实事工程建设、生活垃圾管理立法等议题和人民群众关注的热点问题，认真倾听群众呼声。组织常委会组成人员分季度、有计划、带主题的联系走访区人大代表，形成有关情况报告上报区委。支持街镇人大建好、用活代表工作站、代表联系点。（陈硃书）

■**提高代表议案和建议办理质效** 认真办理区五届人大三次会议主席团交付审议的代表议案，推动区政府积极采纳建议举措，推进区水环境持续改善和生活垃圾分类处置。加强代表建议督办工作，进一步强化常委会领导重点督办、常委会专题审议、主任会议成员调研督办等机制建设，不断提升工作办理质量。区五届人大三次会议以来的138件代表建议全部完成办理答复，“解决采纳”98件，占71.02%；“计划解决”22件，占15.94%；“留作参考”18件，占13.04%。（陈硃书）

■优化代表履职服务保障 全年共有297人次代表列席常委会会议、1539人次代表参与常委会集中视察、监督调研、执法调研和督办建议等履职活动。组织开展年中、年末区人大代表大视察活动。组织41名区人大代表向原选区选民报告履职情况。做好市十五届人大青浦小组代表闭会期间的服务工作，及时补选3名市人大代表，组织有关选区补选7名区人大代表。举办代表履职学习班，发挥专业代表小组作用，启用代表履职APP，以信息化促进服务保障工作提质增效。（陈硃书）

人事任免

■概况 2018年，区人大常委会坚持党管干部和人大依法行使人事任免权的有机统一，依法任免本区国家机关工作人员。深化区政府组成部门主要负责人履职评议工作，先后听取区城管执法局、绿化市容局、财政局、民政局等局长的履职报告，进一步增强被任命人员尊崇宪法、依法行政、履职为民意识。

（陈硃书）

2018年青浦区人大常委会和“一府一委两院”工作人员任命情况表

表3

姓名	任命职务	任命日期
胡元强	青浦区监察委员会副主任	1月19日
仲吉宇	青浦区监察委员会副主任	1月19日
童　伟	青浦区监察委员会委员	1月19日
金　平	青浦区监察委员会委员	1月19日
董海焦	青浦区监察委员会委员	1月19日
顾义忠	青浦区监察委员会委员	1月19日
马彩云	青浦区人民政府副区长（挂任职务，任职时间自2018年2月起，为期一年）	2月26日
沈秋娟	青浦区文化广播影视管理局局长	5月30日
徐庆天	青浦区人民检察院副检察长、检察委员会委员、检察员	7月6日
刘华敏	青浦区人民检察院副检察长、检察委员会委员、检察员	7月6日
杨文治	青浦区人民代表大会常务委员会办公室副主任（挂任职务，任职时间自2018年7月至2018年12月）	7月6日
吴桂臣	青浦区人民法院审判委员会委员	7月24日
胡志国	青浦区人民法院审判委员会委员	7月24日
杨海华	青浦区人民法院立案庭庭长	7月24日
蔡红兰	青浦区人民法院民事审判庭（环境资源案件审判庭）庭长	7月24日
吴海明	青浦区人民法院民事审判庭（环境资源案件审判庭）副庭长	7月24日
徐冬梅	青浦区人民法院民事审判庭（环境资源案件审判庭）副庭长	7月24日
徐蔚青	青浦区人民法院商事审判庭庭长	7月24日
杨明华	青浦区人民法院商事审判庭副庭长	7月24日
周冬英	青浦区人民法院商事审判庭副庭长	7月24日
夏鑫德	青浦区人民法院执行裁判庭庭长	7月24日
杨晶晶	青浦区人民法院执行裁判庭副庭长	7月24日
俞向红	青浦区人民法院审判监督庭庭长	7月24日
吴小国	青浦区人民法院审判监督庭副庭长	7月24日
高金登	青浦区人民法院青东人民法庭庭长	7月24日
陆晓云	青浦区人民法院青东人民法庭副庭长	7月24日
吴　忠	青浦区人民法院朱家角人民法庭副庭长	7月24日

（续表）

姓名	任命职务	任命日期
吴小国	青浦区人民法院西虹桥（进口博览会）人民法庭庭长	9月28日
陈　强	青浦区人民法院西虹桥（进口博览会）人民法庭副庭长	9月28日
麦　珏	青浦区人民法院副院长、审判委员会委员、审判员	10月29日

（孙　盈）

2018年青浦区人大常委会和“一府一委两院”工作人员免职情况表

表4

姓名	免去职务	免职日期
何　斌	青浦区人民法院副院长、审判委员会委员、审判员	2月26日
胡元强	青浦区人民检察院副检察长、检察委员会委员	2月26日
董海焦	青浦区人民检察院检察委员会委员	2月26日
周思琴	青浦区文化广播影视管理局局长	5月30日
黄建荣	青浦区人民检察院副检察长、检察委员会委员、检察员	5月30日
何　静	青浦区人民检察院检察员	5月30日
吴桂臣	青浦区人民法院审判监督庭庭长	7月24日
杨晶晶	青浦区人民法院执行裁判庭庭长职务	7月24日
俞向红	青浦区人民法院青东人民法庭庭长	7月24日
刘　静	青浦区人民法院审判委员会委员、审判员	7月24日
吴　健	青浦区人民法院立案庭庭长	7月24日
朱坚峰	青浦区人民法院审判员	7月24日
吴小国	青浦区人民法院审判监督庭副庭长	9月28日
林晓镍	青浦区人民法院院长	10月29日
夏科家	青浦区人民政府区长	12月10日

（孙　盈）

2018年青浦区人大常委会人民陪审员免职情况表

表5

姓名	免去职务	免职日期
张惠珍	区人民法院人民陪审员	2月26日
支　敏	区人民法院人民陪审员	7月24日
程丽美	区人民法院人民陪审员	11月29日
俞锦林	区人民法院人民陪审员	11月29日
吴　江	区人民法院人民陪审员	11月29日

（孙　盈）

附：

上海市青浦区第五届人民代表大会常务委员会主任、副主任、常务委员会委员以及代表名单

区人大常委会主任：

朱明福

区人大常委会副主任：

陶夏芳（女）　胡海民　何　强　赵宏林

区人大常委会委员：

丁峰雷　王丽霞（女）（2018年7月24日确认辞去委员职务）　王连军　尤佳秋　印国荣　朱　民　华　琼（女）　庄惠元　汤福明　许　峰　孙海铭　李　峰　李建明　杨莉炯（女）　沈伯明　宋伟倩　张　备　张丽莉（女）　陆志斌　易宏勋　周敏华（女）　郝　民（女）　袁永坤　徐一军　徐福星　盛自力　蒋家敏　覃远辉

赵巷镇代表团：

王玲锦（女）　尤佳秋　毛永龙　方建英（女）　刘益民　成笃生　吴雪芳（女）　宋　波（2018年9月29

日确认代表资格） 陆冬云 陈雪云
金 萍（女） 项美君（女） 赵宏林
秦 培 钱美芳（女） 徐春荣
盛 丽（女） 董 斌（2018 年 7 月 24 日确认辞去代表职务）

徐泾镇代表团：

王 平 王永兴 邓丽琼（女）
卢建军 叶 新 何 强 沈伯明
张建明 陆文辉（女） 陆彩娥（女）
赵 峰 钱春妹（女） 徐一军
黄银庆 潘恩华 薛云逸
戴飞琴（女）

华新镇代表团：

王连军 刘玉珊（2018 年 10 月 29 日确认辞去代表职务） 张 备 陆 青
吴希铭 陈伊玲（女） 林 峰
金任群 赵惠琴（女） 俞正娟（女）
秦庆忠 钱志强 徐 洁（女）
徐兴根 徐建萍（女） 曹 辉
康军平 戴国良

重固镇代表团：

任 芳（女） 沈志强 宋伟倩
张惠娟（女） 陆爱民 陈祝平（2018 年 7 月 24 日确认辞去代表职务）
陈新梅（女） 金 彪 郑小菊（女）
胡小强 夏科家（2018 年 12 月 10 日确认辞去代表职务） 徐志荣
高 波（2018 年 7 月 6 日确认辞去代表职务） 蒋仁辉 储小彬（2018 年 9 月 29 日确认代表资格）

白鹤镇代表团：

马国忠 印国荣 朱磊明 衣琴俭
孙海铭 杨 琴（女） 吴荣泉
张 明 张丽君（女） 陆夏娟（女）
陆德生 陈秀萍（女） 林晓镍（2018 年 10 月 29 日确认辞去代表职务）
金凤英（女） 金洪元 周雪娟（女）
郝 民（女） 钱月芳（女） 萧 岗
蔡双其

朱家角镇、部队代表团：

丁峰雷 王丽霞（2018 年 7 月 24 日确认辞去代表职务） 王惠华（女）
朱惠根 乔惠锋 庄惠元 汤明根
许彩英（女） 吴小龙 沈生忠
张国妹（女） 张瑞忠（2018 年 9 月 29 日确认代表资格） 陆 华（2018 年 12 月 27 日确认代表资格终止）
陈春英（女） 邵芳菲（女） 周惠根
胡燕平 桂 林 顾小华 高 健
诸建芳（女） 戚春芳（女） 盛自力
蔡文彬 薛顺德 李会林（部队代表，2018 年 9 月 29 日确认代表资格）

练塘镇代表团：

王永根 王连君 尤卫东
方 芳（女） 方志坚 朱 民
孙昌荣 李军英（女） 李建明
沈红梅（女） 陆 叶（女）
陆桂芳（女） 范立涛 周敏华（女）
周新华 姚家琦 钱 丽（女）
徐玉兰（女） 徐梅芳（女）
韩顺芳（女）（2018 年 12 月 27 日确认代表资格终止） 蔡春辉 管鲁骏

金泽镇代表团：

王 英（女） 包伟民 朱明福
池菊林 许 峰 许永青 李 峰
杨莉炯（女） 怀晓华 沈 芬（女）
沈培芳（女） 张丽杰（女） 张海生
金 勋 金维康 周 峰 周梅林
顾旺根 徐福星 凌 敏 黄 晖
曹 红（女） 蒋祥生 谭 伟

夏阳街道代表团：

冯 崖（女） 孙 军（2018 年 7 月 6 日确认辞去代表职务） 孙 浩
杜春玲（女） 杜曙英（女）
李玉红（女） 李明生 李春霞（女）
沈振明（2018 年 9 月 29 日确认代表资格） 陆志斌 陈 达 陈剑中
陈晓荣（2018 年 12 月 7 日转至香花桥街道代表团） 周雷勇（2018 年 9 月 29 日确认代表资格） 郑永生 孟冬华
袁永坤 夏 妍（女） 顾惠军
钱继新（女） 彭 曦（女） 潘牧天

盈浦街道代表团：

王文欣（2018 年 3 月 30 日确认代表资格终止） 王向华（女） 王彩凤（女）
汤福明 杨 俊 吴 斌 沈 敏
宋志青 张 敏（女） 张丽莉（女）
张德梅（女） 陆 欢（女） 陈 枫
范 璆 胡海民 夏 云（2018 年 9 月 29 日确认代表资格） 顾月仙（女）
徐 仙（女） 徐孝芳（女） 唐培元
覃远辉 缪双英（女）

香花桥街道代表团：

王金荣 王雪林 朱建忠
华 琼（女） 汤丹琼（女）
沈 萍（女） 沈雪峰（女） 张 兵
陈晓荣（2018 年 12 月 7 日由夏阳街道代表团转入） 易宏勋 周建芳（女）
周春林 胡伟明 顾凤凤（女）
倪翠红（女） 郭东方（女）
唐永琴（女） 陶夏芳（女） 曹林云
董朝峰 蒋家敏

（孙 盈）

综　述

2018年,区政府在区委的坚强领导下,持续深入学习贯彻习近平新时代中国特色社会主义思想和党的十九大精神,全面贯彻党中央、国务院和市委、市政府部署,认真落实区委五届五次、六次全会精神,完成区五届人大三次会议确定的目标任务。

全面跨越式高质量发展的态势进一步凸显。经济保持持续平稳健康发展,实现一般公共预算收入572.4亿元,比上年增长10.7%,其中:区级一般公共预算收入203.1亿元,比上年增长8.0%,总量和增速分别位居全市第七和第四;全社会固定资产投资完成579.8亿元,总量位居全市第三,创历史新高;合同外资、实到外资分别完成全年考核指标的129.0%和123.7%;完成"十三五"规划实施情况中期评估。按期完成"进博会"66项配套建设任务,其战略平台功能显现。实施网格巡查处置一体化、绿化环卫管养一体化,做好窗口行业、志愿者服务,热情接待内外宾;出台对接"6+365"实施意见,青浦跨境电商保税展示贸易物流中心、绿地全球商品贸易港、西郊国际农产品交易中心、东浩兰生"一带一路"(即"丝绸之路经济带"和"21世纪海上丝绸之路"的简称)进口商品展销中心入选市"6+365"一站式交易服务平台。长三角更高质量一体化发展迈出坚实步伐,制定实施深度融入长三角一体化发展意见,分别与浙江省嘉兴市、江苏省苏州市签署全面战略合作框架协议。实施77项长三角一体化对接事项,盈淀路作为长三角首条贯通的省界断头路顺利通车。

经济发展能级和动力日益增强。特色产业发展持续向好,实施打响"四大品牌"行动,"三大两高一特色"主导产业及平台经济、总部经济、楼宇经济发展态势良好;"会展中心"展览面积约占全市三分之一,接待观众676万人次。深化全国快递行业转型发展示范区创建,成功举办2018中国快递论坛;北斗西虹桥基地产值达16亿元、税收超1亿元,民用航空基地新增14家航空企业,出口加工区保税物流中心跨境电商总单量突破200万,华为上海海思技术有限公司、中国核工业建设股份有限公司落地,漕河泾赵巷园区一期开工;编制"一基地四社区"("一基地"即青浦工业园区产业基地,"四社区"即徐泾工业园区、华新工业园区、朱家角工业园区和练塘工业园区)制造业布局规划,104区块完成产业结构调整项目155个、面积851000平方米;青浦出口加工区整合优化为综合保税区并获国务院批复。营商环境明显优化,取消、调整行政审批事项33项,"3515"和"3545"改革目标初步实现,"一网通办"青浦子门户建成使用,个人社区事务实现"全市通办";全年结构性减税约35亿元,区级行政事业性收费下降33.1%,经济小区全面取消代办费、管理费等各类服务费用,减轻企业成本约830万元;全面落实"科创18条"等政策,新增1家国家级企业技术中心,11家企业被认定为市科技小巨人(含培育)企业;落实区人才发展计划及政策,累计筹措人才公寓3555套。重点领域改革深入推进,国资国企改革持续深化,全面推进"一园三区"一体化改革,出台区管国有企业下属公司深化改革实施方案,完成青浦燃气和上海燃气集团股权合作;完善财政管理制度,推进"镇财区管",试点镇级财务总监、财政所长委派制度。

城市功能和品质不断提升。城乡规划体系逐步健全,完成《青浦区总体规划暨土地利用总体规划(2017—2035)》编制并报批,朱家角、金泽、练塘新市镇总规完成,徐泾新市镇总规已报批,赵巷镇、重固新市镇总规完成初步方案;华为研发基地和人才公寓、蟠龙"城中村"、吉利研发项目等控规获批,市西软件信息园控规草案完成,全区控规覆盖率达86%以上;全区河道蓝线、省市对接道路等专项规划获批,基本完成淀山湖地区风貌规划。城市建设加快推进,S26入城段及青昆路、汇龙路、华志路等区区对接道路建成通车,崧泽高架西延伸工程主线高架桩基全面施工;西虹桥商务区功能配套不断完善,青浦新城商业综合体宝龙生活广场、富绅时代广场开业,环城水系公园形象初具;重固新型城镇化项目入选财政部PPP项目库,朱家角中国特色小镇建设拟定规划实施方案;5个"城中村"改造市级试点已处于动迁攻坚阶段。城市运行与管理不断优化,全国文明城区创建接受首次年度测评;"美丽街区"三年行动计划建设任务已完成2项,40个示范性"美丽家园"建设项目、22个标准化项目全部完成;加强"12345"市民服务热线、网格化管理与大调研事项办理协调联动,网格案件市级先行发现率位于郊区前列;扎实开展"3+6"(即涉爆粉尘、有限空间、化工和危险化学品生产企业安全专项整治以及危险化学品、电动自行车、大型商业综合体、打击假冒特种作业操作证、空中坠物、建筑施工安全)安全专项整治、持续深化道路交通违法行为大整治、集中开展消防“大排查、大整治”行动等,排查处置户外广告牌等空中坠物隐患4409处;推进市民满意的食品安全城区建设,无证无照食品经营基本归零;成功防御多次台风,安全度汛。社会治理水平持续提升。有序推进信访事项分类处理,一大批信访矛盾得到及时有效化解;完成村居换届,村居“两个中心”建设全覆盖;首批基本管理单元运行成效显著,第二批建设完成;开展“上善家园”试点,推进110家“客堂间”建设;全面推行“房东责任制”,实有人口登记率提高到95.7%;大力开展社会面智能安防建设,建成智慧安防社区539个;加大破案打击和扫黑除恶力度,全区报警类“110”接报数、违法犯罪案件接报数分别下降17.1%和21.3%;严格金融投资类企业准入,严厉打击“套路贷”、非法集资等违法犯罪行为。

社会事业和民生保障稳步提高。社会事业发展水平不断提升,社会事业设施建设三年行动计划16个项目已完工。启动新一轮教育综改项目,中高考改革、公办初中强校工程、学区化办学、托幼一体化等有序推进;宋庆龄学校高中部、青浦世外学校初中部、青浦平和双语学校如期开学,兰生复旦青浦分校正式签约。深化公立医院改革。4家公立医院药占比下降6.4%,预约就诊率提高9.7%;复旦大学附属妇产科医院青浦分院等项目前期工作加快推进;夏阳社区卫生服务中心开业。完成民兵整组,任务连续10年被评为征兵工作市级先进;妇女儿童、人口计生、慈善公益、双拥等工作取得新进展,民族宗教、港澳台侨、外事和档案工作得到新加强。民生保障进一步筑牢,年度安排的9个实事工程项目全部完成。城乡居民人均可支配收入47300元、增长9.4%,增幅高于全市平均水平;新增就业岗位19921个,超额完成年度目标;城镇登记失业4498人,控制在市下达指标以内;新增扶残涉农经济组织17家、累计67家,帮助农村困难残疾人就业2579人;新增养老床位1100张,新建老年人日间服务中心8家、助餐服务点4家、示范睦邻点80家,为长护险参保老人提供居家照护服务53.3万人次;救助城乡低保、重残无业对象9.6万人;“四位一体”住房保障体系不断完善,区属动迁安置房竣工12.3万平方米、安置836户,公共租赁房供应367套,旧住房综合改造12875户、80.7万平方米,廉租房租金补贴累计330户、实物配租累计231户;推进农民居住解困工作,审定危房翻建873户;开办示范性标准化菜市场3家,新设智慧微菜场51处;积极帮助云南省德宏傣族景颇族自治州、青海省果洛藏族自治州等地打赢脱贫攻坚战。文旅体发展水平持续提高,区体育文化中心、图书馆二期扩容加快推进;编制福泉山遗址保护规划,青龙镇遗址、陈云故居申报第八批全国重点文物保护单位;设立总规模为6亿元的文化发展基金;编制创建国家全域旅游示范区行动方案、总体规划,金泽古镇被批准为国家3A级景区,启动环淀山湖国家旅游度假区创建,推进民宿试点;成功举办淀山湖文化艺术节暨旅游购物节、区第五届运动会、世界华人龙舟邀请赛、国际青少年足球邀请赛等重大活动和赛事。

乡村振兴和生态建设扎实推进。乡村振兴战略全面起步。完成粮食功能区、蔬菜保护区、特色农产品优势区“三区”划定;“白鹤草莓”获农产品地理标志登记;“三品”认证率提高到85.3%;编制农村人居环境整治试点区三年行动计划;练塘镇“上海市美丽乡村示范镇”、金泽莲湖村“市级乡村振兴示范村”试点建设扎实推进;促进离土农民就业,新增非农就业岗位6052个;土地承包经营权委托流转率达91%;全面完成镇级产权制度改革和农村集体资产清产核资,集体经济“造血”平台项目规范有序运行,“百村基金”村级集体经济意向参投3.46亿元;推进法治乡村建设,开展宪法进乡村活动250多场。生态环境综合治理持之以恒。编制实施国家生态文明建设示范区规划,“第七轮环保三年行动计划”项目开工启动56项、完成3项;“无违建先进居村”“无违建先进街镇”创建取得积极成效,拆除违法建筑132.7万平方米;深入推进水污染防治行动计划,在全市率先成立区级河湖管理事务中心,启动苏四期支流水环境综合整治,开展86公里中小河道、73条断头河治理、50万平方米小区雨污混接改造和8000户农村生活污水治理,二级水源保护区内工业企业清拆全面推进,基本完成消除河道黑臭目标;编制实施新一轮清洁空气行动计划,完成135家企业挥发性有机物(VOCs)源头替代治理,实施“进博会”空气质量保障和重污染天气应急管控,全区环境空气质量指数(AQI)全年优良率73.4%,较上年提高5.2%,细颗粒物(PM2.5)年平均浓度41微克/立方米,较上年下降12.8%;落实土壤污染防治行动计划和工作方案,完成重点行业企业用地调查;持续落实中央、市环保督察及各类环保专项审计、督查反馈问题整改,建立区环保督察制度。绿色生产生活方式广泛推行。推进工业领域节能减排,申能青浦热电完成管网切换并正式供热,全区工业燃煤户实现清零;以单位生活垃圾强制分类为先导,积极推进赵巷镇、重固镇生活垃圾分类整区域创建试点,全面启动各街镇整区域创建;制订重点生态廊道建设三年行动方案,森林覆盖率(陆域)16.8%,建成区绿化覆盖率41.4%,人均公园绿地面积8.16平方米;加强土地节约集约利用,完成集建区外建设用地减量化立项210公顷;实施新一轮违法用地综合整治三年行动计划,消除违法用地1022宗、172.6公顷。

落实全面从严治党要求,持续加强政府自身建设。认真履行区政府党组职责,落实“三个责任制”(即基层党建工作责任制、党风廉政建设责任制、意识形态责任制)和“四责协同”(即党委主体责任、纪委监督责任、党委书记第一责任和班子成员“一岗双责”的责任协同)机制,推进“两学一做”(“两学”即“学党章党规、学系列讲话”,“一做”即“做合格党员”)学习教育常态化制度化。坚决贯彻执行中央八项规定精神,反对“四风”。坚持民主集中制,严格“三重一大”(“三重”即重大事项决策、重要干部任免、重要项目安排,“一大”即大额资金的使用)决策制度。落实大调研工作要求,牵头解决33个重大和“三跨”(即跨地区、跨行业、跨部门)复杂问题。办理人大代表建议136件,解决采纳96件;办理政协提案173件,解决或采纳120件。持续推进审计全覆盖,在全市率先出台审计整改标准认定办法，消除承诺整改，对未整改问题跟踪督办，严肃开展问责。推进政务公开，区政府目标管理与督查信息系统建成试运行。（汤旭霞）

重要政务活动

■上级领导青浦调研　上级领导围绕"进博会"服务保障、长三角一体化、乡村振兴等主题到青浦实地调研座谈38次，区委、区政府相关领导陪同。（汤旭霞）

2018年上级领导到青浦区调研情况表

表6

日期	调研地点及主题	主要领导
1月15日	现场踏勘朱家角镇王金村和张马村	市委常委、市委政法委书记陈寅，市委农办、市农委巡视员陆鸣，市综治办副主任陈奇忠，市规划和国土资源管理局副局长王训国一行。区委常委、区委政法委书记赵明，副区长金俊峰陪同调研
2月1日	实地踏勘淀山湖沿线	副市长时光辉、市政府副秘书长黄融、市水务局局长白廷辉一行。区委副书记、区长夏科家陪同调研
2月6日	实地踏勘朱家角镇张马村老年活动中心，沿河村庄、民宿，王金村社区事务受理中心，综治工作中心，并召开座谈会	副市长彭沉雷，市政府副秘书长宋依佳，市委农办、市农委副主任叶军平一行。区委常委、区委政法委书记赵明，副区长金俊峰陪同调研
2月8日	实地踏勘朱家角古镇景区和青西郊野公园安全工作情况	副市长陈群、市旅游局局长徐未晚一行。副区长王凌宇陪同
2月13日	帮困送温暖工作	副市长翁铁慧、市政协副主席徐逸波。区委副书记、区长夏科家，副区长金俊峰陪同
3月15日	"进博会"安保筹备工作	市委常委、市委政法委书记陈寅，副市长、市公安局局长龚道安，市委副秘书长、市政府副秘书长、市委政法委副书记赵奇一行。区委副书记、区长夏科家，区委常委、政法委书记赵明，副区长王德强陪同调研
3月15日	"进博会"周边环境整治工作	副市长时光辉、市政府副秘书长黄融一行。区委副书记、区长夏科家，副区长顾骏陪同调研
4月2日	实地察勘青浦环城水系公园等水环境整治项目，并召开河长制工作经验交流座谈会	水利部河长办副主任刘六宴、水利部太湖局局长吴文庆、市水务局局长白廷辉。区委副书记、区长夏科家，区委常委、副区长陈庆江参加
4月8日	实地走访淀山湖防洪大堤、金泽镇蔡浜村、青西郊野公园、环城水系公园（淀浦河东段）、哈工大人工智能产业园、中国北斗产业技术创新西虹桥基地、威马汽车技术有限公司	中央政治局委员、市委书记李强，市委常委、市委秘书长诸葛宇杰一行。区委书记赵惠琴，区委副书记、区长夏科家全程陪同调研，区领导朱明福、李华桂、韩顺芳、陈庆江、赵明、余旭峰、倪向军、金俊峰、顾骏、王德强参加有关调研活动
4月18日	实地察勘太浦河泵站、金泽水库、张马泵站建设工程	水利部副部长魏山忠、市水务局局长白廷辉一行。区委副书记、区长夏科家陪同调研
4月23日	"进博会"有关重点保障工作情况	市委副书记、市长应勇，副市长时光辉、吴清一行。区委副书记、区长夏科家参加调研
4月25日	实地察看区留滞点建设情况	市委常委、市纪委书记廖国勋等一行。区委副书记、区长夏科家，区委常委、区纪委书记王翔陪同调研
5月21日	实地察看复旦附中青浦分校	教育部副部长田学军、教育部体育卫生与艺术教育司司长王登峰、市教育委员会副主任倪闽景一行。副区长王凌宇陪同调研
5月22日	实地察看青浦民兵训练基地、区人武部办公区	市委常委、市警备区政委凌希一行。区委书记赵惠琴，区委副书记、区长夏科家，区委常委、区人武部政委刘辽军，副区长金俊峰陪同调研
6月7日	"进博会"配套道路交通项目建设和环境整治提升相关工作	中央政治局委员、市委书记李强，市委常委、市委秘书长诸葛宇杰，副市长时光辉一行。区委书记赵惠琴，区委常委、副区长陈庆江陪同调研
6月12日	参观圆通快递	中央党校校委委员陈立、国家邮政局副局长邢小江率邮政强国战略研究组到青浦区调研。区委副书记、区长夏科家，市邮政管理局局长夏颐陪同调研
6月23日	实地踏看青昆界河南行前江河、朱昆河、石浦港等省际交界河道，	水利部太湖流域管理局局长吴文庆、副局长朱威，市水务局局长白廷辉、副局长刘晓涛一行。区委常委、副区长陈庆江陪同调研
6月26日	实地踏看国展中心、西虹桥管理中心	副市长龚道安一行。区委书记赵惠琴，区委副书记韩顺芳，区委常委、区委政法委书记赵明，副区长王德强陪同调研

（续表）

日期	调研地点及主题	主要领导
7月13日	实地察看张马村社区事务服务中心、综治中心和党建服务站、“张马·羲田”主题民宿项目和上海寻梦源香草农场	市委、市政府在朱家角镇举行实施乡村振兴战略现场推进会。市委书记李强，市委副书记、市长应勇，市委常委、政法委书记陈寅，市委常委翁祖亮，市委常委、市委秘书长诸葛宇杰，副市长彭沉雷等市领导出席。区委书记赵惠琴代表青浦区作交流发言；区委副书记、区长夏科家，区人大常委会主任朱明福，区委副书记韩顺芳，区委常委、区委政法委书记赵明，副区长金俊峰、顾骏、王德强等区领导参加会议
8月2日	实地踏勘绿地虹桥世界中心和青浦区服务保障进口博览会前线指挥部	市委常委、常务副市长周波。区委书记赵惠琴，区委副书记、区长夏科家，区委常委、副区长余旭峰，副区长倪向军陪同调研
8月6日	乡村振兴示范村	市委常委、市委政法委书记陈寅。区委书记赵惠琴，区委常委、区委政法委书记赵明，副区长金俊峰陪同调研
8月6日	城市物流配送及大型居住社区保障性住房相关工作	副市长时光辉。区委副书记、区长夏科家，区委常委、副区长陈庆江陪同调研
8月9日	实地查看青东农场生态廊道相关情况	市委副书记、市长应勇，副市长时光辉。区委书记赵惠琴，区委副书记、区长夏科家，副区长顾骏陪同调研
8月24日	“进博会”轨交、公交、出租服务提升工作	副市长时光辉。区委副书记、区长夏科家，区委常委、副区长陈庆江陪同调研
9月5日	视察“会展中心”“进博会”安保工作	中共中央政治局委员、中央政法委书记郭声琨一行，副市长、市公安局党委书记、局长龚道安。副区长王德强陪同调研
9月6日	“进博会”周边交通配套工程	中央政治局委员、市委书记李强。区委书记赵惠琴，区委副书记、区长夏科家，区委副书记韩顺芳，区委常委、副区长陈庆江，副区长王德强陪同调研
9月12日	实地踏看朱家角镇张马村、王金村，金泽镇蔡浜村、莲湖村	中央督导调研组组长常继乐一行。区委副书记、区长夏科家，副区长金俊峰、马彩云陪同调研
9月19日	调研考察青西郊野公园、金泽水库等项目	市政协副主席李逸平、浙江省政协副主席周国辉、江苏省政协副主席王荣平、安徽省政协副主席郑宏率长三角地区政协调研考察团一行。市水务局局长白廷辉，区政协主席李华桂，区委常委、副区长陈庆江陪同
9月20日	北斗西虹桥园区	江西省党政代表团，市委副书记尹弘，市委常委、副市长周波。区委书记赵惠琴，区委副书记、区长夏科家，区委副书记韩顺芳，区委常委、副区长余旭峰陪同调研
10月11日	“进博会”环境整治及区域党建工作	市委常委、组织部部长于绍良。区委书记赵惠琴，区委副书记、区长夏科家，区委副书记韩顺芳，区委常委、副区长陈庆江、余旭峰，区委常委、组织部长蒋仁辉陪同
10月16日	垃圾分类立法	市人大常委会主任殷一璀一行。区委书记赵惠琴，区人大常委会主任朱明福，区人大常委会副主任赵宏林，副区长倪向军陪同调研
10月26日	参观西郊国际农产品交易中心	副市长吴清。区委副书记、区长夏科家陪同调研
11月4日	视察调研“进博会”安保活动	公安部部长赵克志一行。副区长王德强陪同
11月6日	出席全球数字贸易（跨境电商）大会	市政协副主席赵雯、联合国贸发会贸易和商品司高级经济事务官张丽萍、虹桥管委会常务副主任闵师林。副区长倪向军出席
11月13日	“中国国际进口博览会6天+365天常年展示交易平台——绿地全球商品贸易港”开港仪式	市人大常委会副主任高小玫、市政协副主席赵雯、进口博览局副局长孙成海、市商务委主任尚玉英等市领导出席；绿地集团董事长张玉良以及澳洲、捷克等20多个国家驻沪总领事出席。区委书记赵惠琴，区委副书记、区长夏科家，区人大常委会主任朱明福、区政协主席李华桂等区领导参加
11月16日	调研实施长江三角洲区域一体化发展国家战略相关工作	国家发改委副主任林念修，市政府副秘书长、市发改委主任马春雷。区委书记赵惠琴，区委常委、副区长余旭峰陪同调研
11月19日	调研实施长江三角洲区域一体化发展国家战略相关工作	中央政治局委员、市委书记李强，市委常委、市委秘书长诸葛宇杰一行。区委书记赵惠琴，区委副书记、区长夏科家，区委副书记韩顺芳，区委常委、副区长陈庆江，副区长倪向军陪同调研
11月30日	调研再生资源利用和菜场湿垃圾就地处理情况	市人大常委会副主任莫负春率市人大法制委、常委会法工委一行。区委书记赵惠琴、区人大常委会副主任赵宏林、副区长顾骏陪同调研

（汤旭霞）

■上级领导督察“两会”期间工作 2月28日，市委副秘书长、市政府副秘书长、市委政法委副书记赵奇，市信访办副主任李晓辉率市信访维稳工作第四督查组到青浦区督察全国“两会”期间信访维稳工作并召开督查会议，区委常委、区委政法委书记赵明，副区长金俊峰、王德强参加。

3月9日，国务院安委办督导组第二组组长、国家安全监管总局职业健康司副巡视员李永红带队到青浦区督导“两会”期间安全生产工作，区委副书记、区长夏科家，副区长倪向军、王德强陪同。（汤旭霞）

■上级领导督察环保工作 3月22日，市第二环保督察组组长林湘一行到青浦区反馈环保督察情况，区委书记赵惠琴，区委副书记、区长夏科家，区人大常委会主任朱明福，区政协主席李华桂等区领导出席。

4月7日，中办督查室副巡视员徐绍刚一行到青浦区督察调研环保工作，副区长顾骏陪同。

4月24日，生态环境保护部华东督察局对青浦区落实中央环保督察问题整改情况开展专项督察，副区长顾骏陪同。

5月11日，生态环境部、住房城乡建设部2018年城市黑臭水体整治环境保护督查组进驻青浦区并到徐泾镇开展实地督察，区委常委、副区长陈庆江陪同。

7月6日，中央环保督察组对青浦区开展2018清废行动“回头看”，区委副书记、区长夏科家，副区长顾骏陪同。（汤旭霞）

■基层调研和检查 区政府领导重点围绕“互联网+电子政务”、乡村振兴、“进博会”服务保障、城市精细化管理、老旧小区综合改造、人才公寓、政府性投资项目、食品安全、华为项目等主题34次下基层调研，并围绕城市运行安全、水环境治理、“进博会”安全保障、全国文明城区创建等工作进行一线检查。（汤旭霞）

■签约合作 2月1日，青浦区人民政府与市公安局举行“城市大脑·智慧公安”建设战略合作框架协议签约仪式。市委副秘书长、市政府副秘书长、市委政法委副书记赵奇主持仪式。副市长、市公安局局长龚道安，区委书记赵惠琴，区委副书记、区长夏科家，市公安局党委副书记、副局长陈臻，市公安局党委委员、副局长陆民，区委常委、区委政法委书记赵明和副区长王德强等出席。

3月2日，青浦区人民政府与威马汽车集团举行战略合作协议签约仪式。区委书记赵惠琴出席签约仪式并讲话，区委副书记、区长夏科家主持签约仪式，区委常委、副区长余旭峰代表区政府与威马汽车集团代表签署战略合作协议，副区长倪向军出席签约仪式。

3月12日，青浦区人民政府与平安银行上海分行举行战略合作协议签约仪式。区委常委、副区长余旭峰，平安银行上海分行副行长沈力出席仪式。

3月27日，青浦区人民政府与交通银行上海分行举行战略合作签约仪式。区委副书记、区长夏科家，交通银行上海分行行长郑志扬出席仪式并讲话；区委常委、副区长余旭峰，交通银行上海分行副行长宋滨共同签署双方战略合作协议。

3月30日，青浦区举行复旦大学附属妇产科医院青浦分院合作共建签约仪式。区委书记赵惠琴，市卫生计生委巡视员王磐石，区委副书记、区长夏科家，区委副书记韩顺芳，副区长王凌宇出席仪式；区卫生计生委与复旦大学附属妇产科医院签订合作共建协议。

4月3日，青浦区举行兰生复旦青浦分校签约仪式。区委书记赵惠琴，区委副书记、区长夏科家，区委副书记韩顺芳，区委常委、副区长陈庆江，副区长王凌宇，上海复旦附中校长、民办兰生复旦中学董事长吴坚，上海民办兰生复旦中学校长周萍等出席仪式；区教育局、淀山湖新城公司、兰生复旦中学签订三方合作协议。

4月4日，青浦区人民政府与葛洲坝集团举行合作框架协议签约仪式。区委书记赵惠琴，区委副书记、区长夏科家，区委常委、副区长陈庆江，副区长倪向军，葛洲坝集团董事长聂凯，副总经理郭成洲、黄浩，总经理助理何金钢等出席仪式。

4月18日，青浦区委与上海政法学院党委中心组联组学习会暨区校全面战略合作框架协议签约仪式在中国—上海合作组织国际司法交流合作培训基地国际中心举行。会议邀请全国政协常委、市政协副主席周汉民作辅导报告；区委书记赵惠琴，上海政法学院党委书记夏小和，区委副书记、区长夏科家，上海政法学院党委副书记、校长刘晓红，区人大常委会主任朱明福，区政协主席李华桂，区委副书记韩顺芳，上海政法学院党委副书记吴强，党委副书记、纪委书记潘牧天，党委副书记、副校长刘刚，副校长关保英、胡继灵、姚建龙等领导出席活动。

5月23日，青浦区人民政府与浙江省嘉兴市人民政府举行全面战略合作框架协议签约仪式。区委书记赵惠琴，区委副书记、区长夏科家，区委常委、副区长陈庆江、余旭峰，副区长倪向军，嘉兴市委书记鲁俊，市委副书记、市长胡海峰，市委常委、常务副市长楼建明，市委常委、嘉兴经济技术开发区党工委书记陈利众等领导出席签约仪式。

5月30日，青浦区人民政府与民航华东空管局在区会务中心举行战略合作框架协议签约仪式。区委书记赵惠琴、民航华东空管局局长余波出席仪式并讲话；区委副书记、区长夏科家主持仪式，区委常委、副区长余旭峰和民航华东空管局党委常委、副局长金明祥分别代表双方签订战略合作框架协议；副区长马彩云，民航华东空管局党委副书记、纪委书记来海根出席仪式。

6月15日，青浦区人民政府与光明食品（集团）有限公司在区会务中心签订行战略合作框架协议。区委书记赵惠琴，光明食品（集团）有限公司党委书记、董事长是明芳出席签约仪式并讲话。区委副书记、区长夏科家主持仪式，区委常委、副区长余旭峰和光明食品（集团）有限公司副总裁余莉萍分别代表双方签订全面战略合作框架协议，副区长金俊峰和光明食品（集团）有限公司副总裁张华、许如庆分别签订光明集团商业渠道全面开放的合作谅解备忘录及组建上海光明艾米优营养食品有限公司合作谅解备忘录。光明食品（集团）有限公司财务总监李林出席仪式。

7月26日，青浦区人民政府与上海市国际贸易促进委员会在区会务中心举行全面战略合作协议签约仪式。区委书记赵惠琴，区委副书记、区长夏科家，区委常委、副区长余旭峰，副区长倪向军，市贸促会党组书记、会长杨建荣，市贸促会党组成员、副会长余晨、顾春霆等领导出席签约仪式。

8月16日，青浦区人民政府与中国中电国际信息服务有限公司在区会务中心签订战略合作框架协议。区委副书记、区长夏科家签约并讲话，区委常委、副区长余旭峰，副区长倪向军出席签约仪式。

9月14日，青浦区人民政府与启迪控股股份有限公司在区会务中心签订合作协议。区委书记赵惠琴，区委常委、副区长余旭峰，副区长倪向军出席签约仪式。

9月18日，青浦区人民政府与安谋科技签订战略合作协议。区委书记赵惠琴，区委常委、副区长陈庆江、余旭峰，副区长倪向军出席签约仪式。

9月28日，上海市政府与网易公司战略合作协议签约仪式在兴国宾馆举行。区委书记赵惠琴，区委副书记、区长夏科家，区委常委、副区长陈庆江，副区长倪向军参加签约仪式。签约仪式上，区长夏科家与网易公司副总裁陶剑琴签署投资意向协议。

10月26日，青浦区举行复旦大学中西医结合研究院青浦区中医医院临床基地签约仪式。区委副书记、区长夏科家、副区长王凌宇，复旦大学附属华山医院党委书记顾小萍、院长丁强等出席活动。

10月27日，青浦区人民政府与国家能源投资集团签署战略合作协议。区委书记赵惠琴，区委副书记、区长夏科家，区委常委、副区长余旭峰，副区长马彩云，国家能源集团党组成员、副总经理王金力，神华销售集团总经理张顺林等出席签约仪式。

11月7日，青浦区人民政府与印度尼西亚金光集团签订战略合作意向书。区委书记赵惠琴，区委副书记、区长夏科家，区委常委、副区长余旭峰，副区长倪向军、马彩云出席签约仪式。

（汤旭霞）

■重要活动 1月20日，青浦区举行“接力中国新时代，助力青浦新跨越”活动。区委副书记、区长夏科家，市委统战部副部长房剑森，团市委副书记刘伟，区委常委、区委统战部部长孙挺出席。

2月1日，“新时代·新跨越”——2018年青浦区百强企业和创新创业人才表彰会在上海国家会计学院国际会议中心举行。区委书记赵惠琴，区委副书记、区长夏科家，区人大常委会主任朱明福，区政协主席李华桂等区领导出席。

5月18日，主题为“科技创新，科普惠民——助力青浦全面跨越式发展”的2018年青浦科技节在朱家角镇尚都里广场开幕。区委书记赵惠琴，市科技党委副书记陈龙，区委副书记、区长夏科家，区人大常委会主任朱明福，区政协主席李华桂，市科协副主席梁兆正，区委副书记韩顺芳，副区长倪向军出席活动。

7月5日，打响“四大品牌”暨服务长三角一体化发展系列活动——上海青浦工业园区及上海市西软件信息园高质量发展现场会在青浦工业园区举行。区委书记赵惠琴，区人大常委会主任朱明福，巢湖市委书记耿延强，区委副书记韩顺芳，区人大常委会副主任何强，副区长倪向军、马彩云，区政协副主席顾啸流出席。

8月2日，区委副书记、区长夏科家到上海广播电台参加2018夏令热线区长访谈。

8月8日，2018青浦淀山湖文化艺术节暨旅游购物节开幕式在崧泽广场举行。区委副书记、区长夏科家，区政协主席李华桂，市旅游局副局长张旗，市商务委副巡视员徐文杰，区委副书记韩顺芳，区委常委、宣传部部长姜道荣，区人大常委会副主任陶夏芳，副区长王凌宇、顾骏等出席。

11月9日，上海康复辅助器具产业园揭牌及国际康养产业创新中心成立仪式举行。区委副书记、区长夏科家，市民政局局长朱勤皓等出席。

12月25日，青浦区在区行政学院召开庆祝改革开放40周年大会。区委书记赵惠琴出席并讲话，区委副书记、代区长余旭峰主持，区人大常委会主任朱明福、区委副书记韩顺芳等区四套班子领导参加。

12月26日，青浦区检察院举行恢复重建40周年主题活动。市检察院党组成员、二分院检察长陈思群，区委副书记、代区长余旭峰，区人大常委会主任朱明福，区委常委、组织部部长蒋仁辉，区委常委、纪委书记王翔，区委常委、宣传部部长姜道荣，区委常委、武装部部长刘辽军，区人大常委会副主任胡海民，副区长倪向军、王德强，区法院代院长麦珏，区检察院检察长郑永生出席。

12月29日，青浦区在区行政学院举行消防救援支队迎旗授衔和换装仪式。区委书记赵惠琴，区委副书记、代区长余旭峰，区委常委、副区长陈庆江，区委常委、政法委书记赵明，区委常委、人武部政委刘辽军，副区长王德强出席仪式。

（汤旭霞）

■市西软件信息园工作推进会 4月3日，青浦区召开市西软件信息园工作专题会。区委副书记、区长夏科家，副区长倪向军出席。

10月8日，青浦区召开专题会议，部署推进市西软件园部分重点项目建设工作。区委书记赵惠琴，区委副书记、区长夏科家，区委常委、副区长陈庆江、余旭峰，副区长倪向军出席。

（汤旭霞）

■长三角区域合作 6月6日，青浦区人民政府与江苏省苏州市人民政府举行全面战略合作框架协议签约仪式。市发改委副主任、长三角区域合作办公室常务副主任阮青，区委书记赵惠琴，区委副书记、区长夏科家，区人大常委会主任朱明福，区政协主席李华桂等区四套班子领导及江苏省委常委、苏州市委书记周乃翔，副书记、市长李亚平，人大常委会主任陈振一等领导出席。学习考察苏南国家自主创新示范区昆山核心区、锦溪祝甸古窑文化园、亨通集团有限公司、吴江区社会综合治理联动指挥中心及东太湖生态园等园区和企事业单位。

8月9日，江苏省东台市党政代表团到青浦区考察学习。区委书记赵惠琴，区委副书记、区长夏科家，区政协主席李华桂，区委常委、副区长余旭峰，副区长倪向军，区政协副主席董永元会见江苏省东台市委书记陈卫红；市委副书记、市长王旭东，市政协主席鲍宇带领的东台市党政代表团一行共同出席由青浦区发改委、农委、旅游局、工业园区与东台市发改委、农委、旅游局、经济开发区合作框架协议签约仪式。

8月15日，环淀山湖战略协同区联席会议在青浦区召开。区委常委、副区长余旭峰，上海市信息中心主任余文凯，江苏省昆山市副市长宋德强、吴江区副区长吴琦、浙江省嘉兴市嘉善县副县长陈博出席会议。四地领导共同签署环淀山湖战略协同区一体化发展合作备忘录，余旭峰与余文凯共同为环淀山湖战略协同区发展研究中心揭牌，四地的有关部门共签署11个专项合作协议。

11月28日，江苏省宜兴市委书记沈建率领的宜兴市党政代表团到青浦区考察学习。区委书记赵惠琴，区人大常委会主任朱明福，区政协主席李华桂，区委常委、副区长余旭峰，区人大常委会副主任陶夏芳，副区长倪向军参加会见活动并陪同考察。

11月30日，浙江省嘉兴市委常委、区党工委书记陈利众一行到青浦区学习考察，副区长倪向军、马彩云陪同，实地察看了北斗西虹桥基地、“会展中心”、绿地全球商品贸易港、移动智地、哈工大智能产业园。

12月18日，区委书记赵惠琴、副区长倪向军陪同市地方金融监管局书记、局长郑杨一行调研长三角一体化、金融板块有关工作。（汤旭霞）

■区政府全体会议 区政府围绕年度重点工作目标召开3次全体（扩大）会议，区委副书记、区长夏科家主持会议并讲话，区政府分管领导对各自分管工作进行通报和部署。（汤旭霞）

■区政府常务会议 区政府围绕年度重点工作目标召开22次常务会议，共研究131项议题。（汤旭霞）

■土地使用工作领导小组会议 区土地使用工作领导小组围绕新增建设用地计划、减量化工作推进和违法用地综合整治等主题召开6次会议。区委书记赵惠琴，区委副书记、区长夏科家，区委常委、副区长陈庆江、余旭峰（备注：土地使用工作领导小组2018年第六次会议，时任区委副书记、代区长），副区长倪向军出席会议并对工作进行研究。（汤旭霞）

■规划委员会会议 区规划委员会围绕《青浦区总体规划暨土地利用总体规划（2017—2035）草案》《市西软件园控制性详细规划初步方案暨城市设计》等主题召开4次会议。区委书记赵惠琴，区委副书记、区长夏科家，区委常委、副区长陈庆江、余旭峰，副区长王凌宇、倪向军、马彩云出席会议。（汤旭霞）

■优化营商环境打响“四大品牌”暨长三角一体化发展推进大会 6月4日，青浦区优化营商环境打响“四大品牌”暨长三角一体化发展推进大会在区行政学院召开。区委书记赵惠琴出席会议并讲话，区委副书记、区长夏科家作工作部署，区人大常委会主任朱明福，区政协主席李华桂，区委副书记韩顺芳，区委常委、副区长陈庆江、余旭峰，区委常委、区委宣传部部长姜道荣，副区长王凌宇、倪向军、顾骏、王德强、马彩云，区法院院长林晓镍，区检察院检察长郑永生出席会议。（汤旭霞）

■乡村振兴暨生态环境保护和城市管理精细化工作推进大会 6月13日，区乡村振兴暨生态环境保护和城市管理精细化工作推进大会在区行政学院召开。区委书记赵惠琴出席会议并讲话，区委副书记、区长夏科家作工作部署，区政协主席李华桂，区委常委、副区长陈庆江、余旭峰，区委常委、区委宣传部部长姜道荣，区人大常委会副主任陶夏芳，副区长王凌宇、金俊峰、顾骏、王德强、马彩云，区检察院检察长郑永生出席会议，区委副书记韩顺芳主持会议。（汤旭霞）

■扶贫攻坚 9月19日，青浦区与云南省德宏傣族景颇族自治州扶贫协作第四次联席会议在区会务中心召开。区委副书记、区长夏科家，区委副书记韩顺芳、区人大常委会副主任赵宏林、副区长顾骏、区政协副主席饶斐文以及德宏州委副书记、州长卫岗等德宏州党政代表团一行出席。

10月17日，青浦区与青海省果洛藏族自治州班玛县召开对口支援联席会议在区会务中心召开。区委书记赵惠琴，区人大常委会主任朱明福，区委常委、纪委书记王翔，副区长王凌宇和果洛州委常委、班玛县委书记夏吾杰等出席。（汤旭霞）

2018年青浦区人民政府主要会议和活动情况表

表7

日期	会议、活动主题	主要领导
2月22日	西虹桥商务区开发建设指挥部第十六次全体（扩大）会议	区委书记赵惠琴，区委副书记、区长夏科家，区人大常委会主任朱明福，区政协主席李华桂，区委常委、副区长陈庆江、余旭峰，副区长倪向军、顾骏、王德强出席会议
2月24日	华为项目推进会	区委副书记、区长夏科家，区委常委、副区长陈庆江，副区长倪向军、顾骏出席会议
3月2日	2018年财税审计工作会议	区委副书记、区长夏科家，区委常委、副区长余旭峰出席会议
3月6日	2018年青浦区安全生产工作会议	区长夏科家，副区长倪向军、王德强出席会议
3月8日	青浦区能源产业投资建设运营合作推进第三次联席会议	区委副书记、区长夏科家，副区长倪向军，申能集团总经理吴建雄，副总经理王者洪、朱宗尧出席会议
4月10日	青浦区征地自行养老人员纳入职保工作专题会	区委副书记、区长夏科家，副区长金俊峰参加

（续表）

日期	会议、活动主题	主要领导
4月11日	优化营商环境专题会	区委副书记、区长夏科家，副区长倪向军、马彩云出席会议
4月19日	2018年第一季度经济运行分析会	区委副书记、区长夏科家，副区长倪向军参加会议
5月3日	新城四站大型居住社区市属保障房工作专题会	区委副书记、区长夏科家出席会议
5月4日	“一网通办”工作专题会	区委副书记、区长夏科家，区委常委、副区长余旭峰，副区长马彩云出席会议
5月9日	区创新社会治理加强基层建设推进大会	区委副书记、区长夏科家，副区长金俊峰出席会议
5月18日	西虹桥区域道路建设项目监管和华为研发中心项目建设专题会	区委副书记、区长夏科家，区委常委、副区长陈庆江出席会议
5月25日	青浦旅游融入长三角一体化研讨会	区委副书记、区长夏科家，新民晚报社党委书记、社长、总编辑朱国顺，副区长顾骏出席会议
6月28日	土地出让、项目开工等相关工作专题会	区委副书记、区长夏科家，区委常委、副区长陈庆江出席会议
7月17日	质量提升行动动员大会	区委副书记、区长夏科家，市质监局局长黄小路，副区长顾骏出席会议
7月25日	区老干部通报工作会	区委副书记、区长夏科家，区委常委、区委组织部长蒋仁辉出席会议
8月1日	“承接进口博览会红利，为青浦发展加油”青浦快递物流企业家座谈会	区委副书记、区长夏科家，副区长倪向军、马彩云出席会议
8月7日	专题研究生态廊道建设相关工作	区委副书记、区长夏科家，副区长顾骏出席会议
9月3日	青浦区深化河长制暨水环境治理工作会议	区委书记赵惠琴讲话，区委副书记、区长夏科家，区人大常委会主任朱明福、区政协主席李华桂等四套班子领导出席会议
9月25日	河长制工作大督察动员会	市河长办副组长、环保局副局长方芳；区委副书记、区长夏科家，区委常委、副区长陈庆江，副区长倪向军、顾骏出席会议
9月27日	2018年第三季度经济运行分析会	区委副书记、区长夏科家，区委常委、副区长余旭峰，副区长倪向军出席会议
9月30日	区党政军领导和各界群众代表公祭烈士活动	区委书记赵惠琴，区委副书记、区长夏科家，区人大常委会主任朱明福，区政协主席李华桂等区领导出席会议
10月18日	全面推进城市管理精细化暨生活垃圾分类工作现场推进会	区委书记赵惠琴，市绿化市容局党委书记、局长邓建平，区委副书记、区长夏科家，区人大常委会主任朱明福、区政协主席李华桂、区委副书记韩顺芳、副区长顾骏出席会议
12月20日	华为项目专题推进会	区委副书记、代区长余旭峰，区委常委、副区长陈庆江，区委常委、政法委书记赵明，区委常委、宣传部部长姜道荣，副区长顾骏出席会议
12月22日	招商及产业项目推进专题会	区委副书记代区长余旭峰、副区长倪向军出席会议
12月25日	沟通交流华为项目落地事宜	区委副书记、代区长余旭峰，区委常委、副区长陈庆江，副区长倪向军，华为集团基建投资业务主任庄晓松

（汤旭霞）

政策研究

■**概况**　2018年，区政府研究室结合“大调研”工作，组织协调和推动落实区政府重点调研课题，提出政策建议；组织起草区政府重要会议主要文稿；负责起草区政府领导部分重要讲话文稿并完成各项交办任务。　（吴晓平）

■**重点调研课题推进**　结合区委、区政府重点工作安排和“大调研”部署，区政府开展14项重点专题研究，大部分课题成果已应用于实际工作。区政府研究室相继开展“青浦区吸引跨国公司研发中心研究”“青浦人才居住问题研究”等重点课题研究，形成研究报告供领导决策参考；实地调研青浦工业园区、西虹桥商务区、青西三镇相关产业园区，梳理基层部门和企事业单位反映的重点、难点问题，累计收集意见36条、形成处理建议9条。（吴晓平）

■重要材料起草 组织起草2019年区政府工作报告和区委全会、区政府全会、区工作务虚会等所需材料，完成其他各类汇报材料准备工作。（吴晓平）

行政服务

■概况 2018年，区行政服务中心以习近平新时代中国特色社会主义思想为指导，认真贯彻落实党的十九大精神，不断探索和创新服务模式，积极提升政务服务水平，切实增强办事企业和群众的获得感和满意度。全年各窗口共接待390075人次，受理事项340998件，办结项目321890件；全区11个街镇社区事务受理服务中心共接待561513人次，受理事项564088件，办结项目548037件。（吴　萍）

■推进“一网通办”工作 一是升级改造区级政务大厅，形成“一网通办”青浦区频道入驻上海政务“一网通办”总门户。二是建设面向各职能部门工作人员的实体大厅政务服务综合受理平台，集事项办理、人员管理、咨询服务于一体，与网上政务服务频道实现无差别、一体化受理。三是推进电子证照库试点建设及应用。至年底，30项事项的办理过程中已实现本市居民身份证、企业营业执照等相关实体证照免交、免带。四是推进“快递送”工作，梳理完成可提供物流服务的政务服务事项清单；同时，按照上海市统一物流快递平台建设要求，实现政务服务事项办理过程中统一物流快递平台的具体应用。五是拓宽政务服务渠道，推进“青浦服务”微信公众号建设，提供个人事项和企业事项在线查询、预约、申请、咨询等办事服务，并与网上政务大厅、实体政务大厅无缝对接，将政务服务延伸至群众指尖。（吴　萍）

■推进“进一扇门”工作 全年按照区要求入驻窗口的涉民、涉企行政审批事项共431项，已全部入驻窗口；在区行政服务中心大厅设立2个综合窗口，受理9家职能部门的35项行政审批事项；将区经委、建管委、人社局、司法局、绿化市容局、房管局等6家职能部门的10个外设服务窗口纳入区行政服务中心管理，开展标准化建设。（吴　萍）

■推进“最多跑一次”审批 6月底，全区所有449项“一网通办”行政审批事项承诺实现“最多跑一次”审批。在区行政服务中心实体大厅及网上政务大厅公布“最多跑一次”清单，并设立监督电话。（吴　萍）

■加强窗口管理 一是完善制定《窗口管理与服务系列制度》21条，主要涵盖考勤、服务规范、首席审批专员、首问负责等方面，进一步推进窗口服务制度化、标准化；二是围绕“德、能、勤、绩、廉”制定《窗口工作人员年度考核的实施办法（试行）》，明确凡派驻区行政服务中心的窗口工作人员的年度考核由中心负责，充分发挥考核对工作人员的教育、管理和监督作用；三是进一步加大窗口督查力度，除每天2次日常巡查外，依托监控每天对窗口进行随机抽查。同时，采用电子评价系统和第三方测评方式对窗口服务质量进行测评。通过优秀服务窗口、服务明星、党员示范岗等各类评比，树立一批服务群众业绩突出的先进窗口和个人，引导窗口工作人员对准标杆共同提高。（吴　萍）

■加强队伍建设 一是制定《青浦区行政服务中心推进科级干部能上能下的若干规定（试行）》，进一步健全完善干部人事管理制度；二是从严干部选任管理，细化落实《干部任用条例》和《区行政服务中心科级后备干部选拔任用办法》，发挥好党组在干部选任管理各个环节的领导和把关作用；三是制订区行政服务中心年轻干部培训方案，于8月联合区统计局、国家统计局青浦调查队举办青年干部培训班，进一步提高年轻干部政治素质、法治理念、创新意识和工作能力；四是领导干部及工作人员严格遵守外出审批制度、考勤管理制度、因私出国（境）审批制度等，并对制度执行情况进行监督检查。（吴　萍）

■加强服务保障 一是采用政府购买服务方式重新配备总台工作人员，共有4人，主要提供咨询、引导等服务，并参照窗口管理总台，强化服务质量。二是开展礼仪培训。围绕职业形象塑造，从举止仪态、服务规范等方面组织开展“迎进博，助创全，展风采”为主题的文明礼仪培训，进一步提升窗口工作人员自身素养和服务形象。三是定期开展志愿服务，确保民政（婚管）、公安（交警）等窗口在办证高峰时段窗口秩序井然。四是改善服务环境。对区行政服务中心大厅进行信息化改造提升，实现智能化引导、智能化展示、智能化管理、智能化监控；对政务服务机房、实体大厅综合布线、内部局域网络架构等进行改造；安装道闸系统，加强车辆引导；改造提升一楼大厅及楼梯导向牌标识，并设立自助服务区等。（吴　萍）

■“全市通办”工作 按照市政府工作部署，2018年全区11个街镇社区事务受理服务中心已全面实现168项服务事项“全市通办”、169个服务事项“一网通办”、170个服务事项全部进驻，进驻率达100%。同时，按照市相关文件精神，3月起，区社区事务受理服务中心服务时间统一为周一至周五早上8:30至下午16:30；双休日和国定节假日为上午8:30到11:30，下午不对外服务，做到“全年无休”。（吴　萍）

■受理中心建设 一是严格按照日常检查制度，每月对各街镇社区事务受理服务中心实行不定期检查两次，并做好检查记录；二是根据市联席办要求，配合新办社保卡换发工作，按照时间节点，安排各街镇受理中心分批分次进行读卡器升级；三是筛选2017年度各街镇受理中心上报的每周课堂内容，精选50篇优秀作品编印成册，发放到各受理中心，供大家交流学习；四是通过查看台账、现场检查及座谈等方式，对各受理中心制度执行、事项进驻、大厅、机房、档案室及特色工作推进情况开展年中检查及年度考核，促进各受理中心日常工作标准化、规范化。（吴　萍）

■村级服务中心建设 2017年起，全区全面推进村级服务中心建设，至2018年底建设完成并验收193家。区行政服务中心在村级服务中心建设完成的基础上，推进村级服务中心当场受理、当场办结工作，实现从“代理”到“受理”的转变。由各街镇申报1—2家村级服务中心开展“受理”试点，全年全区申报试点村级服务中心共23家。同时，积极拓展群众需要的服务事项，将更多的服务事项纳入村级服务中心的窗口工作。（吴　萍）

■区领导调研　1月9日，区委副书记、区长夏科家到区行政服务中心调研工作。区行政服务中心从做“实”网上政务大厅、做“强”实体大厅、做“深”社区事务受理服务中心和中心建设等方面汇报工作。夏科家就如何优化营商环境，改善市民办事条件、做好“互联网＋政务服务”、“单一窗口”受理、代办制等方面提出工作要求。

1月16日，区委常委、副区长余旭峰到区行政服务中心调研“网上办”工作。区行政服务中心介绍“区级平台网上办理”专栏的内容和功能，并模拟企业办理事项进行操作演示。余旭峰围绕行政审批事项梳理、推进全程网上办理、优化行政审批流程等方面内容提出下阶段工作要求。

3月8日，区政协主席李华桂带领主席会议成员等一行到区行政服务中心调研行政审批改革工作情况。李华桂等一行参观了区行政服务中心行政审批窗口情况。与会人员围绕调研主题开展座谈交流。李华桂从思想认识要再提高、工作导向要再强化、协调联动要再加强等三方面对区行政服务中心今后工作提出意见建议。

5月16日，区委常委、副区长陈庆江带队到区行政服务中心开展推进优化营商环境专题调研。陈庆江等参观了区发改委、建管委、规土局等相关行政审批窗口，并就如何深入推进优化青浦区营商环境开展座谈。（吴　萍）

人事编制

■概况　2018年，青浦区机关事业单位进一步加强人事管理工作，完善年度绩效考核内容，严格做好人员招录、加强人员培训工作，抓好各类人才政策落实，优化人才服务方式，做好人才政策的受理兑现。（陆　明）

■实施年度绩效考核　完成2017年度区级绩效考核和机关事业单位人员考核。7家党群部门区级机关、11家政府部门区级机关和11个街镇被评为A级；制订完善2018年度区级绩效考核实施办法，结合年度实际情况对考核重点作调整。（陆　明）

■机关和事业单位人员管理　全年共招录公务员77人、事业单位工作人员67人、社工175人、工会工作者30人。抓好公务员队伍建设，组织开展新录用公务员初任培训70余人、新晋升科级干部公务员培训80余人、科级干部学习贯彻党的十九大精神专题培训示范班、公务员全员培训等专题培训。（陆　明）

3月8日，区政协主席李华桂（右排右三）等一行到区行政服务中心调研行政审批改革工作情况　（区行政服务中心供稿）

■落实人才服务政策　加大人才政策宣传力度，积极拓宽人才服务方式，推行精准化门诊式人才服务新模式，组建专业队伍，通过走访、互动、交流等形式为重点企业、重点对象提供个性化一揽子精准化服务。改善人才公寓办理流程，缩短审核流程。做好人才政策的受理兑现，发放2017年度区级人才团队奖73家，发放资金4748.58万元；审核人才公寓资格认定617人；受理居住证积分申请1.74万人，户籍人才引进160人，居住证转常住户口602人（含随迁人员）。（陆　明）

■“三支一扶”志愿者招募　2018年青浦区“三支一扶”大学生志愿者招募岗位30人，报考116人，实际录用26人，于7月正式上岗。（陆　明）

信访工作

■概况　2018年，全区群众信访态势稳中向好，信访总量下浮明显。至年底，区信访办共接待处理群众信访事项5969件（批）15201人次，件次与人次分别比上年下降28.8%和29%；群众至区集体上访187批2591人次，批次比上年下降27.8%，人次比上年下降21.1%。群众信访渠道进一步畅通有序，未发生因信访引发的大规模群体性事件和个人极端事件，社会面总体稳定。信访工作责任进一步夯实落地，区委常委会、区政府常务会议、每月信访稳定例会定期研判及分级分责交办机制稳步实施，区领导预约接访机制更加成熟，一大批群众合理信访问题得到妥善解决，党群干群关系更趋和谐。信访业务基础水平进一步提升，国网分系统全面应用，基本实现信、访、电、邮全流程网上办理；信访矛盾集中攻坚活动有力推进，一大批信访疑难矛盾得到妥善化解。（陈舒艺）

■服务保障“进博会”　坚持统筹兼顾、标本兼治，不断完善矛盾纠纷疏导化解工作机制，压实工作责任，督促各单位高效处置信访问题，依法解决群众合理诉求，营造和谐稳定的社会环境。一是做好信访矛盾排查报送工作。每日按时收集突出信访矛盾，每周汇总各责任单位办理跟踪情况；二是建立工作日报、工作周报机制，及时反馈信访工作动态；三是积极开展业务练兵，提升综合实战能力。在全区信访系统组织开展“护航进博会，我们在行动”信访业务大练兵暨信访知识竞赛活动。通过梳理信访工作相关文件汇编、信访业务大练兵等工作，规范全区信访事项受理办理流程。区信访办信访科获全市信访系统唯一一家“上海市工人先锋号”称号。（陈舒艺）

5月18日，举办“护航进博会，我们在行动”2018年信访业务大练兵暨信访知识竞赛活动（区信访办供稿）

■健全预约接访机制 为畅通群众信访渠道，密切党群干群关系，及时听取基层群众信访诉求和意见建议，不断提高周四区领导信访接待工作实效性和针对性，区委、区政府出台了《关于深化领导预约接访工作畅通党群干群联系渠道的实施意见》，进一步提升区领导接访的实效性。对区领导预约接访案件落实不力的，实施领导接访“回头看”。全年区领导接待群众来访共113批258人次，办理周期内信访事项办结率达100%，下发《周四接访快报》49期。（陈舒艺）

■开展“人民满意”窗口创建 区信访办加强信访配套设施建设，于2018年10月完成人民满意窗口创建工作。深入推进接访工作规范化、精准化、法治化，努力打造接访工作窗口形象，不断满足来访群众实际需求，推动接访工作窗口成为“了解民情、集中民智、维护民利、凝聚民心”的重要阵地。区信访办获全市信访系统“人民满意窗口”标准化创建先进单位。不断推进信访工作综合业务平台信息化建设。适应当前信息化服务的需要，融合信访数据和日常办公功能，初步实现网络办公和信息实时互联互动的功能，促进信访工作新发展。（陈舒艺）

法制建设

■概况 2018年，区法制办承担区政府规范性文件清理和审查备案、行政执法职责界定、行政复议应诉、对法制干部进行培训等工作，协助区政府领导把依法行政落到实处。全年共审核文件46件（其中21件不属于规范性文件）。区政府发布规范性文件4件，区府办发布规范性文件6件。（朱雯博）

■行政复议 区法制办共收到行政复议申请175件。经审查后需要补正材料53件，受理105件，17件因不符合《中华人民共和国行政复议法》受理条件不予受理。在审结的102件行政复议案件中，主要涉及对工伤认定、行政处罚、投诉举报处理以及信息公开等具体行政行为不服而提出复议申请。其中，决定维持行政机关作出的具体行政行为59件，驳回当事人行政复议申请6件，因当事人撤回行政复议申请而终止审理27件，撤销行政机关作出的具体行政行为4件，确认行政机关行为违法5件，责令行政机关依法履职1件。（朱雯博）

■行政诉讼 区政府作为被告行政诉讼共29件。其中，区法院（7月起由闵行区法院管辖）受理的以区政府为共同被告的行政诉讼7件，结案7件（原告撤诉2件，判决驳回诉讼请求4件，判决撤销区政府行政复议决定1件）；市二中院、铁路法院及高院受理的以区政府为被告的行政诉讼22件，结案21件（撤诉1件，裁定驳回起诉4件，驳回上诉维持原判7件，驳回诉讼请求8件，确认违法1件）。区法制办与法院继续保持良性互动机制，全力做好应诉工作，提升依法行政能力。（朱雯博）

■行刑衔接 区法制办进一步完善青浦区行刑衔接工作机制，通过行刑衔接平台共录入行政处罚案件3520件，移交涉嫌犯罪案件33件，其中2件已由公安机关立案、1件不受理、30件正在审查中。（朱雯博）

■政府法律顾问 区政府继续积极有效推行政府法律顾问制度，保证政府法律顾问在区制订重大行政决策、推进依法行政中发挥积极作用。全年区政府法律顾问共办理各类法律事务43件。（朱雯博）

■学法与培训 区法制办做好法制干部、执法人员培训工作，制订全年学法计划，并按计划落实好授课人员、学习内容和学法材料准备工作，确保学习效果。10月10—12日，区法制办对157名新上岗行政执法人员进行3天的法律知识培训，并组织其参加首次在线执法考试，合格134人。使行政执法人员进一步掌握相关法律、执法程序和工作规程，切实提高执法水平。（朱雯博）

■编制执法依据汇编 2018年，区法制办对区政府及其职能部门的行政执法依据进行梳理，编制《行政执法依据汇编》，分发至各职能部门作为行政执法

参考依据。（朱雯博）

■参与政府信息公开和区政府公报编辑、发行 2018年，区法制办继续承担《上海市青浦区人民政府公报》编辑和发行工作，发行范围除各街镇、工业园区、青浦城区范围设立的15个集中投放点外，还分送全区各村（居）委会及区人大代表，每期发行数量为1500份。

（朱雯博）

合作交流

■概况 2018年，青浦区对口支援与合作交流工作积极贯彻落实上海市对口支援与合作交流工作会议精神，紧紧围绕区中心工作，坚持精准、落实长效，完成了以对口支援为重点的各项工作任务。年内，在云南省德宏傣族景颇族自治州落实29个对口援建项目，在青海省果洛藏族自治州班马县落实12个对口援建项目，项目主要涉及新农村建设、产业发展、社会事业、人才支持四大领域。（许昊枫）

■交流互访 4月上旬，区委书记赵惠琴率领区四套班子领导及相关部门负责人到云南省德宏傣族景颇族自治州学习考察，代表团深入芒市、梁河、盈江、陇川4个携手奔小康县市，进村入户调研东西部扶贫协作工作，并与德宏州结对四县市召开联席会议，商讨扶贫协作工作；6月中旬，区人大常委会主任朱明福率队前往新疆维吾尔自治区克拉玛依市，慰问青浦区援疆干部，并开展相关考察活动；7月中旬，区委副书记、区长夏科家率党政代表团到青海省果洛藏族自治州班马县考察学习，并与当地领导召开联席会议，深入讨论双方对口支援事宜；9月中旬，德宏州委副书记、州长卫岗率德宏州党政代表团到青浦区考察学习，对接东西部扶贫协作工作；10月上旬，果洛州委常委、班玛县委书记夏吾杰率班玛县党政代表团到青浦区开展对口支援回访对接工作，与区主要领导召开对口支援工作联席会议。

（许昊枫）

■人才帮扶 青浦区共选派5名医生和4名教师到云南省德宏傣族景颇族自治州四县（市）开展为期1—2个月的人才帮扶工作。5月，青浦区教育工作组到青海省果洛藏族自治州班马县开展教育交流活动，为班玛县培训教师105人次；6月，青浦区卫计委协同复旦大学附属中山医院青浦分院卫生医疗队到班玛县开展外科、内分泌科、妇产科、骨科巡回义诊帮扶活动，共诊查病人71人次、健康宣教47人次、查房36人次、讨论病例20例、培训当地医护人员65人次；12月，青浦区医疗队再次到德宏梁河、盈江、陇川三县（市）开展巡查义诊帮扶活动。年内，安排德宏州6名年轻干部来青挂职，为德宏州培训教师、医生等急需人才86人，为梁河县培训基层卫生人员200人，接收农业技术人员来沪培训6人，为德宏培训乡村基层干部、贫困村党支部书记、少数民族干部等1792人，安排班玛县2名科级干部来青挂职，3名医务人员来青进修，为果洛州培训226名各类干部人才。

（许昊枫）

■产业帮扶 组织云南省德宏傣族景颇族自治州咖啡、坚果、茶叶、柠檬、辣木等农特产品企业36户次参加第六届“青浦薄稻米”品鉴会暨新春优质农产品展示展销会、2018青浦“长三角名品展”、2018年对口帮扶地区特色商品入沪洽谈展销会；在朱家角专门为德宏州农产品入沪举办专场推介会，20家农业龙头企业参加，组织区内40多家农业合作社、食品生产、食品批发企业对接洽谈；在西郊国际、联谊枇杷园为德宏州农产品设置固定销售窗口。通过各类平台，德宏农特产品在沪销售额超过1000万元，达成采购框架合作协议15份，意向采购金额超过5000万元。

（许昊枫）

■劳务协作 开展培训活动，通过技能提升，实现更好就业。全年为云南省德宏傣族景颇族自治州培训建档立卡贫困户共计2549人，青海省果洛藏族自治州班马县130人；组织企业到对口地区招聘和提供岗位信息，委托当地人力资源组织下乡定向招聘。年内，到结对县（市）组织大型招聘活动6场，委托招聘10场。现场招聘共提供岗位1万余个，招聘活动共成功签约241人。

（许昊枫）

外　事

■概况 2018年，区外事办贯彻中央、上海市外事工作方针政策，以外事为经济建设和社会发展服务目标，围绕全市重要外事活动和区政府中心工作，加强外事管理和服务，拓展对外交流与合作，推进友好城市交流与交往，展示青浦对外开放良好形象，提升青浦国际化水平，按照安全满意和外事无小事原则完成外事接待任务。

至年底，共接待外宾42批522人次（其中部级干部团组12批206人次、总

9月19日，青浦区与德宏州扶贫协作第四次联席会议召开（区合作办供稿）

理级1批14人次)。审批因公出国(境)人员31批109员人次(其中青浦区内组团15批92人次、参团16批17人次)。不断深化与韩国忠清南道保宁市的友好交流关系。12月,青浦区与韩国保宁市正式签署《2019—2023年姐妹城市交流备忘录》;稳步推进与日本佐贺县鹿岛市友好交流;继续拓展与匈牙利布达佩斯市第十六区、德国丽莎市的友好交流。（诸宇维）

■政府外事接待 2018年,青浦区接待外国贵宾共42批522人次,其中部级以上12批206人次、总理级1批14人次。（诸宇维）

2018年青浦区接待外国贵宾情况表(部级以上)

表8

日期	到访人员
4月10日	荷兰对外贸易及发展合作大臣卡格女士一行50人
9月24日	古共中央书记处书记、国际关系部部长何塞·拉蒙·巴拉格尔一行10人
11月4日	“进博会”几内亚经贸团一行11人
11月4日	“进博会”阿尔巴尼亚经贸团一行4人
11月4日	“进博会”白俄罗斯经贸团一行28人
11月4日	匈牙利创新与技术部副部长拉斯洛·约尔吉一行5人
11月6日	“进博会”马拉维经贸团一行9人
11月6日	“进博会”刚果(金)经贸团一行5人
11月6日	“进博会”黑山经贸团一行5人
11月6日	“进博会”布隆迪经贸团一行6人
11月6日	俄罗斯总理梅德韦杰夫一行14人
11月8日	“进博会”乌克兰经贸团一行35人

（诸宇维）

■区领导率团出访 2018年,青浦区有9位领导率领9个代表团出访英国、德国、日本等16个国家和地区。（诸宇维）

2018年青浦区领导率团出访情况表

表9

出访时间	考察团名称	带团领导	出访国家、地区
3月	经贸考察团	陶夏芳	葡萄牙、摩洛哥
4月	经贸考察团	赵惠琴	印度尼西亚、日本、中国香港
6月	经贸考察团	余旭峰	爱尔兰、英国
6月	经贸考察团	夏科家	日本、韩国
7月	经贸考察团	姜道荣	捷克、匈牙利
7月	经贸考察团	王凌宇	瑞典、挪威
8月	经贸考察团	李华桂	德国、保加利亚
11月	经贸考察团	陈庆江	马来西亚、菲律宾
12月	经贸考察团	王德强	韩国、日本

（诸宇维）

■对外交流 2月26—28日,以韩国忠清南道保宁市议会议长朴商培为团长的保宁市议会代表团到青浦区进行友好交流访问。4月24—27日,以韩国忠清南道保宁市企划监查室室长金信焕为团长的友协代表团到青浦区进行友好交流访问。5月22—26日,以政协副主席王海青为团长的友好交流团到日本鹿岛市进行教育和农业交流。5月26日—6月1日,以德国丽莎市市长代表赫尔穆特·叶诺为团长的丽莎市友好访问团到青浦区进行友好交流访问。6月19—20日,以区委副书记、区长夏科家为团长的区政府代表团到韩国保宁市进行友好交流,双方进行友好深入的沟通,明确今后的友好交流目标和主要任务。7月5—7日,日本佐贺县鹿岛市农业专家桥口先生到青浦区进行水稻和草莓种植方面的指导。7月30日—8月2日,以韩国忠清南道保宁市OCOO有限公司总经理金圣洙为团长的保宁市经济代表团一行5人到青浦区访问。7月13—19日，以政协副主席饶斐文为团长的政府代表团和以朱家角文体中心演职人员为主体的文艺演出团到韩国保宁市，参加该市第二十一届泥浆节，并在泥浆节活动中分别进行两场中国传统文化节目——武术、船拳、民族歌曲的精彩表演，受到保宁观众的一致好评。11月25—27日，以日本佐贺县鹿岛市日中友好协会副会长小笠原百代为团长的鹿岛市友好访问团到青浦区进行友好交流。12月21—24日，以韩国忠清南道保宁市市长金东一为团长的保宁市政府代表团到青浦区进行友好交流并签署《2019—2023年姐妹城市交流备忘录》。（诸宇维）

■外事干部专题培训 10月17日，区外事办邀请上海市人民政府外事办公室夏永芳老师及原上海市文明办活动指挥处处长、国学脱口演讲者曾崇信老师在朱家角景苑水庄为全区外事专管员及部分分管领导作“外事理论与实践及跨文化交流的思考”及“传统礼乐与现代礼仪”的专题培训。（诸宇维）

台湾事务

■概况 2018年，面对复杂多变的外部环境，青浦区坚持以习近平新时代中国特色社会主义思想为引领，按照中央对台工作的战略部署和市委对台工作要求，围绕区委、区政府中心工作，依法维护台湾同胞合法权益，切实加强对台交流交往、联络联谊和涉台宣传教育工作，推动青浦对台工作取得新进展，助力首届“进博会”，助力打响上海“四大品牌”。

全年共有社区治理、教育、生态环境、农业、龙舟等5个团组72人次到台湾考察交流。考察团在台期间，与台湾地区社会各界和基层民众开展沟通交流，推介青浦，提升青浦在台湾地区影响力。全年共受理26家企业36人次办理非公职人员经贸到台手续；接待台湾参访团9批219人次；处置各类矛盾纠纷20起，未发生引发不稳定因素涉台投诉案件及信访事件。在2018年中央台办《两岸关系》《台湾工作通讯》等对台宣传读物征订工作中青浦区台办被评为“先进单位”。（沈　静）

2018年青浦区赴台湾地区考察交流情况表

表10

序号	日期	考察团队	带队领导	人数
1	5月6—12日	教育交流团	张小弟	10
2	5月13—19日	生态环境交流团	赵宏林	10
3	5月20—25日	社区治理交流团	孙挺	11
4	6月14—19日	龙舟交流团	董永元	31
5	7月1—7日	农业交流团	金俊峰	10

（沈　静）

2018年台湾地区相关团体到青浦区考察交流情况表

表11

序号	日期	来访团队	人数
1	1月25日	2018创视野333台湾青年学生寒假研习营	32
2	7月2—7日	台北市学生夏令营团组	17
3	7月8日	2018台湾职业院校师生研习营	60
4	7月9—11日	中国国民党台北市万华区党部参访团	17
5	7月18日	“姐妹情·一家亲”第八届沪台妇女文化周的台湾代表团	23
6	8月24—26日	台湾地区文创青年	13
7	9月5日	台湾青年创业参访团	32
8	9月9日	创视野333台湾青年学生研习营	34
9	9月22—24日	台湾地区青年设计师	7

（沈　静）

■海协会会长张志军到青浦区调研台资企业 8月21日，海协会会长张志军一行在市台办主任李文辉、副巡视员李伟的陪同下走访调研台资企业上海晶盟硅材料有限公司。区委书记赵惠琴，区委常委、统战部部长孙挺等参加调研。（沈　静）

■上海第一张台湾居民居住证在青浦区受理成功 9月1日，居住在青浦的一台湾居民在夏阳派出所向港澳台居民居住证办理窗口递交个人材料，申请办理台湾居民居住证。经审核材料，窗口民警开出了上海市第一张《证件领取凭证》并告知其证件将于20个工作日内

发放。（沈　静）

■做好台湾籍学生就读、接转加分工作　区台办积极做好台湾籍学生就读和接转加分工作。年内，协调解决台湾籍学生就读事宜 10 人，做好台湾籍学生考试加分证明工作 4 人。（沈　静）

■做好非公职人员经贸赴台报批及行前教育　区台办会同上级有关部门做好非公职人员经贸到台报批、审批及行前教育工作。全年共有 26 批 36 人次到台开展商务、培训等事项。（沈　静）

■开展台胞台属走访慰问活动　1 月，区台办开展青浦区新春台胞台属走访慰问活动，共走访慰问台胞台属 22 户，发放慰问金 18400 元。7 月，区台办开展高温送清凉活动，走访部分重点台资企业，发放防暑降温用品 70 份。（沈　静）

■举办两地中学生夏令营活动　7 月 2—7 日，区台办联合区教育局、区社会主义学院，在区青少年活动中心、青浦第一中学的共同承办下，举办“水墨新青浦・青春新梦向”第三届两地中学生夏令营活动，邀请 14 名台湾地区学生与 3 位带队老师参加，与青浦一中的学生结对参加夏令营活动。（沈　静）

7 月 2 日，“水墨新青浦・青春新梦向”第三届两地中学生夏令营开幕式（区台办供稿）

■开展两岸文创青年交流活动　8 月 24—26 日，朱家角尚都里举办 2018 两地青年文创市集活动，13 位台湾地区文创青年相聚朱家角。签约仪式上，台湾文创品牌“我是马克”工作室与尚都里签署落实协议，拉开台湾文创品牌在朱家角创业序幕；9 月 22—24 日，朱家角尚都里举办中秋两地设计师“非遗”土布工作坊活动，7 位台湾地区文创青年和 10 位上海本地文创青年参加活动。（沈　静）

8 月 24 日，2018 年两地青年文创市集活动开幕式留影（区台办供稿）

■举办“一粒米・爱乡村”系列活动　6 月 3 日，在练塘蛙稻米农庄举办“一粒米・爱乡村”在沪小台胞庆“六一”亲子活动，全市 40 余对两岸婚姻家庭参加活动。

10 月 15 日，在枇杷园田间课堂组织“一粒米・爱乡村”台联会重阳节关爱服务活动，夏阳、盈浦、香花桥 3 个街道 65 岁以上行动便利的台胞台属及历届台联会理事 26 人参加活动。

11 月 11 日，在青浦现代农业园区组织“一粒米・爱乡村”在青台胞秋收体验活动，区内台商台胞近 60 人参加活动。（沈　静）

■青浦、东台两地台办签订合作协议　10 月 11 日，青浦区台办与江苏省盐城市东台市台办举办合作协议签约仪式。两地台办人员、在青台商代表参加活动。会上，由区委统战部副部长、台办主任石惠军和东台市台办副主任冯少美（主持工作）代表两地台办签订协议。（沈　静）

■涉台宣传教育　8 月 31 日，青浦区台办在台资企业上海春日机械有限公司举办“上海惠台 55 条”解读讲座，邀请市台办经济处处长丁磊讲解授课，70 多位台商台胞参加讲座；11 月 29 日，“两岸一家亲，共圆中国梦”青浦区青少年涉台教育现场研讨活动在区教师进修学院附属小学举行。区委常委孙挺、区教育局党委书记孙卫等领导及教师代表近 100 人参加活动。（沈　静）

■台联全体理事会议及活动　3 月 29 日，区台联全体理事会议在枇杷园召开，讨论并制订全年工作计划；4 月 11 日，青浦区台办、台联会组织开展“尽赏四季美景，静摄流年上海”摄影徒步活动，共有 40 余名台胞、台属参加；9 月 12 日，青浦区台联会理事会成员一行 16 人到金山区，与金山区台联会开展跨区学习交流活动，两区台办负责人共同参加全程活动；12月20日，区台联会理事会全体人员活动在练塘可·美术馆举行，参观最美乡村美术馆，就2018年和2019年工作进行工作务虚。（沈　静）

■市台协青浦工委会活动　1月18日，市台协青浦工委会在青浦宾馆举办“共赴跨越式发展新征程，同迎美好青浦新时代”青浦区2018台商年会，在青台胞、台商等300余人参加活动，市台协青浦工委会主委胡展飞致辞；3月2日，市台协青浦工委会在元祖启蒙乐园举办青浦台商妇女节活动，在青台胞100余人参加活动；8月16日，区台办组织台湾青年开展“走进青浦”活动，参访市西软件信息园、参观民营企业——上海熊猫机械集团；9月14日，市台协青浦工委会在青浦宾馆举办台商中秋联谊活动，在青台商近300人参加活动。（沈　静）

■开展大调研工作　区台办按照“两个全覆盖”（即中央纪委向中央一级党和国家机关派驻纪检机构全覆盖，巡视机构巡视地方、部门、企事业单位全覆盖）要求，全员出动，共走访调研社会组织40家、台资企业12家，100%完成调研任务要求，共收集问题42个，解决问题4个。1月30日，区台办在台资企业上海春日机械工业有限公司组织召开青浦区台商调研座谈会，30余位台商参加座谈会。区发改委、经委、科委、人社局、教育局、规土局、环保局和青浦公安分局出入境管理办公室8家相关职能部门一同参加。市台办副巡视员李伟、有关业务处室负责人等应邀参会；3月1日，市台联党组书记高开云带队到青浦区调研台联会工作情况。区委常委、统战部部长孙挺出席会议。区台办、区台联会班子成员参加调研座谈会。（沈　静）

华侨事务

■概况　2018年，青浦区侨办以党的十九大精神为指导，深入学习习近平新时代中国特色社会主义思想，紧紧围绕区委、区政府工作重点，着力推进凝聚侨心、汇集侨智、发挥侨力、维护侨益的各项工作，为实现青浦全面跨越式发展作出新贡献。（陈爱芳）

■开展大调研工作　确定侨办主要领导为社会组织调研组的分管领导，设立专职联络员，建立台账、清单制度；通过3次实地走访和举办5场座谈会，完成对35家社会组织的调研任务，梳理问题37个；上报大调研办8篇信息，1篇调研手记。（陈爱芳）

■加强阵地建设　10月11日，上海沪工焊接集团股份有限公司（市欧美同学会青浦分会会长单位）挂牌成立“留学人才实践基地”，为归国留学生提供就业岗位、实习指导，进一步发现人才、培养人才、管理人才，有效团结凝聚全区留学人员；设立“留学人员之家”，为留学生提供交流、学习平台，分享生活、工作经验，收集留学生心声和诉求。（陈爱芳）

8月10日，“2018香港商会暑期实习团”参观哈工大人工智能产业园（区侨办供稿）

■宣传、服务、保障首届“进博会”　积极参与以“共享进口博览会效应，助推全面跨越式发展”为主题的“对话进口博览会”活动，中国国际进口博览局和上海市商务委员会领导作主旨发言，市欧美同学会青浦分会副会长查生作主题发言，市欧美同学会青浦分会会长舒振宇、区侨商协会理事李培明与嘉宾互动，展示侨界人士主动对接“进博会”的决心和信心。许红、顾海军等留学生响应号召，主动加入“统战服务进博志愿者”行列，在“进博会”期间依托自身优势承担志愿者职责。（陈爱芳）

■加强侨法宣传　侨法宣传月期间，邀请市侨办国内处副处长张蔺之等相关领导举办涉侨政策现场会，为广大侨界群众开展政策指导、提供咨询服务。全区共举行政策咨询、讲座、报告会等41余次；举行侨界志愿者活动27次，参加活动人数356余人次；侨法宣传进园区、进校区、进楼宇，参加活动人数1383人，受众人数达16500余人。组建“上善新侨”队，组织新侨人士吴伟、徐志坚等参与市侨办举办的“侨你知多少”定向越野赛。（陈爱芳）

■为侨服务工作　根据侨务部门工作职责，为“三侨生”办理加分证明6人次，切实将惠侨政策落到实处；春节前夕，为18户侨界困难家庭送去慰问金10500元；高温期间，开展“送清凉”活动，慰问50户侨界空巢老人；为1户困难归侨侨眷家庭做好全年4800元定期补助发放工作；协调相关街镇做好调解工作，妥善处理涉侨信访4件。（陈爱芳）

■交流交往　6月19—22日，应沪港青年会邀请，由区委常委、统战部部长孙挺带队组团到香港拜访当地社团、青浦区港澳政协委员及在青浦投资的港商，进一步加强青浦与香港地区的沟通联谊和交流合作。

8月10日，接待香港商会暑期实习团到青浦区参访，区委常委、统战部部长孙挺亲自会见来访大学生并合影留念。参观书香门地公司、哈工大人工智能产业园、朱家角古镇等，增进香港大学生对内地风土人情的了解、对青浦产业发展的了解。（陈爱芳）

■举办“健康青浦，你我同行——海归医务专家大型义诊”活动 6月23日，区侨办联合市欧美同学会医务分会，组织约60名医务专家在盈浦街道社区文化活动中心为青浦居民开展大型义诊活动，来自瑞金医院、同济医院等医院专家为居民提供包括内科、外科等科室的诊疗和咨询服务。约有市民800人次前来问诊。（陈爱芳）

6月23日，“健康青浦，你我同行——第十二届海归医务专家大型义诊”活动 （区侨办供稿）

■承办2018中国寻根之旅——“相约上海”海外华裔青少年夏令营 7月15—22日，区侨办全力支持华文教育基地宋庆龄学校承办2018年中国寻根之旅——“相约上海”海外华裔青少年夏令营活动。其间，德国汉诺威汉友中文学校、奥地利维也纳中文学校、意大利米兰华侨中文学校的30名华裔少年感受中国传统文化、上海海派文化、青浦水乡文化，增进对祖（籍）国的认知，增强对祖（籍）国的感情。（陈爱芳）

■承办“纪念改革开放40周年特别展” 11月13—23日，由上海市欧美同学会主办，青浦区人民政府侨务办公室承办，上海市欧美同学会青浦分会和青浦区新的社会阶层人士联谊会协办的“纪念改革开放40周年特别展”在青浦区新的社会阶层人士联谊会基地举行。展览以“留学篇”“贡献篇”“凝聚篇”三大篇章回溯40年来留学人员与祖国同呼吸、共命运的历史及负笈海外、刻苦求学、学成报国之路。全区约800余人次观展。（陈爱芳）

民族宗教事务

■概况 2018年，区民宗办坚持以党的十九大精神为统领，认真贯彻落实中央、市和区委、区政府对民族宗教工作的决策部署，坚持围绕中心、服务大局，促进各民族交往交流交融，依法管理宗教事务，坚定维护民族团结、宗教和睦、社会和谐。

至年底，全区少数民族实有人口27109人，占全区常住人口（1219000）的2.2%，占全市实有少数民族人口（460245）的5.9%。其中，来沪少数民族24108人，占少数民族总人口的88.9%；户籍少数民族3001人，占少数民族实有人口的11.1%。全区共有少数民族54个，人口总数居前六的少数民族分别是苗族3818人、土家族3074人、哈尼族2925人、回族2801人、壮族2561人、彝族2082人，占全区少数民族人口总数的63.7%。

全区主要有4个宗教教别，分别是佛教、道教、天主教和基督教。有5个宗教团体，分别是少数民族联合会、佛教协会、道教协会、天主教“两会”（天主教爱国会和天主教教务委员会）和基督教“两会”（基督教三自爱国运动委员会和基督教教务委员会）。全区现有经批准登记的宗教活动场所36处（寺观教堂30处、固定处所6处）。其中佛教活动场所14处（寺观教堂12处、固定处所2处）、道教活动场所4处（寺观教堂2处、固定处所2处）、基督教活动场所12处（寺观教堂10处、固定处所2处）、天主教活动场所6处（寺观教堂6处）。全区共有宗教教职人员128名。

（黄 慧）

■领导视察调研 市、区领导围绕宗教活动场所安全管理、清真食品义务监督、首届“进博会”清真食品服务保障工作等主题视察调研民族和宗教工作15次。（黄 慧）

2018年市、区领导视察调研民族宗教工作情况表

表12

时间	调研地点	调研主题	主要成员
2月15日	报国寺	除夕夜宗教活动场所安全管理	区委常委、统战部部长孙挺
3月7日	青浦城隍庙	宗教活动场所视察	区人大常委会副主任陶夏芳
3月21日	朱家角中学新疆部、上海世鑫农业合作社	调研少数民族学生工作、走访慰问少数民族代表人士	区委常委、统战部部长孙挺

（续表）

时间	调研地点	调研主题	主要成员
4月10日	统战部会议室	基督教专项工作	市民宗委副主任王君力
4月12日	庄严寺	宗教活动场所与所在村（居）共建共治工作	市民宗委党组书记房剑森
4月16日	庄严寺	为庄严寺行脚送行	区委常委、统战部部长孙挺
6月11日	青龙寺	走访慰问宗教界代表人士	市政协副主席赵雯
6月13日	观音寺	视察宗教活动场所	区委常委、统战部部长孙挺
6月14日	回民公墓徐泾墓区	视察回民公墓开斋节筹备工作	市民宗委主任花蓓
6月16日	回民公墓徐泾墓区、赵巷墓区	视察回民公墓开斋节保障工作	区委常委、统战部部长孙挺
7月5日	天光寺、莲花寺	视察宗教活动场所	区委常委、统战部部长孙挺
7月24日	庄严寺	心明法师行脚圆满座谈会	区委常委、统战部部长孙挺
9月17日	蟠龙庵	视察宗教活动场所	区委常委、统战部部长孙挺
9月28日	朱家角中学新疆部	区人大民族宗教委视察清真监督工作	区人大常委会副主任陶夏芳
10月10日	“会展中心”、徐泾主恩堂	视察青浦民族宗教系统服务保障“进博会”工作情况	市委常委、统战部部长郑钢森，区委书记赵惠琴

（黄　慧）

■**组织十九大精神专题学习培训**　以党的十九大精神为主线，紧扣“中国梦”主题，组织开展多层次、多形式的学习宣传活动。举办“贯彻党的十九大精神，推进新时代民族宗教工作创新发展”报告会，组织民族宗教界代表人士参加“统战大课堂”等学习十九大精神专题辅导报告，提高民族宗教界人士及民宗工作干部的责任意识、紧迫意识、担当意识。（黄　慧）

10月10日，市委常委、统战部部长郑钢森（后排左六）视察青浦区民族宗教系统服务保障“进博会”工作（区民宗办供稿）

■**开展民族宗教法制宣传月系列活动**　以“学习贯彻十九大精神，提高民族宗教工作法治化水平”为主题，以贯彻落实新修订《宪法》和民族宗教法律法规为主要内容，开展法制宣传月系列活动，发放1000多份主题海报，开展民族宗教法制知识竞赛，覆盖800余人次。（黄　慧）

■**举办“同一颗心·同一个梦”第十一届宗教界讲经讲道活动**　阐释宗教经典教义中与社会主义核心价值观的契合点，引导宗教界及信教群众与社会主义相适应。围绕“改革开放40周年”等主题，组织民族宗教界人士参与征文、主题展、摄影比赛等各类庆祝活动。持续挖掘宗教领域人物典型和先进事迹，加大正面宣传，发挥示范引领作用。（黄　慧）

■**区民族联分会换届工作**　全区11个街镇分会全部按时完成换届，分会班子成员共计82人，形成一支“年轻化、结构优、能力强”的骨干队伍。（黄　慧）

■**加强民族宗教界代表人士队伍建设**　支持宗教界人大代表、政协委员参政议政，认真推进办理有关民族宗教领域的意见提案和社情民意。密切走访民族宗教界代表人士，向市基督教“两会”推荐优秀人选，遴选2名民族宗教界党外青年干部参加挂职锻炼。（黄　慧）

■**拓展青年领域民族工作**　对接区域内有关院校，通过工作研讨、座谈、培训会等，加强少数民族学生工作的指导和工作衔接。整合群团、高校、社会资源，指导区民族联成立青年工作部，为少数民族青年群体搭建沟通桥梁、成长平

台、展示舞台。组建少数民族青年公益跑团、篮球队,丰富凝聚载体。（黄　慧）

■完成第三轮民族团结进步创建工作　围绕"民族团结一家亲,同心共筑中国梦"主题,因地制宜开展"民族情·边疆行""民族情·公益行"等主题活动,召开民族团结进步创建总结会,遴选报送市级先进、标兵单位和个人人选。（黄　慧）

■完成2016—2018年文明和谐寺观教堂创建工作　制定下发《关于以"学习"为主题做好2018年度文明和谐寺观教堂创建活动有关工作的通知》,实地督查全区各宗教活动场所,完成区级评比。组织举办宗教团体及场所财务人员培训班。推进全区宗教活动场所升挂国旗。（黄　慧）

■迎接市委联合督察和区人大专题视察　就贯彻落实市委《关于加强和改进新形势下民族工作的实施意见》(沪委发〔2016〕2号)《关于贯彻<中共中央、国务院关于加强和改进新形势下宗教工作的意见>的实施意见》(沪委发〔2017〕29号)开展任务分解和情况自查,全面完成市委对"两个意见"(即《建立健全作风建设长效机制的意见》和《认真贯彻"三严三实"要求、进一步加强党员干部教育管理监督的意见》)贯彻落实情况实地专项督察。迎接区人大关于民族和宗教工作的专题视察。（黄　慧）

■开展大调研　参与区委"促进社会组织健康发展"调研工作,走访社会组织,听取和反馈有关诉求和意见建议。按照"问题、需求、效果"导向和"两个全覆盖"要求,通过座谈会、实地走访、问卷调查等,实施少数民族精准帮扶、清真食品监督管理、宗教活动场所规范管理3个专项调研。开展宗教场所规划布局重点课题调研,推进宗教活动场所建设。（黄　慧）

■开展"同心善行·民族情"帮困助学工作　2018年,共帮扶168个少数民族贫困家庭,帮困金额共计19.03万元。开展第五期"爱相伴·慈相行"活动。做好民族宗教界代表人士高温送清凉、重阳节关怀慰问等工作。（黄　慧）

■开展宗教领域专项治理　按照"保护合法、制止非法、遏制极端、抵御渗透、打击犯罪"原则,对非法烧香点、基督教非正常活动点加强分类处置和行政执法,抓好存量化解、控制增量问题;治理佛道教商业化倾向,严禁商业资本介入佛教道教领域,严禁任何组织和个人投资或承包经营寺庙宫观;开展宗教界殡葬领域突出问题专项治理。（黄　慧）

■做好重要节点和大型活动安全保障　签订安全责任状,开展安全大检查,举办消防演练,落实宗教活动场所安全管理。落实天主教佘山朝圣等大型宗教活动安全协调保障工作。协调相关部门和有关街镇,组织少数民族志愿者队伍,做好徐泾镇、赵巷镇两个墓区开斋节"走公坟"服务保障工作。（黄　慧）

■服务保障首届"进博会"　组织开展"护航进博,助力创全"等主题活动,引导民族宗教界人士学习宣传进博知识。利用电子屏幕、横幅等宣传"进博会",在宗教活动场所营造浓厚氛围;招募少数民族志愿者参与"进博会"期间周边的服务保障工作。召开"宗教领域维稳保障进博会相关工作部署会",专题部署宗教领域维稳工作。制定并实施《青浦区民族宗教服务保障进口博览会工作方案》,成立工作领导小组,推进落实民宗领域服务保障首届"进博会"工作。（黄　慧）

■加强清真食品监督检查　制定《青浦区清真食品问题处置预案》,加强清真义务监督员队伍建设,政府监督和社会监督形成有效对接,围绕服务保障"进博会"要求,全年开展三轮清真食品餐饮网点检查巡访。（黄　慧）

■提升区域宗教场所涉外接待条件　积极围绕服务"进博会"宗教活动需求,对"会展中心"周边教堂进行适当修缮和设备添置,做好外语礼拜的相关准备工作。邀请市民宗委外事处领导主讲,开展宗教活动场所负责人外事接待礼仪及涉外宗教事项处置专题培训,提升宗教活动场所的接待能力。（黄　慧）

政府实事工程

■概况　2018年,区政府实事工程项目共有9项,通过区新闻媒体公开征集、单位上报及民意调查、可行性论证,经区五届人大三次会议审议通过。主要涉及基本住房保障服务、市政公用设施完善工程、农村环卫设施建设、公共绿地开放、基本劳动就业创业服务、基本社会保险服务、基本医疗卫生服务、基本公共文化体育服务、小学生爱心暑托班等事关社会发展和民生改善重要方面。经过全区上下共同努力,9项实事工程项目全面完成。（苑欢欢）

■基本住房保障服务　该项目目标任务:25户农村低收入户危旧房改造;城东新村、城北新村、盈中新村等老旧小区约34万平方米的美丽家园创建工作;动迁安置户数836户。实际完成:25户农村低收入户危旧房改造;城东新村、城北新村、盈中新村等老旧小区约34万平方米的美丽家园创建工作;动迁安置户数836户。责任单位:区建管委、区房管局。（苑欢欢）

■市政公用设施完善工程　该项目目标任务:徐泾镇、华新镇约852户老式居民小区天然气入户工程;约18020户居民住宅的二次供水设施改造。实际完成:徐泾镇、华新镇约852户老式居民小区天然气入户工程;约18020户居民住宅的二次供水设施改造。责任单位:区建管委、区水务局、公用事业公司、徐泾镇、华新镇。（苑欢欢）

■农村环卫设施建设　该项目目标任务:新建农村生活污水处理设施,涉及7个街镇5600户;美丽乡村厕所提升改造10所。实际完成:新建农村生活污水处理设施,涉及7个街镇5603户;美丽乡村厕所提升改造10所。责任单位:区水务局、区绿容局、金泽镇。（苑欢欢）

■公共绿地开放　该项目目标任务:夏阳湖、崧泽广场、侨鑫绿地、万寿小花园、章浜路绿地、保安路城东新村托儿所绿地等公共绿地改造。实际完成:夏阳湖、崧泽广场、侨鑫绿地、万寿小花园、章浜路绿地、保安路城东新村托儿所绿地等公共绿地改造。责任单位:区绿容局。（苑欢欢）

■基本劳动就业创业服务 该项目目标任务:帮助长期失业青年就业210人,中高层次培训5000人,帮助成功创业450人。实际完成:帮助长期失业青年就业211人,中高层次培训6800人,帮助成功创业507人。责任单位:区人力资源社会保障局。（苑欢欢）

■基本社会保险服务 该项目目标任务:为符合条件的长期护理保险参保老人提供10万人次的居家照护服务。实际完成:为符合条件的长期护理保险参保老人提供36万人次的居家照护服务。责任单位:区人力资源社会保障局。

（苑欢欢）

■基本医疗卫生服务 该项目目标任务:对1万人进行院前急救培训;完成600对符合生育政策计划怀孕夫妇的免费孕前优生健康检查;60岁以上老年人家庭医生"1+1+1"签约服务指标新增50000人。实际完成:对1万人进行院前急救培训;完成600对符合生育政策计划怀孕夫妇的免费孕前优生健康检查;60岁以上老年人家庭医生"1+1+1"签约服务指标新增57938人。责任单位:区卫计委。（苑欢欢）

■基本公共文化体育服务 该项目目标任务:新建、更新健身步道2282米;全年完成区级文艺资源配送173场。实际完成:新建、更新健身步道2282米;全年完成区级文艺资源配送181场。责任单位:区体育局、区文广局。（苑欢欢）

■小学生爱心暑托班 该项目目标任务:在各街镇开设13个爱心暑托班,面向社会招收700名小学生。实际完成:在各街镇开设13个爱心暑托班,面向社会招收700名小学生。责任单位:团区委。（苑欢欢）

机关事务管理

■概况 2018年,区机管局锐意进取、真抓实干、担当创新,紧紧围绕区委、区政府中心工作,认真贯彻落实上级决策部署,以完善绩效考核制度为抓手加强干部队伍建设,大力推进办公用房信息化平台建设,规范行政单位国有资产管理,推动党政机关工作人员引领生活垃圾分类新风尚,完成首届"进博会"后勤保障任务,机关事务管理和服务水平迈上新台阶。（王 焱）

■办公用房管理 全面启动青浦区行政事业单位办公用房信息化平台建设,完成平台第一版开发,逐步推进实现全区行政事业单位房屋资产全覆盖、全过程动态管理。加强政府性投资项目质量和安全监管,区市场监管局检测中心项目顺利实施,全年已竣工及在建项目均未发生安全质量事故。进行出租出借办公用房清理整顿,于年内收回原巷申酒店和青昆路53弄12号等房产141处23701.41平方米,有效解决了部分机关单位办公用房紧缺难题,节约大量财政资金。（王 焱）

■国有资产管理 贯彻《青浦区区级行政单位国有资产管理实施细则》,加强资产规范管理,落实各行政单位主体责任,完善公园路100号各归口管理部门资产管理体系,开启青浦区区级行政单位国有资产"谁占有、谁管理、谁负责"的管理工作新格局。（王 焱）

■党政机关事业单位生活垃圾分类 制定《青浦区党政机关事业单位等公共机构生活垃圾分类工作实施方案》,组建区直机关垃圾分类联络员队伍,建立检查通报制度,加强检查督促。开展培训、知识竞赛等活动,大力宣传生活垃圾分类,推动党政机关工作人员引领生活垃圾分类新风尚。配备"三分类""四分类"垃圾桶等设施,推进垃圾房改造和餐厨垃圾就地化处理项目,推进区党政机关事业单位生活垃圾分类高质量、高效率、可持续。（王 焱）

10月26日,区机管局组织全区党政机关等相关人员进行公共机构垃圾分类工作培训并参观垃圾分类示范点（区机管局供稿）

■公共机构节能管理 加强节能队伍建设,组织区有关单位工作人员参加公共机构节能远程培训、《上海节能》绿色知识竞赛和节能基础知识培训。公共机构节能工作取得显著成绩,如区绿化市容局等8家单位顺利通过能源审计报告验收,区实验中学、区中医院等2家单位成功创建国家节约型公共机构。（王 焱）

■公务用车改革 制定《青浦区事业单位公务用车制度改革实施方案》,完成2018年事业单位深化公务用车改革,涉及车辆总计284辆,其中核减21辆。按照公务用车全市一张网管理的要求,完成全区506辆公务用车北斗车载定位系统安装。机管局公务用车社会化租赁服务平台服务用车单位增加至200

余家，每月用车调度服务增长到1000余次。（王　焱）

■政府采购工作　全年组织实施集中采购183批次，采购金额19.62亿元，比上年增加15.1亿元。相比预算，减少资金支出5087.5万元，平均节资率2.2%。

完成青浦区“十三五”城市图像监控系统租赁服务项目等区级重大项目采购任务，为首届“进博会”的成功举办提供优质高效的采购服务保障。（王　焱）

■机关安全秩序管理　开展安全秩序环境卫生巡查，查找潜在安全隐患和环境卫生问题，督促责任单位及时完成整改。加强机关安全秩序管理，严格审核停车证发放，严格管理车辆人员进出，对外来车辆和人员实行提前报备、审核、登记制度。6—9月，开展“百日安全竞赛”活动，先后举办消防安全知识讲座、反恐形势教育和交通安全知识培训，开展会务、餐饮等一线岗位练兵、消防应急演练等活动，强化安全保卫能力，切实保障机关工作安全有序运行。（王　焱）

■后勤服务保障　完成首届“进博会”指挥部餐饮、车辆出行及辽宁省本级和大连市厅局级以上领导干部的接待等重点任务，车辆管理部获得“青浦区服务和保障首届进口博览会立功竞赛先进集体”称号，食堂管理部杨彬获得“青浦区服务和保障首届进口博览会立功竞赛先进个人”称号。全年保障会务1251场、102257人次，较上年增加72场、5720人。全年完成区委全会、区“两会”等重大会议内场保障任务及市主要领导来青调研等重大活动外场保障。严格落实各项安全制度，区直机关车队全年未发生交通责任事故，机关干部职工舌尖上的安全保障得到进一步夯实。（王　焱）

12月13日，区机管局组织开展辖管食堂餐饮技能大练兵（区机管局供稿）

■后勤文化建设　发挥工、青、妇群团纽带作用，组织开展“激发她能量，展现新风采”三八国际妇女节主题趣味拓展活动、“彩绘浓情绘中华”五四青年节团建活动，联合工商银行青浦支行和区网格化管理中心开展“建党97周年，助力进博会”联学共建知识竞赛等活动。加强绩效考核，完善细化考核制度，每月评选优秀员工。（王　焱）

3月8日，区机管局妇工委组织开展“激发她能量，展现新风采”三八国际妇女节主题趣味拓展活动（区机管局供稿）

综 述

2018年,区政协围绕服务中国国际"进博会"和长三角一体化发展这两个国家战略,以及中共五届区委五次、六次全会确定的目标任务和区委、区政府中心工作,坚持团结和民主两大主题,带领广大政协委员,积极履行政治协商、民主监督、参政议政职能,着力推动政协工作提质增效,为加快提升青浦城市能级、建设"上海之门",推动全面跨越式高质量发展作出积极贡献。

年内,围绕学习贯彻习近平新时代中国特色社会主义思想和中共十九大精神和新修订的《宪法》、政协《章程》,学习贯彻习近平总书记关于加强和改进人民政协工作的重要思想以及在庆祝改革开放40周年大会上的重要讲话和考察上海重要讲话精神,学习贯彻市委十一届四次、五次、六次全会和区委五届五次、六次、七次全会精神,学习关于加强新时代人民政协党的建设工作等政协理论,组织举办专题通报会、学习报告会等15场,寄发学习资料8期,APP平台推送学习资料22期,帮助委员不断增进政治共识、强化政协使命担当、准确把握形势任务、提升履职能力。认真落实区政协"一要点四计划"(即年度工作要点和主要工作计划、年度协商计划、课题调研计划、提案办理专项协商计划),聚焦办好首届"进博会"、长三角一体化发展等中心工作,围绕"完善城市风险管理体系""推进实体经济转型发展"等议题,以全体会议、常委会议、专题通报会、专题议政会、对口协商、界别协商等形式开展协商活动25场、网上议政11次,共形成《我为进博献一计》等协商专报11份、建议135条报送区委、区政府参考。制定实施区政协《"不忘初心、牢记使命,推动青浦全面跨越式发展"大调研方案》,基本实现"走访委员企业全覆盖""委员进社区全覆盖";围绕"优化青浦区发展营商环境"和"打造上海之源古文化走廊"2项课题开展重点调研,在深入调查、广泛听取意见、充分研究论证的基础上,分别形成调研报告和常委会议建议案,报送区委、区政府供决策参考。主席会议成员到行政服务中心等15家单位开展集体调研,就行政审批改革、文化公共服务体系建设、基础教育优质均衡发展等重点工作了解情况、提出建议;各专委会分别开展课题调研,形成《打造淀山湖一流滨湖空间,推动世界著名湖区战略加快推进》等8项调研成果;按照组团式联系服务企业和群众等工作要求,组织委员广泛听取和收集意见建议,以社情民意信息、提案等形式,反映和协调解决相关问题。贯彻落实中央、市委和区委关于加强和改进政协民主监督工作文件精神,积极推进民主监督,召开"环保督察整改落实"监督性常委会议和"'十三五'规划中期评估"监督性专题议政会议。注重完善提案办理协商工作机制,全年审查立案提案178件并全部办复,报送提案专报18期(其中14期得到区委、区政府领导21人次批示),民盟区委《关于加强青浦区垃圾分类与末端处置管理的建议》等24件提案获评优秀提案;围绕"政府性投资项目建设情况""朱家角特色小镇建设情况"等6项议题开展知情视察和专题视察,围绕"老年人日间照料站和助餐点建设"等开展提案办理专题监督视察;收集社情民意信息567篇(其中:报区委、区政府及职能部门235篇、报市政协296篇,5篇被转送全国政协、1篇被全国政协采用、30篇被市政协采用或转送市有关部门、4篇得到市领导批示);继续发挥特约监督、专项监督重要作用,引导委员真监督、敢监督、善监督。鼓励支持党派团体界别委员在协商议政、调研视察、撰写提案、社情民意活动中发挥作用,坚持主席会议成员联系委员制度,举办企业家委员沙龙,征集编印《青浦区政协诗词书画集——纪念改革开放40周年》、编纂出版《海派文化地图·青浦卷:崧泽之光》。组织委员开展"不忘初心跟党走,护航进博展风采"系列主题活动,探索建立相关街镇委员活动小组村(居)民情联系点等工作机制,引导委员在生态治理、全国文明城区创建、就业就学等方面发挥作用。强化党建引领作用,持续加强自身建设,建立政协机关党组,优化协商前知情明政等工作制度和机制,调整充实委员队伍,推动做好"委员作业",注重履职成果宣传、讲好"青浦政协故事",不断提升委员和政协机关干部的履职能力和水平,为推动政协工作提质增效、高质量发展提供保障。(潘林峰)

全体委员会议及常务委员会会议

■区政协第五届委员会第二次会议 该会于1月15—18日在区会务中心举行。会议应出席委员216人,实到209人。会议审议通过五届区政协主席李华桂代表常务委员会所作的工作报告、顾啸流副主席受常务委员会委托所作的一次会议以来提案工作情况报告。与会委员列席青浦区第五届人民代表大会第三次会议，听取并讨论区政府工作报告、关于计划(草案)的报告和预算(草案)的报告、法院工作报告、检察院工作报告。开幕式上，区委副书记韩顺芳讲话。区领导出席开幕和闭幕会议，并分别参加联组讨论，就“坚持双城功能定位，提升城市品质品位”“坚持创新驱动发展，增强经济质量效益”“坚持共建共治共享，优化公共服务体系”“坚持生态环境优势，加快建设美丽青浦”4个专题听取委员意见与建议。会议审议通过《政协上海市青浦区第五届委员会第二次会议决议》。《决议》号召：全体政协委员、参加区政协的各党派团体和各界人士，要更加紧密地团结在以习近平同志为核心的中共中央周围，高举中国特色社会主义伟大旗帜，在中共青浦区委的正确领导下，不忘初心、牢记使命、同向合力，以更深入的调研、更广泛的协商、更务实的建言，积极开展政治协商、民主监督、参政议政履职实践，为全面建设生态宜居的现代化新青浦、努力建设人民群众幸福美好新生活贡献智慧和力量。会议期间，共收到提案165件，经审查立案158件。（潘林峰）

1月15—18日，中国人民政治协商会议上海市青浦区第五届委员会第二次全体会议在区会务中心举行（区政协供稿）

2018年青浦区政协常务委员会会议情况表

表13

会议名称	日期	主要内容
区政协五届五次常委会议	1月16日	听取小组讨论区委领导讲话和审议政协两个报告情况的汇报，听取小组讨论区政府工作报告、计划(草案)报告、预算(草案)报告情况的汇报
区政协五届六次常委会议	1月18日	听取小组讨论“两院”报告情况的汇报，听取提案委员会关于提案审查情况的汇报；审议区政协五届二次会议决议(草案)，提请全体会议通过；审议通过区政协有关人事事项，张亮同志任区政协专委会办公室副主任(试用期1年)
区政协五届七次常委会议	3月22日	邀请副区长王德强作《完善城市风险管理体系的情况通报》，并开展协商议政，政协常委进行建言献策，并开展网上议政活动。学习传达全国“两会”精神。审议通过《青浦区政协2018年工作要点》
区政协五届八次常委会议	7月4日	听取区民政局关于村居换届选举工作情况通报，听取区环保局关于“环保督察整改落实”情况通报并进行专题监督性常委会议协商，政协常委进行建言献策。审议五届区政协常委、委员调整名单，审议通过部分专委会、地区委员活动小组负责人调整名单，通报界别活动组组长调整名单
区政协五届九次常委会议	10月10日	邀请副区长倪向军出席并讲话；听取区经委关于“打造上海制造品牌，推进实体经济转型发展”的情况通报，政协常委从政策落地、园区建设、产业升级等多个角度建言献策。审议通过《关于优化青浦区营商环境的调查与思考》建议案、《关于打造“上海之源”古文化走廊的思考与建议》建议案和有关人事事项
区政协五届十次常委会议	12月13日	邀请区委常委、纪委书记、监委主任王翔通报2018年党风廉政建设情况；邀请副区长王凌宇出席并讲话。听取区政府办公室关于区政协五届二次会议以来提案办理和“环保督察整改落实”“‘十三五’规划中期评估”等专题会议监督意见建议落实情况的通报。会议审议增选五届区政协常委候选人名单，审议通过上海市青浦区政协五届三次会议有关事项，区政协五届三次会议将于2019年1月7日下午至10日上午召开；审议通过区政协五届三次会议选举办法(草案)；审议通过政协上海市青浦区第五届委员会常务委员会工作报告(审议稿)和提案工作情况报告(审议稿)，并提请区政协五届三次会议审议

（潘林峰）

专门委员会工作

■概况 2018年,区政协专门委员会下设提案委员会、经济委员会、人口资源环境建设委员会、教科文卫体委员会、社会和法制委员会、民族和宗教委员会、学习和文史委员会、港澳台侨委员会8个专门委员会。

年内,专门委员会围绕区委、区政府工作重点以及区政协工作要点开展学习、调研、视察、协商等活动,围绕经济社会发展、社会民生等建言献策,供区委、区政府决策参考。 (潘林峰)

■提案委员会 全年共收到提案190件,经审查立案178件,在规定时间内全部办复,其中:办理结果为"解决或采纳"的126件,占70.79%;列入"计划拟解决"的27件,占15.17%;留作参考的25件,占14.04%。年内,成立课题组,围绕将淀山湖打造成为世界级城市群一流滨湖空间课题开展调查研究,到湖南省长沙市、岳阳市等洞庭湖地区学习考察,收集相关资料,了解相关情况,形成调研报告。制订提案办理专项协商计划,与区委办、区府办就提案办理公开工作开展对口协商,推动出台《青浦区人大代表建议和政协提案办理结果公开试行办法》(青府办〔2018〕52号),推动提案办理结果公开。遴选《关于加强青浦区垃圾分类与末端处置管理的建议》等5件提案开展主席、副主席重点协商督办,遴选《关于借力首届中国国际进口博览会,助推青浦"一城两翼"建设和园区产业升级的建议》等7件提案开展各专委会重点协商促办,遴选轨道交通(公交)与停车问题、乡村振兴战略两类共14件提案开展同类提案集中协商办理,做好提案办理服务协调工作。就提案《关于增加老年人日间照料站和助餐点的建议》《小餐饮食品安全现状及治理对策》,组织开展提案办理专题视察。选择前两年办理结果为"列入计划拟解决"的提案和2018年办理结果为"解决或采纳"但在答复时尚未落实结果的提案,开展"二次答复",并与区府办开展针对性培训,提升提案办理质量。结合新委员培训班,开展提案工作业务培训,将年度提案收集,开展区政协2018年度优秀提案评选。

(潘林峰)

2018年度青浦区政协优秀提案情况表

表14

序号	案由	提案号	提案单位(人)
1	关于建立和完善我区0—3岁婴幼儿公共托育服务管理的几点建议	011	民革区委
2	关于实现河道长效管护的建议	014	民革区委
3	关于加强青浦区垃圾分类与末端处置管理的建议	063	民盟区委
4	关于我区"创全"中应加速整治城市乱拉电线网线"蜘蛛网"的建议	124	民盟区委
5	发挥行业协会作用,助推经济小区发展	040	民建区委
6	关于居民小区规划"绿色生命通道"的建议	150	民进区总支
7	关于引导扶持我区非国有博物馆健康发展的若干建议	022	农工党区委
8	加强职业技能培训促进我区劳动就业	064	致公党区总支
9	青浦政务新媒体融合发展现状及建议	053	九三学社区委
10	对青西地区民宿产业发展的几点建议	141	区知联会
11	对接轨道交通17号线,全面提升青浦公共交通运营环境的几点建议	001	范斌
12	关于加快推进"上海之源"历史文化走廊规划建设的建议	024	王　辉
13	关于保持青浦经济持久快速发展的思路和建议	028	纪立军
14	关于借力首届"进博会",助推青浦"一城两翼"建设和园区产业升级的建议	054	谢松峰
15	发挥青西生态优势,加快世界级湖区建设的建议	057	金　炜
16	关于提升上海美丽乡村建设实效,营造田园综合体的若干建议	084	胡雷激
17	关于促进青浦优质企业参与中国国际"进博会"的提案	114	舒振宇
18	关于加快公租房建设,稳定企业人才的建议	117	徐国平
19	打造15分钟社区生活圈,提高市民幸福感	129	姚　蓁
20	关于巩固老旧小区综合治理成果,落实长效管理的几点建议	131	杨伟英
21	提升产业项目行政审批效率的建议	134	蔡　磊
22	小餐饮食品安全现状及治理对策	144	刘艳萍
23	关于新建青浦区市民服务中心的建议	151	戴秀河
24	关于从小培养对中国传统文化的认同感与自信、避免儿童培训机构品牌西洋化以及节日西洋化的若干建议	159	刘　江

(潘林峰)

■**经济委员会** 积极参加区政协“优化区域营商环境”重点课题调研，到区行政服务中心等开展调研；到广东省广州市、深圳市学习考察，形成调研报告。积极参加区政协推动实体经济转型发展相关常委会议协商活动，组织委员围绕“区2018年预算编制情况”与区财政局开展对口协商，积极参加与区农委开展的“美丽乡村创建”界别协商，结合课题调研开展《改善营商环境，提高行政审批效率》提案促办活动。举办区政协“主动承接进口博览会溢出效应，助推青浦外向型经济发展”和“坚持高质量发展，打造产业新高地”主题企业家委员沙龙活动。动员委员积极参与“进博会”服务保障、承接溢出效应。承办退伍军人就业招聘洽谈会。（潘林峰）

■**人口资源环境建设委员会** 围绕住宅小区自治体系建设开展课题调研，深入基层和相关部门开展调研，到广西壮族自治区南宁市学习考察，形成调研报告。积极参加区政协环保督察整改落实主题监督性常委会议、推进实体经济转型发展常委会议和住宅小区综合治理主题专题议政会等协商活动，组织委员围绕“建设食品安全城区”与区市场监管局开展对口协商，开展《小餐饮食品安全现状及治理对策》提案促办活动。（潘林峰）

■**教科文卫体委员会** 积极参加区政协“打造上海之源古文化走廊”重点课题调研，围绕青浦区家庭医生工作现状及建议开展课题调研，深入基层和相关部门开展调研，形成调研报告。组织委员围绕“公共体育设施建设”与区体育局开展对口协商，开展《关于加快推进“上海之源”历史文化走廊规划建设的建议》提案促办活动。发挥专委会特色优势，开展助推戏剧进校园、科技创新等公益活动。（潘林峰）

■**社会和法制委员会** 围绕青浦区青年科创人才培育机制的探索开展课题调研，深入基层和相关部门开展调研，形成调研报告。积极参加区政协完善城市风险管理体系常委会议协商活动，积极参加与区人才办等开展的青年创新创业人才培育界别协商和与区网格化中心开展的城市网格化管理界别协商，为城市精细化管理、青年人才创新创业等建言献策，组织委员围绕“青浦区实施长期护理保险试点”与区人社局开展对口协商，开展《关于尽快解决练塘镇历史遗留土地问题的建议》提案促办活动。（潘林峰）

■**民族和宗教委员会** 围绕促进区宗教场所规范化管理开展课题调研，深入基层和相关部门开展调研，到陕西省西安市学习考察，形成调研报告。组织委员围绕“全域旅游示范区创建中深入挖掘民族文化资源优势”与区旅游局等开展对口协商，开展《关于从小培养对中国传统文化的认同感与自信、避免儿童培训机构品牌西洋化以及节日西洋化的若干建议》提案促办活动。发挥自身特色优势，参与开展“沪滇情·梁河行”公益助学等活动。（潘林峰）

■**学习和文史委员会** 承办区政协关于中美贸易关系、人工智能与创新发展趋势等3次学习报告会，以及新委员培训班。积极参加区政协“打造上海之源古文化走廊”重点课题调研，围绕“关于促进非国有文化艺术场馆健康发展的思考”，统筹开展课题调研，与区文广影视局开展对口协商和《关于引导扶持我区非国有博物馆健康发展的若干建议》提案促办活动，并形成调研报告。征集编印《青浦区政协诗词书画集——纪念改革开放40周年》、编纂出版《海派文化地图·青浦卷：崧泽之光》。组织委员参观青浦博物馆“元代任仁发家族特展”、上海市青渚美术馆“2018年国家美术画展”。（潘林峰）

■**港澳台侨委员会** 围绕吸引台湾地区青年来青开展文创产业，到广东省佛山市、东莞市、珠海市学习考察，深入基层和相关部门开展调研，形成调研报告，组织委员围绕“吸引台湾青年来青开展文创产业”与区台办开展对口协商，开展《关于借力首届中国国际进口博览会，助推青浦“一城两翼”建设和园区产业升级的建议》提案促办活动。开展“看变化、谋发展、助跨越”视察，联合区侨联、侨办召开侨界人士纪念改革开放40周年座谈会，帮助侨界委员走近青浦、了解区情，回顾辉煌成就、展望美好前景。发挥资源优势，支持侨台资企业转型升级，鼓励侨台资企业承担社会责任。（潘林峰）

重要活动及重点调研

■**举办学习报告会** 4月10日，区政协举办“人工智能与创新发展趋势”学习报告会，邀请上海社会科学院副院长、研究员何建华作辅导报告。政协副主席董永元主持会议。政协主席李华桂、副主席顾啸流、秘书长张正华等出席。区政协委员，在青市政协委员，部分区民主党派成员、工商联会员、知联会会员，区政协之友社理事会成员、兴趣小组正副组长，香花桥街道部分党员干部，区政协机关全体干部等参加报告会。

5月4日，区政协联合区委统战部举办“一带一路：从倡议到共识”学习报告会，邀请全国政协常委、上海市政协副主席、民建中央副主席、民建上海市委主委周汉民作辅导报告。政协主席李华桂，区委常委、统战部部长孙挺，区政协秘书长张正华等出席，区政协委员和统战成员参加。

8月23日，区委中心组、区政协在区委党校中心会场就“中美贸易关系”举办讲座，福卡智库首席经济学家、中国经济体制改革研究会副会长、国务院特殊津贴专家王德培教授应邀作主题讲座。区委书记赵惠琴，区委副书记、区长夏科家等区四套班子领导出席。区委副书记韩顺芳主持讲座。区委中心组（扩大）成员、区政协委员、区政协之友社理事、区委统战部统战大课堂成员、区工商联执常委、区侨联委员等参加。（潘林峰）

■**重点课题调研** 围绕“优化区域发展营商环境”和“打造上海之源古文化走廊”2项课题，分别成立课题组，开展重点课题调研。“优化区域发展营商环境”课题组召开开题会议，副区长倪向军就区政府及相关职能部门支持课题调研提出要求，先后与区发改委、审改办、区行政服务中心、区商业联合会、外商投资协会等单位多次开展座谈讨论，实地走访工商银行青浦支行、威马汽车等企业，到广东省广州市和深圳市、江苏省吴江区、浙江省嘉善县等地学习考察；“打造上海之源古文化走廊”课题组召开开题会议，副区长王凌宇就区政府及相关职能部门支持课题调研提出要求，先后与区文广影视局、赵巷镇、白鹤镇、重固镇等部门多次开展座谈讨论，实地走访崧泽文化遗址、青龙古镇遗址、福泉山文化遗址等，到浙江省杭州市良渚文化遗址、松江区广富林文化遗址等地学习考察。在广泛征求各方意见建议、充分研究论证的基础上，分别形成《关于优化青浦区营商环境的调研报告》《关于打造上海之源古文化走廊的调研报告》，经区政协五届九次常委会议审议讨论，分别形成常委会议建议案，报区委、区政府供决策参考。

（潘林峰）

■多层次协商议政活动 区政协紧扣全力保障首届“进博会”、深度融入长三角一体化发展等中心工作，围绕青浦实现高质量发展、创造高品质生活，以常委会议协商、专题通报、对口协商、界别协商等形式开展18次协商活动，为相关工作建言献策。

（潘林峰）

2018年区政协多层次协商议政活动情况表

表15

序号	时间	协商名称	协商议政主题及主要议程
1	3月22日	常委会议协商	完善城市风险管理体系。副区长王德强应邀作情况通报，部分常委和委员围绕完善城市风险管理体系，特别是做好“进博会”安全保障工作提出意见建议
2	4月26日	提案委员会对口协商	提案办理公开工作。区委办、区府办通报相关工作情况，部分委员从公开方法、途径、载体等方面提出意见建议
3	4月27日	主席会议专题通报	深化农业供给侧结构性改革和农村综合改革情况。副区长金俊峰应邀作情况通报
4	5月31日	民革、农工党、致公党界别协商	城市网格化管理。区网格化管理中心通报相关工作情况，界别成员从加强第三方培训管理、发动市民共同参与等方面提出意见建议
5	6月13日	港澳台侨委员会对口协商	吸引台湾青年来青发展文创产业。区台办、区文广影视局通报相关工作情况，部分委员从协调规划、融合特色等方面提出意见建议
6	6月21日	学习和文史委员会对口协商	非国有文化艺术场馆健康发展。区文广影视局通报相关工作情况，部分委员从场地建设、项目拓展等方面提出意见建议
7	7月4日	监督性常委会议协商	环保督察整改落实情况。区环保局代表区政府通报相关工作情况，部分常委和委员从加强联动协同、加大基础设施建设、强化执法监督等方面提出监督性意见建议
8	7月11日	民族和宗教委员会对口协商	在全域旅游示范区创建中深入挖掘民俗文化资源优势。区旅游局、文广影视局、金泽镇分别通报相关工作情况，部分委员从借力“进博会”加强东西联动、强化品牌建设等方面提出意见建议
9	7月16日	民盟、民进和农业界别协商	美丽乡村创建。区农委通报相关工作情况，界别成员从完善村庄规划、加强风貌保护等方面提出意见建议
10	8月17日	社会和法制委员会对口协商	青浦区实施长期护理保险试点情况。区人社局等部门分别通报、介绍相关工作情况，部分委员从增加评估机构数量、加大政策宣传力度等方面提出意见建议
11	8月20日	民建、九三学社、工商联、无党派界别协商	工业园区“一体化”改革。青浦工业园区通报相关工作情况，界别成员从提升园区整体定位、做实企业服务等方面提出意见建议
12	8月29日	主席会议专题通报	人才三年行动计划实施情况。区委组织部(人才办)通报相关工作情况
13	9月19日	共青团、青联、工会、妇联界别协商	青年创新创业人才培育。区人才办、经委、科委、人社局分别通报相关工作情况，界别成员从强化服务队伍建设、加强政策宣传等方面提出意见建议
14	9月27日	人口资源环境建设委员会对口协商	建设食品安全城区。区市场监管局通报相关工作情况，部分委员从强化外卖监管、落实主体责任等方面提出意见建议
15	10月10日	常委会议协商	打造上海制造品牌，推进实体经济转型发展。副区长倪向军出席并讲话，区经委通报工作情况。部分常委和委员从政策落地、园区建设等方面提出意见建议
16	10月18日	教科文卫体委员会对口协商	公共体育设施建设和管理。区体育局、淀山湖新城公司通报相关工作情况，部分委员从学校体育设施开放、社会资本投资运营等方面提出意见建议
17	12月13日	常委会议专题通报	区委常委、纪委书记、监委主任王翔应邀通报2018年党风廉政建设情况。副区长王凌宇应邀出席，区政府办公室通报关于区政协五届二次会议以来提案办理和“环保督察整改落实”“‘十三五’规划中期评估”等专题会议监督意见建议落实的情况
18	12月20日	经济委员会对口协商	2019年度财政预算编制情况。区财政局通报相关工作情况，部分委员从加强对预算单位的服务指导、鼓励金融行业参与青浦发展等方面提出意见建议

（潘林峰）

■专题议政会 7月30日，青浦深度融入长三角一体化发展专题议政会在区会务中心召开。区政协主席李华桂主持会议并讲话，区委常委、副区长余旭峰出席并讲话。会议听取区发改委主任朱正伟代表区政府所作的情况通报。政协委员从优化营商环境、加强社会治安综合治理和生态环境保护、挖掘文旅产业优势等方面进行协商讨论、提出意见建议。区建管委、环保局、水务局等部门负责人应邀参加议政会。

8月30日，青浦区“十三五”规划中期评估监督性专题议政会在区会务中心召开。区政协主席李华桂，区委常委、副区长余旭峰出席并讲话，区政协副主席董永元主持。会议听取区发改委主任朱正伟代表区政府所作的情况通报。政协委员从推动先进制造业发展、创新社会治理的机制和手段等方面进行协商讨论、提出监督性意见建议。区政府相关部门负责人应邀参加议政会。

9月20日，青浦区住宅小区综合治理专题议政会在区直机关大楼东裙楼三楼会议室召开。区政协主席李华桂，区委常委、副区长陈庆江出席并讲话，区政协副主席董永元主持。会议听取区房管局局长朱思毅代表区政府所作的情况通报。区政协人口资源环境建设委员会主任池春燕围绕构建社区共治自治体系、提升社区自治能力作主旨发言，其他委员从住宅小区硬件设施改建，推动物业管理服务水平提升等方面进行协商讨论、提出意见建议。夏阳等街道及综治办、建管委等部门负责人应邀参加议政会。（潘林峰）

7月30日，区政协“青浦深度融入长三角更高质量一体化发展”专题议政会举行（区政协供稿）

■重点提案办理协商 年内，区政协制定实施《2018年提案办理专项协商计划》，开展主席重点协商督办，围绕《关于加强青浦区垃圾分类与末端处置管理的建议》等5件重点提案，与区绿化市容局等18家主协办单位进行协商督办；开展专委会重点协商促办，围绕《关于借力首届中国国际进口博览会，助推青浦“一城两翼”建设和园区产业升级的建议》等7件重点提案，与区经委等20家主协办单位进行协商促办；开展同类提案集中协商办理，围绕轨交（公交）和停车问题、乡村振兴战略等两类共14件提案，与建管委、农委等11家主协办单位进行协商，推动提案办理工作、促进相关建议的采纳和落实。（潘林峰）

■委员视察活动 3月7日，组织开展完善城市风险管理体系知情视察，实地察看青浦看守所“智慧监所”、夏阳派出所电动自行车智能防范系统和图像监控系统建设和运营演练情况，听取公安青浦分局情况通报并开展座谈。

5月15日，组织开展朱家角特色小镇建设情况专题视察，实地察看全华水彩画艺术馆、和心园、尚都里，听取朱家角镇相关情况通报并开展座谈。

6月12日，组织开展环保督察整改落实情况知情视察，实地察看金泽水库、青浦污水处理厂，听取区环保局相关情况通报。

8月22日，组织开展住宅小区综合治理知情视察，实地察看庆华小区、城北小区、仁恒运杰小区，听取区房管局等部门相关情况通报并开展座谈。

9月6日，组织开展打造上海制造

8月30日，区政协“‘十三五’规划中期评估”专题议政会举行（区政协供稿）

品牌,推进实体经济转型发展知情视察,实地察看上海冠致工业自动化有限公司、百隆家具配件(上海)有限公司和上海康恒环境股份有限公司。

9月12日,组织开展"关于增加老年人日间照料站和助餐点的建议"提案办理情况专题监督视察,实地察看朱家角镇社区综合为老服务中心、朱家角镇西湖新村老年人助餐点、西湖新村社区老年人日间服务中心,听取区民政局相关情况通报并开展座谈。

9月27日,组织开展"小餐饮食品安全现状及治理对策"提案办理情况专题监督视察,实地察看申阿婆、拿渡麻辣香锅、食其家等餐厅,听取区市场监管局相关情况通报并开展座谈。

12月11日,组织开展青浦区2018年政府性投资项目推进情况知情视察,实地察看环城水系"长岛公园""上善广场"、区体育文化中心一期工程、"进博会"配套项目建设情况,以及西郊家园"智慧安防"、小区环境、绿化综合整治等情况,听取区发改委、淀山湖新城公司相关情况通报。 (潘林峰)

■加强和改进政协民主监督工作 贯彻落实中共中央、市委和区委关于进一步加强和改进人民政协民主监督工作的文件精神,积极探索开展会议、视察、提案等民主监督工作。其中,围绕"环保督察整改落实"和"'十三五'规划中期评估"分别开展常委会议监督和专题议政会议监督;持续加强社情民意信息监督,全年收集社情民意信息567篇,其中:报送区委、区政府及职能部门235篇,报送市政协296篇,《用经济杠杆减缓长假高速交通滞堵现象》等5篇被转送全国政协,《关于司法部门与政府法制办职能调整的建议》被全国政协采用,《关于大虹桥地区承接进口博览会等大型会展红利的建议》等30篇被市政协录用,《建议初中学校订制适合学生身体生长的课桌椅》等4篇得到市领导批示。 (潘林峰)

■列席区人大代表会议 7月23日,区政协组织委员在区会务中心列席五届区人大常委会第十四次会议(扩大),听取并讨论区政府上半年工作情况和下半年重点工作安排报告。与会委员围绕区政府工作报告,从办好家门口"进博会"、深入推进改革开放、着力提升门户城市能级和核心竞争力、做强、做优特色产业、着力推进生态建设、积极实施乡村振兴战略、加强城市精细化管理、提高保障和改善民生水平等方面提出意见建议,并报区委、区政府参考。 (潘林峰)

■加强政协自身建设 认真贯彻落实中央、市委关于加强新时代人民政协党的建设工作文件精神,强化党建引领,全面加强"两支队伍"(即委员队伍和区政协机关干部队伍)建设。按照区委统一部署,建立政协机关党组,制订和完善相关工作规则。根据新形势、新任务和新修订政协《章程》要求,加强委员履职管理,认真落实履职规则,会同区委组织部、统战部调整充实委员队伍,举办新委员培训班,开展"学习习近平总书记关于加强和改进人民政协工作的重要思想"学习研讨。注重履职成果宣传,讲好"青浦政协故事",在《人民政协报》《联合时报》等市级以上媒体累计报道52篇。 (潘林峰)

2018年青浦区政协重要建议和调研报告情况表

表16

序号	重要建议或调研报告	撰写单位
1	关于优化青浦区营商环境的建议案和调研报告	区政协
2	关于打造上海之源古文化走廊的建议案和调研报告	区政协
3	打造淀山湖一流滨湖空间,推动世界著名湖区战略加快推进	民革区委、区政协提案委员会
4	环城水系公园建设要留住城市记忆,彰显文化底蕴	民盟区委
5	以打造田园综合体为突破口,加快推进乡村振兴先行区建设	民建区委
6	优化长护险工作机制,提升养老新模式实效	农工党区委
7	以机制创新促进市场活力迸发,引领打造长三角协同创新核心区	九三学社区委
8	突破瓶颈、打通路径,提高经济密度——关于推进园区二次开发的几点建议	区中青年知识分子联合会
9	锐意改革、勇于创新,打造长三角营商环境高地	区政协经济委员会、工商联界别组
10	加快建设"上海之源"古文化走廊,为打造江南文化示范区重墨添彩	区政协教科文卫体委员会、学习和文史委员会
11	引导青年"走进社区",激发社区治理活力	区政协共青团、青联界别组
12	提升产业工人技能素质,助推青浦创新产业体系建设	区政协工会界别组
13	以美丽乡村建设为抓手,加快打造乡村振兴先行区	民盟区委

（续表）

序号	重要建议或调研报告	撰写单位
14	保护开发古文化资源，打造青浦特色文化品牌	民盟区委
15	打造中华“百家姓源”，打响古文化品牌的建议	民建区委
16	建设美丽乡村，打造民宿品牌——对本区民宿建设发展的对策建议	民建区委
17	乡村振兴，人才为先	民进区总支
18	青浦区医疗资源配置与需求现状及建议	农工党区委
19	关于更好发挥上海红十字救灾备灾中心社会效益的思考和建议	农工党区委
20	关于推进乡村振兴战略，促进城乡融合发展的建议	致公党区总支
21	两票制背景下我区医疗器械经营企业发展的思考和建议	九三学社区委
22	新形势下进一步加强我区民主党派民主监督职能的建议	九三学社区委
23	深耕长三角一体化，集聚经济增长新动能	区归国华侨联合会
24	加快建立健全一体化机制，推进环淀山湖战略协同区融合发展	区中青年知识分子联合会
25	关于在实施乡村振兴战略中进一步提升美丽乡村建设成效的建议	区政协经济委员会
26	关于建立进博云综合服务平台打造“6＋365”永不落幕“进博会”的建议	区政协共青团、青联界别组
27	关于抓住华为基地落地青西契机，推动青西地区整体转型升级的建议	郑湘竹
28	青浦区住宅小区治理体系建设的思考	区政协人口资源环境建设委员会
29	关于进一步落实家庭医生制服务的调研报告	区政协教科文卫体委员会
30	关于完善青浦区青年科创人才培育机制的建议	区政协社会和法制委员会
31	关于建设“上海之门”背景下合理规划宗教场所布局的调查与思考	区政协民族和宗教委员会
32	关于我区非国有文化艺术场馆的调研报告	区政协学习和文史委员会
33	关于推进台湾青年来青浦发展文创产业的思考和探索	区政协港澳台侨委员会

（潘林峰）

附：

政协上海市青浦区第五届委员会主席、副主席、秘书长、副秘书长、常务委员、委员名单

主　席

李华桂（女）

副主席

顾啸流　董永元　王海青（女）
叶　明（10月26日起不再担任）
饶斐文

秘书长

张正华（女）

副秘书长

诸福先　徐海燕（女）朱国健
姚　蓁（女）　姚伟明　高　峰

常务委员（按姓氏笔画排列）

王祥修　王翠玲（女）　叶丽君（女）
田春红（女）　朱　斌　朱国健
池学聪　池春燕　纪立军　吴　春
邱宝荣　冷彩花（女）　张　静（女）
杭　萍（女）　周　瑜（女，7月4日起不再担任）　周思琴（女）
姚　蓁（女）　姚伟明　袁国良
倪　健（女，7月4日起不再担任）
徐　农　徐海燕（女）　高　峰
高红宇（女）　高晓生　诸　威
黄银贤　斯朝富　舒振宇　释昌智

委　员

中国共产党上海市青浦区委员会

任建荣　李华桂（女）　张　静（女）
张正华（女）　陈金新　周思琴（女，7月4日调入）　顾啸流　徐连光
诸福先　董永元　潘慧敏（女）

中国国民党革命委员会上海市青浦区委员会

叶　明（10月26日起不再担任）
孙彦鸣　周德平　高琳琳（女）

中国民主同盟上海市青浦区委员会

王海青（女）　吴建一（女）　沈　培
高晓生　梅一南

中国民主建国会上海市青浦区委员会

陆景阳　高　峰　高红宇（女）
黄泽伟

中国民主促进会上海市青浦区总支部委员会

郑湘竹(女)　姚伟明　徐　华(女)
裘德荣

中国农工民主党上海市青浦区委员会

朱　斌　吴卫文(女)　周雷平
饶斐文

中国致公党上海市青浦区总支部委员会

毛晓东　闵宏伟　沈卫星
姚　蓁(女)

九三学社上海市青浦区委员会

王文军(女)　王淑娟(女)　朱国健
金　炜

无党派人士

胡定祥　费　峰　徐海燕(女)
诸　威

中国共产主义青年团上海市青浦区委员会、上海市青浦区青年联合会

叶丽君(女)　张福奇　陆平一
徐纯晔(女)

上海市青浦区总工会

吴　春(7月4日调入)　张文倩(女)
张建锋(7月4日增补)
赵志伟(7月4日起不再担任)
袁昌华　倪　健(女,7月4日起不再担任)

上海市青浦区妇女联合会

汤雅清(女)　金　燕(女)
周　瑜(女,7月4日起不再担任)
周宏美(女)　郭慧清(女,7月4日增补)

上海市青浦区工商业联合会

尹建刚　冯伟琴(女)　池学聪
纪立军　李　燕(女)　李世峰(7月4日增补)　李言明　李晓东　李锦铭
连国旺　张春霖　陈建华　范　斌
林　琪　林少东　周仕华(女)
周豪良　袁国良　徐　清　徐林元
徐国平　高宝霖　唐炳忠　黄银贤
梁东明(7月4日起不再担任)
斯朝富　葛永焕　喻渭蛟(7月4日起不再担任)　舒振宇　蔡斌彬

上海市青浦区科学技术协会与科学技术界

卜立新　王　杰　王翠玲(女)
朴东国　余　磊　陈宝荣　费　军
夏登宇　郭正光　黄河生

上海市青浦区台湾同胞联谊会

支屹峤　罗　青　谢　玲(女)

上海市青浦区归国华侨联合会

刘　兵(女)　刘严雄　何悦芳(女)
杭　萍(女)　胡雷激　程培文

社会科学界

王贤诚(7月4日增补)
何　斌(7月4日起不再担任)
邱宝荣　沈红开　沈建芳(女)
陈　峰　周红亚(女)　莫林明
夏家喜　倪达锋　龚海明　蔡　磊

经济界

王丽芳(女)　叶　慧(女)
叶明雯(女,7月4日增补)
朱华栋　朱筱安(7月4日增补)
池春燕　杜黎明　吴佩林
余　璟(7月4日起不再担任)
张　悦　张卫平　张秀红(女)
张振明　陈毛根　赵景秀(女)
徐　军(7月4日起不再担任)
徐　农　高剑峰　赖伟春(女)
雷　鹏　虞　骏　蔡云峰

农业界

丁晓欢(7月4日增补)　朱元宏
吴　健　吴晓燕(女)　余延略
陈春民　袁家明　钱红弟
梅雁航(7月4日起不再担任)
程光宇

教育界

王祥修　刘艳萍(女)　李　会
冷彩花(女)　张之银　张国成
张金华　黄海忠　童晓虹(女)

体育界

王志明　沈　林　陆　萍(女)
顾爱根
程　波(女,7月4日起不再担任)

医药卫生界

刘　敏　吴金英(女)　沈丽华(女)
张　琼(女)　陈爱娥(女)　周　峰
洪　斌　唐扣明　蔡红妹(女)
潘俊锋

文化新闻界

王　辉　田惠敏(7月4日调入)
刘　群　张力华(女)　陈君芳(女)
顾琴英(女)　徐　斌　蔡青青(女)

社会福利与社会保障界

徐卫军　郭　樱(女)　董旭华(女)
蒋晓红(女)

少数民族界

田春红(女,土家族)
刘　江(女,土家族)
张　瑶(女,回族)　赵启厚(满族)

宗教界

左慧麟　耿卫忠　释昌智　翟仁军

特别邀请人士

马丽娜(女)　王海涛(7月4日增补)
方伟忠　卢敬文　吉　峰
朱红珍(女)　关保英
李　松(7月4日增补)
李海群(7月4日起不再担任)
杨伟英(女)　吴先侨(女)　沈　健
沈永连　沈盈廷
张　健(7月4日起不再担任)
张小英(女,7月4日调入)
张卫兴　陈基东　范　烨(7月4日增补)
金国宏　周文娟(女)　查　生
徐　珏(女,7月4日起不再担任)
徐　慧(女)　唐贵发　唐新明
黄　涛(7月4日增补)
黄丽华(女)　梁兆贤　谢松峰
戴秀河

综 述

2018 年,青浦区纪检监察组织深入学习贯彻习近平新时代中国特色社会主义思想和党的十九大精神,积极贯彻落实党的十九大关于全面从严治党的战略部署,对标看齐党中央要求,围绕市纪委监委和区委工作部署,坚持稳中求进工作总基调,不断把全区党风廉政建设和反腐败工作引向深入。

重要会议与活动

■五届区纪委三次全会 该会于 2 月 8 日在区会务中心召开。全会由区纪委常委会主持。区四套班子领导和区管处级干部出席会议。区委书记赵惠琴出席会议并讲话。区委常委、区纪委书记王翔代表区纪委常委会作《深入学习贯彻党的十九大精神,推动青浦区党风廉政建设和反腐败工作取得新作为》工作报告。全会指出:2017 年,全区纪检监察组织深入学习贯彻习近平新时代中国特色社会主义思想和党的十九大精神,全面落实市委、市纪委和区委的工作部署,抓住全面从严治党一条主线,推进党风廉政建设和反腐败工作取得新成效。全会强调:2018 年是全面贯彻落实党的十九大精神的开局之年,是决胜全面建成小康社会、推动青浦区跨越式发展的关键一年,同时还是改革开放 40 周年和纪律检查机关恢复重建 40 周年。全区纪检监察组织要深入学习贯彻党的十九大精神,忠诚履行党章赋予的政治责任;要整合资源,深入推进纪检监察体制改革;要立行立改,扎实推进市委巡视整改工作;要持之以恒正风肃纪,巩固拓展作风建设成果;要综合运用监督执纪"四种形态"(即经常开展批评和自我批评、约谈函询,让"红红脸、出出汗"成为常态;党纪轻处分、组织调整成为违纪处理的大多数;党纪重处分、重大职务调整的成为少数;严重违纪涉嫌违法立案审查的成为极少数),持续释放反腐高压态势;要加强廉政教育,营造崇廉尚洁的良好氛围;要聚焦基层基础,坚决整治群众身边的腐败问题;要坚持严管厚爱,建设忠诚干净担当专业的纪检监察干部队伍。全会期间,与会人员认真学习十九届中央纪委二次全会、十一届市纪委二次全会精神,审议并通过全会工作报告和全会决议。 (林若愚)

■青浦区深化国家监察体制改革试点工作转隶大会 该会于 1 月 8 日在区会务中心召开。区深化国家监察体制改革试点工作小组成员及办公室成员、各街镇党(工)委书记、各部、委、办、局党委主要负责人等相关领导及区纪委、区检察院反贪、反渎、预防部门全体干部出席会议。区深化国家监察体制改革试点工作小组长、区委书记赵惠琴出席会议并讲话。会议宣布区纪委监委的机构设置、人员组成,明确办公地点和时间,为区纪委监委合署办公奠定坚实的基础。 (林若愚)

■青浦区监察委员会举行挂牌仪式 1 月 22 日,区深化监察体制改革试点工作小组组长、区委书记赵惠琴和区深化监察体制改革试点工作小组副组长、区人大主任朱明福共同为区监察委员会挂牌。区四套班子领导出席挂牌仪式。 (林若愚)

■青浦区纪检监察半年度工作会议 该会于 8 月 1 日在区会务中心召开。

2 月 8 日,五届区纪委三次全会在区会务中心召开 (区纪委监委供稿)

全会由区委常委、区纪委书记、区监委主任王翔主持。区纪委常委、区纪委委员、区监委委员及全区纪检监察系统全体干部出席会议。会议传达中纪委、市纪委纪检监察工作座谈会精神，通报2018年上半年度青浦区纪检监察工作情况。华新镇、区教育局、区工业园区纪委等相关单位作交流发言。王翔肯定了上半年纪检监察工作取得的成绩，并就做好下半年纪检监察工作提出要求。（林若愚）

1月8日，青浦区深化国家监察体制改革试点工作转隶大会在区会务中心召开（区纪委监委供稿）

■中央纪委、市纪委领导调研青浦纪检工作 5月4日，中央纪委副书记、国家监察委员会副主任肖培一行到青浦区调研纪检监察工作。市委常委、市纪委书记、市监委主任廖国勋，区委书记赵惠琴，区委常委、区纪委书记、区监委主任王翔等陪同。肖培一行先后到上海市第三看守所、陈云纪念馆实地考察。听取上海市第三看守所留置点建设情况介绍，了解留置点看护工作情况；对陈云纪念馆的展览设计、文物收藏、档案管理等方面的工作给予充分肯定。

3月27日，市纪委常委、市监委委员徐敏一行到青浦区调研纪检监察工作。区委常委、区纪委书记、区监委主任王翔汇报相关案件情况。徐敏对当前工作提出具体要求。

4月25日，市委常委、市纪委书记、市监委主任廖国勋，市纪委常委、秘书长孟文海，市纪委常委、市监委委员徐敏一行到青浦区调研纪检监察工作。区委副书记、区长夏科家，区委常委、区纪委书记、区监委主任王翔等陪同。廖国勋一行实地察看青浦区纪委监委办案点，听取青浦区纪委监委办案场所运行等情况介绍，对办案场所安全运行、规范管理等工作予以肯定。

7月17日，市纪委副书记、市监委副主任童建平，市监委委员丁谷平，市纪委副秘书长、市监委委员张华等一行到青浦区调研纪检监察工作。区委常委、区纪委书记、区监委主任王翔汇报青浦区深化国家监察体制改革试点工作推进情况。童建平对青浦区纪委监委进一步深化监察体制改革提出具体要求。（林若愚）

8月8日，2018年青浦区“百村千人”村居干部廉政教育活动启动仪式暨朱家角专场举行（区纪委监委供稿）

■纪检监察工作座谈会 7月5日，区纪委监委在区会务中心召开贯彻中央纪委、市纪委纪检监察工作座谈会精神，推进青浦区纪检监察工作座谈会。座谈会由区委常委、区纪委书记、区监委主任王翔主持。区纪委常委、区监委委员、各街镇纪委书记及区级机关党工委、发改委、农委、建管委等22家单位纪委书记出席座谈会。座谈会围绕如何贯彻“两个维护”（即坚决维护习近平总书记党中央和全党的核心地位，坚决维护党中央权威和集中统一领导）要求、如何坚持稳中求进的总基调、如何认识并落实“监督的监督”等主题开展，为推动做好下一步纪检监察工作统一思想、凝聚共识。

10月18—19日，区纪委监委组织召开两场青浦区纪检工作40周年回顾座谈会。座谈会邀请退休纪检干部和曾经从事过纪检工作的部分领导干部参与，通过忆当年、谈变化形式畅谈感悟和体会。通过组织座谈交流，激励全体纪检监察干部不忘初心、牢记使命，坚定不移把老一辈纪检人开创的事业向前推进。（林若愚）

■第二届“百村千人”村居干部廉政教育活动 8月8日，青浦区第二届“百村千人”村居干部廉政教育活动在青浦区朱家角镇启动。区纪委副书记、区监委副主任仲吉宇,各街镇纪(工)委书记,朱家角镇党政班子全体成员以及村居、企事业班子成员,村务监督委员会主任共计400余人参加活动。启动仪式上,仲吉宇作开班动员。此系列活动系在全区317个村居班子完成换届后启动,覆盖全区11个街镇所有村居两委班子成员1500余人,进一步夯实基层党员干部廉洁从政意识,强化基层党员干部队伍建设。（林若愚）

■反腐败协调小组会议　该会于8月29日在区政府东裙楼会议室召开。会议由区委常委、区纪委书记、区监委主任王翔主持。区反腐败协调小组成员单位、区委组织部、区委政法委、区发改委等相关单位领导出席会议。区委书记赵惠琴出席会议并讲话。会议通报了青浦区国家监察体制改革试点工作推进情况,区公安分局、区检察院、区审计局等成员单位作交流发言,并讨论反腐败工作协作机制。（林若愚）

8月29日,青浦区反腐败协调小组会议召开　（区纪委监委供稿）

推进全面从严治党责任落实

■概况　2018年,青浦区纪委监委加强实践探索,进一步完善全面从严治党“四责协同”机制建设,细化责任落实、强化督查问责,着力构建全面从严治党新常态。（林若愚）

■细化责任落实　区纪委监委协助区委制定《中共青浦区委关于推进全面从严治党健全“四责协同”机制的实施意见》(青委〔2018〕65号),形成推进落实“四责协同”(即为全面落实从严管党治党责任,实现“党委主体责任”“纪委监督责任”“党委书记第一责任”“班子成员一岗双责”之间相互协同、有机衔接、联合联动)机制的“1+6”制度框架,着力解决基层责任落实虚化问题。制定《关于开展廉情抄告回告工作的实施办法(试行)》(青委办〔2018〕36号)、《关于建立青浦区党风廉政建设责任项目审核制度》(青委办〔2018〕37号),压实领导干部“一岗双责”(“一岗”即一个领导干部的职务所对应的岗位,“双责”即一个领导干部既要对所在岗位应当承担的具体业务工作负责,又要对所在岗位应当承担的党风廉政建设责任制负责),督促主动履责。（林若愚）

■强化督查问责　区纪委监委督促基层党组织书记向区委、区纪委述责述廉,开展年中、年末两次责任制专项检查,推动全面从严治党责任向基层延伸,进一步压紧压实管党治党政治责任。制发纪律检查、监察建议书20份,督促各部门压实“一岗双责”,加强源头治理。制定《青浦区纪委监委对基层纪检监察组织履职情况综合评估的实施办法(试行)》(青纪〔2018〕22号),督促基层纪检监察组织落实“一案双查”制度,在追究当事人违纪违法行为的同时,严肃问责落实管党治党责任不力的党员领导干部。（林若愚）

纪检监察体制改革情况

■概况　2018年,根据国家监察体制改革试点工作的要求,在市委改革领导小组和区委的领导下,组建成立青浦区监察委员会,并与区纪委合署办公。合署办公后,区纪委监委立足改革路线图,聚焦机构职能、人员转隶和资源整合,落实试点工作新要求,转化合署办公优势,推动国家监察体制改革试点工作顺利实施。（林若愚）

■组建青浦区监察委员会　2017年12月8日,经区委研究决定,成立青浦区深化国家监察体制改革试点工作小组,负责统筹推进区改革试点工作。区委书记赵惠琴担任试点工作小组组长。

1月8日,区深化国家监察体制改革试点工作转隶大会召开,顺利完成干部转隶工作,明确区纪委监委机构设置及人员组成。

1月15日,根据安排,区纪委监委启用位于区浦仓路252号的新办公场所,实现区纪委监委合署办公。

1月19日,五届区人大三次会议选举王翔同志担任青浦区监察委员会主任,五届区人大常委会九次会议任命2名监察委员会副主任、4名监察委员会委员。

1月22日,区深化监察体制改革试点工作小组组长、区委书记赵惠琴和区深化监察体制改革试点工作小组副组长、区人大主任朱明福为青浦区监察委员会挂牌,标志青浦区监委正式开始依法履职。（林若愚）

■创新机制推动协作配合　青浦区纪委监委适应监察体制试点改革需要,制定及修订《关于建立青浦区办理职务犯罪案件协作配合机制的意见》等各项制度17项,进一步规范监察权的内部运作,进一步理顺执纪审查、监察调查工作机制,确保监督检查审查调查工作有序规范。推动完善区监委、区法院、区检察院、公安青浦分局在办理职务犯罪案件中互相配合、互相制约机制,进一步细化完善相互衔接的工作机制和业务流程。（林若愚）

■**严格守牢办案安全底线** 区纪委监委严格调查措施使用审批程序,细化制度规范,用制度机制固化试用成果。2018年,15项审查调查措施已试用10种。制定并严格执行《关于严格落实本区"走读式"谈话安全工作制度的实施意见》(青纪〔2017〕17号)《青浦区纪委监委关于青松路谈话点启用和规范管理的实施意见》等制度,落实办案点、留置点安全责任,实现办案全流程监控,为监察调查奠定安全基础。（林若愚）

监督执纪监察调查工作

■**概况** 2018年,青浦区纪委监委突出监督的第一职责,把纪律和规矩挺在前面,坚持纪严于法、纪在法前,做到抓早抓小,让"红脸出汗"成为常态,坚持不懈推进作风建设,严肃执纪问责,充分发挥监察职能,进一步巩固惩治腐败高压态势。（林若愚）

■**突出监督首要职责** 区纪委监委坚持监督的第一职责,逐步探索建立全覆盖的高效监督体系。在日常监督中盯紧"小微贪腐"和党员干部不作为、乱作为问题,盯紧侵害群众利益和为黑恶势力充当"保护伞"行为。在巡察监督中注重巡察整改落实"后半篇文章",把巡察问题整改与派驻监督、日常监督、审查调查等进行一体化设计。强化监察监督,对公职人员依法履职、秉公用权、廉洁从政从业以及道德操守情况实施监督。探索派驻监督,发挥好"派"的权威和"驻"的优势,切实履行好派驻监督职责。（林若愚）

■**持续强化党纪党规教育** 区纪委监委加强对新修订的党纪处分条例的解读学习,开展在线测试,形成全体纪检监察干部和万名党员共同学习提高的良好氛围。持续做精、做优"清风青浦"微信公众号,"短""频""快"传递廉政信息。组织全区党员干部观看《身边的警醒之四》警示教育片14135人次,强化警示教育作用。开展"百村千人"廉政教育系列活动,组织赵巷镇《青春有泪》廉政文化小品在全区巡演,打造廉政宣传新路径。（林若愚）

■**驰而不息抓"四风"** 区纪委监委进一步抓牢作风建设,协助区委制定《青浦区深入贯彻落实中央八项规定精神的实施细则》《关于进一步严格规范领导干部操办婚丧喜庆事宜的若干规定》,坚定不移纠"四风"、推动树立新风尚。同时,坚决把违反中央八项规定精神的行为列入纪律审查重点,严查顶风违纪行为,全年共受理违反中央八项规定精神问题38件,党政纪立案52人,涉及县处级干部4人、乡科级及以下干部48人,追缴违纪所得199.1万元;全年共通报曝光14起违反中央八项规定精神典型案例,涉及党员干部40人次。（林若愚）

■**强化监督执纪问责** 区纪委监委全面加强纪律建设,不断净化政治生态。全年全区纪检监察组织共处置问题线索558件,比上年增长40.9%;党政纪立案210件,比上年增长60.3%;结案172件,比上年增长52.2%。科学合理运用"四种形态",运用批评教育等"第一种形态"284人次,占"四种形态"总数的62.4%,实现教育提醒占大多数;"第二种形态"143人次,占31.4%;"第三种形态"3人次,占0.7%;"第四种形态"25人次,占5.5%。2018年,对11人进行党内问责,追究34人的领导责任。（林若愚）

■**巩固惩治腐败高压态势** 区纪委监委积极履行监督、调查、处置职责,充分发挥监察职能,全年政务立案审查职务违法案件14件15人,其中:职务犯罪2件3人、涉嫌共同贪污1件2人、挪用公款1件1人,并对其中1人采取留置措施,相关涉案人员被区人民法院判处5至11年有期徒刑。同时,加强追赃、追逃工作,追缴徐泾土地动迁补偿系列案件违法所得1500余万元,追回在逃人员1人。（林若愚）

干部队伍建设

■**概况** 2018年,区纪委监委主动适应监察体制改革新要求,注重队伍融合,强化队伍政治建设,驱动理念转变,提升执纪调查水平,坚决守好政治机关定位和纪律部队的纲魂。（林若愚）

■**领导班子建设** 区纪委监委进一步完善中心组理论学习制度,先后组织区纪委常委会中心组(扩大)理论学习12次,及时传达中央、市委、市纪委和区委重要会议精神。坚持每月一次机关党支部集中政治学习,不断提高班子集体理论思维、战略视野和精准落实水平。发挥民主生活会、组织生活会制度优势,聚焦作风建设,注重问题查摆、整改落实,进一步强化班子政治建设,不断提升班子成员集体履职能力。（林若愚）

■**队伍建设** 区纪委监委始终把政治机关建设摆在首位,狠抓思想建设,坚持中心组带头学习、率先垂范。通过支部学习、主题党日活动等形式,组织全体干部到陈云纪念馆、东乡烈士陵园等地开展重温入党誓词、缅怀革命先烈等活动,主动把牢思想政治关,全面坚定理想信念,积极促进队伍融合,不断增强改革认同。（林若愚）

■**提升业务能力** 区纪委监委加强业务培训,合署办公后组织全体机关干部到市纪委进行全员培训,推动全体干部主动适应纪检监察工作新要求。成功举办纪检监察论坛,加深全体干部对监察体制改革的理解,提高业务技能。做好选送培训工作,全年共组织7人次参加中纪委各类培训、16人次参加市纪委专项培训、8人次参加区内组织的培训、讲座等。抓好干部队伍建设的顶层设计,抽调优秀干部、年轻同志充实到执纪调查审查、巡察工作一线,不断提升纪检监察队伍业务素质。（林若愚）

■**加强监督管理** 区纪委监委从制度建设源头抓起,制定《青浦区纪检监察干部"六个严守"行为规范》《关于打听过问干预执纪审查调查审理工作实行登记报告和责任追究的规定》和《纪检监察干部主动申请工作回避的规定》等相关制度规定,加强纪检干部日常管理,严格规范"八小时以外"的言行举止,形成用制度管人、按规矩办事的纪检监察干部日常管理机制。（林若愚）

综　述

2018 年，青浦区各民主党派、工商联认真学习贯彻党的十九大精神和习近平总书记系列重要讲话、习近平总书记在"进博会"上的主旨演讲和视察上海时重要讲话精神及习近平总书记在庆祝改革开放 40 周年大会上的讲话精神，立足"不忘合作初心，继续携手前进"主题教育活动和"全面建设生态宜居的现代化新青浦"目标，重视青年干部培养，加强基层组织建设，积极履行民主监督、参政议政、社会服务等职能，努力助推青浦全面跨越式发展。

区"两会"期间，各民主党派、工商联共提交提案 98 件，其中：获区政协优秀提案 8 件、重要建议和调研报告 33 件；反映社情民意意见、建议 358 件，多数提案、建议被市、区政府和有关部门重视和采纳；参与市、区课题调研 24 次，并形成调研报告。

至年底，全区共有民主党派 7 个，新增 84 人，共计 851 人，其中：民革区委 124 人、民盟区委 188 人、民建区委 164 人、民进总支 82 人、农工党区委 118 人、致公党总支 47 人、九三区委 128 人；民主党派中有市人大代表 6 人、区人大代表 18 人、区政协委员 64 人。

区工商联围绕区委、区政府中心工作，以"统战性、经济性、民间性"为原则，发挥自身优势，履行工作职能，服务企业、服务社会。光彩事业成为区工商联品牌活动。　（姜依霖）

民革上海市青浦区委员会

■概况　2018 年，民革青浦区委新发展党员 8 人，共有党员 124 人，平均年龄 51.38 岁，其中：具有高级职称 42 人，占党员数的 34.4%；女性党员 40 人，占党员数的 34.4%；80 年后青年党员 24 人，占 19.7%；退休党员 31 人，占 25.4%。党员中有市人大代表 1 人、区人大代表 3 人（常委 1 人），市政协委员 1 人、区政协委员 12 人（常委 1 人）。区委下设 6 个支部、7 个工作委员会（参政议政、社会与法制、祖统工作、明心刊物、青年、妇女、退休）和 1 个法律服务站。全年民革区委召开专题学习会 4 次，组织党员参加民革市委和区委有关部门举行的理论学习会和辅导报告会 10 余次，有 100 余人次参加。　（崔　平）

■以理论学习固思想基础　民革区委深入学习中共十九大精神和民革十三大精神，开展坚持和发展中国特色社会主义学习实践活动及"不忘合作初心，继续携手前进"专题教育活动，夯实思想政治基础；以纪念中共中央发布"五一口号"70 周年为契机，开展学习教育活动；区委组织党员传达学习习近平总书记在"进博会"上主旨演讲和视察上海重要讲话精神及在庆祝改革开放 40 周年大会上的讲话精神，学习民革党章党史，并为每位党员赠送《中国统一战线史》等书籍；以纪念民革成立 70 周年

3 月 3 日，民革青浦区委十九大精神学习报告会暨 2017 年度工作总结会举行　（民革区委供稿）

为契机，区委组织成立朗诵队，并在民革上海市委举办的纪念民革成立70周年民革先贤前辈诗词诵读大赛上取得好成绩。（崔　平）

■自身建设　全年民革区委召开12次区委会，研究讨论各项工作。4月，增选沈伯明同志为民革青浦区委第四届主任委员；区委十分重视基层支部的建设，完成各支部的支部委员增补工作；区委下发《民革青浦区委关于支部届中增补工作方案》到各支部，7月底完成支部增补工作，6个支部共增补12名委员；区委按照民革市委和区统战部的要求，不断加强后备干部队伍的建设。推荐后备干部参加民革市委第三十五期中青年骨干培训班、民革市委第六期参政议政的骨干研修班、民革市委宣传干部培训班、民革市委祖统工作培训班学习等。其中，18人参加区委统战部、区委党校和区社会主义学院联合举办的“青浦区民主党派支部班子成员培训班”学习，民革区委推荐两名青年党员参加区委统战部举办的党外中青年干部培训班；重阳节期间，区委组织退工委党员召开重阳敬老慰问会座谈会。参政议政委员会组织成员和青年骨干举行参政议政的履职能力培训。《明心》编辑委员会组织成员到商榻开展参观考察活动。（崔　平）

■参政议政　围绕中共青浦区委有关创新创业体系建设、文化发展三年行动计划、农业供给侧改革、环城水系公园建设、新一轮社会事业实施建设三年行动计划等重点工作，积极开展调研活动，征求各方意见建议，认真参加好政党协商活动。5月，民革与农工党、致公党界别的成员就“城市网格化管理”议题，与区网格化管理中心开展界别协商。

区“两会”期间，民革区委共提交集体提案7件。其中，《关于建立和完善我区0—3岁婴幼儿公共托育服务管理的几点建议》《关于实现河道长效管护的建议》被区政协评为优秀提案。

全年共收到社情民意90余条，提交区政协69条，报送市政协35条，提交民革市委7条（其中3条被采用）。王祥修教授的《关于进一步发挥农村社会组织在加强基层社会治理中作用的建议》被中共上海市委信访办公室、上海市人民政府信访办公室评为2018年度优秀人民建议，《关于司法部门与政府法制办职能调整的几点建议》被全国政协采用，并获区政协反映社情民意第一名。民革区委获区政协反映社情民意先进集体（第一名）。

根据中共青浦区委委托各民主党派区级组织对美丽乡村长效管理工作开展专项民主监督的方案精神，民革区委制定实施方案，成立领导小组和工作小组，下设两个专项工作组，从村容村貌整洁、人居集聚规划、村组和谐文明、村组民主管理及特色经济发展等方面对对口华新镇（嵩山村，含坚强村部分）、重固镇（徐姚村）进行民主监督。（崔　平）

■社会服务　7月，区委组织党派内医生党员到重固镇福定社区开展医疗咨询服务，当天接受服务的村民达80余人次；9月，党员曹磐毅医师应邀到福定居委会开展秋季健康知识讲座；10月，在中共青浦区委统战部牵头下，民革区委开展“同心善行”活动，由区委委员李雪华创办的青浦丽华婚纱摄影有限公司承办，为青浦老人公益拍摄证件照、肖像照；12月，民革区委联合上海政法学院国际法学院、上海东炬律师事务所、华新司法所、在华新大型社区开展法制话剧进社区活动。

广大党员按照区委“一岗当模范，二岗争先进”的要求，在一岗工作中，忠于职守，兢兢业业，做出显著成绩。党员尹建刚获得中共上海市委统战部、上海市人力资源和社会保障局和上海市工商业联合会颁发的“第五届上海市优秀中国特色社会主义事业建设者”奖牌，徐纯晔获得由共青团上海市委、上海市人力资源保障局颁发的“上海市青年五四奖章”，杨伟峰在2018年度“首届上海市卫生计生系统信访暨医疗服务投诉处理技能比武大赛”中获得“技能小能手”称号。党员查芳芳、芦俪、庄胤旻争做“进博会”志愿者，用朝气蓬勃的笑脸和坚实的行动为民革争光。（崔　平）

民盟上海市青浦区委员会

■概况　2018年，民盟青浦区委以习近平新时代中国特色社会主义思想为指导，深入学习贯彻中共十九大和十九届二中、三中全会精神，立足“不忘合作初心，继续携手前进”主题教育活动，围绕“全面建设生态宜居的现代化新青浦”目标，积极履行民主监督、参政议政、社会服务等职能。

全年召开民盟区委会议7次、主委办公会议5次、全体盟员大会1次；参加青浦区各种报告会和培训班约300余人次；大型调研活动12次，完成调研报告9篇；上报民盟市委社情民意14件，提交区政协集体提案10件、社情民意63件，其中2件集体提案被区政协评为优秀提案；社会服务4次。至年底，新增盟员13人，共有盟员188人，下设10个基层支部、7个专委会。盟员中有区人大代表4人、政协委员10人。民盟区委获民盟市委组织发展先进集体、社情民意信息工作先进集体、区政协社情民意信息先进集体等。（高晓生）

■政治学习　民盟区委带领全体盟员以深入开展“不忘合作初心，继续携手前进”主题教育为主线，认真深入学习贯彻中共十九大和十九届二中、三中全会精神；学习贯彻中央经济工作会议和习近平总书记在庆祝改革开放40周年大会上的讲话、在“进博会”开幕式上的主旨演讲和考察上海重要讲话精神及看望参加全国政协十三届一次会议的民盟、致公党、无党派人士、侨联界委员联组会议讲话精神；认真学习贯彻民盟中央十二大、十二届二中全会、民盟上海市委十五届二次和三次全会精神；认真学习贯彻中共青浦区委五届六次、七次全会精神等。积极撰写学习体会，进一步巩固和增进多党合作政治共识，加强“五种能力”建设，努力做好中共的同路人和中国特色社会主义伟大事业的参与者。

民盟区委将政治学习寓于盟务活动之中，增强盟员政治意识。民盟区委会议把政治学习作为每次会议常态化制度，各支部不管是组织生活或调研活动也是要进行政治学习。民盟区委班子成员积极参加区委统战部举办的统战大课堂学习，盟区委推荐6名优秀青年盟员参加中共青浦区委统战部举办的党外中青年干部培训班，推荐7名优秀盟员参加民盟市委举办的参政议政等培训班学习；组织300多人次参加区政协、区委统战部和民盟市委举办的各种报告会和学习活动。民盟区委班子和支部主委每人订阅1份《群言》杂志。民盟区委被民盟中央授予盟中央"群言杂志社2018年度优秀发行单位"。

民盟区委高度重视宣传工作,认真用好内外平台,努力扩大对外宣传,不断提升民盟区委影响力。对内发挥《青浦盟讯》阵地作用,坚持特色办刊让《盟讯》成为盟员交流思想、展示风采的平台,让《盟讯》成为主流思想引导、信息传递的平台。2018年是中共中央发布"五一口号"70周年,民盟区委结合"不忘合作初心,继续携手前进"主题教育活动,积极参加统战部开展的"携手新时代、助推新跨越——纪念'五一口号'发布70周年系列活动",学习《大道——多党合作历史记忆和时代心声》和《中国统一战线史》等书籍,撰写读书心得,重温学习"五一口号"的重要历史意义和民盟老一辈领导人与中国共产党风雨同舟的优良传统。积极用好盟市委网站平台,及时发布民盟区委以及各个专委会和基层支部的活动信息。充分重视青浦《统战信息》及统战微信公众号信息平台,及时提供民盟区委的工作情况。 (高晓生)

4月16日,盟员江静老师给王官小学的学生上美术课 (民盟区委供稿)

■履职工作 在区政协五届三次大会上,民盟区委共提交发言稿3篇,其中《环城水系建设要留住城市记忆,彰显文化底蕴》作为大会发言,其他2篇作为书面发言;提交集体提案10件。全年向区政协提交社情民意63篇,录用63篇。在政协五届二次大会上提交的集体提案《关于我区"创全"中应加速整治城市乱拉电线网线"蜘蛛网"的建议》和《关于加强青浦区垃圾分类与末端处置管理的建议》被区政协评为优秀提案,民盟区委被区政协评为2018年度社情民意信息先进集体,2名盟内区政协委员被区政协评为2018年度社情民意信息先进个人。

在政协平台上,充分发挥民盟界别作用。按照区政协年度计划安排,民盟区委认真完成了区政协民盟、民进和农业界别与区农委就"美丽乡村创建"议题开展界别协商。民盟区委在充分调研的基础上,积极与区农委沟通,6名盟员代表民盟青浦区委作了发言。

在中共与民主党派的政党协商中,积极建言献策。全年参与区委统战部牵头开展的6次中共与民主党派的政党协商活动。每次协商前,民盟区委组织调研小组深入调研,走访相关单位,掌握第一手资料,并召开专题会议,听取各方面的意见和建议,精心准备发言材。撰写了《民盟青浦区委关于深化农业供给侧结构性改革建议》《民盟区委关于青浦区创新创业体系建设的几点建议》等6篇专题建议。

务求实效,切实开展民主监督。5月初,按照中共区委安排部署,民盟区委对接朱家角镇开展美丽乡村长效管理民主监督工作。民盟区委制定《民盟青浦区委受中共区委委托对朱家角镇美丽乡村长效管理工作开展专项民主监督实施方案》,成立由主要领导以及盟内相关专家组成的专项监督工作小组,下设3个监督组和2个工作组。召开美丽乡村长效管理专项监督动员会,深入淀峰村、张马村、王金村现场开展调查研究,认真进行监督检查。在广泛听取村委会及村民的意见的基础上,帮助村镇向有关方面呼吁难以解决的问题,提出切实可行的建议。撰写的民主监督专题报告《以美丽乡村建设为抓手,加快打造乡村振兴先行区》,得到区主要领导和有关部门的认可。

(高晓生)

■社会服务 9月12日,民盟上海市委发起成立非公募基金会——上海民盟同舟公益基金会。民盟区委积极响应民盟市委号召,主动对接,积极投身"上海民盟同舟基金会"捐款活动中,全体盟员为上海民盟同舟基金会捐款16000多元。

区盟员积极主动参加志愿活动,全面服务和保障好首届"进博会"。如盟员高萍、刘磊在近400天的招展工作中,放弃大小节假日,和团队一起完成了近40000平方米的招展工作。盟员王辉、张力华当起了"志愿者的培训师",为志愿者们开展《青浦文化简史》讲座,引导他们了解青浦的历史文化渊源,寻找上海国际贸易繁荣的文化基因;讲座前后共有8场,培训总人数约有3000人。

积极做好对口扶贫工作。响应中共中央统战部的号召,按照民盟中央的要求和民盟市委的具体安排,继续对贵州省毕节市七星关区王官小学开展"同心助学"精准智助活动。4月,民盟青浦区委组织5名优秀老师到毕节市七星关区长春堡镇王官小学开展"同心助学"活动,并确立"拓宽学生视野,提高教师课堂教学水平"活动主题,其执教课堂教学示范课18节、组织专题讲座2个、开展师生研讨会2次,高质量完成了"同心助学"精准智助活动。

10月,盟员高斌根据区合作交流办、团区委、教育局等部门印发的《上海市青浦区与云南省德宏州对口支援青年志愿服务方案》要求,自愿报名参加

赴滇青年志愿者，到云南省德宏州芒市轩岗中学进行为期2个月的支教任务，获得当地学校的好评。（高晓生）

民建上海市青浦区委员会

■概况 2018年，民建区委发展新会员20人，转出会员1人，共有会员164人。会员平均年龄48.3岁。会员中有市人大代表1人、区人大代表6人（其中常委2人），区政协委员9人（其中常委3人），担任区各类特邀监督员6人；大专及以上学历155人，占总人数的94.5%；具有中高级职称77人，占总人数的47%；经济界会员121人，占总人数的73.8%。下设5个支部、6个专委会。

全年召开区委会3次、区委（扩大）会4次、全体会员大会1次。

2018年，民建区委获民建上海市委“我与改革开放40年”征文活动优秀组织奖、2017年度参政议政工作先进组织三等奖、宣传思想先进组织二等奖；在民建市委的“十大优秀工作案例、十大先进支部”评选活动中，区委的“特殊会费”工作获优秀工作案例，第一支部获先进支部提名奖；叶肇恺、王卫红获民建上海市委“宣传工作先进个人”称号；民建区委被评为区政协2017年度反映社情民意信息先进集体，高峰、关保英、黄泽伟被评为区政协2017年度反映社情民意信息先进个人。（沈俐）

■思想政治建设 一是纪念中共中央发布“五一口号”70周年。结合中共青浦区委统战部开展的相关活动，民建区委班子人员带头撰写纪念中共中央发布“五一口号”70周年感想，组织会员撰写《大道——多党合作历史记忆和时代心声》读后感，提交统战部相关文章10篇；组织会员参与以“携手新时代、助推新跨越”为主题的摄影作品征集活动，张军华的摄影作品获“成果篇”二等奖；2篇文章收录在民建市委纪念中共中央发布“五一口号”70周年编印的《踏石留印——民建人薪火传承的心路历程》一书中。二是纪念改革开放40周年。民建区委组织会员参与民建上海市委的“我与改革开放40年”征文活动，报送文章8篇，其中7篇录入在民建市委编印的《我与改革开放40年》一书中，王卫红执笔的《我与<青浦民建>共成长》被民建中央评为优秀作品；组织会员参加民建上海市委的“纪念改革开放40周年民建书画展”作品征集活动；参与区委统战部的“上海统一战线与改革开放40周年”征文活动，报送文章4篇（其中1篇获一等奖、1篇获鼓励奖）；参与区委统战部的“光阴的故事——我与改革开放共成长”主题照片征文活动；组织会员参加区政协举办的纪念改革开放40周年书画、诗词作品征集活动。三是继续开展好“不忘合作初心，继续携手前行”主题教育活动。4月26日，民建区委在区委（扩大）会上提出继续开展好“不忘合作初心，继续携手前进”主题教育活动要求，并于10月30日组织区委班子成员、副秘书长、支部主委、专委会主任到国家级美丽乡村朱家角镇张马村参观学习；7月20—21日，第一支部组织会员及民建之友开展“不忘合作初心，继续携手前进”苏中“红色行”活动；11月12日，第二支部组织会员及民建之友到金泽古镇参观金泽工艺社。（沈俐）

■履职工作 一是扎实做好“两会”工作。2018年民建区委、会员提交市、区“两会”提案、书面意见共26件，其中：区政协集体提案5件、个人提案9件，区人大书面意见10件，市人大书面意见2件。陆景阳提交的《筑牢青西郊野公园生态安全屏障，推进全域生态旅游产业“乡居化”建设》获区委书记赵惠琴、区长夏科家、副区长顾骏批示，集体提案《关于开展青浦区建筑垃圾资源化综合利用的建议》获副区长顾骏批示。高彩虹、郭东方联合撰写的《发挥行业协会作用，助推经济小区发展》作为区政协大会发言，鲍长生撰写的《凸显文化特色，增强青浦城市软实力》作为区政协大会发言书面材料。二是积极开展课题调研工作。全年共完成调研报告12篇。企业委员会参与民建上海市委的自贸港课题问卷调查、上海中小微企业创新指数和生存发展状况的调查问卷工作。三是努力提升社情民意工作。全年收到社情民意60件，整理报送区政协社情民意49件，其中：15件报市政协〔其中5件被市政协采用（2件被综合采用、3件转送市有关部门）〕、1件被社情民意专报采用、28件转送区有关部门，郝刚撰写的《关于缩短小区入口减速带长度，方便残疾车通行的建议》获副市长时光辉批示，顾程青撰写的《关于解决青浦较偏远地区人才难留的几点建议》获区委书记赵惠琴批示；报送区委统战部社情民意15件，其中：陶争荣撰写的《关于在上海农村盘活闲置农房（宅基地）的建议》被市委统战部《统战专报》刊载并获市委副书记尹弘、副市长彭沉雷批示，2件被市委统战部综合录用。四是认真履行民主监督职能。开展对练塘镇美丽乡村长效管理工作开展专项民主监督工作。受中共青浦区委委托，民建区委对练塘镇及下辖的东庄村、蒸浦村、徐练村、东厍村、叶港村的美丽乡村长效管理工作开展专项民主监督。自7月制订监督方案以来，不断加强学习、提高认识，深入一线实地调研9次，召开座谈会8次，参加调研67人次，提出意见建议21条。发挥监督员作用。区委推荐李峰参加区纪委3个责任制检查；尤佳秋、李峰、项美君、张秀红、郭东方、谢希等新任或继续受聘担任市或区特邀监督员，认真履行民主监督职能，在做好“一岗”工作的同时，积极投入到各项监督工作中去，充分发挥民主监督作用。五是积极履行政治协商职能。民建区委积极参加各类协商会议，精心组织发言材料，在区政协、区委统战部组织的各类协商会上建言献策。在区政协组织的“工业园区‘一体化’改革”界别协商会上，区委组织会员参加会议并发言；在“环保整改落实情况”“青浦深度融入长三角更高质量一体化发展”“‘十三五’规划中期评估”等对口协商、专题协商会上，会内区政协委员都积极参与并作发言。在区委统战部牵头先后组织开展的6次政党协商会上，民建区委班子成员应邀参加并作交流发言。（沈俐）

■宣传工作 一是按时按质编发《青浦民建》会刊。全年编发《青浦民建》4期近26万字，共刊发区委要闻35篇，支部、专委会活动类信息24篇及参政议政类文章10篇、各类征文11篇、学习心得11篇、社情民意52篇。二是落实专人推送“青浦民建”微信公众号。全年共推送信息58篇。三是增强宣传队伍力量，做好信息采集、撰写和报送工作。2月，民建区委发文调整《青浦民建》编纂委员会名称和班子成员，将《青浦民建》编纂委员会更名为宣传委员会，增补汪丽增、侯勇为委员；5月，各支部和专委会根据区委部署，落实专门的信息员，做到活动有专人记录、撰写并上报区委。区委全年报送民建市委会议、活动类信息50篇（被录用49篇）、文章19篇，报送区委统战部会议、活动类信息54篇。（沈 俐）

■**组织建设** 一是筹建“青浦民建之家”。6月，区委全面部署推进“青浦民建之家”建设，选址在企业家会员黄泽伟无偿提供的上海青渚美术馆二楼。整个筹建过程得到广大会员尤其是企业家会员的大力支持，其中：陆景阳负责设计、装修；徐为勇无偿提供桌、椅50套；卢伟光承担装修材料、设备资金；陈健全制作“青浦民建之家”的金属铭牌。12月8日，民建中央副主席、上海市政协副主席、民建上海市委主委周汉民与中共青浦区委常委、统战部部长孙挺为“青浦民建之家”揭牌。二是重视新会员发展工作。三是加强后备干部队伍建设。四是注重民建之友的考察和教育。4月，区委制定《民建青浦区委关于进一步做好民建之友考察的指导意见》。五是调整部分专委会名称和组成人员。2月，区委调整了《青浦民建》编纂委员会名称以及班子人员，增加了退休会员委员会副主任，调整了企业委员会班子人员。（沈 俐）

12月8日，民建青浦区委举办“青浦民建之家”揭牌仪式，图为民建中央副主席、上海市政协副主席、民建上海市委主委周汉民（左），区委常委、统战部部长孙挺（右）为“青浦民建之家”成立揭牌（民建区委供稿）

■**依托优势服务社会** 一是民建区委收好用好“特殊会费”。全年捐交“特殊会费”会员119人，捐交率达72.6%。“特殊会费”主要开展如下活动：开展捐资助学活动。区委再次资助云南省红河州金平苗族瑶族傣族自治县金河镇哈尼田小学家庭条件特困且学习成绩相对优秀的学生25人，第二十一次捐助青浦高级中学6名优秀贫困生。开展敬老爱老活动。民建区委承办了区委统战部开展的“同心善行”情暖敬老院活动主会场——朱家角镇敬老院的文艺演出活动；关心会内退休会员，退休会员捐交的“特殊会费”给退休会员委员会开展活动。二是开展、参与各类活动。区委在春节前夕、暑期前夕上门探望老领导、老会员，各支部也相继开展走访慰问活动；举办2018年青浦区第三届“民建杯”门球邀请赛；举办文化讲座，叶肇恺两次到金泽镇举办文化讲座；协助民建市委到青浦开展为民服务活动；第四支部到结对的夏阳街道东盛居委会开展“同心帮扶，‘学雷锋’志愿服务”活动和重阳节敬老爱老志愿服务活动；民建区委组织会员、民建之友参与区委统战部的“同心善行”情暖敬老院活动，组织会员报名成为区委统战部组织的“进博会”统战志愿者。（沈 俐）

民进上海市青浦区总支

■**概况** 2018年，民进总支坚持以党的十九大精神和习近平新时代中国特色社会主义思想为指导，深入学习贯彻习近平总书记在首届“进博会”上的主旨演讲和考察上海重要讲话精神，以纪念中共中央发布“五一口号”70周年、改革开放40周年为契机，举办系列活动，增进政治共识，加强自身建设，履行参政党职能，积极服务社会，各项工作取得新进展。

民进总支发展新会员16人，至年底，共有会员82人（其中：市人大代表1人、区人大代表2人，区政协委员8人）。召开全体会员大会1次、主委办公会议6次；开展课题调研3项，形成调研报告2篇；提交提案12件（其中1件被区政协评为优秀提案）、社情民意41件；开展社会服务4次，资助贫困学生2人。（刘云平）

■**思想建设** 1月10日，总支邀请在青十九大代表徐爱蓉，为会员作十九大报告学习辅导讲座，坚定会员们走中国特色社会主义道路、实现伟大中国梦的决心和信心；在纪念中共中央发布“五一口号”70周年活动中，总支根据区委统战部的动员部署，结合民进市委关于开展“加强思想教育”主题年的活动要求，组织会员学习、宣传民进会史和新会章，巩固多党合作的思想基础，树立人才强会的理念；总支在会员中征集组织成立以来的工作和活动影像资料，提供“中国民进发展史及青浦总支情况介绍”等会史资料，为区委统战部制作《风雨同舟筑梦路，砥砺奋进新时代》——各民主党派工作掠影宣传册贡献力量；为更好地宣传、继承和发扬民进老一辈开创者与中国共产党风雨同舟、患难与共的优良传统，总支组织30多位会员利用业余时间，排练舞台剧《只有跟共产党走，才是在正道上行》，并于11月8日随总支到华新镇养老院慰问活动时演出。（刘云平）

■**组织建设** 按照新会章和民进市委会关于新会员发展的相关规定及要求，全年共发展新会员16人，发展率名列全市各区、直属委员会第二位。9月13日，经支部大会选举，薛怀斌和金静静分别增补为小幼教支部和综合支部委员；为加强后备干部队伍建设，先后有10位骨干会员参加了民进市委、区委统战部举办的中青年干部(专家)履职研修班、培训班以及挂职锻炼等。4月20日,综合支部组织会员到松江九曲创意工坊体验、参与植树绿化,争当“进博会”志愿者;5月11日,综合支部到安徽省宣城市泾县“新四军军部旧址”参观;6月上旬,多名会员参加由市文物局、青浦区人民政府、上海博物馆、青浦文广局等联合主办的“做客青龙镇文化论坛”活动,深入认识青龙镇的历史文化价值;6月中旬,部分会员与民进东航支部进行学习交流,开展联谊活动;8月12日,中教支部召开新会员座谈会,增进会员团结,增强组织凝聚力;10月16日,中教支部到“进博会”前线指挥部参观学习,助力首届“进博会”顺利召开。(刘云平)

■参政履职　总支把提高党派履职能力和水平作为重点任务来抓,对会员进行针对性地培训。3月下旬,邀请民进市委参政议政部张昱坤作社情民意信息写作辅导讲座,使会员们深入了解建言献策的方式、角度、写作技巧等;按照市委大调研要求,3月底,民进市委主委黄震一行到青浦区考察调研;10月30日,小幼教支部结合新农村建设开展工作推进会,到松江区五厍农业园实地考察,为都市现代农业发展、乡村振兴战略实施建言献策。总支上报民进市委、市委统战部和市政协社情民意10项,并被采用。其中,《建议中小学定制适合学生健康生长的课桌椅》被翁铁慧副市长批示;总支委员郑湘竹以“人民建议”的形式向市领导提交《关于乡村振兴的若干建议》,先后得到了中共中央政治局委员、市委书记李强,市委常委、政法委书记陈寅及副市长彭沉雷的批示。总支承担了区委《2018年度中共青浦区委同各民主党派、无党派人士政党协商计划》中7项重要课题,全年已有5项完成结题。(刘云平)

■服务社会　春节前夕,总支与香花桥街道民惠二居委党支部联合举办“上善先锋行——写春联、送祝福进社区”活动,在把新年祝福送给社区百姓的同时,传承和弘扬中华优秀文化传统;5月初,总支多位会员参与由区委统战部组织的、各民主党派和无党派人士参加的“同心善行”情暖敬老院活动,为老人们提供医疗咨询、卫生护理、爱心物品等;11月8日,部分会员和入会积极分子到华新镇养护院,开展爱心慰问演出;9月初,总支到朱家角中学开展爱心助学活动。(刘云平)

6月12日,民进青浦区中教支部与民进东航支部开展联谊活动

(民进总支供稿)

农工党上海市青浦区委员会

■概况　2018年,农工党青浦区委带领广大党员认真学习贯彻中共十九大和十九届二中、三中全会精神及习近平新时代中国特色社会主义思想,积极履行参政党职能,紧紧围绕全区中心工作,各项工作取得新进展。12月,农工党区委获得上海市统一战线(工作)先进集体。

至年底,农工党青浦区委共有党员118人,平均年龄48.5岁,其中:医药卫生界63人,占党员总数的53%;教育界15人,占党员总数的13%。在职党员96人,占党员总数的81%。党员中有市人大代表1人,区人大常委1人、区政协委员9人(其中:政协副主席1人、常委1人)。(王　寅)

■思想建设　召开区委扩大会议,集体学习习总书记在“进博会”上的主旨演讲、考察上海重要讲话精神和李强书记在全市领导干部会议上的讲话精神,区委班子学前一步、学深一层,带领党员领会习总书记重要讲话精神。党员中民营企业家参加农工党上海市委和中共青浦区委统战部召开的企业家座谈会,区委及时将党员企业家的诉求通过建言献策平台报送。(王　寅)

■开展学习教育活动　农工党区委牢牢把握教育主题,紧扣主线开展“三学一讲”(“三学”指学习习近平新时代中国特色社会主义思想和中共十九大精神,学习《中华人民共和国宪法》,学习农工党十六大精神、《中国农工民主党章程》和多党合作历史;“一讲”指领导干部讲党课)专题活动。学习习近平新时代中国特色社会主义思想和中共十九大精神,学习《中华人民共和国宪法》,学习农工党十六大精神、《中国农工民主党章程》和多党合作历史,增进政治共识,深化新一轮政治交接。组织党员到金泽水库、朱家角彩虹桥开展饮水思源“不忘合作初心,继续携手前进”主题教育活动。区委积极参加中共青浦区委统战部举办的“携手新时代、助推新跨越——纪念‘五一口号’发布70周年系列活动”,重温多党合作的初心,为推进新时代统一战线和多党合作事业不断发展献计出力。区委积极开展庆祝改革开放40周年活动,组织党员撰写征文,被评为“上海农工党与改革开放40周年”学术论文和故事征文征集活动先进组织。(王　寅)

■民主监督　根据《中共青浦区委委托各民主党派区级组织对美丽乡村长效管理工作开展专项民主监督的方案》，农工党青浦区委制定《农工党青浦区委对美丽乡村长效管理工作开展专项监督的方案》，成立民主监督小组，对赵巷镇中步村、和睦村开展美丽乡村长效管理工作专项监督。通过听取通报、召开座谈、现场走访、查阅资料，监督组了解核实美丽乡村长效管理工作情况和工作进展，对美丽乡村长效管理工作积极建言献策。区委根据农工党上海市委对口云南省脱贫攻坚民主监督相关文件精神，"寓帮于监""寓监于帮"，采用集中、分段、基层轮转等形式落实7名红河州全科医生在青浦为期3个月的进修培训，地点涵盖中山医院青浦分院、徐泾镇、华新镇、金泽镇和盈浦街道社区卫生服务中心，按需分程、注重实效、统筹规划、分类指导，切实提高云南省全科医生的业务水平。党员田惠敏代表区委参加农工党市委到云南省红河州开展的脱贫攻坚民主监督调研活动。农工党区委被评为农工党上海市委2018年对口云南省红河州脱贫攻坚民主监督先进集体，党员饶斐文、徐敏、王寅获得先进个人称号。（王　寅）

4月，农工党青浦区委开展"不忘合作初心，继续携手前进"主题教育活动

（农工党区委供稿）

■课题调研　农工党区委高度重视调查研究工作，积极组织党员深入基层开展课题调研，相继完成《青浦区长护险工作状况调查》《青浦区医疗资源配置与需求现状及建议》《青浦区养老机构感染控制现状调查及对策研究》《关于更好发挥上海红十字救灾备灾中心社会效益的思考和建议》等课题报告。农工党中央组织部在沪调研期间，区委积极配合中央、市委做好关于基层组织创优、党费收缴和党内监督等方面的专题调研工作。（王　寅）

■参政议政　农工党区委积极参加中共青浦区委同各民主党派、无党派人士的政党协商会，就青浦区创新、创业体系建设、农业供给侧结构性改革推进情况、环城水系公园建设、区政府社会事业设施建设三年行动计划开展政党协商。区委积极参加区政协五届二次提案主席督办会议、"乡村振兴战略"同类提案办理集中协商、"城市网格化管理"等界别协商活动。区委通过调查了解、民主讨论形成建言，在民主协商中推动区经济社会发展。

农工党区委以关注民生为参政议政切入点向区政协提交集体提案18件，13件被主办单位解决或采纳、2件被列入计划拟解决、3件被留作参考。其中，《加快整合社会资源，提升健康服务能级》在区政协五届二次会议上作大会发言；《关于加大非国有博物馆扶持力度的建议》被区政协评为2018年度优秀提案并被转化为建言献策，由中共青浦区委统战部报送中共上海市委统战部并被《统战专报》采用并获得时任副市长翁铁慧的批示。

农工党区委递交社情民意33件，其中：王寅撰写的《关于进一步在沪上商圈推进垃圾分类的建议》《关于规范电商开具电子发票的建议》、吕建红撰写的《在居民区建设垃圾中转站的问题及建议》、付红撰写的《关于对上海市高中阶段招生体检表减少透视项目的建议》、沈秀芳撰写的《关于解决私自占用公路晒谷的建议》被区政协报送市政协，吴维特、冯桂萍撰写的《关于立足社区卫生服务中心，积极开展心理健康服务的建议》、沈秀芳撰写的《关于建立和完善社区教育助学志愿者队伍的建议》、吴维特撰写的《关于充分发挥民主党派在中小河道综合整治民主监督作用的建议》被农工党市委采用单篇报送市政协，王寅撰写的《关于在10号线龙溪路地铁站台增设英语引导的建议》被市政协采用并报送市有关部门。农工党区委被区政协评为2018年度反映社情民意信息先进集体。（王　寅）

■社会服务　5月，组织骨干党员参加情暖敬老院活动，到朱家角镇、华新镇、白鹤镇、练塘镇等地开展社会服务；7月，组织骨干党员为盈浦街道爱心暑假班送课；8月3—8日，党员刘铁梅参加上海市人大到青海省果洛藏族自治州义诊活动；8月18日，为云南省红河哈尼族彝族自治州贫困山区学生和青海省果洛藏族自治州贫困藏民家庭捐赠棉被、棉衣；9月，参加在夏阳湖社区举办的书香共成长阅读公益捐书活动；10月21日上午，部分党员到金泽镇商榻雪米村开展送医下乡活动，发放健康宣教资料；下午，参与举办同心善行开卷有艺系列活动。（王　寅）

致公党上海市青浦区总支

■概况　2018年，致公党总支深入学习十九大会议精神和中共中央总书记习近平新时代中国特色社会主义思想；继承和发扬致公党优良传统，弘扬"致力为公、侨海报国"精神，围绕中心服务大局，履行参政党职能；依托自身优势，建言献策、服务社会，各项工作取得新进展。

全年共发展党员2人，至年底，共

有党员47人，下设3个支部和3个专委会。党员中有区人大常委1人，区人大代表1人，区政协常委1人、政协委员5人。（裴永飞）

■**学习实践活动** 结合纪念“五一口号”发表70周年举行学党史、学党章活动，认真学习习总书记在“进博会”上的讲话，组织党员学习孙春兰同志《大道》的统一战线理论。姚蓁参加致公党上海市委到广东省组织建设工作调研。

（裴永飞）

■**履行参政党职能** 完成提案《关于推进乡村振兴战略，促进城乡融合发展的建议》，并在区五届三次政协会议作大会发言。区“两会”期间，提交个人提案6件、集体提案1件、社情民意6件。总支围绕“青浦区创新创业体系建设”“城市网格化管理工作界别协商”“文化强区建设增强城市文化软实力”“环城水系公园建设”“新一轮社会事业设施建设”“农业供给侧改革”等关系国计民生的重大问题建言献策。总支还进行美丽乡村长效管理机制的专项民主监督工作。（裴永飞）

■**自身建设** 总支重视组织工作和党员学习与培训，推荐1名党员参加上海市委25届中年干部培训班，推荐2名党员参加上海市委社情民意信息培训班，推荐3名党员参加第五期青浦区党外中青年干部培训班，推荐5名党员参加致公党市委新党员培训，推荐1名党员参加区统战部挂职实践锻炼。

（裴永飞）

■**社会服务** 4—5月，总支委员毛晓东分别到甘肃省和云南省支援教育，为当地学生送去营养餐，并承担一年期的餐费；5月，组织党派有医疗卫生背景的党员深入社区进行送医下乡活动，为社区居民提供专业的医疗咨询和检查；发挥党派企业家党员优势，开展敬老服务，党员高宝霖分批向区内20多家敬老院捐赠万双袜子，体现致公党员心系社会、回报社会的情怀；5月，总支参加市委组织的爱心义卖活动，共筹得义卖善款1000余元；5月底、6月初，总支副主委周敏华、第三支部主委陈杰，发挥自身界别优势进行教育支援，为青海省果洛藏族自治州班玛县送课堂，并把先进的教育理念带给班玛县孩子和老师们；6月，党员于宝钦带领上海吉晨公司管理人员深入云南省普洱市澜沧县基层，了解当地特困户，与当地政府一起进行扶贫运输、勤杂专业培训；7月，总支举办第八届欢乐暑期夏令营活动；8月，总支委员闵宏伟到新疆维吾尔自治区克拉玛依市进行为期18个月的支教活动；9月，总支主委姚蓁、委员毛晓东跟随市委到山东省济宁市南阳镇开展定点帮扶学校建设视察活动并捐赠衣物、学习用品。（裴永飞）

7月11日，致公党青浦总支举办第八届欢乐暑期夏令营活动

（致工党区委供稿）

九三学社上海市青浦区委员会

■**概况** 2018年，九三学社青浦区委深入学习贯彻习近平新时代中国特色社会主义思想，围绕区委五届五次、六次全会确定的目标任务，积极履行参政党职能，推进自身建设，各项工作呈现新气象新作为。

全年发展新社员15人，新转入社员2人，至年底，共有社员128人。九三区委设有区委委员7人，下设5个支社。社员中有市人大代表1人、区人大代表1人，区政协常委2人、委员11人。大专以上学历为125人，占社员总数的98%。九三区委获九三学社市委2018年度新闻宣传工作优秀集体、区政协反映社情民意先进集体等。（王淑娟）

■**加强思想建设** 深入开展专题活动。积极参与区委统战部于5月举办的“携手新时代、助推新跨越——纪念‘五一口号’发布70周年系列活动”。组织社员认真学习《大道——多党合作历史记忆和时代心声》和《中国统一战线史》，积极组织社员参与宣传片的拍摄和宣传册的编辑，进一步学习统战理论知识，重温党派历史。

深化学习宣传活动。充分利用社区委现有平台，深化学习宣传活动。全年编发4期《青浦九三》刊物；顺利改版“青浦九三”微信公众号，及时刊发社区委的活动动态、社员的交流体会文章等，自8月底改版以来，发布信息20余条。社区委还积极鼓励社员参加统战部组织的“上海统一战线与改革开放40周年”征文活动，何敏的《永远与生命之源紧紧相依》获二等奖、冯正平的《为农村厕所革命叫好》获三等奖。社区委以微信群等方式，积极发动社员参加社中央举办的社史社章知识竞赛。

学习与会议、活动相结合。九三学社区委全年召开区委扩大会4次，组织各类专题会议活动18次，支社组织会议、活动11次。社区委、支社组织社员学习、传达最近相关的会议、文件精神，做到学习、会议、活动相结合。

（王淑娟）

■**组织建设** 积极稳妥发展社员。2018年,在坚持质量、保持特色的前提下,九三学社区委发展社员15人,新转入社员2人,共有社员128人,还有18位入社积极分子在考察中。新增的17名社员平均年龄38.5岁,其中硕士学历5位、大学学历12位。九三学社区委认真对待每位社员的入社发展,确保程序规范,坚持发展前的约谈和所在单位党组织的走访,并注重平时保持与入社积极分子的联系,及时了解他们的思想动态。

开展丰富的组织生活。年初,社区委开展"我骄傲,我是九三人"主题学习活动,内容丰富、形式多样,大部分社员和入社积极分子参与其中。支社活动也是各有特色。一支社组织社员结合美丽乡村长效管理专项监督活动,在对口监督的岑卜村开展支社活动;二、三支社到浙江省安吉市参观新农村建设,现场领会"金山银山不如绿水青山"的发展理念;四支社开展走到社员身边的活动,组织社员参观曾宪凯工作过的养殖基地,现场了解情况,听取介绍;五支社因地制宜,在政法学院院内开展活动。同时,各专委会活动融入学习主题,带有九三特色。如妇女工作委员会在三八妇女节以"习礼射、学精神、闻书香、游古镇"为主题,提高大家的政治觉悟,加深对中国传统文化的认识;老年工作委员会在重阳节活动中,赏乡村美术馆,享受艺术熏陶。另外,还有"游陈云纪念馆、追忆伟人生平""进三里塘书局、品文墨书香"等主题活动。这些形式多样的活动,拓展社员的视野,增强社员的凝聚力。 (王淑娟)

■**履职工作** 积极参与政党协商。九三学社区委积极参加区委统战部组织的政党协商。4月,九三学社区委在青浦区创新创业体系建设政党协商中,提出三点建议;6月,在农业供给侧改革政党协商中,社区委提出两点建议;10月,在文化发展三年行动计划实施情况政党协商中,社区委通过认真学习相关文件,提出两点感受、两点思考、一点建议;12月,在环城水系公园建设政党协商中,社区委提出三点建议,在关于"青浦区政府性社会事业设施建设三年行动计划"政党协商中,九三学社区委提出四点建议。

精心调研,积极提交课题、提案、社情民意。年初,九三学社区委召开人大代表、政协委员、骨干社员参政议政工作专题会,围绕区委、区政府中心工作及社会热点、难点问题进行选题,并开展专题调研。同时,在社内广泛征集提案线索,形成各类提案建议。2018年,社区委共形成课题成果6篇,其中:赵微、申蕾执笔的《新形势下基层民主党派专项民主监督工作创新探讨》获上海市统战部调研课题三等奖。在区政协五届二次会议上,九三学社区委提交提案18件(其中集体提案2件、个人提案16件)。其中,朱国健执笔的集体提案《青浦政务新媒体融合发展现状及建议》和金炜的个人提案《发挥青西生态优势,加快世界级湖区建设的建议》被区政协评选为优秀提案。九三学社区委全年共收到社情民意51条,提交区政协36条(区政协报市政协19条,转送区有关部门12条,社情民意专报采用3条)、九三学社市委16条、区统战部21条。其中,章剑平撰写的《关于对〈上海市住宅物业管理规定修正案(草案)〉的修改意见》被市政协采用,李伟和张培正撰写的《关于青浦区中小河道整治后续管理相关建议》获区主要领导批示。 (王淑娟)

■**民主监督** 九三学社内人大代表、政协委员积极参加人大、政协组织的视察和督查活动,认真履行职责,积极建言献策。多名社员被聘为各部门监督员,通过信息交流、情况通报、视察等活动,发挥民主监督职能。7—12月,受中共青浦区委委托,九三学社区委对金泽镇美丽乡村长效管理工作开展专项民主监督。社区委高度重视,自7月底召开动员工作会议后,先后召开6次座谈会,各工作组实地调研7次,发放问卷111份,回收有效问卷109份,社员参加座谈调研30人次,收集意见建议5条。在监督活动中,社区委作了两个新尝试:一是调查问卷,通过向一定数量的村民调查,发现一些美丽乡村长效管理中存在的基础性问题,从而提出有价值的针对性建议;二是成立市区联动工作组,围绕《上海市都市现代农业发展三年行动计划(2018—2020)》,为美丽乡村建设协调九三学社市委委派社内专家到金泽镇开展工作,力求针对某个共性问题提供参考解决方案。 (王淑娟)

■**社会服务** 利用社内资源,积极开展培训活动。5月,社会服务工作委员会联合"共享健康驿站",为青浦区社区一线养老照护从业人员带来一场"康复医学物理治疗基础"为主题的公益培训;参与统战部的"同心善行"社会服务活动。5月,统战部联合各党派在敬老院开展统战宣传月社会服务活动,九三学社区委有10位社员报名参加,提供医疗咨询、科普讲座等服务。捐资助学,扶贫帮困。8月,九三学社区委三支社共14位社员捐资2451元,为云南省德

7月29日,九三学社青浦区委召开美丽乡村长效管理工作专项民主监督工作会议 (九三区委供稿)

宏傣族景颇族自治州梁河县小厂乡勐竜小学捐献22个吊扇,约2000支铅笔、1000块橡皮及握笔器、铅笔刀等文具。开展科普讲座进校园活动。10月,九三学社区委邀请九三学社社员、中科院知名专家常亮为朱家角中学高一学生做了一场关于北斗的科普讲座。集中优势资源,开展送医下乡活动。11月,九三学社区委组织11位医生到安徽省庐江县冶父山镇、白湖镇开展送医活动,受到当地村民欢迎。 (王淑娟)

青浦区工商业联合会

■概况 2018年,青浦区工商联紧紧围绕区委、区政府中心工作,认真践行"两个健康"(即非公有制经济健康发展、非公有制经济人士健康成长)工作主题,以开展"不忘创业初心,接力改革伟业"为重点的非公有制经济人士理想信念教育实践活动为抓手,扎实推进各项工作,完成全年确定的各项任务。 (钱玉莲)

■专题学习 组织非公有制经济人士深入学习党的十九大精神和习近平新时代中国特色社会主义思想及全国工商联十一届六次执委会议、上海市工商联十三届七次执委会议精神,准确把握新形势下对促进"两个健康"及工商联自身建设提出的新要求,增强工作积极性、主动性和创造性。组织机关干部、会员企业代表参加"促进民营经济发展系列讲坛"报告会和"长三角智能制造品牌与产业升级"论坛,组织会员企业开展产业政策宣讲会,进一步认清发展形势,推动非公企业在经济发展新常态背景下创新发展。 (钱玉莲)

■光彩事业 一是走访慰问原工商业者。春节前夕,分组走访慰问原工商业者,了解他们身体状况、生活需求,把党和政府的关心落到实处。二是举办真情传递捐赠活动。1月,区委统战部、区工商联、区红十字会在全区各街镇开展"同心善行,服务社会"企业家真情传递捐赠活动,非公企业家通过区红十字会"情系万家"迎春帮困项目,向全区250户因大病、重病等原因致困的家庭合计捐款50万元。三是开展精准扶贫活动。组织上海熊猫机械集团有限公司等12家企业负责人到云南省德宏傣族景颇族自治州开展"万企帮万村"精准扶贫村企结对帮扶活动,12家企业与12个贫困村进行结对签约,并向结对村合计捐赠100万元。四是举办退役士兵招聘洽谈会。11月15日,联合区政协、侨办、台办、侨联、民政局、人社局等单位举办"青浦区退役士兵就业招聘会",会员企业积极参与,共提供岗位60余个,200余人签订就业意向。 (钱玉莲)

■交流合作 一是警企合作共建。8月23日,青浦区工商联与青浦公安分局经侦支队举行合作共建签约仪式。区工商联主席、上海熊猫机械(集团)有限公司董事长池学聪,区委统战部副部长、区工商联党组书记李建明,公安青浦分局副局长华钢,区工商联副主席蒋华,民营企业家代表等40人参加活动。二是立足长三角一体化发展,在青浦区与江苏省苏州市昆山市、江苏省苏州市吴江区、浙江省嘉兴市嘉善县召开环淀山湖战略协同区联席会议上,与昆山市、吴江区、嘉善县工商联(总商会)签署友好商会协议书,充分发挥商会在经济交流中的优势,增进商会之间的友谊和合作,充分发挥工商联及民间商会的桥梁和纽带作用,为助推区域经济健康协调发展做贡献。 (钱玉莲)

■服务"进博会" 一是以"共享进口博览会效应,助推全面跨越式发展"为主题,举办"对话进口博览会"活动,全区各民主党派、工商联及无党派人士代表等300余人参加活动;二是为会员企业提供注册登记参观"进博会"的指导服务,共帮助50多家小微企业完成注册登记;三是与区人民检察院、公安青浦分局联合举办"护航进博会,严守安全关"——物流快递行业安全防范风险专题培训会,全区20家物流快递企业分管领导和安全部长参加培训。 (钱玉莲)

■调研走访 一是召开座谈会,了解企业需求。根据区工商联和基层商会的工作实际情况,分别在徐泾、赵巷、练塘、夏阳商会召开企业家座谈会,征集企业需求,及时通过大调研平台,将有关问题向区职能部门反映。二是借助相关平台,服务企业,助力企业转型发展。对于调研中收集到的问题,依托上海得名颂科技服务有限公司等中小企业服务平台,及时帮助企业申报相关项目;及时联系工商联法律顾问、律师,帮助企业进行相关法律咨询和服务。三是开展大走访活动,促进"两个健康"。 (钱玉莲)

■信息宣传 全年共出版《青浦总商会》双月刊6期。通过《青浦总商会》,传达有关政策文件,宣传企业家参与区域经济社会建设发展的亮丽风采和精彩人生。 (钱玉莲)

1月15日,青浦区工商联(总商会)企业家真情传递捐赠仪式举行

(区工商联供稿)

综　述

2018年，青浦区各人民团体、社会团体以习近平新时代中国特色社会主义思想为指导，全面深入贯彻党的十九大和十九届二中、三中全会精神，牢牢把握“八个明确”主要内容和“十四个坚持”基本方略，全面推进从严治党，树牢“四个意识”，坚定“四个自信”，坚决做到“两个维护”，在工作中勇于担当作为，各项工作取得新进展。

区各级工会组织学习贯彻习近平总书记关于工人阶级和工会工作的重要论述，围绕中心大局，竭诚服务职工，在推进建功立业、深化工会改革、坚守主责主业、加强自身建设等方面取得新进展。至年底，区总工会下辖街镇总工会11家，委、局工会30家，区级公司工会7家，行业工会8家。年内，青浦区获全国工人先锋号1家、全国优秀工会工作者1人，市“五一”劳动奖状12家、市“五一”劳动奖章16人、市工人先锋号16家。

团区委以“改革再出发”为指引，在中心工作中主动担当，为青年成长成才切实服务，全面落实从严治团。年内，14名青年获上海市青年五四奖章、优秀团干部、优秀团员等荣誉；4家团组织获上海市青年五四奖章集体、市红旗团委等荣誉称号。至年底，全区共有团组织1282家，团员13527人，其中：“两新”团组织376家，覆盖团员4904人；有专、兼职团干部1586人。

区各级妇联组织深化群团改革，完成全年各项目标任务。年内，区11个街镇、298个村居完成妇联换届选举工作，街镇共选举产生新一届妇联执委376人，其中：妇联正、副主席44人；村居共选举产生新一届妇联执委4739人，298名新当选妇联主席全部进入村居“两委”，连任162人、新任136人。表彰市、区巾帼文明岗64个，巾帼建功标兵、城乡妇女岗位建功先进个人63个；表彰“全国五好家庭”2户、“全国最美家庭”2户、“海上最美家庭”10户、区级“最美家庭”50户。

区科协履行科协职责与职能，开展科学普及、学术交流、人才服务等工作，开展全民科普周（日）活动。年内，获2018年全国科普日活动优秀组织单位荣誉称号。至年底，全区有国家级科普教育基地7家、市级科普教育基地19家、区级科普教育基地52家、科普示范村居43家、科普村居123家，科普志愿者2542人。

区侨联围绕“两个并重”“两个拓展”，深化创新与改革，充分履行职能，发挥优势。年内，举办侨联干部培训班、新侨读书沙龙等活动；打造新侨创新创业平台，推荐侨资企业创建新侨创新创业实践基地；拓展基层侨联组织体系，成立区首家社区侨之家——夏阳街道章浜社区“侨之家”，整合园区、街道资源成立“侨缘驿站”。

区残联深入贯彻中央、市、区关于残疾人工作部署要求，推动残疾人事业与全区经济社会协调发展。年内，完成新增残疾人就业指标400个，安置残疾人就业452人，完成残疾人家庭无障碍改造80户。组织2018年上海市第一届视力残疾人趣味运动会、青浦区第二十八次全国助残日等活动，区盲协在上海市第一届视力残疾人趣味运动会中获一等奖。

区红十字会围绕党和政府中心工作，为保障和改善民生、促进社会文明和谐做出了新的贡献。年内，区红十字会被中国国际进口博览会医疗卫生保障工作领导小组授予“服务卓越，保障有力”奖牌。至年底，全区新增2名造血干细胞捐献实现者，全区累计造血干细胞捐献志愿者4145人，实现者12例。2018学年，全区共有收费单位149所参加少儿住院互助基金，参加总人数为85200人，参加率达97.78%，总计收费约881.12万元。年内，完成2018年人道救助基金、少儿基金账户审计和公示。

（吴言荻）

青浦区总工会

■概况　2018年，全区各级工会组织坚持以习近平新时代中国特色社会主义思想和党的十九大精神为指导，学习贯彻习近平总书记关于工人阶级和工会工作的重要论述，围绕中心大局，竭诚服务职工，在推进建功立业、深化工会改革、坚守主责主业、加强自身建设等方面取得新进展，助推青浦全面跨越式高质量发展。

至年底，区总工会下辖街镇总工会11家，委、局工会30家，区级公司工会7家，行业工会8家（纺织、建筑、旅游、餐饮、物业、环卫、印刷、快递物流）。全区基层工会组织1924家（包括工会联合会），涵盖建会单位11139家，入会会员322249人，其中：独立建会1759家，会员223174人。

年内，青浦区获全国工人先锋号1家、全国优秀工会工作者1人，市“五一”

1 月 13 日，“带副春联回家乡”——2018 年上海工会文化惠民系列活动青浦站启动仪式举行　（区总工会供稿）

劳动奖状 12 家、市“五一”劳动奖章 16 人、市工人先锋号 16 家。　（朱建强）

■突出政治思想引领　开展主题教育，通过专题宣讲、新媒体互动及职工主题教育活动等形式，推动党的十九大精神和中国工会十七大精神进企业、入车间、到班组。成立青浦工会职工志愿者服务总队，引导非公企业培育和践行社会主义核心价值观。举办全区劳动先进工作者和先进集体表彰大会，“庆五一，话工匠”劳模、先进工作者代表座谈会。“公益乐学”培训项目累计培训职工 2.3 万人次。　（朱建强）

■持续深化工会改革　年内，11 家街镇全部启动深化非公企业工会改革推进工作，赵巷镇、华新镇、徐泾镇等 5 家工会组织、单位被评为 2018 年上海市非公企业工会改革示范点单位。区快递物流行业工会联合会建设工作获上海市基层工会十佳创新案例奖。会同区委组织部、区国资委制定下发《关于加强和改进本区国有企业工会工作的实施方案（试行）》，推进实施淀山湖新城公司、青浦工业园区、青浦巴士公共交通公司等 3 家单位改革试点工作。主动牵头协调相关单位，形成《推进新时期青浦产业工人队伍建设改革的实施意见》（征求意见稿）。　（朱建强）

■聚焦主责主业　全年各级工会参与劳动争议调解 315 件，提供法律援助 561 件，为职工挽回经济损失 1.2 亿元。建立完善区、街镇和企业三级职工文化服务体系，推动盈浦街道职工文体中心试点运作。全年新建“爱心妈咪小屋” 13 家，建设户外职工“爱心接力站”21 家，新办工会会员卡 2.5 万余张，组织企业一线职工体检和疗休养 8600 余人。职工互助保障受理各类理赔 6700 余人次，理赔金额 1171 万元。　（朱建强）

■自身建设　4 月 17 日，青浦区工会第五次代表大会召开，完成直属工会组织及物业、印刷、绿化市容等三大行业工会换届工作 18 个。推进大调研活动，通过多种形式调研各类企业 3700 多家。对接云南省德宏州总工会，开展职工帮扶等援滇合作。　（朱建强）

2018 年青浦区总工会第四、第五届委员会会议情况表

表 17

会议时间	会议名称	出席范围	会议主要内容
3 月 21 日	四届十七次全委（扩大）会议	区总工会第四届委员会全体委员、经审会委员、女工委委员，各街镇总工会正、副主席，各委、局、区级公司工会正、副主席（主任），各行业工会正、副主席以及区总工会机关各部室负责人	总结回顾 2017 年工会工作，安排部署 2018 年工作任务
4 月 17 日	区工会第五次代表大会	区工会第五次代表大会全体代表	选举产生区总工会第五届委员会、经费审查委员会和出席市工会第十四次代表大会代表，表决通过《关于青浦区总工会第四届委员会工作报告的决议》《关于青浦区总工会第四届委员会财务工作报告的决议》和《关于青浦区总工会第四届经费审查委员会工作报告的决议》
4 月 18 日	五届一次全委会议	区总工会第五届委员会全体委员	选举产生青浦区总工会第五届委员会主席、副主席、常委
7 月 13 日	五届二次全委（扩大）会议	区总工会第五届委员会全体委员，区产业工人队伍建设改革工作相关单位分管领导，各镇街镇总工会主席、副主席、专职干部，各委、局、区级公司工会负责人，区总工会机关、事业单位中层以上干部	产业工人队伍建设改革专题讲座

（续表）

会议时间	会议名称	出席范围	会议主要内容
8月21日	五届三次全委（扩大）会议	区总工会第五届委员会全体委员、经审委委员、女工委委员，各街镇党（工）委分管领导、总工会正、副主席，各区级公司党委分管领导、工会正、副主席，各委、局工会正、副主席（主任），各行业工会联合会正、副主席及区总工会机关各部室、文化宫负责人	总结上半年工作，部署下半年工作；专项部署加强和改进国企工会工作
11月1日	五届四次全委会议	区总工会第五届委员会全体委员	传达学习中国工会第十七次代表大会精神
12月18日	五届五次全委会议	区总工会第五届委员会全体委员	选举（增补）蔡学锋同志为区总工会第五届委员会常委、副主席
12月18日	五届五次全委（扩大）会议	区总工会第五届委员会全体委员，各街镇总工会主席、副主席、专职干部，各委、局、区级公司工会干部，区总工会机关、文化宫全体干部	推进长三角更高质量协同一体化发展专题讲座

（朱建强）

■开展上海工会文化惠民系列活动 1月13日，“带副春联回家乡”——2018年上海工会文化惠民系列活动暨“公益乐学”传统文化直通车青浦站启动仪式在青浦工业园区会展厅举行。市总工会副主席李友钟等领导出席。由市总工会、区总工会领导为职工代表赠送春联，并启动“公益乐学”传统文化直通车青浦站活动。600余名职工现场请书画家写春联，参与灯谜、剪纸、折纸、草编、泥塑、糖画等“公益乐学”传统文化直通车项目展示互动。（朱建强）

■走访调研户外职工“爱心接力站” 3月5日，区人大常委会副主任、区总工会主席赵宏林走访调研农商银行青浦支行公园路营业部、中国电信公园东路营业厅和香花桥街道袁家村3家单位的户外职工“爱心接力站”运作情况，并与其工会和“爱心接力站”工作人员进行交流座谈。（朱建强）

■召开劳模先进代表座谈会 5月1日，区总工会召开“庆‘五一’，话工匠”2018年青浦区劳模、先进代表座谈会。会议通报中共中央、国务院印发的《新时期产业工人队伍建设改革方案》和市委、市政府印发的《关于推进新时期上海产业工人队伍建设改革的实施意见》，介绍区工匠培养选树工作情况。孙刚、袁霞等16名劳模先进代表交流工作经验。（朱建强）

■全国总工会权益保障部到青浦调研 6月5日，全国总工会权益保障部到青浦区调研快递物流行业工会工作。全国总工会权益保障部部长粟斌，上海市总工会副主席张得志，青浦区人民政府副区长王凌宇等领导出席调研座谈会。粟斌一行参观圆通速递有限公司，听取区总工会关于快递物流行业工会联合会工作汇报，与部分快递企业工会主席进行座谈交流。（朱建强）

■举办“青浦智造与工匠精神”主题学习活动 6月27日，区总工会联合上海社会科学院经济研究所、区经济委员会在区东航应用技术研发中心举办“青浦智造与工匠精神”学习交流活动暨《青浦品牌企业巡礼》授书仪式。上海社科院经济研究所专家学者作主旨演讲。申通快递股份有限公司副总裁邹建生进行交流发言。区总工会领导班子成员、各部室负责人参加学习活动。（朱建强）

■全国第十次厂务公开民主管理检查组到青浦开展调研检查 7月12日，由湖南、陕西、山西三省组成的全国第十次厂务公开民主管理检查第三互检组到青浦区开展调研检查。市总工会副主席刘言浩等领导出席调研检查座谈会。区厂务公开工作领导小组副组长、区人大常委会副主任、总工会主席赵宏林作汇报交流。日立电梯（上海）有限公司、上海汇益控制系统股份有限公司、上海晨兴希姆通电子科技有限公司工会负责人分别汇报交流各自企业厂务公开民主管理工作开展情况。（朱建强）

■区总工会领导慰问高温一线职工 7月，区总工会领导班子分四组到全区11个街镇基层单位，慰问在高温一线工作的职工，全面启动2018年工会送清凉系

4月17日，青浦区工会第五次代表大会召开（区总工会供稿）

列活动。7月26日，区人大常委会副主任、区总工会主席赵宏林一行到上海沪工焊接集团股份有限公司慰问，并调研企业职工职业技能培训开展情况。 （朱建强）

■举办护航"进博会"青浦群团组织创全志愿服务大放送集中行动 7月19日，护航"进博会"青浦群团组织创全志愿服务大放送集中行动，暨青浦工会志愿者总队成立仪式在纽福克斯光电科技（上海）有限公司举行。区工会职工志愿者服务队开展互助保障、法律援助咨询及书法、茶艺、插花、编结等展示服务活动。各街镇、企事业单位基层工会负责人、职工代表、职工志愿者代表400余人参加活动。 （朱建强）

■市总工会领导慰问"进博会"建设者并调研企业 8月16日，市人大常委会副主任、市总工会党组书记、主席莫负春一行分别到"进博会"建设项目西虹桥地区架空线入地整治工程项目部、泾北河整治工程施工现场和相关企业开展"送清凉"活动和调研。 （朱建强）

■组织职工建功立业 6月，开展"进博会"立功竞赛活动，组织七大赛区共72家单位3万余名职工参赛。区总工会荣获上海市服务保障"进博会"立功竞赛优秀组织奖。深化职工技能比武活动，全年发动500多家企业1.5万余名职工开展合理化建议等群众性科技创新活动。推进职工职业技能提升，联合区人社局培养选树首批"青浦工匠"12人。 （朱建强）

■举办"学思践悟十九大，凝心聚力进博会"主题演讲比赛 9月27日，由区总工会主办的"学思践悟十九大，凝心聚力进博会"主题演讲比赛在盈浦街道社区文化活动中心举行。区殡仪馆获得一等奖，区航务管理所、上海市毓秀学校获得二等奖，上海金发科技有限公司、朵朵幼儿园、上海青西投资发展有限公司获得三等奖。 （朱建强）

■举办服务保障进博会立功竞赛主题交流实践活动 10月16日，"当好主力军，建功进博会"服务保障首届中国国际进口博览会立功竞赛主题交流实践活动在国家会展中心举行。活动特别邀请一线劳模代表、党的十八大及十九大代表、青浦供电公司营业室主任徐爱蓉，党的十九大代表、上海机场集团虹桥机场安检护卫保障部旅检一科分队长吴娜与服务保障"进博会"的各单位进行交流分享。 （朱建强）

■举办"同一片蓝天"活动 10月26日，2018年"同一片蓝天"——为企业职工送文艺专场演出在上海展华电子有限公司举行。文艺演出前，区总工会联合区人力资源社会保障局、卫计委、司法局、妇联、红十字会、禁毒办、防范办等单位为现场职工群众提供法律政策咨询。年内，"同一片蓝天"文艺专场演出先后走进6家企业，服务职工超过3000人次。 （朱建强）

■市总工会领导慰问进博会一线职工 10月31日，上海市人大常委会副主任、市总工会党组书记、主席莫负春一行到上海市服务保障进博会立功竞赛办公室慰问在场工作人员，区委书记赵惠琴等陪同。慰问活动中，莫负春、赵惠琴等领导与参与保障"进博会"的公安青浦分局、区市场监管局及东方航空、上海铁路局等单位一线职工代表进行座谈交流。 （朱建强）

■2名职工获评2018年"上海工匠" 11月9日，上海金发科技发展有限公司工程师孙刚、上海沪工焊接集团股份有限公司高级技师程小磊在2018年"上海工匠"选树命名暨工匠精神主题论坛上获评"上海工匠"。 （朱建强）

7月29日，青浦区总工会快递物流、酒店服务、物业管理三大行业技能比武活动举办 （区总工会供稿）

共青团青浦区委员会

■概况 2018年，团区委以习近平新时代中国特色社会主义思想为指导，全面深入贯彻党的十九大精神及十九届二中、三中全会精神，以"改革再出发"为指引，全面落实从严治团，各项工作取得新进展。

至年底，全区共有团组织1282家，团员13527人，其中："两新"团组织376家，覆盖团员4904人。有专、兼职团干部1586人。

年内，青浦瀚文小学学生张溢获2018年度"全国优秀少先队员"称号，青浦区徐泾中学老师周慧兰获2018年度"全国优秀少先队辅导员"称号。14名青年获上海市青年五四奖章、优秀团干部、优秀团员等荣誉，4家团组织获上海市青年五四奖章集体、市红旗团委等荣誉称号。上海唯实希望小学吴家俊、青浦区珠溪中学政教处吴云阳、复旦大学附属中山医院青浦分院检验科蔡屹珺、青浦区社区工作者事务所王洁、青浦区城市管理行政执法局执法大队机动中队管星怡等5人作为上海市第二十一批青年志愿者到云南进行医疗扶贫志愿服务。 （邱　兰）

■“奔跑吧，领巾！”少先队主题社会实践活动总结表彰会 1月6日，“奔跑吧，领巾！”——青浦区少先队主题社会实践活动总结表彰会在区青少年活动中心举行。区科协副主席宋琳，团区委副书记、区少工委主任叶丽君出席活动。全区50所中小学少先队员代表、少先队辅导员200多人参加。活动于2016年1月起在全区各中小学开展，少先队员、儿童团员全员参与。（邱　兰）

■“接力中国新时代·助力青浦新跨越”交流活动 1月20日，由接力中国青年精英协会、区青联、区新的社会阶层人士联谊会、区青年创业协会（青浦区工商联青年创业者联谊会）联合主办的“接力中国新时代·助力青浦新跨越”交流活动举行。双方代表就青浦发展建设、企业发展、合作共赢等方面开展交流。市委统战部副部长房剑森，区委副书记、区长夏科家，团市委副书记、市青联主席刘伟，区委常委、统战部部长孙挺等领导出席。（邱　兰）

■青少年圆梦公益行动 2月9日，由团区委、区青联和区少工委主办，夏阳街道团工委承办的“青生活·爱公益·尚文化”——2018青浦青少年圆梦公益行动在夏阳街道文体中心举行，并启动“上善文化青年行”项目。区人大副主任胡海民、副区长王凌宇、区政协副主席董永元分别为青浦清河湾中学和朱家角镇团委、夏阳街道团工委和公安青浦分局团委、徐泾镇团委和青发集团团委、尚之坊文化创意园和尚都里文化交流中心等8家“上善文化青年行”示范先行单位颁发项目卷轴。（邱　兰）

■“国旗下成长” 3月4日，由团市委指导，团区委主办，市消防总队青浦支队团委承办的“国旗下成长”——上海青少年升国旗暨爱国宣讲主题活动（青浦区专场）在青浦博物馆举行。活动由授班旗、爱国宣讲、颁发“国旗下成长”荣誉证书组成。市公安消防总队党委常委、政治部主任孔嘉文大校，区委常委、统战部部长孙挺，副区长王凌宇为参加表演的小朋友颁发“国旗下成长”荣誉证书。

10月1日，“国旗下成长”——上海青少年升国旗暨爱国宣讲主题活动在青浦博物馆举行。赵巷镇团委推选的爱国宣讲《弘扬爱国志争当好学生》、白鹤镇团委的舞蹈《绣红旗》、盈浦街道团工委的诗朗诵《我骄傲我是中国人》、区教师进修学院附属小学的《进博会童谣》和青浦小荧星艺术团推选的朗诵《祖国的生日》等节目在仪式上演出。（邱　兰）

4月27日，“青春与担当”——青浦青年纪念五四运动99周年暨建团96周年主题集会在区会务中心会场举行　（团区委供稿）

■团区委全体会议 3月16日，共青团上海市青浦区第五届委员会第五次全体（扩大）会议在区会务中心二楼会议厅举行。会议传达区委五届五次全会精神、团市委十四届十二次全会精神。团区委书记沈竹林代表团区委常委会作《改革再出发、逐梦不停步，团结带领广大团员青年为青浦全面跨越式发展接续奋斗》工作报告，报告总结2017年团区委聚焦“主线”“主责”“主业”“主体”带领全团开展各项工作的情况，部署2018年各项任务和重点工作。会上，表彰2017年度青浦区红旗团组织10家、2017年度青浦区特色团组织10家，并为离任直属单位团干部颁发纪念证书。会议通过委员、后补委员卸职、递补确认案。区委副书记韩顺芳出席会议并讲话。会议结束之后，召开团员代表会议，选举产生青浦区出席共青团上海市第十五次代表大会代表11人。

8月10日，共青团上海市青浦区第五届委员会第六次全体（扩大）会议暨青年工作联席会议在区会务中心二楼会议厅举行。会议学习习近平同志在同团中央新一届领导班子集体谈话时的重要讲话，传达区委五届六次全会会议精神，公布《青浦区青少年发展“十三五”规划》中期评估报告。区委副书记、区青年工作联席会议主任韩顺芳，副区长、区青年工作联席会议主任王凌宇等出席会议。（邱　兰）

■纪念“五四”主题集会 4月27日，“青春与担当”——青浦青年纪念五四运动99周年暨建团96周年主题集会在区会务中心会场举行，与会领导为2017年度上海市青年五四奖章获得者、2017年度上海市优秀共青团员、2017年度上海市优秀共青团干部获得者颁奖。会议正式发布“青春青浦”微信公众号2.0版，并进行第一批青浦共青团助力中国国际进口博览会联席会议成员单位集体誓师。团市委副书记于杰、区委副书记韩顺芳、区人大常委会副主任胡海民、副区长王凌宇、区政协副主席董永元等出席活动。全区各直属单位分管领导、团组织负责人、区青联委员代表、上善联盟成员单位及各行各业团员青年代表等500余人参加。（邱　兰）

■护航“进博会” 4月13日，团区委助力中国国际进口博览会联席会议第一次全体会议在国家会展中心举行。会上，团区委与国家会展中心团委签署合

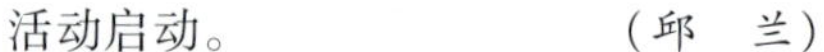

作备忘录，冯楠书记介绍中博会筹备情况。联席会议成员单位负责人、团区委各部室长介绍本职工作助力中博会并交流发言。

5月28日，由区委组织部、团区委、区妇联联合举办的“护航‘进博会’·党员在行动”——2018年青浦区基层干部进博知识培训班在区委党校开班。培训就区服务保障“进博会”前线指挥部的运作情况、区“进博会”重点项目建设情况作介绍，另邀请国家会展中心团委书记冯楠作专题介绍。全区各街镇社区党建服务中心主任，社会党委副书记、专职党务干部，服务保障重点单位组织部门负责人等共约150人参加培训。（邱　兰）

■“六一”鼓号展演活动　5月31日，由区文明办、团区委、区教育局、区少工委主办，上海市青少年活动中心、上海毓秀学校承办的“铿锵鼓号展风采，领巾拥抱新时代”——2018年青浦区少年儿童庆“六一”鼓号展演活动在上海市毓秀学校操场举行。区委副书记韩顺芳致辞，团市委副书记戴冰颁发区鼓号大赛特等奖，人大副主任胡海民、副区长王凌宇、区政协副主席董永元一同颁发区鼓号大赛一等奖。教育局党委书记孙卫、局长程卫国、团区委书记沈竹林为第二批成立青浦区学校少工委的学校进行授牌。（邱　兰）

■团干部培训　6月5—6日，2018青浦区区属单位团干部专题培训班在上海政法学院培训中心开班，培训为期两天。培训围绕团干部政治素养和履职能力、聚焦习近平新时代中国特色社会主义思想、新媒体时代宣传舆论工作和团队高效沟通与执行等内容展开，并邀请同济大学、上海政法学院教授、讲师作各类专题讲座。

9月17—18日，“青浦共青团学习习近平总书记‘7·2’重要讲话精神专题研讨班”在东方绿舟宾馆开班，研讨班为期两天。研讨班重点围绕“习近平总书记‘7·2’重要讲话精神”及“团的十八大精神学习”两个专题进行专项学习，包含专家讲座、小组研讨、交流分享和红色寻访等环节。各区属单位团组织负责人和各下属单位基层团干部近100人参加。（邱　兰）

■青少年红色寻访主题活动　7月1日，由团区委、区关工委指导，陈云纪念馆、区老干部局、区文明办、区教育局、团区委等5家单位联合主办，练塘镇团委协办的“传承红色基因，争做时代新人”——青浦青少年红色寻访主题活动在陈云纪念馆举行。仪式上，陈云纪念馆党委书记、馆长陈麟辉作讲话，区委组织部副部长、老干部局局长孙鸿根，区委宣传部副部长、文明办主任俞峰，区教育局党委书记孙卫，团区委书记沈竹林共同为青浦青少年红色寻访主题活动启动。（邱　兰）

■“爱心暑托班”　7月2日，青浦区“爱心暑托班”项目正式启动，项目为期两个月。爱心暑托班共有27个班，其中学校办班点18个、社区办班点9个。两期共有1600余名小学生报名参加。共有班主任130人、大学生志愿者300人、高中生志愿者100人参加爱心暑托班志愿者工作。课程方面涵盖国情党情教育、安全自护、文明礼仪、慈善文化、成果展示、科学普及、读书赏析、手工实验、素质拓展、文体锻炼、益智游戏等。

7月11日，团市委学校部一行由团市委党组成员、副书记戴冰带队到青浦区爱心暑托班办班点进行视察走访。戴冰一行人先后视察青浦区徐泾小学、青浦区实验小学御蓝湾校区、青浦区朱家角小学、青浦区颜安小学、青浦区蒸淀小学等暑托班办班点。

7月12—13日，由团区委联合区文明办、区教育局、区妇联、公安青浦分局、区消防支队、区综治办、区卫计委、国网电力青浦分公司等部门业务骨干组成联合检查组，对全区第一期办班点开展联合安全检查。（邱　兰）

■“扬帆回青”2018年青浦籍优秀大学生暑期社会实践　7月11日，团区委联合区人才办、区人社局召开“扬帆回青”2018年青浦区优秀大学生暑期社会实践动员大会。会上，团区委书记沈竹林作暑期社会实践工作总体介绍。回青就业青年代表、暑期社会实践大学生代表和用人单位代表分别作发言。区人社局局长俞藕英作动员讲话，并发布大学生社会实践衍生项目：青浦区大学生职业技能培训项目、青浦区大学生就业、创业指导培训项目。

8月29日，“扬帆回青”2018年青浦区优秀大学生暑期社会实践总结分享会在青浦区教师进修学院进德楼报告厅举行。团区委书记沈竹林作讲话，区人社局副局长周维平为40名暑期社会实践优秀学员领奖代表颁发优秀学员证书。3位大学生代表分享暑期社会实践感悟，1位带教老师代表用人单位分享带教心得。（邱　兰）

■学习团的十八大精神　7月13日，青浦共青团学习团的十八大精神专题会

10月12日，“体验改革新成果，领巾助力进博会”暨2018年青浦区纪念少先队成立69周年活动在御澜湾小学举行（团区委供稿）

在区会务中心举行。会上,团区委副书记叶丽君传达团的十八大会议精神。特邀2名团十八大代表分享学习团十八大会议精神的认识和体会。团区委书记沈竹林强调:一是要准确把握团的十八大的精神实质,自觉把思想和行动统一到团十八大精神上来。二是要突出重点、抓住关键,迅速在团员青年中掀起学习贯彻团的十八大精神的热潮。三是要立足本职、投身实践,进一步推动青浦共青团从严治团、改革攻坚。团区委委员、候补委员、市十五次团代会代表、各区属单位团组织负责人、上善联盟成员单位团组织负责人和团员青年代表共170多人出席。（邱　兰）

12月30日,上海市青浦区学生联合会第一次代表大会在青浦区教师进修学院开幕（团区委供稿）

■**助力精准扶贫座谈会**　8月24日,区青创协、青创联"青浦区青创协精准扶贫帮困专题座谈会"在区会务中心二楼会议厅召开。会上,区青创协、青创联会长、上海荣泰健康科技有限公司总裁林琪发出"弘扬青创精神彰显青创活动,青浦青创协会对口支援精准扶贫募捐倡议书"。现场进行举牌募捐仪式,筹得善款100万元,并对首批"智力帮扶"导师颁发证书。区委常委、统战部部长孙挺为区青创协专项扶贫帮困基金进行揭牌。副区长顾骏作重要讲话。（邱　兰）

■**各类比赛**　3月28日,"铿锵鼓号展风采,争做时代好少年"——2018年青浦区少先队鼓号大赛在青浦区豫英小学举行。全区47所学校1800多名少先队员参加。

9月16日,由区文广局、团区委主办,区文化馆承办的"再谱改革新篇,唱响上海之门"——2018年青浦"放歌淀山湖"青年歌唱大赛决赛在文化剧场举行。大赛共112人报名,经过海选、复赛,最终共有16名选手晋级决赛。黄浩、盛欣圆、张志强分获金奖、银奖、铜奖,吴鑫涛,宗海玉,王晴凯获最具潜力奖,程亦凡和金怡两名选手获网络最佳人气奖;徐泾镇文化体育服务中心、重固镇文化体育服务中心、朱家角镇文化体育服务中心、盈浦街道社区文化活动中心、音麦琴行分获组织奖。8名获奖选手同时被团区委和区青联聘为"青春青浦·文明使者"。

10月13日,由团区委、区教育局、区少工委主办,区青少年活动中心、青浦教师进修学院附属小学承办的2018年"雏鹰杯"青浦区"红领巾动感小健将"五项全能赛在进修附小开幕,全区232名队员参加。（邱　兰）

■**纪念少先队成立69周年活动**　10月12日,由区教育局、团区委和区少工委主办,区青少年活动中心和御澜湾学校承办的"体验改革新成果,领巾助力进博会"暨2018年青浦区纪念少先队成立69周年活动在御澜湾小学举行。活动现场,区教育局党委书记孙卫和团区委书记沈竹林共同为青浦区第三批学校少工委授牌,区教育局纪委书记、区少工委主任王良为2018年青浦区少先队优秀雏鹰假日小队活动颁发证书。团区委副书记、区少工委主任叶丽君向新任大队辅导员颁发聘书。内场仪式结束后,邀请区委宣传部时政讲师团讲师、全国关心下一代工作先进工作者、上海市社区教育优秀志愿者丁昆源老师开展进博知识主题讲座。（邱　兰）

■**青春嘉年华**　11月17日,由团区委、区青联联合主办的"遇见——2018青浦区青春嘉年华"在寻梦源举行。活动现场,团区委、区青联围绕美丽乡村建设这一重点工作,发布"美丽乡村"作品征集令。现场2对嘉宾成功牵手,评选出2位最佳默契青年。区各行各业单身青年及其亲友、区直属单位团组织的团组织负责人、区青联委员等200余人参加。（邱　兰）

■**团建联盟成立大会**　12月17日,青浦区快递物流行业团建联盟成立大会在华新镇e通招商中心举行。团市委基层工作部副部长杨莉萍、市邮政管理局团委书记郭超出席会议,青浦10家快递物流企业副总、团组织负责人参加会议。会上,团市委基层工作部副部长杨莉萍、市邮政管理局团委书记郭超共同为团建联盟成立进行揭牌。大会通过团建联盟章程,并选举产生团建联盟轮值主席,圆通速递有限公司团组织负责同志进行交流发言。（邱　兰）

■**改革开放40周年主题团日活动**　12月18日,"青春正当时·改革再出发"——青浦共青团庆祝改革开放40周年主题团日在区文化馆文化剧场举行。团市委副书记刘伟为青浦区青年"小巷总理"沙龙揭牌。区政协副主席董永元为2018年度青浦区优秀青年突击队颁发证书。全区各区属单位团组织分管领导、团组织负责人、区青联委员、上善联盟成员单位负责人、全区各行各业团员青年代表和嘉兴、苏州等地团干部代表等400余人参加,并观看青春追梦主题话剧《那年我十八》。（邱　兰）

■**学生联合会第一次代表大会** 12月30日，上海市青浦区学生联合会第一次代表大会在青浦区教师进修学院开幕。上海市青浦高级中学学生会主席程思婧代表青浦区各高中、中职学校学生会作题为《紧跟时代砥砺前行，担当责任奋发有为》工作报告。会上展示大会主题曲《我们的美好时代》、上海市“未来杯”微电影大赛参赛作品《阿尼玛卿》，表彰2018年优秀学生代表。区人大常委会副主任陶夏芳，区人民政府副区长王凌宇，区政协副主席董永元，团市委学校工作部部长、市学联秘书长徐速，团区委主要领导、分管领导，区教育局主要领导、分管领导，兄弟区县团区委分管领导，全区高中中职各校领导出席。

（邱 兰）

青浦区妇女联合会

■**概况** 2018年，全区各级妇联组织进一步深化群团改革，完成全年各项目标任务。全区11个街镇、298个村居完成妇联换届选举工作，街镇共选举产生新一届妇联执委376人，其中妇联正、副主席44人；村居共选举产生新一届妇联执委4739人，298名新当选的妇联主席全部进入村居“两委”，连任162人、新任136人。

年内，上海市青浦区劳动保障监察大队获全国“三八”红旗集体称号，丁昆源家庭和王芳家庭获第十一届全国五好家庭称号，石侃家庭和张依军家庭获2018年度全国“最美家庭”称号。

（董炜昱）

■**思想引领** 举办妇联系统学习党的十九大精神宣讲会，开设“共学十九大”“共筑新时代”微信专栏。召开中国妇女十二大精神传达、学习培训会，开展各类宣传宣讲活动。以“纪念改革开放40周年”为重点，推出“青浦女性说”之“新女性致敬新时代”主题活动，征集“百千万巾帼大宣讲活动”视频10个。

（董炜昱）

■**典型培树** 举办纪念三八国际妇女节表彰大会，表彰市、区巾帼文明岗64个，巾帼建功标兵、城乡妇女岗位建功先进个人63个。通过擂台赛等方式，推荐市“三八”红旗集体候选集体6个和市“三八”红旗手候选人17名。开设“新时代新女性·新使命新作为”“倾听她们，感受青浦的力量”等专栏专版。

（董炜昱）

■**网上妇联** 推出大调研线上通道、0—3岁幼托问卷调查、微信公众号使用情况调查等。围绕“三八”节等节点开展宣传，开设“巾帼群英谱”“崇善扬家风”等专栏，推出“女神节”送鲜花活动。全年共推送“青浦女性”微信公众号327篇，超过10万人次阅读。

（董炜昱）

5月11日，2018年青浦区“跨·阅”亲子阅读家庭修身活动举行

（区妇联供稿）

■**服务“进博会”** 围绕首届“进博会”，实施“上善巾帼建功行、志愿行、修身行、幸福行”四大助力行动，开展“青女话进博·共看新发展”“进博‘家’添彩”等主题活动。成立区巾帼志愿者服务总队，并加入“青浦文明志愿者联盟”，组织发动万余名巾帼志愿者参加进博服务。创新成立区进口博览会前线指挥部“妇女之家”，依托党群阵地为前线工作人员和家庭送关怀、送服务、送项目。

（董炜昱）

■**“创全”工作** 发挥区巾帼志愿服务总队作用，深入全区各街镇、村居、企业、学校等，开展“创全”群团志愿大放送等活动。组织志愿者参与交通大整治活动，指导各街镇巾帼志愿者分队因地制宜常态化开展交通志愿服务。以故事形式扩大“创全”工作的宣传覆盖面，举办“价值观引领新风尚，好故事传递正能量”基层巡回故事会100场次，10033人参加。

（董炜昱）

■**基层调研** 开展“不忘初心、牢记使命，推动青浦全面跨越式发展”大调研工作，全员参与、分组行动，共开展各类调研活动64次，走访座谈居民农户223户，收集各类问题207件。坚持边调研边解决，解决转办和自办件13件。围绕“基层妇女阵地建设探索与思考”课题开展专项调研，形成专题调研报告。

（董炜昱）

■**职业女性岗位建功** 发挥巾帼文明岗联盟平台作用，组织开展“青浦女性迎进博·百岗联手亮风采”“城乡姐妹心连心”“为民服务大放送、窗口巾帼文明岗”高温慰问等活动。

（董炜昱）

■**注重妇女发展** 推进“美丽乡村·芳华绽放”项目，组织先进女性、优秀岗组、巾帼志愿者等近300人到美丽乡村、巾帼基地参观。培育市区级“双学双比”实事项目8个，培训649人次，带动妇女就业359人，创造经济效益819.2万元。组织开展微摄影比赛，实施“农村女性智慧课堂”项目，主动参与区文化科技卫生“三下乡”活动，组织优秀女性参加全国“乡村振兴巾帼行动”电商骨干专题培训班、市郊区女带头人培训班，指导各街镇妇联组织巾帼志愿

者和女科技工作者下乡开展知识、技术、服务助农活动251次，6967人次受益。（董炜昱）

■**提升女性素养** 举办"智慧女性·筑梦人生"玫瑰讲坛10场、"女性阅读季"活动14场，惠及1600余人次。指导各街镇妇联主办、联办"妇女学技能"培训班123期，培训妇女3136人次。实施"创享未来·业聚青浦"服务女性创业公益项目，开设女性创业实训营，举办女性创业论坛。以培训和技能竞赛等形式，引导区家政服务员、母婴护理员和育婴员提升专业技能，413人报名参赛，315人培训考核合格并获得职业技能证书。联合区人社局等开展"春风行动"主题日暨女性专场工作招聘活动，33家企业提供岗位1152个，达成初步意向226人。（董炜昱）

7月4日，"服务进博，助力创全，巾帼在行动"启动仪式举行（区妇联供稿）

■**妇女维权保障** 依托村居综治中心建立妇女维权点291个。做实婚姻家庭纠纷预防和化解工作，"暖心阁"工作室成功劝和59对夫妻，提供心理疏导12次，开展团体辅导2次。每周三安排专人在区法院参与矛盾大调解工作，共接待群众咨询32人次。联合区信访办推进"知心妈妈"项目工作，助推4个个案矛盾化解。各级妇女组织全年接待来信来访来电275件，调处率达到98%以上。开展禁毒、防艾、宪法宣传进万家活动，举办"幸福从心出发"心理健康知识社区讲座7场、"七五普法周周讲"法律知识讲座5场，共计800余人参加。（董炜昱）

■**关爱妇儿** 引导社会各界关心关爱贫困母亲，在金泽镇举办"母亲邮包"集中发放仪式，80位困难母亲获捐赠。关注贫困家庭儿童文化需求，发放儿童文化福利补贴7.15万元。开展"恒爱行动"百万家庭亲情一线牵活动，组织爱心妈妈编织120件毛衣送给新疆困难儿童。推广"姐妹情"保险，9.8万余名女性参加，57名妇女获理赔，理赔金额122万元，帮助3名妇科重症妇女获得慈善手术救助。全年累计看望慰问困难妇女儿童354人、发放帮困金41万元，发放爱心羽绒服280件。（董炜昱）

■**规划落实** 协助区妇儿工委开展区妇女儿童发展"十三五"规划中期评估工作，指标达标率93.10%。联合区劳动保障监察大队开展维护女职工劳动权益专项检查活动。联合区市场监管局开展流通领域妇女用品检查，多元维护女性权益。联合区卫计委做好妇科及乳腺疾病筛查工作，全年共筛查29503人。关注未成年人成长，联合区检察院开展"防治校园欺凌，护航未成年人成长"活动。帮助1名7岁被遗弃女童重返家庭。（董炜昱）

10月11日，"创享未来·业聚青浦"——服务创业女性公益项目开展（区妇联供稿）

■**服务家庭** 整合社会力量实施区妇儿家庭公益服务项目11个，开展服务218场，服务13265人次；指导街镇实施服务项目33个，开展服务233场，9807人次受益；落实市妇联家庭教育指导服务"四进"、失独家庭关爱、老三八红旗手关爱等项目。推进佳乐苑社区托育园建设，举办亲子互动体验活动4场。联合区环保局开展区"绿色家庭"评选表彰工作，并举办"护航博览会，绿色家庭在行动"主题活动。联合区婚姻登记中心举办"上善好榜样·有爱有担当"主题颁证活动。助力"双拥"模范城创建，开展"迎进博，承民俗，共品阿婆茶"军属联谊和"宪法宣传进军营"等活动。（董炜昱）

■家教育人 5月11日，推出“跨·阅”亲子阅读家庭修身计划，成立区家庭阅读志愿者联盟。开展“跨阅新时代·童享进博会”六一主题集会活动、“你好，绘本”亲子阅读活动及“友好的一天”儿童剧演出活动。依托微信平台连续推出“牵妈妈的手”“对父母说说心里话”“秀秀你家的全家福，幸福一整年”“反家暴法有奖竞答”等线上活动。（董炜昱）

■文明家风 开展新一轮“最美家庭”寻找活动，举办家训家规评议会、好家风好家训和幸福家庭照片征集活动，全年宣传展示“最美家庭”2078户，共7889人次参与。在机关党员干部家庭中开展“清风满家、廉洁致远”主题活动。举办“唱扬家风最强音，共谱文明新乐章”家庭文化节等活动，表彰“全国五好家庭”2户、“全国最美家庭”2户、“海上最美家庭”10户、区级“最美家庭”50户。做好区实施上海市家庭文明建设“十三五”规划中期评估工作。（董炜昱）

■阵地建设 区妇女儿童服务指导中心完成布局功能设置等相关准备工作。推进“四新”领域、社区网格、村组楼栋妇女阵地建设工作，全年新建“四新”领域拓展型妇女之家52个、小微型妇女之家75个。巩固村居、委局事业单位妇女之家建设，44个妇女之家创建区级示范点，全区妇女之家标准化建设全面完成。（董炜昱）

■组织建设 落实群团改革精神和市妇联要求，加快“四新”领域妇联组织建设步伐，新成立“新领域新业态新阶层新群体”妇联4个，即：朱家角镇在观光农业领域成立漾薰妇联，夏阳街道在餐饮服务业中成立枇杷园妇联，白鹤镇在青龙文创园成立青龙文创妇联，金泽镇成立小微经营户妇联。新成立区级机关党工委、行政服务中心和审计局妇女工作委员会。（董炜昱）

青浦区科学技术协会

■概况 2018年，区科协以科技强区为主线，巩固和扩大全国科普示范区创建成果，履行科协职责与职能，开展科学普及、学术交流、人才服务等工作，开展全民科普周（日）活动。年内，获2018年全国科普日活动优秀组织单位荣誉称号。

至年底，全区有国家级科普教育基地7家、市级科普教育基地19家、区级科普教育基地52家、科普示范村（居委）43家、科普村（居委）123家，科普志愿者2542人。（张　峰）

■“科创新时代，砥砺再出发”——2018年青浦科技节开幕式举行 5月18日，2018年青浦科技节开幕式在朱家角尚都里广场举行。开幕式上，第五届上海市科普讲解大赛金奖获得者刘健发表《身边的北斗》科普讲解。水岸科普集市通过科普展示、科普课堂、科普活动、市集摊位四大板块集中展示青浦科技在“绿色青浦、特色产业、乡村振兴”中的成就成果。西虹桥院士专家服务中心以及上海福斯特流体机械有限公司等4家企业分别获中国科协“2017年示范院士专家工作站”、上海市院士专家工作站授牌。科技节期间，各有关单位在全区范围内开展四大板块共100多项科技活动。（张　峰）

■科普基地建设 全年新增科普示范村（居委）3家，科普村（居委）6家，科普基地6家。整合练塘镇“红色、古色、绿色”科普资源，市区联动，打造练塘古镇科普一条街。年内，上海优澈无人机科普基地开展人工智能无人机“四进”系列活动，上海北斗导航创新研究院在全市开展“身边的北斗”系列活动。上海北斗导航创新研究院的科普讲解员刘健获全国科普讲解大赛三等奖、第五届上海市科普讲解大赛金奖，以及“2018上海市十佳科普使者”称号；青浦代表队获2018上海公民科学素养知识竞赛二等奖；夏阳街道社区创新屋的家庭创客作品“多功能防雨衣架组合”获第五届上海市社区创新屋创意制作大赛一等奖；复旦大学附属中学青浦分校陆泽浩同学获上海市“明日之星”称号。（张　峰）

■系列科普活动 举办以“科技创新，科普惠民——助力青浦全面跨越式发展”“创新引领时代，智慧点亮生活”为主题的2018年青浦科技节、青浦区“全国科普日”活动，在全区范围内开展260余场科技活动，受益市民近20万人次。以“科技创新，引领美好生活”“绿色青浦，美丽家园”为主题，开展青浦区科技艺术展演活动及国际自然保护周青浦区预热活动；组织相关科技企业、科普基地、特色学校参展上海科博会；组织开展科普夏令营、青少年科创营、首届小学生气象竞演大赛。活动期间，全区48家科普基地、12个社区科普大学教学点、300余个社区综合文化活动中心、部分科技企业、学校实验室全部免费或优惠开放。（张　峰）

■提升科普服务水平 青浦区社区科普大学配送课程实现常态化，至年底，配送课程达160多门。编发《青浦科

“人工智能”主题体验式教学活动　（区科委供稿）

普》4 期,“青浦科普”微信公众号推送动态信息 350 条。特邀北斗创新研究院教授郁文贤和上海工程技术大学教授吴飞就北斗产业和人工智能开展网上视频访谈。举办青浦科普拍客、创意科普集市、低碳家庭评选、科普营等全民活动。(张　峰)

■建站攻关项目　加强院士专家工作站管理,扩大院士站覆盖范围。年内,申报获批准院士专家工作站 7 家,引进专家 24 人,至年底,全区共有院士专家工作站 30 家,引进院士 18 人、专家 104 人。继续加强科技攻关项目建设,开展院士专家工作站、企业产学研合作及科技人才引进与培训活动。《H7N9 流感病毒抗血清研发关键技术》等 15 个科技攻关项目、锐嘉科(移动智地)等 5 个人才建设引进项目列入 2018 年度科技工作者之家项目。(张　峰)

■企业继续教育　依托全区各镇(街道)科技工作者之家以及一园三区基层科协,开展人才引进、人才培训活动。结合《中国科协关于加强继续教育工作的若干意见》,围绕科技工作者实际需要,开展面向科技管理人员和专业技术人员的系列培训活动。全区工程技术人员 104 名完成系列培训活动。开展科协信息检索服务项目,完成示范企业 5 家,培训专利应用工程师 50 人。发挥科技人员职称评审服务站作用,为企业科技人员开展职称培训、申报等“一条龙”服务。(张　峰)

■学术合作交流　全年开展学术课题研究、学术交流活动 11 项,其中:财政管理类课题,财政学会 2 项;医学类研究课题,医学会 2 项、复旦大学附属青浦中心医院 3 项、朱家角人民医院 1 项;企业管理类研究课题,简睿咨询 1 项、荣泰科技 1 项;教育管理类研究课题,青浦区实验中心 1 项。(张　峰)

青浦区归国华侨联合会

■概况　2018 年,区侨联贯彻中央和上海市涉侨工作重要会议和文件精神,围绕“两个并重”(海外国内并重,老侨新侨并重)“两个拓展”(积极拓展海外工作,积极拓展新侨工作),深化创新与改革,充分履行职能,发挥优势,不断推动侨联工作取得新进展。(孙艳丽)

7 月 10 日,水墨画书法文化活动在中国(上海)国际青少年校园足球邀请赛期间举行　(区侨联供稿)

■侨界思想引领　8 月 23 日,举办侨联干部培训班,邀请福卡智库首席经济学家王德培作“中美贸易关系”讲座;9—11 月,开展“区侨界纪念改革开放三个一”系列活动,举办 40 周年征文活动、摄影比赛、侨界人士座谈会;依托新媒体平台拓展联络宣传工作,在侨界中宣传中国梦、青浦跨越式发展战略、国际进口博览会等内容。(孙艳丽)

■新侨工作　4 月 23 日,举办新侨读书沙龙活动,邀请上海广播电视台著名主持人何婕分享读书新得;5 月 13 日,举办新侨亲子活动,邀请正面管教方面的专家为青浦的新侨家庭作“做情绪平和的家长”主题讲座。打造新侨创新创业平台,推荐侨资企业底特精密紧固件有限公司创建新侨创新创业实践基地。(孙艳丽)

■海外工作　6 月 19 日,区侨联党组书记、主席杭萍,副主席袁曦敏接待海南省侨联主席黎才焕一行,双方共同为“华侨学生教育交流基地”揭牌。7 月,策划、组织好中国(上海)国际青少年校园足球邀请赛期间文化交流活动以及海外侨团联系接待工作;加强海外资源挖掘,开展与华盛顿银光协会等海外社团以及知名海外人士及其家属等互动联系。(孙艳丽)

■大走访大调研　通过联络员座谈会、基层工作例会、参政议政座谈会、课题调研等方式开展侨界调研,在 2 个月内走访调研社会组织 35 家,共计走访 18 次,座谈会 2 次,征集到问题和困难 29 个,并配合市侨联大调研开展座谈。(孙艳丽)

■提升侨界贡献度　年内,实施完成《发挥新侨在推动青浦跨域式发展中作用的思考》课题。引导侨界人士建言献策,区政协全会上,侨界人士共提交提案 18 件,区侨联提交 1 件集体提案,《关于加速工业 4.0(中国制造 2025)在青浦工业区发展的建议》作为政协大会发言材料。会上区侨联《关于提升上海美丽乡村建设实效,营造田园综合体的若干建议》提案荣获优秀提案奖。动员组织侨界服务、保障、参与“进博会”,发出《服务进博盛会,展示侨界风采》倡议书,开展全区群团组织志愿服务大放送活动,另上好佳(中国)有限公司、福维克家用电器制造(上海)有限公司等多家侨资企业参展、服务进博会,侨界代表人士人士运用“6 + 365”服务平台进行牵线搭桥,协助 30 多家世界各国企业和商会进行签约。(孙艳丽)

■联络联谊　3 月 2 日,举办区侨界人士“欢欢喜喜闹元宵”电影招待会、“看青浦议发展”侨界人士重阳节主题活动;8月20日,接待2018“亲情中华”台湾青年学生(上海)夏令营一行80余人参访;组队参加“侨与中国梦”上海侨界集体舞展示——舞动侨心活动、“学法用法,你我同行”上海市侨联系统法律知识竞赛,两项活动均获优胜奖,区侨联获优秀组织奖。8月,举办为期五天的2018“相约青浦”侨界青少年夏令营,包含国学文化、传统项目体验、联谊交流、参观考察等项目,美国、加拿大、新加坡等地华裔青少年参加。

(孙艳丽)

11月8日,青浦区侨界人士纪念改革开放40周年座谈会召开

(区侨联供稿)

■“温暖工程” 开展“同心·宣讲”“同心书屋”“同心法律援助”“同心·心理咨询”4个项目,对接全区统一战线同心善行服务社会活动,其中区侨界志愿者讲师团共开展十九大精神和“点赞‘两会’”、进博知识主题宣讲40多场。开展新年帮困送温暖活动、“送清凉、访侨界”活动和重阳节走访慰问。开展“99公益日”募捐活动。做好老归侨和侨界困难群众“医疗帮困卡”工作。

(孙艳丽)

■自身建设 协助各基层侨联组织开展换届。成立区首家社区侨之家——夏阳街道章浜社区“侨之家”。整合青浦工业园区、香花桥街道资源成立“侨缘驿站”。推进支部规范化建设,开展“活力之星”机关支部创建。8月16日,与市侨联第一党支部联合开展“进博先锋·党员行动”主题护航行动。配合市侨联做好第十次全国归侨侨眷代表大会代表人选杭萍、屠海鸣的推荐工作。区侨联被评为全国侨联系统先进组织,区侨联副主席袁曦敏被评为全国归侨侨眷先进个人。

(孙艳丽)

青浦区残疾人联合会

■概况 2018年,区残联深入贯彻中央、市、区关于残疾人工作部署要求,全面开展残疾人就业、康复、教育、社会保障、文体、维权等工作,推动残疾人事业与全区经济社会协调发展。

3月6日,青浦区残疾人联合会第五次代表大会召开 (区残联供稿)

至年底,共有持证残疾人22670人,全年新增残疾人1367人。按类别统计:视力残疾2089人、听力残疾2484人、言语残疾162人、肢体残疾13234人、智力残疾2040人、精神残疾2371人、多重残疾290人。按镇(街道)统计:金泽镇4154人、练塘镇3160人、朱家角镇2971人、白鹤镇2395人、华新镇2233人、香花桥街道1741人、盈浦街道1286人、赵巷镇1180人、徐泾镇1272人、夏阳街道1306人、重固镇972人。按户籍统计:农业户籍人口10234人、非农业户籍人口12436人。按性别统计:男性11177人、女性11493人。处于就业年龄段的有8185人,占持证残疾人总数的36.10%。

(陆晟靖)

■完成区政府重点工作 完成新增残疾人就业指标400个的任务。全年安置残疾人就业452人(其中分散就业272人、集中就业94人、个体开业1人、公益性岗位就业60人、其他25人),完成残疾人家庭无障碍改造80户;全年完成残疾人家庭无障碍改造98户,超额完成计划数。

(陆晟靖)

■组织建设 3月6日,青浦区残疾人联合会第五次代表大会在区委党校二楼中心会场举行。区四套班子主要领导出席会议,260名正式代表和特邀代表参加。会议选举产生新一届的残联组织,为青浦区残疾人事业的健康、持续

发展提供了有力的组织保障。同时,全区 11 个镇、街道残联,各专门协会完成换届工作任务。（陆晟靖）

■举办 2018 年度系统干部培训班 4 月 26—27 日,举办 2018 年度青浦区残联系统干部培训班,邀请市残联康复处、辅具中心、教就处、组联维权处的领导给予培训指导。各街镇残联理事长、副理事长、专职干部,区各专门协会主席、副主席,区残联科级以上干部参加培训。（陆晟靖）

■区盲协获上海市第一届视力残疾人趣味运动会一等奖 4 月 26 日,由上海市盲人协会与上海市残疾人体育训练中心举办的以"全民参与、全民运动、全民健身"为主题,以突出"大众化、生活化、社会化"为理念的 2018 年上海市第一届视力残疾人趣味运动会在上海诺宝中心举行。青浦区参赛队员获一等奖。（陆晟靖）

5 月 20 日,青浦区第二届"生命的常青藤"——青浦区残障人士书画展举办（区残联供稿）

■全国助残日主题活动 5 月 25 日,由区文明办主办,区残联承办,区总工会、团区委、区妇联、区工商联、区侨联、区红十字会、区科协、盈浦街道协办的主题为"上善·乐公益"群策群力为创全,共建文明助跨越——青浦区群团组织创全志愿服务大放送集中行动暨青浦区第二十八次全国助残日主题活动在青浦吾悦广场举行。区委副书记韩顺芳,区委常委、宣传部部长姜道荣,区各群团组织领导、盈浦街道领导、各街镇分管领导出席活动。（陆晟靖）

■"帮扶农村困难残疾人劳动增收"工作现场推进会 6 月 19 日,"帮扶农村困难残疾人劳动增收"工作现场推进会在上海西翼农业专业合作社召开。市残联副理事长郭咏军,副区长金俊峰,区残联、农委、财政局、人社局相关负责人以及各街镇分管领导、残联干部,各扶残涉农经济组织的负责人出席会议。（陆晟靖）

12 月 2 日,"大爱无疆·温情青浦"——青浦区 2018 国际残疾人士日宣传活动举行（区残联供稿）

■区人大调研残疾人就业情况 7 月 31 日,区人大常委会主任会议成员在上海大莲湖果业专业合作社集体调研"残疾人就业工作情况"。区人大常委会主任朱明福、副主任胡海民、陶夏芳、何强;区人大及其常委会各委室主任委员、机关调研员,办公室、研究室相关副主任、内司委副主任委员;区残联理事长、副理事长及相关科室负责人,区人社局分管领导,金泽镇人大主席、分管副镇长参与调研。（陆晟靖）

■主题活动 5 月 22 日—6 月 6 日,区残联以街镇为单位,分批组织全区十一个街镇千余名残疾人参加"走出家园看青浦"活动,从汇金路地铁站乘坐轨道交通 17 号线到东方绿洲参观;8 月 28 日,"多元体验,展现风采"区阳光心园增能项目在维也纳酒店六楼举办,全区 11 个街镇 87 名阳光学员参加;12 月 2 日,青浦区 2018 年国际残疾人日宣传活动在赵巷镇合生新天地举行;年内,区聋人协会组织 40 名聋人在寻梦源开展"同绘梦想·为进博喝彩"主题活动;夏阳街道残联参与街道举办的"展进博风采、创文明家园"广场文化演出活动;重固镇阳光家园组织学员走进社区,开展卫生整治活动。（陆晟靖）

■残疾儿童康复约定机构集中检查 9 月 27 日,由区残联牵头,区卫计委、教育局、民政局、市场监督管理局等单位

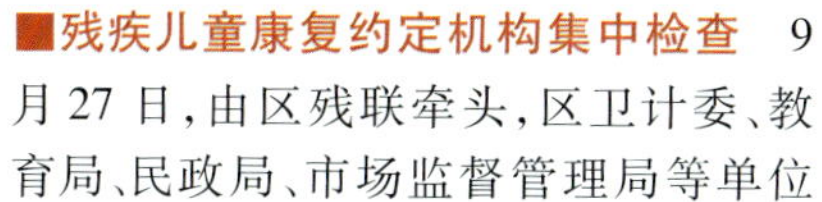

分管领导或相关科室负责人组成联合检查组，对朱家角人民医院等四家残疾儿童康复约定机构进行集中检查。（陆晟靖）

■合作交流 8月，区残联分别到江苏省吴江区和浙江省嘉兴市嘉善县残联学习考察残疾人工作；11月9日，区残联分别邀请江苏省昆山市、吴江区和浙江省嘉兴市嘉善县残联领导及相关科室负责人到青浦开展四地残疾人工作学习交流。（陆晟靖）

■残疾人赛事 年内，组织残疾人参加上海市残联组织的飞镖、钓鱼、黑白棋、抖空竹、轮椅柔力球、中国象棋、特奥融合跑城际邀请赛等12个体育项目比赛。其中：钓鱼比赛获得肢残组团体第一名、聋哑组团体第二名，2018年特奥旱地冰球比赛获第一名，视力残疾人趣味运动会获一等奖，中国象棋比赛获团体第二名，抖空竹比赛获团体二等奖。（陆晟靖）

青浦区红十字会

■概况 2018年，区红十字会以服务进博会为重点，结合青浦区"十三五"规划及全面跨越式发展要求，围绕党和政府中心工作，不断增强政治性、先进性、群众性，推动全区红十字工作稳步向前发展，为保障和改善民生、促进社会文明和谐做出了新的贡献。

年内，完成2018年人道救助基金、少儿基金账户审计和公示。（杨　柳）

■服务"进博会" 区红十字会对"进博会"核心安保区域公安民警等开展现场初级急救培训，在公安系统开展百名红十字救护员和千名普及培训工作；在白鹤镇文体中心等6家公共场所安装AED，对安装单位进行救护知识技能培训；在轨道交通17号线站点放置救护包56个；与区社会工作党委、团区委、区妇联等部门联合开展"助力进博会·公益先锋行"党群服务大放送活动，为来沪人员普及急救知识技能；向社会招募"进博会"红十字志愿者2名，参与展会现场红十字应急救护志愿服务。区红十字会被中国国际进口博览会医疗卫生保障工作领导小组授予"服务卓越，保障有力"奖牌。（杨　柳）

■大调研工作 1月起，开展"不忘初心、牢记使命，推动青浦全面跨越式发展"大调研工作部署，分批分组深入基层开展调研，对朱家角镇新胜村、周荡村农户调研实现全覆盖，访谈农户近千人，收集问题630余条。（杨　柳）

■应急救援 开展群众性现场初级急救培训，共培训红十字救护员1787人、普及培训9591人、讲座16932人；深化全区中小学应急救护培训工作，共培训学生1604人；开展现场督导、教研活动和年度注册，组织区红十字救护队参加市红十字会复训、课件比赛、社区演练等活动。区红十字医院朱菊花在上海市红十字应急救护培训演讲比赛中获一等奖，青浦区红十字会选送的2名救护师资在上海市红十字应急救护培训课件比赛中分别获课件评比三等奖和说课比赛优胜奖。组织红十字干部、志愿者和学生8600余名参与全国红十字防灾避险知识竞赛，青浦区红十字会获最佳组织奖，另有两人分别获个人二等奖和三等奖。佳禾小学获2018年上海市中小学校红十字特色项目评估"应急救护"三等项目。（杨　柳）

■慈善募捐 全年共募集人道救助款物433.97余万元。修订《青浦区红十字会帮困救助项目实施办法》。全年为突发火灾和因病致贫困难家庭28户发放帮困款11.45万元，为造血干细胞移植和肾移植患者12名发放医疗救助42万元；通过"爱心行动"百姓救助栏目，经济援助困难家庭3户；"六一"节前后为全区参加少儿住院互助基金的大病、重病儿童和青浦区红十字医院住院患儿88名发放慰问金10.58万元；"敬老日"期间为全区90周岁以上社区困难重度失智老人、70周岁以上遗体捐献志愿者和区红十字护理医院住院老人564名发放慰问款物约11.59万元；为"明旸法师帮困助学项目"帮困对象20名发放助学金3.5万元、牛奶卡2万元；为家境困难学生1名发放由建设银行青浦支行捐助的善款1.5万元；与区台办联合为患病困难台胞1名送上慰问金，并帮助其成功申请医疗救助；为区内特殊血友病患者发放医疗救助金，并列入"千万人帮万家"迎春募捐帮困活动对象。（杨　柳）

■宣传服务 以区红十字会部门网站、微信公众号为主阵地，运用报刊、电视、网络、电子屏幕、候车亭灯箱广告等资源开展宣传。与盈浦街道、夏阳街道联合举办"博爱讲坛"红十字故事巡讲；组织学校卫生保健老师、红十字青少年、红十字系统老同志、社区群众及相关单位和社会各界人士参观上海红十字历史文化陈列馆、上海市红十字生命健康安全教育示范等基地。在"学雷锋日""防灾减灾日""国际禁毒日""敬老日""世界艾滋病日"等纪念日开展宣传咨询、救护展示、志愿服务等活动；参与由区法宣办牵头的"法治主题月"宣传服务活动和由区总工会牵头的"同一片蓝天"咨询活动；多次组织志愿者参加群团组织创全志愿服务大放送集中行动。在上海市红十字会"身边的红十字"随手拍摄影作品征集活动中，区红十字会选送摄影作品2幅荣获人气奖；在2018年上海市红十字系统青年岗位技能大赛中，区红十字会获团体一等奖，盈浦街道社区卫生服务中心芦海霞获"最佳风采奖"。（杨　柳）

■社区服务 1月23日，召开区"博爱家园"建设工作推进会，进行总结部署和表彰授牌。到部分村居开展"博爱家园"建设工作调研与评估验收。命名"青浦区博爱家园（居村）"96个；指导街镇加强红十字专业力量配备。加强对学校、冠名红十字医疗机构调研和指导。（杨　柳）

■红十字工作调研、交流 1月25日，市红十字会副会长孙大红到区红十字会调研，与冠名红十字医疗机构、学校和基层红十字干部及捐赠方代表座谈，收集意见和建议。

2月23日，副区长王凌宇到区红十字会了解春节前全区"千万人帮万家"红十字帮困等工作情况，并就如何建立帮困救助长效机制提出新要求。

10月18日，区委常委、宣传部部长姜道荣到区红十字会调研，听取红十字工作汇报，就今后如何推进宣传等工作向纵深发展提出指导性意见。

12月4日，贵州省红十字会到徐泾

镇红十字服务总站进行交流考察。

（杨　柳）

■**关爱孤儿健康成长**　2月7日，区红十字会与区景泰进修学校在枇杷园田间课堂联合开展全区孤儿慰问活动。副区长王凌宇，区红十字会常务副会长俞赞红，与孤儿结对联系的企业家，慈善基金会青浦分会、区妇联、团区委、总工会、华夏银行青浦分行等相关单位负责人与孤儿们参加。相关单位为6名孤儿发放慰问金和慰问品。

在新学年到来前，为区内6名在校孤儿发放助学帮困金2.38万元。

（杨　柳）

■**募捐帮困活动**　开展“千万人帮万家”迎春募捐帮困活动，对全区困难家庭中肿瘤病患者、麻风病致残者、精神病患者、遭遇意外灾害生活困难者、各种因病致贫家庭中患者和“居家重度失智困难老人人道救助项目”中部分特困老人进行慰问，副区长王凌宇慰问走访赵巷镇困难家庭2户；区红十字会与区总商会在各街镇联合举办“同心善行服务社会”——青浦区工商联（总商会）企业家真情传递捐赠仪式，慰问中山医院青浦分院住院肿瘤病人、区精神卫生中心住院病人和赵巷镇红十字护理院老人。活动共发放帮困款117.35万元、帮困物资价值约1.68万元，帮困1786人次。（杨　柳）

■**关怀社区困难失智老人**　继续推进“为社区重度失智困难老人配送护理用品项目”；举办3期社区居家老年介护普及培训班，共培训306人。全年共为失智困难老人1734名配送护理用品，累计服务12922人次，发放护理用品价值190.01余万元。（杨　柳）

■**外省市帮困**　全年共接收爱心企业、社会组织捐赠2.9万余件衣物及价值9万元的棉被，用于资助云南省红河州、德宏州和青海省果洛藏族自治州困难群众；对云南省红河州元阳县、绿春县和云南省德宏州困难学生300余名进行结对资助，共发放助学款近17.14万元；通过“华群公司云南帮困助学项目”，为101名学生发放助学款4万元。

（杨　柳）

■**遗体、器官捐献**　3月6日，市红十字会遗体（器官、角膜）捐献纪念日活动在福寿园开展，区红十字会组织遗体捐献登记志愿者和实现者家属参加。组织部分遗体捐献志愿者外出参观，开展上街咨询、志愿服务、慰问遗体捐献实现者家属和80周岁以上遗体捐献志愿者活动。至年底，全区共有遗体捐献志愿者366名，实现者63人。年内，区红十字会通过网络、报刊、微信等媒介宣传器官捐献工作。至年底，全区填写人体器官捐献自愿书60人，实现者22人。（杨　柳）

■**纪念“5·8”世界红十字日活动**　5月9日，区“博爱申城——纪念第七十一个世界红十字日主题活动”在白鹤镇社区文化活动中心举办，包含白鹤镇领导致辞、爱心企业现场捐赠仪式、区红十字宣传志愿者服务队沿途宣传、造血干细胞捐献实现者发表感言、现场救护技能展示、医疗知识咨询、发放宣传资料、文艺演出等活动。副区长、区红十字会会长王凌宇，区红十字会常务副会长俞赞红，白鹤镇党委书记张明，镇党委副书记、镇长朱磊明等领导出席；区镇两级红十字会、文明办、团委分管领导及负责人，参加造血干细胞集中入库采集活动志愿者等300余人参加活动。

（杨　柳）

■**造血干细胞捐献**　4月，与区文明办、团区委联合举办造血干细胞捐献知识讲座；5月，开展“2018年青浦青年造血干细胞捐献志愿活动”。至年底，全区新增2名造血干细胞捐献实现者，全区累计造血干细胞捐献志愿者4145人，实现者12例。重固镇社会事业发展办被中国造血干细胞捐献者资料库上海市分库评为“2017年度上海市红十字造血干细胞捐献志愿者征募工作先进集体”。（杨　柳）

■**专题活动**　5月11日，“2018年青浦区夏阳街道地震灾害疏散救援演练”在吉富绅花园小区开展，约250余名居民参与。同日，组织“5·12”防灾减灾日宣传咨询活动；9月15日，区红十字会和区民防办、徐泾镇人民政府在徐泾镇瑞和明庭小区联合开展防空警报试鸣及防空疏散、隐蔽演练；7月10—11日，区红十字会与区教育局、景泰进修学校联合开展“2018年青浦区红十字青少年夏令营”，区内29所中小学校47名红十字青少年参加活动。（杨　柳）

■**关爱困难儿童**　5月30日，副区长、区红十字会会长王凌宇，区红十字会常务副会长俞赞红、副会长黄涛，徐泾镇副镇长、镇红十字会会长朱勤等到徐泾镇走访慰问大病儿童家庭2户。区红十字会慰问全区参加少儿住院互助基金大病、重病儿童和区红十字医院住院

5月9日，纪念第七十一个世界红十字日主题活动在白鹤镇社区文化活动中心开展　（区红十字会供稿）

9月8日，首届青浦区“亲子运动嘉年华”暨“世界急救日”主题活动在华新小学举行　（区红十字会供稿）

患儿。活动期间共为儿童88名发放慰问金10.58万元。（杨　柳）

■“世界急救日”主题活动　9月8日，首届青浦区“亲子运动嘉年华”暨“世界急救日”主题活动在华新小学举行。区红十字会党组书记、常务副会长俞赞红，区体育局党委书记、局长张瑞云，华新镇党委副书记、镇长林峰，区体育局党委委员、副局长杜敏，区红十字会党组成员、副会长黄涛，华新镇党委委员陈锦花等出席活动；各街镇红十字会秘书长及各社区约200个家庭参加活动。（杨　柳）

■敬老节系列活动　重阳节前后，区、镇两级红十字会走访区内90周岁以上社区重度失智困难老人及70周岁以上遗体捐献志愿者478人，发放慰问款物约10.91万元；慰问青浦区红十字护理医院住院老人86人，发放慰问品近0.68万元。组织部分中福会养老院遗体捐献志愿者到福寿园开展参观活动；为各街镇60名“老伙伴”核心志愿者开展应急救护普及培训。

10月17日，参与由区老龄委主办的敬老日大型咨询服务活动。（杨　柳）

■红十字青少年　年内，到多家学校开展工作调研；组织部分学校红十字工作者到金山区金山小学进行参观学习；“急救小先锋”舞台剧到青浦区佳禾小学和毓华学校巡演；参与第九届上海市红十字青少年文化节，组织学校学生参加市红十字会中学生探索国际人道法辩论赛和歌咏比赛。区红十字会在第九届上海市红十字青少年文化节活动中获“优秀组织奖”；佳禾小学获上海市中小学校红十字特色项目展示片“优秀组织奖”；东方中学获“唱响心中的红十字”——上海市红十字青少年歌咏比赛“美好歌声奖”。（杨　柳）

■少儿基金　与区教育局联合召开2018学年青浦区少儿住院互助基金培训工作会议；召开少儿住院基金管委会扩大会议与各学校、定点及收费医院工作会议，通过各类媒体广泛宣传新学年收费政策，在学校、医院、村居、社区卫生服务中心、街镇社区事务受理中心以及区妇幼保健所、医保中心等阵地进行宣传。2018学年全区共有收费单位149所参加少儿住院互助基金，参加总人数为85200人，参加率达97.78%，总计收费约881.12万元。（杨　柳）

■党的建设　以党建为引领，推进机关党支部规范化建设；立足“主题党日”、连组联建等平台，开展参观，收听音频党课，观看警示教育片、纪录片和电影等学习活动，并撰写读书心得、观后感、活动体会，参加摄影比赛和征文活动。年内，区红十字会机关党支部被中共青浦区区级机关工作委员会评为2017年度青浦区区级机关“务实之星”机关党组织；区红十字会选送的1篇征文在“品味经典，对话青春”读书研讨会中获二等奖。（杨　柳）

■组织建设　4月25日，区红十字会在区委党校第二会议室、第三会议室分别召开第四届常务理事会第一次会议、第四届理事会第二次会议。副区长、区红十字会会长王凌宇出席会议并讲话，区红十字会全体理事参加会议。会议调整第四届理事会理事；审议通过区红十字会四届二次理事会工作报告；通报区红十字会2017年人道救助基金收支情况。年内，修订区红十字会工作制度汇编、区红十字会领导班子制度汇编。（杨　柳）

■队伍管理　定期召开街镇红十字干部季度例会，分期举办“2018年青浦区红十字会基层干部培训班”；规范和梳理红十字志愿服务队伍，加强志愿者信息化管理。（杨　柳）

综　述

2018年，全区政法系统以习近平新时代中国特色社会主义思想为指导，以首届“进博会”安保维稳为主线，以全面深化改革为根本动力，以智能化建设为重要手段，以过硬队伍建设为重要保障，努力建设更高水平的平安青浦、法治青浦，为全区经济社会发展提供新时代政法保障，增强人民群众安全感。

公安青浦分局把握“对党忠诚、服务人民、执法公正、纪律严明”总要求，以首届“进博会”安保工作为主线，坚持问题管理、过程管理、细节管理，推动各项工作措施和责任落实到位，确保社会大局稳定和城市公共安全。严厉打击违法犯罪活动，加强公共安全管理。

区检察院围绕经济社会发展大局，全面履行各项检察职能，全力维护社会稳定，强化法律监督主责主业，深入推进各项改革，各项工作取得新进展。全年受理提请批准逮捕犯罪嫌疑人2227人，受理移送审查起诉1819件2643人，向人民法院提起公诉1680件2357人。全力支持配合深化国家监察体制改革，设立职务犯罪检察官办案组，主动适应打击职务犯罪新要求，实行提前介入办案机制，与区监察委建立日常联络、信息互通、办案协作等对接机制。推进“从严治党、从严治检”专题教育活动，推进党风廉政建设“两个责任”。

区法院不断提高政治站位、功能站位、工作站位，按照“办好案、服好务、改好革、建好队”的工作思路，忠实履行审判职责，不断深化司法改革，破解改革难题，打造过硬队伍。全年受理案件36892件，审结36782件，法官人均结案395.08件，居全市基层法院第二名。年内，区法院被最高人民法院评为“全国法院司法宣传先进单位”，民事审判庭（环境资源案件审判庭）荣立上海法院集体二等功，执行局荣立上海法院集体三等功。

区司法行政工作以增强群众获得感为目标，围绕进博会平安举办，履行工作职能，主动将司法行政工作融入到法治中国、法治青浦建设的全局。全年全区人民调解组织共受理各类矛盾纠纷10882件，调解成功10425件，调解成功率为95.8%；全区律师事务所共办案3910件；区法律援助中心共接待来电来访20319人（批）次，比上年减少600件。

区人武部在警备区和区委的领导指导下，聚焦主责主业，紧盯难点弱项，注重创新发展。年内，开展各类党建活动，推进党委中心组理论学习、干部理论轮训和基层理论武装等制度落实；练兵备战重心突出，组织多次集中训练和演练，完成新兵征集、民兵调整改革、轮训备勤和年度征兵任务；加强国防教育，共话军民融合，推动行业拥军，推进双拥工作重难点问题解决。

区民防工作以深入贯彻党的十九大和习近平同志系列重要讲话精神为指导，完成首届“进博会”安全保障工作，推行防空防灾应急准备能力建设。全年批复民防结建工程方案阶段项目34只、扩初阶段（总体设计文件）76只；至年底，区民防工程人均使用面积达3.93平方米。根据区国动委工作要求，完成区8支人防专业队伍共700人整组和一支区级人防保障队伍共50人组建任务。　（吴言荻）

政法、综治

■概况　2018年，全区政法工作全面贯彻落实党的十九大和十九届二中、三中全会精神，以首届“进博会”安保维稳为主线，以全面深化改革为根本动力，以智能化建设为重要手段，以过硬队伍建设为重要保障，推动各项政法工作落地见效，为全区经济社会发展提供新时代政法保障。　（严　萍）

2018年中共青浦区委政法委主要会议情况表

表18

时间	会议、活动主题及主要内容	参会主要领导
2月12日	青浦区扫黑除恶专项斗争工作会议	区委常委、政法委书记赵明，副区长、公安分局局长王德强主持并讲话，区综治办主要领导、分管领导；区纪委、区委组织部、区委宣传部、公安分局、法院、检察院、司法局、教育局、民政局、财政局、房管局、规土局、建管委、水务局、农委、绿化市容局、文广影视局、卫计委、税务局、市场监管局、旅游局、武警大队分管领导；各街镇政法书记、纪委书记；街道党群书记、镇组织委员；区委政法委综治室负责同志；公安分局指挥处、政治处分管领导；监察室，督察、经侦、治安、刑侦、交警、特警、网安、法制支队，出入境办、看守所、拘留所、科技科、人口办、审理中心行政主要领导；各派出所所长；分局“打黑办”主要负责人及刑侦支队反黑队全体民警参加会议

（续表）

时间	会议、活动主题及主要内容	参会主要领导
2月12日	青浦区承接首届中国国际进口博览会安全保障和社会稳定组工作部署会	区委常委、政法委书记赵明，副区长金俊峰，副区长、公安分局局长王德强作重要讲话。政法委、维稳办、经委、建管委、卫计委、安监局、信访办、徐泾镇分管领导；公安分局政委、分管领导；西虹桥管理中心主要领导参加会议
2月24日	青浦区信访稳定工作专题会	区委常委、政法委书记赵明出席会议并讲话。会议由副区长金俊峰主持。区维稳办、区委防范办、区信访办全体班子成员、相关委办局分管领导、各街镇政法书记、综治办专职副主任、信访办主任、派出所所长出席会议
2月27日	青浦区政法暨信访工作会议	区委书记赵惠琴出席会议并讲话。区委副书记、区长夏科家主持会议。区委常委、政法委书记赵明作全区政法暨信访工作报告。区领导陶夏芳、金俊峰、王德强、董永元、林晓镍、郑永生出席会议。各部委办局、区直属事业单位、区属公司、人民团体主要负责人，各镇、街道党政主要负责人、分管副书记、综治办专职副主任、信访办主任、派出所所长、司法所所长；区委政法委、区委防范办、区信访办、区法院、区检察院、公安分局、区司法局、国安分局全体班子成员；区委政法委、区委防范办、区信访办机关科级以上干部参加会议
4月17日	青浦区政法综治宣传工作会议	区委常委、政法委书记赵明，区委常委、宣传部部长姜道荣出席会议并作重要讲话。会议由区委宣传部副部长周思琴主持。区委政法委副书记陈林总结2017年政法综治宣传工作，部署2018年政法综治宣传工作。区委宣传部、区委政法委分管领导；公安青浦分局、区检察院、区法院、区司法局分管领导及宣传干部；综治委成员单位分管领导；各街镇分管政法副书记、党（工）委分管宣传领导、综治办专职副主任、政法综治宣传干部参加会议
5月31日	青浦区创新社会治理暨社会面智能安防建设应用及社区保安队伍管理工作动员部署会	区委常委、政法委书记赵明，副区长、公安分局局长王德强主持会议并讲话。区委政法委副书记、区综治办主任，公安分局分管领导；发改委、科委、财政局、人社局、民政局、规土局、市场监管局、房管局、地区办、网格化中心分管领导；各街镇分管（政法）副书记、分管（社区）副镇长（副主任）、社区办主任、综治办专职副主任、各公安派出所所长；区委政法委综治室主任、公安分局治安支队支队长、公安分局智慧公安办负责人；移动、电信、东方有线青浦公司负责人参加会议
7月20日	决战决胜“进博会”安保誓师大会	区委常委、政法委书记赵明，副区长、公安分局局长王德强；区委政法委分管副书记；法院、检察院、国安局、司法局分管政法工作领导；公安分局党委班子成员；分局各单位主要领导；分局民警、消防官兵、文职、交通辅警、维稳特保、协警代表，各街镇分管政法副书记参加会议
10月8日	市扫黑除恶专项斗争第六督导组专项督导工作会议	区委常委、政法委书记赵明，区委常委、区委组织部部长蒋仁辉，区委常委、区纪委书记、区监委主任王翔，副区长、公安分局局长王德强，区人民法院院长林晓镍，区人民检察院检察长郑永生出席会议。区纪委、区委组织部、区委政法委、区法院、区检察院、公安分局分管领导；区扫黑除恶专项斗争领导小组各成员单位分管领导（宣传部、信访办、发改委、农委、建管委、司法局、人社局、民政局、财政局、教育局、卫计委、文广影视局、规土局、房管局、水务局、旅游局、市场监管局、城管执法局、文化执法大队、税务局、邮政管理局）参加会议
10月15日	进口博览会青浦区社会面防控转段工作部署会	区委常委、政法委书记赵明，副区长金俊峰，副区长、公安分局局长王德强，区综治办、区维稳办、区防范办、区信访办、区卫计委、区司法局、区应急办、区国安分局、区安监局主要领导；区综治办、区维稳办、区防范办、区信访办分管领导；公安分局、区禁毒办、区经委、区科委、区民宗办、区民政局、区建管委、区环保局、区市场监管局、区体育局、区旅游局、区法制办、区金融办、区城管执法局、区文化执法大队、区邮政局分管领导；各街镇政法书记、综治办专职副主任、信访办主任、派出所所长；公安分局相关业务单位负责同志；区委政法委、区防范办、区信访办全体科室长参加会议
11月26日	街镇政法书记2019年工作务虚会	区委常委、政法委书记赵明分别听取街镇分管副书记关于2019年工作设想，并作重要讲话。区委政法委、区委防范办全体班子成员；政法委各室主任、副主任参加会议
12月5日	市扫黑除恶专项斗争第六督导组督导情况反馈专题会	区委常委、政法委书记赵明，副区长、公安分局局长王德强。区纪委、区委组织部、区委政法委、区法院、区检察院、公安分局分管领导；区扫黑除恶专项斗争领导小组各成员单位分管领导（宣传部、信访办、发改委、农委、建管委、司法局、人社局、民政局、财政局、教育局、卫计委、文广影视局、规土局、房管局、水务局、旅游局、市场监管局、城管执法局、文化执法大队、税务局、邮政管理局）；各街镇分管政法副书记参加会议
12月14日	青浦区扫黑除恶专项斗争工作推进会	区委常委、政法委书记赵明，区扫黑办主任、副主任；各成员单位分管领导、联络员；各街镇政法书记、联络员参加会议

（严　萍）

■领导调研　1月4—5日，区委常委、区政法委书记赵明带队区委政法委全体班子成员及中层以上干部就村居综治中心工作到白鹤镇、华新镇进行现场调研。

1月11日，区委常委、政法委书记赵明，副区长、公安青浦分局局长王德强带队到浙江省嘉善县“智安小区”建设经验学习考察，区委政法委副书记陈卫国，公安青浦分局副局长成玉之、刘懿骏，指挥处处长、治安支队支队长、科技科科长、上海市保安服务总公司青浦区公司总经理、治安支队基层指导科副科长；区发改委、房管局、地区办（大居办）、科委、财政局分管领导及各街镇政法书记参加。

1月15日，市委常委、政法委书记、市"三农"工作领导小组组长陈寅到青浦区开展美丽乡村建设大调研。市委农办、市农委巡视员陆鸣，市综治办副主任陈奇忠，市规划和国土资源管理局副局长王训国，区委常委、区政法委书记赵明，副区长金俊峰等领导陪同调研。陈寅一行先后到朱家角镇王金村，视察"一站二中心"及公共服务设施建设情况，参观张马村老年活动中心、民宅村居，河道整治后的水质环境以及民宿建设情况，并参加座谈会。

1月15日，市委常委、政法委书记、市"三农"工作领导小组组长陈寅（右四）等一行到青浦开展美丽乡村建设大调研　（区委政法委供稿）

1—4月，区委常委、政法委书记赵明一行先后到练塘镇蒸淀居委会、东淇村、太北村、练东村、长河村、徐练村开展"不忘初心、牢记使命，推动青浦全面跨越式发展"大调研活动。座谈会上赵明同志就村民提出的问题给出回应。

2月5日，区委常委、政法委书记赵明，副区长、公安青浦分局局长王德强带队到徐泾镇调研"智安社区"建设工作，现场察看"二联"社区智安社区建设。会上就加快"智安社区"建设以及功能叠加相关问题展开讨论。政法委副书记，综治办主任、发改委、财政局、网格化管理中心、城管局、电信局分管领导陪同调研。

2月22日，区委常委、政法委书记赵明带领区委政法委、综治办等相关科室负责同志到练塘镇调研镇级综治中心建设。实地走访泾花村综治中心，并听取工作汇报。练塘镇党委副书记陆秋根，党委委员、武装部长胡晓东陪同调研。

3月15日，市委常委、政法委书记陈寅，副市长、市公安局党委书记、局长龚道安一行到国家会展中心调研进口博览会安保筹备工作。实地检查现场安保指挥部建设情况并听取相关单位情况汇报。市委副秘书长、市政府副秘书长、市委政法委副书记赵奇、市委政法委副书记、市综治办主任李余涛，区委副书记、区长夏科家，市公安局党委副书记、副局长陈臻，市公安局副局长陆民、蔡田，中国国际博览局副局长钟晓敏，区委常委、政法委书记赵明，副区长、公安青浦分局局长王德强，以及市商务委、市国安局，市政府外办、上海边检总站、市反恐办、国展中心相关领导出席。

3月15日，市委常委、政法委书记陈寅（前排右三），副市长、市公安局党委书记、局长龚道安（前排左二）一行到国家会展中心调研"进博会"安保筹备工作　（区委政法委供稿）

4月27日，市委政法委副调研员刘平一行到青浦区调研基层维稳工作，区委常委、政法委书记赵明陪同。会上，重固镇分管政法副书记汇报快捷快递维稳处置工作情况、公安青浦分局分管领导汇报中博会安保维稳工作情况。市维稳办谢燕刚、倪道玉，区维稳办主要领导、分管领导出席会议。

5月22日，区委常委、政法委书记赵明带队到练塘村开展村居综治中心现场调研。

5月，区委常委、政法委书记赵明，副区长、公安青浦分局局长王德强先后带队到盈浦街道、重固镇、练塘镇开展社保队伍建设调研。区委政法委副书记、区综治办主任，公安青浦分局分管领导陪同。

8—9月，区委常委、政法委书记赵明先后带队到11个街镇开展全区扫黑除恶专项斗争工作督导，听取有关汇报扫黑除恶专项斗争工作开展情况、存在的问题、下阶段工作打算以及村居委换届选举工作成效，并提出工作建议。区纪委、区委组织部、区委政法委、公安青浦分局、区人民法院、区人民检察院分管领导陪同督导。

10月18日，市委、市政府副秘书长、市委政法委副书记赵奇带队到青浦察看会展中心重点人员“过滤线”演练，区委常委、政法委书记赵明，副区长、公安青浦分局局长王德强陪同。

同日，市委常委、政法委书记陈寅到徐泾镇进博会前线指挥部调研督察进博安保临战准备工作，区委常委、政法委书记赵明，副区长金俊峰，副区长、公安青浦分局局长王德强，区人民法院院长林晓镍，区检察院检察长郑永生等领导陪同。

10月30日，市委、市政府副秘书长、市委政法委副书记赵奇到青浦区督查首届“进博会”安保实战阶段社会面防控工作，区委常委、政法委书记赵明，副区长、公安青浦分局局长王德强，区维稳办、区综治办、区委防范办、区信访办主要领导及公安青浦分局（治安）分管领导等陪同。

12月25日，江苏省吴江区委常委、政法委书记、统战部部长王益冰一行到青浦区考察平安建设方案，区委常委、政法委书记赵明，副区长、公安青浦分局局长王德强，区人民法院院长林晓镍，区检察院检察长郑永生等领导陪同。（严　萍）

■社会治安综合治理重点工作　坚持系统治理、依法治理、综合治理、源头治理，创新社会治安防控体系，优化公共安全治理社会环境，着力解决影响社会安定的深层次问题，聚焦重点难点，集中力量护航首届“进博会”，推进智能化项目建设、“雪亮工程”“智慧公安”建设，锁定539个智慧安防社区建设任务，开发智慧公安系统、联勤联动系统和社会化服务系统，推进“智慧景区”“智慧园区”建设。推进非机动车防盗系统建设，实现对非机动车的智能化管控，全区共完成非机动车防盗标签安装14余万辆。组织发动平安志愿者参与进口博览会社会面防控工作，做好严重精神障碍患者管控工作；立足重心下移，提升村居综治中心运行效能，深化群防群治守护网建设，加强督导检查。区综治办在首届“进博会”安保期间对15个无名道口、支流河口管控，重点人员服务管理等工作开展明察暗访，及时督促街镇落实整改措施；提升公众安全感满意度，持续开展扫黑除恶专项斗争，严厉打击各类违法犯罪行为，开展重点地区排查整治工作。（严　萍）

■维稳工作　区维稳办强化“四个意识”，以服务保障首届“进博会”为中心，以矛盾摸排攻坚为抓手，立足高位谋划，强化底线思维，突出问题导向，精心筹划、严密组织、多管齐下、综合施策，实现首届“进博会”零上访、零滋扰、零事故、零火灾。开展重点领域和重点人员矛盾摸排攻坚，突出矛盾销项管理，推动社会矛盾多元化解，探索建立“维稳工作十法”，健全敏感案（事）件舆论引导和依法办理、舆论引导、社会面管控“三同步”工作机制，完成31项重大决策社会稳定风险评估项目。

（严　萍）

■维稳实战演练　9月30日，区委政法委组织公安青浦分局、徐泾镇、区信访办等单位在徐泾镇国家会展中心现场安保指挥部进行青浦区处置大规模群体性事件实兵演练，包含风洞查控、人脸识别、卡口预警、战术拦截、战术队形、部门联动等项目，区委常委、政法委书记赵明，副区长、公安青浦分局局长王德强，区维稳办主任陈林等领导参加。（严　萍）

■政法综治宣传工作　巩固和拓展政法宣传阵地，利用“平安青浦”官方微博和官方微信平台，扩大社会宣传覆盖面。年内，中央政法委5次转发青浦区经验材料，市法治天地频道播放专题片11部。举行“法治大讲坛”村居巡讲活动33场。开展“6·26”国际禁毒日宣传系列活动，在青浦广播电视台开设“禁毒之声”专栏。（严　萍）

■执法监督工作　围绕服务保障“进博会”，区委政法委开展集中排查化解涉法涉诉信访积案，做好涉法涉诉信访问题的排摸、化解、稳控专项工作，开展社区矫正、交通执勤执法督查“回头看”活动。先后对公安、检察院、法院、司法局开展政治督察、区法院和检察院领导干部入额办案情况、司法绩效考核、司法体制配套改革重点任务推进落实情况等一系列专项督查，督促政法部门依法履职，规范执法司法行为，推动政法干警严格执法意识。

9月18日，市委政法委副书记章华、市委政法委政治部主任虞培林带领市政法部门及市区两级党委政法委组成的联合督察组分别到区人民法院、区人民检察院、公安青浦分局和区司法局以察看台账、随机抽查、访谈等形式开展政治督察及司法体制改革配套改革重点任务推进落实情况调研督察，区委政法委副书记陈林和区法院、检察院、公安青浦分局、司法局主要领导等一行陪同。（严　萍）

■禁毒工作　区禁毒工作围绕“遏制毒品蔓延、降低毒品危害”主线，聚焦“五升五降”（公众禁毒知识知晓率大幅上升，新滋生吸毒人员增幅明显下降；社区戒毒社区康复执行率大幅上升，戒毒人员复吸率明显下降；主要毒品获取难度大幅上升，外流贩毒活动明显下降；新精神活性物质查获率大幅上升，制毒物品流失率明显下降；人民群众对禁毒工作满意率大幅上升、毒品问题引发其他违法犯罪明显下降）“三个不能”（不能成为制造毒品、非法生产贩卖制毒物品的源头；不能发生吸毒人员引发的重特大案事件；不能滋生未成年人吸毒问题）工作目标，强化措施、狠抓落实。先后开展“春运”、6月宣传月、12月宣传周系列宣传活动；深入开展涉毒隐患排查、社会面吸毒人员分类评估、综合干预、禁种铲毒、易制毒化学品管理、毒驾筛查、打击在食品中添加罂粟等开展专项行动，推进“8·31”“6·27”工程，强化吸毒人员服务管理。（严　萍）

■国家禁毒办到青浦区督导检查“进博会”禁毒安保工作　10月25日，国家禁毒办副主任、公安部禁毒局巡视员、副局长熊德生到徐泾镇督导检查“进博会”期间禁毒安保工作。市禁毒办主任王石平、市公安局副局长戴新福，市公安局刑侦总队副总队长、缉毒处处长杨剑，市禁毒办指导处处长李健，区委常委、政法委书记、区禁毒委主任赵明，区委政法委副书记、区禁毒委副主任曹秋

龙和徐泾镇主要领导等陪同督导检查。（严　萍）

■扫黑除恶　根据中共中央、国务院《关于开展扫黑除恶专项斗争的通知》和市委、市政府《关于深入开展扫黑除恶专项斗争的实施意见》精神要求，成立由区委常委、政法委书记赵明任组长，区委常委、组织部长蒋仁辉，区委常委、纪委书记王翔，副区长、公安青浦分局局长王德强，区人民法院院长林晓镍，区人民检察院检察长郑永生等5名领导任副组长，区纪委、组织部、宣传部、综治办、法院、检察院、公安青浦分局等成员单位的扫黑除恶领导小组，制定《青浦区深入开展扫黑除恶专项斗争工作方案》，按照“有黑扫黑、无黑除恶、无恶治乱”工作原则，坚决整治“黄赌毒”等突出治安问题，扫黑除恶专项斗争取得阶段性成效，工作机制基本建立、高压震慑已经形成、综合治理凸显成效、党风政风逐步好转、基层政权得到巩固。（严　萍）

■全面从严治党　全面落实从严治党责任，健全“四责协同”机制。开展政治督察等专项督察活动，全面加强队伍管理。严格落实“一岗双责”，强化抓业务建设和抓队伍建设双重责任。制定《2018年青浦区政法系统全面从严治党工作要点》和《全区政法系统推进全面从严治党工作任务》。（严　萍）

■开展大调研工作　牵头居住社区调研领导小组，建立工作专班和联络员制度，统筹协调推进大调研工作。调研走访村居317个，开展调研757次，收集问题1139个，解决率96%。（严　萍）

■服务保障首届“进博会”安保维稳工作　牢固树立主场主责意识，秉持“安全、有序、宽松、尊严、高效”的工作理念，实现“六个坚决防止”和“三个确保”的安保工作目标，探索出服务保障进口博览会维护稳定组工作十法：一是价值引领法，二是目标导向法，三是滚动摸排法，四是日日研判法，五是销项管理法，六是联合约谈法，七是巡查督导法，八是通报反馈法，九是一日两报法，十是每日晨会法。确保“进博会”期间全区社会面的安全稳定，国家会展中心区域实现刑事案件“发案必破”、涉稳对象“零滋扰”、道路交通“零拥堵”、火灾事故“零发生”、涉警负面舆情“零发生”等既定目标。（严　萍）

公　安

■概况　2018年，公安青浦分局把握“对党忠诚、服务人民、执法公正、纪律严明”总要求，以首届“进博会”为主线，坚持问题管理、过程管理、细节管理，推动各项工作措施和责任落实到位，确保社会大局稳定和城市公共安全。

严厉打击违法犯罪活动。年内，接报违法犯罪类案件3.11万起，比上年减少23.3%；刑事案件立案数比上年减少8.7%、破案数增加7.7%，列全市第三位；近8年命案保持全破，首次实现全年“两抢”（抢劫、抢夺）案件全破；打击各类违法犯罪人员10526人次，其中：行政拘留以上人员8339人、决定起诉2409人，比上年分别增加17%和18.4%，打击破案考核名列全市第一。持续加大对各类治安突出问题和隐患的排查整治力度，做到“打早打小”“打深打透”。年内，共查处各类涉黄涉赌案件357起，其中：刑事案件154起，刑事拘留521人，比上年分别增加54.5%、126.5%和131.6%。

加强公共安全管理。利用事故分析预警系统，实施重点交通违法行为分级分色预警，推动交通事故多发路段综合治理；围绕“两客一危”（即从事旅游的包车、三类以上班线客车和运输危化品、烟花爆竹、民用爆炸物品专用车辆）“行人、非机动车”“大型工程运输车辆”等管理重点、难点，常态推进秩序整治。全年查处各类交通违法行为87万余起，比上年增加5.6%。共发生各类交通事故4.46万余起，比上年减少12.3%；推动各行业主管部门、各街镇消防安全前置把关、联动执法机制。依法逐步上调处罚裁量，全年共发生火灾事故345起，比上年减少31起。按照“目标不变、标准不变、措施不变”原则，落实烟花爆竹安全管控工作，查处烟花爆竹非法运输、存储、经营案件11起，刑事拘留4人、行政拘留3人，收缴非法烟花爆竹2585箱，实现烟花爆竹“零火灾”、禁放区域“零燃放”的管控目标。将1288台PDA信息采集终端配发给全区社区综合协管员，转变信息采集、维护模式。深入推进“房东责任制”建设，处罚人口管理违令案件5985起，完成各类出租房屋房东签约84129户，签约率达95.9%。

激发公安队伍活力。深化“活力警营”建设，探索队伍管理新机制、新手段。以“两学一做”学习教育常态化制度化为抓手，贯彻落实“党的十九大精神”学习实践活动，在进博会安保期间成立临时党支部13个，启动战时履职考评机制。强化民警职业规划设计，完成分局人民警察执法勤务警员职务序列和警务技术职务序列套改工作。启用分局文体活动中心，组织一系列文体和亲子活动。举行进博会安保誓师仪式、总结表彰仪式共28个集体、703名个人受到记功嘉奖，其中2人荣立一等功。推出《青浦警坛·2018》电视专题栏目9期，通过各级媒体刊载报道公安工作1060篇次，累计发布微博、微信1600余条，阅读量超过770万余次。

（张凯开）

■首届“进博会”安保工作　打造“圈层防护、人物干净、宽松高效、有序安全”新安保模式，将国家会展中心及周边区域划分成8个安保责任区，设置248个岗位，分备战、临战、实战3个阶段形成基础排查等5个方面15大类43个安保方案162项安保组织推进。

开展警情处置等联合演练、专项演练和“红蓝对抗”近百次。发现、整改安全隐患问题110余处。对国家会展中心内部、外围共4959个制高点落实管控措施，完成181批次警卫任务。在国家会展中心周边重要路口和关键点位设置观察哨、过滤点和拦截线，拦截带离精神障碍患者34人，查获“网上逃犯”30人。严格落实核心场馆封闭管理期间安全监管工作，对国家会展中心内部各场馆实施隐患清零工程，加强重点区域、设施设备的安全防护，做好各类展台、配套活动现场安全监管，对排查登记的400余场配套活动落实足够力量加强现场安保和周边秩序维护。依托无人机反制技术，对警戒区及周界空域实施监测防控，实现无人机管制区域“黑飞”“零发生”。启动道口等级查控勤务，投入954名民警承担10个陆路道口、4个水路卡口、15个等外道口、2个长途客运站查控工作，以及 108 个水路支流河口的入沪管控。共检查车辆船舶 27 万余辆(艘)、盘查比对人员 46.2 万余人次，查获网上在逃人员 10 人、吸毒人员 18 人，仿真枪、管制刀具等违禁品 78 件、危险化学品 6.41 吨。

11 月 5—10 日，“进博会”举办期间，综合运用图像围栏、电子围栏、太赫兹等高新技术手段，创造“全覆盖、非接触、不停留、有尊严”安检模式。12 月 27 日，以“为了四叶草的辉煌”为主题的青浦公安首届中国国际进口博览会安全保卫工作总结表彰仪式在国家会展中心虹馆举行。　　(张凯开)

青浦公安决战决胜“进博会”安保誓师仪式举行　　(公安青浦分局供稿)

■“智慧公安”建设　打造全市“智慧公安”示范样板区，完成“智慧公安”重点建设任务 51 项，建成智能图像监控点位 1.24 万个，全区监控数量由上年初的每平方公里 2.75 个增加到 47 个，配套研发视频图像综合应用系统，实现“以图搜图”等 35 种实战应用功能。提前完成“智慧监所”建设，在 1.4 万平方米监区内布设智能感知设备 1419 个；建设“智慧安防社区”539 个，并在徐泾镇“西郊家园”试点建立“精准警务”“协同共治”“群防群治”三大模块融合的社会治理信息平台，将预警风险按照职能分工，分类推送给公安、政府部门及小区物业等群防群治力量，构建全民安防模式。　　(张凯开)

■社保队伍体制改革　开展优化社区保安队伍体制调研，会同区综治办联合下发相关实施意见，调整和明确全区社保队伍的管理权限和职责，将全区 3 个街道、8 个镇的社保队伍人、事、财等管理权交由派出所全面负责。　　(张凯开)

■“日租房”整治　8—11 月，公安青浦分局会同区综治、区城管、区房管等部门开展专项集中整治行动，强化落脚点管控，清除各类隐匿其中的风险隐患和违法犯罪。期间，共联合检查可疑房屋 1054 处，查处并取缔“日租房”104 处，行政拘留 66 人，暂扣被取缔“日租房”中家具、电器 1000 余件。　　(张凯开)

■舆情处置与“放管服”工作　组建舆情处置专业行动队。成功处置“8·23”练塘镇因遛狗纠纷致人死亡案、“9·12”虹馆杜娃·黎波 2018 上海演唱会保安粗暴对待歌迷等 200 余起网络负面舆情。依托“大调研”活动，开展内部“放管服”调研专项工作，对收集基层单位反映的 13 类 80 项问题和 304 条意见建议进行逐一整改、回应。　　(张凯开)

■侦破“3·22”系列保险诈骗案　3 月起，公安青浦分局根据市公安局经侦总队线索核查任务，对一起保险诈骗案立案侦查。经查，闵某(男，67 岁，本市人)以他人名义注册成立一鉴定机构，通过交通事故代理理赔中介机构介绍业务，并授意鉴定机构负责人朱某(男，62 岁，本市人)伙同他人以市内某知名鉴定中心的名义出具虚假伤残鉴定报告。其间，查证相关保险诈骗案件 14 起，涉案金额 300 余万元，抓获以闵某为首的犯罪团伙成员 13 人。该案侦破工作在 2018 年上海公安系统“经济犯罪案件侦查破案精品案例”评选中获“银奖”。　　(张凯开)

5 月，青浦区启动公安武警联合巡逻　　(公安青浦分局供稿)

■侦破“8·18”非国家工作人员受贿、职务侵占、合同诈骗、虚开发票、掩饰隐瞒犯罪所得案　2017 年 8 月 18 日，公安青浦分局接报，上海顺衡物流有限公司销售经理陈某(男，36 岁，本市人)利用职务便利，侵占公司货运款 1 亿余元。即成立专案组。经查，2015 年 7

月—2017年8月，犯罪嫌疑人陈某在已经调离原工作岗位的情况下，冒用原公司名义，伙同他人以签订“阴阳合同”的方式，骗取原公司货运费1.16亿元。历时五个月，专案组抓获该案中涉嫌非国家工作人员受贿、职务侵占、合同诈骗、虚开发票、掩饰隐瞒犯罪所得的犯罪嫌疑人17名，追回赃款5000余万元。该案的侦破在2018年上海公安系统“经济犯罪案件侦查破案精品案例”评选中获“银奖”。　（张凯亓）

■**侦破“12·20”非法收购、出售珍贵濒危野生动物案**　2017年12月20日，公安青浦分局根据线索，依托“行刑衔接”工作机制，会同区林业局历经3个多月经营深挖以及3次集中收网行动，侦破本市首例跨境网络非法收购、出售珍贵濒危野生动物案，先后在本市及江苏、河北、北京等16个省（市）29个地区抓获犯罪嫌疑人张某（男，24岁，香港人）等37人。共查获球蟒、橄榄蟒、缅甸蟒等国家保护野生动物297条，涉案金额400余万元。该案的侦破被评为上海公安治安系统408条线“十佳精品案例”。　（张凯亓）

检　察

■**概况**　2018年，区检察院围绕经济社会发展大局，全面履行各项检察职能，全力维护社会稳定，强化法律监督主责主业，深入推进各项改革，各项工作取得新进展。全年受理提请批准逮捕犯罪嫌疑人2227人，受理移送审查起诉1819件2643人，向人民法院提起公诉1680件2357人。　（徐　梦）

■**严惩各类刑事犯罪**　全年共受理提请逮捕犯罪嫌疑人2227人，比上年上升29.1%；批准逮捕1706人，比上年上升29.5%；受理移送审查起诉1819件2643人，比上年件数、人数分别上升27.3%、24.7%，依法提起公诉1680件2357人，同比件数、人数分别上升20.5%、13.5%。突出惩治恶性暴力犯罪，批准逮捕故意杀人、绑架、抢劫、强奸等犯罪嫌疑人44人，集中打击危害社会公共安全犯罪，批准逮捕非法经营危险化学品等犯罪嫌疑人15人，办理散布涉“6·28”浦北路持刀杀人案谣言等重大有影响的案件。从严惩治人民群众反映强烈的涉众金融、电信诈骗、侵犯公民个人信息等犯罪，批准逮捕103人，提起公诉39件121人，对造成1300余人4.9亿元经济损失的非法吸收公众存款案提起公诉。　（徐　梦）

■**开展扫黑除恶专项斗争**　贯彻中央和上级关于扫黑除恶工作的精神指示和部署要求，及时制定工作方案，联合公安青浦分局及时铲除各类涉黑涉恶苗子性问题，批准逮捕和审查起诉犯罪嫌疑人162人。重点打击“套路贷”、欺行霸市、操纵经营“黄赌毒”等违法犯罪活动的黑恶势力，共批准逮捕涉恶犯罪9人，提起公诉7件13人。办理19人重大开设赌场案和市内10余家餐饮消毒公司变相收取保护费的寻衅滋事、敲诈勒索案。　（徐　梦）

■**预防和化解社会矛盾**　完善未成年人救助机制，与上海慧闵心理咨询工作室合作设立未成年人心理支持项目，开展困境儿童法律援助、心理疏导等全面救助。推动异地协作剥夺监护权，办理全市首例督促异地撤销父母监护权案件，入选最高检“依法惩治侵害未成年人犯罪加强未成年人司法保护”典型案例。应用现代“互联网+”技术实现远程视频接访，推进律师参与化解和代理涉法涉诉信访、控告事项案件化办理等工作。妥善处置涉众金融案件信访，共接待群众来信来访来电587批次；妥善处置集体访、缠闹访等过激信访矛盾31批次，司法救助12人，确保涉检零越级访、零进京访。　（徐　梦）

■**打击腐败犯罪**　全力支持配合深化国家监察体制改革，设立职务犯罪检察官办案组，主动适应打击职务犯罪新要求，实行提前介入办案机制，与区监察委建立日常联络、信息互通、办案协作等对接机制。全年共办理职务犯罪案件2件3人，对一起挪用公款案中涉案单位存在财物管理漏洞，采取公开宣告形式送达检察建议，并对涉案单位开展法制宣讲。　（徐　梦）

■**护航首届“进博会”**　制定《青浦区人民检察院关于服务保障首届中国国际进口博览会的若干意见》，成立“青年干警先锋队”，开辟“涉博”案件“绿色通道”，依法快捕快诉以进博会为名实施诈骗及编造、散布虚假恐怖信息等严重影响进博会举办的犯罪活动。设立服务保障中国国际进口博览会工作站、驻国家会展中心检察官办案组，履行对“涉博”案件提前介入、集中排查场馆周边食药品和环境资源领域监管隐患、加强督促周边精神病人监管等十项工作职责，针对参展商户布展、开展情况，聚焦外籍人士权利义务保障，做好提前介入、规范取证的预案。　（徐　梦）

5月3日，部分在沪全国人大代表及市人大代表到青浦区调研检察机关服务保障水环境治理工作　（区检察院供稿）

■**助力优化区域营商环境**　区检察院设立物流会展办案组，全年共办理涉物流会展领域犯罪案件45件，集中打击在国家会展中心假借德邦物流实施敲诈勒索、利用技术漏洞非法窃取电子面单等犯罪案件；加强知识产权保护，惩治生产销售伪劣产品、非法经营等犯罪行为，办理一起涉47个国家的特大跨国销售假冒注册商标的商品案；召开物流快递企业座谈会，开展行业风险安全培训，建立重点企业名录。（徐　梦）

■**深化水环境检察保护**　深化水环境综合治理“一院一品”工作，结合破坏环境资源刑事案件集中管辖制度，依托与上海铁路运输检察院、公安青浦分局的办案协作机制，对5件破坏水环境资源案件适时介入，对多起破坏防汛堤岸案件依法提起公诉。先后走访水务等部门调研执法难点、堵点，形成《聚焦行政执法难题深入调研水环境综合治理工作》材料；深入村居、社区等开展宣传教育，拍摄《保护水环境检察官在行动》专题宣传片。（徐　梦）

■**参与社会综合治理**　在区委政法委牵头下开展居住社区调研，深入白鹤镇村居等地开展调研97次，收集社会管理、建设交通、安全监管等问题共138个、建议143项。加强对办案中发现的一类问题研究，通过检察要情专报、检察建议等形式，推动危险化学品管控、房地产市场监管等制度管理规范，其中市安全监督管理局开展全市甲醇燃料安全监管排查。针对办理未成年人刑事案件中发现的救助管理问题形成材料上报。（徐　梦）

■**做实刑事诉讼监督**　设立刑事诉讼监督部，实行重大监督事项案件化办理。建议行政机关向公安机关移送案件11件11人，对66件案件开展立案监督，针对一起故意伤害致人死亡案件尚有犯罪嫌疑人在逃的情况向公安机关移送线索，协助抓获在逃16年犯罪嫌疑人。对应当逮捕而未提请逮捕的、应当起诉而未移送起诉的，追捕到案53人、追诉到案35人，向相关法院（含外省市）提出、提请刑事抗诉8件，对法律适用、规范诉讼行为等问题向相关单位制发纠正违法通知书、检察建议、一类问题通报141份。（徐　梦）

■**加强刑事执行监督**　加强羁押必要性案件审查，建议变更强制措施143件，获采纳135件，建议数和采纳数比上年分别上升8.3%、10.7%。针对发现法律文书未及时送达、律师会见手续不规范等违法线索，向相关职能部门制发纠正违法通知书、检察建议40件。深化财产刑执行检察监督，与区法院签订《关于建立刑事裁判涉财产部分执行及法检协作机制的意见（试行）》，针对一起骗取政府动拆迁款的案件中涉财产刑未执行完毕的情况，成功监督追赃到位1500万余元。加强社区矫正监督工作，针对监外执行中法律文书内容瑕疵、提前交付执行等问题提出监督意见27件。（徐　梦）

■**完善民事和行政监督多元化格局**　完善民事和行政诉讼监督格局，统筹推进生效裁判、审判程序、执行等监督，共受理各类民事和行政监督案件29件，制发检察建议12件。开展对行政机关的类案监督、督促履职、堵漏建制等工作，加大对民间借贷等虚假诉讼多发领域的监督力度。（徐　梦）

■**全面推开公益诉讼工作**　共办理公益诉讼案件15件，制发诉前检察建议12份，成功提起区首例刑事附带民事公益诉讼并获法院支持，督促有关部门对有犯罪记录的食药品生产经营者实施从业限制，成功追回国有财产371万元。开展“保障千家万户舌尖上的安全”专项监督活动，联合市场监督管理局走访排摸部分中小学食堂、西郊国际农产品交易中心等食品安全情况。围绕公共安全开展危险化学品管理隐患专项排查，通过问询监督方式了解区域内疫苗使用情况，及时回应社会关切。畅通电话、微信、微博等举报途径，加强与区监察委在公益诉讼案件线索移送中的协作配合，畅通行政执法、刑事司法双向反馈通道。（徐　梦）

■**深化检务公开**　发挥新媒体平台作用，共发布原创微信130条、播报微博800余条，以漫画图解形式开展以案说法活动。加大检察重点工作宣传力度，《为打造“上海之门”贡献“检察力量”》相关报道在《解放日报》专版刊登，参与拍摄《案件聚焦》《平安上海》等法治专题片130部。（徐　梦）

■**思想政治建设**　集中开展习近平新时代中国特色社会主义思想学习培训，通过检察长带头上讲台、专家作报告等专题辅导，结合双周政治学习、支部学习等形式开展集中学习和个人学习，开通线上线下同步学习平台。开展“不忘初心、牢记使命，贯彻落实党的十九大精神”学习实践活动，组织全体党员参观陈云纪念馆、祭扫烈士陵园等，举行

7月5日，举行服务保障“首届中国国际进口博览会”青年检察干警先锋队授旗仪式（区检察院供稿）

学习贯彻十九大精神宣讲活动，抓好双周政治学习。加强意识形态工作，强化对干警意识形态情况的动态分析和掌握，排查意识形态风险点，制定相关工作办法，落实意识形态工作责任制。（徐　梦）

■司法能力建设　完成内设机构改革，将原有15个内设机构整合为6个检察业务部门和4个司法行政部门，设立职务犯罪、金融犯罪等8个新型专业化办案组和28个办案单元，实行"捕诉一体"新型办案模式，实现案件专业化办理。围绕办案组织形式和职能转变要求，组织开展修改后新刑诉法和人民检察院组织法学习，开展公益诉讼、"捕诉一体"等专题培训班，深化检察官研修工作，承担高检院检察理论课题，多篇调研文章在高检院、市院征文评选中获奖。抓好青年干警的培养选拔，7名干警分别获上海市检察机关"优秀公诉人""案管业务能手""控申办案能手"等荣誉称号和单项优秀奖。（徐　梦）

■严格自身监督制约　推进"从严治党、从严治检"专题教育活动，推进党风廉政建设"两个责任"，全员签订廉政承诺书，开展廉政讲评和警示教育工作。规范司法办案行为，依托流程监控智能预警系统对1133件在办案件进行动态监控，开展各类案件质量评查589件，推进"检察官办案全程监督考核系统"应用。发挥文化育检作用，开展"我为进博会干些啥"系列文化活动和青检"六一家年华"、青年检察官军营体验等主题活动。（徐　梦）

■接受社会各界监督　向区人大常委会专题报告工作情况，定期向代表寄送《检察日报》和《青浦检察》等刊物，办理和答复人大代表关于《深化检务公开、增强司法公信力》的代表建议。加强人大代表联络工作，邀请40余名人大代表踏勘淀山湖防洪大堤、青西郊野公园，听取人大代表对检察机关服务保障水环境综合治理工作的意见、建议。召开检察机关恢复重建40周年检察开放日活动，邀请代表、委员、检风廉政监督员90余人参加。自觉接受民主监督，向区政协通报区检察院服务保障进博会、公益诉讼等工作开展情况。（徐　梦）

12月26日，检察机关恢复重建40周年检察开放日活动举行

（区检察院供稿）

审　判

■概况　2018年，区法院不断提高政治站位、功能站位、工作站位，按照"办好案、服好务、改好革、建好队"的工作思路，围绕中心服务大局，忠实履行审判职责，不断深化司法改革，破解改革难题，打造过硬队伍，各项工作取得新成效。全年受理案件36892件，审结36782件，法官人均结案395.08件，居全市基层法院第二名。

年内，区法院被最高人民法院评为"全国法院司法宣传先进单位"；民事审判庭（环境资源案件审判庭）荣立上海法院集体二等功；执行局荣立上海法院集体三等功；西虹桥（进口博览会）人民法庭吴小国荣立上海法院个人二等功；刑事审判庭姚丽萍、青东法庭陆晓云、商事审判庭浦雪明、立案庭徐玉萍、司法警察大队沈瑜荣立上海法院个人三等功；立案庭李建军、西虹桥（进口博览会）人民法庭陈强、刑事审判庭沈宝琴、商事审判庭浦雪明、审判监督庭陈蕾、执行局倪鸿、执行裁判庭韩燕、青东法庭李大为被评为上海法院办案标兵，其中西虹桥（进口博览会）人民法庭陈强被评为全国法院办案标兵；民事审判庭（环境资源案件审判庭）王媛媛被评为2016—2018年度上海市未成年人保护工作先进个人；审判监督庭吴桂臣被评为2018年度上海法院审判管理先进个人；执行局吴海港被评为上海法院破解"执行难"十佳执行法官；执行局倪圣哲被评为上海法院破解"执行难"先进个人；司法警察大队沈瑜被评为上海市优秀青年志愿者，获"捐献造血干细胞"荣誉证书；青东法庭高金登、司法警察大队沈瑜获青浦区"最美家庭"称号。（朱婷婷）

■依法惩治刑事犯罪　全年共受理刑事案件1662件，审结1659件，其中：审结抢劫、故意伤害、贩卖毒品等严重犯罪案件233件，审结盗窃、诈骗、寻衅滋事、危险驾驶等多发性犯罪案件932件，审结贪污、贿赂、渎职等职务犯罪案件7件。依法审结上海市首例由监察委调查终结的案件，审理涉"互利网"非法集资案和区内首例拐骗儿童案、首例刑事附带民事公益诉讼案，审理涉"套路贷"案件。（朱婷婷）

■依法审理民商事案件　全年共受理民商事案件24996件，审结24918件，其中：审结涉人身、财产等各类侵权案件4146件，审结民间借贷案件1990件，审结劳动争议案件779件，审结房地产纠纷案件870件，审结买卖、加工、服务等合同类案件7519件，审结金融案件5769件，审查破产申请79件。化解重大"涉军停偿"案件，处理涉土地征收、"五违四必"、土地减量化等相关案件。（朱婷婷）

■**发挥行政审判职能** 行政案件集中管辖前，受理各类行政案件158件，审结182件（含旧存案件）。走访区城管局、规土局、人社局等涉诉较多行政机关，推进行政负责人出庭应诉，行政机关负责人出庭应诉率49.48%。（朱婷婷）

■**推进执行攻坚** 全年受理执行类案件9565件，执结9473件，同期结案率99.04%，执行到位标的额11.93亿元。组建执行指挥中心专业团队，构建案件集中管、事项集中办、终本督办严等执行指挥中心实体化运作机制。完善被执行人财产网络查控机制，覆盖房产、存款、车辆、证券、工商登记等9大类财产信息。开展涉民生案件专项执行和“夏日决胜”执行大会战等专项行动，清理八年以上历史积案2件、重大疑难复杂案件145件。充分发挥“执转破”在清理“僵尸企业”、化解执行积案等方面的作用，移送被执行人破产审查61件，立案受理61件。启动网拍238件，成交率96.08%，最高溢价率98.52%。惩治拒执行为，依法司法拘留88人次，限制出境57人次，限制高消费7712人次，纳入失信被执行人名单4776人。受理拒不履行判决罪案件2件，其中1件已依法作出刑事判决、1件正在审理中。（朱婷婷）

■**服务区域改革发展** 成立西虹桥（进口博览会）法庭，集约审理涉进博会、涉会展业、涉国家会展中心民商事案件和具有涉外因素商事案件，已受理案件137件，审结43件。完善破产审判体制机制，建立破产案件专门审判团队，审结破产清算案件12件，破产重整案件1件，比上年上升225%。举办“长三角环境资源司法保护论坛”，与上海政法学院联合成立“长三角环境资源司法研究基地”，与沪苏浙皖12家法院共签《长三角环境资源司法保护协作备忘录》，成立“淀山湖生态修复基地”，全年共受理环境资源案件184件，结案172件。延伸审判服务职能，组织法律讲座、咨询等活动67次，发布各类审判白皮书8份，发送司法建议书11份。（朱婷婷）

6月1日，长三角环境资源司法研究基地揭牌仪式举行（区法院供稿）

■**推进司法改革** 将原17个内设机构调整为由7个审判业务部门、1个审判辅助部门和3个司法综合部门组成的11个内设机构。通过简易程序、小额诉讼程序、督促程序及速裁机制分流案件，实现简案快审、繁案精审。推进法官单独职务序列改革，落实法官助理、书记员等审判辅助人员管理制度。年内，全院按期晋升法官等级48人，其中晋升四级高级法官13人、一级法官29人、二级法官4人、三级法官2人，对84名法官助理和19名书记员进行职务套改和评定。（朱婷婷）

■**开展大调研活动** 成立大调研领导小组。分设调研小组8个，分工走访香花桥街道村（居）34个，共收集群众反映问题167个。将国家会展中心、西虹桥商务开发有限公司、区司法局、区律工委、区工商联等单位列为调研对象，共收集意见建议33条。全院干警结合信访接待、法治宣传、案件调解等业务工作，全员参与调研。（朱婷婷）

■**诉讼服务提档升级** 推进诉讼服务中心建设。拓展诉讼服务中心功能，集成导诉分流、登记立案、诉调对接、司法辅助、事务接待、判后答疑、法律援助、信访接待等多种功能。加强与司法局沟通协作，推动人民调解员和公证人员入驻诉讼服务中心。完善12368诉讼服务平台，综合运用语音识别、语音合成等人工智能技术，提供网上立案、咨询诉讼、查询案件、联系法官等诉讼服务。（朱婷婷）

10月8日，西虹桥（进口博览会）人民法庭挂牌成立（区法院供稿）

■**司法公开持续深化** 依托中国裁判文书网,将依法可公开的生效裁判文书全部予以公开。通过网络发布、短信推送等方式,向相关当事人发送案件情况信息。新建6个互联网庭审直播法庭,通过互联网直播庭审案件517件。召开人民陪审员工作会议,组织《人民陪审员法》授课解读,99名陪审员共参审案件2386件、4422人次,一审案件陪审率99.96%。 (朱婷婷)

■**司法科技深度融合** 参与市高院"上海刑事案件智能辅助办案系统"工程建设,制定非法拘禁罪和寻衅滋事罪证据标准、证据清单和模型。坚持以审判业务需求为导向,推进法庭智能化升级改造。在部分审判法庭和西虹桥法庭安装音字转换系统。推进电子卷宗随案同步生成工作。完善信息管理中心建设,设置司法公开、诉讼服务、案件审判、执行指挥、警务指挥、综合行政和大数据平台等七个板块,融合高清安防、指纹门禁、车辆管理、信息运维等功能。采用人脸识别与边界监测融合的方式升级智能安防系统。完善后勤管理信息系统,通过信息智能管理,实现收存、收支和成本核算管理对接。 (朱婷婷)

■**党风廉政建设** 持续推进"两学一做"常态化,开展"不忘初心、牢记使命"学习实践活动,增强"四个意识",坚定"四个自信"。党组全面落实"三个责任制",健全"四责协同"机制。持续开展向邹碧华同志学习活动,争当"公正为民的好法官、敢于担当的好干部"。开展司法作风专项督察活动,做好自查自纠,扎实整改提高。 (朱婷婷)

■**司法能力建设** 推进审判队伍正规化、专业化、职业化建设,选派资深法官担任初任法官导师。优化"青法之声""青蓝法研社"等学习平台,举办"青法微课堂""青法职业能力竞赛",组织9期法官助理模拟庭审活动进行实战训练。年内,完成《青浦法院案例》《青浦法院调研》编纂,评选每季度"十佳案例"。 (朱婷婷)

■**"文化法院"建设** 结合各庭室不同业务特点,征集干警原创文化作品。组织文化健康月系列活动,开展郊野健步走、书画摄影展评、趣味棋牌比赛、青浦法院读书周等文体活动。 (朱婷婷)

■**法官权益保障** 严格落实《关于保障法官履职权益工作的实施细则》,定期梳理法官权益保障中存在的问题,开展干警权益保障工作。依法保护在依法履职过程中遭遇阻挠妨碍、人格侮辱、打击报复等不法侵害的干警。全面落实从优待警措施,搭建困难干警帮扶平台。 (朱婷婷)

■**主动接受监督** 主动接受人大、政协、检察机关及社会各界的监督,听取特邀监督员、人民陪审员、律师等各界人士的意见建议。配合区人大常委会开展行政审判工作专题调研和各项集中视察活动,向区人大常委会专题报告行政审判工作情况。增强依法接受监督的意识,邀请辖区内市人大代表视察法院工作,听取意见和建议。办理答复人大代表和政协委员提出的《关于快递服务纠纷适用有限赔偿原则的建议》《创造良好营商环境,激发和保护企业家精神》等提案。开展公众开放日等系列活动,300余名人大代表、政协委员、机关干部、企业员工、社区居民、学生等各界人士走进法院。向人大代表、政协委员、特邀监督员发送《青法之窗》《青浦审判》。 (朱婷婷)

司法行政

■**概况** 2018年,区司法行政工作以增强群众获得感为目标,围绕"进博会"平安举办,履行工作职能,主动将司法行政工作融入到法治中国、法治青浦建设的全局,维护全区社会稳定,促进经济和社会转型跨越发展。

年内,全区人民调解组织共受理各类矛盾纠纷10882件,比上年上升0.06%;调解成功10425件,调解成功率为95.8%;制作人民调解协议书8461份,比上年下降3.44%。协议履行率为100%。区医调委受理医患纠纷50件,比上年下降10.71%;成功调处49件,涉及赔偿额283.26万余元。各司法所通过基层调委会及街镇司法、信访综合服务窗口等渠道共排查出社会不稳定因素601件,司法所直接调解纠纷587件,协助街镇政府(办事处)处理社会矛盾纠纷273件,受理并成功调处刑事和解案件64件、治安案件327件、民事委托195件。夏阳街道塘郁村人民调解委员会调解员徐仰新被司法部评选为全国人民调解工作先进个人。

至年底,全区在册社区服刑人员391人,比上年增加6.25%,全年累计接收社区服刑人员823人。警告27人,共收到社会调查征求意见函922份。入矫宣告455人、解矫宣告432人。5年内刑满释放人员1530人,比上年增加2.55%。申报户口人数1530人,户口申报率100%。安置就业1526人(含享受低保、城镇保、农保、责任田安置等),安置率99.8%。落实帮教1526人,落实帮教率99.8%。

全区律师事务所共办案3910件,其中:刑事348件、民商事2757件、仲裁364件、行政8件、非诉讼394件、代书39件,担任法律顾问448家;公证处办理各类公证3120件,其中国内公证1379件、涉外公证1529件、涉港澳公证6件、涉台公证206件。

2018年,区法律援助中心共接待来电来访20319人(批)次,比上年减少2%,其中:"12348"法律咨询热线接答11383人次,比上年减少3%;来访咨询8936人(批)次,比上年减少1%。共受理法律援助案件1171件,比上年减少20%,其中:刑事案件702件,比上年减少7.01%;民事案件469件,比上年减少34.95%。各街镇法律援助工作站案件移送51件,收到群众赠送的锦旗3面。 (朱文怡)

■**配合建成"一室三中心"** 主动提高政治站位,打通"进博会"期间法律服务保障的"最后一公里",在国家会展中心筹备建立"一室三中心"〔即上海市司法局、市律师协会(进口博览会)涉外法律服务中心、市司法局(进口博览会)人民调解中心、徐泾镇(进口博览会)联合调解中心、驻国展中心派出所调解工作室〕。"一室三中心"入驻国展中心一号门4楼,组织全市优秀涉外律师、调解员现场提供各项法律服务,解决国家会展中心区域内各类矛盾纠纷。

(朱文怡)

■**服务保障"进博会"** 制定《关于"进博会"期间做好本区矛盾纠纷排摸化解

工作方案》，各司法所与辖区派出所加强对接，全区各级调解组织加强矛盾隐患等不稳定因素排摸，按日、周、月向区委政法委和市司法局报送日报、周报、月报，每周定期派人进驻西虹桥“进博会”前线指挥部开展工作。（朱文怡）

■标准化司法所创建推进 与街镇领导加强协调沟通，解决各所在标准化司法所创建过程中存在的办公场所紧缺、经费困难等问题，实现夏阳、白鹤、重固、练塘、金泽等司法所办公场所“独门独院”。年内，将司法所标准化建设与信息化建设相结合，在11个基层司法所设立视频会议系统三级会场，实现全区司法行政系统视频会议全贯通。（朱文怡）

9月3日，江苏省昆山市淀山湖镇“临沪尚法”司法行政融合共建工作启动仪式举行（区司法局供稿）

■打造公共空间法治宣传阵地 在国家会展中心、轨道交通17号线沿线、青浦城区主干道公交站、亭等公共空间布置法治公益广告。打造公园法治文化阵地，在曲水园开展全区首个公园法治宣传日活动，每月15日为游园群众开展法律咨询和法治宣传资料派送。打造乡村法治文化阵地，结合美丽乡村建设，推进金泽镇莲湖村、重固镇徐姚村法治文化阵地建设，在金泽镇、香花桥街道、夏阳街道等已建成的法治文化公园、文化长廊等阵地增加宪法学习内容。（朱文怡）

■陆卫东到青浦区调研司法行政工作 3月7日，市司法局局长陆卫东到青浦区开展调研。调研期间，陆卫东先后参观青浦看守所、盈浦司法所、区司法行政综合法律服务中心、青浦公证处，并主持召开座谈会。副区长余旭峰等领导陪同。（朱文怡）

■推进社区矫正执法公开建设 8月17日，“青浦区社区矫正中心开放日”活动举办，邀请检察官、律师、公证员代表和部分村居志愿者、服刑人员家属等参观社区矫正中心，观摩入矫宣告过程。年内，在全区11家司法所统一安装社区矫正工作公开栏。（朱文怡）

■开展“七五”普法中期督查 实行“七五”普法中期督查，按照七五普法规划，区法宣办、区人大牵头组织到街镇和委办局，通过听取汇报、查阅台账资料、实地走访等方式在全区范围内开展“七五”普法中期督查。8月，区人大到区司法局调研七五普法开展情况。9月，召开“七五”普法中期督查会，区税务局、区环保局、区市场监管局、区人民检察院、区卫计委、区农委作交流发言，会议对后期普法工作作出部署。（朱文怡）

10月17日，区司法局、区检察院就《法律援助律师参与审查逮捕诉讼化审查工作实施细则》举行签约仪式（区司法局供稿）

■加强毗邻地区对接 9月，与江苏省昆山市淀山湖镇召开临沪跨省司法行政深入对接工作推进会，签订《临沪、沿湖“两类”人员跨省联防联控协议书》，成立“临沪尚法”跨省公共法律服务工作站，签订青昆司法行政共建合作框架协议。年内，青昆工作人员共计值班280次，接待群众法律咨询50批86人次，联动调处矛盾纠纷28起，没有发生“两类人员”跨省市脱管和民转刑纠纷矛盾。（朱文怡）

■推进刑事法律援助工作深入开展 10月17日，区司法局、区检察院就《法律援助律师参与审查逮捕诉讼化审查工作实施细则》举行签约仪式。区司法局副局长尤海东、区检察院副检察长徐

庆天等出席签约仪式。　　（朱文怡）

■加强调解员培训　年内，为深化“课堂型”培训模式，组织举办专业性行业性调解员、初任调解员、骨干调解员等培训班，参训人员340余名。拓展法院“跟班实训”活动，全年组织骨干调解员20余名到法院“跟班实训”，跟班时间从两周延长到1个月。　　（朱文怡）

■法治大讲坛村居巡讲　6月26日，2018年青浦区“学宪法迎进博创平安”法治巡讲活动在朱家角万隆村村委礼堂启动。市宪法宣讲团成员、全国政协委员、全国律协副会长、国浩律师事务所吕红兵律师向100多名村民做宪法修正案宣讲。宣讲活动由区政法委综治办副主任陈钢主持，司法局副局长谢天凡、朱家角镇党委副书记范国强、区防范办及朱家角镇政法综治部门有关人员出席。年内，法治大讲坛宣讲团通过“以案说法”的方式，围绕宪法修正案、禁毒、防诈骗等内容到全区11个街镇的村居开展宣讲活动60余场。

（朱文怡）

■开展对口交流　12月21日，青海省果洛藏族自治州司法局局长班玛闹吾率队到青浦区司法局开展对口支援交流活动。双方围绕人民调解、社区矫正、司法所标准化建设等司法行政工作开展具体交流。果洛州司法局一行实地考察参观青浦区司法行政综合法律服务中心、夏阳司法所。区司法局局长张小云及班子领导陪同参观并参加交流座谈会。　　（朱文怡）

武　装

■概况　2018年，区武装工作聚焦主责主业，紧盯难点弱项，注重创新发展，各项建设呈现新面貌、新气象、新发展。年内，开展“传承红色基因，担当强军重任”主题教育和全民国防教育日活动，组织“季看一镇”和纪念改革开放40周年活动，推进党委中心组理论学习、干部理论轮训和基层理论武装等制度落实；练兵备战重心突出，参加军委国防动员部新大纲集训演练保障、进博会安保执勤、防抗台风抢险救灾行动，完成人武部规范化建设试点、新兵征集、民

10月19日，上海市司法局（进口博览会）联合调解中心揭牌仪式举行

（区司法局供稿）

兵调整改革、轮训备勤和年度征兵任务；加强国防教育，共话军民融合，推动行业拥军，推进双拥工作重难点问题解决；到安徽潜山扶贫举牌捐赠，为革命老区脱贫攻坚贡献力量。

1月，朱家角镇民兵水上应急分队荣立集体二等功，于6月接受中央和军队新闻采访团集中专题采访。

（钱　刚）

■党建活动　坚持每季度与警备区同步开展一次党委中心组带机关理论学习，结合理论学习开展“不忘初心、牢记使命”“传承红色基因、担当强军重任”主题教育，组织“季看一镇”和纪念改革开放40周年活动。落实“三会一课”、党日、民主生活会、民主评议党员、领导干部过双重党日生活等制度，抓好党规条纪、新规禁令和规章制度学习。3月28日，区人武部干部职工和驻青部队代表一行28人到西乡烈士陵园和陈云纪念馆，瞻仰缅怀先烈并重温入党誓词。在西乡烈士陵园参观烈士事迹陈列馆，听取烈士生平事迹；在陈云纪念馆前，重温入党誓词。　　（钱　刚）

■集中训练与演练　完成上级部署的集中轮训试点任务，完成防抗“安比”“云雀”“温比亚”台风民兵支援抢险救灾行动；组织2批综合应急连及专武干部集中训练，开展群众性练兵比武活动。2月，参加上海警备区组织的人武部现役干部实战化训练，进行实弹射击和野营拉练。组织手枪、自动步枪2种轻武器射击，采取急行军、奔袭等不同行军模式，连续徒步行军35公里。年内，以强化快速反应、机动支援、参战支前、应急处突、持续保障“五种能力”为目标，先后投入100余万元对区民兵训练基地进行综合整治，组织民兵分队轮训备勤共计11批次，并先后5次担负展会维稳处突、外围警戒等任务，制作下发4本“口袋书”，梳理并上报“四个一”成果，初步回答“训什么”“怎么训”“如何管”“怎么保”等问题。9月2—8日，区人武部首次集中预定新兵在民兵训练基地参照建制连队模式，开展以军事训练、专题教育、谈心交心、参观见学、廉洁倒查、服役承诺为核心内容的役前教育训练活动。组织徐泾民兵无人机分队到海南参加国防动员系统新大纲集训演练和保障，完成2套无人机系统征用改装任务和海上救援科目演练，并抽调无人机分队2个飞控小组，负责随船视频传输保障无人机演练操控与维护。　　（钱　刚）

■征兵工作　完成新兵征集和役前训练任务，无1例责任退兵，征兵“五率”全部达标，区征兵工作连续第十一年被评为上海市先进。开展“故乡指导员”活动，根据《上海市义务兵及其家属跟踪教育、管理与服务工作实施办法》和年度工作安排，组织各街镇武装部对新

兵进行回访。（钱　刚）

■**双拥工作**　先后5次会同区相关部门召开双拥工作推进会、讲评会和联席会议，对接军地需求，解决军嫂安置、军娃上学、军转安置和学生军训等重难点问题；设立军人军属法律援助工作站；与地方企业签订双拥共建协议。（钱　刚）

■**民兵调整改革**　成立民兵调整改革工作领导小组，总体筹划民兵组织规模、布局和种类、结构，拟制《青浦区民兵建设"十三五"规划》和《青浦区民兵调整改革实施方案》。按照"保留特色分队、压减参战分队、规范支援分队、合并类似分队"原则，实现基干民兵精简，编实建强应急、专业、特殊三类基干民兵分队。（钱　刚）

■**春节送温暖**　春节前夕，开展"献爱心、送温暖"活动，走访慰问驻地部分离退休老干部以及孤寡老人、伤残军人和困难群众等，赠送肉、米、水果等慰问品（金）价值8万元。（钱　刚）

■**召开人民武装工作会议**　2月27日，年度人民武装工作会议在区党校二楼会议厅召开。会议由区委副书记、区长夏科家主持，副区长金俊峰传达李强书记和应勇市长讲话精神。区人武部政委刘辽军总结2017年武装工作，部署新年度武装工作任务。区委书记、区人武部党委第一书记赵惠琴作重要讲话。（钱　刚）

■**召开驻青部队联席会议**　5月2日，驻青部队联席会议在区人武部召开，驻青部队领导、区人社局、民政局、教育局和朱家角镇武装部领导参加会议，会议围绕军转干部安置、随军家属就业、子女就学、学生军训、国防教育、"两用人才"培养等重难点问题展开讨论。（钱　刚）

■**规范化建设试点**　为深入贯彻"福建会议"精神，强化基层"三个一线"建设，区人武部担负警备区规范化建设试点任务，规范"战备、训练、工作、生活"4个秩序，投入200.8万元配备补充民兵应急分队装备，有机镶嵌青浦文化、军营文化、安全文化、廉政文化，推进盈浦街道"青年民兵之家"建设、香花桥街道女子民兵连建设。5月22日，在区民兵训练基地召开规范化建设现场会，警备区首长机关、各人武部、干休所主官约120余人参加，区委书记赵惠琴，区委副书记、区长夏科家，副区长金俊峰参加陪同。（钱　刚）

9月15日，青浦区国防教育日活动在城区桥梓湾广场举行（区人武部供稿）

■**"聚焦党建新风"主题采访**　6月11日，军委政治工作部宣传局邀请《人民日报》《光明日报》《经济日报》和解放军新闻传播中心、中国国际广播电台等中央和军队主要媒体及人民网、中国军网等网络媒体记者，到朱家角镇民兵水上应急分队开展"聚焦党建新风"主题采访报道活动，区委常委、区人武部政委刘辽军，朱家角镇党委书记高健和区委宣传部副部长周思琴发言。（钱　刚）

■**签订双拥共建协议**　7月，上海中昊针织有限公司、上海忠斌旅游服务有限公司和上海金发科技发展有限公司先后组织员工到青浦区民兵训练基地过"军事日"，开展国防教育。区人武部同3家单位签订双拥共建协议，明确双拥共建指导原则、内容形式、责任义务。（钱　刚）

■**军、政、企共话国防教育**　7月16日，区科委（协）班子成员和高科技企业负责人代表到区人武部训练基地开展国防教育主题活动。区委常委、人武部政委刘辽军，区科委（协）和人武部相关负责人出席活动。（钱　刚）

■**军人军属法律援助工作站揭牌**　7月30日，上海市青浦区军人军属法律援助工作站揭牌暨法律、科技、文化、教育拥军启动仪式在区人武部举行。仪式由副区长金俊峰主持，区委常委、人武部政委刘辽军讲话，区民政局、司法局、科委（协）、文广影视局领导分别就八一双拥安排和法律、科技、文化拥军介绍和说明，两家驻青部队领导发言。会上为区相关职能部门发放拥军服务牌匾，向驻青部队官兵赠送图书、科普护照，区人武部副部长王海涛和区司法局副局长尤海东共同为工作站揭牌。（钱　刚）

■**脱贫攻坚结对帮扶工作**　9月5—6日，上海警备区司令员张晓明率队到安徽省潜山市检查指导脱贫攻坚结对帮扶工作，先后到青浦区援建的水吼镇幼儿园、青浦风情广场、水吼镇为民服务中心等援建项目现场实地检查结对帮扶项目落实情况，并举行帮扶项目资金捐赠仪式，张晓明代表上海警备区、青浦区向潜山市水吼镇捐赠帮扶项目资金300万元。警备区政治工作局主任田远，区委常委、人武部政委刘辽军，副区长顾骏参加。自结对帮扶水吼镇和平、梅寨两个贫困村以来，区人武部先后协调投入帮扶资金1300万元，捐赠医疗器械25万元，落实进山道路拓宽硬化工程、修建水吼青浦风情广场、集镇污水处理设施、新建为民服务中心等帮建项目14个。（钱　刚）

■国防教育　9月15日，结合纪念建军91周年和第十八个全民国防教育日，开展“传承红色基因、汇聚强军力量”全民国防教育活动和“做时代新人、当强军先锋”群众性主题实践活动，常态化开展军地走访、“军事日”“军徽映夕阳”“大手拉小手”等活动。（钱　刚）

■护航“进博会”　11月5日，首届“进博会”开幕。在军队安保联指、警备区和区委区政府的统一领导指挥下，区人武部组织民兵上岗执勤，完成安全防卫、秩序维护、信息侦搜和对空警戒等任务。徐泾镇武装部被评为“服务保障进博会先进单位”。（钱　刚）

■联组学习与主题活动　结合主题教育开展“季看一镇”活动，到各街镇参观学习。6月14日，区人武部和驻青部队代表一行26人到赵巷镇开展以“感悟沧桑巨变，点赞改革开放”为主题的联组学习活动，到崧泽遗址博物馆、华为云计算云房、上海漕河泾开发区和中步村美丽乡村参观，并听取赵巷镇经济社会发展情况介绍。12月18日，区人武部和驻青部队代表一行25人到徐泾镇开展以“改革开放永不停步，祖国明天更加美好”为主题的联组学习活动，到国家会展中心、上海中昊针织有限公司参观，听取徐泾镇经济社会和中昊针织企业发展介绍。（钱　刚）

■防抗“安比”“云雀”“温比亚”台风　根据军委联指中心《坚决贯彻习主席重要指示全力做好防汛抢险救灾工作》指示要求，区人武部落实24小时战备值班制度，部领导全时值守，加强与防汛等职能部门、驻区军种任务分队沟通联系，组织各街镇收拢民兵应急分队集中备勤，配齐人员救生和抢险救灾器材，做好2小时收拢和出动准备，先后完成防抗“安比”“云雀”“温比亚”台风任务。（钱　刚）

11月5日，区人武部开展“进博会”安保演练　（区人武部供稿）

民防工作

■概况　2018年，区民防工作以深入贯彻党的十九大和习近平同志系列重要精神为指导，在做好首届“进博会”安全保障工作的同时，全力推行防空防灾应急准备能力建设。

年内，结合朱家角人民医院建设，落实战时“区急救医院”项目；结合市级重要经济目标“民航华东交管中心”配置防空专业队工程；完成赵巷镇社区卫生服务中心民防工程医疗救护项目竣工备案和金泽镇文体中心、成人学校街道指挥所项目竣工验收；“青浦区体育文化活动中心一期工程”防空专业队伍项目完成主体封顶。

全年批复民防结建工程方案阶段项目34只、扩初阶段(总体设计文件)76只，其中：配建民防工程项目21只；扩初缴费项目24只，缴费724.08万元。联审平台：社会投资项目20只，其中配建民防工程项目5只；扩初缴费项目6只，缴费164.56万元。民防工程竣工备案17只，建筑面积10.34万平方米，使用面积8.85万平方米。在建民防工程68只，民防建筑面积46.74万平方米，至年底，区民防工程人均使用面积达3.93平方米。

年内，根据区国动委工作要求，完成区8支人防专业队伍共700人整组和一支区级人防保障队伍共50人组建任务。（金　华）

■“进博会”安全保障工作　成立“进博会”民防工作应急管理领导小组，拟定各类防御计划和安全监管方案，在落实24小时战备值勤与加强“进博会”值班备勤的同时，以“进博会”核心区域(国展中心)为重点开展安全检查，并指导徐泾镇、华新镇和赵巷镇20个居(村)约4000余人开展人员应急疏散与应急处置演练。9月7日，组织民防化救队参加“上善先锋行，护航进博会，上下齐行动——2018年青浦区大面积停电、停水、停气综合应急演练”，并承担泄漏危化品的封堵和转移作业科目。（金　华）

■大调研工作　5月31日，区委常委、副区长陈庆江和区委常委、区人武部政委刘辽军对青浦民防工作进行调研。区民防办深入基层一线共召开调研工作座谈会18场次，发放调查问卷750余份，走访社区居民251人，共收集整理反应居住社区民生事务的意见建议201条，其中社会管理类58个、建设交通类6个、经济综合类32个。（金　华）

■社区民防建设　3月，采购和配置民防应急箱30个。至年底，全区共配置“民防应急箱”258只。5月初，会同区地震办、区红十字会在夏阳街道千步泾社区顺驰蓝湾小区完成“民防、防震、急救”民防综合小区建设。（金　华）

■避难场所建设　3月，按计划启动青浦实验中学Ⅱ类应急避难场所建设；8月

12 日，建设正式开工；8 月 24 日，完成深井作业；9 月，完成其他配套设施建设和安装；10 月进行竣工验收。（金　华）

■城市临战人口疏散接收演练　按计划分别于 4 月 17 日、6 月 29 日，会同普陀区民防办、静安区民防办在重固镇、朱家角镇进行“城市临战人口疏散接收演练”。（金　华）

■“5·12”系列宣传周活动　5 月 11 日，以防震减灾为主要内容的“青浦区 2018 年‘5·12’防灾减灾 10 周年纪念日活动暨夏阳街道地震灾害疏散综合救援演练”在夏阳街道千步泾社区公园大观小区开展，进行有感地震疏散逃生、人员救援、消防灭火、现场急救、院前抢救等科目演练。

5 月 12 日，会同区应急办、地震办、区民政局、区红十字会，在青浦吾悦广场开展以“行动起来，减轻身边的灾害风险”为主题集中宣传咨询活动。区公安分局、区建管委、区卫计委和盈浦街道等十余个职能部门单位参加活动。活动中，区红十字会老师、上海政法学院联合减灾中心师生和青浦消防官兵开展现场急救、溺水救援、自救绳结等自救互救技能演示，共发放《市民防灾常识》手册、《上海民防之声》报纸、《生命与灾害》《故事会》等宣传资料 2000 多份。

宣传周期间，全区各街镇开展设点宣传活动 103 场次，展示各类图版和板报 367 块、横幅 100 多条，发放各类防灾减灾宣传资料 13300 多份；各类镇级刊物宣传报道防灾减灾系列活动信息 42 次（发行 2000 多份）；进行各类讲座 76 次，参加市民 7293 人次。全区各街镇组织居（村）委会 66 个、学校 8 所、企业（商铺）10 多个开展应急疏散演练 50 余场次，参演师生、居民和企业员工 6381 人。（金　华）

5 月 11 日，“青浦区 2018 年‘5·12’防灾减灾 10 周年纪念日活动暨夏阳街道地震灾害疏散综合救援演练”在夏阳街道千步泾社区公园大观小区开展

（区民防办供稿）

■防空警报试鸣　9 月 15 日，在市人防指挥部的统一组织下，全市进行防空警报试鸣，青浦区参加试鸣的 104 台警报器全部鸣响。为配合“9·15”防空警报试鸣，同日上午，区民防办会同区人武部，邀请区民政、建交委、公安、消防等单位在城区桥梓湾广场开展主题为“传承红色基因，汇聚强军力量”的全民国防教育日活动暨以“传承红色基因，汇聚强军力量，推进人防发展”为主要内容的 2018 年人民防空集中宣传主题活动。区委副书记韩顺芳、区宣传部部长姜道荣、区人武部政委刘辽军等领导出席活动。同日，以徐泾镇尚鸿居委、华新镇镇政府办公大楼、赵巷镇北崧居委为主，全区各街镇 103 村（居）委会和 61 所中小学校共 9.8 万余人开展防空防灾演练和疏散逃生综合演练。（金　华）

9 月 15 日，为配合防空警报试鸣，徐泾镇陆家角尚鸿社区组织群众进行应急疏散演练

（区民防办供稿）

■基层民防建设　10 月 30 日，基层民防干部培训班在青浦凯博农庄举办，全区各街镇村（居）民防干部 260 余人参加，并举行村（居）“民防工作站”授牌仪式市民防办汪耀明副主任、指挥通信处邹勇杰处长等领导出席授牌仪式。（金　华）

■行政审批改革　推进行政审批改革，一是对办事指南，以及权责清单中的行政审批、行政确认、行政给付、行政征收和其他权力五类行政权力中的具体事

项进行重新梳理校核；二是深化社会投资项目民防审批改革，从重前置审批向重事中事后监管转变，以“标准规范+告知承诺+事中事后监管”的方式取代原有设计方案阶段、总体设计文件阶段两次审批的模式；三是深化“中国（上海）自由贸易试验区人防行政审批改革”关于结建民防工程配建面积计算新标准试点工作，执行结建民防工程配建面积计算新标准。（金　华）

■民防工程安全检查与维修养护　开展民防工程今冬明春火灾防控专项整治、消防安全大排查大整治专项行动以及防台防汛安全检查等活动，全年共检查工程106只次，整改问题隐患29处。完成青浦“216”指挥所战时防护设施、防护密闭设施和通排风系统设施等维修养护以及白玉兰广场工程地下二层进水道口部积水点改造。（金　华）

■早期工程治理　对区早期工程现状进行全面检查和排摸，全年退出序列早期工程12只，其中4只已填埋、4只已封堵、另4只处于关闭状态，并制定《青浦区退出民防序列公用工程隐患治理三年计划》。（金　华）

■通信建设　按计划完成重固万科尚景苑、盈浦街道万达茂、香花桥街道盈中村3台防空警报器布点新建任务以及警报控制系统升级改造和全区所有防空警报器设置点“防空警报器设置单位”“防空警报”警示牌安装任务。全年接转电话80240只，共装、移、修电话91只次。（金　华）

■指挥所要素建设　加强对“216”指挥所风、水、电基础设备及指挥要素系统设备进行安全检查，完成集控、音视频改造以及机动指挥车极化系统更新，并启动机动指挥车视频传输系统升级。（金　华）

淀浦河一景　（区重大办供稿）

综 述

2018年,区委农办、区农委贯彻落实中央1号文件和中央、市、区农村工作会议精神,深入学习习近平总书记系列重要讲话精神,坚持质量兴农、绿色兴农、品牌强农,高质量高标准推进农业供给侧结构性改革、美丽乡村建设、农村综合改革等工作,完成区委、区政府下达的各项目标任务。全年完成农业总产值20.8亿元,比上年增长3.8%,其中现代农业园区农业总产值0.97亿元。全区粮食播种面积8333公顷,其中:水稻种植面积8000公顷,增加400公顷。受播种面积和气候条件影响,粮食生产有所下降,总产量6.9万吨,比上年下降1.4%;全年蔬菜在田面积保持在3200公顷,蔬菜上市量40.4万吨,其中:绿叶菜种植面积1737公顷,绿叶菜上市量25.5万吨;水产品产量1.66万吨。

乡村振兴战略全面起步。牵头制定《中共青浦区委青浦区人民政府关于推进乡村振兴战略的实施意见》(青委发〔2018〕4号)和2018年度重点工作任务。乡村振兴战略三年行动计划形成送审稿。各成员单位对照实施方案和工作任务,落实具体举措。

推进农业适度规模经营。农村土地承包经营权确权登记成果通过农业农村部数据检测并正式汇交。全年土地流转公开交易市场累计挂牌项目448个,面积2807公顷;成交393个,面积2431公顷,土地承包经营权委托流转率93.4%。全区累计培育星级(示范)农民合作社212家,农业龙头企业29家,其中市级龙头企业3家;累计发展粮食家庭农场379户,经营面积2868公顷,占全区水稻种植面积36%;蔬菜组织化经营比例保持在85%。

重固镇春昌蔬果专业合作社大棚蔬菜种植 (区农委供稿)

加强农业品质保障。完善农产品质量安全监管体系,完成蔬果农药残留定量监测样品1030个,合格率100%;完成蔬菜农残速测73858只,合格率100%。搭建区域公共品牌"淀湖源味",培育系列子品牌,农产品"三品"认证率从2017年的79.86%提高到85.3%,其中:绿色农产品认证从0.59%提升至16.32%,位列全市第二。继"练塘茭白"后,"白鹤草莓"成为青浦区第二个获国家地理标志的农产品。创建区级农业标准化基地11家。

夯实现代农业基础。7个粮食烘干中心(点)和15个农机服务中心(点)项目全部启动,夏阳街道、赵巷镇项目完成工程量15%—20%,其余项目年底部分开工。粮食综合机械化水平达93.57%。推进国家农业综合开发项目,白鹤镇年产1000万株草莓种苗生产基地完成建设任务,区自动销售大米网络建设项目处于办理招投标手续阶段。3个2017年区域特色生产基地建设项目年内完成建设,历年3批12个建设点206.67公顷设施菜田项目投入生产使用。

推进新农村建设。实施村庄改造14013户,启动美丽乡村示范村(区级)建设11个,创建美丽乡村达标村(镇级)36个,成功创建市级美丽乡村示范村3个。完成《青浦区美丽乡村建设与管理标准指南(试行)》编制,《青浦区美丽乡村建设(2018—2020)三年行动计划》获报批,开展美丽乡村达标创建区级考核评估和2016年度6个区级示范村区级考核验收工作。完成《青浦区农村人居环境整治试点区三年行动计划》编制；实施化肥农药减量替代，推广有机肥2万吨、测土配方施肥技术1.67万公顷次；实现农作物秸秆综合利用率96%以上；推进设施菜田土壤保育和改良，实施微生物菌肥和蚯蚓养殖两项技术。开展农田棚舍长效管理督查工作和三无渔船长效管理。

推进农村改革。全区11个街镇镇级产权制度改革任务全面完成，比市委、市政府要求提前了2年。完成农村集体资产清产核资工作。设立"百村基金"，村级集体经济意向参投3.46亿元。落实市级经济薄弱村帮扶项目常态化管理，印发《青浦区农村综合帮扶"造血"项目相关账务处理办法》。

（范晴艺）

练塘镇叶绿茭白核心基地景象　（区农委供稿）

种植业

■**概况**　2018年，全区粮食面积8333公顷，比上年减少1133公顷，减幅11%；总产量6.9万吨，比上年减少0.1万吨，减幅1.4%。其中，水稻种植面积8000公顷，比上年增长1.5%；单产563.5公斤，比上年增长0.7%；总产量67664.9吨，比上年增长5.8%，总产值20299.47万元，比上年增长5.8%；销售价格3000元/吨，与上年持平；全区二麦面积333公顷，比上年减少77%；单产300公斤，比上年增长8.7%；总产1556吨，比上年减少75%；全区水稻、绿肥实行免费统一供种，良种覆盖率100%。

（叶玉兰）

■**粮食绿色高质高效创建**　全区粮食绿色高质高效创建示范方共46只，面积1963.90公顷，占全区水稻种植面积的24.6%。其中，千亩示范方15只（53.33公顷以上，666.67公顷以下），面积为1368.08公顷；百亩示范方31只（6.67公顷以上，53.33公顷以下），面积为595.82公顷。创建示范点亩产量558公斤，比面上减4公斤，减幅0.7%。

（张　晴）

■**农业项目建设**　推进区7个粮食烘干中心（点）和15个农机服务中心（点）项目。推进国家农业综合开发项目，喃嵘水产产业化项目进行设备安装与调试，白鹤镇年产1000万株草莓种苗生产基地建设项目已完工。完成上海红柚园农业专业合作社经济作物标准园验收。继续推进区域特色农产品项目建设，其中：农业园区台湾四季长桑果生产基地已完工并完成审价，香花桥街道青香柚生产基地已基本完工，白鹤镇草莓种苗生产基地完成招投标，赵巷镇设施草莓高效栽培示范园完成可研批复。

（叶玉兰）

■**抓好"菜篮子"工作**　全区常年蔬菜种植面积平均在3108公顷，比上年下降11.9%。其中，绿叶菜种植面积1737公顷，比上年下降12.3%；全年蔬菜三播面积10842公顷次，比上年下降3.0%；蔬菜上市量40.4万吨，比上年下降5.8%；蔬菜现行价总产值94276万元，比上年增长20.3%；蔬菜平均混合价2333元/吨，比上年增长27.7%；其中，绿叶菜年上市量在25.5万吨，比上年下降2.7%，完成保有量计划任务的97%；本区特色茭白种植面积2045公顷次，比上年（2170公顷次）减125公顷次，减5.8%；总产量8.3万吨，总产值32012万元。

（王桂英　刘　彬　江小红）

■**设施菜田建设和资产管理**　推进"十二五"期间批复建设207公顷设施菜田建设项目。完成2012年度88公顷菜田项目市级验收。按照"1+8"（《青浦区政府性投资项目管理办法及其配套办法》）管理要求，对2014年度和2015年度在建119公顷设施菜田项目督查有关街镇做好审价审计等，基本完成审价；跟踪掌握新评审下达的2017年72公顷7个点设施菜田前期工作进展情况。加强资产管护工作。对2005—2010年建设的69个设施菜田建设点的财政性资产管理运行情况开展普查工作。配合区财政由第三方对其中67个点进行财政性资产的管理运行综合督查工作。开展一年一度设施菜田财政性资产管理运行自查考核，全区2018年度列入考核面积1625.58公顷（不包括夏阳街道塘郁村凯博农庄13.87公顷），其中保护地面积352.61公顷、露地面积1272.97公顷。经自查考核，合格面积954.70公顷，合格率58.7%，其中：保护地合格面积259.9公顷，合格率为68%；露地合格面积694.8公顷，合格率为54.58%。不合格面积主要调整种植水稻、公益林和葡萄、蓝莓果树、花卉，以及野生动物栖息地项目、弘阳冷链项目、农民建房和轨道交通17号线占用等。

（王桂英　刘　彬　钱　婷）

■**强化地产蔬菜安全监管**　加强蔬菜安全监管和风险评估，按照"四个最严"要求，细化和落实监管责任，健全监管体系，加强《蔬菜安全监管责任协议书》

《蔬菜生产质量安全承诺书》《安全使用农药的告知书》"三书"管理。开展高效低毒低残留补贴农药组织推广服务。根据蔬菜种植面积，按照亩用量150元农药补贴额度，通过政府采购补贴农药36.53吨，其中：杀虫剂29.82吨、杀菌剂6.71吨；涉及48个品种，分别为杀虫剂25种和杀菌剂23种。补贴农药采购目录中共有11种生物源农药，其中：杀虫剂6种、杀菌剂5种，共计2.94吨，占全年补贴农药的8%。农药采购总金额722.4万元，其中市、区财政补贴433.5万元，自筹资金288.9万元。推进重点蔬菜生产基地的田间档案和质量可追溯建设。全年共有合作社（龙头企业）32家蔬菜面积905.5公顷纳入"上海市蔬菜生产管理系统"，推行"生产型二维码"建设工作。依据《上海市蔬菜生产信息追溯管理考核办法》（试行），按照上海蔬菜生产管理系统运行结果对上网单位信息报送进行打分，并按照考核结果予以奖补，其中：优秀8家（85分以上），良好10家（75－85分），合格8家（50－75分）。加强蔬菜质量安全检测和风险评估。开展地产蔬菜农残速测工作，2017年12月—2018年11月，全区共检测速测样品73858只，合格率100%，超额完成7万份样品地产蔬菜农残速测任务；4—11月，配合市农委蔬菜办完成蔬菜农药残留定量检测样本360只，其中蔬菜风险评估210只、蔬菜园艺场抽查150只，合格率100%。农业部蔬菜农药残留例行抽检工作，检测样本数10只，合格率100%。

（王桂英　刘　彬　周安尼　徐　刚）

■蔬菜标准园创建和长效管理　根据《关于2016—2020年上海市园艺作物标准园创建工作的实施意见》（沪农委〔2016〕111号）和《上海市蔬菜标准园创建考核验收办法》，完成2017—2018年市、区蔬菜标准园5家，其中市级3家、区级2家，全部通过专家组考核达标验收。开展2018—2019年3家市级蔬菜标准园和1家区级标准园启动实施和指导工作，分别由3—4名技术人员对接创建单位进行创建指导。对弘阳杜村等3家农业部蔬菜标准园和30家市、区级蔬菜标准园加强蔬菜标准园长效管理和考评。经考评，优秀（≥90分）5家，占16.7%；良好（80—89分）13家，占43.3%；合格（70—79分）5家，占16.7%；不合格（69分以下）7家，占23.3%。对合格以上的单位按照12万元、8万元和5万元奖励标准兑现奖励资金189万元。（王桂英　周安尼）

■蔬菜废弃物资源化利用处理点建设

根据蔬菜生产企业（合作社）和街镇申请上报和踏勘遴选，确定上海弘阳农业有限公司杜村基地作为市级蔬菜废弃物资源利用处置示范点，采用"粉碎机粉碎＋微秸宝"堆肥模式，已投入运行。9家合作社申报"微秸宝"堆肥设备，利用绿叶菜上市量奖励资金按设备投资的80%予以补贴。

（王桂英　钱　婷）

■菜田棚舍长效管理　制定《青浦区2018年度农田棚舍整治长效管理工作方案》，督促各街镇建立长效管理机制，建立发现、限期整改等各项监管措施和季度通报机制。全年发现不符合整治标准和人员回住的棚舍278处，全部按要求完成整改。（王桂英　周安尼）

■加强信息监测和产销服务　按农业部及市农委信息工作要求，开展田间交易价格和生产成本调查，全区共有调查点9个，全年报送信息2960余条。做好灾害性天气的动态信息沟通工作，指导落实技术性应对措施。（王桂英　周安尼）

■蔬菜机械化生产示范点建设　推进2016—2017年弘阳公司和世鑫合作社2个蔬菜机械化示范点建设，其中：世鑫合作社实现以青菜为主的绿叶菜耕整地、起垄作畦、播种、水肥一体化等环节的生产机械化，应用面积100余公顷次；弘阳公司实现韭菜耕种收全程机械化，应用面积15余公顷。2018年，新增绿椰和春昌合作社，是第二批市蔬菜机械化示范点。（王桂英　钱　婷）

■设施菜田土壤保育和改良　落实14家合作社（公司）共18个基地122公顷蚯蚓养殖土壤修复任务和以施用微生物菌肥为主的172余公顷面积任务，完成基地土壤改良实施前地力监测采样工作。组织设施菜田土壤保育和改良专项现场会3次，培训人数100人次；开展分组集中督导3次。启动蚯蚓养殖任务22.35公顷，完成计划的18.2%，其中：完成蚯蚓养殖1.35公顷、施用生物菌肥改良菜田面积12.16公顷，完成计划7%。（王桂英　杨军峰）

养殖业

■概况　2018年，紧密围绕乡村振兴战略部署，谋划水产养殖业转型发展，推进水产绿色生态养殖、加强水产品安全监管、加大渔业资源养护、全面落实各项惠农政策。根据全区水产养殖布局规划，水产养殖面积有所减少，养殖单产增加，水产价格整体下行；"三证合一"（合并内陆渔船检验证书、登记证书和捕捞许可证为一本"内陆渔业船舶证书"）以后，捕捞船只数量和内陆捕捞量进一步下降，种源渔业及观赏鱼产业发展迅速。全区水产养殖占地面积2350.20公顷，养殖水面积1809.80公顷，比上年减少19.90%。全年实现水产品产量1.66万吨，比上年减少13.59%，产值47548.66万元，比上年减少15.20%。由于区畜禽养殖产业结构调整，全面进行畜禽退养工作，畜牧业生产大幅下降。全年畜牧业总产值0.69亿元，比上年减少40.47%。其中，生猪累计出栏3.03万头，比上年减少24.07%。鲜蛋产量573.0万吨，比上年减少53.39%。家禽累计出栏11.74万羽，比上年减少53.07%。

（刘　泉　徐　波　李　佳）

■开展水产品安全监管　落实生产经营主体责任制度，完成养殖单位名录、放养表和二级水源保护区内养殖场的梳理；与137家水产养殖单位签订《安全生产工作责任书》；档案渔业监管水面积1620.4公顷，共养殖户687个；对重点养殖水域25个检测点进行水质监测，协助市级37个水样采集点采样及送样；开展疫病监测和病害防治工作；重点对标准化水产养殖场、水产苗种场和休闲垂钓场进行专项检查；水产品药残及疫病抽检总量167件，药残抽检合格率100%。（刘　泉　徐　波）

■开展渔业资源增殖放流活动　做好环淀山湖水域生态养护工作，共投放各类鱼苗13.54万公斤，合计800余万尾。

此外，监督指导上海玉佛寺在大莲湖组织的“践行科学护生、共创和谐生态”主题千人放生活动。（刘　泉　徐　波）

农业科技

■概况　2018年，开展关于2018年蔬菜补贴农药安全使用培训12场次，培训660人次，发放资料1320份；配合全国农技中心、上海市农技中心、先正达（中国）投资有限公司，在华新镇、白鹤镇举办两场“先正达绿色增长计划”安全科学实用农药技术培训，培训80余人；发放蔬菜安全生产告知书10000份，安全使用手册800份；建立春鸣合作社、春昌合作社等8个面积213.33公顷的绿叶菜新优品种的示范推广基地。《绿叶菜新优品种示范与推广》《十字花科蔬菜黄曲条跳甲绿色防控集成示范与推广》2个区级科技项目通过项目验收，《青浦练塘茭白病虫害防治药剂筛选及绿色防控技术示范应用》获上海市2018年科技兴农项目支助；《“微秸宝”在蔬菜废弃物资源化利用中的示范应用》《蔬菜新型植保器械与专业化统防统治融合示范推广》2个项目获得区科委农业发展基金项目支助，并按计划实施推进；《水稻绿色防控技术应用与推广》《优质早熟中粳新品种（系）“青角22”的选育与示范》《草莓脱毒苗生产配套栽培技术》《水稻缓释配方肥应用及示范》《青浦区农业经营主体人才现状调查和分析》4个项目按计划任务组织实施。（王桂英　刘　彬　王绘华）

■蒋其根专家工作室　年内，位于青昆路60号的蒋其根专家工作室开展新品种选育工作，优质香型软米类国庆稻“青角22”和常规稻软米类品种“青角38”通过上海市品种审定。在练塘东庄村建立绿色栽培示范点48公顷。开展优质稻种植培训1期，培训人数50人次；现场观摩3次，观摩人数35人次；组织工作室骨干、核心人员及种植基地专业合作社代表到安徽技术交流1次；全年带领团队赴基层指导种植户开展优质稻种植40余次，受益农户（合作社）18人（个）。（张　晴）

■促进绿色生态发展　推广绿色防控技术，在水稻上实施绿色防控示范点36个，核心区示范面积1605.37公顷，辐射面积达2712.92公顷，核心区比常规区减少使用化学农药1—2次，病虫危害控制在允许范围之内。利用市绿叶菜上市量奖励资金，推进蔬菜“双绿”（在绿叶菜核心基地推广应用绿色防控技术）工程建设，总投资288余万元；完善世鑫、春昌等“三诱一网一布”绿色防控集成技术示范点建设6个，总面积131.33公顷，辐射推广27家绿叶菜核心基地528.67公顷，合计应用33家640公顷；完成第七轮三年环保行动计划绿色防控面积任务。加大生物农药推广应用力度，利用绿叶菜上市量奖励资金，在市补贴农药推荐目录中，筛选常用生物农药7种，采购生物农药40万元，2188公斤，分发至绿叶菜核心基地37家。全年全区已获证蔬菜绿色认证面积1611公顷、10.5万吨，认证率达24.5%，提前两年完成既定的2020年蔬菜绿色认证达到20%的目标。

（张　晴　王桂英　刘　彬）

■推广商品有机肥和测土配方施肥技术　粮食和蔬菜种植推广应用商品有机肥2万吨。粮经作物上推广应用各类配方肥6003吨，应用测土配方施肥技术面积1.60万公顷次。水稻上推广应用26—6—10（氮磷钾含量分别为26%、6%、10%）配方肥3100吨，施用面积8000公顷；30—6—6缓释配方肥（氮磷钾含量分别为30%、6%、6%）519吨，施用面积1030公顷。蔬菜上推广应用21—13—18（氮磷钾含量分别为21%、13%、18%）、15—15—15（氮磷钾含量分别为15%、15%、15%）和26—6—10（氮磷钾含量分别为26%、6%、10%）等配方肥709.88吨，完成率为70.99%，应用测土配方施肥技术面积1893.3公顷次；推广水肥一体化技术53.33公顷，完成率为100%。

（张　晴　王桂英　刘　彬）

■开展渔业科技入户工程　在金泽、练塘、朱家角、赵巷、夏阳等街镇遴选科技示范户150户和星级合作社和标准化场30家，由区18位技术指导员每人结对10户示范户、1—2家水产合作社（标准化场）。全年共培训渔民280余人次，组织区水产推广站及各养殖场相关从业人员参加市水产推广站举办的“水生生物防治员”技能培训11人次，区水产推广站科技人员继续教育50余人次，上海郊区农民师资培训7人次。累计发放宣传材料1600余份，科技指导员共入户指导500余人次，电话指导400余人次，并为全区150名科技示范户免费发放微生物制剂、池塘消毒剂等物化补贴7万余元。指导、协助相关水产专业合作社重点实施《上海市河蟹产业技术体系》《似刺鳊鮈规模化繁育和高效混养技术应用》《南美白对虾虹彩病毒综合防控技术应用示范》《高品质河蟹池塘套养杂交鳜养殖关键技术应用与示范》《莲藕塘套养克氏螯虾养殖试验》《黄尾密鲴鱼人工繁育及养殖示范》《鱼菜共生系统研究与集成示范》《生态循环技术集成与应用》等课题研究。（张　铷　沈家佳　苏　明）

产业融合发展

■概况　2018年，鼓励返乡下乡人员到农村创业创新，支持和扶持农民合作社、农业龙头企业、集体农场、家庭农场等新型农业经营主体发展。推行和完善“公司＋合作社＋农户”运行模式，通过资源整合，建设以品牌为引领的产销联合体，鼓励新型经营主体向农业区域化、规模化、产业化、品牌化和一、二、三产业融合发展。全区累计培育发展粮食型家庭农场379户，星级（示范）农民合作社212家，农业龙头企业29家，其中市级龙头企业3家。（袁家明）

■新型农业经营主体培育　至年底，全区有家庭农场379户，经营面积2868.67公顷，主要集中在青西三镇（朱家角镇、练塘镇、金泽镇）以及夏阳街道、重固镇等街镇，其中：粮食种植型家庭农场358户，水稻面积2665.8公顷；机农一体型21户，水稻面积202.8公顷；在家庭农场考核基础上进一步推优，评选区级示范家庭农场21个。年内，培训新型职业农民310人，继续教育培训100人，轮训150人。

（叶玉兰　张　晴）

■实施农产品品牌建设　全区共有“练塘茭白”“白鹤草莓”2个国家地理标志产品，农产品品牌商标65个，其中上海名牌产品5个、市著名商标5个。年内，新申报上海名牌产品6个。围绕《青浦区农产品区域公共品牌实施方案》，启动农产品区域公共品牌建设，完成农产品区域公共品牌商标“淀湖源味”的登记和注册工作，并在高速公路、城区主干道路两侧以及电台等方面实施农产品区域公共品牌的对外宣传和推广。（袁家明）

市级美丽乡村金泽镇东西村一景 （区农委供稿）

■**加快产业融合发展** 以农兴旅，以旅促农，参与举办白鹤草莓节、练塘茭白节、薄稻米品鉴会和枇杷文化美食节，指导和协调张马村和章堰村田园综合体建设。全年接待农业旅游160多万人次，旅游直接收入达1.6亿元以上。（袁家明）

新农村建设

■**概况** 2018年，为全面贯彻落实党中央国务院关于实施乡村振兴战略及关于开展农村人居环境整治工作的部署，青浦区开展农村人居环境整治方案研究制定，农村人居环境整治工作全面开展，村庄改造和美丽乡村建设加快推进，城市管理精细化工作抓紧抓实，《青浦区美丽乡村建设和管理指南》完成编制，美丽乡村建设品质进一步提升，上海市乡村振兴示范村试点建设正式启动。（沈雪明 胡烨丹 顾钰婷）

■**村庄改造加快推进** 按照市政府关于到2020年完成基本农田保护区规划保留村村庄改造的目标要求，年内，青浦区加快推进村庄改造，实施村庄改造14013户，涉及赵巷镇、华新镇、重固镇、白鹤镇、朱家角镇、练塘镇、金泽镇、盈浦街道、香花桥街道9个街镇28个行政村，计划总投资28384.97万元。至年底，累计改造59758户。（沈雪明 胡烨丹 顾钰婷）

■**美丽乡村建设成效明显** 推进徐泾镇金云村、华新镇杨家庄村、重固镇新丰村、朱家角镇新胜村、建新村、林家村、练塘镇大新村、东淇村、泾花村、金泽镇王港村、沙港村等11个美丽乡村示范村（区级）建设，累计推进美丽乡村示范村（区级）建设40个、美丽乡村达标村（镇级）创建119个。白鹤镇南巷村、朱家角镇淀峰村、夏阳街道新阳村等3个村被评为上海市美丽乡村示范村，全区累计被评为上海市美丽乡村示范村14个，其中有：赵巷镇中步村，华新镇嵩山村（含坚强部分），重固镇徐姚村，朱家角镇张马村、王金村，练塘镇东庄村、蒸浦村、徐练村，金泽镇蔡浜村、莲湖村、东西村。金泽镇莲湖村列入首批上海市乡村振兴示范村试点村建设，试点建设工作全面启动。（沈雪明 胡烨丹 顾钰婷）

乡村振兴示范村金泽镇莲湖村一景 （区农委供稿）

农村综合改革

■**概况** 2018年，推进完成4个街镇（徐泾镇、白鹤镇、盈浦街道和金泽镇）镇级产权制度改革工作后，全区镇级改革任务全面完成，比市委、市政府要求提前2年；全面建立村级集体经济组织收益分配制度，26家合作社实现分红。根据《上海市农村集体资产监督管理条例》，制定《青浦区关于宣传贯彻〈上海市农村集体资产监督管理条例〉实施意见的通知》，加强农村集体资产监督管理。5月22日，由区人大常委会、区政府牵头召开贯彻实施《上海市农村集体资产监督管理条例》动员部署暨专题培训会，邀请市人大农业与农村委主任委员孙雷作主题报告。区农委联合区财政局、规土局、水务局、绿化市容局、教育局、文广局、卫计委、体育局等共9个部门，制发《青浦区全面开展农村集体资产清产核资工作方案》（青农委〔2018〕91号），全面开展农村集体资产清产核资工作。农村土地承包经营权确权登记成果数据顺利汇交农业农村部。继续开展规范土地流转行为检查和土地流转公开交易市场建设,重固镇分中心被评定为市农村土地流转公开交易市场示范分中心。农村集体经济“造血”项目覆盖面进一步扩大,做大做强“百村基金”区级平台。

（唐国平　周蓉霞）

■**农村土地承包经营权确权登记成果数据汇交**　10月,通过农业农村部专家检测,完成确权登记成果数据汇交工作。全区确权登记总面积10733.33公顷,确权登记率99.7%;涉及138个行政村共1606个村民小组,登记农户数52829户。农村土地承包经营权确权登记簿、登记材料全部实现数字化。

（胡　昱）

■**规范农村土地承包经营权流转**　开展全区规范农村土地流转行为检查工作,包含村(居)自查、街镇复查、区级核查三阶段。农村土地经营权集中流转率超过88%,其中农户土地承包经营权集中流转率达91%。签订对外流转合同443份,涉及面积3163公顷。农户土地承包经营权委托期限均至二轮延包期末。

（莫跃辉）

■**农村土地承包经营权流转公开交易市场有序运行**　8个街镇(除赵巷镇、徐泾镇和盈浦街道外)的上海农交所农村土地流转交易中心街镇分中心挂牌。重固镇分中心被评定为2018年上海市农村土地流转公开交易市场示范分中心。至年底,除华新镇、金泽镇外的其他6个街镇挂牌土地流转项目448个,成交393个,成交面积2431公顷。

（莫跃辉）

■**开展农村集体经济组织产权制度改革**

在2016年、2017年完成7个街镇镇级改革任务的基础上,2018年,推进徐泾、白鹤、金泽和盈浦剩余4个街镇的镇级改革任务。至年底,全区11个街镇的镇级产权制度已全部完成,均成立经济联合社,比市委、市政府在2020年前完成改革的要求提前2年。年内,191个村合作社中有26个按照农龄进行分红,涉及农户13216户,参与分红成员数63702人,分红总金额为3825.16万元,户均分红2894.34元,其中:夏阳街道有8个合作社进行分红,实现全覆盖。（周蓉霞）

■**优化村社分账运行机制**　2018年,对预算工作提出新要求,明确预算通过相关程序,并加大对各街镇村社预算工作的考核力度,强调农村基础设施建设项目单列预算,引导农村基础设施建设项目尽可能纳入政府性投资项目。按照《上海市农村集体资产监督管理条例》要求,年内,对11个街镇65个村开展村级集体经济组织运行情况检查,强化村社监督管理。共开展各类涉农财会人员业务培训13期,培训人员719人次。

（朱　缨）

■**探索集体经济发展途径**　5月,以契约制形式设立“青浦区百村私募基金”,备案资金4.46亿元,其中集体经济组织出资金额3.46亿元。综合区、镇、村三级平台项目以及农村综合帮扶工作,区集体经济“造血”项目村级覆盖率达93.72%。继续在练塘镇徐练村开展试点,推进美丽乡村长效管理,拓宽村集体经济收入来源,带动集体经济组织成员增加工资性、财产性收入。（沈　蔚）

动植物防疫检查

■**概况**　2018年,全面开展动植物防疫检查,开展动物免疫和地产生猪违禁药物的残留监测工作,重点加强非洲猪瘟疫情防控工作,全面实施监测排查,强化应急处置,加强科普宣传,形成防控合力。及时准确测报粮食作物病虫草鼠害情况。年内,全区水稻病虫草害发生面积104890公顷次,防治面积140846公顷次,挽回损失33122.3吨。

（沈桂明　张　晴）

■**动物免疫和地产生猪违禁药物的残留监测工作**　年内,动物免疫基本情况如下:禽流感免疫402281羽次、猪口蹄疫免疫125325头次、牛口蹄疫免疫1992头次、羊口蹄疫免疫13583头次、小反刍兽疫免疫9791头次、猪瘟免疫113253头次、高致病性猪蓝耳病免疫88617头次、鸡新城疫免疫250659羽次、鸭瘟免疫47509羽次、法氏囊免疫6551羽次、羊痘免疫4902头次、狂犬病免疫6573头次。禽流感免316154羽次、猪口蹄疫免疫113575头次、牛羊口蹄疫病免疫7378头次、猪瘟免疫98025头次、高致病性猪蓝耳病免疫88293头次、鸡新城疫免疫200844羽次、法氏囊免疫9013羽次、鸭瘟免疫55408羽次、小反刍兽疫免疫6107头次、狂犬病免疫13358条次。全年地产生猪违禁药物残留共监测:“瘦肉精”抽检370份尿样、“莱克多巴胺”抽检370份尿样、“沙丁胺醇”抽检370份尿样、“赛庚啶”抽检120份尿样,检测结果全为未检出。

（沈桂明）

■**非洲猪瘟防控工作**　利用微信工作群向街镇兽医站和村兽医推送农业农村部编制的非洲猪瘟防控知识手册、非洲猪瘟现场排查手册和非洲猪瘟防控宣传片等宣传资料。举办非洲猪瘟防控工作培训班,邀请上海市非洲猪瘟防控专家讲课,讲授国际国内非洲猪瘟发生发展的严峻形势、非洲猪瘟的基础知识和临床诊断方法、养殖场所的防控预防措施、应急预案等知识。指派专人每日到猪场开展非洲猪瘟疫情的监测排查工作;每周2次到猪场现场指导做好“四流”(猪流、人流、车流和物流)的控制,强化猪场内外生物安全管理,有异常情况及时报告等措施;及时发放消毒药物4个品种共750公斤。8月6日起,向上海市动物疫病预防控制中心报送每日监测排查猪场生产情况、上海市非洲猪瘟排查周报。做好区级应急物资的储备和应急值班等工作。（沈桂明）

■**病虫草鼠害监控**　粮食方面,以区动植物防疫站为核心,与白鹤镇、朱家角镇、金泽镇、练塘镇、夏阳街道、香花桥街道等测报点形成测报网络,调查粮食作物田间病虫草鼠害监测。建设有害生物预警体系,通过“上海市农业有害生物预警系统”和“全国农作物重大病虫害数字化监测预警系统”平台,及时上传调查数据近824条,发布各类信息10条,“五日报”30期,“病虫情报”9期。3月,开展春季农田灭鼠,面积8666公顷,鼠密度由投药前1.25%下降到投药后0.25%,灭鼠效果达80%。蔬菜方面,利用朱家角世鑫、重固春昌、练塘绿椰、练塘茭白4个测报点,开展蔬菜病虫害预测预警监测,通过“上海市农业有害生物预警系统”平台，及时上传调查数据近4320余条，全年发布“蔬菜病虫害发生趋势与防治”方面的蔬菜科技简报《蔬菜科技》14期，其中病害7期、虫害7期。年内，全区蔬菜病虫草害发生面积6280公顷次，防治面积18873公顷次，挽回损失75384吨。

（张　晴　王桂英　刘　彬　江小红）

农　机

■**概况**　2018年，完成市级农机购置项目总资金2727.94万元，其中补贴资金1829.88万元（中央和市补贴967.75万元、区补贴608.48万元、镇补贴资金253.65万元）、用户自筹898.06万元，共落实补贴农机具1226台（套）。

（陈　伟）

■**农机监理**　根据市农机安监所〔沪农机监（2018）1号〕文件精神，3月，对各街镇农机负责人召开年检专题会议，并下发《农机年度检验告知单》，全年共检验合格821台，其中：中小型拖拉机409台、收割机194台、其他机具218台。机具投保交强险469份、综合险643份，农机年检率95%以上。（陈　伟）

农业执法

■**概况**　2018年，出动执法人员7285人次，查处种子、农药、兽药、渔业、动物卫生等各类涉农违法案件185起，其中：一般程序183件，罚没款总金额17.949万元；增殖放流鱼苗800余万尾；无害化处理动物及动物产品120.60吨。

（金凌艳）

■**产地检疫及兽药饲料市场监管**　全年实施各类抽样858份，其中：水产品抽样检测156份，“瘦肉精”240份，兽药、饲料、饲料添加剂监管抽样40份，蔬菜、水果、食用菌等农产品残留抽样248份，转基因质量安全抽样16份，检疫性有害生物样品158份，全部合格。对辖区内2家兽药生产企业、14家兽药经营企业开展全覆盖监督检查，未发现违法产品和违规使用情况。

（金凌艳）

■**打击非法渔业捕捞**　全年组织开展“2018清江”全市统一渔业执法行动5次、代号“蓝盾”全区多部门联合执法专项行动5次、黄浦江跨区联合巡查行动6次和淀山湖、城区景观水域地笼网整治行动8次，配合街镇开展“三无”（无船名号、无船籍港、无船舶证书）渔船长效管理专项整治4次。全年累计出航883航次，查处各类非法捕捞案件192起，没收各类非法渔具791件，渔获物555公斤，收缴各类网具780条、“三无”渔船（笼子）11艘。（金凌艳）

5月15日，区渔政执法人员在淀山湖开展“2018清江”三号行动

（区农委供稿）

■**农资市场专项整治**　全年开展农药市场专项整治行动2次，检查农药经营单位94家次，检查农药标签964个，其中：不合格标2个，合格率99.8%；查处案件2起，罚没款13587元，全部结案。专项整治过程中未发现储存、经营甲胺磷、百草枯水剂等39种禁用农药的行为。开展春季、秋冬季2次种子市场专项整治，共检查种子生产经营单位75家次，检查种子标签780个，未发现主要农作物种子未审先推、蔬菜种子应该登记未登记或者以登记品种的名义进行推广销售的行为，也未发现经营假劣种子、套牌、侵权品种。（金凌艳）

青浦现代农业园区

■**概况**　2018年，青浦现代农业园区全面贯彻乡村振兴战略实施，持续推进“一粒米”“一只菇”“一棵菜”“一枚果”四大农业特色品牌建设。年内，有46家实体型企业落户园区，流转土地744.33公顷；完成水稻种植面积225.93公顷、蔬菜在田面积67.2公顷、水产养殖26.67公顷。落实水稻、绿肥、农药、农业产业化综合补贴、规模化经营、蔬菜等各类补贴近650万元，园区配套补贴资金144万元。“三品一标”（无公害农产品、绿色食品、有机农产品和农产品地理标志）认证企业10家，区域范围内基本实现农产品无害化生产。

全年完成农业产值9713.8万元，比上年增长33.7%；全年完成税收29717万元，比上年增长13.3%。

年内，园区符合适度规模经营企业6家，涉及水稻面积165.93公顷，蔬菜面积54.79公顷。（史苏湘）

■**基层党建**　成立全面从严治党工作领导小组，由党委书记任组长，制定全面从严治党向基层延伸工作方案，召开全体会议两次，部署和推进全面从严治党工作。强化支部规范化建设，完成基层党组织换届选举工作，配优配强支部班子。完善支部制度建设，推进基层党支部规范化建设，打牢党的领导基础。深化区域化党建工作，深入推进支部结对共建、组团式联系服务群众工作。（史苏湘）

■**调研活动**　1月31日，区人大常委副主任胡海民一行到园区调研。3月31

日，副区长金俊峰到园区调研林下经济建设情况。3月17日，区武装部部长李会林到园区调研。5月16日，中共上海市委办公厅副主任姜南一行到园区调研。5月21日，上海市农委主任张国坤、上海市农科院院长蔡友铭等到园区调研“上海水稻种源基地项目”和“上海青浦绿色大米综合研发储运中心项目”建设情况，区委书记赵惠琴、政法委书记赵明、副区长金俊峰参加调研。6月4日，上海浦江企业知识产权合作交流促进中心邀请澳大利亚新洲第一产业部园艺研究团队主任肖恩·海泽瑞顿博士到园区考察交流。9月6日，区委副书记韩顺芳到园区调研。9月13日，区政协主席李华桂，副主席顾啸流、董永元等政协主席会议成员到园区调研建设发展情况。（史苏湘）

6月4日，澳大利亚新洲第一产业部园艺研究团队到青浦现代农业园区考察（区现代农业园区供稿）

■推进政府性投资项目 年内，新开政府性投资项目4个，总投资1548万元，年计划投入资金995万元，包括林下养菇示范基地建设、生态休闲渔场配套设施建设、蛙稻米示范基地仓库、冷链及道路维修、蓝莓种源示范基地。续建项目1个，为总投资2126.47万元的农业废弃物处理中心建设，完成竣工验收。小型项目建设37项，已全部完工并完成审价结算。（史苏湘）

■科技创新 成功创建“青浦区现代农业创业孵化基地”，年内，新增在孵企业1家，累计在孵企业14家。组织各类培训5次，邀请进站专家到园区为企业做具体指导。开展各类科研实验项目7个，与市农科院合作开展“申优17水稻新品种的肥料运筹试验”，与上海交大合作开展“蛙稻共作系统蛙行为对甲烷排放的影响试验”，与区气象局合作开展“林下养菇与气象条件关系研究”等。（史苏湘）

■生态农业检测实验室获CMA认证 5月29日，与上海环科院共建的生态检测实验室获上海市质量技术监督局颁发的计量认证证书（CMA），批准其通过确认的检测能力为水和废水、土壤和沉积物、海水、农产品和植株共五大类96项。年内，完成日常农残指标检测样品5000个。（史苏湘）

■种源发展 加强水稻种源中心管理，为全区水稻种植户提供种源70%。完善小浆果优质种苗苗圃建设，结合园区特色产业，引进蓝莓、草莓等新品种各1个，进行扩繁；培育园艺新品种3个；申报666.67公顷“育繁推”一体水稻良种繁育基地。（史苏湘）

■厚植青浦优质大米根基 加快推进农业供给侧结构性改革，“一粒米”产业稳步发展；蛙稻种植面积扩大至905.8公顷（其中流转面积642.87公顷、特约面积262.93公顷），辐射朱家角、练塘、金泽三镇；申报“上海青浦绿色大米综合研发储运中心”项目。（史苏湘）

■创新生态环境综合治理工作机制 6月，挂牌成立“青浦现代农业园区综治中心”。年内，结合田间窝棚治理、消防安全排查整治等专项治理，拆除各类彩钢板房、简易棚等4056平方米。开展服务保障进博安全大检查，对园区范围内生态环境进行综合整治，布设安全监控设备，服务首届“进博会”。（史苏湘）

■宣传推广 6月8日，举行蓝莓采摘季——暨特色农产品展示展销会，举

10月30日，“庆中国首届农民丰收节”暨青浦绿色稻米推介季活动举行（区现代农业园区供稿）

办园区综治中心成立揭牌仪式、“护航进博会、园区在行动”授旗仪式以及蓝莓采摘季剪彩仪式。10月30日，举办蓝莓采摘季暨青浦特色农产品展示展销会及“共享绿色稻香，共推绿色产业”——“庆中国首届农民丰收节”暨青浦绿色稻米推介季活动。在青浦城区、青西郊野公园等地设立农产品展示中心。（史苏湘）

■农业科普　逐步形成集农业种植、展示、科普、销售于一体的农业休闲体验基地。通过田间课堂、实践体验结合科普宣教，以园区“四个一”产业为主导，开设“春日绿蔬”“夏日蓝趣”“金秋稻香”“冬日素菇”四大科普主题，全年参与4200余人次；为爱心暑托班举办农业科普知识讲座，开展“农业科普进社区”活动；基地科普宣讲团先后到嘉定、松江、青浦等区5个村居（社区）进行科普宣讲，其中课题《林下菌菇生长与气象条件的关系》获2018年上海市第十九届中小学生壳牌美境行动方案设计三等奖。（史苏湘）

淀浦河一景　（区重大办供稿）

编辑 赵 峰

综 述

2018年，全区持续推进供给侧结构性改革，推动产业高质量发展，多举措落实工业稳增长工作。宏观经济整体下行压力加大，受到产业结构调整、企业外迁、市场竞争激烈等不利因素的影响，全区工业生产总体呈现回落态势，规模以上工业产值自二季度起增幅持续下滑，规模以上工业产值1537.3亿元，比上年下降2.0%，完成全年目标的93.2%；工业投资60.3亿元，完成全年目标的121%。

全年批准新申请资质企业124家。注册于青浦区的施工企业618家，其中：市管一级企业42家、二级及不分级51家、区属525家企业（包括三级资质167家、劳务资质企业55家、区属二级企业249家、区属不分级企业54家）。施工许可项目301个，总面积515.52万平方米。 （胡 晨 吴 顺）

1月16日，德邦物流股份有限公司在上海证券交易所举行上市仪式

（德邦物流股份有限公司供稿）

2018年青浦区按登记类型规模工业企业主要经济指标情况表

表19

指 标	企业数（户）	亏损企业（户）	工业总产值（万元）	工业销售产值（万元）	出口交货值（万元）	平均用工人数（人）	资产总计（万元）	所有者权益（万元）	实收资本（万元）	主营业务收入（万元）	利润总额（万元）	亏损额（万元）	税金总额（万元）	应缴增值税（万元）
总计	804	134	15959340	15935655	4320682	151427	18928487	9753581	4469271	17500796	936198	316722	663274	377286
股份合作	1	—	10297	10297	10297	390	3190	1028	328	10306	151	—	549	479
国有独资公司	5	1	134098	118098	889	946	324544	118670	27933	153401	1437	3416	5119	3668
其他责任有限公司	40	5	1048403	1070066	117256	7445	1227323	473767	315884	1074433	74890	5793	40725	27376
股份有限公司	5	—	126244	126833	9070	1115	202005	123378	30965	135573	35750	—	14405	8658
私营独资	13	1	85889	83820	2473	1140	103559	60172	12246	83536	12732	11	4842	3385
私营合伙	3	—	23297	22810	2450	428	20656	10354	186	23676	4844	—	2130	1762

（续表）

指　标	企业数（户）	亏损企业（户）	工业总产值（万元）	工业销售产值（万元）	出口交货值（万元）	平均用工人数（人）	资产总计（万元）	所有者权益（万元）	实收资本（万元）	主营业务收入（万元）	利润总额（万元）	亏损额（万元）	税金总额（万元）	应缴增值税（万元）
私营有限责任公司	351	59	3836513	3836518	444737	41967	4898251	2282499	819360	4225613	242272	32927	150510	96985
私营股份有限公司	42	2	1126611	1077919	312362	10088	2271101	1545784	387256	1437631	137662	57	44295	21908
与港澳台商合资经营	21	7	514813	518265	140150	87111	999573	627040	445953	555384	23324	20499	18078	10543
与港澳台商合作经营	11	3	122780	121115	31622	1745	147101	93811	33766	139197	4837	1415	6062	4157
港澳台商独资	66	15	1284110	1260055	356904	17842	1330399	680977	370070	1307857	51951	23275	49052	31153
中外合资经营	31	7	1988930	2004602	680239	9404	1518004	690607	284742	1980761	129026	3560	32564	3928
中外合作经营	13	3	321793	311144	100964	3847	298184	127662	88985	334635	11077	2572	5913	2728
外资企业	202	31	5335562	5374114	2111269	47959	5584598	2917833	1651597	6038793	206246	223197	289031	160553

（区统计局）

2018年青浦区分地区规模工业企业主要经济指标情况表表

表20

指　标	企业数（户）	亏损企业（户）	工业总产值（万元）	工业销售产值（万元）	出口交货值（万元）	平均用工人数（人）	资产总计（万元）	所有者权益（万元）	实收资本（万元）	主营业务收入（万元）	利润总额（万元）	亏损额（万元）	税金总额（万元）	应缴增值税（万元）
总计	804	134	15959340	15935655	4320682	151427	18928487	9753581	4469271	17500796	936198	316722	663274	377286
夏阳街道	5	1	90268	96317	62814	1474	148921	113405	31014	101462	7551	391	1312	151
盈浦街道	1	1	21477	19330	—	434	168676	48708	4922	19934	-3416	3416	1110	625
青浦工业园区	420	65	10125926	10150176	2715226	82896	12128419	6176594	2872541	11167450	615803	252748	486090	286727
赵巷镇	13	3	195350	194349	25208	2343	330230	200701	56449	217952	20783	3700	9985	6801
徐泾镇	39	10	709974	715114	152690	11184	960297	557211	236088	814437	27997	12553	24842	16693
华新镇	99	15	1903191	1948021	374176	18879	1867353	928878	476198	1927238	120437	10637	50312	20985
重固镇	10	6	85897	75885	4204	1181	227376	49315	41240	91030	-8658	9490	3857	2922
白鹤镇	76	10	594273	588441	94612	6645	649178	294506	142088	610768	28353	1626	21341	15516
朱家角镇	51	10	811316	759989	318453	7590	856155	488031	165653	990368	56550	5402	21882	12285
练塘镇	66	11	790123	755744	141394	9368	856788	435971	184530	786531	26087	16629	18967	10451
金泽镇	24	2	631545	632290	431904	9433	735097	460261	258549	773627	44712	129	23577	4131

（区统计局）

2018年青浦区分行业规模工业企业主要经济指标情况表

表21

指　标	企业数（户）	亏损企业（户）	工业总产值（万元）	工业销售产值（万元）	出口交货值（万元）	平均用工人数（人）	资产总计（万元）	所有者权益（万元）	实收资本（万元）	主营业务收入（万元）	利润总额（万元）	亏损额（万元）	税金总额（万元）	应缴增值税（万元）
总计	804	134	15959340	15935655	4320682	151427	18928487	9753581	4469271	17500796	936198	316722	663274	377286
农副食品加工业	9	—	142458	143940	—	1345	101252	51448	12134	208620	6808	—	3258	2129
食品制造业	17	4	565485	571558	5695	7296	590967	349120	135600	602271	45519	5079	38313	25890

（续表）

指　标	企业数（户）	亏损企业（户）	工业总产值（万元）	工业销售产值（万元）	出口交货值（万元）	平均用工人数（人）	资产总计（万元）	所有者权益（万元）	实收资本（万元）	主营业务收入（万元）	利润总额（万元）	亏损额（万元）	税金总额（万元）	应缴增值税（万元）
酒、饮料和精制茶制造业	2		16016	15099	—	245	9850	3660	2787	15100	370	—	852	465
纺织业	16	4	240965	237638	113100	2021	173351	100040	58333	249613	13280	2106	6441	2452
纺织服装、服饰业	29	4	232051	223485	101462	5919	214071	61961	67455	247462	-122	5349	3882	2297
皮革、毛皮、羽毛及其制品和制鞋业	10	1	162075	162339	143032	2977	184327	110955	21946	168681	5786	3190	1086	-1371
木材加工和木、竹、藤、棕、草制品业	6	—	150063	152401	7408	1287	221224	111404	49353	189915	8128	—	10016	5649
家具制造业	20	3	254395	279030	143054	4234	328653	164637	110766	285883	22148	436	7423	3025
造纸和纸制品业	19		472335	563878	25852	3503	812137	551764	147552	869747	35883	—	67393	53324
印刷和记录媒介复制业	14	3	228555	224283	87944	3953	246422	157130	94267	227288	13951	583	7558	3717
文教、工美、体育和娱乐用品制造业	11	5	139623	130215	76739	2823	150238	70455	50247	130031	218	5285	2245	1696
石油加工、炼焦和核燃料加工业	3	—	14097	14115	—	82	15566	8718	2133	19050	1445	—	756	520
化学原料和化学制品制造业	54	9	1104945	1078650	104861	6977	942169	473998	338020	1165122	114619	3066	73423	43289
医药制造业	21	2	375933	381414	39690	4052	744080	503299	101783	385902	100228	4660	40706	23555
化学纤维制造业	5	3	105918	107405	66929	609	179184	11307	38931	106687	-13152	13615	537	30
橡胶和塑料制品业	85	13	1537110	1525867	468932	14723	2056223	1301348	475393	2001839	95466	6567	49336	30069
非金属矿物制品业	44	9	591970	623071	49203	4247	1089752	398387	180846	661375	30806	7070	23412	15650
黑色金属冶炼和压延加工业	3	1	25373	26930	—	143	16018	11171	17970	26951	389	194	449	275
有色金属冶炼和压延加工业	13	3	123710	127451	17536	2156	130100	84169	27779	163416	7281	911	4202	2564
金属制品业	69	13	817913	820411	427116	8821	998737	435944	130823	926635	58574	4705	70041	50098
通用设备制造业	115	14	2424007	2397113	650108	23140	2695378	1491766	705414	2534986	176872	9820	85607	40099
专用设备制造业	58	12	1027489	959550	288646	8273	1617861	773689	302988	989145	95195	12929	36593	15473
汽车制造业	51	10	2055420	2053587	134835	11821	1716737	524469	261147	2143607	-94615	200776	59153	35971
铁路、船舶、航空航天和其他运输设备制造业	11	4	468497	503469	238609	4060	376161	233195	127097	447509	33553	984	-6643	-17731
电气机械和器材制造业	62	8	1206902	1170259	327795	12924	1575131	930586	383722	1263582	94438	7017	41022	20318
计算机、通信和其他电子设备制造业	30	2	729661	722824	450314	9426	799954	484172	469722	732079	32770	13064	8327	536
仪器仪表制造业	11	2	158246	157778	31293	1516	151934	86211	42290	161969	24304	447	9908	5454
其他制造业	6	1	65571	63795	7020	1434	69980	48456	20700	63743	5665	1	3090	2338
废弃资源综合利用业	4	1	113957	104723	141	452	157763	47343	15096	105712	12652	2998	8973	4789
金属制品、机械和设备修理业	1	—	326557	313370	313370	333	258442	61908	28658	326557	12116	—	36	36
电力、热力生产和供应业	2	2	16355	16355	—	114	53166	19285	3400	16694	-2451	2451	121	-12
燃气生产和供应业	1	—	39841	39951	—	46	7234	6528	3000	39505	823	—	4396	4068
水的生产和供应业	2	1	25851	23705	—	475	244426	85060	41922	24122	-2751	3416	1364	625

（区统计局）

2018 年青浦区战略性新兴产业规模工业企业主要经济指标情况表

表 22

	企业数(户)	产值(万元)		企业数(户)	产值(万元)
战略性新兴产业合计	159	4170399	三资	81	2451008
一、按行业领域分			三、按地区分		
新能源	6	203993	夏阳街道	—	—
#智能电网	3	176086	盈浦街道	—	—
高端装备	28	1192244	青浦工业园区	106	3331163
生物	31	439392	赵巷镇	2	30003
新一代信息技术	16	507182	徐泾镇	14	119121
#物联网	3	61159	华新镇	11	169911
新材料	69	1807449	重固镇	1	8972
新能源汽车	—	—	白鹤镇	13	117438
节能环保	14	247162	朱家角镇	5	311506
二、按经济类型分			练塘镇	6	75130
国有集体	24	487127	金泽镇	1	7155
私营	54	1232264			

注:汇总数中剔除产业重复企业数据　　（区统计局）

工　业

■概况　2018 年,全区 755 户规模工业企业产值 1537.3 亿元,比上年下降 2.0%;销售产值 1530.4 亿元,比上年下降 1.9%,产销率 99.6%。其中:出口交货值 426.3 亿元,比上年增长 9.3%。

全区以工业区转型升级为工作重点,发挥区产业结构调整协调推进领导小组的平台作用,形成区委办局、街镇和园区三方合力,淘汰一批"三高三低"及不符合区域产业导向的企业。完成规模以上工业产值 1304.9 亿元,比上年下降 3.1%;占全区规模以上工业产值的 84.9%,比上年下降 0.1 个百分点。其中:青浦工业园区规模以上工业总产值 954.47 亿元,第二位的华新工业园区 142.25 亿元。8 个工业园区中,除练塘工业园区比上年增长 3.3%,其余园区均有不同程度下降。其中:徐泾工业园区降幅最大,下降 14.8%;其次是朱家角工业区,下降 9.6%。全区 104 区块(全市现有的 104 个规划工业区块)单位土地工业产值 71.13 亿元/平方公里,单位土地税收 4.57 亿元/平方公里,营业总收入 3406.03 亿元,比上年增长 5.51%。

全年战略性新兴产业产值 417.0 亿元,比上年增长 3.0%,占全区规模以上工业产值的 27.1%。产业结构调整项目 806 项,包括盘活存量低效工业用地 62 项、搬迁或关闭 744 项,调整土地面积 266 公顷,完成年度目标的 133%。

（胡　晨）

上海新朋联众汽车零部件有限公司生产设备　　（区经委供稿）

■部分工业行业情况　2018 年,前十大行业合计完成产值 1173.4 亿元,比上年下降 1.0%,占全区规模产值的 76.3%。其中:专用设备制造业增幅居首,增长 11.5%;产值第一大行业通用设备制造业增长 11.1%,增幅居第二位;汽车制造业领跌十大行业,下跌 16.6%,是唯一 1 个跌幅达两位数的行业。

（胡　晨）

■产业结构调整完成 806 项　编制产业结构调整三年行动计划,全年完成产业结构调整项目806项、调整土地面积266公顷，超额完成全年任务。加快推进朱家角工业园区、重固镇福泉山片区、白鹤镇中小河道等3个市级重点调整专项，金泽镇华为项目周边地区和商榻地区2个专项获批立项。全年获批市级调整专项10个，居于全市前列。

（胡　晨）

2018年青浦区产业结构调整完成情况表

表23

镇/街道/开发区	合计				104区块		195区域		198区域	
	调整企业数（个）	调整面积（公顷）	计划目标（公顷）	调整面积完成比例（%）	调整企业数（个）	调整面积（公顷）	调整企业数（个）	调整面积（公顷）	调整企业数（个）	调整面积（公顷）
赵巷镇	36	15.70	6.67	235.47	—	—	36	15.70	—	—
徐泾镇	10	7.41	6.67	111.13	—	—	10	7.41	—	—
华新镇	248	46.72	36.67	127.41	22	8.96	64	11.71	162	26.04
重固镇	37	18.13	16.67	108.78	—	—	37	18.13	—	—
白鹤镇	190(45)	44.05(5.25)	23.33	188.78	89(45)	12.62(5.25)	—	—	101	31.43
朱家角镇	77	29.22	18.67	156.55	24	12.14	—	—	53	17.08
练塘镇	47(8)	53.86(4.72)	17.33	103.58	9(8)	73.37(4.72)	5	1.36	33	11.71
金泽镇	76	23.37	20	116.84	—	—	—	—	76	23.37
夏阳街道	6	5.53	1.67	331.64	—	—	—	—	6	5.53
盈浦街道	1	2.4	1.67	144	—	—	—	—	1	2.4
香花桥街道	47	8.88	4	221.9	—	—	—	—	47	8.88
青浦工业园区	31(31)	46.68(46.68)	46.67	100.02	31(31)	46.68(46.68)	—	—	—	—
总计：	806(62)	266.03(36.51)	200	133.01	175(84)	85.29(56.65)	152	54.30	479	126.43

说明：1.104区块是指全市现有的104个规划工业区块，195区域指规划工业区块外、集中建设区内的现状工业用地；198区域指规划产业区外、规划集中建设区以外的现状工业用地，面积大约为198平方公里；2. 括号内为盘活存量低效用地的数据。

（胡　晨）

■园区二次开发　编制《青浦区产业园区布局规划（2035）》《青浦区全力打响“上海制造”品牌专项行动方案（2018—2020年）》，全年盘活存量工业用地项目72项，调整土地面积55.98公顷，其中完成腾笼换鸟220.05公顷、闲置土地开发29.67公顷、闲置土地转让4.27公顷。开展朱家角工业园区重点区域（59家工业企业）及金泽镇华为周边工业企业（77家工业企业）的调整。

（胡　晨）

■支持企业科技创新　推荐荣泰健康“高端按摩椅”等项目申报市技术改造项目，全年获批市技术改造项目20个，占全市11.6%，获市财政扶持资金16240万元。推荐真兰仪表等9家企业申报市级企业技术中心，获批9家。华测导航“北斗定位系统”等3个项目入选市军民融合重大产业项目名单。年末，全区有企业技术中心123家，其中国家级1家、市级48家、区级74家。

（胡　晨）

位于青浦区盈顺路665号的杜尔涂装系统工程(上海)有限公司

（青浦工业园区供稿）

■**百强企业产值有所下降** 2018年,全区产值前100位工业企业合计完成产值920.9亿元,比上年下降4.4%,产值占全区的59.9%。亿元以上企业合计完成产值1309.3亿元,比上年下降2.2%。按企业规模看,中、小型企业分别增长2.8%和2.0%,大、微型企业分别下降19.5%和14.9%,中小企业尤其是中型企业是全区产值增长的主要动力。 (胡 晨)

2018年20家重点监测企业产值情况表

表24

企业名称	累计产值(万元)	比上年(%)	企业名称	累计产值(万元)	比上年(%)
#高田(上海)汽配制造有限公司	229757	-67.0	上海金发科技发展有限公司	168078	-17.8
#均胜百高汽车安全系统(上海)有限公司	209573	—	上海荣泰健康科技股份有限公司	136784	-25.6
上海菱重增压器有限公司	451790	0.6	上海熊猫机械(集团)有限公司	157526	5.7
新大洲本田摩托有限公司	370173	-11.0	妮维雅(上海)有限公司	121487	-13.2
上海美蓓亚精密机电有限公司	316752	2.8	上海美特幕墙有限公司	99472	-12.5
尤妮佳生活用品(中国)有限公司	263097	-11.4	希悦尔(中国)有限公司	108404	3.8
上海普惠飞机发动机维修有限公司	326557	13.3	基胜工业(上海)有限公司	100060	-3.0
上海普利特复合材料股份有限公司	30997	-100.3	上海德力西集团有限公司	91163	4.0
杜尔涂装系统工程(上海)有限公司	328149	20.1	好丽友食品(上海)有限公司	105894	25.0
上好佳(中国)有限公司	238123	-1.9	斯伦贝谢油田设备(上海)有限公司	133439	10.8
日立电梯(上海)有限公司	318295	44.3	合计	4305570	-6.0

(胡 晨)

■**规模工业产值能耗下降6.5%** 2018年,全区规模工业企业综合能源消费量80.0万吨标准煤,比上年下降8.4%;万元产值能耗0.0548吨标准煤/万元,比上年下降6.5%,超年度目标5.5个百分点。其中:重点能耗企业的产值能耗为0.0960吨标准煤/万元,比上年微降0.6%。 (胡 晨)

■**全区战略性新兴产业产值增长0.9%** 2018年,全区战略性新兴产业完成产值417.0亿元,比上年增长3.0%;占全区规模产值的27.1%,占比比上年有所下降。六大产业五增一降,新一代信息技术、高端装备增幅达两位数,分别增长21.0%和17.4%,完成产值50.7亿元和119.2亿元;新能源、生物医药、节能环保分别增长7.7%、7.5%和3.1%,完成产值20.4亿元、43.9亿元和24.7亿元;产值最高的新材料作为战新产业全年下跌8.2%,完成180.7亿元。 (胡 晨)

上海创力集团股份有限公司产品 (区经委供稿)

■**产业项目评审准入** 全年召开22次产业项目评审准入联席会议,对全区118个产业项目进行准入评估。其中:102个项目通过评估,通过率86.44%,结转2017年2个项目,合计104个项目,投资总额129.5亿元,注册资本11.03亿元;预计建成达产可新增工业产值508.41亿元,新增税收17.82亿元;年综合能耗折合标准煤6.48万吨,万元产值能耗0.013吨标准煤;可安排就业岗位1.85万个,吸纳优秀人才1.16万人。 (胡 晨)

■**产业项目闭环管理** 全年重点跟踪全区新建产业项目190个,包括122个工业项目和68个服务业项目。其中:已出让未开工项目12个,已开工未竣工项目74个,已竣工未投产项目15个,已投产项目90个。 (胡 晨)

■开展大调研工作 根据《中共青浦区委印发〈关于开展"不忘初心、牢记使命，推动青浦全面跨越式发展"大调研的实施方案〉的通知》(青委〔2017〕160号)开展企业大调研工作，制定实施企业调研组和区经委大调研工作方案。全年企业组调研企业51150家，其中：注册型企业47586家、实地型企业3436家，除去128户非正常经营的企业，覆盖率100%。共收集反映问题1038个，解决问题1406个(包括区大调研办转过来的问题)，收集建议数量431个。 (胡 晨)

■探索企业分类管理 坚持"四个论英雄"(即以亩产论英雄、以效益论英雄、以能耗论英雄、以环境论英雄)导向，初步评价确定A类工业企业120家，D类规模以上工业企业18家、规模以下工业企业405家。推动企业创新发展，拟定加快先进制造业发展政策，华测导航入围2018年国家企业技术中心公示名单，实现国家级企业技术中心零的突破。 (胡 晨)

德邦快递青浦枢纽中心自动分拣机器人 (德邦物流股份有限公司供稿)

■2家企业上市 1月16日，德邦物流股份有限公司在上交所挂牌上市(德邦股份，603056)；12月17日，永升生活服务集团有限公司在香港联合交易所主板挂牌上市(永升生活服务，01995.HK)。年末，全区上市企业23家，其中：沪、深上市20家，中国香港2家，美国1家。 (胡 晨)

青浦区上市企业情况表

表25

序号	企业名称	上市板块(股票代码)	上市时间	募集资金(亿元)	备注
1	上海新朋实业股份有限公司	中小板(002328)	2009.12.30	14.54	—
2	上海安诺其纺织化工股份有限公司	创业板(300067)	2010.04.21	5.72	—
3	上海科泰电源股份有限公司	创业板(300153)	2010.12.29	8	—
4	上海汉得信息技术股份有限公司	创业板(300170)	2011.02.01	7.6	—
5	上海永利带业股份有限公司	创业板(300230)	2011.06.15	2.9	2015.6.24增发
6	上海天玑科技股份有限公司	创业板(300245)	2011.07.19	3.4	—
7	上海巴安水务股份有限公司	创业板(300262)	2011.09.16	3.01	—
8	上海福寿园实业发展有限公司	港交所主板(01448)	2013.12.19	16亿港元	—
9	上海创力集团股份有限公司	主板(603012)	2015.03.20	10.79	—
10	上海全筑建筑装饰集团股份有限公司	主板(603030)	2015.03.20	3.94	—
11	上海沪工焊接集团股份有限公司	主板(603131)	2016.06.07	2.52	—
12	圆通速递股份有限公司	主板(600233)	2016.10.20	—	借壳
13	中通快递股份有限公司	纽交所(ZTO)	2016.10.27	14.06亿美元	—
14	上海元祖梦果子股份有限公司	主板(603886)	2016.12.28	6.1	—
15	申通快递股份有限公司	中小板(002468)	2016.12.30	—	借壳
16	上海荣泰健康科技股份有限公司	主板(603579)	2017.01.11	7.82	—

（续表）

序号	企业名称	上市板块（股票代码）	上市时间	募集资金（亿元）	备注
17	韵达控股股份有限公司	中小板（002120）	2017.01.18	—	借壳
18	上海华测导航技术股份有限公司	创业板（300627）	2017.03.21	3.81	—
19	亚士创能科技（上海）股份有限公司	主板（603378）	2017.09.28	6.34	—
20	德邦物流股份有限公司	主板（603056）	2018.01.16	4.84	—
21	上海普利特复合材料股份有限公司	中小板（002324）	2009.12.18	—	2018 年 5 月迁入
22	中国核工业建设股份有限公司	主板（601611）	2016.06.06	—	2018 年 5 月迁入
23	上海永升物业管理有限公司	港交所主板（01995）	2018.12.17	6.76 亿港元	—
24	上海华培动力科技股份有限公司	主板（603121）	2019.01.11	5.31	—

（胡　晨）

■1 家企业在新三板挂牌　2018 年，1 家企业（上海郡谷文化传播股份有限公司）在新三板（全国中小企业股份转让系统）挂牌，14 家企业在市股交中心（上海股权托管交易中心）挂牌。区财政补贴新三板挂牌企业 5 家，补贴金额 471.05 万元；补贴市股交中心挂牌企业 1 家，补贴金额 41.86 万元。年末，有 165 家企业挂牌，其中新三板 44 家、市股交中心 121 家。74 家企业获得挂牌补贴。市股交中心挂牌企业获得补贴 26 家企业，补贴金额 1607.05 万元；新三板挂牌企业获得补贴 48 家，补贴金额 4262.34 万元。（苑欢欢）

青浦区全国中小企业股份转让系统挂牌企业情况表

表 26

序号	企业名称	企业代码	挂牌日期
1	上海东岩机械股份有限公司	430286	2013 年 8 月 8 日
2	上海辰光医疗科技股份有限公司	430300	2013 年 8 月 15 日
3	上海鼎晖科技股份有限公司	430344	2013 年 11 月 15 日
4	上海光维通信技术股份有限公司	430742	2014 年 5 月 6 日
5	上海永冠众诚新材料科技（集团）股份有限公司	831135	2014 年 9 月 15 日
6	上海远洲管业科技股份有限公司	831165	2014 年 9 月 26 日
7	上海双申医疗器械股份有限公司	831230	2014 年 10 月 23 日
8	上海张铁军翡翠股份有限公司	831568	2015 年 1 月 15 日
9	上海富翊装饰工程股份有限公司	831574	2014 年 12 月 31 日
10	上海合富新材料科技股份有限公司	831614	2015 年 1 月 6 日
11	上海青浦资产经营股份有限公司	831711	2015 年 1 月 20 日
12	上海浩亚机电股份有限公司	832101	2015 年 3 月 10 日
13	上海安技智能科技股份有限公司	832497	2015 年 5 月 19 日
14	上海欧开建筑装饰股份有限公司	833038	2015 年 8 月 3 日
15	上海伊索热能技术股份有限公司	833121	2015 年 8 月 10 日
16	上海威贸电子股份有限公司	833346	2015 年 8 月 19 日
17	上海恒精感应科技股份有限公司	834094	2015 年 11 月 4 日
18	上海科旭网络科技股份有限公司	834257	2015 年 11 月 23 日
19	上海洁润丝新材料股份有限公司	835070	2015 年 12 月 29 日
20	上海真灼科技股份有限公司	835230	2016 年 1 月 18 日
21	上海凌韩胶粘制品股份有限公司	835526	2016 年 1 月 26 日

（续表）

序号	企业名称	企业代码	挂牌日期
22	上海蓝梦广告传播股份有限公司	836232	2016 年 3 月 29 日
23	上海奇电电气科技股份有限公司	836621	2016 年 4 月 6 日
24	上海庆华蜂巢科技发展股份有限公司	836880	2016 年 5 月 5 日
25	上海功途教育科技股份有限公司	836974	2016 年 4 月 20 日
26	上海悠络客电子科技股份有限公司	837110	2016 年 4 月 25 日
27	城市纵横（上海）文化传媒股份有限公司	837199	2016 年 5 月 16 日
28	上海道脉节能科技股份有限公司	837507	2016 年 7 月 25 日
29	每日科技（上海）股份有限公司	837593	2016 年 6 月 23 日
30	上海沿锋汽车科技股份有限公司	837599	2016 年 5 月 24 日
31	上海永超新材料科技股份有限公司	837640	2016 年 5 月 31 日
32	上海哈克过滤科技股份有限公司	837875	2016 年 7 月 6 日
33	上海轻叶能源股份有限公司	838481	2016 年 8 月 3 日
34	中宝环保科技（上海）股份有限公司	838898	2016 年 8 月 9 日
35	上海迅傲信息科技股份有限公司	839425	2016 年 10 月 25 日
36	上海合印科技股份有限公司	870339	2016 年 12 月 30 日
37	上海艾维科阀门股份有限公司	870449	2017 年 1 月 23 日
38	昌顺烘焙科技（上海）股份有限公司	870810	2017 年 2 月 15 日
39	上海绿洲源香料股份有限公司	870940	2017 年 2 月 14 日
40	上海华魏科技股份有限公司	871441	2017 年 6 月 2 日
41	上海钰景园林股份有限公司	872033	2017 年 8 月 18 日
42	上海大业堂教育培训股份有限公司	872126	2017 年 8 月 14 日
43	上海知韬文化创意股份有限公司	872475	2017 年 12 月 28 日
44	上海郡谷文化传播股份有限公司	872935	2018 年 8 月 17 日

（苑欢欢）

建筑业

■概况　2018 年，开展建筑工程质量治理，打击建筑市场违法行为。继续加强区域内建设工地文明施工的管理，加强工地扬尘控制管理。推进装配式建筑、绿色建筑、BIM（建筑信息模型）技术应用等工作，区内新完成供地地块 16 块，有 15 块地块均要求建筑方 100% 实施装配式建筑，总建筑面积 108.6 万平方米。

全年项目报建 535 个，总投资 695.8 亿元（其中总投资超过 10 亿元的项目有 21 个），总建筑面积 456.95 万平方米。办理施工许可项目 301 个，总建筑面积 515.52 万平方米。竣工备

位于青浦区崧华路 881 号的上海安诺其集团股份有限公司

（青浦工业园区供稿）

1月22日，建筑管理部门在青浦区体育文化活动中心一期工程工地开展岁末年初建设工程安全生产专项检查　　（区建管委供稿）

案176个项目，总建筑面积369.27万平方米。新申请资质审批124家企业，增项35家，注册于青浦区的施工企业618家。

安全生产许可证办理新申请65项，正常延期24项，变更13项。11月起，建筑施工企业安全生产许可证办理实施告知承诺电子化审批系统。年内，初步设计文件审批受理98个，审批办结104个（2017年结转26个）。全区完成审批项目总建筑面积60.51万平方米，道路总长37.21公里，城市维护道路总长21.95公里，各类管线总长122.30公里，总投资135.37亿元。总体设计文件审查受理17个，意见汇总13个，总建筑面积119.9万平方米，网上施工图备案112个。自行送审项目数15个。建筑工程抗震设防审查受理119个，审查办结122个（其中涉及应进行专门研究和论证项目8个、应进行超限高层建筑抗震设防专项审查项目4个、同时涉及专门研究和论证和超限高层建筑抗震设防专项审查项目1个、其他未涉及项目109个）。

招投标管理完成施工公开招标302标段，中标价145.68亿元，建筑面积176.93万平方米。施工邀请招标11标段，中标价10.27亿元，建筑面积29.6万平方米。完成勘察招标33标段、设计招标92标段、监理招标82标段。一体化招标35标段。暂估价招标4标段。小型项目（摇号）205标段。对14家代理公司，发出《暂停通知单》48份，其中18标段终止招标并重新招标。办理墙体材料现场核验手续的建设项目74项（其中22个项目属于一次性清算项目）。清退52个建设项目预缴的新型墙体材料专项基金，返退金额2385.33万元。　　（吴　顺）

■强化工程监管　2018年，工程监督检查项目4871个次，出动检查11544人次，开具涉及《建设工程质量安全监督整改指令单》356份、《建设工程质量安全监督局部暂缓施工指令单》49份、《建设工程质量安全监督停工指令单》1份，项目经理扣分20起共48分、安全员扣分21起共48分、监理扣分8起共15分，移交执法查处案件21起。工程巡查项目57个，开具《建设工程质量安全巡查整改通知单》52份、《建设工程质量安全巡查局部暂缓施工指令书》22份、《建设工程质量安全巡查暂停施工指令书》4份、《行政处罚建议书》8份，项目经理记分6次共计G18分、D24分（G代表国家标准、D代表上海本地标准）。巡查中发现852个问题。对检查过程中发现的各类隐患问题和违法违规行为，坚持零容忍、严执法，重整改的原则，加大处置力度，督促整改到位。开展创优指导，参与评审区级优质结构工程13个、区级文明工地19个。开展建设工程“安全生产月”和“质量月”系列活动。　　（吴　顺）

■加大执法力度　查处违规工程案件99起，罚款金额2637.57万元。接待协调上访信访765件，其中拖欠民工工资320件（民工工资纠纷比上年大幅增加，涉及人员4606人次，金额11809.88万元）、房屋质量303件、施工扰民102件、其他信访40件。对于各类信访投诉事件，均做到回复率100%。　　（吴　顺）

■推进建筑节能　加大建筑节能宣传推广力度，举办两期专项建筑节能培训，指导企业规范施工管理，引导企业加大运营维护阶段的节能管理力度。采用在土地出让合同中规定最低创建绿色建筑星级要求等措施，确保新建民用项目100%创建绿色建筑。区内28个实施可再生能源建筑一体化应用项目，完成建筑节能竣工备案工作。　　（吴　顺）

■推进装配式建筑　区内完成供应16个地块，其中商业地块3块、住宅地块5块、保障房地块2块、科研地块1块、工业地块4块、旅游餐饮用地1块，除1块社区商业项目建筑面积过小不符合装配式实施要求以外，其余15块地块均要求建设方预制率不低于40%或装配率不低于60%，总装配式建筑面积108.6万平方米。年内，青浦重固镇福泉山路南侧16－02地块普通商品房项目获上海市装配式建筑示范项目，项目采用四项创新（即住宅大空间可变房型设计；采购构造防水的外窗、保温、饰面一体化预制外墙；采用二维码技术在构建生产、运输、安装、验收全过程进行信息化管理；在实施设计、施工准备、预制构件、施工实施阶段应用BIM技术）。　　（吴　顺）

综　述

2018年，青浦区旅游业融入上海世界著名旅游城市建设，加快打造集人文历史体验、水乡度假休闲、商务会展交流、运动健康养生等于一体的高品质全域性旅游目的地进程，旅游经济保持良好增长态势。全区主要旅游景区（点）30家，其中国家A级景区10家。有星级饭店11家、A级旅行社18家。全年旅行社、旅游饭店、旅游景区接待游客1153万人次，比上年增长23.95%；全区旅游总收入117.18亿元，比上年增长56.03%。（蒋　洁）

旅游市场开拓

■**概况**　2018年，围绕“上海之门”内涵，深入挖掘和展示青浦特色，创新旅游产品宣传推介，强化青浦旅游资源整合输送，承接“进博会”溢出效应，加大长三角区域旅游合作力度，全方位展示和宣传青浦旅游形象，扩大青浦旅游影响力和知名度。9月12日，朱家角古镇、联怡枇杷乐园、青西郊野公园、张马村·寻梦源、陈云纪念馆·练塘古镇、金泽古镇·美帆游艇俱乐部入选市旅游局公布的首批“上海市民休闲好去处”名单。11月2日，朱家角镇张马村在由第一财经联合中央人民广播电台经济之声等80家主流媒体主办的活动中获“中国最美村镇（产业兴旺奖）”。（蒋　洁）

■**参加旅游交易会及推介会**　5月8—9日，参加在上海国际会议中心举行的2018中国会议与商务旅行论坛暨交易会。6月8—10日，参加2018重庆国际旅游狂欢节暨重庆旅游营销大会。6月16日，组织区内朱家角古镇、上海大观园、东方绿舟、寻梦源香草农场等旅游企业参加“戏水纳凉·清爽一夏”2018全域旅游上海社区（夏季）巡展活动。6月21—25日，参加市旅游局组织的“精彩上海”上海文化旅游推介会暨“力量之声”组合音乐会，分别在海口、广州两地开展宣传促销活动。7月4日，参加“老绍兴·醉江南”2018绍兴旅游（上海虹桥商务区）推介会。7月18日，组织区内部分旅行社参加“海丝古港·微笑宁波”旅游推介会。9月26日，组织区内部分旅行社参加江苏省东台市旅游推介会。11月16日，组织区内朱家角古镇、东方绿舟、上海大观园、联怡枇杷乐园、金泽古镇等旅游企业参加在上海新国际博览中心举行的2018中国国际旅游交易会。11月29日—12月1日，组织区旅游协会和区内部分旅游企业参加2018第六届成都国际旅游展。（蒋　洁）

■**跨地区旅游交流活动**　3月28日，安排青海省果洛藏族自治州班玛县红色教育中心第二批培训人员入驻区内重点旅游企业实习。4月18日，邀请浙江省嘉兴市旅游委员会携南湖区旅游局、秀洲区旅游局、嘉善县旅游发展委员会、嘉兴旅游发展有限公司、南湖革命纪念馆、嘉兴市旅游协会等单位到青浦区开展红色旅游资源联动工作交流。4月10日，上海目的地国际旅游有限公司和全法华人旅行社协会一行到青浦

7月27日，青浦区创建全国文明城区全域旅游全民动员启动仪式——旅游行业迎首届进口博览会倒计时100天誓师活动在朱家角镇举行

（区旅游局供稿）

区踩线。4月25日，宁夏回族自治区石嘴山市旅游委员会到青浦区举行旅游推介会，区内重点旅行社与石嘴山市主要景区开展对接交流。5月25日，联合人民网上海频道、上海新民社区传媒有限公司举行青浦旅游融入长三角一体化研讨会，与江苏省昆山市、苏州市吴江区和浙江省嘉善县旅游部门签订《长三角湖区旅游联盟合作备忘录》。10月9—12日，云南省德宏州旅发委到青浦区开展沪滇旅游扶贫协作考察交流活动，签订两地旅游扶贫协作协议。10月24—25日，区旅游局、区旅游协会组织区内重点旅游企业参加江苏省东台市“百名沪旅看东台”活动。（蒋　洁）

10月11日，青浦区旅游局与云南省德宏州旅发委签订两地旅游扶贫协作意向书（区旅游局供稿）

■**旅游市场宣传**　2月起，与上海新民传媒联办发行《湖区旅游》双月专刊。2月1—5日，协助上海电视台开展“搭地铁游上海青浦”特辑采拍工作。2月5日，启动“青生活摄影师”征集活动，每季度评选“青浦芳华TOP18”入围摄影作品。4月起，加强与人民网上海频道合作，在人民网上海频道开设“青浦全域旅游·湖区发展”专栏。4月19—23日，在微信朋友圈投放“上海最美不过江湖”主题宣传活动，获得190万次曝光量。8月13日，利用微信、微博等网络平台，推出“七夕桥会，情约青浦”主题活动，发布“情约青浦遇见谁?”“不一样的‘遇见’，美似‘鹊桥仙’”宣传活动，阅读量11.02万人，在“上海美食地理”“上海头条播报”微博账号投放话题“青浦的最美遇见”位居微博话题榜前三，阅读量81.9万人。9月13—14日，协助上海电视台星尚频道《星旅途》栏目组开展“十一”黄金周节目采拍工作，宣传青浦特色旅游景区及美食。9月17日—10月26日，依托青浦和嘉兴的红色旅游资源，与上海东方广播有限公司FM107.2旅游广播联合推出长三角一体化红色旅游联动主题活动，定时播放关于陈云纪念馆和嘉兴南湖革命历史纪念馆的红色故事，邀请50余名听众参加“共走红色路，同游长三角”红色旅游联动活动。9月19日，在与《解放日报》城事频道、上海东方广播有限公司FM107.2旅游广播联合举行的2018年度“青进精彩、全城优选”青浦好去处评选活动上，公布评选结果，朱家角古镇、东方绿舟、上海大观园等28家单位获得“青浦好去处”称号，《解放日报》、腾讯新闻客户端、澎湃新闻、界面新闻等媒体同步发布评选结果。10月18日，举行“秋食记”美食文化宣传推广活动，邀请名厨团队演绎青浦秋令饮食。11月24日，“著名湖区·印象江南”旅游新闻摄影活动颁奖仪式在中华印刷博物馆举行。围绕服务首届“进博会”，于10—11月出版《青浦区全域旅游导览——沿着轨道交通17号线游青浦》，发布《青浦好味道——美食+旅行指南》《青浦新建筑——文化之旅》等宣传资料，向区内67家“进博会”保障酒店配送各类旅游宣传资料3万余份(册)；推出亲子时光、温柔水乡、文脉溯源、最美水岸、建筑阅读、红色足迹、世外田园、悠闲假日、倾城古韵、轻松游购共10条主题旅游线路，举行“最青浦故事”创意设计活动。（蒋　洁）

10月6日，“冲刺30天”窗口服务行业展示暨新能源出租车保障“进博会”发车仪式在国家会展中心东侧P5出租车专用停车场举行（区旅游局供稿）

旅游“黄金周”和小长假

■**概况**　2018年“黄金周”及小长假期间，区内各主要景点(区)针对节假日旅游市场特点，挖掘自身资源优势，策划推出一批特色旅游产品，满足各类游客

的多元化需求，为游客提供全方位的旅游体验。（蒋　洁）

10月2—6日，"角里记忆·大美课植"传统文化实景演绎周活动在朱家角镇课植园举行（区旅游局供稿）

■小长假旅游接待　元旦3天假期，天气晴好，旅游市场整体平稳增长。区内朱家角古镇、东方绿舟、大观园等9家定点旅游统计景区（点）接待游客18.3万人次，比上年增长30.9%；门票收入139.5万元，比上年增长7.1%。上海奥特莱斯品牌直销广场销售收入7856万元，比上年减少16.8%。

清明3天假期，天气阴雨晴天交替。区内各主要旅游景区（点）接待人次及旅游收入较上年均有小幅下降。区内朱家角古镇、东方绿舟、大观园等9家定点统计单位接待游客18.45万人次，比上年减少6.21%；门票收入220.7万元，比上年减少11.46%。上海奥特莱斯品牌直销广场销售额为6811万元，比上年减少9.78%。

"五一"国际劳动节3天假期，天气晴好。区内朱家角古镇、东方绿舟、大观园等9家A级旅游景区（点）接待游客21.62万人次，比上年减少0.87%；门票收入318.79万元，比上年增加4.26%。上海奥特莱斯品牌直销广场销售收入7440.2万元，比上年减少21.38%。

端午节3天假期，天气晴好。区内朱家角古镇、东方绿舟、大观园等9家A级旅游景区（点）接待游客18.88万人次，比上年增长6.52%；门票收入184.01万元，比上年减少27.69%。上海奥特莱斯品牌直销广场销售收入6910.25万元，比上年减少约5.79%。

中秋节3天假期，天气晴好。区内9家A级旅游景区（点）接待游客14.87万人次，门票收入135.88万元。上海奥特莱斯品牌直销广场销售收入6296万元。（蒋　洁）

■"黄金周"旅游接待　春节黄金周7天假期，旅游市场安全有序。受阴雨天气影响，游客人次有所下降，全区接待游客约37万人次，比上年减少16.9%。其中：9家定点统计景区（点）接待游客30.5万人次，比上年减少12.9%；乡村旅游、祈福旅游以及金泽古镇等旅游景（区）点接待游客约6.2万人次。5个定点统计宾馆的客房平均出租率为28.2%，比上年下降13.2%。上海奥特莱斯品牌直销广场销售额约1.44亿元，比上年减少10%。各景区（点）新年活动精彩、年味足，其中东方绿舟推出"梅秀新春·旺满绿舟"新春游园会，内容丰富、形式热闹，接待游客1.4万人次，比上年减少44.7%。上海大观园举行"中国年·红楼年"主题活动，接待游客约1万人次，比上年减少33.9%。陈云纪念馆·练塘古镇景区推出一系列新年活动，年初一陈云纪念馆举行"颂伟人风范·阅伟人书籍"迎新春礼敬陈云活动，春节期间颜安艺术馆举行"练塘·遐想"摄影展，景区接待3.2万人次，比上年减少23.8%。崧泽遗址博物馆举行"好物制造室"趣味拼豆新春亲子迎新活动，吸引游客品味历史，体验DIY手工拼豆乐趣。朱家角古镇推出"十二生肖"集祈福图、"跟阿婆学做糕"等活动，接待游客24.7万人次，比上年减少9.7%。

10月18日，青浦"秋食记"江南美食文化活动在朱家角安麓酒店举行（区旅游局供稿）

"十一"黄金周8天假期，天气晴好。全区接待游客72.79万人次，比上年增加7.04%。其中：9家A级景区（点）接待游客49.5万人次，比上年增加0.94%；乡村旅游、祈福旅游以及金泽古镇等旅游景区（点）接待游客22.93万人次。5个定点统计宾馆的客房平均出租率40.61%，基本与上年同期持平。各景区（点）推出一系列特色节庆主题活动吸引游客。其中：9月29日—10月4日，练塘古镇举行2018上海练塘茭白节暨古镇文化旅游购物节，推广特色农副产品、文创工艺品和当地美食。10月1—3日，东方绿舟举行庆国庆升旗仪式，推出星空亲子课堂、科学蘑菇屋亲子课堂等活动。10月1—6日，25辆上海旅游节花车在东方绿舟集中亮相，展示各地风土人情。10月1—5日，上海大观园推出"刘姥姥才艺大比拼"和红楼堂会活动。10月2—6日，朱家角古镇举行"角里记忆·大美课植"传统文化实景演绎周活动，向游客集中展示绘团扇、绘脸谱、孔明锁等传统文化。10月1—3日，上海崧泽遗址博物馆举行"来崧泽玩游戏·上海BC3000"活动，普及崧泽文化时期典型文物，传播上海古老历史。（蒋　洁）

9月21—23日，2018年上海朱家角水乡音乐节在朱家角古镇举行

（区旅游局供稿）

国家级旅游景区

■概况　2018年，指导一批区内景区和旅游企业开展创A升A和标准化建设等工作。经上海市旅游局评定，7月18日，上海联怡枇杷乐园升级为国家AAAA级旅游景区；11月19日，金泽古镇成为国家AAA级旅游景区。朱家角古镇争创国家AAAAA级旅游景区，张马村争创国家AAAA级旅游景区。年末，全区有国家A级景区10家，其中：国家AAAA级旅游景区5家，分别为朱家角古镇、上海市青少年校外活动营地——东方绿舟、上海大观园、陈云故里·练塘古镇和上海联怡枇杷乐园，国家AAA级旅游景区5家，分别为崧泽遗址博物馆、上海金龟岛渔村、福泉山遗址、上海东方菲尼克斯生态园和金泽古镇。（蒋　洁）

■朱家角古镇　景区西临淀山湖、小淀山，北环大淀湖，占地面积1.04平方公里。9条老街依水傍河，千余栋明清建筑临河而建，36座古桥横跨水上，古风犹存。开放城隍庙、圆津禅院、课植园、席氏厅堂、大清邮局、上海手工艺朱家角展示馆等景点。春节期间，举行朱家角照片展、跟阿婆学做糕、集生肖赢奖品等活动。3月2—4日，举行"尚都里·赏花灯"、猜灯谜等元宵系列活动。5月31日，举行2018年首届"上海·中国音乐文化非遗日——江南传统音乐及世界传统音乐非遗经典传承"展演活动。7月12—14日，举行第二届"墨韵少年国际水墨艺术大赛"颁奖仪式。中秋期间，举行以"拾梦之音"为主题的第十三届朱家角水乡音乐节。"十一"期间，举行"角里记忆·大美课植"传统文化实景演绎周活动。11月3日，"人水之间"朱家角2018艺术展在朱家角人文艺术馆开幕。全年接待游客714.1万人次。（蒋　洁）

12月2日，上海市第十四届18岁成人仪式在东方绿舟举行

（区旅游局供稿）

■东方绿舟　景区地处淀山湖畔，占地373.33公顷，其中水域面积133.33公顷，是上海唯一的集拓展培训、青少年社会实践、团队活动以及休闲旅游为一体的大型公园。由智慧大道区、勇敢智慧区、国防教育区、生存挑战区、科学探索区、水上运动区、体育训练区、生活实践区8大园区组成，拥有智慧大道、仿真航空母舰、潜艇、湖滨广场、渔人码头等16处景点和户外攀岩、趣桥体验、野营烧烤、水上运动、拓展训练等30余项活动项目。有17万平方米四季常青的

草坪，11 万棵大树，500 余种花卉树木，植被覆盖率高。元旦期间，举行“认真玩”嘉年华亲子主题互动活动。春节期间，推出由“新春水陆赏梅”“大师旺星人艺术雕塑展”“我奋斗·我幸福”集幸福章活动组成的“梅秀新春·旺满绿舟”新春游园会活动。清明节期间，举行“花开绿舟·春暖如歌”清明踏青季主题活动。6 月 2 日，举行以“情暖童心·圆梦绿舟”为主题的六一国际儿童节大型公益活动。7 月 8 日，举行 2018 年 MISA 上海国际青少年音乐夏令营入营仪式。7 月 9 日，举行“圆梦蒲公英”暑期公益活动。“十一”期间，举行国庆节升旗仪式、扑克 FACE 创意秀、上海旅游节花车展、绿舟美食节、户外体验等活动。11 月 17 日，举行第十一届上海市中小学生公共安全知识和技能展示活动。12 月 2 日，举行以“爱国、感恩、责任、逐梦”为主题的上海市第十四届 18 岁成人仪式。全年接待游客 89.3 万人次。（蒋　洁）

■上海大观园　坐落于淀山湖西侧，占地约 90000 平方米，建筑面积约 8000 平方米。总体布局以大观楼为主体，由“省亲别墅”石牌坊、石灯笼、沁芳湖、体仁沐德、曲径通幽、宫门、“太虚幻境”浮雕照壁、木牌坊等形成全园中轴线。西侧设置怡红院、拢翠庵、梨香院、石舫。东侧设置潇湘馆、蘅芜院、蓼风轩、稻香村等 20 多组建筑景点。春节期间，举行“中国年·红楼年”新春系列活动。端午期间，推出“粽香红楼”系列活动。“五一”期间，举行“江南丝竹红楼汇”活动。中秋期间，举行刘姥姥“进博会”、上海说唱《“进博会”就在你身边》、独角戏《“进博会”路上创作忙》、舞蹈《迎进博》活动。“十一”期间，推出刘姥姥才艺大比拼和红楼堂会活动。9 月 29 日，市公园行业协会组织专家对景区花境展示情况开展现场考评，经专家组综合评分，获得上海市公园花坛花境评比花境组三等奖。全年接待游客 35.6 万人次。（蒋　洁）

■陈云故里·练塘古镇　练塘古镇，位于江、浙、沪三省交会处，以“鱼米之乡”“茭白之乡”闻名。2013 年，练塘镇联合陈云纪念馆共同推进“陈云故里·练塘古镇”国家 AAAA 级旅游景区创建工作。2016 年 3 月，经上海市旅游景区质量等级评定委员会正式批准，成为国家 AAAA 级旅游景区。练塘古镇历史悠久，自明清以来建筑群总面积 10.1 万平方米。有经确认的省市级文物保护单位 2 处、区县级文物保护单位 9 处、已登记的不可移动文物 8 处。核心是东西走向的市河（俗称三里塘），全长 1500 余米，市河北侧街道为上塘街，南侧街道为下塘街。在市河东段 500 米处向南衍伸出另一河道李华港，形成“丁”字型水系。主要 4 个建筑群（东首以皇家酿酒为代表的近代工业建筑群，中部以李华港桥段为代表的对街楼、长廊建筑群，西面以朝真桥段为代表的清末集市建筑群，顺德桥为代表的明清建筑群）围绕着丁字型水系铺开。2000 年 6 月，陈云故居暨青浦革命历史纪念馆建成开馆。2013 年 5 月，经中央批准更名为陈云纪念馆。纪念馆突出展示陈云同志在共产党历史上的地位和作用。占地面积 4.1 公顷，由铜像广场、主馆、陈云故居、陈云手迹碑廊和长春园组成。主馆分展厅、文物厅、缅怀厅以及青浦革命历史陈列厅 4 个部分。纪念馆先后获得国家一级博物馆、全国爱国主义教育示范基地、上海市爱国主义教育基地等荣誉。

练塘古镇。4 月 15 日，上海市第三十届肿瘤宣传周暨全国第三届“万步有约”职业人群健走激励大奖赛上海青浦赛区启动仪式在练塘生态涵养林举行。6 月 22 日，2018 上海市“6·25”全国土地日系列活动之“走近三色练塘”田野运动会在练塘镇举行。9 月 29 日，举行 2018“恋上·练塘好时光”上海练塘茭白节暨古镇旅游文化购物节开幕仪式。10 月 1 日，2018“恋上练塘·上海青浦生态徒步”在九洲涵养林开赛。

陈云纪念馆。1 月 15—19 日，在奥地利阿德蒙特和德国佛罗伊登施塔特举行“陈云与评弹”专题展演活动。2 月 16 日，“颂伟人风范·阅伟人书籍”迎新春礼敬陈云活动在陈云纪念馆序厅举行。4 月 10 日，举行“一缕春风吹杨柳，缅怀伟人寄心语”——纪念陈云同志逝世 23 周年缅怀活动。5 月 25 日，举行“不忘初心，时代楷模话使命——纪念上海解放 69 周年主题活动”。6 月 7—8 日，由中国社会科学院“陈云与当代中国”研究中心和龙岩学院、陈云纪念馆、中华人民共和国国史学会联合举行的第十二届“陈云与当代中国”学术研讨会在福建龙岩举行。8 月 1 日，由陈云纪念馆和北京鲁迅博物馆（北京新文化运动纪念馆）共同主办的“新文化运动主将——陈独秀”展在陈云纪念馆开展。9 月 5 日，由武汉中共中央机关旧址纪念馆和陈云纪念馆联合主办的“红色记忆——中共中央在武汉”专题展在陈云纪念馆开展。10 月 15 日，由陈云纪念馆和上海曲艺家协会共同推出的陈云故事《两辆红旗车》登上中国牡丹奖颁奖典礼大舞台。11 月 13 日，由陈云纪念馆、黑河

上海大观园门头　　（区旅游局供稿）

市委宣传部、黑河市文明办和瑷珲历史陈列馆联合主办的《不忘初心，牢记使命——陈云与党风廉政建设》专题展在瑷珲历史陈列馆举行开展仪式。12月26日，《陈云与改革开放》专题展在陈云纪念馆主馆序厅举行开展仪式。全年接待游客110.6万人次。

（蒋　洁）

■**福泉山遗址**　位于青浦区重固镇西，占地1公顷，于1962年发掘。2001年6月25日被国务院公布为全国重点文物保护单位。2010年被国家旅游局质量等级评定委员会评为国家AAA级旅游景区。2013年，被国家文物局公布为全国150处大遗址保护规划项目之一。遗址完整保留距今6000—7000年历史各个时期的文化叠压遗存。有新石器时代的马家浜文化、崧泽文化、良渚文化、广富林文化、马桥文化以及战国、汉代等时期遗存，共出土玉器、石器、陶器等各类文物达3000余件，被考古学家誉为“中国的土筑金字塔”“古上海的历史年表”。出土的良渚文化贵族墓葬尤为珍贵，其中装饰有神人兽面纹的象牙权杖，在上海地区乃至全国的新石器时代考古发掘十分罕见。1月7日，联合重固小学举行“我是福泉山小小讲解员”集中展示活动。4月4日，举行福泉山抗战烈士纪念碑纪念烈士活动。全年接待游客8374人次。

（蒋　洁）

崧泽博物馆序厅　（区旅游局供稿）

■**上海联怡枇杷乐园**　位于青浦区外青松公路7166号，占地58.67公顷，是集枇杷种植、立体养殖、休闲旅游、科普教育、科普创新体验、农特产品展示销售、观光农家乐为一体的综合性生态休闲园。有精品琵琶种植区、琵琶科普长廊区、新品种示范区等生态旅游区域，大型节能生态绿色餐厅、生态环保度假客房、全天候生态会议中心等重点设施。定期举行的联怡枇杷节以及暑期的亲子田间课堂，受家长和孩子的喜爱。5月15日—6月5日，举行“绿色青浦 · 画意田园”——第六届青浦枇杷品尝周暨农家美食节。6月5日，接待欧盟青年职业农民代表团访问。全年接待游客51.3万人次。

（蒋　洁）

■**上海东方菲尼克斯生态园**　位于青浦区练塘镇青浦现代农业园区内，其中欧式生态庄园占地40公顷，集有机蔬菜种植与配送、旅游度假、特色餐饮、酒店住宿、会务、休闲娱乐活动等多功能于一体，提供庄园迷你高尔夫球练习场、推杆击球、双人自行车、5D动感影院等配套服务。2018年，处于闭园状态。

（蒋　洁）

10月3日，“来崧泽玩游戏 · 上海BC3000”活动在上海崧泽遗址博物馆举行　（区旅游局供稿）

■**崧泽遗址博物馆**　坐落于全国重点文物保护单位——崧泽遗址，地处上海市青浦区赵巷镇崧泽村，总建筑面积3680平方米，于2014年5月18日正式开馆。主展厅由“发现崧泽遗址”“走进崧泽社会”“传承崧泽遗产”三部分组成，集中展示上海早期人类文化发展的历史进程。崧泽遗址发现于1957年，是上海最古老的原始社会遗址，被评为20世纪中国百大考古发现之一，发现“上海第一稻”“上海第一井”“上海第一人”“上海第一房”等远古文物，被誉为“上海之源”。春节期间，举行“好物制造室 · 趣味拼豆”新春亲子迎新活动。“五一”期间，举行“布里行间——穿梭千年”少儿织布体验亲子活动。5月18日，举行“博物馆奇妙夜”“彩挥崧泽”等国际博物馆日主题系列活动。

“十一”期间，推出“来崧泽玩游戏·上海 BC3000”活动。全年接待游客 9.1 万人次。（蒋 洁）

■金龟岛渔村 位于金泽镇建国村淀山湖畔，总占地 26.67 公顷，其中陆地 4 公顷、鱼塘 5.33 公顷、湖面 17.33 公顷。岛上自然水域与百年古树园林石景融为一体，景色宜人，空气清新，环境优美。配备生态吧、养生餐厅、养生水景木屋、水上多功能会议厅、拓展基地等设施，是集养生与休闲娱乐于一体的养生基地。全年接待游客 3.8 万人次。（蒋 洁）

金泽镇一景（普济桥） （区旅游局供稿）

■金泽古镇 金泽古镇位于青浦境域西南，始建于唐代，1300 多年历史。2017 年 8 月，入选国家首批运动休闲特色小镇——上海金泽帆船运动休闲特色小镇。2018 年 11 月 19 日，经上海市旅游景区质量等级评定委员会正式批准，成为国家 AAA 级旅游景区。拥有源远流长的庙桥文化，承载着“桥桥有庙，庙庙通桥”的独特文化景观，被誉为“江南第一桥乡”“古桥梁博物馆”。存宋元明清四朝古桥 7 座，其中宋代的普济桥是上海保存最完整、年代最早的单孔石拱桥。延续至今一年两次的金泽庙会，衍生出民俗、饮食、演艺等地方文化。拥有青浦田山歌、宣卷、阿婆茶、烙画、簖具制作技艺等非遗项目。5 月 12 日，由金泽镇政府、复旦大学哲学学院、区文广局、区旅游局主办的《金泽》新书发布会暨金泽历史文化研讨活动在金泽工艺社举行。中秋期间，举行“我们的节日——中秋”大型主题活动。12 月 1 日，举行“益起走进生态水源地”青浦区徒步系列赛。（蒋 洁）

2018 年青浦区主要旅游景区（点）情况表

表 27

名 称	地址	电话	备注
朱家角古镇	青浦区朱家角镇西井街 84 号	59240077	AAAA
上海大观园	青浦区金商路 701 号	59262831	AAAA
陈云故里·练塘古镇	青浦区练塘朱枫公路 3516 号	59255710	AAAA
上海市青少年校外活动营地——东方绿舟	青浦区沪青平公路 6888 号	59233000	AAAA
上海联怡枇杷乐园	青浦区外青松公路 7166 号	39270218	AAAA
福泉山遗址	青浦区重固镇福泉山路 658 号	59785515	AAA
金龟岛渔村	青浦区金泽镇建国村	59260907	AAA
上海菲尼克斯生态园	青浦区老朱枫公路 6800 弄 168 号	39252048	AAA
崧泽遗址博物馆	青浦区沪青平公路 3993 号	59755777	AAA
金泽古镇	青浦区金泽镇金泽大厦 3 楼	59260881	AAA
青浦曲水园	青浦区公园路 612 号	59717213	—
金舟渔村	青浦区朱家角镇淀峰村	69247999	—
凯博农庄	青浦区外青松公路 7188 号	59710077	—
四季百果园	青浦区朱家角镇盛家埭	59238112	—
大千庄园	青浦区朱家角镇西洋淀 1 号	59238800	—

（续表）

名　称	地址	电话	备注
奥特莱斯直销广场	青浦区沪青平公路 2888 号	59756721	—
报国寺	青浦区朱家角镇淀峰村	69247826	—
青龙寺	青浦区白鹤镇青龙村	69744481	—
天光寺	青浦区练塘镇练东村泖口 600 号	59849901	—
岑卜村绿地水韵农庄	青浦区金泽镇岑卜村 220 号	59255557	—
青浦博物馆	青浦区华青南路 1000 号	69719900	—
上海崧泽遗址博物馆	上海市沪青平公路 3993 号	59755777	—
水上运动场	青浦区朱家角镇山湾盈朱路 289 号	59233162	—
银涛高尔夫	青浦区沪青平公路 2222 号	59767998	—
美帆游艇俱乐部	青浦区金商公路 588 号	59262835	—
弘阳农业	青浦区杜村公路 337 号	59741205	—
西郊国际农产品交易中心	青浦区华新镇华徐公路 3833 号	69798888	—
上海人文纪念公园	青浦区外青松公路 7270 弄 600 号	54255151	—
寻梦源香草农场	青浦区沈太路 2365 号	39250328	—
草莓之乡白鹤	青浦区外青松公路 2753 弄 69 号	39821622	—

（蒋　洁）

景点节庆活动

■概况　2018 年，青浦旅游市场突出青浦地方特色，巩固提升 2018 上海淀山湖旅游购物节、淀山湖梅花季、白鹤草莓节、练塘茭白节等品牌节庆活动的举行水平，激发市场活力，带动旅游消费。

（蒋　洁）

■2018 年上海淀山湖梅花季　2—3 月，在上海大观园、东方绿舟举行。上海大观园推出以“梅木传情”为主题的梅花季活动，有送五福、寻“梅”景、听“梅”约、摄“梅”景、看戏曲、探古梅等活动。活动期间姓名中有“梅”字的游客凭有效证件可免票游玩上海大观园和梅园；着古装及汉服的游客可免费参观上海大观园和梅园。东方绿舟举行“梅秀新春，旺满绿舟”新春游园会，推出新春水陆赏梅、大师旺星人雕塑展等活动。2 月 7 日，在青浦旅游微信公众号上发布赏梅活动信息。梅花季期间邀请上海电视台生活时尚频道《玩转上海》节目拍摄宣传两大景区活动。

（蒋　洁）

报国寺观音殿　（区旅游局供稿）

■2018 年第九届上海白鹤草莓文化节　3 月 23—25 日，在白鹤草莓园举行。活动以“乐享莓好春光 · 共兴丝路名镇”为主题，推出“草莓也疯狂”田间集市、“你好，草莓”亲子系列活动、“草莓大王”评选系列活动、“草莓时代”文化主题馆展示、“花香莓园”家庭园艺展、草莓种植技术专业研讨会“莓色颂天香丝路新白鹤”手机摄影大赛、“记忆白鹤”民俗文化活动等系列活动。3 月 17—18 日，区旅游局在尚都里举行水岸草莓市集，组织区内旅游企业开发草莓衍生品，推出草莓主题茶、草莓周边产品等活动，拉长草莓产业链和增加草莓附加值。利用新华社上海频道、上海观察、乐游上海、旅游时报、玩转上海、今日头条、青浦旅游微信公众号等渠道宣传草莓节活动，其中新华社上海频道发布的《从田间特产到旅游"网红"农旅联合让青浦草莓"变身"》，浏览量超过39万次。 （蒋　洁）

8月8日，2018上海青浦淀山湖文化艺术节暨旅游购物节在崧泽广场开幕 （区旅游局供稿）

■2018年练塘茭白节——陈云故里·练塘古镇旅游文化活动 9月29日—10月5日，在练塘镇举行。活动由市农委、市商务委、市旅游局、区政府担任指导单位，市创意产业协会、市蔬菜食用菌行业协会、市旅游行业协会主办，区农委、经委、旅游局、文广局、体育局、练塘镇政府、上海农业展览馆协办。以"恋上·练塘好时光"为主题，以茭白为媒，展示练塘农产品特色、文化底蕴和绿色生态环境。推出2018青浦练塘生态徒步行、2018美丽乡村公益骑行活动、"玩转练塘"小视频大比拼、"百姓大舞台"群艺演出、"慢旅练塘"美丽乡村休闲游、青浦区精品品牌展销会、长山角地区名特优农副产品展销会、中华美食街、"匠心练塘"民俗创意集市、"陈氏陶坊"云南非遗产品展销等特色活动。 （蒋　洁）

■2018年上海淀山湖旅游购物节 8月8日，2018年上海青浦淀山湖文化艺术节暨旅游购物节开幕仪式在崧泽广场举行。9月27日闭幕，为期50天。淀山湖旅游节以"环秀淀山湖·乐享青生活"为主题，延续旅游节、文化艺术节、购物节三节合办模式，分为"进博会"板块、长三角一体化板块、打造四大品牌主题板块及乡村振兴板块四大板块，推出"青'进'精彩，'全'城优选"青浦好去处评选、"最青浦故事"创意设计、"共走红色路·同游长三角""青浦秋食记""七夕桥会·情约青浦"、朱家角水乡音乐节、"幸福乡村·美丽厨娘"厨艺争霸赛、"著名湖区·映像江南"摄影周等系列活动。 （蒋　洁）

8月29—30日，青浦区旅游企业迎进口博览会专题系列培训（旅游酒店一线员工专场）在上海夏阳湖皇冠假日酒店举行 （区旅游局供稿）

行业管理

■概况 2018年，区旅游局继续强化旅游安全管理，推进达标创建工作，加大行业人才培养力度，做好"进博会"旅行服务保障工作，提升旅游服务能级，优化旅游市场环境。指导区内景区和旅游企业开展创A升A和标准化建设等工作。指导联怡枇杷乐园升级为国家AAAA级旅游景区；指导金泽古镇成功创建国家AAA级旅游景区。指导东方绿舟创建国家级旅游标准化示范单位；指导元祖启蒙乐园成功创建市级优秀工业旅游单位；指导美帆游艇俱乐部成功创建五星级体育休闲旅游基地。完成旅行社等级年度评定和星级饭店年度复核工作。围绕"进博会"服务保障工作，分层分类组织旅游从业人员开展前期服务保障培训10场次，受训940人次。组织为全区3000余名进博志愿者开展培训课程8场次。按照《上海市人民政府关于首届中国国际进口博览会期间实行临时价格干预措施的通告》文件要求，完成"进博会"期间价格住宿稳控工作，落实价格干预措施（酒店旅馆各类客房的实际交易价格不得高于2017年10月1日至11月30日期间该酒店旅馆同等房型、同等服务条件客房的最高交易价格），与相关酒店签订价格承诺书，对16家新开宾馆酒店完成价格申报审核，开发线上酒店价格申报统计系统，落实价格周报机制。推进旅游规划编制工作，青浦区全域旅游发展总体规划和朱家角张马村旅游规划通过专家评审，青浦旅游资源普查报告形成中期成果，金泽镇旅游规划基本完成。3月1日，区委副书记、区长夏科家，区委常委、副区长陈庆江，副区长马彩云到朱家角镇调研特色小镇工作。3月6日，副区长顾骏参加朱家角镇旅游工作专题推进会。4月24日，2018年度青浦区旅游工作会议在区会务中心举行，副区长顾骏，各街镇，区旅游工作领导小组成员单位，相关区属企业，区旅游行业协会及区内各A级景区、A级旅行社、星级饭店等旅游企业负责人参加会议。7月27日，联合区文明办、朱家角镇人民政府在朱家角举行“青浦区创建全国文明城区：全域旅游全民动员启动仪式——旅游行业迎进口博览会倒计时100天誓师活动”。

年末，全区星级宾馆11家，其中五星级宾馆1家（上海朱家角皇家郁金香花园酒店）、四星级宾馆2家（分别为上海西郊假日酒店、上海迪利特大酒店）；旅行社58家，其中A级旅行社18家（4A级旅行社2家、3A级旅行社16家）。（蒋　洁）

■推动乡村民宿产业试点　3月28日，出台《青浦区促进民宿业发展指导意见（试行）》（青府办发〔2018〕20号）。5月4日，市旅游局副局长杭春芳到朱家角镇张马村调研民宿发展工作。7月12日，在朱家角镇张马村颁发区内首张民宿备案登记证明，备案民宿1户（含6栋单体建筑），可容纳游客40人次。年末，接待游客约1000人。（蒋　洁）

青浦区A级旅游景区最大承载量情况表

表28

景区名称	景区等级	日承载量（人次）	瞬时承载量（人次）
陈云故里·练塘古镇	AAAA	8981	2566
上海大观园	AAAA	20000	5271
上海朱家角古镇	AAAA	33784	14077
上海市青少年校外活动营地—东方绿舟	AAAA	110188	55094
上海联怡枇杷乐园	AAAA	10540	5270
上海福泉山遗址景区	AAA	3633	198
上海金龟岛渔村景区	AAA	4700	2350
上海菲尼克斯生态园	AAA	3898	100
上海崧泽遗址博物馆	AAA	4425	1475

（蒋　洁）

■国家A级旅游景区评定复核　依照国家《旅游景区质量等级的划分与评定》和《旅游景区质量等级评定管理办法》，经上海市旅游景区质量等级评定委员会组织评定，10月29日，上海大观园、朱家角古镇、东方绿舟、陈云故里·练塘古镇通过AAAA级复核；其余A级景区未被市旅游局列入2018年复核名单。（蒋　洁）

■旅游安全监管　元旦期间，区委、区政府领导、区旅游局分别对辖区内的重点旅游企业开展安全检查。2月8日，副市长陈群率市假日旅游联席会议部分成员单位到朱家角古镇、青西郊野公园检查春节假日旅游安全和服务保障工作，副区长王凌宇陪同检查。2月18日，区委常委、副区长余旭峰在朱家角古镇景区参加景区大客流应对和安全保障会议。3月30日，区旅游局召开节假日大客流应急管理工作部署会。5月15日，组织区内重点旅游企业负责人开展行业安全生产管理培训。5月18日，召开朱家角“进博会”服务保障工作会议，指导景区安全、线路产品、文化项目等保障工作。6月25日，会同文化执法部门对区内部分旅行社开展规范经营联合检查。7月，开展泰国游船倾覆事件应急处置工作，排查到泰游客安全状况，协助市级部门做好相关上海籍游客的救助及联系工作。8月21日，会同公安青浦分局交警支队、区文化执法大队、区交通委执法大队开展旅游客运包车专项整治行动。9月30日，区委副书记、区长夏科家到朱家角古镇开展节前大客流安保工作检查。10月4日，市旅游局局长徐未晚对区内国家会展中心洲际酒店、绿地铂瑞酒店大堂指引标志、前台接待、礼宾服务、餐厅设施及安保组织情况，副区长顾骏陪同检查。10月9日，开展2018年保障首届“进博会”旅游行业日常大巡查。10月22日，联合区消防支队开展旅游饭店行业“提升应急能力·护航进博盛会”消防安全大培训、大演练活动，区内旅游酒店行业主要负责人、消防安全管理人等100余人参加。11月22日，会同区卫生计生委监督所召开青浦区住宿场所卫生管理培训会。（蒋　洁）

■旅游公共服务　强化旅游基础设施建设，配合朱家角古镇创建国家5A级旅游景区工作，制定新建改建旅游厕所工作方案。重点协调推进朱家角张马村田园综合体游客中心建设，在项目进度、规划设计、资金落实等方面给予指导与帮助。推进金泽古镇游客服务中心建设，指导完善旅游信息多媒体触摸屏等硬件设施。推出旅游进社区、进军营、进企业系列惠民特色活动，9月15—23日，举行"寻访水墨新青浦争当上善小达人"系列活动，吸引区内400余名中小学生参与。7月26日，与盈浦街道相关社区开展"旅游进社区"宣传活动，为全域旅游创建营造良好氛围。9月11日，走进青浦消防朱家角中队开展旅游宣传推广活动，服务驻青部队官兵。11月5日，联合区旅游协会在移动智地园区举行"旅游惠民宣传进科创中心"活动，与移动智地园区共同设立旅游惠企工作服务站。7月28日、8月10日、11月27日，联合区经委组织开展百强企业家看青浦系列活动，包括百强企业员工亲子体验、百强企业高管看青浦等活动，共有20余名企业高管以及40余组家庭参加活动。　（蒋　洁）

5月29日，区旅游局会同区消防支队对上海西郊假日酒店开展迎"进博会"旅游酒店消防安全专项检查　（区旅游局供稿）

■新增旅行社6家　1月30日，经审核，市旅游局同意设立上海青扬国际旅行社有限公司，经营境内旅游业务、入境旅游业务，注册地址为青浦区重固镇大街588号4幢806室，旅行社业务经营许可证编号：L－SH－01883。5月8日，经审核，市旅游局同意设立上海隆悦旅行社有限公司，经营境内旅游业务、入境旅游业务，注册地址为青浦区浦仓路449弄青浦商城61号营业房1155室，旅行社业务经营许可证编号：L－SH－01904。5月31日，经审核，市旅游局同意设立上海梦龙园旅游发展有限公司，经营境内旅游业务、入境旅游业务，注册地址为青浦区支家路22弄41号，旅行社业务经营许可证编号：L－SH－01914。10月8日，经审核，市旅游局同意设立上海景悦国际旅行社有限公司，经营境内旅游业务、入境旅游业务，注册地址为青浦区公园路348号73号一层，旅行社业务经营许可证编号：L－SH－100113。12月28日，经审核，市旅游局同意设立上海巴图国际旅行社有限公司，经营境内旅游业务、入境旅游业务，注册地址为青浦区赵巷镇沪青平公路2799弄60号1512室，旅行社业务经营许可证编号：L－SH－100153。12月28日，经审核，市旅游局同意设立上海绿地康欣旅行社有限公司，经营境内旅游业务、入境旅游业务，注册地址为青浦区北青公路9138号1幢3层V区398室，旅行社业务经营许可证编号：L－SH－100150。　（蒋　洁）

4月11日，青海省果洛藏族自治州班玛县旅游从业人员到青浦元祖启蒙乐园交流学习　（区旅游局供稿）

■旅游星级饭店评定复核　2018年，根据国家《旅游饭店星级的划分与评定》（GB/T14308—2010）及其实施办法，经全国旅游星级饭店评定委员会及上海市旅游饭店星级评定委员会评定及复核，上海珠街阁大酒店被评定为三星级旅游饭店；上海朱家角皇家郁金香花园酒店通过五星级旅游饭店复核；竞衡假日酒店（上海西郊假日酒店）、上海迪利特大酒店，通过四星级旅游饭店复核；东方绿舟度假村、中石化上海会议中心、青浦宾馆、南华苑度假村、淀山湖森林度假村、市纺织职工淀山湖疗养院（伊百花园）、上海机场集团培训管理有限公司（虹珠苑宾馆）等，通过三星级旅游饭店复核；园湖苑宾馆因故停业，取消二星级旅游饭店资格。　（蒋　洁）

2018 年青浦区星级饭店情况表

表 29

名称	地址	电话	星级
上海朱家角皇家郁金香花园酒店	青浦区朱家角浦祥路 79 号	39233333	五星
上海西郊假日酒店	青浦区沪青平公路 2000 号	39738888	四星
上海迪利特大酒店	青浦区华新镇华腾路 288 号	39777888	四星
上海静安置业集团淀山湖森林度假村	青浦区沪青平公路 8185 号	59291301	三星
上海群略商务发展有限公司青浦宾馆	青浦区城中北路 79 号	59850688	三星
上海虹珠苑宾馆	青浦区朱家角镇复兴路 333 号	60829898	三星
上海南华苑度假村	青浦区华新镇华腾路 969 号	59794100	三星
上海伊百花园	青浦区西岑练西路 4085 号	59295779	三星
上海东方绿舟度假村	青浦区沪青平公路 6888 号	59233000	三星
中石化上海会议中心	青浦区沪青平公路 8700 号	59262960	三星
上海珠街阁大酒店	青浦区朱家角祥凝浜路 118 号	59230000	三星

（蒋　洁）

2018 年青浦区 A 级旅行社情况表

表 30

名称	地址	电话	等级
上海联航国际旅行社有限公司	青浦区城中东路 30 号	69715879	4A
上海景泰国际旅行社有限公司	青浦区青湖路 1011 号	69729700	4A
上海海贝国际旅行社有限公司	青浦区体育场路 263 号	69218564	3A
上海太阳岛旅行社有限公司	青浦区练塘镇朱枫公路 3501 号	59257918	3A
上海昊鹰旅行社有限公司	青浦区盈港路 453 号港隆国际 1620 室	69223956	3A
上海务实商务旅行社有限公司	青浦区欧洲街 84 弄 2 号	59731262	3A
上海龙途旅行社有限公司	青浦区青赵路 96 号	59731999	3A
上海育星旅行社有限公司	青浦区浦仓路 500 弄 19－21 号	59720858	3A
上海众兴国际旅行社	青浦区青赵路 85 号	69200077	3A
上海青浦旅游总社	青浦区城中东路 12 号	69714992	3A
上海小月国际旅行社有限公司	闵行区吴中路 598 号 3－303	64012098	3A
上海昱辰国际旅行社有限公司	青浦区朱家角镇新溪路 64 号 2 楼	39275152	3A
上海北斗星旅行社有限公司	青浦区商城路 53 号	39278833	3A
上海夏阳旅行社有限公司	沪青平公路 5630 号 211 室	59729888	3A
上海玺然国际旅行社有限公司	沪青平公路 5630 号 1 幢 203 室	51516550	3A
上海亚欣旅行社有限公司	闸北区天目西路 290 号康吉大厦市政楼 602 室	60192706	3A
上海霞逸旅行社有限公司	青浦区沪青平公路 5630 号 3 幢 236 室	69711199	3A
上海青倾国际旅行社有限公司	青浦区漕穗北路 118 弄 146－148 号	39789188	3A

（蒋　洁）

旅行社、宾馆选介

■上海青倾国际旅行社有限公司 成立于2015年11月。2018年1月获批为3A级旅行社。主营入境旅游、境内旅游、出境旅游业务、会务服务、团建拓展、研学游、商务咨询、展览展示、礼仪服务等。游客接待量和营业额位居青浦地区前三。先后被评为2017年度青浦区旅游行业文明诚信先进单位、2017年度青浦区旅游惠民工作先进单位、2017—2018年度爱心助学优秀单位等称号。2018年,接待或服务6.6万人次,营业收入2217.55万元。

（蒋　洁）

8月15—16日,青浦区旅游企业迎进口博览会专题系列培训(旅游企业中高层管理人员专场)举行　　（区旅游局供稿）

■上海海贝国际旅行社有限公司 成立于2003年7月。2011年经上海市旅行社等级评定委员会评定为3A级旅行社,2014年注册成为上海市政府采购供应商,主营观光游,休闲度假游,机关、事业和各类企业人事及工会疗休养,单位培训和考察,入境游等业务。坚持严格有序的管理模式、顾客至上的服务理念,依托日益完善的全国合作网络,提供优质旅游服务。先后获得青浦诚信旅行社、上海市旅行社示范服务网点、区十佳旅游诚信企业、市守合同重信用企业等称号。2018年,接待0.3万人次,营业收入871万元。

（蒋　洁）

■上海迪利特大酒店 于2011年1月开业,位于青浦区华腾公路288号,四星级饭店。是集客房、餐饮、商务中心、桑拿休闲、棋牌室、水疗SPA、KTV等服务为一体的综合性星级酒店,拥有客房227间,内设中西餐厅、大小会议室、行政楼层及各种娱乐健身设施。2018年,接待游客2.6万人次,营业收入3331.4万元。

（蒋　洁）

■青浦宾馆 于1998年3月开业,位于青浦区城中北路79号,三星级饭店。与桥梓湾购物中心、曲水园以及城隍庙为邻,拥有主楼、迎宾楼、私密花园商务楼、街心花园等建筑。设有豪华套房、商务房、标准房、单人房等各类客房202间,11个不同格局的宴会厅、会议厅,配备先进音响和投影设备,满足大型会议、商务展示、文体表演、华宴庆典等需求。2018年,接待游客3967人次,营业收入3319万元。

（蒋　洁）

综 述

2018 年，面对错综复杂的内外部经济环境，青浦区按照高质量发展的要求，全力保障“进博会”、全力参与打响“上海购物”品牌、应对中美贸易摩擦，全区商业经济运行平稳有序。全年社会消费品零售总额 581.0 亿元，比上年增长 3.0%。引进合同外资 9.0 亿美元，比上年增长 129.0%；实到外资 6.2 亿美元，比上年增长 123.7%。外贸进出口总额 761.3 亿元，比上年微增 0.2%。（胡 晨）

10 月 18 日，“对接进博会·汇聚西虹桥”——2018 年青浦区投资环境推介会在国家会展中心（上海）举行（区经委供稿）

商 业

■概况 2018 年，全区商品销售总额 1388.2 亿元，比上年增长 5.9%。其中：限额以上商品销售总额 456.8 亿元，比上年增长 1.1%。全区社会消费品零售总额 581 亿元，比上年增长 3%。其中：限额以上社会消费品零售总额 225.2 亿元，比上年增长 6.7%。赵巷商业商务集聚区销售 67.1 亿元，比上年增长 2.9%（其中：赵巷奥特莱斯品牌直销广场销售 40.0 亿元，比上年增长 6.9%；吉盛伟邦销售 15.1 亿元，比上年增长 2.5%）。青浦新城商业商务区销售 23.3 亿元，比上年下降 0.4%。

商业增加值完成 172 亿元，比上年增长 2.2%，占全区生产总值和第三产业增加值比重分别为 16%、28.8%，其中：批发和零售业继续保持第三产业行业增加值规模第一，增加值 150.8 亿元，比上年增长 2.3%；住宿和餐饮业增加值完成 21.1 亿元，比上年增长 1.7%。

商业税收总额完成 116.5 亿元，比上年增长 20.9%；商业税收占全区和第三产业税收收入比重分别为 22%、33.1%，比上年别提高 1.6 个百分点和 3.4 个百分点。（胡 晨）

2018 年青浦区大型商业购物场所情况表

表 31

序号	名称	开业时间	地点
1	桥梓湾购物中心	2005 年 12 月 28 日	青浦区公园路 700 号
2	青浦百联东方商厦	2005 年 12 月 30 日	青浦区公园路 700 号
3	百联奥特莱斯广场（上海·青浦）	2006 年 4 月 28 日	青浦区沪青平公路 2888 号
4	吉盛伟邦国际家具村	2007 年 9 月 1 日	青浦区嘉松中路 5369 号

（续表）

序号	名称	开业时间	地点
5	永业购物中心	2008 年 7 月 8 日	青浦区沪青平公路 1817 号
6	尚都里休闲广场	2013 年 1 月	青浦区朱家角镇新风路 210 弄—288 弄
7	合生新天地(原米格天地)	2013 年 1 月 18 日	青浦区嘉松中路 5999 号
8	富绅商业中心	2013 年 12 月 25 日	青浦公园东路 1289 弄
9	吾悦广场	2014 年 12 月 20 日	青浦区淀山湖大道 218 号
10	满天星 399 广场	2017 年 9 月 30 日	青浦区淀山湖大道 399 号
11	青浦宝龙广场	2018 年 1 月(一期澳门街);2018 年 9 月 30 日(二期)	青浦区汇金路 590 号
12	富绅时代广场	2018 年 5 月 1 日	青浦区盈港路 1616 弄

（胡　晨）

■境外游客购物离境退税　推动赵巷商业商务区智慧商圈建设,为消费者提供免费、安全、优质的上网服务。商圈内奥特莱斯、合生新天地、宝大祥 3 家企业全年离境退税开单数 2526 笔,离境退税销售额 1279 万元,其中:奥特莱斯离境退税销售额在全市离境退税试点商店中名列前茅,离境退税销售额达 1226 万元。（胡　晨）

5 月 1 日,位于盈港路 1560 号的富绅时代广场开业　（陈松青摄）

■新建社区"智慧微菜店"51 家　协调苏州食行生鲜电子商务有限公司在区内社区(包括大型居住社区)新建智慧微菜店 51 家,在全区实现全覆盖。新建的"智慧微菜店"的布点着力弥补菜市场网点缺口,优先支持大型居住社区,新建、老旧社区等薄弱区域的社区"智慧微菜店"建设,重点设置在菜市场距离较远或者客观原因导致菜市场建设暂时不到位、市民买菜不方便的社区附近,以及工业园区、办公楼等固定场所,选址不影响居民出行、不占用消防通道、小区绿化、城市公共道路,满足市民日常生鲜主副食品消费需求。年末,全区"智慧微菜店"建成 124 家。（胡　晨）

2018 年青浦区社区"智慧微菜店"情况表

表 32

序号	站点位置	地址
1	虹桥宝龙城二期	华志路 333 弄
2	虹桥宝龙城一期	新府中路 1600 弄
3	金地格林郡	沪青平公路 5599 弄
4	金域水岸苑	淀湖 355 弄
5	绿中海明苑 1	诸陆西路 2265 弄
6	绿中海明苑 2	明珠路 555 弄
7	仁恒运杰河滨花园	华青南路 99 弄
8	旭辉百合公馆	清河湾路 425 号
9	旭辉朗悦庭	章练塘路 878 弄

（续表）

序号	站点位置	地址
10	旭辉玫瑰湾	清河湾路 699 号
11	运杰城市花园	青湖路 789 弄
12	中海翡翠湖岸	业辉路 88 弄
13	中信泰富翠苑	阁游路 555 弄
14	中信泰富悦湖郡	珠湖路 669 弄
15	东渡青筑	盈清路 55 弄
16	都汇华庭	新园路 508 弄
17	合生御廷园	巷居路 99 弄
18	仁恒御澜湾	淀山湖大道 199 弄
19	时代名邸	外青松公路与滨江大道
20	万科锦源	镇泽路 18 弄
21	万科尚景苑 1	福定路 289 弄
22	万科尚景苑 2	福定路 288 弄
23	西郊半岛名苑	新府中路 1331 弄
24	夏阳湖国际花园 1	华浦南路 699 弄
25	夏阳湖国际花园 2	华青南路 610 弄
26	招商虹悦华庭	沪青平公路 1489 弄
27	中铁逸都二期	外青松公路 6161 弄
28	中铁逸都一期	青竹路 161 弄
29	中信泰富雅苑	沙淀中路 100 弄
30	盈浦公寓	漕穗北路 118 弄
31	广虹馨苑	盈港东路 1529 弄
32	时代嘉苑	绿地大道 211 号
33	圣地维拉	徐盈路 158 弄
34	东方庭院	复兴路 88 弄
35	高景花园	高泾路 999 弄
36	清河湾佳苑一期	清河湾路 900 弄
37	西郊美林馆	高泾路 689 弄
38	秀景苑二期	崧润路 1028 弄
39	秀景苑三期	崧润路 1029 弄
40	珠江国际中心悦公馆	沪青平公路 2799 号
41	南山雨果	叶联路 666 弄
42	鑫塔水尚	沪青平公路 5000 弄
43	新城盛景 B 区	崧文路 388 弄
44	锦绣逸庭	徐盈路 588 弄
45	夏阳金城一期	赵重公路 2777 弄
46	海天花园	沪青平公路 1481 号
47	新城盛景 D 区	崧文路 338 弄
48	夏阳金城二期	赵重公路 2811 弄
49	金地天御	叶联路 333 弄

（续表）

序号	站点位置	地址
50	西郊美德苑	育才路 555 弄
51	新城盛景 C 区	崧文路 299 弄
52	新城盛景 A 区	崧文路 399 弄
53	新城盛景 E 区	崧文路 288 弄
54	联美品悦	秀淳路 277 号
55	时代名邸二期	白鹤绿地大道
56	吉富绅花园	公园东路 1688 弄
57	顺驰蓝湾	盈港东路 8299 弄
58	玉兰清苑二期	龙联路 59 弄
59	兆地玲珑轩	新益路 99 弄
60	青水湾公寓	华浦路 268 弄
61	新大洲华庭苑	新凤中路 18 弄
62	崧泽华城佳福雅苑	秀泽路 339 弄
63	华腾苑	华腾路 555 号
64	玉兰清苑一期	龙联路 58 弄
65	万科有山	置旺路 288 弄
66	新城忆华里一期	漕穗北路 115 弄
67	新城忆华里二期	盈浩路 58 弄
68	星尚湾名邸	新凤中路 899 弄
69	融信铂湾	置鼎路 889 弄
70	富力桃园 C 区	清河湾路 706 弄
71	富力桃园 B 区	清河湾路 389 弄
72	金地佘山天境	嘉松中路 6888 号
73	鑫苑壹品世家西苑	秀泉路 628 弄
74	仁恒运杰河滨花园二期	外青松公路 6999 弄
75	西晶明园	鹤如路 185 弄
76	中建锦绣天地 200 弄	会恒路 200 弄
77	中建锦绣天地 666 弄	会恒路 666 弄
78	新青浦世纪苑南区	港俞路 555 弄
79	新青浦世纪苑北区	港俞路 999 弄
80	绿中海雅庭	赵华路 188 弄
81	新城逸境园	华科路 255 弄
82	巷佳华苑一二期	盈港东路 4709 弄
83	巷佳华苑三期	镇泽路 359 弄
84	大发融悦华庭	朱家角路 158 弄
85	绿地逸湾	华志路 903 弄
86	崧泽华城华中苑	崧漪一路 55 弄
87	久事西郊名墅	诸光路 1188 弄
88	佳乐苑	盈港东路 8300 弄
89	盈浦卫生中心	盈福路 50 号
90	现代华庭一期	赵重公路 2788 弄
91	现代华庭二期	赵重公路 2588 弄
92	新丰公寓	凤徐路 85 弄

（续表）

序号	站点位置	地址
93	瑞和锦庭205弄	凤马塘路205弄
94	春江三月公寓1000弄	凤强塘路1000弄
95	春江三月公寓1218弄	凤强塘路1218弄
96	宜达新居	盈港东路8000弄
97	瑞和锦庭200弄	凤马塘路200弄
98	诚中城公寓	盈港路688弄
99	帕缇欧香苑一期	外青松公路6666弄
100	时代名邸大门口	白虬江路100号
101	徐泾卫生中心	徐民路1088号
102	泰禾红桥	青湖东路555弄
103	欣乐苑西苑	凤丹路360弄
104	上海豪都国际花园1	沪青平公路1881弄
105	金瑞苑南苑	凤阁路999弄
106	金瑞苑北苑	凤阁路1000弄
107	绿地海珀风华	业煌路128号
108	东渡青筑南区	盈清路155弄
109	青池流水云墅	嘉松中路6633弄
110	新塘苑	赵屯浦路380弄
111	顾会庭	崧子浦路55弄
112	崧子苑	崧子浦路289弄
113	源昌幸福里	华科东路与崧泉路交叉口
114	葛洲坝绿城玉兰花园	清河湾路1699弄
115	虹桥正荣府	徐和路165弄
116	胜利路528弄	胜利路528弄
117	崧泽华城观景雅苑	秀涓路46弄
118	崧泽华城德康雅苑	崧润路49弄
119	崧泽华城逸泰雅苑二期	崧润路800弄
120	欣雨佳苑一期	青赵公路6666弄
121	欣雨佳苑二三期	青赵公路6666弄
122	上海豪都国际花园2	沪青平公路1881弄
123	河畔家苑	盈港东路3188弄
124	怀盛怡庭	漕程路199弄

（胡　晨）

■节日消费市场监测　元旦3天，25家重点监测商业企业统计销售1.9亿元；春节黄金周7天，22家重点监测商业企业销售2.4亿元；“五一”3天，23家重点监测企业销售额1.6亿元。“十一”7天，21家重点监测企业销售3.4亿元，比上年增长8.1%。　（胡　晨）

■4个平台获“6天+365天”常年展示交易平台授牌　4月11日，市政府举行首批“中国国际进口博览会‘6天+365天’常年展示交易平台”授牌仪式，全市首批共30家。位于青浦区的东浩兰生进口商品展销平台、上海青浦区跨境电子商务保税展示贸易物流中心、上海西郊国际农产品交易中心和绿地全球商品贸易港四大平台入选。　（胡　晨）

■2018年上海青浦“长三角名品展”开幕　9月21日，由区经委主办，市商业联合会、区商业联合会、朱家角镇人民政府协办的2018年上海青浦“长三角名品展”在青浦朱家角尚都里休闲广场正式开幕。展会由江南美食、江南好物、江南时尚、江南手作四大板块组成，汇集上海、江苏、浙江和安徽等长三角地区的优质农产品、品质消费品、江南传统手作技艺及文创艺术设计品等，为市民提供购物、文化、旅游相互融合的综合消费体验。　（胡　晨）

■开展诚信经营示范商户创建认定活动　7—10月，在全区商业服务企业中开展2018年青浦区诚信经营示范商户创建认定活动。经评审，上海青浦百联东方商厦有限公司、上海夏阳湖投资管理有限公司、迪卡侬（上海）体育用品有限公司徐泾分公司、上海青浦白玉兰海鲜馆、上海奥特莱斯品牌直销广场有限公司、上海青浦吾悦商业管理有限公司、上海联家超市有限公司徐泾店、百安居（中国）家居有限公司徐泾分公司、上海世纪联华超市青浦有限公司、上海吉盛伟邦绿地国际家具村市场经营管理有限公司、上海奉新苏宁云商销售有限公司公园路店、上海四季百果园有限公司、上海沪香果业专业合作社13家商业企业被评为2018年青浦区“诚信经营示范商户”。练塘镇下塘老街被评为青浦特色商业街区。（胡　晨）

■开展安全整治检查　10月，开展空中坠物安全隐患专项整治，出动排查人员230人次，检查各类商业综合体（包括沿街商铺）1129户，排查空中坠物安全隐患36处，按照“一店一档、一户一档”要求，建数据档案1080份。开展大型商业综合体消防安全专项检查；邀请消防支队开展商业企业消防安全培训，与区内近30家重点商业企业进行安全管理集体约谈。（胡　晨）

■2018年上海青浦淀山湖文化艺术节暨旅游购物节举行　8月8日，2018年上海青浦淀山湖文化艺术节暨旅游购物节开幕。围绕打响“上海购物”品牌的目标，抓住在青浦区举办首届“进博会”的契机，顺应长三角一体化趋势的同城效应，联动会商旅文体，聚焦国内外消费品牌，以“会聚青浦一路GO”为主题，推出重点活动23项。区经委获2018上海购物节优秀组织奖，百联奥特莱斯广场（上海·青浦）入围2018年上海购物节最IN购物地名单。（胡　晨）

2018年上海青浦购物节重点活动情况表

表33

活动名称	时间	地点
寻梦源首届薰衣草节	6—8月	寻梦园（朱家角镇沈太路2365号）
蓝莓园水果采摘活动	6—8月	蓝莓园（朱家角镇沈太路2115号）
四季百果园蔬果采摘	6—8月	四季百果园（朱家角镇盛家埭村369号）
元祖食品安全科普之夜活动	7—8月	上海元祖启蒙乐园有限公司
清凉一夏，好米当家	7—8月	蛙稻米农庄及陈云纪念馆店、青西郊野公园、联怡枇杷乐园
惠聚奥莱购	7—9月	奥特莱斯品牌直销广场
夏日啤酒音乐节、水岸文创市集、夜色市集、两岸青年文创市集	7—9月	朱家角尚都里
联怡枇杷乐园生态科普行、绿色时令蔬果采摘、二十四节气农家菜肴展示	7月1日—9月1日	联怡枇杷乐园
富绅时代广场系列主题活动	7—10月	富绅时代广场（盈港路1616弄1666弄）
富绅中心系列主题活动	7—10月	富绅中心广场（公园东路1289弄）
崧泽华城生活汇系列营销活动	7—11月	崧泽华城生活汇
1起聚惠赢大礼	8月10—18日	虹桥食尚天地
约惠七夕、开学季、中秋美食大赏	8—9月	吾悦广场
意邦96大促活动	9月6日	中科意邦建材市场（重固镇北青公路6588号）
2018吉盛伟邦第二届艺术生活节	9月10日—10月1日	吉盛伟邦国际家具村
元祖主题秋游季活动	9—11月	上海元祖启蒙乐园有限公司
青浦生活造梦家	9月底	宝龙广场
长三角名品展	9月	朱家角尚都里
进口商品展	9月	热唯进口商品超市、西郊国际进口直销中心（线上、线下）
上海练塘茭白节暨古镇文化旅游购物节	9月29日—10月4日	练塘镇
金泽“手艺达人”展演	9月24日前后	金泽镇工艺社
金泽重阳庙会（农业合作社重阳庙会联展）	10月17日前后	金泽镇
民宿体验活动	全年	张马村（朱家角镇沈太路1860号）

（胡　晨）

11月13日，市人大常委会副主任高小玫（二排左三），市政协副主席赵雯（二排右二），区委书记赵惠琴（一排右一）出席绿地全球商品贸易港开业仪式

（西虹桥公司供稿）

■**绿地全球商品贸易港开业** 11月13日，正式开业，是经上海市商务委认定的“中国国际进口博览会6天+365天常年展示交易平台”。由地产商绿地控股投资建设。位于与国家会展中心南侧绿地虹桥世界中心，展出总面积超11万平方米，商业办公总面积9万平方米。地上八层，地下一层，地下仓储面积近5000平方米。地上一至八楼分别为：L1国际品牌中心、媒体中心，L2国际区域中心、国际馆，L3美食中心体验区、国际商品，L4国际医疗商品体验区，L5国际日用消费品体验区、互联网体验专区，L6跨境保税体验中心，L7国际贸易展示、金融服务中心，L8企业政策中心、商务中心。41个国家的112家企业及组织进驻。力求打造成为国内最具规模、最具影响力及竞争力的进口商品集散地、首发地之一，实现365天、一站式“买全球、卖全球”。贸易港为进驻企业提供一站式的服务，从企业前期入驻落地注册、产品内容定位、销售渠道建立、专业采购商配对、市场活动推广，到中期产品包装定位、渠道营销方案、中小创企业基金及其他金融服务、智能仓储物流、保税功能，并延伸至长期贸易双向交流合作。 （胡 晨 姚璐怡）

“平台经济”

■**概况** 2018年，全区通过政策聚焦、服务优化，物流、民用航空、北斗导航、会展等重点产业功能平台不断完善提升，集群效应持续显现。会展业，国展中心举办展览45个，展出面积556.5万平方米，展出接待676.1万人次，展出面积和接待人次分别增长18.3%和34.8%；快递业，全年业务量13.5亿件、业务收入733.8亿元，分别比上年增长11.2%、19.3%，占全市比重为38.8%和71.9%；北斗导航，累计入驻企业195家，产值17.6亿元、增长39.0%，税收1.1亿元、增长30.0%；民用航空，累计入驻企业40家，产值33.7亿元、增长14.1%，税收6443万元、增长12.4%；跨境电商，出口加工区保税物流中心订单241.1万单，交易金额16.6亿元。

组织召开青浦快递物流企业家座谈会，区领导和各企业家就承接“进博会”、拓展国际化和青浦发展交流洽谈。区经委与圆通合作开展青浦区快递物流集群发展趋势及产业提升对策研究，对青浦区的快递物流产业发展现状进行系统梳理，对未来进一步提升青浦区的快递物流产业发展，充分发挥产业集群效应，提出相应的措施建议。

（胡 晨）

■**快递物流平台建设** 青浦区作为民营快递总部企业的集聚地，呈现总部经济集聚发展的集团特性，集聚三通一达（即申通、圆通、中通、韵达）、顺丰、百世、德邦、安能等14家快递企业全国总部和区域总部，企业在行业中占据超过65%的市场份额。全国7家快递上市企业中，“三通一达”和德邦5家企业总部均位于青浦区，顺丰和百世在青浦区有重要布局。青浦境内的安能物流上榜2017年中国独角兽企业第84位。2018年，全区快递业务量13.5亿件，比上年增长11.2%；业务收入733.8亿元，比上年增长19.3%。全区快递业务收入占全市71.3%、全国的12.2%。全区规模以上快递企业营业收入808.3亿元，比上年增长55.1%，其中：“三通一达”4家企业总部营业收779.7亿元，增长61%，占全区规模以上快递企业营业总收入的96.5%。 （胡 晨）

■**“2018中国快递论坛”在青浦区召开** 9月13日，由青浦区政府、市邮政管理局、市快递行业协会、中国快递协会共同主办，国内7家快递上市企业（顺丰、申通、圆通、中通、韵达、百世、德邦）联合承办的“2018中国快递论坛”在青浦区召开。论坛主题为“新时代、新梦想、新征程、新作为——快递让生活更美好”。国家发改委、科技部、公安部等国家部委代表，顺丰、申通、圆通、中通、韵达、百世、德邦7家上市快递龙头企业董事长以及30家各地邮政管理局、30余家相关快递行业协会、40余家快递物流企业代表、部分专家学者，共400多人参加论坛。国家邮政局局长马军胜、副市长时光辉等出席论坛并致辞。区委书记赵惠琴，区委副书记、区长夏科家，区委常委、副区长陈庆江，副区长倪向军出席论坛。会上，时光辉指出，上海快递业发展强劲，特别是青浦区，作为全国快递行业转型发展的示范区，已经成为快递业发展的高地和市场的风向标，成为上海服务长三角、服务全国非常重要的一个窗口。赵惠琴发布《2018中国快递论坛青浦宣言》，夏科家作《创新发展的青浦》主旨演讲。

（胡 晨）

■**加强快递产业政策扶持** 推荐安能物流申报上海市贸易型总部，成功获得上海市商务委的批准。推荐上海绿地商业（集团）有限公司、库控（上海）实业有限公司等8家企业申报供应链创新与应用试点企业，其中5家通过市商务委评审并报送国家商务部。推荐圆通、中通等5个项目申报上海供应链体

系建设试点2018年增补项目。圆通速递有限公司“物流信息互通共享技术及应用国家工程实验室创新能力建设项目”获批国家扶持资金2000万元;优速物流有限公司支线运力共享平台项目获市服务业引导资金扶持300万元。

（胡　晨）

位于青浦区崧复路1253号的韵达公司全国客户服务中心（韵达公司供稿）

■韵达控股股份有限公司完成快递业务量69.85亿件　该公司创建于1999年8月8日。2009年2月,总部迁至青浦区盈港东路6679号,占地40000平方米。获得2012全国快递旺季服务保障先进企业、2014—2015年度全国交通运输行业文明单位、上海世博会窗口服务先进集体、2016年中国快递最佳末端创新奖、2018年中国新上市公司并购重组先锋奖、2018中国快递科技创新奖、2018中国快递年度发展奖、2018中国快递社会责任大奖等称号。连续多年被评为青浦区纳税百强企业。于2017年1月18日在深圳证券交易所借壳上市(韵达股份,股票代码002120),正式登陆资本市场。2018年,推动“向西向下向外”工程。“向西”新开通四川省雷波县、金阳县、色达县和青海省兴海县等中西部县级城市,县级以上城市覆盖率95.45%;“向下”新开通750余个乡镇,累计23465个;“向外”相继开拓了包括德国、法国、荷兰、加拿大、新西兰、新加坡、韩国、日本和中国香港等25个国家和地区在内的国际快件物流网络。根据年度报告,年末,在全国设立55个自营枢纽转运中心,枢纽转运中心的自营比例为100%;在全国拥有3464个加盟商及26149个网点/门店/服务部(含加盟商),加盟比例100%;服务网络覆盖全国31个省、自治区和直辖市,地级以上城市除青海省的玉树、果洛州和海南的三沙市外100%全覆盖。全网快递员15.4万人。总股本17.13亿股,总资产180.81亿元。完成营业总收入138.56亿元,营业利润36.20亿元,归属于上市公司股东的净利润26.98亿元。完成快递业务量69.85亿件,快递业务收入120.21亿元,公司日均票件量突破1900万,市场份额13.77%,行业排名第二。　（郭鹏程）

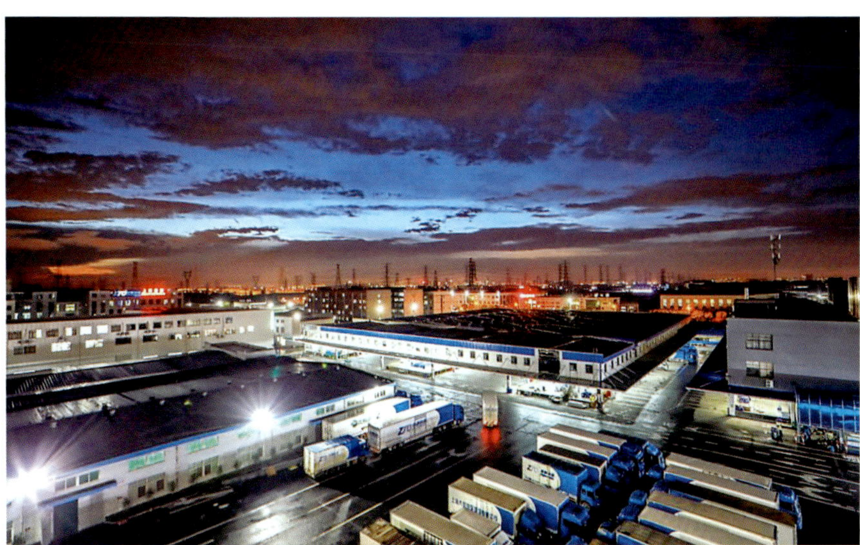

位于青浦区华新镇华志路1685号的中通快递公司上海转运中心

（中通快递公司供稿）

■中通快递业务包裹总量85.2亿件

该公司创建于2002年5月8日,是一家集快递、物流、电商、印务于一体的国内物流快递企业。注册商标“中通”“zto”。2010年10月,公司总部迁入青浦区华新镇华志路1685号。2016年10月28日(美国当地时间10月27日),中通快递股份有限公司(NYSE:ZTO)在纽约证券交易所正式挂牌上市。2018年末,服务网点超过3万个,直接网络合作伙伴数量逾4500家;长途货运卡车数量超过5500辆,其中自有车辆数量超过4500辆,高运力甩挂车超过2800辆;分拨中心之间的干线运输线路超过2100条;全国分拨中心86个,其中78个由中通自营。营业收入176.0亿元,比上年增长34.8%;净利润43.9亿元,比上年增长38.9%;调整后净利润42.0亿元,比上年增长30%。年业务包裹总量85.2亿件,市场份额16.8%,居行业第一。获得2018年度青浦区纳税百强企业称号和2018年度青浦区创新创业优秀人才团队奖。

（程　绩）

■申通快递股份有限公司完成业务量51.12亿件　该公司于2007年12月在青浦区注册成立,位于赵重公路1888号。为上海市首批贸易型总部企业。2016年12月,公司总部迁入北青公路6598弄25号意邦大厦。12月30日,公司(申通快递,股票代码002468)在深圳证券交易所借壳上市。2018年末,公司拥有独立网点及分公司2223家,服务网点及门店25000余家,乡镇网点15000余家,直属与非直属转中心及航空部90余个。有干线运输车辆4478辆。开通干线运输线路2627条,比上年增加800条。从业人员超过30万人。总股本15.31亿股;总资产89.38亿元;营业收入170.13亿元,比上年增长34.41%;利润总额27.41亿元,比上年增长37.81%;归属上市公司股东净利润20.49亿元,比上年增长37.73%;完成税收收入7.24亿元。完成业务量51.12亿件,比上年增长31.13%。获得2018年度青浦区纳税百强企业称号和青浦区纳税百强持续贡献奖。

(杨浩然)

位于青浦区赵巷镇崧华路889—899号的申通公司上海转运中心(航空部)

(申通快递公司供稿)

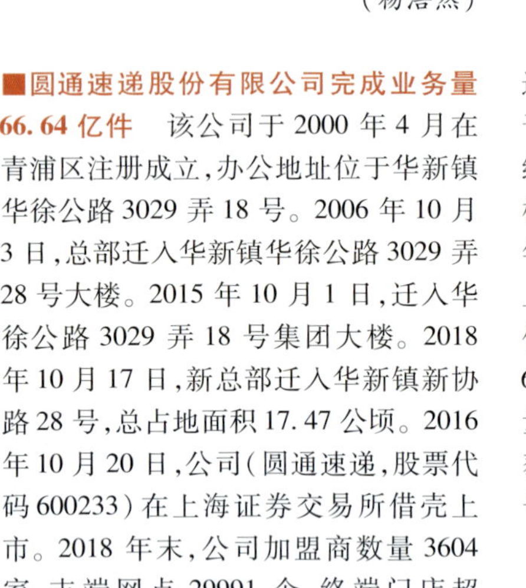

■圆通速递股份有限公司完成业务量66.64亿件 该公司于2000年4月在青浦区注册成立,办公地址位于华新镇华徐公路3029弄18号。2006年10月3日,总部迁入华新镇华徐公路3029弄28号大楼。2015年10月1日,迁入华徐公路3029弄18号集团大楼。2018年10月17日,新总部迁入华新镇新协路28号,总占地面积17.47公顷。2016年10月20日,公司(圆通速递,股票代码600233)在上海证券交易所借壳上市。2018年末,公司加盟商数量3604家,末端网点29991个,终端门店超40000个;在全国范围拥有自营枢纽转运中心67个,自营城配中心5个;全网干线运输车辆超5100辆,其中自有干线运输车辆1199辆;公司自有航空飞机12架。营业收入274.65亿元,比上年增长37.45%;净利润19.04亿元,比上年增长31.97%;扣非净利润18.38亿元,比上年增长34.11%;完成业务量66.64亿件,占全国快递服务企业业务量13.14%,比上年提升0.5个百分点。获得2018年度青浦区纳税百强企业称号和青浦区纳税百强持续贡献奖。

(王　娟)

位于青浦区华新镇新协路28号的圆通速递公司总部全景

(圆通速递公司供稿)

■德邦物流股份有限公司在上海证券交易所上市 公司成立于于1996年。2009年,迁入上海。8月,德邦物流股份有限公司在青浦区注册,注册地址为青浦区徐泾镇徐祥路316号1幢。总部位于区徐泾镇明珠路1018号。2018年1月16日,德邦物流股份有限公司(德邦股份,603056)在上海证券交易所上市。德邦物流为国内主板IPO上市的首家物流快递企业、全国第7家民营快递业上市企业。此次发行10000万股,每股发行价4.84元。7月2日,公司品牌名称由“德邦物流”更名为“德邦快递”,宣布全面发展大件快递业务。全年在信息化技术投入约占营业额的2%,旗下德邦科技科技研发团队近千人,建成117个专有信息化系统。11月,德邦科技引入无人货车项目,正式在城市公路运行L4级无人驾驶货车,成为国内首个正式进入城市公路的载重货车实验项目。8月13日,在印度尼西亚巴厘岛为员工举行集体婚礼仪式,50对新人参加,为全国在快递行业首次。为连续12个月服务五星的快递员授予金星勋章并为每人奖励10万元金砖,2018年82名快递员获奖。获得中国快递差异化发展奖、中国快递社会责任奖、年度中国物流百强企业。入选上海市物流服务标准化标杆企业,成为上海市企业技术中心。2018年末,德邦快递网络全国省级行政区、地级、区级城市的全覆盖,乡镇覆盖率95.2%,公司总股本9.60亿股,其中流通股2.18

亿股；总资产 82.21 亿元；营业收入 230.25 亿元，比上年增长 13.15%；扣除非经常性损益后归属于上市公司股东的净利 4.56 亿元，比上年增长 45.29%。快递业务收入 113.97 亿元，比上年增长 64.50%。全年快递件量 4.47 亿票，比上年增长 63.87%，2015—2018 年快递业务复合增长率 86%。

（王鼎皓）

位于青浦区徐泾镇明珠路 1018 号的德邦物流股份有限公司总部全景

（德邦物流股份有限公司供稿）

■民用航空平台建设 民用航空·青浦园位于青浦工业园区，规划总面积 5.2 平方公里。2018 年，成功引进中铁安道通用航空有限公司、上海铸惠航空工程技术有限公司、达照智能科技（上海）有限公司、上海啸驭航空科技有限公司、凌九霄通用航空（上海）有限公司、上海雀敏航空科技有限公司、上海凰辰航空技术有限公司、上海联释智能科技有限公司、上海迈直航空科技有限公司、礼圣航空俱乐部（上海）有限公司、上海超圣通用航空有限公司、上海闻来智能科技有限公司等 12 家航空企业落户。年末，产值 33.7 亿元，比上年增长 14.1%；税收 6443 万元，比上年增长 12.4%。基地航空相关企业 40 家。

（胡　晨）

■普惠发动机维修中心成功交付首台大修 V2500 发动机 上海普惠发动机维修中心成立于 2009 年，是美国普惠公司与中国东方航空股份有限公司的合资企业，为全球客户提供 CFM－56－05B/－7 与 V2500 发动机的维护、修理和大修服务。5 月，中心成功完成首台 V2500 发动机大修并交付普惠租赁公司。同时，该中心零损工安全小时数达 500 万小时。

（胡　晨）

■中国北斗产业技术创新西虹桥基地 位于西虹桥商务区，有高泾路和高光路两个园区，总面积 7.8 万平方米。高泾路园区一期企业入驻率 100%；高光路基地入驻率 90%。2018 年，新驻 40 家，共入驻企业 195 家，全年销售收入 17.55 亿元、税收 10750 万元，分别比上年增长 39%、30%。上海联适导航技术有限公司、上海华测导航技术股份有限公司、上海海积信息科技股份有限公司等北斗核心产业企业发展较快，其中上海华测导航技术股份有限公司在深圳证券交易所上市。上海真灼科技股份有限公司、上海普适导航科技股份有限公司在新三板（全国中小企业股份转让系统）挂牌。

位于青浦区北青公路 8228 号一区 8 号的上海普惠飞机发动机维修有限公司飞机发动机维修车间

（青浦工业园区供稿）

1 月 18 日，北斗西虹桥基地与上海北斗导航创新研究院、比利时驻沪总领事馆共同主办创新合作研讨会，比利时瓦隆州外贸和外国投资总署、中国－比利时科技园、EUROMONDO 物流公司及基地企业代表就合作共赢的方式进行探讨。1 月底，与上海北斗导航创新研究院联合举办"中国北斗产业创新西虹桥基地年会"。4 月 17—18 日，2018"创业在上海"国际创新创业大赛在北斗西虹桥基地设赛点，承接青浦区 75 个电子信息、新材料领域项目的专家评审工作。

2018 年，基地企业获 2 项国家级科技进步奖（上海华测导航技术股份有限公司获国家科技进步二等奖、上海华测导航技术股份有限公司董事长赵延平获国家技术发明二等奖）、1 项全国模范院士专家工作站、1 家国家企业技术中心和 2 项上海市科技进步奖（上海华测导航技术股份有限公司获 2 项）等称号，并承担 4 项国家级项目。

（姚璐怡　胡　晨）

■2018年第二届中国北斗跨界创新应用峰会暨长三角一体化发展峰会举行

1月20日，在中国北斗导航产业技术创新西虹桥基地举行。由北斗西虹桥基地与上海北斗导航创新研究院联合基地企业上海势航网络科技有限公司举办。会议为期1天。市科学技术委员会副主任干频、副区长倪向军、中国科学院院士王建宇、国家发改委综合运输研究所所长汪鸣、中国物流学会副会长恽绵、上海北斗导航创新研究院院长郁文贤、上海势航网络科技有限公司董事长尹占威等出席峰会。北斗、物流、保险、汽车生产销售、投融资、高校和科研院所等领域的代表参加会议，协商推动"北斗＋"跨界融合进程、加速长三角北斗导航产业发展。设"北斗＋智慧物流领袖论坛""基于北斗的UBI保险模式创新高峰论坛""智慧渣土车、环卫车系统论坛"三大主题论坛。中国物流学会、中美物流研究院的专家以及顺丰、圆通、申通、中通、韵达、中集等物流企业代表就"北斗＋智慧物流""北斗＋保险"和"北斗＋智慧城市建设"等内容进行研讨交流。峰会上，干频、倪向军共同为"2017年第二批国家特色火炬基地——中国北斗产业技术创新西虹桥基地"揭牌，这是此批国家特色火炬基地评选中唯一一个以北斗导航产业为特色的产业化基地，标志着青浦区北斗导航产业进入国家战略性新兴产业布局。　　（胡　晨　姚璐怡）

1月20日，2018年第二届中国北斗跨界创新应用峰会暨长三角一体化发展峰会上，副区长倪向军（右）和市科委副主任干频（左）为"国家火炬上海青浦北斗导航特色产业基地"揭牌　　（西虹桥公司供稿）

■第一届"从影像到数字现实"数字中国与摄影测量研讨会举行

2月2日，在北斗西虹桥基地举行。由北斗西虹桥基地与上海北斗导航创新研究院、基地企业景遥（上海）信息技术有限公司联合举办。俄罗斯和中国北京、山东、福建、天津、浙江、安徽、江苏、上海等地50多位专家学者参加研讨会。　　（姚璐怡）

■2018年长三角无人机产业创新大赛暨协调发展论坛举行

7月26日，在北斗西虹桥基地举行。由中国民用航空华东地区管理局、市经信委、市公安局治安总队、青浦区政府指导，上海西虹桥商务开发有限公司主办。启动仪式举行后，长三角无人机产业创新大赛于8至9月，以上海美帆游艇俱乐部作为主赛点正式开展。大赛围绕无人机在各类行业应用场景中的无人机安全运行与合法飞行相关的共性需求和关键指标，邀请移动、联通等运营商，华为、千寻等通讯定位龙头企业，京东、圆通、顺丰、DHL等战略布局无人机产业的行业龙头共同参与大赛的场景设计。　　（胡　晨）

7月26日，长三角民用无人机产业化应用论坛在北斗西虹桥基地举行　　（西虹桥公司供稿）

■长三角民用无人机产业化应用论坛

7月26日，在北斗西虹桥基地举行。为长三角无人机产业创新大赛系列活动之一。由中国民用航空华东地区管理局、市经济和信息化委员会、市公安局治安总队、青浦区政府指导，由上海西虹桥商务开发有限公司主办，上海优澈企业管理有限公司承办，中国航空运输协会通用航空分会、深圳市大疆创新科技有限公司等协办。京东、大疆等无人机行业上下游产业链企业，行业协会，投资机构，行业管理部门代表200余人参加论坛。对长三角无人机安全管理与协同发展及行业应用创新等展

开研讨。（姚璐怡）

■第二届全国高分无人飞行器智能感知技术竞赛决赛 8月25日，在上海交通大学举行。由北斗西虹桥基地与上海北斗导航创新研究院联合上海交大电子信息与电气工程学院承办，国家高分辨率对地观测重大专项管理办公室、中国科学院高分办以及清华大学、武汉大学、国防科技大学、中科院电子所等国内多个高校和科研院所专家代表出席决赛开幕式。上海交通大学、华东理工大学、浙江大学、武汉大学、西北工业大学等16支入围队伍带着融入自主设计算法的无人机，在霍英东体育馆内搭建的真实场景中进行比赛。（姚璐怡）

12月21日，在北斗西虹桥基地举行的2018上海国际导航产业与科技发展论坛上，上海北斗导航研发与转化功能型平台协同共建合作协议签约仪式举行（西虹桥公司供稿）

■2018年上海国际导航产业与科技发展论坛举行 12月21日，在北斗西虹桥基地举行。由上海北斗导航创新研究院、上海卫星导航定位产业技术创新战略联盟、上海西虹桥导航技术有限公司、上海市北斗导航与位置服务重点实验室共同举办。市科委副主任骆大进、副区长倪向军出席并致辞。中国北斗导航系统总设计师杨长风，中国科学院院士、武汉大学学术委员会主任李德仁，中国工程院院士龚惠兴，原中国人民解放军总装备部电子信息基础部副部长李纪南等出席。论坛上，北斗导航创新研究院智库首席专家曹冲发布《GNSS技术蓝皮书》。论坛以"融合·智能"为主题，重点探讨PNT融合发展体系、场景适应性智能定位导航与应用。设"PNT融合发展体系""场景适应性智能定位导航"两个专题分会场。（姚璐怡）

■国家会展中心（上海） 为中华人民共和国商务部和上海市人民政府合作共建项目。由中国对外贸易中心（集团）和上海东浩兰生国际服务贸易（集团）共同出资60亿元，组建上海博览会有限责任公司，2016年1月公司更名为国家会展中心（上海）有限责任公司（简称"国展公司"），为会展项目运作主体，负责项目投资建设和场馆运营、展会开发等工作。至2018年，引进会展及会展周边企业79家。会展中心商业出租率70%，常态运营商户80家；办公楼出租率70%，入驻企业89家。国展综合体内入驻企业税收收入1.35亿元。

11月5—10日，首届"进博会"最大的展品德国金牛座龙门铣床（陈松青摄）

2018年，国家会展中心（上海）共举办111场展览及活动项目，其中展览45场、活动66场。总使用面积646.5万平方米，比上年增加24%，其中：展览面积为556.5万平方米，占全市展览总面积接近40%；活动面积90万平方米。展览活动包括中国国际纺织面料及辅料博览会、中国国际建筑贸易博览会、第二十六届上海国际广告技术设备展览会、中国国际医疗器械（春季）博览会、第42届中国（上海）国际家具博览会、中国国际工业博览会等。11月5—10日举办的首届"进博会"，展览面积达30万平方米，总计超过80万人次入场参观。（姚璐怡）

■第五届"国际会展业CEO峰会"举行 6月21日，在国家会展中心洲际酒店开幕，近250名国内外会展行业高层管理人士出席。会议主题为"'一带一路'与国际展览业"，为期2天，围绕"'一带一路'——展览业全球化的新要

11 月,圆通公司全球战略暨先达并购策略发布会在首届"进博会"会场内举行 （区经委供稿）

素""'引进来''走出去'——新时期下的中国特色展览业"和"展览企业的全球化"三个议题开展研讨交流。

（胡　晨）

对外贸易

■概况　2018 年,国家陆续出台一系列减税降费、优化营商环境的政策措施,但受到一些国家贸易保护主义的影响,外部环境复杂严峻。青浦区将"稳外贸"作为工作重点,继续做好企业服务工作,全年进出口总额 761.27 亿元,比上年增长 0.2%。其中:出口额 415.05 亿元,比上年下降 1.8%;进口额 346.21 亿元,比上年增长 2.7%。

贸易结构情况:2018 年全区贸易结构持续优化,呈现出一般贸易进出口占比上升,加工贸易进出口占比下降的态势。从事一般贸易企业 2034 家,比上年增加 100 家,进出口总额 548.33 亿元,比上年增长 4.2%;占比较上年增加 3.0 个百分点,为 72.7%。从事加工贸易企业 154 家,比上年减少 36 家;进出口总额 177.74 亿元,比上年下降 13.4%;占比较上年减少 3.6 个百分点,为 23.6%。

贸易市场情况:全区进出口涉及 186 个国家和地区,其中出口市场涉及 179 个国家和地区,进口市场涉及 113 个国家和地区。美国、日本、欧盟、东盟是青浦区传统贸易市场,进出口总额位列前四,进出口比上年增长 0.9%,高于全区外贸增速 0.7 个百分点,占全区外贸市场比重超过 66%。相较传统市场,对"一带一路"沿线国家市场开拓迅速,其中:对越南进出口额 18.03 亿元,比上年增长 39.6%;对马来西亚进出口额为 12.69 亿元,比上年增长 24.9%;对印度进出口额为 12.29 亿元,比上年增长 3.0%。

经营主体情况:全区 1412 家企业开展出口业务,比上年增加 46 家,出口 415.05 亿元,比上年下降 1.8%;1599 家企业开展进口业务,减少 4 家,进口 346.21 亿元,比上年增长 2.7%。1550 家民营企业开展进出口业务,进出口总额 275.56 亿元,比上年增长 15.0%,占比比上年上升 4.7 个百分点;592 家外资企业开展进出口业务,进出口总额 406.10 亿元,比上年下降 9.2%,占比较上年下降 5.5 个百分点。

重点企业出口情况:全区中昊、美蓓亚、增利物流、斯伦贝谢、永冠、基胜、荣泰、新大洲、东隆、欧菲滤、展华、现代电梯、卓饰、福维克、博戈橡胶 15 家企业出口额超过 5 亿元,比上年减少 1 家,占全区出口总额的 36.9%。全年出口额 1 亿元以上的企业 75 家,与上年持平;出口额 279.92 亿元,比上年增长 18.9%;占比 67.4%,拉高全区出口增速 10.5 个百分点。

（胡　晨）

2017 年青浦区进出口(贸易方式)情况表

表 34

分类	出口		进口		进出口			企业数（家）
	金额（亿元）	比上年（%）	金额（亿元）	比上年（%）	金额（亿元）	比上年（%）	占比（%）	
所有贸易方式	415.05	-1.8	338.90	1.8	753.95	-0.2	100	2187
一般贸易	293.00	1.4	255.33	7.5	548.33	4.2	72.7	2034
加工贸易	103.28	-15.4	74.46	-10.5	177.74	-13.4	23.6	154
其他贸易	18.77	4.5	9.11	-26.5	27.88	16.5	3.7	890

（胡　晨）

2018 年青浦区进出口(进出口国别/地区)情况表

表 35

分类	出口		进口		进出口		
	金额(亿元)	比上年(%)	金额(仓元)	比上年(%)	金额(亿元)	比上年(%)	占比(%)
美国	91.55	1.2	45.06	-7.5	136.61	-1.9	17.9
日本	50.32	-4.5	60.86	-3.8	111.18	-4.1	14.6
欧盟	68.13	0.3	101.46	18.4	169.59	10.4	22.3
东盟	44.75	-12.2	42.64	4.8	87.39	-4.7	11.5
总计	254.75	-2.8	250.02	4.9	504.77	0.9	66.3

(胡　晨)

2018 年青浦区重点企业出口情况表

表 36

出口企业	出　口		
	金额(亿元)	比上年(%)	占比(%)
10 亿元以上企业(6 家)	90.05	25.4	21.7
上海中昊针织有限公司	21.61	21.7	5.2
上海美蓓亚精密机电有限公司	17.65	-0.1	4.2
上海增利国际物流有限公司	14.80	147.6	3.6
斯伦贝谢油田设备(上海)有限公司	13.28	21.8	3.2
上海永冠众诚新材料科技(集团)股份有限公司	11.98	13.3	2.9
基胜工业(上海)有限公司	10.73	22.2	2.6
5 亿元以上企业(15 家)	153.09	15.2	36.9
1 亿元以上企业(75 家)	279.92	18.9	67.4
全区	415.05	-1.8	100

(胡　晨)

■青浦出口加工区获批整合优化为青浦综合保税区　9 月 4 日,国务院批复上海青浦出口加工区整合优化为青浦综合保税区。青浦出口加工区于 2003 年 3 月经国务院批准设立,11 月一期 1.6 平方公里封关运作,2018 年底,有出口加工制造、飞机发动机维修、保税物流和跨境电商等各类型企业 48 家,累计吸引投资 6 亿美元,形成航空维修、保税加工、保税物流、跨境电子商务等特色产业,引进一批技术含量高、经济效益好的优质项目,如东航技术应用研发中心有限公司、上海普惠飞机发动机维修有限公司、斯伦贝谢油田设备(上海)有限公司、日立汽车系统制造(上海)有限公司、巴斯夫电子材料(上海)有限公司等世界 500 强企业项目。

(胡　晨)

11 月,首届"进博会"服装服饰及日用消费品展区乐高公司展台

(陈松青摄)

■2018 中国国际进口博览会展前对接会举行 9月27日，青浦区经济委员会与中国银行上海青浦支行联合举办以“博览新时代，贸易新机会”为主题的2018中国国际进口博览会展前对接会。青浦交易分团70余家客商代表和20余家经济小区代表出席会议。区人大副主任何强和中国银行上海市分行副行长王琛出席并致辞。会上，中国银行介绍服务进口博览会相关金融服务产品，青浦海关就客商较为关注的进口博览会通关政策及便利措施进行现场介绍，工场网信息科技（上海）有限公司和上海威贸电子股份有限公司分别代表参展企业服务商及青浦交易团客商发言。 （胡　晨）

■中美贸易摩擦企业座谈会举行 10月9日，青浦区召开中美贸易摩擦企业座谈会。副区长倪向军出席会议，区发改委、经委、人社局、财政局、税务局、青浦海关、青浦工业园区相关负责人参加会议。会上，上海普惠飞机发动机维修有限公司、斯伦贝谢油田设备（上海）有限公司、上海永冠众诚新材料科技（集团）股份有限公司、希悦尔（中国）有限公司、上海美蓓亚精密机电有限公司和上海欧菲滤清器有限公司分别交流与美贸易情况及企业诉求，各职能部门向企业介绍了贸易便利化措施和相关政策。 （胡　晨）

■中美洲际采购合同签约仪式举行 11月6日，中美洲际直升机投资（上海）有限公司与意大利莱奥纳多直升机公司采购合同签约仪式在2018中国国际进口博览会展馆（国家会展中心）举行。副区长倪向军出席，见证该公司采购完成27333.94万美元直升机项目。中美洲际直升机投资（上海）有限公司位于青浦工业园区，注册资本1亿元。此次采购的直升机，主要售于上海金汇通用航空股份有限公司，用于直升机航空医疗救援项目，构建立体化的空中医疗救援网络。 （胡　晨）

招商引资

■概况 2018年，全区完成合同外资9.0亿美元，其中：24个1000万美元以上大项目合计6.8亿美元，占75.3%。实到外资6.2亿美元，其中：16个1000万美元以上的大项目到位资金5.6亿美元，占90.1%。引进内资实体型项目62个，完成内资实体型项目注册资金19.3亿元。完成“引大引强引实”类项目148个。

3月28日，第一期青浦区经济小区总经理培训班在上海国家会计学院开班，全区45家经济小区总经理参加培训。4月24日，市商务委副主任杨朝一行走访调研上海中通吉网络科技有限公司和日立电梯（上海）有限公司，副区长倪向军陪同调研。7月7日，青浦区百强企业家研修班在上海国家会计学院开班，全区40余家百强企业的董事长、总经理参加培训。10月18日下午，“对接进博会汇聚西虹桥——2018青浦区投资环境推介会”在国家会展中心（上海）举行。会上发布《青浦区对接“6+365”中国国际进口博览会实施意见（暂行）》，青浦工业园区、绿地贸易港、西郊国际、东浩兰生四大平台入选“6+365”一站式交易服务平台。 （胡　晨）

9月14日，青浦区与启迪科技城集团合作协议签约仪式在北京市清华科技园举行 （区经委供稿）

■推进重点产业项目见效 全年重点跟踪全区新建产业项目190个，包括122个工业项目和68个服务业项目。其中：已出让土地未开工项目12个，已开工未竣工项目74个，已竣工未投产项目15个，已投产项目90个。 （胡　晨）

■推进重大招商项目落地 全年重点跟踪全区64个重大招商项目落地。其中：已签约项目9个，未签约项目4个，储备项目51个。中核建股份公司总部迁址落户，华为业务公司“上海海思技术有限公司”已注册成立，网易上海国际文创科技园项目、金光智能信息产业园、安谋科技项目签约落地。

■书香门地（上海）美学家居股份有限公司二期项目正式开工 3月19日，书香门地（上海）美学家居股份有限公司二期项目开工仪式举行，区委书记赵惠琴、中国林业产业联合会秘书长王满、副区长倪向军及书香门地董事长卜立新、CEO郭辉、副总裁卜立江出席启动仪式及“书香之眼”中央雕塑落成仪式。书香门地创业于1997年，是一家集研发、设计、生产、销售为一体的地板企业，公司总部于2010年落户青浦工业园区。一、二期总占地面积6.67公顷，总建筑面积10万多平方米。二期工程总投资4亿元，规划建筑面积约6万平方米，预计5年完成建设。2018年，产值57228.5万元，利润268.4万元，税收2397万元。 （严　丹　胡　晨）

■中国物流与采购联合会服务贸易分会在青浦成立 5月9日，中国物流与采购联合会服务贸易分会成立仪式在青浦区朱家角镇举行。国务院发展研究中心宏观经济研究部副部长、巡视员孟春，副区长马彩云，中国物流与采购联合会副会长蔡进、程远忠等出席服务贸易分会成立仪式。（胡　晨）

■中国核建股份公司总部落地青浦　5月15日，中国核工业建设股份有限公司（中国核建，601611）获得上海市工商行政管理局颁发的新营业执照，标志着中核建股份公司总部正式落地青浦区，为青浦区引入的第一家央企总部。公司注册地位于青浦区蟠龙路500号，注册资本26亿元。（胡　晨）

■完成2017年度外商投资“两类企业”考核工作　8月27日，正式启动2017年度外商投资“两类企业”（即产品出口企业和先进技术企业）考核工作。9月30日，考核工作完成。全年通过考核的企业27家，通过率90%。其中：产品出口企业通过10家，上年度销售收入61.97亿元，利润总额5.14亿元，出口比例保持稳定，平均出口比例达86.5%；先进技术企业通过17家，生产经营状况良好，销售总收入135.63亿元，利润7.75亿元。（胡　晨）

■区政府与启迪科技城集团签署合作协议　9月14日，区政府与启迪科技城集团在北京清华科技园签署合作协议，双方明确将推进产业导入，共同发展总部经济、数字经济、芯片研发和大健康产业等，携手共建长三角创新产业集群。启迪科技城集团将协同启迪各板块产业落地上海及长三角地区；双方携手打造产业集群，聚焦企业技术研发、推动科技成果转化、引进前沿科学技术和加速科技企业孵化。（胡　晨）

10月26日，上药杏灵创新升级示范项目奠基仪式举行　（区经委供稿）

■区政府与网易公司签署投资意向协议　9月28日，市政府、区政府与香港网易互动娱乐有限公司在上海签署战略合作协议和项目投资意向协议。市委书记李强、市长应勇会见网易公司董事局主席兼CEO丁磊一行。副市长吴清和网易公司副总裁陶剑琴分别代表双方签署战略合作协议。区长夏科家和网易公司副总裁陶剑琴分别代表双方签署项目投资意向协议。根据协议，上海市、青浦区将与网易公司共同建设网易上海总部及网易上海国际文创科技园，打造全国标杆型创新创业文创产业基地。（胡　晨）

9月28日，青浦区政府与网易公司项目投资意向协议签约仪式举行（区经委供稿）

■区政府与国家能源集团签署战略合作协议　10月27日，区政府与国家能源投资集团有限责任公司在青浦签署战略合作协议。区委书记赵惠琴，区委副书记、区长夏科家，区委常委、副区长余旭峰，副区长马彩云，国家能源集团党组成员、副总经理王金力，神华销售集团总经理张顺林，手工艺博览园常务副主任赵长青，世界你好董事长房福军等出席签约仪式。双方就发挥各自资源优势，推动能源产业链的协同发展，实现创新驱动发展、经济转型升级，全面增强双方的核心竞争力达成一致意见。根据协议，新公司立足国家能源集团优势产业链，致力于搭建新能源交易平台、创新能源交易模式，推进现代能源交易市场体系的建设。（胡　晨）

■承接“进博会”产业溢出重要活动　“进博会”期间，全区推进招商企业（项目）1526户，其中已洽谈（在谈项目）企业（项目）696户、落户（已注册项目）企业（项目）830户。重点推进“1+6+2”

重要活动,“1”为10月18日举办的“对接进博会·汇聚西虹桥”——2018青浦区投资环境推介会;“6”为展会期间举行的6场主题论坛和重点行业发布会(分别为:11月3日下午参加“中国国际进口博览会与贸易投资合作机遇研讨会”;11月5日下午参加虹桥经贸论坛“贸易与开放”平行论坛;11月6日下午参加“一带一路数字贸易大会”;11月7日上午参加2018年中国国际进口博览会核工业需求发布会;11月9日上午参加康复辅助器具产业联席会议及园区授牌仪式,下午参加西虹桥·IRIF2018上海国际康复辅助器具产业创新论坛;11月13日上午参加绿地全球商品贸易港开业仪式);“2”为德国和匈牙利两家重点外资企业活动(分别为:11月8日上午接待德国下萨克森州经济部长率领的代表团,11月13日下午会见瑞典赫格纳斯集团高层)。完成10个国家、11个外国团组的投资促进考察接待工作,接待外宾139名。区内近20家世界500强企业及龙头企业参展“进博会”。 (胡　晨)

2018年青浦区合同外资项目(项目类型)情况表

表37

项目类型	项目数(个)		合同外资(万美元)	
	2018年	2017年	2018年	2017年
新批企业	86	47	32314.7	27201.3
迁入企业	19	15	4886.2	5703.9
增资企业	51	29	53132.6	48236.9
合计	156	91	90333.6	81142.1

(胡　晨)

2018年青浦区合同外资项目(产业分类)情况表

表38

产业分类	项目数(个)	合同外资(万美元)	比上年(%)	占比(%)	项目类型					
					新批项目数(个)	合同外资(万美元)	比上年(%)	增资项目数(个)	合同外资(万美元)	比上年(%)
制造业	14	21383.9	56.8	23.7	7	1528.5	-72.1	7	19855.4	143.2
服务业	142	68949.7	2.1	76.3	98	35672.4	30.0	44	33277.3	-16.9
合计	156	90333.6	11.3	100	105	33093.3	0.6	49	52426.78.7	

(胡　晨)

2018年合同外资1000万美元以上项目情况表

表39

序号	类型	所属区域	企业名称	合同外资(万美元)
1	新设	青浦工业园区	上海阳晰汽车零部件有限公司	1000.0
2	新设	淀山湖新城公司	联悦置地(上海)有限公司	2678.2
3	增资	青浦工业园区	日通国际供应链管理(上海)有限公司	1363.0
4	新设	重固镇	上海富勒信息科技有限公司	2330.6
5	新设	金泽镇	上海星河数码投资有限公司	1393.2
6	增资	金泽镇	上海星河数码投资有限公司	2096.5

（续表）

序号	类型	所属区域	企业名称	合同外资(万美元)
7	增资	西虹桥	威马智慧出行科技(上海)有限公司	2271.6
8	增资	青浦工业园区	宏茂微电子(上海)有限公司	18366.7
9	增资	徐泾镇	上海壹米滴答供应链管理有限公司	1957.9
10	增资	西虹桥公司	威马智慧出行科技(上海)有限公司	3028.7
11	新设	淀山湖新城公司	联怡置地(上海)有限公司	2447.2
12	新设	赵巷镇	上海凯旸置业有限公司	2527.3
13	新设	青浦工业园区	上海光谱仪器有限公司	1501.4
14	增资	金泽镇	上海四民置业有限公司	1000
15	增资	区属	盛力世家(上海)体育文化发展有限公司	1578.8
16	新设	西虹桥公司	可隆体育(中国)有限公司	1578.8
17	增资	徐泾	上海壹米滴答供应链管理有限公司	3749.2
18	新设	华新	上海嘿耀网络技术有限公司	1050.0
19	增资	练塘	上海永升物业管理有限公司	3515.5
20	增资	西虹桥公司	威马智慧出行科技(上海)有限公司	3157.6
21	新设	其他	上海郑明现代物流有限公司	1607.7
22	新设	青浦工业园区	住优建筑科技(上海)有限公司	2548.4
23	增资	徐泾镇	上海德达医院有限公司	3000
24	新设	青浦工业园区	华最(上海)软件科技有限公司	2294.2
合　计				68042.5

（胡　晨）

2018 年外资到位 1000 万美元以上项目情况表

表 40

所属区域	企业名称	到位资金(万美元)
西虹桥公司	威马智慧出行科技(上海)有限公司	4327.2
青浦工业园区	泰华施清洁科技(上海)有限公司	2200.0
西虹桥公司	威马智慧出行科技(上海)有限公司	2271.6
白鹤镇	上海慧通纺织品有限公司	1032.8
青浦工业园区	宏茂微电子(上海)有限公司	4571.4
淀山湖新城公司	联悦置地(上海)有限公司	2142.6
徐泾镇	上海壹米滴答供应链管理有限公司	2456.8

（续表）

所属区域	企业名称	到位资金（万美元）
华新镇	上海安能聚创供应链管理有限公司	14746.7
金泽镇	上海星河数码投资有限公司	3500.0
徐泾镇	上海壹米滴答供应链管理有限公司	2964.9
西虹桥公司	威马智慧出行科技（上海）有限公司	6308.1
淀山湖新城公司	联怡置地（上海）有限公司	1975.0
重固镇	上海富勒信息科技有限公司	1048.8
练塘镇	震坤行工业超市（上海）有限公司	2000
青浦工业园区	紫光宏茂微电子（上海）有限公司	2875
青浦工业园区	希悦尔（中国）有限公司	1300
合　计		55720.9

（胡　晨）

供销合作

■概况　2018年，区供销社围绕区"全面实现跨越式发展"的总体工作目标，探索供销农村商业品牌。内设行政事务部、党群工作部、社务工作部、计划财务部、保障服务部、督查审计部，下设环城、徐泾、华新、重固、白鹤、朱家角、练塘、金泽8家基层供销社，有青浦商业公司、盛浩投资公司、百浩废旧物资回收公司、惠依农贸市场公司4家控股企业，参股泽鹏实业公司、新晟辉实业公司、重霄实业公司、联销经贸公司、源森实业公司、新泽晟实业公司、润泉实业公司、煤炭合作公司、惠依超市公司、上海农商银行10家。本部在职职工25人。企业营业收入1212.82万元，利润1198.74万元。（任心懿）

■推动供销系统综合改革　年初，研究制定区供销社综合改革三年行动计划及其配套的指导意见、实施方案。4月10日，推动组织体系改革，重新设立6个职能部门、2家直属公司以及8家基层社的组织体系，规范机构设置和职能配置，优化干部资源，建立高效、协调的组织架构。下半年，推进社有资产改革，制定《社有资产公开招租评标管理办法》，成立社有资产出租招投标管理小组，严格执行资产公开招租、出租公开透明，提升社有资产出租收益。建立国有企业房屋资产监督管理信息系统，完善信息平台，按时上报国资委资产管理情况季报。推进社务工作改革，建设为农服务站统一配送平台，将100家为农服务站纳入配送体系，全年商品配送额1.4亿元，代收代缴水电煤服务费9641.27万元。11月，制定《区供销社规范和发展农民专业合作社管理办法》，规范农民专业合作社参办领办工作。（任心懿）

11月4日，几内亚经贸团一行参观考察西郊国际农产品交易中心

（区经委供稿）

■为农服务站"三化建设"　年初，全面推进供销社乡村振兴工作，成立为农综合服务站"三化建设"项目推进领导小组，对为农综合服务站进行标准化、信息化、规范化运营管理。制定《为农综合服务站"三化建设"项目三年行动方案》（2018—2020年）。5月6日，将为农服务站从上海青浦商业有限公司划归至各基层供销社管理。8月，开展

3 月 6 日，升级改造完成后的重固徐姚村为农服务站内外　　（区供销供稿）

为农服务站改造项目的招投标工作，确定施工单位。9—10 月，开展为农服务站大调研、大走访工作，完成“三化建设”项目工作方案（“一镇一方案”）。11—12 月，完成 8 家为农服务站的标准化改造，分别是徐泾二联为农服务站、华新杨家庄为农服务站、重固徐园为农服务站、练塘李庄为农服务站、白鹤梅桥为农服务站、朱家角王金为农服务站、朱家角张马为农服务站、金泽田山庄为农服务站、环城泰来为农服务站。年末，全区营业中的为农服务站 248 家，其中社区店 96 家、非社区店 152 家。（任心懿）

■建设供销社系统退管服务工作平台　1 月 29 日，区供销社党委班子审议通过《青浦区供销社退休职工统筹管理工作实施方案》。4 月 10 日，成立保障服务部门。10 月，开通以上海银行为保障性费用支出的银行账户，与党群工作部就机关退休职工的退管工作进行交接。11 月，初步完成统一管理部门、统一发放内容、统一发放标准、统一发放对象的工作目标。12 月，经讨论，形成新的业务流程和工作方法，将于 2019 年 1 月正式启用。（任心懿）

■保障应急物资供应　年初，区供销社健全供销社防汛体系建设，制定《防汛物资管理制度》《防汛防台应急工作预案》等制度，完善防汛应急预案和物资台账记录。4 月，区供销社开展防汛物资更新、整理、报损等工作，指导基层供销社落实防汛物资储备供应。6 月 1 日—10 月 15 日，在汛期和强降雨期间，实行 24 小时值班和领导带班制度，出动抢险人员 36 人次，及时足量供应草包、编织袋、毛竹、铁锹、铁丝和元钉等防汛物资，保障汛期期间人民生命财产的安全及道路的通畅。（任心懿）

粮油管理

■概况　2018 年，全区地方储备粮库存 4.2 万吨，实现储粮安全，无事故。2018 年，收购粳稻 35168 吨，其中地方储备粮轮换收购粳稻 25424 吨，收购价格根据国家公布的中晚稻最低收购价，符合国家中等质量标准的，每 500 克 1.4 元、价外补贴（区财政）0.1 元。全年粮油实物帮困 40707 人、约 285 万元；居民副食品价格补贴发放 4345 人、34 万元。全区设立粮食应急保障网点 19 家，帮困粮油供应点 20 家，粮食应急加工点 1 家。（胡　晨）

■启用安庄粮库　西岑粮库整体于 5 月被政府征收，开始启用安庄粮库，改扩建库区内的生活设施，增加投资建设 120 吨的粮食烘干设备，添置部分进出粮食设施。安庄粮库位于沈巷先锋村，占地面积 27318 平方米，仓容量 4.5 万吨。（胡　晨）

■健全执法监管机制体系　推进简政放权、放管结合、优化服务等改革，落实政务公开，在区经委网站公开政务信息。梳理完善部门权力清单和责任清单。采用“四不两直”（发通知、不打招呼、不听汇报、不用陪同接待、直奔基层、直插现场）形式，按“双随机一公开”（即随机抽取检查对象，随机选派执法检

10 月 19 日，区经委会同上海先河粮油企业发展有限公司在练塘粮食烘干中心进行专项安全检查　　（区经委供稿）

11 月，进驻首届“进博会”场馆的烟草门店销售现场

（烟草专卖青浦分局供稿）

查人员，抽查情况及查处结果及时向社会公开）要求对粮食储备企业组织开展各类随机抽查、专项检查和突击检查，增强检查针对性和有效性。全年开展各类检查 15 次，检查企业 26 家次，送检样品 25 批次。（胡　晨）

■秋粮收购　11 月 1 日至 2019 年 1 月 20 日，开展秋粮收购工作。全区入库粳稻 35168 吨，收购市场平稳有序安全，以白鹤、安庄粮库为主要收购点，在重固、商榻、练塘设收购分点。通过分级落实管理责任，实现“有人收粮、有钱收粮、有仓收粮”，防止出现农民“卖粮难”；采取固定收购、预约收购、收购运费补贴等方式，方便农民售粮；加强政策宣传，确保政策执行不打折扣，让农民卖“放心粮”“明白粮”。（胡　晨）

烟草专卖

■概况　上海市烟草专卖局青浦分局成立于 1991 年 1 月。上海烟草集团青浦烟草糖酒有限公司成立于 1995 年 3 月，由上海烟草（集团）公司、青浦供销社合作联合社共同出资组建。股东为上海烟草集团有限责任公司（46%）、上海青浦资产经营有限公司（49%）、上海青浦发展（集团）有限公司（5%）。公司下属直属门店有 10 家，经营范围主要为销售烟酒等。年末，全区烟草社会零售网点 2717 家。

2018 年，公司销售 11.76 亿元。利润 5166 万元。期末总资产 2.6 亿元。期末员工数为 236 人。获 2018 年上海市青浦区百强优秀企业。破获制售假烟、走私烟国际网络案件 1 起，联合区公安侦办部督案件 1 起；查获各类案件 308 起，其中 30 条以上或假私 5 条以上行政处罚案件数 137 起，开展 39 次联合执法，查获移送市场监管部门案件 52 起；取缔无烟草专卖零售许可证的违法销售户 49 户；查获各类违法卷烟 51669.85 条；依法查处“二次批发、扰乱市场、左右价格”的违规卖烟大户 6 户。辖区卷烟市场净化率得到提升。（张玉辉）

■卷烟营销　2018 年，卷烟销量 3.6071 万大箱，比上年增长 1.66%。按照商业有限公司的定位，重点培育集团“1+3”品牌，公司一二类卷烟的销售逐步上升，结构得到提升，对集团新上市的中华（金短支）等新品采用因类制宜、推陈出新的宣传方式，拉动销售，市场表现活跃。开展各类营销活动，以“进博会”为契机，宣传培育集团卷烟产品，选取国家会展中心周边区域内的零售户一家，进驻国家会展中心，在终端形象、信息化设备等方面提供支持，“进博会”期间，该店的销售表现优异。着力烟草零售客户终端建设，运用新理念新思路，建设现代终端基础设施，明码标价，陈列卷烟，提高服务客户能力。年末，有烟草零售客户现代终端 239 户。（张玉辉）

■专卖管理　深化卷烟市场监管，促进卷烟市场健康发展。2018 年，与公安青浦分局联合侦办“7·31”专车运销假烟网络案件，经公安部、国家局打击制售假烟网络工作领导小组批复列为部级督办案件。与公安、交运和邮政签订“物流寄递环节打击涉烟违法犯罪协作机制”协议，掌握重点关口、重点渠道犯罪的特点和规律，以人找人，以人找网，实现“精准监管、精准打击”，提高涉烟案件侦办效率。围绕 APCD1.5（即分析 Analysis、计划 Plan、检查 Check、处理 Dealwith）工作法，结合“双随机一公开”要求开展市场监管工作，加强对持证户的后续监管，实现日常监管与重点整治相结合，错时监管与联合执法相结合，专项整治与打假破网相结合，提升市场监管效率。年末，市场综合净化 98.28%，人均市场监管效率 130%，各项市场监管指标均完成良好。（张玉辉）

综 述

2018年,全区私营企业户数128591户(不含分支机构),比上年增长3.38%,累计注册资本6363.46亿元,比上年增长7.12%。私营企业的各项指标均呈现良好的发展态势。

商事制度改革进一步深入,全年新增私营企业数量、规模进入低速平稳发展状态。全年新设企业16374户,其中:私营企业新设立15768户,实有私营企业128591户,比上年增加4208户,增长3.38%;新设立外商投资企业注册资本为58.39亿元(汇率按照设立当日换算),新设私营企业中注册资本在500万元以上的企业有2939户,注册资本亿元以上的有60户,最高1户22.51亿元。

2018年新设私营企业中注册资金列前六名民营企业情况表

表41

序号	公司名称	注册资金(万元)	乡镇街道	行业类别
1	上海辞务企业管理咨询合伙企业(有限合伙)	225100	练塘镇	租赁和商务服务业(L)
2	上海麦渠企业管理咨询合伙企业(有限合伙)	225000	练塘镇	租赁和商务服务业(L)
3	上海颐贸企业管理咨询合伙企业(有限合伙)	135000	练塘镇	租赁和商务服务业(L)
4	上海虹润置业有限公司	100000	徐泾镇	房地产业(K)
5	上海弘秀文化发展合伙企业(有限合伙)	100000	徐泾镇	租赁和商务服务业(L)
6	上海南璟企业管理中心(有限合伙)	100000	夏阳街道	租赁和商务服务业(L)

(胡开明)

从企业行业分布情况来看,批发和零售业位列行业第一,全区批发和零售业、科学研究企业50170户,比上年减少1407,减少2.73%;租赁和商务服务业和技术服务业位列第二、三位,分别为31652户、16816户,分别比上年增加2908户、1772户,增长10.12%、11.78%。分析企业迁移和注销情况,全年企业迁移频繁。2018年迁出企业1368户,比上年增长43.70%;迁入889户,增长61.8%,呈现净迁出的形势。

年末,农民专业合作社实有982户,比上年增长2.40%,全部农民专业合作社的出资额204943万元,比上年增长2.70%。 (胡开明)

德邦物流股份有限公司总部大件快递本部 (德邦物流股份有限公司供稿)

2018 年青浦区私营企业情况表

表 42

行业分类	合计				其中:城镇			
	户数（户）	投资者人数（人）	雇工人数（人）	注册资本（出资金额）（万元）	户数（户）	投资者人数（人）	雇工人数（人）	注册资本（出资金额）（万元）
合计	128592	222657	1062214	63634918	61686	104393	497838	29338842
农、林、牧、渔业	112	195	831	24553	44	71	355	6695
采矿业		0	0	0	0	0	0	0
制造业	7811	13853	95132	2708431	2328	4232	28959	1043553
电力、燃气及水的生产和供应业	9	22	67	33051	4	4	18	9300
建筑业	9494	14917	80271	5397393	5305	8133	43073	2927091
批发和零售业	50170	80537	389731	12455379	21775	34312	168221	4661249
交通运输、仓储和邮政业	3088	5013	27564	1371088	1813	2690	14737	502200
住宿和餐饮业	455	818	4538	67559	285	400	2556	27925
信息传输、软件和信息技术服务业	4347	7864	32105	1484231	2296	4124	16430	757157
金融业	56	194	518	113949	30	118	345	63881
房地产业	2018	3535	17785	3515161	1141	1910	8894	1383850
租赁和商务服务业	31652	61599	256913	28783434	16858	31460	136970	14174572
科学研究和技术服务业	16816	29736	136320	7029663	8434	14662	66531	3440847
水利、环境和公共设施管理业	475	857	3528	137140	242	421	1714	80212
居民服务和其他服务业	1113	1751	9291	228524	577	912	4835	126366
教育	40	83	350	12500	27	44	200	8400
卫生和社会工作	75	130	642	29712	43	70	355	12860
文化、体育和娱乐业	860	1552	6620	243140	483	829	3637	112673
其他	1	1	8	10	1	1	8	10

（胡开明）

2018 年青浦区个体工商业情况表

表 43

行业代码	行业分类	机器编号	期末实有						其中:本期登记			本期注销(户)	
			合计			其中:城镇							
			户数（户）	从业人员（人）	资金数额（万元）	户数（户）	从业人员（人）	资金数额（万元）	户数（户）	从业人员（人）	资金数额（万元）	合计	其中:城镇
甲	乙	丙	1	2	3	4	5	6	7	8	9	10	11
	合计	1	28909	34321	116134	11263	14527	64676	4533	6526	38071	3140	1241
A	农、林、牧、渔业	2	122	161	614	43	51	292	12	12	22	4	1
05	农、林、牧、渔服务业	3	8	8	8	4	4	6	1	1	0	0	0

（续表）

行业代码	行业分类	机器编号	期末实有						其中:本期登记			本期注销(户)	
			合计			其中:城镇							
			户数(户)	从业人员(人)	资金数额(万元)	户数(户)	从业人员(人)	资金数额(万元)	户数(户)	从业人员(人)	资金数额(万元)	合计	其中:城镇
B	采矿业	4	1	1	1	1	1	1	0	0	0	0	0
11	开采辅助活动	5	0	0	0	0	0	0	0	0	0	0	0
C	制造业	6	1283	1499	3243	683	734	2024	153	217	687	151	43
43	金属制品、机械和设备修理业	7	21	21	34	7	7	7	1	1	2	1	0
D	电力、热力、燃气及水生产和供应业	8	2	2	2	2	2	2	0	0	0	1	0
E	建筑业	9	37	67	1462	16	39	1397	2	2	7	1	0
F	批发和零售业	10	18594	20613	58561	6862	7873	28902	2138	2599	16095	1931	675
G	交通运输、仓储和邮政业	11	55	62	338	27	30	244	2	2	20	7	3
H	住宿和餐饮业	12	4930	7039	34953	2148	3635	22586	1528	2536	14701	646	328
I	信息传输、软件和信息技术服务业	13	6	7	14	2	3	4	0	0	0	2	0
J	金融业	14	0	0	0	0	0	0	0	0	0	0	0
K	房地产业	15	9	43	67	5	35	53	2	22	14	5	5
L	租赁和商务服务业	16	173	212	771	80	91	371	43	54	240	10	4
M	科学研究和技术服务业	17	100	129	496	44	68	343	22	35	227	13	7
N	水利、环境和公共设施管理业	18	11	11	20	9	9	15	0	0	0	1	0
O	居民服务、修理和其他服务业	19	3489	4361	14955	1298	1901	8069	590	994	5736	356	167
P	教育	20	0	0	0	0	0	0	0	0	0	0	0
Q	卫生和社会工作	21	30	33	132	10	11	62	12	13	48	3	0
R	文化、体育和娱乐业	22	67	81	505	33	44	311	29	40	276	9	8
	其他	23	0	0	0	0	0	0	0	0	0	0	0

（胡开明）

规模以上民营企业简介

■上海达尔威贸易有限公司 于2013年6月6日成立。2016年6月，注册于青浦区，注册地址青浦区公园路99号舜浦大厦2楼，注册资金22250万元。2018年，投资总额37亿元。获青浦“高质量发展奖”“青浦区纳税百强企业”称号，有8项专利技术。主打品牌TST活酵母新生面膜乳等产品，覆盖消费人群逾6000万人。帮助676万人实现就业、辅导成立1920家创业公司，帮助13000多名聋哑人创业。年末，员工351人，销售收入45亿元，利润20亿元。

（胡　晨）

■上海康恒环境股份有限公司 于2008年成立于青浦区，注册地址青浦区香花桥街道崧秋路9号，注册资金41796.24万元。投资总额273192.25万元。主要经营环境综合治理业务，投资、建设和管理以焚烧发电厂为核心的静脉产业园（静脉产业类生态工业园区），引进并自主创新机械炉排焚烧技术，垃圾焚烧发电EPC总包服务等。被认定为市高新技术企业、市科技小巨人企业、市专利试点企业、市企业技术中心和区企业技术中心。2018年,员工423人,销售额21亿元,利润5亿元。（胡　晨）

■**上海熊猫机械(集团)有限公司**　于2000年成立于上海,注册地址青浦区沪青平公路2599号,注册资金12000万元,主要经营成套供水设备、控制柜、泵阀、电机等系列产品,主要产品有灌式AKK控制柜、成套供水、智慧标准泵房等。被认定为市高新技术企业、科技小巨人企业,2018年,员工900余人,销售额突破16亿元。（胡　晨）

上海熊猫机械(集团)有限公司电泳流水线　（区经委供稿）

■**上海荣泰健康科技股份有限公司**　于2002年成立,注册地址上海市青浦区朱枫公路1226号,注册资金1.4亿元。投资总额14亿元。主要产品有按摩椅、按摩小电器等。被认定为上海市科技小巨人企业、市认定企业技术中心等,获上海市文明单位、市专精特新中小企业等称号。有先进的生产流水线,管辖企业10个。2017年1月11日,在上海证券交易所上市(荣泰健康,603579)。2018年,员工1026人,营业收入22.9亿元,净利润2.49亿元。（胡　晨）

■**上海华培动力科技股份有限公司**　成立于2006年6月。注册地址上海市青浦区崧秀路218号3幢。注册资金1.35亿元,投资总额5亿元。主要从事涡轮增压器核心零部件的生产和研发。获2018年度青浦区百强优秀企业和2018年度青浦区创新创业优秀人才团队奖称号。2018年,员工600多人,销售额4.5个亿元,利润9000万元。（胡　晨）

■**上海华测导航技术股份有限公司**　于2003年成立于上海。注册地址地位于上海市青浦区徐泾镇高泾路599号D座,注册资金12327.25万元。主要经营业务为高精度卫星导航定位相关软硬件技术产品的研发、生产和销售,主要产品有GNSS接收机、GIS数据采集器、海洋测绘产品、三维激光产品、无人机遥感产品等。2018年,员工1544人,销售额84000万元,利润8400万元。（胡　晨）

■**上海冠致工业自动化有限公司**　成立于2012年。注册地址上海市青浦区崧泽大道10800弄1号4幢,注册资金1亿元。专注于工业自动化、汽车车身制造、汽车零部件自动化系统集成,具备完整的工艺方案、3D设计、数字化工厂、机器人仿真模拟、精密加工、装备制造以及安装调试能力,立足自主研发与创新,为传统车企及新能源汽车行业提供高度集成、高度自动化的智能装备。2018年,员工400人,产值85000万元,销售收入78000万元。（胡　晨）

9月30日,副区长倪向军一行对区内安全生产重点企业上海荣泰健康科技股份有限公司进行节前安全大检查　（荣泰健康科技股份有限公司供稿）

开发区选介

■**概况**　2018年,青浦区有8个市级规划工业区块区块,总规划面积62.05平方公里,形成青浦工业园区为龙头,七大工业区块(徐泾工业园区、华新工业园区、白鹤工业园区、朱家角工业园区、练塘工业园区、金泽工业园区和商榻工业园区)为支撑的先进制造业发展集群。2018年,全区8个市级规划工业区块区运营总收入3406.03亿元,比上年增长5.51%。其中:工业企业主营业务收入1443.31亿元,第三产业营业收入1606.12亿元。全区有承担招商引资职能的经济小区40家,比上年减少5家。（胡　晨）

2018年青浦区经济小区情况表

表 44

序号	所属区域	经济小区	序号	所属区域	经济小区
1	赵巷镇	上海赵巷品牌企业发展有限公司	21	青浦工业园区	上海西部经济城有限公司
2		上海新城投资(集团)有限公司	22		上海青浦工业园区创业投资有限公司
3	徐泾镇	上海青浦徐泾资产经营管理有限公司	23		上海青浦商城实业有限公司
4		上海西郊徐泾经济发展有限公司	24		上海青浦工业园区香花桥招商服务中心(上海雄风投资管理有限公司)
5	华新镇	上海腾溪经济城综合开发有限公司	25		上海青浦工业园区创业中心有限公司
6		上海华民经济城开发有限公司	26		上海青佳经济发展有限公司
7	重固镇	上海城郊经济发展有限公司	27		上海中纺科技城发展有限公司
8		上海龙洲实业发展有限公司	28		上海青浦科技园发展有限公司
9		上海万事发经济发展有限公司	29	淀山湖新城公司	上海各利实业发展有限公司
10	白鹤镇	上海腾富企业发展有限公司	30		上海盛青经济发展有限公司
11		上海白鹤工业园区实业有限公司	31		上海盈港经济城
12	朱家角镇	上海朱家角经济发展有限公司	32		上海鹏城经济发展有限公司
13		上海益田实业有限公司	33		上海湖区经济投资服务有限公司
14	练塘镇	上海富民实业(集团)有限公司	34	西虹桥公司	上海西虹桥创业服务有限公司
15		上海太阳岛经济发展有限公司	35	青发集团	上海青浦农工商经济城投资管理有限公司
16		上海富甲经济开发有限公司	36		上海宏亮经济发展有限公司
17		上海青浦练塘集体资产经营公司	37		上海蕴湖实业有限公司
18	金泽镇	上海大观园经济城	38		上海宏城经济发展公司
19		上海淀山湖经济城	39		上海天佳经济发展有限公司
20		上海太浦河经济开发有限公司	40	现代农业园区	上海绿色科技园区有限公司

(胡　晨)

2018年青浦区经济小区经济发展情况表

表 45

所属地区	注册企业户数(户)	私营企业户数(户)	营业或销售收入(万元)	比上年增长(%)	其中		税金总额(万元)	比上年增长(%)
					私营企业营销收入(万元)	比上年增长(%)		
全区	138250	128591	90833384	21.0	88301537	24.8	3696855	12.2
赵巷镇	7044	6982	6918359	12.8	6727538	13.3	165971	10.2
徐泾镇	7707	7094	6938510	15.8	6586840	16.6	499870	0.8
华新镇	8613	8120	12662061	30.9	12118382	31.8	458218	23.8
重固镇	7685	7318	4938820	7.2	4857439	7.3	235422	-12.9
白鹤镇	8784	8057	3358957	-1.9	3358957	-1.9	127239	1.4
朱家角镇	13397	10386	4594474	-20.6	4586332	-19.5	250320	-17.1
练塘镇	11815	14525	6237843	30.1	6232846	30.0	266017	9.4
金泽镇	13016	12275	10454154	60.9	10058052	59.5	206314	34.3
青浦工业园区	28751	22120	14707021	6.1	14673618	26.6	657680	36.0
青发集团	17887	17472	10832233	59.5	10535408	62.0	375390	54.5
新城公司	9232	9531	5252995	23.5	5252995	24.8	254482	15.0
现代农业园区	3149	2457	785062	29.5	785062	29.5	29470	12.4
西虹桥公司	1170	2254	3152896	19.2	2528068	8.6	170463	-18.2

(区统计局)

■**青浦工业园区** 成立于1995年11月25日,是市政府重点扶持发展的市级工业开发区之一。规划面积56.2平方公里。上海青浦工业园区发展(集团)有限公司为开发建设主体,主要开展招商引资、土地开发、厂房租赁等经营业务,辖张江高新区青浦园及青浦出口加工区2个国家级开发区。2018年,营业收入2506.22亿元,比上年增长3.42%;规模以上工业企业总产值956.47亿元,比上年减少2.62%;开发区单位工业用地产出49.11亿元/平方公里,单位土地上缴税金5.29亿元/平方公里。 (胡 晨)

■**徐泾工业园区** 位于徐泾镇。属于上海西郊经济开发区,为市级开发区。规划面积2.46平方公里,四至范围为:东至虬港,西至明珠路,南至崧泽大道,北至北青公路。聚焦打造"4+1"产业体系(聚焦发展以现代物流、会展配套、电子商务及楼宇经济四大业态为主导的现代服务业),提升区内优势制造业门类,发展节能环保的都市工业体系。2018年,营业收入383.75亿元,比上年增长15.7%;规模以上工业企业总产值30.45亿元,比上年减少14.81%;开发区单位工业用地产出8.01亿元/平方公里,单位土地上缴税金3.31亿元/平方公里。 (胡 晨)

■**华新工业园区** 位于华新镇。属于上海西郊经济开发区,为市级开发区。规划面积6.47平方公里,四至范围为:东至新通波塘,西至华西二号河,南至S26公路东延伸段,北至G42京沪高速。打造"1+2+3"产业体系,形成"一提升、两聚焦、三突破"的梯度发展格局。"一提升",即着力提升嘉松中路两侧的产业发展能级,以工业楼宇为载体,集中发展研发总部等现代楼宇经济业态;"两聚焦",即重点聚焦汽车零配件制造、商贸流通服务业(电子商务、现代物流)两大园区优势产业,提升产业能级、完善产业生态;"三突破",即力争在新材料、先进重大装备、会展配套等三大园区潜力产业发展上实现重大突破,抢抓发展机遇、加速招商引培。2018年,营业收入223.68亿元,比上年增长16.48%;规模以上工业企业总产值142.25亿元,比上年减少1.65%;开发区单位工业用地产出84.73亿元/平方公里,单位土地上缴税金10.09亿元/平方公里。 (胡 晨)

■**练塘工业园区** 位于练塘镇。属于上海松江经济技术开发区,为国家级开发区。规划面积3.86平方公里,四至范围为:东至蒸庄路,西至新朱枫公路,南至老松蒸公路,北至东塘港。着重打造以"1+2"产业为主导的现代园区产业体系["1"即锁定"高精研贸",转型升级制造产业,着力引进高端制造、商贸型企业;"2"即重点培育引进生产性服务业(电子商务、民营中小企业总部经济、科技服务)、生物医药等新兴产业]。2018年,营业收入112.76亿元,比上年增长3.76%;规模以上工业企业总产值52.02亿元,比上年增长3.34%;开发区单位工业用地产出26.61亿元/平方公里,单位土地上缴税金1.90亿元/平方公里。 (胡 晨)

■**白鹤工业园区** 位于白鹤镇。为城镇工业地块,规划面积3.54平方公里,四至范围为:东至油墩港,南至鹤民路和鹤安路,西至东大盈港和盈联路,北至鹤祥路。重点打造"221"产业发展体系[第1个"2"指强化两大优势产业,即做大做强园区两大优势产业(装备制造、汽配产业),引入龙头企业,强化产业集群发展;第2个"2"指提升两大传统产业,即加快推进食品加工和纺织服装服饰两大传统产业的升级发展,延伸产业链,融入科技和时尚元素,提高产业附加值;"1"指培育一批新兴产业,即准确把握科技革命和产业发展趋势,前瞻培育发展符合园区比较优势的一些新兴产业门类]。2018年,营业收入48.92亿元,比上年增长10.52%;规模以上工业企业总产值34.88亿元,比上年减少4.18%;开发区单位工业用地产出19.72亿元/平方公里,单位土地上缴税金2.25亿元/平方公里。 (胡 晨)

■**朱家角工业园区** 位于朱家角镇。为城镇工业地块,规划面积3.42平方公里,四至范围为:东至康欧路西至小滨港、朱枫公路,南至张巷、纬六路,,北至纬一路、九峰港、康泰路。重点打造以"3+1+1"为主体的现代园区产业体系["3",即巩固升级园区三大优势制造业(新材料、文体休闲制造业、生物医药);"1",即转型发展与园区生态环境相适应的都市型工业,重点锁定低碳产业与绿色经济发展方向;"1",即加快发展以2.5产业(生产性服务业)为主体的现代服务业,加大园区向服务业转型发展力度,推进区内产业与新城建设的融合发展]。2018年,营业收入99.01亿元,比上年增长1.00%;规模以上工业企业总产值67.32亿元,比上年减少9.64%;开发区单位工业用地产出36.26亿元/平方公里,单位土地上缴税金1.43亿元/平方公里。 (胡 晨)

落户华新工业园区的申通快递公司上海转运中心 (申通快递公司供稿)

■**金泽工业园区** 位于金泽镇。为城镇工业地块，规划面积66.15公顷，四至范围为：东至规划道路，西至沪青平公路，南至徐李路，北至金南路。发挥金泽镇独特的生态环境优势，配套金泽新市镇组团规划及青西郊野公园规划建设，加快旅游配套、康体疗养等新兴产业发展；依托金泽丰富的历史文化资源，加快文化创意产业发展。2018年，营业收入4.00亿元，比上年减少1.48%；规模以上工业企业总产值0.87亿元，比上年减少7.95%；开发区单位工业用地产出2.06亿元/平方公里，单位土地上缴税金0.45亿元/平方公里。（胡　晨）

位于华新镇华南路555号的上海顺丰速运有限公司　（华新镇供稿）

■**商榻工业园区** 位于金泽镇。为城镇工业地块，规划面积86.06公顷，四至范围为：东至王家泾，西至王港村港，南至急水港，北至港娄村和淀西村前庄。依托淀山湖重要资源，重点发展能够与湖区经济相辅相成、融合发展的产业。2018年，营业收入27.68亿元，比上年增长6.27%；规模以上工业企业总产值20.61亿元，比上年减少3.87%，开发区单位工业用地产出42.75亿元/平方公里，单位土地上缴税金1.86亿元/平方公里。（胡　晨）

12月13日，青浦农工商经济城落户企业上海秋廷贸易有限公司完成全区首家全程电子化营业执照　（青浦发展集团供稿）

■**上海新城开发区** 位于赵巷镇，创建于1993年，又名上海新城经济区，由上海新城投资（集团）有限公司负责管理。紧靠318国道。先后被评为上海市文明单位、上海市郊先进基层党组织、上海市管理规范小区，获得上海市著名商标、上海市名牌称号。调整发展思路，强化优质服务功能，提升软实力。“新城”二区于2015年9月被批准为上海市产业园区转型升级试点区。围绕产业规划、专项整治、动迁腾地、项目招商、政策保障、土地转性等方面，推进“新城”二区转型升级。重点开展征收补偿工作。配合市西软件信息园核心区建设，共锁定企业33家，已完成征收29家。2018年，新城开发区完成税收12.46亿元，比上年增长11%，新注册企业682户，累计接纳私营、集体和外资企业14222户。（高胜洁）

■**上海青浦农工商经济城** 由上海青浦农工商经济城投资管理有限公司负责管理。位于城中西路111号，创建于1997年11月。2006年9月，划归上海青浦投资有限公司。2013年10月，经区政府批准并入上海青浦发展（集团）有限公司。注册资本500万元，主要从事招商引资和咨询服务。2018年，试点使用企业工商注册“一窗通”系统，试点工商营业执照“一网通办”全程电子化系统。12月13日，完成全区首家全程电子化营业执照。年末，税收87656.13万元，比上年增长22.08%；新增企业564户，累计注册企业5956户。有125家注册企业在中国基金协会备案，基金类企业税收21721万元，占农工商经济城全部税收的24.78%。（戢久珩）

■**上海宏亮经济开发区** 由上海宏亮经济发展有限公司负责管理。位于公园路99号舜浦大厦2楼，前身是创建于1998年的上海宏良经济发展有限公司，2006年6月划归青浦投资有限公司管理。2013年10月，经区政府批准并入上海青浦发展（集团）有限公司，注册资本500万元，主要从事招商引资和咨询服务。2018年，税收159826.74万元，比上年增长64.97%；新增企业432户，累计注册企业3380户。落户企业上海达尔威贸

易有限公司获2018年青浦纳税冠军,税收118722万元。（戢久珩）

■上海蕴湖经济开发区 由上海蕴湖实业有限公司负责管理。位于青浦区城中北路105号,前身是创建于1998年的上海云湖实业有限公司。2005年8月,划归青浦投资有限公司管理。2013年10月,经区政府批准并入上海青浦发展(集团)有限公司。注册资本500万元,主要从事招商引资和咨询服务。2018年,税收27835.48万元,比上年增长59.04%;新增企业536户,累计注册企业2046户。注册于蕴湖开发区的国联证券股份有限公司上海港俞路证券营业部获得2018年度青浦纳税百强企业称号。（戢久珩）

■上海宏城经济发展公司 成立于1994年4月,位于青湖路1023号803室,隶属青浦区夏阳街道。2015年4月,由上海青浦发展(集团)有限公司托管。注册资本800万元,主要从事招商引资和咨询服务。2018年,税收47333.77亿元,比上年增长15.73%;新增企业417户,比上年增长39%,累计注册企业3257户。落户企业上海沪工焊接集团股份有限公司获2018年度青浦区创新创业优秀人才团队奖、2018—2019年上海市“专精特新”中小企业称号,上海置恒电气有限公司获2018—2019年上海市“专精特新”中小企业称号,上海郑明现代物流有限公司获2018—2019年上海市“专精特新”中小企业、2018年中国物流50佳企业、2018年中国冷库百强企业称号。（戢久珩）

■上海天佳经济开发区 由上海天佳经济发展有限公司负责管理。位于青浦区青湖路1023号8楼,创建于1995年5月,前身是上海青浦私营经济发展有限公司。2015年4月,划归上海青浦发展(集团)有限公司托管。注册资本980万元,主要从事招商引资和咨询服务。2018年,税收41928.65万元,比上年增长13.92%;新增企业279户,累计注册企业2823户。注册在天佳开发区的上海新炬网络信息技术股份有限公司获2018年度区创新创业优秀人才团队奖及上海市软件行业协会颁发的2018上海市软件企业核心竞争力评价(成长型)证书。（戢久珩）

■上海各利实业发展有限公司 成立于2004年10月,位于公园路629号五楼。注册资本300万元,主要从事招商引资及咨询服务等。隶属于淀山湖新城发展公司。2018年,完成税收91300万元,比上年增长10.8%;新增企业150户,累计注册企业833户。（蒋懿宁）

联怡枇杷乐园投资管理有限公司塘郁村景点（青浦发展集团供稿）

■上海盈港经济城城市工业扩散基地 成立于1999年1月,位于青浦区清河湾路1200号705室。注册资本500万元,主要从事招商引资及咨询服务等。隶属于淀山湖新城发展公司。2018年,完成税收18490万元,比上年增长16.66%;新增企业127户,累计注册企业1692户。（蒋懿宁）

■上海湖区经济投资服务有限公司 公司成立于2010年11月,位于青湖路722-728号。注册资本200万元,主要从事招商引资及咨询服务等。隶属于淀山湖新城发展公司。2018年,完成39855万元,比上年增长83.6%;新增招企业157户,累计注册企业1829户。（蒋懿宁）

■上海鹏城经济发展有限公司 成立于1997年2月,位于青浦区盈清路188号1号楼16层。注册资本600万元,主要从事招商引资及咨询服务等。隶属于淀山湖新城发展公司。2018年,完成税收20324万元,比上年增长19.94%,新增企业118户,累计注册企业1760户。（蒋懿宁）

■上海盛青经济发展有限公司 成立于2002年3月,位于华青南路481-485号,2019年3月搬迁至公园东路1289弄26号11楼。注册资本500万元,主要从事招商引资及咨询服务等。隶属于淀山湖新城发展公司。2018年,完成税收125974万元,比上年增长12.5%;新增企业98户,累计注册企业780户。（蒋懿宁）

■上海盈港经济城 成立于1994年5月,位于盈港路453号1926室。注册资本300万元,主要从事招商引资及咨询服务等。隶属于淀山湖新城发展公司。2018年,完成税收50168万元,比上年增长37.19%;新增企业211户,累计注册企业2156户。（蒋懿宁）

综 述

2018年，全区金融业增加值54.39亿元，比上年增长5.3%，占全区地区增加值总量的5.1%。区金融业税收3.6亿元，占全区税收的0.7%。有银行26家、经营网点132个，保险公司9家，证券分支机构11家，小额贷款公司4家，商业保理公司4家，保险经纪1家。年末全区26家银行各项存款余额1762.8亿元，比年初增长4.0%。其中：单位存款余额954.9亿元，比年初下降2.4%；个人存款余额760.5亿元，比年初增长9.9%。各项贷款余额1015.1亿元，比年初增长6.2%。其中：单位贷款548.3亿元，比年初增长4.7%；个人住房贷款416.4亿元，比年初增长7.4%。年末存贷比57.6%，比年初提高1个百分点。

创投基金助力产业转型升级。青浦发展创业投资引导基金首期规模6亿元，区财政拨付资金6亿元。青发创投基金完成出资的基金有“恒赛青熙”“邦明志初”“青望投资”“德同合心”和“安芙兰”5家，撬动社会资本24.56亿元。

私募基金持续蓬勃发展。2018年末，青浦区有备案私募基金管理机构236家，数量排名全市第4，注册资本49.29亿元，实缴资本26.97亿元，资本规模领跑所有郊区各区。青发集团、工业园区两个私募基金产业园的税收分别达5亿元（其中农工商经济城4.65亿元、蕴湖经济城0.35亿）、0.95亿元，对区域经济贡献较为明显。

企业加快上市和挂牌步伐。区境内外上市企业24家，其中：大陆IPO上市16家（上交所主板8家、深交所中小板1家、创业板7家），香港主板上市企业2家，美国上市企业1家；借壳上市企业3家；迁入上市企业2家。有1家拟上市企业在中国证监会过会（永冠众诚），6家拟上市企业在上海证监局备案（唯赛勃环保、城市纵横、威贸电子、赛伦生物、新炬网络、书香门地）。全区有53家企业在全国中小企业股份转让系统（“新三板”）成功挂牌，含创新层7家、基础层46家，其中9家停牌有意向转主板。121家企业在上海股交中心挂牌交易，其中含科创板5家、E板33家、Q板（展示板）83家。全年新增场外市场（“新三板”、上海股交中心）挂牌企业14家，其中“新三板”1家、上海股交中心13家；全年2家企业成功上市，其中上交所主板1家、港交所主板1家。

产融对接活动效果显著。青浦区联合区金融业联合会，组织区内金融机构和企业开展6次不同形式的路演活动，包括专题路演（物流企业原油专题、企业上市挂牌专题）、园区路演（走进北斗园区、走进工业园区）、投资专场路演（青发创投专场、威马汽车专场），有17家金融机构分别与41家企业开展融资商洽。为区内企业提供政策宣传、项目展示、投融资对接等一体化服务，打通金融服务和企业转型升级信息渠道，形成企业发展、金融服务提升、园区产业集聚的良性互动发展局面。根据融资需求，国有大银行、商业银业、小型地区性银行分别组织3场融资需求问题对接会，邀请区内近20家有融资需求的企业，直接与各银行进行沟通协商、深入对接。

5月21日，青浦发展创业投资引导基金2018年第一次直投项目路演活动在上海夏阳湖皇冠假日酒店举行 （青浦发展集团供稿）

6月1日，由公安青浦分局举办的上海市防范电信诈骗集中宣传日活动在城区桥梓湾广场举行 （北京银行青浦支行供稿）

有效整合科技与金融资源。着眼于企业发展全过程和个性特点，深化"3+X"科技信贷融资服务体系（"3"指微贷通贷款、履约保证贷款、企业信用贷款3种差异化信贷产品，"X"指根据科技型中小企业的发展阶段和个性需求，所开发的出口信用保险贷款、租赁融资贷款、转化项目贷款等细分化信贷产品），推动"科技+金融"的有效融合。针对初创科技型小微企业、成长期科技型中小企业、科技小巨人及培育企业的不同特点和需求分别设计微贷通、履约保和信用贷三大核心差异性产品，拓宽企业融资模式，帮助企业完善申请资料，尽快获得银行审批通过。开展科技创新与科技金融政策对接活动28场，参加企业1762家。走访申请履约贷款企业共计74家，通过审批53家，获授信额度2.4亿元。 （苑欢欢 张 峰）

2018年青浦区金融机构存贷款情况表

表46

指 标	2018年(亿元)	增长(%)
一、金融机构存贷款情况		
1.金融机构存款余额	1762.8	4.0
#城乡居民储蓄余额	760.5	9.9
企业存款	954.9	-2.4
2.金融机构贷款余额	1015.7	6.2
企业贷款	548.3	4.7
个人贷款	466.7	7.9
#个人住房贷款	416.4	7.4
3.公积金贷款	149.2	13.3
二、其他		
1.年末经营网点(个)	133	0
2.年末从业人数(人)	2405	-0.9

（苑欢欢）

2018年青浦区部分金融机构情况表

表47

单位名称	地址	邮编	电话
中国农业银行股份有限公司上海青浦支行	青浦区公园路6-36号	201700	69721333
中国建设银行股份有限公司上海青浦支行	青浦区城中东路550号	201700	59725555
中国工商银行股份有限公司上海市青浦支行	青浦区城中东路485号	201700	59720088
中国银行股份有限公司上海市青浦支行	青浦区城中东路608号	201700	59729942

（续表）

单位名称	地址	邮编	电话
中国农业发展银行上海市青浦区支行	青浦区青湖路977号	201700	69714290
上海浦东发展银行股份有限公司青浦支行	青浦区城中东路699号	201700	59722887
平安银行股份有限公司上海青浦支行	青浦区城中北路735号	201700	59855555
上海银行股份有限公司青浦支行	青浦区青安路39号	201700	59723023
交通银行股份有限公司上海青浦支行	青浦区公园路348号	201700	59733533
中国光大银行股份有限公司上海青浦支行	青浦区青松路22号	201700	59726307
上海农村商业银行股份有限公司青浦支行	青浦区公园路399号	201700	59734475
中国邮政储蓄银行股份有限公司上海青浦区支行	青浦区公园路268号	201700	59728113
中信银行股份有限公司上海青浦支行	青浦区青湖路992－998号	201700	69721961
兴业银行股份有限公司上海青浦支行	青浦区公园东路1608号	201700	69728295
中国民生银行股份有限公司上海青浦支行	青浦区青湖路818号	201700	69728100
广发银行股份有限公司上海青浦支行	青浦区华青南路489号	201700	33863939
华夏银行股份有限公司上海青浦支行	青浦区城中北路780号	201700	69795577
杭州银行股份有限公司青浦支行	青浦区青湖路860－876号	201700	69237208
浙江泰隆商业银行股份有限公司上海青浦支行	青浦区青湖路788号	201700	69225992
大连银行股份有限公司上海青浦支行	青浦区港俞路899号	201700	60671215
北京银行股份有限公司上海青浦支行，	青浦区公园路99号	201700	39225666
上海青浦刺桐红村镇银行股份有限公司	青浦区浦仓路528号	201700	39272812
浙江稠州商业银行股份有限公司上海青浦支行	青浦区公园东路1818号	201799	59808919
浙江民泰商业银行股份有限公司上海青浦支行	青浦区城中西路91号	201799	59801099
宁波通商银行股份有限公司上海青浦支行	青浦区港俞路863号	201799	60587666
招商银行股份有限公司上海青浦支行	青浦区城中西路1号	201799	59865555
中国人民财产保险股份有限公司上海市青浦支公司	青浦区城中东路2号	201700	59711629
中国人寿保险股份有限公司上海市青浦支公司	青浦区城中西路18号	201700	59737923
中国平安人寿保险股份有限公司上海分公司青浦公园东路营销服务部	青浦区公园东路1289弄26号楼（富绅商业中心）7－8楼	201700	69716513
安信农业保险股份有限公司上海青浦支公司	青浦区公园东路1155号	201700	69730130
中国太平洋财产保险股份有限公司上海市青浦支公司	青浦区公园东路1590号5层	201700	69730817
申万宏源证券有限公司上海青浦公园路营业部	青浦区公园路222号	201700	69718276
中信建投证券股份有限公司上海青浦营业部	青浦区城中东路485号	201700	59739156
上海证券有限责任公司青浦营业部	青浦区城中东路566号	201700	59738888
海通证券股份有限公司青浦区青湖路营业部	青浦区青湖路780号	201700	39287479
上海证券有限责任公司青浦明珠路证券营业部	徐泾镇明珠路145号	201702	69760500
东方证券股份有限公司上海公园东路证券营业部	青浦区公园东路1606号D座	201700	39292555
国联证券股份有限公司上海港俞路证券营业部	青浦区港俞路865号三楼	201700	59801065
上海青浦明诚小额贷款股份有限公司	青浦区淀山湖大道2号	201700	39222727
上海青浦兴众小额贷款股份有限公司	青浦区青湖路1023号515室	201700	69728115
上海青浦工合小额贷款股份有限公司	青浦区青龙路79号	201719	59262999

（续表）

单位名称	地址	邮编	电话
上海青浦华新小额贷款有限公司	青浦区华新镇新府中路1786－1784号	201708	59779988
上海青浦大众小额贷款股份有限公司	青浦区华新镇华徐公路999号E通世界北区	201705	59887318
上海亿路顺典当有限公司	青浦区城中东路72号	201700	59729199

（赵 峰）

银 行

■概况 2018年，全区有各类银行26家，与上年持平。各银行本部均分布于青浦城区。城区各银行本部主要分布于公园路（6家）、青湖路（5家）、城中东路（4家）、城中北路（2家）、港俞路（2家）、青安路（2家）。各银行营业网点132个，比上年减少1家；从业人员2405人，比上年减少27人。面对市场变化、国家利率政策市场化趋势改革，各银行调整业务结构，服务地区经济，扶持中小企业、小微企业，支持“三农”工作；开展网点智能化建设；调整完善营业网点布局，撤销上海农商银行新城支行，工商银行徐泾支行迁入徐泾镇京华路77、81、83号新址，兴业银行青浦支行迁入青浦区公园东路1608号新址；加强风险管理，强化合规经营；深入社区，普及金融知识，开展反洗钱、反非法集资、反假币、防电信诈骗宣传活动；服务首届“进博会”．开展“争当进博先锋，创建最美窗口，打响上海金融服务品牌”立功竞赛活动。 （赵 峰）

■中国农业银行股份有限公司上海青浦支行 2018年，坚持党的建设和经营工作两手抓，各项工作健康发展。年末，全行各项存款余额360.50亿元，各项贷款余额131.62亿元，从业人员510人。

助力营商环境优化。紧跟青浦区改善营商环境步伐。开展“扩户提质”和“千人万户百亿”活动，作为首家办理“政银通”试点开户银行，与区内37家经济小区签订政银通战略合作协议，年内新增对公人民币有效结算账户2768户。

发展普惠金融。成立普惠金融发展委员会，组建专业普惠金融营销团队，推动全行普惠金融业务发展。全年完成小微企业客户授信和用信69户，投放金额7706万元。推出运用互联网和大数据技术的特色融资产品“微捷贷”，为小微企业提供全线上、纯信用、秒批到账的便捷信贷服务，小微企业足不出户低成本获得信贷支持。

支持实体经济。在信贷政策偏紧的背景下，跟进多个与民生工程相关的重点项目，承接青浦区多个重要项目的融资工作。2018年，徐泾老集镇城中村改造项目中，作为银团牵头行，成功办理银团贷款项目，为城中村改造提供金融支持。

服务民生。每年组织全辖23家网点开展形式多样的社会金融服务工作。定期组织员工进社区、进学校、进企业、进商场开展金融知识普及、反假币、反欺诈、“金融消费者权益日宣传”“打击和防范经济犯罪宣传”等活动，或开展理财金融知识讲座沙龙，确保每年100场次以上，为社区居民、企事业单位员工、在校教职工和学生提供全方位的整体金融服务。年内，防范堵截各类案件和风险事件20余起，涉及金额120万元，成功防范案例多次被中央电视台等媒体报道，防范电讯诈骗工作得到公安机关肯定。

开展区域化党建。作为青浦区域化党建的重点单位，参加区委组织的区域化党建各项活动，通过开展“不忘初心，牢记使命”主题教育、“善心、暖心”、微心愿认领、护航进博会志愿服务等，与区内街道、学校、敬老院、村级组织等26家单位签订共建协议。服务首届“进博会”，做好窗口服务等工作，组织志愿服务队，安排人员进驻“进博会”担任志愿者。支行党委书记、行长王连军获市委组织部“上海市进博先锋行动”优秀共产党员称号，徐泾支行获上海金融工委服务进博会“最美金融服务窗口”的称号。 （吴晓丽）

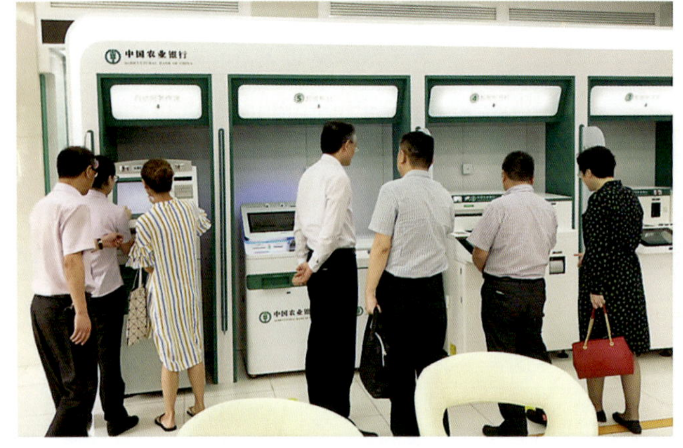

7月3日，农业银行青浦开发区支行完成智能化改造后以全新网点风貌开业 （农行青浦支行供稿）

表 48

2018 年中国农业银行上海青浦支行网点情况表

网点名称	地址	邮编	电话
农业银行青浦城中支行	青浦区城中北路 5 号	201799	59720638
农业银行赵巷支行	青浦区赵巷镇赵兴路 97 号	201703	59754903
农业银行徐泾支行	青浦区徐泾镇盈港东路 1755 号	201702	59762421
农业银行华新支行	青浦区华新镇新益路 445 号	201708	59797999
农业银行凤溪支行	青浦区华新镇凤星路 1535 号	201705	59770074
农业银行重固支行	青浦区重固镇赵重公路 2778 弄 128 号	201706	59789886
农业银行白鹤支行	青浦区白鹤镇外青松公路 2688 号 588 号	201709	69746012
农业银行赵屯支行	青浦区白鹤镇赵屯社区梅桥街 8 号	201711	59210087
农业银行大盈支行	青浦区香花桥街道大盈社区大盈路 391 号	201712	59222068
农业银行青浦出口加工区支行	青浦区香花桥街道北青公路 9221 号	201707	59701175
农业银行青浦支行营业部	青浦区公园路 8 号	201799	69721072
农业银行青浦工业园区支行	青浦区青安路 228 号	201700	69200383
农业银行朱家角支行	青浦区朱家角镇漕平路 19 号	201713	59240138
农业银行沈巷支行	青浦区朱家角镇沈巷社区沈巷路 103 号	201714	59835669
农业银行盈浦支行	青浦区港俞路 855 号	201799	59853716
农业银行练塘支行	青浦区练塘镇练新路 94 号	201715	59252271
农业银行盈港路支行	青浦区盈港路 1002 号	201799	59207882
农业银行西岑支行	青浦区金泽镇西岑社区西虹街 365 号	201721	59271093
农业银行金泽支行	青浦区金泽镇金溪路 287 号	201718	59265188
农业银行商榻支行	青浦区金泽镇商榻社区商周路 25 号	201719	59281053
农业银行青浦环城支行	青浦区城中东路 228 号	201799	59726751
农业银行夏阳支行	青浦区青湖路 746－758 号	201799	33863309
农业银行青浦开发区支行	青浦区赵巷镇华科东路 218 号	201799	69213836

（吴晓丽）

■**中国建设银行股份有限公司上海青浦支行** 2018 年，坚持以党建引领业务发展，围绕“增存、拓客、促效益”主线，加大业务拓展力度，提高经济效益。年末，存款余额 221.12 亿元，比上年下降 1.68%；贷款余额 166.73 亿元，比上年增长 1.37%。

6 月 9 日，联合建行市分行机构业务部、区经委、区发改委、葛洲坝（上海）房地产公司开展政银企党建共建签约活动，组织参观国内首家“无人银行”建行九江路支行。7 月 1 日，设置普惠金融事业部，与机构业务部合署办公。8 月 24 日，撤销网络金融部（信用卡业务部），设立信用卡业务中心。年末，部门设置为综合管理部（安全保卫部）、财务会计部、风险管理部（内控合规部）、渠道与运营管理部、监察部、公司业务部、

8 月 30 日，建行青浦支行劳动者港湾爱心公益活动启动仪式举行

（建行青浦支行供稿）

机构业务部、金融同业部、国际业务部、个人业务部、个人信贷部、信用卡业务中心、私人银行中心、现金调运中心。有网点13个，与与上年持平。员工295人，比上年减少3人。获2018年度青浦区百强优秀企业称号，在青浦区域的贡献度不断提升。

8月30日上午，青浦支行“劳动者港湾”爱心公益活动启动仪式在支行营业室举行。建行青浦支行、青浦区总工会、区交警支队、上海市保安服务总公司青浦区分公司、上海美都环卫服务有限公司、上海青浦海博出租汽车有限公司、各快递公司区域分部等负责人40余人参加启动仪式。建设银行开放网点服务资源，为户外工作者、老弱病残孕等特殊客群提供服务。年末，支行下属网点（13个）全部建成“劳动者港湾”。

（姚金龙）

2018年建设银行上海市青浦支行网点情况表

表49

网点名称	地址	邮编	电话
建设银行青浦支行	青浦区城中东路550号	201700	59725555
建设银行徐泾支行	青浦区徐泾镇京华路85号	201702	59760395
建设银行赵巷支行	青浦区赵巷镇赵兴路92号	201703	59752199
建设银行华新支行	青浦区华新镇新府中路1780号	201708	59799993
建设银行白鹤支行	青浦区白鹤镇鹤如路60号	201709	59741327
建设银行城中支行	青浦区公园路718号	201700	59734724
建设银行朱家角支行	青浦区朱家角镇祥凝浜路363号	201713	59240243
建设银行练塘支行	青浦区练塘镇练新路58号	201715	59251744
建设银行城东支行	青浦区青湖路837号	201700	61200805
建设银行北门支行	青浦区城中西路302－310号	201700	59853901
建设银行联民路支行	沪青平公路1921号101室	201702	59763791
建设银行新城支行	青浦区公园东路1600号	201700	39790050
建设银行重固支行	青浦区赵重公路2777弄5－7号	201706	59868969

（姚金龙）

8月16日，工商银行青浦徐泾支行迁入新址　（工商银行青浦支行供稿）

■中国工商银行股份有限公司上海市青浦支行　2018年，以“奋斗＋落实＋执行”的作风聚焦问题、凝聚共识，应对内外多重挑战。成立普惠金融事业部，配备专职客户经理5人、中后台专业岗人员2人。年末，下设综合管理部、公司业务部、普惠金融事业部、信贷管理部、个人金融业务部、业务管理部6个部室，下辖10个营业网点。年末，本外币各项存款余额145.75亿元，比年初减少4.89亿元（其中本外币储蓄存款70.72亿元，增加6.20亿元；本外币对公存款余额75.03亿元，比年初减少11.09亿元）。本外币各项贷款余额111.09亿元，比年初减少13.60亿元。从业人员245人。

优化营业网点。4月30日，撤销赵江路离行式自助银行。6月，工商银行公园东路离行式自助银行迁址至青浦区沪青平公路1583号，更名为高泾路离行式自助银行，面积45平方米。8月16日，工商银行徐泾支行迁入徐泾镇京华路77、81、83号新址开业，面积612平方米，开办对公业务和对私业务，有穿墙式存取款机3台及取款机2台（24小时对外服务）、大堂智能柜员机3台、对公自助回单打印机2台、网银体验机、产品领取机和存取款一体机各1台，员工24人。

加强与政府机关、战略客户间的联系。5月，开展融e购APP码上赢营销工作，全员参与。在该月第一周总行劳动竞赛“码上赢”营销活动中，位居分行排名第一。6月，与上海青浦刺桐红村镇银行达成合作意向。

开展党员集中教育月活动。微党课《马克思主义与我们的生活》获上海金融系统“不忘初心·牢记使命”微党课大赛二等奖。7月，与青浦区机管局党总支、区网格化管理中心机关党支部联合开展“建党97周年，助力‘进博会’”党日主题知识竞赛活动。全年分行服务考核中，排名前十。《融e联快递专区》获得分行“金融科技创意大赛”三等奖。

服务社区。3月，参加由青浦区夏阳街道主办的“3·5学雷锋日”主题活动，入社区为居民讲解反电信诈骗和反假币的相关金融知识。11月，深入企业、进社区、进村镇，开展新版社保卡营销工作。（李晨燕）

2018年中国工商银行上海青浦支行网点情况表

表50

网点名称	地址	邮编	电话
工商银行青浦支行	青浦区城中东路485号	201799	59720088
工商银行朱家角支行	青浦区朱家角新风路168号	201713	59241986
工商银行徐泾支行	青浦区徐泾镇京华路71、81、83号	201702	59768719
工商银行华新支行	青浦区华新镇新府中路1750号	201707	59791425
工商银行工业园区支行	青浦区清河湾路907号	201799	69228671
工商银行盈港路支行	青浦区盈港路562－570号	201799	59714101
工商银行青湖路支行	青浦区青湖路787号	201799	61249735
工商银行赵巷支行	青浦区赵巷镇镇中路520号	201703	59751021
工商银行明珠路支行	青浦区徐泾镇明珠路220号	201702	69767608
工商银行白鹤支行	青浦区白鹤镇外青松公路2965号	201799	59740139

（李晨燕）

■交通银行股份有限公司上海青浦支行 2018年，树立“提高首位度、美誉度、满意度，推进高质量发展”的“三提一高”发展理念，围绕“服务实体经济、防控金融风险、深化金融改革”的工作方针，开展全年工作。年末，存款余额49.82亿元，贷款余额36.93亿元，经济利润0.7亿元。支行下设3个网点，从业人员88人。

优化网点环境。7月29日，支行营业部原址完成装修重新营业，服务规范，引入先进自助机具设备，配置机具引导员。8月30日，“交通银行上海市分行科技金融服务中心（青浦）”揭牌。紧贴区域经济发展特点，以上海科创中心建设提速、首届“进博会”在国家会展中心举办等发展热点为契机，为青浦区科技创新企业提供覆盖面广、可得性高、满意度高的科技金融服务。

7月29日，交通银行青浦支行营业部完成装修后重新营业

（交通银行青浦支行供稿）

推进银政合作。3月27日，与区政府签订战略合作协议，搭建"政银企"沟通平台。防控金融风险。结合"防范非法集资宣传月""金融知识送下乡"等主题，开展各类反洗钱、反假宣传活动10余次，通过设摊、下乡、进社区、进产业园等渠道，辐射不同群体，延伸宣传的广度与深度。（徐雯艳）

2018年交通银行上海青浦支行网点情况表

表51

网点名称	地址	邮编	电话
交通银行青浦支行	青浦区公园路348号	201700	59733533
交通银行徐泾支行	青浦区徐泾镇沪青平公路1915号	201702	59762149
交通银行华新支行	青浦区华新镇新府中路1708号	201705	59795104

（徐雯艳）

3月1日，中国银行青浦支行党总支与青浦海关党总支廉洁伙伴签约仪式举行

（中国银行青浦支行供稿）

■中国银行股份有限公司上海市青浦支行　2018年，下设办公室、综合管理部、公司金融部、公司金融产品部及个人金融部5个职能部门。净利润52180万元，毛收入47982万元，拨备前利润39297万元。人民币存款余额133.58亿元，人民币贷款余额153.01亿元，不良余额1545万元。网点7个，员工195人。

关注区域动拆迁项目。全年成功营销拆迁资金近3000万元，中高端客户新增逾40人。创新存款营销模式，加强与合作楼盘关系，交易额637万元。加强理财经理复杂型重点资产配置工作。重视旺季贵金属营销。

加强队伍建设。4月，开展基层经营管理人员后备选拔工作，通过公开竞聘、民主推荐、考察访谈、研究决定等环节，建立11人的基层经营管理后备库。5月，开展支行营销队伍后备选拔工作，通过公开竞聘的方式建立14人的后备营销队伍人才。

1月21日，中国银行青浦支行团总支与青浦区人社局机关团支部联合开展"不忘使命，积极进取——超龄团员红色基地寻访"共建活动暨退团活动。3月1日，支行党总支与青浦海关党总支举行廉洁伙伴协议签约仪式。6月5日，支行联合北斗西虹桥园，赞助举办第五届"北斗杯"羽毛球大赛。9月27日，支行主办"博览新时代·贸易新机会"2018中国国际进口博览会展前对接会。区经济委员会为支持单位，区人大常会委副主任何强出席并致辞。（凌茹萌）

2018年中国银行上海市青浦支行网点情况表

表52

网点名称	地址	邮编	电话
中国银行青浦支行营业部	青浦区城中东路608号	201799	59729942
中国银行青湖路支行	青浦区青湖路822号	201799	69732601
中国银行徐泾支行	青浦区徐泾镇京华路205号	201702	59762440
中国银行朱家角支行	青浦区朱家角祥凝浜路351号	201713	59241846
中国银行凤溪支行	青浦区华新镇凤中路267号	201705	59771459
中国银行华科路支行	青浦区华科路163号	201799	59813722
中国银行华新支行	青浦区华新镇新府中路1736号	201708	39299916

（凌茹萌）

■**中国农业发展银行上海市青浦区支行**　2018年,以国家政策为导向,创新思路,推进依法合规建设。年末,各项贷款余额140606万元,各项存款余额19154万元,人均利润31万元,收贷收息率100%,不良贷款为零。

作为农业政策性银行,履行国家宏观经济调控政策,开展服务乡村振兴战略业务。年末,地方储备粮贷款余额11300万元,代保管储备粮40139吨(其中稻谷36139吨、小麦600吨)。全年组织或参与12次储备粮及代管粮油的检查工作,实现储备粮采购、保管、轮换、销售全程动态跟踪管理,确保国家及地方粮食安全。

创新支持地方经济发展。通过开展银团合作,上贷下转等方式,推动业务抱团式发展,支持脱贫业务走出去。探索创新产品服务和模式,对徐泾和重固两镇的"城中村"固定资产贷款进行银团参贷支持,创新支持区内民营实体企业、国有实体企业和国有金融租赁公司,全年投放农业科技贷款2450万元,投放整体城镇化建设贷款26062万元,投放农业综合开发贷款7494万元,投放清洁能源绿色贷款46000万元。

9月28日,农业发展银行青浦支行在夏阳菜场开展反假货币宣传活动

(农业发展银行青浦支行供稿)

加强内部管理。完善组织结构,落实主体责任,严格责任考核和责任追究,发挥党支部核心作用和党员先锋模范作用。加强管理与监督,严格执行考勤制度,履行委派财会主管监督职责,开展银行业专项治理工作。组织青年员工开展"不忘初心跟党走、青春建功新征程"座谈会,开展结对帮扶献爱心捐助活动,筹集爱心资金,帮助社区困难家庭;开展反假进社区公益活动。　　(王　欣)

9月12日,浦发银行青浦支行在盈浦街道办事处食堂提供个人金融理财服务

(浦发银行青浦支行供稿)

■**上海浦东发展银行股份有限公司青浦支行**　2018年,围绕"回归本源、突出主业、做精专业、协调发展"经营理念,以加强党建工作为引领,根据区域经济特点,努力实现业务结构、客户结构和功能结构的三大转型,经营管理能力稳步提升。本外币存贷款规模均取得较快发展。年末,存款余额105.56亿元,其中对公存款69.46亿元,个人存款36.10亿元;贷款余额达49.95亿元,其中对公贷款余额29.68亿元,个人贷款20.27亿元。员工101人,下辖网点6家。

参与到青浦区实现跨越式发展进程中。通过网点布局向区内经济强镇延伸,助力区域经济发展,贴近市民。在区内多个社区、乡镇组织开展货币反假及打击非法集资的活动,普及金融知识。支行党总支先后与盈浦街道党建服务中心党支部、盈浦街道复兴居民区党总支、赵巷镇龙联居民区党支部、中国移动青浦分公司党总支、练塘镇党委、练塘镇泖甸村党总支、新练塘经济发展有限公司党支部、盈浦街道赵屯浦居民区党支部、朱家角镇张马村党支部、华新镇马阳村党支部10家单位签署党建共建结对协议。　　(范家焕)

22018 上海浦东发展银行青浦支行网点情况表

表 53

网点名称	地址	邮编	电话
上海浦东发展银行青浦支行	青浦区城中东路 699 号	201700	59739692
上海浦东发展银行徐泾支行	青浦区徐泾镇盈港东路 1928 号	201702	59765268
上海浦东发展银行华新支行	青浦区华新镇新府中路 1676 号	201708	59790690
上海浦东发展银行汇金支行	青浦区秀源路 600 号	201703	59720059
上海浦东发展银行临空支行	长宁区金钟路 633 号	200335	32523600
上海浦东发展银行上海名人苑社区支行	青浦区港俞路 1095 号 1－2 层	201700	59720028

（范家焕）

■平安银行股份有限公司上海青浦支行 2018 年，坚持以“零售战略转型”为核心，秉承“科技引领、零售突破、对公做精”的转型发展战略，以“科技引领”为引擎，为客户提供一站式综合金融服务。年末，存款余额 17.72 亿元，其中储蓄存款 4.87 亿、公司存款 12.85 亿；贷款余额 5.36 亿元，其中个人贷款 1.39 亿、公司贷款 3.97 亿。网点 1 个，从业人员 20 人。

零售突破。全力向大众呈现“综合化、场景化、智能化、个性化”特征的 OMO（线上线下融合）金融新零售模式。线上通过网银 APP 集中提供银行及集团各子公司零售业务全部产品和服务；线下通过各种智能化设备和工具，提供一对一专业服务，为客户定制理财、证券、保险、消费信贷、汽车金融等全面金融支持方案。10 月 1 日，青浦支行开始整体升级改造为智能零售新网点，12 月 28 日，完成改造。

对公做精。坚持“行业化、专业化、投行化、轻资本、轻资产”的发展理念，以精益求精的态度、精耕细作的方式，打造精品公司服务。依托自身“金融＋科技”优势，利用人工智能、大数据等技术，通过多种金融工具的组合，为客户定制差异化金融服务平台，使客户经营与平安银行网银无缝对接，实现“产品＋平台＋服务”一体化模式，满足结算、管理、融资等需求，帮助客户整合产业上下游资源。

服务社会。开展形式多样的金融知识宣传活动，参与“3·15”消费者权益保护活动、盈浦街道便民活动，开展重阳节、儿童节等主题活动，宣传诚信、反假、防诈骗、防非法集资等具有针对性的金融知识，帮助消费者全面了解金融知识。（蒋欢栋）

12 月 28 日，平安银行青浦支行营业大厅完成装修 （平安银行青浦支行供稿）

■上海银行股份有限公司青浦支行 2018 年，加快转型，应对形势变化，努力推进普惠金融，支持区域经济。年末，本外币存款余额 157.1 亿元，比上年增加 33.9 亿元，增幅 27.6%，其中企业存款余额 88.2 亿元（增幅 6%）、储蓄存款余额 24.1 亿元（增幅 32%）、同业存款 44.8 亿元（增幅 107%）；贷款余额 48 亿元，其中企业贷款余额 41.4 亿元、个人贷款余额 6.6 亿元。有 5 家网点，员工 94 人。

推进普惠金融。普惠金融投放 1 亿元。企业类贷款主要面向青浦地区的“快递物流、人工智能、移动互联、北斗导航、智慧医疗、绿色节能、新材料”等符合国家产业政策导向的实体型企业；个人类贷款主要面向个体工商户经营性贷款和小企业主经营性贷款。采用新的快速审批机制，加快审批进程。通过市财政中小微担保基金平台，创新推出“银税宝、投贷保、专精特新融资宝”等多个新产品，重点面对担保条件弱、有成长性和一定税收回报的小微企业。

支持实体经济。搭建融资平台，批量支持实体型企业。重点支持符合医改政策方向、收入稳步增长、医疗资源有保障、专业性较强的民营医疗机构。对健康行业的授信余额超过 5.5 亿元，涉及医院近 30 家。通过融资平台，为青浦工业园区内处于初创期、高成长、轻资产的优质企业进行批量授信。拓展基础客户。开展企业客户新户倍增活动，新增企业客户 977 户，比上年增长 21%。（胡幸安）

2018 年上海银行青浦支行网点情况表

表 54

网点名称	地址	邮编	电话
上海银行青浦支行	青浦区青安路 39 号	201700	59723023
上海银行徐泾支行	青浦区徐泾镇盈港东路 1548 号	201702	59766421
上海银行青浦新城支行	青浦区秀禾路 366 号	201700	59853963
上海银行华新支行	青浦区华新镇华强街 607 号	201708	59795336
上海银行赵巷支行	青浦区赵巷镇赵中路 1 号	201703	59756383

（胡幸安）

■中国光大银行股份有限公司上海青浦支行 2018 年，围绕总行“打造一流财富管理银行”的战略目标和分行总体发展战略，坚持稳中求进、质效并举，打造“阳光品牌”，调整存款结构，调整贷款结构，推进网点转型、收入转型，提升服务实体经济质效，实现规模、质量、效益协调发展。年末，存款余额 24.20 亿元、贷款余额 10.97 亿元，从业人员 40 人。

支持民营企业和小微企业等实体经济，落实分类支持政策，以金融创新化解民企融资难融资贵困难，做好普惠金融服务。依托总行大数据挖掘、私有云等基础科技平台，发展互联网金融，做好手机银行、电子银行、网络贷款、云缴费、云支付，推动业务板块数字化转型。严守各类风险底线，实现风险管理转型，加强统一授信管理，上线对公客户统一风险视图和个人客户统一额度管理功能。优化授信政策架构，建立“正面清单”和“负面清单”机制。加强预警能力建设，风险预警系统新增接入数据和预警模型，加强内控合规管理，支行负责人、派驻柜台经理等关键岗位人员轮岗。加强科技与声誉风险管理。推进全面从严治党和全面从严治行，落实党建联系制度，推动党建和业务融合。（黄承宏）

11 月 17 日，光大银行青浦支行在青浦万达茂开展环保宣传活动

（光大银行青浦供稿）

2018 年光大银行青浦支行网点情况表

表 55

网点名称	地址	邮编	电话
光大银行青浦支行	青浦区青松路 22 号	201700	59726307
光大银行华新支行	青浦区华新镇新府中路 1714 – 1724 号	201708	39289588
光大银行现代华庭社区支行	青浦区重固镇赵重公路 2778 弄 75 号	201706	69216357

（黄承宏）

2月22日，农商银行青浦支行在营业厅门前开展金融宣传活动

（农商银行青浦支行供稿）

■上海农村商业银行股份有限公司青浦支行 2018年，立足区域经济，坚持差异化定位、特色化经营、专业化服务、精细化管理，加快转型发展、提升服务能力，取得较好的经营业绩。加快二次零售转型。走访基层网点调研，加强上下沟通联动，探索业务创新、公私联动模式。年末，各项存款余额336.6亿元，比年初增长23.2亿元，在全区26家银行中，存款余额占比19.1%，提高0.6%，排名第二；增量占比33.7%，排名第二。各项贷款余额134.2亿元，比年初增长16.2亿元，在全区银行中，贷款余额占比13.3%，提高0.9%，排名第四；增量占比27.7%，排第二。

优化营业网点。3月24日，撤销上海农商银行新城支行，所有业务并归至上海农商银行环城支行。年末，营业网点23家，比上年减少1家。是青浦地区网点最多金融机构。从业人员337人，比上年减少12人。

服务区域经济。配合青浦区争创全国文明城区工作。“进博会”重点区域网点西虹桥支行新增即期结售汇（对私）资质，开展“为进博会相关企业客户提供绿色通道服务”活动，为上海农商银行白名单内企业享受国际结算业务资料提供便利化服务。成立“进博会”工作推进领导小组，统筹推进各项工作。成立“长三角一体化金融研究课题组”，研究长三角一体化背景下商业银行经营对策。充分发挥网点遍布各镇、贴近各工业园区的优势，为企业提供便利、个性化的金融服务。落实一站式开户服务。推进新版社保卡发行工作，全年发行60279张。

履行社会责任。开展送金融知识进园区、进社区、进校区的“三进”活动。联合团区委开展“青春点绿环保主题活动”，走入各街镇“爱心暑托班”办班点。举行“国旗下成长·农商助力新青浦梦”升旗仪式。资助关爱青浦高级中学5名困难学生。协助警方成功抓捕犯罪嫌疑人，成功阻截多起电信诈骗、伪造身份证案件。开展廉政警示教育活动、“践行新思想·拥抱新时代”主题团组织生活会、“汇聚农商梦，改革再出发”话剧专场活动。 （徐人为）

2018年上海农商银行青浦支行网点情况表

表56

网点名称	地址	邮编	电话
上海农商银行青浦支行	青浦区公园路399号	201700	59717917
上海农商银行赵巷支行	青浦区赵巷镇赵兴路94号	201703	59754374
上海农商银行徐泾支行	青浦区徐泾镇盈港东路1775号	201702	59760508
上海农商银行华新支行	青浦区华新镇新府中路1678－1684号	201708	59797748
上海农商银行新凤北路分理处	青浦区华新镇华新街508号	201708	59790675
上海农商银行凤溪支行	青浦区华新镇凤星路1531号	201705	59770039
上海农商银行重固支行	青浦区重固镇北青公路6388号1404－1406室	201706	59788328
上海农商银行福泉分理处	青浦区重固镇福泉山路489号	201706	59781223
上海农商银行白鹤支行	青浦区白鹤镇外青松公路2727号	201709	59746716
上海农商银行赵屯支行	青浦区白鹤镇赵江路201号	201711	59211861
上海农商银行香花桥支行	青浦区北青公路9318号	201707	59702043
上海农商银行大盈支行	青浦区香花桥街道大盈路415号	201712	59221398

（续表）

网点名称	地址	邮编	电话
上海农商银行环城支行	青浦区青湖路 885 号	201700	59715922
上海农商银行盈中支行	青浦区城中西路 134 号	201700	59729451
上海农商银行朱家角支行	青浦区朱家角镇祥凝浜路 98 号	201713	59240578
上海农商银行沈巷支行	青浦区朱家角镇沈巷路 89 号	201714	59830625
上海农商银行练塘支行	青浦区练塘镇练新路 129 号	201715	59253992
上海农商银行小蒸分理处	青浦区练塘镇共喜路 202 号	201716	59812475
上海农商银行蒸淀支行	青浦区练塘镇朱枫公路 6338 号	201717	59821112
上海农商银行金泽支行	青浦区金泽镇金溪路 235 号	201718	59261081
上海农商银行莲盛支行	青浦区金泽镇镇中路 53 号	201722	59272891
上海农商银行商榻支行	青浦区金泽镇商蔡路 48 号	201719	59282973
上海农商银行西虹桥支行	青浦区徐泾镇诸光路 1111 号	201702	69766961

（徐人为）

■中国邮政储蓄银行股份有限公司上海青浦区支行　2018 年，坚持服务“三农”、服务中小企业、服务社区的定位，紧扣新发展理念，贯彻落实国家战略，服务“小微”、服务实体经济，推动业务发展，加快业务转型。年末，各类存款余额 59.41 亿元，比上年增加 2.4 亿元，其中个人储蓄余额 47.18 亿元、公司存款余额 12.23 亿元；各类贷款结余 8.96 亿元。

助力实体经济。3 月 12 日起，对外公告承诺 4 个工作日内完成企业基本户开户，至年末开立基本户 56 户，基本实现 3 个工作日内完成开户、第 4 个工作日将开户许可证交接给客户。根据“精准扶贫”政策指引，组织营销团队，开展走访贫困居民家庭，办理“精准扶贫”贷款 1250 万元、2 户。根据总分行工作部署，免除贷款过程中企业评估费和抵押登记费；下半年起，将个人商务贷款利率从基准利率上浮 30% －40% 调低到基准利率上浮 20% 以下，减免民营、小微企业客户资金管理费、咨询费等与贷款直接挂钩的服务费用。下半年扶持小微企业 70 家，放款 11034 万元。

实施普惠金融。推广“小微易贷”“小企业快捷贷”等总行研发助力小微企业发展的新产品，利用线上与线下结合，通过网络全自助办理企业贷款业务。全年发放小企业快捷贷 16 笔、4398.8 万元，涉及企业 12 家；发放小微易贷 7 笔、近 535.1 万元，涉及企业 6 家。开展金融知识进社区、进园区、进校区活动，结合“3·15 消费者权益保护”“进博会”及各公共节日契机，向居民、外来务工者和在校师生宣传反假币，反洗钱，防范金融诈骗，防范非法集资、理财、保险等金融知识，开展活动近百次，惠及群众达千人。

履行社会责任。与徐泾镇社区党建服务中心开展联合共建活动，组织开展以“不忘初心为人民，牢记使命我先行”为主题的大型党员志愿者公益活动；与青华社区居委会党支部联合共建，组织开展“寄语十九大，金融知识进万家”“四季养生食疗”健康知识讲座等活动。组织党员志愿者到东方居民区和千步泾居民区，走访慰问社区困难家庭。帮困孤寡老人、残困家庭 10 名，帮困金额 3220 余元。在上海金融系统“争当进博先锋，创建最美窗口，打响上海金融服务品牌”职工立功竞赛活动中，获“最美金融服务窗口”称号。

（盛思聪）

10 月 23 日，邮储银行青浦支行在徐泾镇海天广场开展“普惠金融·护航进博会”志愿者活动　（邮政储蓄银行青浦支行供稿）

2018 年邮储银行青浦区支行网点情况表

表 57

网点名称	地址	邮编	电话
邮储银行青浦区支行营业部	青浦区公园路 268 号	201799	59728113
邮储银行青浦区朱家角镇支行	青浦区朱家角镇美周路 2－6 号	201713	59239818
邮储银行青浦区赵屯支行	青浦区白鹤镇赵江路 193 号	201711	59211711
邮储银行青浦区商榻支行	青浦区金泽镇商蔡路 2 号	201719	59281719
邮储银行青浦区华新镇新府中路支行	青浦区华新镇新府中路 1760－1766 号	201708	39790018
邮储银行青浦区徐泾支行	青浦区徐泾镇盈港东路 1852－1866 号	201702	39250301
邮储银行青浦区新桥路支行	青浦区白鹤镇新桥路 595 号	201712	39780027
邮储银行青浦区徐泾营业所	青浦区徐泾镇京华路 133－139 号	201702	59760000
邮储银行青浦区赵巷营业所	青浦区赵巷镇赵兴路 52 号	201703	69751287
邮储银行青浦区凤溪营业所	青浦区华新镇凤星路 1460 号	201705	59770018
邮储银行青浦区重固营业所	青浦区重固镇福泉山路 478 号	201706	59781224
邮储银行青浦区香花营业所	青浦区北青公路 9335 号	201707	59701143
邮储银行青浦区华新营业所	青浦区华新镇华新街 608 号	201708	59791785
邮储银行青浦区白鹤营业所	青浦区白鹤镇外青松公路 2980 号	201709	59747166
邮储银行青浦区大盈营业所	青浦区香花桥街道大盈路 412 号	201712	59222120
邮储银行青浦区沈巷营业所	青浦区朱家角镇沈巷社区万步路 50 号	201714	59830714
邮储银行青浦区练塘营业所	青浦区练塘镇练新路 90 号	201715	59251715
邮储银行青浦区小蒸营业所	青浦区练塘镇小蒸社区贞溪南路 205 号	201716	59811716
邮储银行青浦区蒸淀营业所	青浦区练塘镇蒸淀社区蒸兴路 127 号	201717	59820717
邮储银行青浦区金泽营业所	青浦区金泽镇金溪路 292－296 号	201718	59260718
邮储银行青浦区西岑营业所	青浦区金泽镇西岑街 397 号	201721	59294721
邮储银行青浦区莲盛营业所	青浦区金泽镇莲湖路 28 号	201722	59271722
邮储银行青浦区城中营业所	青浦区城中东路 42、44 号	201799	69712400

（盛思聪）

■中信银行股份有限公司上海青浦支行 2018 年，结合青浦区域金融实际情况，提高服务意识，强化依法合规经营，持续改进和提升服务质效，通过新型结算业务、贷款授信、贸易融资等方式，加大金融消费知识宣传教育力度，在服务经济、服务社会、服务大众工作中取得新进展。年末，公司存款余额 80839 万元，比上年减少 18.8%；贷款余额 171521 万元，比上年增长 68.5%。个人存款余额 53778 万元，比上年增长 109.6%；贷款余额 66365 万元，比上年增长 4.5%。全年营收 4430 万元，经济利润 836 万元，税后利润 1919 万元，人均创利约 90 万元。员工 22 人，其中正式员工 20 人、第三方派遣员工 2 人，人均年龄 33 岁。

3 月 1 日，作为青浦区金融联合会秘书长单位随同区发改委（金融办）到圆通物流信息互通共享技术及应用国家工程实验室开展"大调研"，就青浦区物流产业集群和物流平台建设发展进行交流。6 月 15 日，与青浦区发改委（金融办）联合举办"上市路上的中信伙伴——青浦区金融支持实体经济论坛"，区发改委（金融办）、经委、科委、国资委、财政局、各街镇及区属公司等及 40 多家青浦区上市、拟上市、新三板挂牌公司代表出席会议。12 月，被市社会保险事业管理中心授予 2018 年度上海市养老金发放优质服务窗口单位。获得上海分行 2018 年度零售存款增长十佳支行和 2018 年度零售 AUM 增长十

佳支行称号。（顾晓磊）

■兴业银行股份有限公司上海青浦支行　9月25日，迁入青浦区公园东路1608号及1606号401室新址。总面积784.53平方米，开办对公业务和对私业务，有穿墙式存取款机2台（24小时对外服务）和大堂智能柜员机、大堂大额存款机和对公自助回单打印机各1台。年末存款余额144167万元；贷款余额13278万元。员工22人，网点1个。

致力于多元化、特色化、专业化的服务，开展绿色金融、科技金融、智慧银行等相关业务。服务青浦地区经济建设，围绕青浦区"一城两翼"等重大项目建设，加大对中小企业的服务质效。企业开户业务"兴开户"全面升级，简化企业开户流程，改进服务、加强风控管理，优化中小企业金融服务水平。扶持区内中小微企业，根据企业生产的经营特点主推供应链产品，运用"兴E融""E秒贷""E购贷"等相关金融产品在线融资系统，实现贷款资金循环周转使用、自助支用。根据企业不同的阶段，结合兴业银行专业的优势提供配套服务，在资金融通、存管结算、资产管理、投资顾问、跨境业务、资产流转等领域开展全面业务合作。（高祷倩）

■中国民生银行股份有限公司上海青浦支行　2018年，继续为德邦物流全国集团办理薪资理财卡代发业务，新增开卡5000多张。带动零售客户数的增加，2018年44241户，比上年增加4036户，拉动储蓄存款平稳增长（日均存款增加6600万元）。12月9日，民生银行青浦支行成立10周年，举办10周年行庆活动。年末，公司业务，对公人民币年日均21.94亿元，比上年（20.06亿元）增加1.88亿元；对公人民币贷款年日均8.63亿元，比上年（12.98亿元）减少4.35亿元。零售业务，储蓄存款年日均4.83亿元，比上年（4.17亿元）增加6600万元；金融资产余额15.39亿元，与上年（11.84亿元）增加3.55亿元；有效客户群44241户，比上年（40205）增加4036户，主要为代发工资客户带动的客户群；小微贷款余额7569万元，比上年（6803万元）增加766万元；消费贷款余款2.11亿元，与上年（2.13亿元）基本持平，主要由优质代发客户中的中高层客群消费拉动和个人按揭贷款拉动。全年责任收入约6500万元，比上年（6361.82万元）增加约138万元。员工25人，网点数量1个。（徐燕莉）

■广发银行股份有限公司上海青浦支行　2018年，行业内经济局势紧张，银行吸储压力较大，对目标市场有所调整，将服务重点放在的区内中小企业，业务侧重点偏向贷款营收，贯彻稳中求发展的政策，坚持以资产业务为抓手，发展区内资产客户，服务青浦地方经济建设，带动负债业务的增加。加大对区内中小企业的信贷力度。针对不同企业类型和不同贷款人群，推出了"科技履约贷""科信贷""快融通"等融资方

9月25日，兴业银行青浦支行迁入新址

（兴业银行青浦支行供稿）

12月9日，民生银行青浦支行10周年庆当日的营业大厅

（民生银行青浦支行供稿）

1月30日，中国人寿讲师马榕维在广发银行青浦支行会议室向客户宣讲保险知识及金融形势（广发银行青浦支行供稿）

11 月 16 日，华夏银行青浦支行在上达社区开展金融知识宣传活动
（华夏银行青浦支行供稿）

案，解决中小企业及微型企业的融资需求。年末，存款余额 5.7 亿元，其中对公存款余额 3.9 亿元、储蓄存款余额 1.8 亿元。对公贷款余额 7291 万元，对私贷款余额 7360 万元。员工 14 人。

中国人寿保险于 2016 年成为广发银行股份有限公司的大股东。加强银保合作，青浦支行与中国人寿青浦支公司合作，定期举行沙龙活动，进行保险产品介绍及金融形势分析，邀请广发银行青浦支行的贵宾客户及潜力客户参与活动。（沈　华）

■华夏银行股份有限公司上海青浦支行　2018 年，努力为居民及企业提供优质金融服务，宣传反假币、反诈骗、反洗钱等金融知识。被评为分行级个人业务先进部室。年末，存贷总规模 23.55 亿元，其中存款余额 11.86 亿元、贷款余额 11.69 亿元。存款中，公司存款 7.88 亿元、个人存款 3.98 亿元。利润 3907 万元。2 家营业网点，员工 36 人。

2 月 9 日，到青松居委会为未成年人宣传金融知识，通过抢答方式向参与者普及中外货币知识。3 月 14 日，在尚美社区广场参加“学雷锋一条龙服务”主题文化活动，为社区居民提供反假、反洗钱等咨询服务。11 月 16 日，在上达社区广场参加“社区为民服务”主题文化活动，提供金融知识普惠咨询服务。（陈小磊）

2018 年华夏银行青浦支行营业网点情况表

表 58

网点名称	地址	邮编	电话
华夏银行上海青浦支行	青浦区城中北路 780 号	201700	69795577
华夏银行上海徐泾支行	青浦区徐泾镇盈港路 1714－1718 号	201702	59895577

（陈小磊）

■杭州银行股份有限公司上海青浦支行　成立于 2011 年 4 月 28 日，位于青浦区青湖路 860—876 号。2018 年，坚持高质量、高效益、高速度、结构协调发展。提供差异化，特色化服务，实施分类营销，深入各个社区，向居民介绍推荐特色业务，主要有“幸福 99”个人理财、高净值客户专享理财，美元百赢存款、云抵贷、个人经营贷款等。业务主要定位为服务中型企业及行政事业单位，提供专业化的金融服务解决方案，关注金融产品创新，以“行业金融解决方案＋个性化方案”相结合为中型企业提供差异化产品。培育核心客户，提供综合化的增值服务，建立战略合作伙伴关系。年末，存款余额 8.57 亿、贷款余额 3.51 亿多。从业 22 人。（王小琴）

4 月 12 日，杭州银行青浦支行在清水湾小区开展防诈骗及理财宣传活动
（杭州银行青浦支行）

■**浙江泰隆商业银行股份有限公司上海青浦支行** 成立于2012年4月，致力于青浦区小微金融企业金融服务。贷款总额中，信用保证贷款占96%，抵质押贷款不足4%。服务的客户均是小微企业、个体工商户及社区居民。2018年，为5000多名小微客户提供金融服务，授信30亿元，直接扶持青浦区中小微企业2000多户。相当于支持近2万人就业，为青浦区的经济发展作出贡献。被评为青浦区百佳服务窗口。年末，贷款余额72862，存款余额80253，从业人员37人。

（张　洋）

■**大连银行股份有限公司上海青浦支行** 位于青浦区港俞路899号，营业面积1618平方米，有贵宾室、24小时自助银行。2018年，坚持以资产业务为抓手，发展资产客户提供差异化特色化服务，深入各个社区，向居民介绍大连银行的特色业务。面临银行业各项业务的创新和转型，利率市场化实质推进，推出一系列富有中国特色的“24节气理财”等金融消费理财产品。3月15日，在青浦民乐苑社区与民乐苑居委会联合举办“消费者权益保护宣传”活动，向广大居民介绍各种金融消费方面的知识和金融产品。年末，存款余额4.8亿元，贷款余额1.5亿，从业人员11人。

（姜翼晨）

■**北京银行股份有限公司上海青浦支行** 2018年，坚持“注重实效，控制风险，功坚克难，量质并存”的原则，打造青浦特色普惠金融文化，服务实体经济。客户基础方面，加大对普惠金融的投放，建立全方位的业务合作关系，形成对公带动零售，零售带动对公的良好局面。在产业升级方面，与青浦工业园区建立合作关系，推动“投贷联动业务”“微贷通”“网速贷”等特色业务，发展批量化、标准化、集约化的营销路线，扩大区内实体小微客户群体。年末，各项存款余额12.69亿元，贷款余额60.61亿元，从业人员25人，网点有青浦支行和徐泾社区支行。

加强案件防控理念。11月，与警方合作，提供异常开卡人员身份信息，为侦破电信诈骗团伙案件提供重要线索，获得“2018年度青浦区群防群治队伍先进个人”称号。

开展形式多样的社区宣传活动。1月19日，在夏阳街道东盛居委会开展反假知识、识假技能的宣传活动；3月1日，应邀参加由庆华社区居委举办的元宵及学雷锋活动；4月3日，联合界泾港居委在晨兴花园小区开展消防、逃生演练活动，6月1日，应邀参加由公安青浦分局举办的上海市防范电信诈骗集中宣传日活动；8月26日，徐泾社区支行参加在徐泾尚鸿路居委小区举行的“汇聚党群力量，共筑美丽社区”主题纳凉晚会。

（李　仙）

10月17日，重阳节期间，浙江泰隆商业银行青浦支行向附近居民开展金融宣讲活动　（浙江泰隆商业银行青浦支行供稿）

3月15日，大连银行青浦支行在青浦民乐苑社区开展“消费者权益保护宣传”活动　（大连银行青浦支行供稿）

3月1日，北京银行青浦支行在庆华社区居委举办的元宵及学雷锋活动中，开展金融知识宣传活动　（北京银行青浦支行供稿）

表 59

2018 年北京银行青浦支行营业网点情况表

网点名称	地址	邮编	电话
北京银行上海青浦支行	青浦区公园路 99 号舜浦大厦	201700	39225666
北京银行上海徐泾社区支行	青浦区徐泾镇盈港路东路 1874、1876 号	201702	59769276

（李 仙）

■上海青浦刺桐红村镇银行股份有限公司 于 2014 年 12 月 25 日取得营业执照，位于青浦区浦仓路 528 号。营业面积 1275 平方米，设有营业部、风险合规部、综合管理部 3 个部门。由泉州农村商业银行股份有限公司控股，其余股东为上海塔星石材有限公司、上海马龙铝业有限公司、上海禾日建设开发有限公司、上海瑞宙自控设备有限公司、开利泵业（集团）有限公司 5 家企业。注册资本 2 亿元，是青浦区唯一一家法人银行。坚持"小特精美"的指导思想，致力于服务"三农""小微"。2018 年末，资产总额 38463 万元，负债总额 19907 万元，贷款余额 33085 万元，存款余额 10445 万元。

2 月，获得上海浦东发展银行同业授信 2 亿元，授信期 1 年，为同业运作增添新渠道。8 月 9 日，青浦刺桐红村镇银行向中国人民银行上海分行申请支小再贷款 1.1 亿元获得批准，9 月 13 日首笔资金 3000 万元到位（到达青浦刺桐红村镇银行），9 月 14 日成功办理第一笔 350 万元支小再贷款业务，有效拓宽小微企业贷款资金融资渠道，降低小微企业贷款资金成本。（胡 杨）

■浙江民泰商业银行上海青浦支行 成立于 2015 年 8 月 22 日，位于城中西路 91 号，营业面积 774.28 平方米，设有行长室、综合部、业务一部、业务二部、业务三部等 6 个部门。坚持"小微"特色，因地制宜深入各大专业市场和社区，发挥服务"小微"的品牌优势，推动特色经营模式在青浦区落地成长。2018 年，发放贷款 415 笔，其中贷款金额 100 万（含）以下贷款户数占总贷款户的 86.4%，其中 50 万元（含）以下小额贷款户数占 68.8%。年存款日均 2.18 亿元，年贷款日均 1.43 亿元，从业人员 23 人。

3 月 15 日，民泰银行青浦支行在营业大厅开展"3·15"消费者权益日金融知识宣传活动（民泰银行青浦支行供稿）

服务小微企业、"三农"和城乡居民，围绕区内九星市场、建材市场、工业园区、意邦建材城、西郊国际农场品交易市场等各大专业市场、商圈和产业集聚地，扩大基础客户群，加强信贷投放力度，支持实体经济。参加区金融办组织的"如何加强中小微企业信贷投放"座谈会，与部分参会企业达成合作，参与区金融业联合会关于"支持民营企业发展系列"主题讲座，与参会企业建立沟通。推动银行移动营销平台、自助柜员机和无纸化项目，扩大移动端业务占比，缩短业务办理时间。推动"厅堂一体化"营销转型，将直销银行、微信、网上银行、官网、智能柜员机等多个银行线上渠道与挖财、网易等第三方网络申请渠道有效结合，扩展应用场景，提升网点服务质效。

与周边社区居委会保持联系，分别与盈浦街道解放社区、夏阳街道华骥苑社区建立区域化党建联席机制，协同开展社区活动。6 月 19 日，在盈浦街道解放社区开展反假币知识宣传活动。9 月 30 日，在华骥苑社区开展反假币知识宣传活动。10 月 31 日，在解放社区老西门活动中心开展反洗钱知识宣传活动。11 月 30 日，在华骥苑社区开展便民服务与金融知识宣传普及活动。（沈建益）

■浙江稠州商业银行股份有限公司上海青浦支行 2018 年，关注小微客户的金融服务需求，优化市民贷产品，缓解小微企业融资难、融资成本高的困难。每月开展案防教育，每季进行各种安全演练，定期到周边小区开展反假、防电信诈骗、金融知识宣传和各种公益活动。10 月 18 日，联合赵巷镇崧湖社区居委会开展重阳节活动，理财经理针对客户的不同需求介绍的理财、存款产品。年末，存款余额 7.35 亿元、贷款 2.49 亿元。从业人员 12 人。（杜 民）

10 月 18 日，稠州商业银行青浦支行在赵巷镇崧湖社区举行的重阳节活动中，开展金融知识宣讲活动　　（浙江稠州商业银行青浦支行供稿）

■宁波通商银行股份有限公司上海青浦支行　成立于 2015 年 12 月 16 日，位于青浦区港俞路 863 号，营业面积 941 平方米，有贵宾室，24 小时自助银行。是一家“服务于地方经济、服务于城市居民、服务于中小企业”的中资股份制商业银行，2018 年，启动新三年发展规划，深化业务转型，树立“以客户为中心、精细化管理、全员风险管理、存款立行”4 个理念。为区内中小企业、个人客户提供优质的金融服务。重点营销物流公司，与落户青浦的重点物流企业建立业务关系，使存款、贷款的市场份额得到提升。年末，各项存款余额 17 亿元、各项贷款余额 10 亿余元，年度各项贷款余额净增 6.6 亿元。

与周边社区签订联动协议。3 月，联合绿洲居委会开展“学雷锋”公益活动。10 月，联合盈浦街道西部花苑社区开展“树敬老之风 · 促社会文明”公益活动。　　（周彩菊）

■招商银行股份有限公司上海青浦支行　于 2016 年 1 月 27 日开业，位于青浦区城中西路 1 号，营业面积 1133 平方米，分两个楼层，有金葵花贵宾专项理财区域以及 24 小时 ATM 自助银行。下设办公室、公司银行部、零售银行部、运营管理部 4 个部门。2018 年，与 e 通世界、顺丰快递、韵达快递建立合作关系。

宁波通商银行青浦支行营业大厅一角　　（宁波通商银行青浦支行供稿）

3 月 30 日,2018 年招商银行青浦支行举行投资策略会

(招商银行青浦支行供稿)

提升客户体验,提供专业、高效的金融服务。3 月 30 日,举办 2018 年招商银行青浦支行投资策略会,开展财富管理专题讲座,近百名高端客户参加活动。年末,各项存款 6.05 亿元,各项贷款余额 1.04 亿元,从业人员 26 人。

(钱 旋)

保 险

■概况 2018 年,全区共有 9 家保险公司分支机构:分别是中国人民财产保险股份有限公司上海市青浦支公司、中国人寿保险股份有限公司上海市青浦支公司、中国太平洋财产保险股份有限公司上海市青浦支公司、安信农业保险股份有限公司上海青浦支公司、中国平安财产保险股份有限公司上海市青浦支公司、中国平安人寿保险股份有限公司上海分公司青浦盈港路营销服务部、中华联合财产保险股份有限公司上海市青浦支公司、中国大地财产保险股份有限公司上海市青浦支公司、建信人寿保险股份有限公司上海青浦公园路营销服务部。各保险公司分布于青浦城区。加强员工队伍建设,完善规章制度,依法合规、诚信经营,加强风险管理,强化人力资源管理,防范非法集资风险,开展保险业务,服务地方经济。(赵 峰)

■中国人民财产保险股份有限公司上海市青浦支公司 位于青浦区城中东路 2-8 号,一楼设有营业大厅。2018 年,按照总公司"3411 工程"(推动财产险公司、健康险公司、寿险公司 3 家公司的转型,实施创新驱动发展战略、数字化战略、一体化战略和国际化战略 4 大战略,打好 1 场中心城市攻坚战,守住 1 条不发生系统性风险的底线),开展各项工作。全年保费收入 1.6 亿元。加强"民生"保险的落实,参与政府各项招标工作,民生意外伤害保险保费收入 1300 余万元。

坚持合规经营理念。2 月,领导班子与各部门签订《依法合规经营承诺书》,落实"坚定不移坚守合规底线"的要求,遏制违规经营,杜绝违法犯罪。向全体员工宣传合规经营理念。组织全体员工开展反洗钱培训及考试。

强化队伍建设。开展新员工招录与培训。优化队伍结构,5 月,新设车辆保险续保团队。提升员工综合素质。落实深化销改方案,提升员工工作积极性。年末,在册员工 46 人。10 月,成功续保与区妇联合作开展的女性特定疾病保险(服务对象为全青浦区 16 到 70 周岁的女性)。走进乡镇,为妇女解答妇联保险投保和理赔疑惑。

3 月 6 日,支公司团支部与农业银行青浦支行团支部、上海农商银行青浦支行团支部以及青浦海关联合开展"学雷锋"志愿活动。4 月 28 日,举行"出实招,干实事,做成事"大讨论座谈会。5 月 9 日,支公司党支部与朱家角镇淀山湖一村党支部举行结对共建签约仪式。

(陆诗垚)

2018 年中国人寿保险股份有限公司上海市青浦支公司营业网点情况表

表 60

网点名称	地址	邮编	电话
中国人寿保险上海市青浦公园路营销服务部	青浦区公园路 348 号 5 楼	201700	59731100
中国人寿保险上海市青浦城中东路营销服务部	青浦区城中东路 626 号 3 楼	201700	59268386

(陆诗垚)

■中国人寿保险股份有限公司上海市青浦支公司 2018 年,以"完美创业计划"为主线,围绕"发展之年、回归之年、训练之年、经营之年、规范之年、公益之年"六大主题,聚焦销售队伍建设,紧盯效益,优化业务结构,向价值转型、服务转型和科技转型,增强持续发展的能力。下设 5 个部门,分别是公园路营销服务部。年末,总保费 10105 万元,比上年增长 5.7%。

充实个险、团险和银保渠道力量,合理配置人力发展、销售支持和市场拓展等岗位。年末,在册人力 355 人,比上年增加 83 人,完成公司下达的人力指标。

落实保监会 19 号、27 号、47 号和 125 号等文件要求,以"治乱打非""打赢保险业防范化解重大风险攻坚战"

"市场乱象整治""打击非法商业保险活动专项行动""扫黑除恶"等专项排查活动为重点,顺应"强监管、严处罚"新形势,坚守风险防范底线,开展各项自查自纠和风险排查工作;组织各渠道员工销售人员签署《印章/单证风险防范承诺书(含印章/单证风险提示问卷)》,299份。个险、团险和银保渠道利用晨会、夕会和部门例会,向销售人员进行防范风险宣导活动。通过LED显示屏、横幅、宣传画等多种形式,提升员工和代理人的风险意识。

4月,支公司党支部与中国银行青浦支行党支部签署共建及廉洁伙伴协议。推进"公益映山红"项目,通过菜单式服务,为社区居民提供"健康医疗进社区、低碳环保进社区、扶弱济贫进社区、金融服务进社区"4个志愿服务内容。公益映山红青浦分队在夏阳街道和盈浦街道15个居委会开展志愿活动,服务社区居民近300人。(陈仰东)

12月4日,中国人寿保险青浦支公司映山红志愿服务青浦分队在城区凯特利广场参加夏阳街道组织的"我参与,我奉献,我快乐"便民服务活动

(中国人寿保险公司青浦支公司)

■中国平安人寿保险股份有限公司上海分公司青浦公园东路营销服务部 于2017年11月20日,由青浦区盈港路435号19楼迁入公园东路1289弄26号楼(富绅商业中心)7-8楼新址。办公面积1800平方米,其中营业厅面积50平方米,下设内勤部、外勤部、柜面、综拓部、保全部5个部门。2018年,坚持"服务领先、追求卓越、创造价值、回馈社会"的经营方针,贯彻人力与业务齐头并进的经营策略,发挥产品带动业务的优势,主推十金十福、金瑞、百万任我行等产品,取得较好的经营业绩。全年保费收入5000万元,比上年增长18%,市场占有率逐步提升。

加强人才引进。2018年"AI+代理人"项目上线,全面引入AI技术,实现智能增员筛选、资源配置优化、在线精准培养。完善培训体系,根据代理人所处的不同阶段安排丰富、全面的培训,提升代理人的基本技能和服务品质。年末,持证上岗保险代理人员517人,比上年增长35%。

加强合规管理。每月20日左右设立品质宣传日,强化代理人合规意识,杜绝公司合规风险。坚决打击违反监管规定、违规销售非保险金融产品的行为。实行"人盯人"制度,定期进行自查,杜绝合规隐患。

加强客户服务。借助公司研发的金管家APP平台,加强"3A"服务体系建设,使客户不管在任何时间(Anytime)、任何地点(Anywhere)、以任何方式(Anyway)都能得到平安高品质的服务。开展客服月(节)活动,结合生活圈、健康圈、金融圈,使客户得到全方位的体验与服务,承诺7天理赔到账服务。 (朱小平)

■安信农业保险股份有限公司上海青浦支公司 位于青浦区公园东路1155号1006—1014室,面积426.41平方米。下设业务部,综合管理部。年末在册员工14人。2018年,以"打造全国现代农险第一品牌"为目标,坚持稳中求进,坚持农业保险供给侧结构性改革,落实"一个太保、一家农险、全面融合、放眼发展"战略决策,参与全国农业保险整体布局,实现公司价值新增长。全年完成总保费5231.52万元,其中:农险保费收入3759.16万元(包括种植业保费收入3150.33万元、养殖业保费收入567.56万元、涉农险保费收入41.27万),赔款2438.61万元,其中种植业、养殖业赔款2191.39万元。

提升服务信息化水平。"绿叶菜综合成本价格保险"于2011年在全国率先推出。2018年9月,"安信农保"微商城正式上线"绿叶菜综合成本价格保险"微信投保功能,通过客户数据库,形成投保白名单,同步更新相关客户投保信息,通过在线支付、自动核保、电子保单、电子发票形成全流程线上闭环操作。产品实现"在线投保""见菜承保""在线理赔"等功能的全流程数字化。

提升管理效能。10月,开展承保业务档案整理销毁工作,首次清理销毁2004年开业后超期限的车险承保业务档案。细化清理、造册、核实、销毁等各个环节的操作流程,确立工作规程。鉴别分类开业以来的承保业务档案,对超过保管期限的车险业务承保档案进行整理销毁。整理农险档案76卷、商险档案84卷,销毁超过保管期限(5年)的车险业务承保档案140卷。

提高风险管控能力。6月,落实中国人民银行《关于加强反洗钱客户身份识别有关工作的通知》和总公司配套文件(5份)的要求。合规岗、反洗钱岗员工参加培训,通过现场测试考核。

(陆 颖)

■中国太平洋财产保险股份有限公司上海市青浦支公司 位于青浦区公园东路1590号,办公面积800平方米,其中营业厅面积150平方米。下设业务一部、业务二部、车商部、非车险部和综合管理部5个部门。1月20日，太保产险“语音情绪识别系统“上线，通过在车险报案环节嵌入语音情绪识别技术，前置侦测欺诈行为，并与”天眼“平台实时对接。语音识别技术运用于理赔反欺诈领域，具有行业示范领军效应。2月9日，青浦支公司完成机动车第三者责任保险附加法定节假日限额翻倍险的上线工作。发展“企业特种车”团单业务，通过精准定位，客户筛选、机动风控等手段，将整体团车业务规模保持在上海分公司中前三位。年末，保费收入1.47亿余元，比上年增长2000万余元。累计赔款6600万余元。　（林　峤）

证　券

■**概况**　2018年，全区证券分支机构11家，分别是东方证券股份有限公司上海青浦区公园东路证券营业部、海通证券股份有限公司上海青浦区青湖路证券营业部、中信建投证券股份有限公司上海青浦证券营业部、上海证券有限责任公司青浦证券营业部、上海证券有限责任公司青浦明珠路证券营业部、申万宏源证券有限公司上海青浦区公园路证券营业部、广发证券股份有限公司上海青浦华青南路证券营业部、招商证券股份有限公司上海沪青平公路证券营业部、国联证券股份有限公司上海港俞路证券营业部、中国银河证券股份有限公司上海青浦区明珠路证券营业部、长江证券股份有限公司上海沪青平公路证券营业部。各证券营业部结合营业部特色，开展现场交易客户和网上交易，选择合适的交易方式，多数取消现场交易客户方式；加强营销队伍建设，向客户开展分层次服务，组织专业分析员向股民讲解证券知识，点评证券市场；开展投资者教育活动，帮助投资者树立正确的理财观念；加强与区内企业联系，推动企业在证券交易所上市或在全国中小企业股份转让系统挂牌。

（赵　峰）

■**申万宏源证券有限公司上海青浦公园路营业部**　2018年，行情走低，市场竞争激烈，营业部聚焦代理和双融两项核心业务，以产品业务为转型契机，全力完成各项经营管理目标。

加强考核管理。制定年度考核办法、各项业务奖励政策。修正相关业务考核方案。发布双融、营销、保证金、资产归集、APP安装等业务专项推进计划，开展专项劳动竞赛，促进业务发展。为降低营业成本，缩减经营面积近800平方。2月11日，完成调整，调整后营业部面积1775平方米。

加强投资顾问服务。开展客户提醒服务，包括新股、债券中签提醒，配股提醒和退市提醒等。全年通知171只，涉及11150人次；针对中小客户，推动MOT（Moments of Truth，关键时刻）任务，全年完成MOT任务23321条，完成率99.53%；针对私人客户，实现客户经理服务全覆盖，全年进行9次大规模客户经理配置（即客户分配给员工），涉及客户1173人；针对高净值客户，开展“专业化、个性化、差异化”服务。

加强双融客户风险管理。管控双融息费率，推动双融客户资产由普通账户向信用账户归集。全年双融账户新开16户，销8户；加强双融客户风险管理，做好风险揭示、展期提示等工作。

开发产品客户。开展资产管理产品、OTC产品、专项收益凭证等产品销售，把合适的产品推荐给合适的客户。推进天天增业务，制定专项冲刺方案，配套奖惩政策，每月公布业务数据，全年天天增收入379万。

强化合规管理。重视安全保卫工作，明确责任分工，技防人防物防到位，全年无事故。注重消防安全管理，更新设备；各楼层明确安全人员。持续开展合规培训。全面开展合规管理，全年无违规事件发生、无投诉。完善反洗钱工作，确保全员树立反洗钱意识，掌握反洗钱技能，严格履行反洗钱义务，切实打击洗钱活动。落实公司重点党风廉政工作，开展“知敬畏　存戒惧　守底线”主题警示教育月活动。　（赵正荣）

3月15日，申万宏源证券青浦营业部在城区桥梓湾广场开展反洗钱咨询活动

（申万宏源证券青浦营业部供稿）

■**中信建投证券股份有限公司上海青浦营业部**　2018年，中信建投证券股份有限公司（中信建投，601668）在上海证交所上市。青浦营业部位于青浦区城中东路485号3幢1—4层。有四层楼面，一楼大厅设有开户柜、散户大厅，二、三楼设有中户室、大户室、投资顾问服务柜台及IB（期货）业务室等综合办公区，四楼设有总经理办公室、财务室、会议室。坚持“严守合规、加强风控”的经营方针。加强内部管理，开拓市场。开展传统的股票交易、基金交易等针对企业和个人的投融资业务，深化“服务客户、方便客户”的理念。建立丰富的产品线，依靠智能手机交易软件“蜻蜓点金”APP，为股票交易型客户提供沪港通、深港通、创业板、新三板、科创板（预备开通阶段）、融资融券等各种业务和投资顾问专家服务。不定期举办“投

资大讲堂”活动，及时传递政策导向和市场信息，组织客户参与各种主题投资策略分享会。开展“开启新征程、创造新辉煌”主题纪念活动。在年末分公司系统内部评比中，获得2018年产品销售奖和2018年公司优秀育才奖。有员工28人（含经纪人）。（王　强）

■上海证券有限责任公司青浦证券营业部　该营业部成立于2000年10月，位于青浦区城中东路566号。营业面积900平方米。设置业务办理区、客户咨询区、客户体验区、培训区、投资者教育区和大户室。交易业务全部为网上交易。定期开展反洗钱培训和业务培训。开展投资者教育工作，张贴投资者教育海报以及政策性文件和市场信息，打击非法证券活动。坚守合规风控底线，保障交易安全。为各类客户提供优质、人性化的服务。优化线上服务，方便客户线上办理业务。重点开展基金销售业务。2018年，销售基金2.6亿元。股基交易额120亿元，新增客户333户。（李震宇）

■上海海通证券股份有限公司上海青浦区青湖路营业部　2018年，市场占有率和股基交易量下滑，进行战略性调整，加强客户落实和市场营销。调整策略，将客户的财富管理提高到与经纪业务，融资业务相等同的地位，重视把合格的投资者转化为产品客户。全年销售通聚系列产品2500万。新增9000多户的开户，其中有效户数954户。息费收入1661万，融资融券日均余额7800万，财富管理类产品规模4178万。完成融资租赁项目1单、私募托管及交易项目5单、IPO服务协议1单。

（徐蒲沁）

■上海证券有限责任公司青浦明珠路证券营业部　位于青浦区徐泾镇明珠路145号。营业部面积179.27平方米，设置业务办理区、客户体验区、客户咨询区、投资者教育区、客户洽谈区、培训区。交易全部为网上交易。举行证券沙龙活动。开展金融超市服务，代销金融产品，办理各类创新业务。开展反洗钱工作和投资者教育活动。3月29日，到徐泾镇尚鸿路社区开展户外宣传活动，引导客户理性投资。2018年，股票、基金交易60.39亿元；新增客户696户，年末实有客户7193户。

（陆计静）

3月29日，上海证券明珠路营业部在徐泾镇尚鸿路社区开展理性投资宣传活动（上海证券明珠路营业部供稿）

■东方证券上海公园东路营业部　位于青浦区公园东路1606号2楼，办公面积660平方米，其中营业厅面积100平方米。营业部下设柜面、风控、综合管理、客户服务和营销部。注重投资者教育，严把风控关，全年没有发生交易风险事故。开展证券法规宣传和反洗钱宣传活动，参与打击非法证券交易，保护投资者投资安全。引导客户合规投资、理性投资，取得良好收益。投资顾问继续每周在《新民晚报》发表股市分析文章。年末，证券交易100.96亿元；托管资产9.72亿元；服务客户5682人。在册员工14人。全年开展股市沙龙活动12次。

（毛彩华）

■国联证券股份有限公司上海港俞路证券营业部　于2015年9月8日在青浦区港俞路865号三楼成立。办公面积194平方米，设置业务办理区、客户咨询区、投资者教育区、客户洽谈区。交易全部为网上交易。严把风控关。开展各项上市公司业务、个人业务和私募业务。2018年，国内证券市场持续低迷和一系列证券市场规范化治理措施实施，做好基础服务工作，运用好手上的牌照，打响综合服务的品牌。走访区内及周边昆山、吴江、嘉兴等区域的上市公司，专业服务逐步得到认可，在各项业务上有积累和突破。和蕴湖开发区联合举行两次“走进上市公司”的活动，为上市公司股东们提供专业的涉税咨询服务。获2018年度区纳税百强企业称号。年末，托管客户约1000人，私募产品4只，资产24.15亿；股票、基金交易量70亿元。有员工6人（包括外聘经纪人2人）。（沈天成）

金融服务

■概况　2018年，全区小额贷款公司4家、商业保理公司4家。小额贷款公司发挥“灵活、便捷”的优势，为急需资金的中小企业、农户、个体工商户提供信贷服务，取得良好社会效果。累计发放贷款6883笔128.87亿元，贷款余额8.69亿元，年平均利率13.8%。（苑欢欢）

■上海青浦明诚小额贷款股份有限公司　于2008年11月26日在工商青浦分局登记成立，12月8日开业。注册资本5000万元。2009年8月25日增资，注册资本10000万元；2012年1月20日增资，注册资本20000万元。经营范围为发放贷款及相关咨询活动。公司设董事会，设业务部、风险管理部、财务部及综合管理部。2018年，专职从业人员8人。累计发放贷款2137笔530057.7万元，贷款余额14823.07万元。（苑欢欢）

■上海青浦兴众小额贷款股份有限公司 于2008年12月11日在工商青浦分局登记设立,12月26日开业。注册资本10000万元。经营范围为发放贷款及相关的咨询活动。公司于2018年12月18日退出小贷试点,变更后企业名称上海羽翎商务管理咨询有限公司。(苑欢欢)

■上海青浦工合小额贷款股份有限公司 于2013年6月13日在工商青浦分局登记设立,8月8日在青浦区青龙路79号开业。注册资本10000万元。经营范围为发放贷款及相关咨询活动。该公司由区内9家企业法人共同出资组建,公司设董事会(由6名董事组成)、监事会。设业务部、财务部、风险管理部、综合管理部,专职从业人员5人。2018年,累计发放贷款989笔111191.3万元,贷款余额12691.2万元。(苑欢欢)

■上海青浦华新小额贷款有限公司 于2013年9月4日在工商青浦分局登记设立。9月18日在青浦区华新镇新府中路1786—1784号开业。注册资本10000万元。由6个股东出资成立,主发起人为上海华新建设(集团)有限公司,占50%的股份。经营范围为发放贷款及相关的咨询活动。设董事会(5名董事组成)、监事会,设业务部、风险管理部、财务部,专职从业人员10人。2018年,累计发放贷款912笔111524.9万元,贷款余额12708.94万元。(苑欢欢)

■上海青浦大众小额贷款股份有限公司 成立于2015年12月15日。位于华新镇华徐公路999号E通世界北区。注册资本20000万元。主发起人为大众交通(集团)股份有限公司。经营范围为发放贷款及相关的咨询活动。设董事会、监事会;设业务部、风险管理部、财务部。截止2018年,专职从业人员10人。累计发放贷款499笔221651万元,贷款余额33013万元。(苑欢欢)

■上海圆真商业保理有限公司 于2018年8月1日成立,11月完成股权转让[由圆通速递有限公司转让至上海圆通蛟龙投资发展(集团)有限公司]。位于青浦区华徐公路3029弄18号。注册资本5000万元。经营范围为出口保理、国内保理、与商业保理相关的咨询服务以及计算机软件开发。依托圆通速递以及圆通集团综合信用优势,利用物流供应链上下游业务资源,提供商业保理融资服务。坚持风险控制,拓展上下游市场,提高资本收益。2018年,完成保理业务4笔2195万元。(胡 晨)

■上海汉得商业保理有限公司 于2015年5月19日成立,位于青浦区天辰路2801—2809号5幢3层H区328室。注册资本1亿元。经营范围为出口保理、国内保理,与商业保理相关的咨询服务,信用风险管理平台开发。2018年,服务企业100多家,融资累计额9亿元,融资余额3.1亿元。(胡 晨)

■上海盛信商业保理股份有限公司 成立于2014年4月11日,位于青浦区祥凝浜路56号。注册资本10000万元。经营范围为出口保理、国内保理、与商业保理相关的咨询服务以及信用风险管理平台开发。2018年,业务量为0。(胡 晨)

■上海银阜商业保理股份有限公司 于2014年6月16日成立,位于青浦区赵巷镇镇中路531号230室。注册资本5000万元。经营范围为出口保理、国内保理、与商业保理相关的咨询服务以及信用风险管理平台开发。在国民经济行业分类中列入其他金融业。与多家金融机构及优质企业建立合作关系。2018年,为10家企业提供保理融资,金额5040万元。(胡 晨)

■中诚信证券评估有限公司 于1997年8月成立于上海青浦区,注册地址位于上海市青浦区工业园区郏一工业区7号3幢1层C区113室,注册资金5000万元。主要经营业务为证券市场资信评级及贷款企业资信等级评估。成为中国证券市场信用评级业务规模最大的资信评级机构之一。被认定国家高新技术企业。是中国证券业协会首批资信评级机构会员、中国证券业协会理事单位,在国内证券市场债券评级业务市场占有率第一。2018年,销售额30500万元,利润15250万元。员工277人。(胡 晨)

■上海亿路顺典当有限公司 成立于2006年1月,位于城中东路72号。注册资金1000万元,具有独立法人资格。2011年11月,增资至2500万元。成立上海亿路顺典当有限公司徐泾分公司。2014年,徐泾分公司由徐泾镇明珠路145号迁到徐泾镇盈港路1577号新址。该公司下设财务部、人事部、销售部、房产部、民品部和IT部6个部门,下属徐泾分公司。

2012年,成立上海亿路顺足球俱乐部。2014年起,以规范化的专业管理和先进的信息技术为手段,为中小企业解决融资难问题,成效显著。通过开展金铂饰品、钻石珠宝、高档手表、轿车摩托、产权房、有价证券、高档家电、手提电脑、摄影器材、批量商品抵押、质押等典当融资业务,为中小企业、个体工商户、个人提供融资渠道。设立绝当民品再销售业务。定期举办小型拍卖会,将拍卖所得捐助给贫困山区希望小学。2018年,受理典当业务13388笔,累计典当金额1.88亿元,其中房产典当贷款累计1.3亿元、其他物品典当借款0.58亿元。(李 俊)

综 述

2018年,青浦区把握稳中求进工作总基调,做好首届"进博会"的服务保障,做好生态建设、特色产业、乡村振兴3篇"大文章",推进经济社会全面跨越式高质量发展,推动长三角一体化发展,优化营商环境,打响"四大品牌",经济社会发展延续总体平稳的良好态势。

经济平稳健康发展。地区生产总值实现1074.3亿元,比上年增长6.4%;三次产业结构比重为0.8:43.6:55.6,第三产业比重提高3个百分点。一般公共预算收入572.4亿元,比上年增长10.7%;其中:区级一般公共预算收入203.1亿元、比上年增长8.0%,总量全市第7、增幅第4。全社会固定资产投资579.8亿元,比上年增长12.4%。

完成首届"进博会"属地任务。8大领域总投资50.2亿元的66个配套项目建设任务按期完工。完成徐民路等9条道路建设项目,完成"进博会"区域内12条道路的路面整修、23条道路的立面整治。沪青平公路等8条道路18.4公里的架空线全面入地,诸光路等4条道路完成多杆合一(将路灯杆和交通信号杆架作为基础杆架,把通信杆、监控探头杆、路名牌杆、各类指示牌杆等杆架集中设置)的合杆整治。国家会展中心周边26条河道完成综合整治和水质提升,老洋泾港北侧绿地和涞港绿地工程取得预期成效。为保障展会期间交通,落实11处外部专用停车场、1万余个停车泊位。

推进长三角一体化。安亭—白鹤—花桥城镇圈规划编制形成中期成果。青浦盈淀路对接昆山锦淀公路成为长三角首个贯通的省界断头路项目,外青松公路、胜利路、复兴路、东航路等区省对接断头路开工建设,开通2条昆山市淀山湖镇对接轨道交通17号线漕盈路站、1条嘉善姚庄镇对接练塘蒸淀的跨省公交线路。开展产业园区之间的战略合作,组建长三角人工智能产业联盟。共同发起长三角湖区旅游联盟,开展一系列跨区域体育活动。共同加强跨区域矛盾纠纷排查化解,畅通突发事件联络渠道,探索跨行政区劳动保障监察执法联动机制。协同推进以"一湖两河"为重点的水环境治理,强化环境联合监管与执法。

特色产业加速成长。制定落实《加快特色产业集群发展,培育经济增长新动能实施意见》。国家会展中心展览面积556.5万平方米,展出接待676.1万人次;快递业务量13.5亿件、业务收入733.8亿元,分别比上年增长11.2%、19.3%,占全市比重38.8%、71.9%;成功举办2018中国快递论坛,德邦物流成功上市;出口加工区保税物流中心跨境电商总单量突破200万单;北斗导航实现产值17.6亿元,税收1.1亿元,分别比上年增长39%、30%,累计入驻企业195家;民用航空实现产值33.7亿元,税收6443万元,分别比上年增长14.1%、12.4%,累计入驻企业40家。

优化营商环境。延伸服务触角,设立西虹桥、工业园区行政服务中心分中心,将全区主要商业银行的网点纳入企业开办受理点,实现税务发票、不动产

11月,2018年中国国际进口博览会国家展·中国馆 (陈松青摄)

12 月 26 日，"扎实推进长三角区域一体化发展国家战略，庆祝'省市断头路'复兴路对接曙光路开工"仪式在淀山湖大道复兴路路口举行（青浦发展集团供稿）

登记证等的快递服务。提升审批速度，企业开办压缩至 3 个工作日，不动产登记证获得压缩至 5 个工作日，建设项目全流程审批压缩至 100 个工作日以内。主动提供优质服务，建立区、镇（园区）、经济小区三级服务机制，主动采取告知承诺、容缺受理等措施。降低综合成本，建立涉企收费正面清单，全年结构性减税 35 亿元，多次开展产融对接。市"一网通办"青浦子门户建成使用，290 项行政审批事项均实现网上办理，新设 4 个单一窗口、2 个综合窗口。

提升创新能力。市西软件信息园核心区形成规划方案，中核建总部开工建设，吉利汽车研发中心、威马汽车研发中心及设计中心正式落户，华为"上海海思技术有限公司"注册成立。推动创新创业，全区有经认定备案的众创空间 38 家，累计孵化企业 1358 家、毕业企业 122 家。全区有院士专家工作站 30 家，引进院士 18 人、专家 104 人。

实施乡村振兴战略。完成粮食功能区、蔬菜保护区、特色农产品优势区"三区"划定。以"一粒米、一枚果、一棵菜、一条鱼"（"一粒米"即"青浦薄稻米"，"一枚果"即"白鹤草莓"，"一棵菜"即发挥"练塘茭白"国家地理标志产品的品牌荣誉，"一条鱼"即绿色水产品）为重点的特色种养业有序推进，"白鹤草莓"成功登记为农业农村部地理标志保护产品。于 3 月制定出台《青浦区促进民宿业发展指导意见（试行）》（试行）》（青府办发〔2018〕20 号），张马村、章堰村田园综合体建设初显成效。11 个街镇的镇级产权制度改革任务全面完成，总规模为 4.46 亿元的"百村基金"正式建立运行，集体经济组织入股资金占 77.60%。

推进生态建设。第七轮环保三年行动计划 74 个市级项目完成 3 项、开工启动 56 项。申能青浦热电与青浦热电顺利完成管网切换，完成燃油燃气锅炉低氮燃烧提标改造 87 台，空气质量改善。河长制、湖长制持续深化，地表水国考、市考断面水质目标达标率 84.2%，开展 82.5 公里中小河道、30 条断头河治理、50 万平方米小区雨污混接改造和 10400 户农村生活污水治理，饮用水水源二级保护区内工业企业完成清拆 56 家、停产 86 家，饮用水水源地水质优良率 100%。开展 271 家重点行业企业用地土壤污染状况调查。（苑欢欢）

2018 年青浦区国民经济和社会发展主要目标完成情况

表 61

指标名称	年初预期目标	全年完成		
		绝对数	增幅（%）	完成目标（%）
地区生产总值（亿元）	增长 7%	1074.3	6.4	未完成
区级一般公共预算收入（亿元）	增长 10%	203.1	8.0	未完成
规模以上工业总产值（亿元）	增长 3%	1537.3	-2.0	未完成
全社会固定资产投资（亿元）	380	579.8	12.4	超额完成
合同外资（亿美元）	6.5	9.0	—	超额完成
实到外资（亿美元）	4.5	6.2	—	超额完成
土地减量化（公顷）	180	210	—	超额完成
单位生产总值综合能耗（吨标准煤/万元）	确保完成市下达目标	0.0548	-6.5	完成
主要污染物排放量削减率（二氧化硫、化学需氧量、氨氮、氮氧化物，吨）	确保完成市下达目标	457.3 72.2 39.8 216.9	-28 -12 -98 -80	完成

（续表）

指标名称	年初预期目标	全年完成		
		绝对数	增幅（%）	完成目标（%）
新增就业岗位（个）	确保完成18000个	19921	—	超额完成
城镇登记失业人数（人）	确保控制在5000人以内	4498	—	超额完成
城乡居民人均可支配收入增速（%）	高于市平均水平	47336	9.5	超额完成

说明：1. 工业增长未达预期目标，造成“地区生产总值”未达到全年目标；

2. “区级一般公共预算收入”受减税降费、土地市场调控、全市进一步优化财税征管节奏总体要求等诸多因素影响，增幅为8.0%，未完成全年目标；

3. “规模以上工业总产值”受企业外迁、汽车产业调整及外贸进出口下滑等诸多因素影响，未完成全年目标。

（苑欢欢）

国有（集体）资产监督管理

■概况　2018年，转变监管思路、创新监管方式、完善监管体系，发挥国资国企对全区经济社会发展的主导和带动作用。区国资委设党委办公室（增挂企业领导人员管理科牌子）、行政办公室、产权管理科（增挂财务监督科牌子）、考核管理科、规划发展科、综合管理科6个部门，下设董监事管理中心。全区有区管企业7家，分别是上海青浦工业园区发展（集团）有限公司、上海淀山湖新城发展有限公司、上海西虹桥商务开发有限公司、上海青浦发展（集团）有限公司、上海青浦公用事业投资控股有限公司、上海青浦现代农业园区发展有限公司和青浦区供销合作联合社。

区管企业资产总额652.47亿元，负债总额为396.48亿元，所有者权益为256.00亿元，账面资产负债率为60.77%。（方薇佳）

■企业公务卡清理　全面推行公务卡制度。编制区管企业公务卡强制结算目录，推行公务卡和转账支付结算方式，健全企业内部报销制度，控制各类现金支出，实现企业公务支出规范、阳光和透明。年末，区管企业办理公务卡185张。（方薇佳）

■银行账户清理　针对区管企业银行账户过多，资金分散的情况，开展银行账户清理工作，提高银行资金使用效益。区管企业本部只能开立1个基本存款账户，开设不超过3个专用存款账户；下属企业（除竞争类外）原则上只能开设1个基本存款账户和1个专用存款账户；对符合企业发展定位的基金、投贷联动、资产证券化等特殊金融业务，允许开设专户。年末，区管企业注销银行账户221个，保留基本账户86个、一般账户158个，特殊业务保留专户42个。（方薇佳）

■企业房屋资产管理　拟定《青浦区国有企业房屋资产管理实施细则》（初稿）。加强房屋资产分类管理、统筹调配、规范使用，将房屋资产按使用功能分为自用类、商业类、产业类、公益类四大类。商业类房产以租金回报为优先考虑，产业类房产以产业发展为优先考虑，公益类房产以服务民生为优先考虑。通过“制度+科技”手段，逐步实现对区管企业房屋资产使用、出租出借、交易管理、日常维护等行为的全过程动态监管。推进房屋资产信息化平台建设。完成房屋资产基础数据补充录入，开展房屋外观、产证、租赁合同等影像资料上传，优化完善信息系统。全区区管企业自有房屋资产约1200余幢，实际建筑面积165.01万平方米。其中：工业类房产61.60万平方米，商业类房产45.09万平方米，住宅类房产12.06万平方米，其他类房产46.26万平方米。（方薇佳）

■劳动用工管理　规范企业员工招聘工作。制定《青浦区国有企业招聘工作实施意见》（青委办（2018）5号），对于符合国资国企人才开发计划的高级管理或技术人才，采用直接录用方式；对于竞争类企业需要招聘的专业技术、特殊工种人员，采用企业自主考核择优录用方式；对于国有企业招聘一般工作人员，采用面向社会公开统一招聘方式。上半年，按照公开、平等、竞争、择优的原则，开展区管企业2018年公开招聘工作，成功招聘5人，其中1人属于区人才发展三年行动计划的高级专业技术人才。优化企业用人结构。逐步降低劳务派遣等非正式用工的比例，建立正式用工为主体，非正式用工为补充的用工体制。年末，区管企业全部劳动用工4861人，比上年减少222人，减少4.37%。建立企业劳动争议调解组织。坚持“预防为主、基层为主、调解为主”的方针，指导区管企业成立劳动争议调解委员会，加强劳资纠纷的排摸、预警、调解和处置，构建和谐劳动关系。（方薇佳）

■发挥监事会监督功能　优化监事会组织架构。落实区管企业纪委书记兼任监事会副主席，推动纪检工作、监事会工作的有机融合。7位区管企业纪委书记全部兼任监事会副主席。从区管企业后备干部队伍中选派6位能力强、素质好的年轻干部，担任兼职监事，实行交叉任职，提高监事监督的专业性、独立性。完善监事会工作制度。拟定《外派监事考核实施细则（初稿）》，规范外派监事行为，激发外派监事的工作热情，客观评价外派监事的工作表现。明确年度监管工作任务。制定《2018年青浦区区管企业监事会工作要点》（青国资委〔2018〕25号），开展专项监督工作，加强对区管企业人员用工管理情况、财务预算管理执行情况和房屋资产管理情况的专项监督检查。（方薇佳）

固定资产投资管理

■概况 2018年,青浦区政府性投资项目计划中正式项目433个,总投资717.83亿元,年度安排201.88亿元。其中:续建项目211个,总投资465.55亿元,年度资金102.82亿元;新开项目222个,总投资252.28亿元,年度资金99.06亿元。新开项目中,财政投资项目129个,总投资206.20亿元,年度资金90.05亿元;区属公司项目93个,总投资46.08亿元,年度资金9.01亿元。

年末,政府性投资项目累计完成形象进度投资150.08亿元,占预算调整后年度计划的92.3%。 (范欢欢)

■政府性投资项目管理 2018年,明确政府性投资项目区、镇两级责任边界,强化区级行业主管部门主体责任,将由市、区两级资金投入,以街镇为建设主体的项目统一归口到区级行业主管部门,由区行业主管部门作为建设主体,对项目负总责。落实街镇责任主体,对于镇级财力投资的项目,纳入"1+8"管理办法[《〈青浦区政府性投资项目管理办法〉及其配套办法》(青府发〔2013〕19号)]的范畴,形成镇级项目大本并报发改委备案,纳入稽察范围;区级针对符合区域和产业发展方向及重大民生保障的项目给予专项补贴。对于达到一定规模的项目按规定实行代建制,规范过程管理。 (范欢欢)

■开展项目审批监管 完成批复1057个,其中项目建议书批复102个、工程可行性研究报告批复638个、备案项目298个、核准批复项目20个。全年批复固定资产项目105个,项目总投资122.29亿元,总建筑面积58.99万平方米,新建道路25.05万米。为加强政府性投资项目监督管理,促进项目有序建设,重点对区重大实事、民生工程、涉及中央及市级财力、投资较大、超概算5类项目开展稽察工作,从前期审批、招标投标、勘察设计、货物采购、工程监理、概算执行、投资控制、财务管理和资金使用等方面开展专项稽察。对区"进博会"配套66个项目,开展全覆盖、全过程、重结果的稽察工作;根据国家发改委、市发改委关于做好重点流域水环境综合治理中央预算内投资项目建设管理的工作要求,落实中央资金项目的跟踪管理督查工作,配合开展中央资金项目的自查、督查工作;开展专题督办2018年实事工程老旧小区综合治理工程、盈港路六期专项稽察及其他政府性投资项目、实事工程项目督查工作。 (范欢欢)

财　政

■概况 2018年,区财政坚持稳中求进工作总基调,坚持新发展理念,坚持以供给侧结构性改革为主线,继续实施积极的财政政策,落实"减税降费",深化财税改革,全面实施绩效管理,建立现代财政制度,全面做好稳增长、促改革、调结构、惠民生、防风险各项工作。

全区财政收入保持平稳较快增长,完成年度目标任务。全区一般公共预算收入完成203.1亿元,比上年增长8.03%;一般公共预算支出完成333.5亿元,完成预算的96.9%。全年开展大调研7次,收集问题共68个,其中需要财政局解决问题67个,问题解决率100%。贯彻厉行节约各项要求,引导部门压减一般性预算支出,确保更多的财政资金投入到民生领域;加强资金筹集,清理、整合、统筹各类财政性资金,提高财政资金使用效益。根据全市统一部署,完成市与区财政事权和支出责任划分现状梳理。加强与市财政局的沟通,及时掌握中央与地方、市与区财政事权和支出责任划分改革进展情况,拟定《关于推进区与镇财政事权和支出责任划分改革的指导意见(试行)》。贯彻厉行节约各项要求,引导部门压减一般性预算支出,确保更多的财政资金投入到民生领域。 (张晓怡)

9月28日,区财政局党组领导班子调研淀山湖防洪大堤及湖滨生态修复工程和金泽水库 (区财政局供稿)

■落实减税降费 根据国家和市有关降费减负相关文件要求,会同区相关职能部门制定《青浦区涉企行政事业性收费目录清单》,配合区审改办开展区级评估评审收费改革落实情况专项检查和区发改委开展经济小区涉企收费检查,优化营商环境。全年涉企行政事业性收费减收1183万元。 (张晓怡)

■全面实施预算绩效管理 通过强化主体责任意识,扩大部门全过程预算绩效管理范围,推进部门整体绩效评价,逐步构建"全过程、全覆盖、全公开"的预算绩效管理模式,实现绩效管理融入预算编制、执行、监督全过程,逐步实现预算部门整体绩效评价全覆盖,绩效管理信息全公开的目标。 (张晓怡)

■推进"镇财区管"改革 完善"镇财区管"管理要求,试点实施华新镇财务总监和朱家角镇财政所长由区财政委派。在此基础上逐步扩大监管范围,对华新镇、朱家角镇、徐泾镇和练塘镇开展镇级财政财务管理情况检查，针对检查中发现的问题提出整改意见建议，并督促各镇进行整改落实。拟定《镇级财政资金管理办法》。（张晓怡）

■保障“进博会”项目资金　青浦区作为“进博会”举办地国家会展中心的所在区，承担着艰巨的服务保障任务，为筹备首届“进博会”，全区设立8大领域66个配套项目，总投资50.2亿元。其中：区财政承担项目26项，总投资14.21亿元，年度资金4.21亿元。区财政部门启动全员联动机制、信息传递机制、问题协调机制和办理提速机制，全力支持“进博会”项目资金保障。

（张晓怡）

■支持推进教育综合改革　做好教育综合改革各项项目经费预算落实工作，为改革项目的推进提供经费保障。深入教育基层单位，传达2018年财政新政策，解读文件内容和要求，重点就财政管理过程中碰到的问题和情况作答疑解惑，对财政管理中的薄弱环节进行点对点指导和培训，帮助解决实际问题。加强教育经费使用监管，通过财政日常监管、专项监督、重点检查等形式，加强对教育经费使用监管，对监管发现的问题及时与主管部门及单位沟通，提出整改落实意见建议。加强教育存量资金清理，盘活资金存量，增加政府投入用于教育重点领域和关键环节。全年一般公共预算投入教育经费26.43亿元。（张晓怡）

■支持推进卫生计生事业改革　支持推进社区综合改革，研究完善社区卫生服务中心基本项目财政补偿机制，建立基于标准化工作量和绩效考核结果的社区卫生服务中心财政补偿机制。支持推进公立医院改革，以成本控制为依据，研究完善支出标准体系，逐步完善项目支出定额标准，规范支出预算核定；以公共公益为导向，研究完善政府补偿机制，促进公立医院转变运行机制、体现公益性；以综合预算为手段，研究深化全面预算管理，深化推进公立医院全面预算管理制度。全年一般公共预算投入医疗卫生经费13.66亿元。

（张晓怡）

11月28日，青浦区第一期财务管理优秀人才、财会优秀后备人才培训班在国家会计学院开班　　（区财政局供稿）

■加强产业发展专项资金监管　印发执行《关于进一步规范财政扶持专项资金管理的通知》，明确重点扶持产业，规范扶持政策管理，强化责任主体职责，完善内部控制制度，加强招商平台监管的工作要求。在区产业推进办公室统一领导下，配合区级主管部门，完善修订相关产业扶持政策，明确产业项目管理流程，统筹安排产业发展专项资金。全年投入产业发展专项资金5.96亿元，比上一年增长11.85%。

（张晓怡）

■贯彻乡村振兴战略　配合主管部门，做好乡村振兴战略部署前期相关工作，加大调研力度，梳理财政政策，为贯彻乡村振兴工作战略部署出谋划策。优化财政支出结构，加大财政支农投入力度，完善2018—2020年乡村振兴战略三年行动计划。继续做好财政支农资金整合，健全支农投入机制，完善支农补贴政策的重点工作。（张晓怡）

■加强公务卡使用管理　拓宽财政监管手段，依托“金财工程”建设，探索监督信息化整合，优化监管手段；扩大改革单位范围，探索研究适合国有公司等的公务卡管理及考核办法。加强系统建设，提升完善发卡银行和中国银联公务卡支持信息系统功能，提高系统处理能力和效率，确保公务卡交易信息传送的及时性、方便性和准确性。2018年，全区公务卡强制结算目录平均执行率99.91%，区平均现金使用率0.01%。其中：区本级公务卡强制结算目录平均执行率99.91%，平均现金使用率0.01%；镇级平均执行率99.91%，平均现金率0.00%。（张晓怡）

■政府采购　落实“放管服”改革要求，制定《青浦区2019—2020年的政府采购集中采购目录和采购限额标准》（青财采〔2018〕102号），对政府采购限额标准和公开招标数额标准，各类采购项目范围作出调整。全面应用政府采购信息管理平台，实现电子采购全覆盖。2018年，政府采购规模创新高，实际采购金额67.26亿元，比上年增加5.43亿元；预算安排资金73.00亿元，比预算节减资金5.74亿元，节约率7.86%。

（张晓怡）

■加强会计人才培养　制定实施《青浦区2018年财务会计人才选拔培养工作方案》，加强中高级财务会计人才培养，着力造就一批符合社会经济发展要求的高素质，复合型、国际化、管理性的财务会计人才。组织财务管理优秀人才、财会优秀后备人才培训班。面向企业、行政事业单位、社会组织公开招募财会专业人才118人参加培训班。其中：28人参加财务管理优秀人才班，包括行政事业单位17人、企业11人；90人参加财会优秀后备人才班，包括行政事业单位39人、企业51人。形成梯队式财会专业人才储备。11月28日,第一期财务管理优秀人才、财会优秀后备人才培训班在国家会计学院开班,培养周期最长为2年。 (张晓怡)

■加强会计培训指导 8月起,结合即将在2019年启动实施的政府会计制度管理要求,组织全区行政事业单位财会人员以及财政系统人员参加全覆盖专题理论培训和上机操作,约800人次。选取7家行政事业单位,按照新制度核算要求开展同步试点运行。 (张晓怡)

税 务

■概况 2018年,区税务局面对错综复杂的国内外经济环境,领会稳中求进工作总基调,适应区域经济发展新常态,加强税源调查分析,提高管理水平。全年税收稳定增长,完成税收总收入528.4亿元,比上年增长12%。其中:区级税收173.0亿元,比上年增长10.4%。落实各项减税降费政策措施,其中:增值税税率下调、个税免征额上调全年累计实现减税约11.3亿元,市场主体活力显著增强。

7月5日,按照机构改革工作部署,国家税务总局上海市青浦区税务局正式挂牌,原上海市青浦区国家税务局、上海市地方税务局青浦区分局正式合并。原上海市青浦区国家税务局、上海市地方税务局青浦区分局的职责和工作由国家税务总局上海市青浦区税务局承担。9月30日,局党组改设党委。年末,内设机构14个,分别是办公室、法制科、货物和劳务税科、企业所得税科、个人所得税科、核算分析科、纳税服务科、征收管理科、风险管理局、财务管理科、人事教育科、纪检组、党建工作科、财行社保科。派出机构21个,分别是第一至二十一税务所。年末,有公务员488人

按照"公推直选"规程完成党支部换届选举。成立区税务局党建工作领导小组。完成6个基层党组织巡察任务。制定年度绩效考核指标,强化过程管理,及时查补短板,2018年绩效考评在市税务系统征管分局中排名第六位。4月,与上海立信会计金融学院正式签署政校战略合作框架协议。区税务局获上海市五一劳动奖。邵志凯获全国税务系统百佳办税服务厅主任称号。 (王斐玙)

7月5日,国家税务总局上海市青浦区税务局正式挂牌,区委副书记、区长夏科家(右一)、市税务局第十二联络督导组常务副组长董理(左二)与区税务局局长丰卫东(左一)出席挂牌仪式 (区税务局供稿)

2018年青浦区税务局办税服务厅(点)情况表

表62

名称	地址	电话	邮编
第一税务所办税服务厅	青浦区城中西路68、88、100号	59719427	201700
第一税务所办税服务厅赵巷延伸点	青浦区赵巷镇赵华路400号	59751269	201703
第一税务所办税服务厅朱家角延伸点	青浦区朱家角镇漕平路1号	59240342	201713
第三税务所房产交易办税服务厅	青浦区支家路158号	59711203	201700

(王斐玙)

■重点税源管理 落实2018年度重点户选户工作,筛选出生产经营情况正常、财务核算制度健全、有一定发展潜力和税源基础的企业作为四级重点税源企业。2018年度全区四级重点税源企业1994户,比上年增加30户,其中总局级222户、市局级376户、区局级695户、税务所级702户。四季度,完成1994户四级重点税源企业的实地走访调查。年末,四级重点税源企业税收268.37亿元,占全区税收总收入的50.79%。 (王斐玙)

■征管体制改革 成立区税务局机构改革工作小组,落实71项市税务局任务、131项区局任务,制定相关工作方案、应急预案和规章制度共17项。落实"三定"规定,规范设置各类机构,科学整合人力资源,妥善划转工作职责,

完成金税三期工程核心征管系统配置升级，做好税收征管工作衔接。完成谈心谈话500多次，召开两次机构改革专题民主生活会，倾听基层对改革工作的意见建议，确保干部职工思想稳定。推进社会保险费和非税收入征管职责划转入税务部门的准备工作，建立健全政府主导下的划转工作推进机制以及常态化部门协作机制，走访调研11个街镇、14个社区事务受理服务中心，做好职能衔接。为确保2019年1月1日起落实城镇居民养老保险划转入税务部门的工作，在14个社区事务受理服务中心开设税务驻点专窗。（王斐玙）

11月6日，首届"进博会"现场，区税务干部向参展商和观众提供税收咨询服务（区税务局供稿）

■**税收优惠政策落实** 贯彻税制改革和减税降负要求，落实好增值税、个人所得税、环保税等领域重大税制改革，确保改革红利有效释放。全年有3.3万户增值税一般纳税人受惠于税率下调，全年净减税8.5亿元；863户由一般纳税人转登记为小规模纳税人，减税规模2000万元；办结199户先进制造业、现代服务业符合条件的企业期末留抵税额退税申请，退税2.7亿元。落实环境保护税政策，主动对接区环保部门，全面开展摸排，精准定位纳税人，开展培训辅导，畅通问题收集和快速处理渠道。2018年度，有246户环保税纳税人完成申报，按时申报完成率100%，减免税额465.3万元，缴纳税款177.49万元。推进个税改革，组建区税务局72人师资团队、22人应急队伍，建立"步调一致、标准规范、口径统一"的分层分类培训体系，实现对内辅导100%全覆盖，对外辅导100%全覆盖目标；启动上线云端课堂（http://www.qpwxxm.com/pages/vedioPlay/index.html），运用信息化手段开展智能化宣讲，推出首日访问量9324人次。四季度，全区工资薪金个人所得税减税规模约2.8亿元。贯彻落实企业所得税优惠政策，共22250户次企业享受各类优惠，直接减免税收14.56亿元，减免收入48.5亿元，减免所得额1.29亿元，加计扣除26.62亿元。（王斐玙）

4月2日，环境保护税征收的首个征期，税务局副局长吕英（右一）接待首位申报办理环保税的纳税人（区税务局供稿）

■**推动网上办税** 新建第一税务所68号办税服务厅（城中西路68号）、赵巷镇办税服务延伸点自助办税服务体验区，推广网上办税。实现380个涉税事项全程"网上办"，占全部涉税事项的99.56%，网上申报率97.14%，均列全市前茅；全区企业财务负责人和办税人员实名验证通过率99%以上；通过第三方EMS公司为3317户企业提供配送服务，全区有254家企业应用增值税电子发票。（王斐玙）

■**"进博会"税收服务保障** 与国家会展中心签订"进博会"税务服务保障工作备忘录，抽调30名骨干组建核心团队提供专项保障，选拔优秀干部提供"5+2"全时段驻场服务，输送多名干部担任"进博会""政要团联络官""长期志愿者"；为会展中心及其周边企业供应发票，有226户企业享受最新配送服务，配送481户次，配送发票5.7万份；向市税务局争取调拨金额达到1亿元的首批新版定额发票，确保"进博会"发票充足。（王斐玙）

■**优化营商环境** 推进税务登记制度全过程改革，在第一税务所办税服务厅设立"新办企业服务专区"，将税务开业当天办结套餐式服务与市场监管部门"一窗通"服务平台对接，全年为新办企

4月7日，区税务局开展以“税蓝天空，绿动青浦”为主题的徒步暨环保税宣传活动 （区税务局供稿）

7月31日，区税务局在办税服务厅推出常态化双语服务，图为双语专窗人员正为荷兰籍纳税人提供个人完税证明打印服务 （区税务局供稿）

业提供当天办结办理套餐式服务16138户次；简化跨区迁移流程，为迁入企业提供包括划分主管单位、调整税费种类、领用发票等户管注册手续办理“一站式”服务，简化程序后累计迁入企业617户、迁出企业870户，跨区迁移时间由原先20个工作日，缩短至5个工作日以内。10月1日起，实行清税注销一窗受理、分类分级处理、内外部门协作等机制，推行清税注销“一窗受理、一次告知、一表填报、一站办结”模式，对符合一定条件的纳税人采取“承诺制”办理。受理清税注销业务2823户，其中当场办结1614户、一般流程办结1209户、容缺办理17户。推进不动产登记“全网通”服务改革，在清分20项联办事项和其他非联办事项基础上，调整流程，优化配置，与房管局、不动产登记部门建立沟通协调机制，将税务审核环节由10个工作日压缩至3日内办结，全年接收不动产登记联办涉税业务17375套。5月，向出口退税企业推广使用“国际贸易单一窗口”，全部完成。 （王斐玙）

■开展大调研工作 完成“不忘初心、牢记使命，勇当新时代排头兵、先行者”大调研工作，确保调研主体和调研对象“两个全覆盖”。构建大调研组织架构以及一揽子制度安排，开展各类调研575（场）次，参与大调研3520人次，调研对象13322户（个）。收集记录735个问题，解决处理668项，采取措施29项，移交处理38项。形成制度成果15项，总结形成青浦税务“五步调研法”（即摸清底数，及时回应，限时办结，随时回访，制度设计），向上级报送信息、案例、手记等140余篇，6篇调研报告分获市税务局、区委大调研优秀调研报告。 （王斐玙）

■纳税信用等级评定 完成2018年度纳税人信用等级评定工作，评出A级4659户、B级60374户、M级43194户、C级3593户、D级10537户。 （王斐玙）

■税收风险分析监控 建立包含事前事中事后3个环节的立体式全面防控制度。全年完成税务总局风险防控任务33批次287户次，补缴税款2612.51万元及滞纳金131.58万元；市税务局风险防控任务47批次2265户次，补缴税款3549.99万元及滞纳金307.27万元；区税务局风险防控项目191批次4093户次，补缴税款73939.86万元及滞纳金3873.43万元。 （王斐玙）

■税务稽查 围绕国家税务总局、公安部、海关总署、中国人民银行4部委打击骗取出口退税和虚开增值税专用发票专项行动联合部署，继续加大投入力度，深化税警合作机制，持续推进打击虚开发票、出口骗税“双打”行动。下半年，区局稽查职能面临撤销（收归市稽查局），原区稽查局全体干部累计清理存案及2017、2018年新案1054件，2016年之前历年存案清理率100%。2018年，组织稽查收入执行入库3.38亿元。 （王斐玙）

2018年青浦区税户登记情况表(一)

表63

单位:户

行次	类别	注册类型	上年末户数(含非正常户)	本年末户数(含非正常户)	其中:共同登记户数(含非正常户)	增值税纳税人户数	
						合计	其中一般纳税人
1	合计		136479	145304	145304	124862	65852
2	内资企业	国有企业	220	220	220	86	42
3		集体企业	517	501	501	381	197
4		股份合作企业	44	43	43	40	31
5	内资企业	联营企业	35	34	34	29	22
6		国有联营企业	3	3	3	3	3
7		集体联营企业	12	12	12	10	9
8		国有与集体联营企业	17	16	16	13	10
9		其他联营企业	3	3	3	3	0
10		有限责任公司	2833	2995	2995	2500	1628
11		国有独资公司	25	28	28	17	14
12		其他有限责任公司	2808	2967	2967	2483	1614
13		股份有限公司	181	190	190	158	135
14		私营企业	111474	118930	118930	105739	62121
15		私营独资企业	19794	23321	23321	20904	8362
16		私营合伙企业	2763	3030	3030	2529	725
17		私营有限责任公司	88833	92483	92483	82218	52967
18		私营股份有限公司	84	96	96	88	67
19		其他企业	832	822	822	489	270
20		小计	116136	123735	123735	109422	64446
21	港澳台商投资企业	合资经营企业(港或澳、台资)	114	121	121	107	98
22		合作经营企业(港或澳、台资)	46	44	44	38	34
23		港、澳、台商独资经营企业	477	498	498	409	354
24		港、澳、台商投资股份有限公司	6	6	6	5	5
25		小计	643	669	669	559	491
26	外商投资企业	中外合资经营企业	226	218	218	198	181
27		中外合作经营企业	60	58	58	55	52
28		外资企业	727	751	751	635	570
29		外商投资股份有限公司	0	1	1	1	0
30		小计	1013	1028	1028	889	803
31	外国企业		3366	4035	4035	1236	1
32	个体经营		14227	14433	14433	11991	42
33	其他		1094	1404	1404	765	69

(王斐玙)

2018年青浦区税户登记情况表(二)

表64 | 单位:户

行次	类别	注册类型	本年末户数分行业												
			农林牧渔业	采矿业	制造业	电力燃气及水的生产和供应业	建筑业	交通运输仓储和邮政业	信息传输、计算机服务和软件业	批发和零售业	住宿和餐饮业	金融业	房地产业	租赁和商务服务业	其他行业
1	合计		849	1	12466	35	9017	3678	3904	65926	2731	239	2495	25400	18563
2	内资企业	国有企业	0	0	10	5	11	2	2	10	4	1	4	9	162
3		集体企业	14	0	171	6	26	4	3	126	11	2	14	38	86
4		股份合作企业	1	0	24	0	2	2	0	4	0	0	4	3	3
5		联营企业	1	0	11	0	0	2	0	8	1	0	4	4	3
6		国有联营企业	1	0	0	0	0	1	0	1	0	0	0	0	0
7		集体联营企业	0	0	4	0	0	1	0	1	1	0	3	1	1
8		国有与集体联营企业	0	0	7	0	0	0	0	6	0	0	0	2	1
9		其他联营企业	0	0	0	0	0	0	0	0	0	0	1	1	1
10		有限责任公司	14	1	208	13	249	156	102	823	77	21	314	619	398
11		国有独资公司	0	0	0	4	1	1	1	6	1	0	5	7	2
12		其他有限责任公司	14	1	208	9	248	155	101	817	76	21	309	612	396
13		股份有限公司	1	0	43	0	9	19	10	36	0	14	3	24	31
14		私营企业	139	0	9628	8	8665	3284	3568	54220	662	64	1810	23675	13207
15		私营独资企业	23	0	2122	1	1309	647	677	7867	87	3	427	7176	2982
16		私营合伙企业	0	0	59	0	38	2	74	228	11	5	25	2325	263
17		私营有限责任公司	116	0	7432	7	7309	2629	2810	46103	560	55	1355	14163	9944
18		私营股份有限公司	0	0	15	0	9	6	7	22	4	1	3	11	18
19		其他企业	621	0	9	1	0	7	1	69	3	0	40	31	40
20		小计	791	1	10104	33	8962	3476	3686	55296	758	102	2193	24403	13930
21	港澳台商投资企业	合资经营企业(港或澳、台资)	1	0	53	0	2	3	1	23	1	0	14	11	12
22		合作经营企业(港或澳、台资)	0	0	40	0	0	0	0	1	0	0	0	1	2
23		港、澳、台商独资经营企业	1	0	189	1	6	5	14	129	37	1	21	63	31
24		港、澳、台商投资股份有限公司	0	0	5	0	0	0	0	1	0	0	0	0	0
25		小计	2	0	287	1	8	8	15	154	38	1	35	75	45
26	外商投资企业	中外合资经营企业	1	0	125	0	3	2	4	39	2	0	8	13	21
27		中外合作经营企业	1	0	46	0	3	0	0	2	0	0	3	0	3
28		外资企业	1	0	430	0	1	37	15	130	14	1	22	78	22
29		外商投资股份有限公司	0	0	0	0	0	0	0	0	0	0	0	1	0
30		小计	3	0	601	0	7	39	19	171	16	1	33	92	46
31	外国企业		0	0	1014	0	20	95	176	88	3	134	14	605	1886
32	个体经营		21	0	456	1	14	55	0	10196	1914	0	3	84	1689
33	其他		32	0	4	0	6	5	8	21	2	1	217	141	967

(王斐玙)

2018 年青浦区税收收入完成情况表

表 65

项目	2018 年(万元)	2017(万元)	增减额(万元)	增减(%)	占比(%)
税收合计	5283707	4719522	564185	12.0%	100.0%
其中:增值税	2685257	2246305	438952	19.5%	50.8%
其中:改征增值税	899298	781792	117506	15.0%	17.0%
消费税	19531	13695	5837	42.6%	0.4%
营业税	-304	-628	324	-51.7%	0.0%
企业所得税(内资)	875726	771081	104646	13.6%	16.6%
企业所得税(外资)	463966	425960	38006	8.9%	8.8%
个人所得税	643903	657010	-13108	-2.0%	12.2%
土地增值税	146149	251380	-105230	-41.9%	2.8%
耕地占用税	8248	7202	1045	14.5%	0.2%
契税	192267	153084	39183	25.6%	3.6%
环保税	178	0	178	/	0.0%
其他各税	248785	194433	54352	28.0%	4.7%
附:“增、消”两税	2704788	2259999	444788	19.7%	51.2%
三项所得税	1983595	1854051	129544	7.0%	37.5%
免抵调增增值税	382843	140919	241924	171.7%	7.2%
中央级税收	2558855	2259214	299641	13.3%	48.4%
地方级	2724852	2460307	264544	10.8%	51.6%
其中:市级税收	994529	893300	101229	11.3%	18.8%
区级税收	1730322	1567007	163315	10.4%	32.7%

(王斐玙)

市场监督管理

■概况 2018 年,青浦区市场监督管理局围绕“守底线、促发展、抓党建”的工作主线,完成既定的各项目标任务。下设办公室、组织人事科、财务科、政策法规科、注册许可科、市场主体监督管理科、公平交易科、市场规范监督管理科、商标广告监督管理科、消费者权益保护科、质量管理科、标准化管理科、计量监督管理科、特种设备安全监督管理科、认证和产品监督科、食品生产监督管理科、食品经营监督管理科、食品安全综合协调科、药品化妆品安全监督管理科、医疗器械监督管理科 20 个科室;按规定设置纪检监察室、工会和共青团等组织;下设 13 个市场监督管理所和综合执法大队,分别是赵巷市场监督管理所、徐泾市场监督管理所、华新市场监督管理所、重固市场监督管理所、白鹤市场监督管理所、朱家角市场监督管理所、练塘市场监督管理所、金泽市场监督管理所、夏阳市场监督管理所、盈浦市场监督管理所、香花桥市场监督管理

5 月 30 日,市市场监管工作党委书记阎祖强(前左二)在区委副书记、区长夏科家(前左一)陪同下到青浦区检验检测中心在建工地调研

(区市场监管局供稿)

6月22日，区市场监管局首家“企业登记服务工作站”在区行政服务中心青浦工业园区分中心成立 （区市场监管局供稿）

所、工业园区市场监督管理所、西虹桥地区市场监督管理所和综合执法大队。全局行政编制449人，实有公务员282人、参公124人。下属4个事业单位，包括食品药品检验所、特种设备监督检验所、计量质量检测所和机关服务中心，在编在岗74人。12月21日，嘉兴、青浦两地市场监管局在区市场监管局朱家角会议中心签订战略合作框架协议。

年末，全区有各类市场主体162788户。其中：私营企业128591户、外资企业1486户、内资企业2820户、农村专业合作社982户、食品流通经营户7761户、食品生产企业111户、餐饮服务经营单位4708户、医疗器械经营企业2137户、药品零售企业199户、中小学托幼机构和企事业单位食堂1024户。新立案查处各类违法案件1165件，结案1293件；实际入库罚没款2169万元；移送司法机关追究刑事责任案件（含案件线索）12件。组织力量开展工程建设领域、服装零售等领域侵犯商标专用权的案件查处力度，查处案件58件，罚没款89.75万元。网络交易和广告市场环境持续净化。查办刷单炒信（网络交易平台上通过刷单方式炒作商家信用的行为）、虚假宣传和侵权假冒、销售假劣农资坑农害农、虚假违法广告等违法案件，查处案件285件，罚没款217.51万元。 （胡开明）

2018年上海市青浦区市场监督管理局各部门情况表

表66

单位	地址	电话	邮编
青浦区市场监管局	青浦区青松路175号 青浦区外青松公路6189号青浦区行政服务中心（注册大厅）	59725800 59728337（局办公室） 59728327（注册咨询）	201799
综合执法大队	青浦区夏阳街道青龙路185号	69733812	201799
赵巷市场监管所	青浦区赵巷镇赵兴路2号	59754361	201703
徐泾市场监管所	青浦区徐泾镇盈港东路1389号	69725800	201702
华新市场监管所	青浦区华新镇新凤中路518号	33866817	201708
重固市场监管所	青浦区重固镇重固大街628号	59781043	201706
白鹤市场监管所	青浦区白鹤镇鹤祥路1号	33866809	201709
朱家角市场监管所	青浦区朱家角镇沙家埭路8号	59240667	201713
练塘市场监管所	青浦区练塘镇练北路59号	59251574	201715
金泽市场监管所	青浦区金泽镇练西公路4325号	59295257	201721
夏阳市场监管所	青浦区夏阳街道华科路550弄4号楼	69733537	201799
盈浦市场监管所	青浦区盈浦街道三元路46号	59734078	201799
香花桥市场监管所	青浦区香花桥街道大盈路418号	59720160	201712
工业园区市场监管所	青浦区工业园区盈顺路200号	69228138	201799
西虹桥地区市场监管所	青浦区徐泾镇徐民路308弄10号	59763201	201702

（胡开明）

■**首届“进博会”保障工作** 全局全员上岗，投入到首届“进博会”保障工作。拟定保障方案、巡查方案，确保核心区检查无死角。11月5—10日，面对每日十几万的巨大客流，坚持主动作为、倒排节点、挂图作战，完成涉及2117名重要内宾的接待保障任务、展馆品经营单位6个100%的创建目标、64家公共餐饮单位132个视频监控探头图像的系统集成。检查食品经营单位2745户次、特种设备2095台、药械参展商1370家、商标广告1611户次、物价1512户次，开展食品原料及操作环节快速检测2469件次。在“一站式服务点”解答各类咨询269件，实现展会期间“零事故”。获得2个“上海市工人先锋号”、1个上海市“进博先锋行动”优秀共产党员、1个“最美服务窗口”等称号。确保周边延伸区零隐患。面对城市管理标准向国际一流水平对标的挑战，以展馆周边区、赵巷延伸区、朱家角延伸区等为重点，开启“5+2”“白加黑”工作模式，抽调40名干部参与24小时网格化管理一体化巡查；加大综合治理和宣传造势，保障展会期间不因无证无照经营引发重大安全事件。确保社会面风险全防控。面对时间紧、任务重、标准高的困难，通过日常巡查、专项巡查、综合巡查，做到社会面风险防控有人、有责、有岗，检查各类经营主体17659户次，查处各类违法违规案件1118件，罚没款1719.54万元，营造良好的市场环境。

（胡开明）

■**推进商事制度改革** 推进市场准入环节制度创新、流程再造的“加减法”，确保群众少跑路、少烦心。证照核发提速增效。制定落实《上海市青浦区企业住所登记管理细则》等工作新制度，推进企业开办“一窗通”“政银通”等服务新平台。“进博会”期间，专门开辟进博企业“证照联办”新通道，在注册许可大厅成立“青竹云集”创新指导工作室。在绿地全球贸易港等项目落户过程中，主动沟通相关部门，确保企业以最优名称方案落户。全年新设企业16374户，日均新设企业69户，企业活力进一步激发。满足企业多元需求。建立重点企业（项目）容缺审批机制，实现重点企业（项目）“先发证照，后补齐材料”，助推青浦首家央企总部中核建、“独角兽企业”威马汽车快速落户青浦。以大调研为契机，在优化工作流程、提高服务效能等方面形成“争当全市五星级店小二”“民生计量服务队”等工作成果，社会反响良好。跟踪发布信息动态。每月从各类重要平台和载体汇总、梳理并发布“重点企业（项目）”的信息及动态，落实责任部门及时关注、跟踪。

（胡开明）

■**百姓消费环境得到优化** 围绕热点难点问题，加大消费维权工作力度，提升人民群众的幸福感和获得感。加大维权力度。结合“12315”平台消费维权数据分析，以充值预付卡、餐饮娱乐等为重点内容，以国家会展中心、大中型超市和特色商业街为重点场所，加大日常市场监督检查力度，依法查处合同“霸王条款”，保障消费者合法权益。畅通投诉渠道。依托公众诉求综合处置平台及全国“12315”互联网平台等，提高消费咨询、投诉举报、信访件的响应速度和处理效率。处置各类投诉、举报及咨询25830件，比上年增长70.4%，其中：“1234”5市民热线转办工单6081件，比上年增长14.5%，在消费者满意度测评工作中始终处于全市系统前列。将各类矛盾源头化解、依法办理，解决各类信访疑难284件，比上年增长14%。发挥消费者协会组织作用。开展消费指导，全面开展品质消费教育乡村行活动，激发大众的关注和思考。坚持热线热办，全年成功调处市民热线转办件338件，为消费者挽回经济损失46.14万元。

（胡开明）

■**市场竞争执法** 促进市场环境不断改善。持续推进反不正当竞争执法和价格监管。新立案查处各类违法案件1165件、结案1293件；实际入库罚没款2169万元；移送司法机关追究刑事责任案件（含案件线索）12件。查办的“欧米食品公司非法分装及篡改食品生产日期、保质期案”“博览公司未有效运行质量管理体系案”在上海市食品药品稽查执法优秀案例评选活动分别被评选为“优秀案件”“优秀入围案例”。知识产权保护成效显著。11月28日，青浦区首家商标品牌指导站在移动智地挂牌成立。组织力量开展工程建设领域、服装零售等领域侵犯商标专用权的案件查处力度，查处各类商标违法案件55件，案值100.84万元，罚没款78.37万元，没收侵权商品2184.5件、侵权标志25465件，移送公安机关追究刑事责任3件；查处广告案件299件，罚没款429.53万元。加强依法行政能力。对重大热点执法问题，落实会商制度，组织外聘法律顾问开展调研。提升应对行政争议的能力，收到行政复议案件40件、行政诉讼10件、听证5件、复核29件，合计各类行政争议84件。行政复议数量比上年下降65%。

（胡开明）

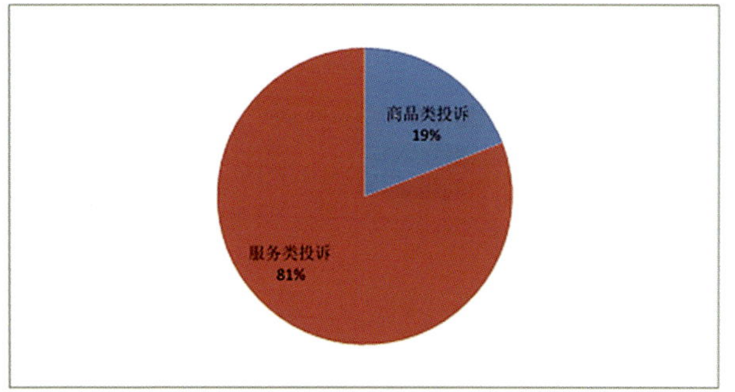

图4 2018年青浦区消费维权数据盘点图 （区消保委供稿）

■**事中事后监管** 适应市场经济的新变化新趋势，创新市场监管方式方法，提高市场监管的科学性有效性。推进“双随机、一公开”监管。将“双随机、一公开”作为市场监管的普遍方式，对企业信息公示、广告、类金融等领域开展抽查14批次，抽查市场主体7075户，及时将抽查情况和查处结果向社会公开。牵头开展国家会展中心公共餐饮、接待酒店、学生集体供餐单位等跨部门“双随机、一公开”联合检查，实现“进一次门，查多项事”。健全企业信用监管机制。推进企业年报和信息公示工作，年报公示率96.90%，连续5个年度保持全市第一。编制发放《企业信息公示一本通》，创新设计年报攻略图《一图看懂企业信息公示那点事》获国家市场监管总局、中国工商出版社举办的全国年报宣传作品评选“十大优秀年报宣传作品”和“十大优秀年报人物”。创新研发生产型企业“体检报告”，获中国工商出版社举办的首届全国市场监管领域社会共治政府类优秀案例提名奖。持续推进事中事后监管平台建设，实现归集行政许可信息115328条、行政处罚信息32793条。推送“双告知”事项18464条，其中15560条事项完成接收、12087条事项完成反馈。加强综合监管的信息化基础。优化升级“业务数据融合平台”，形成覆盖融合预警、融合查询、融合统计三大模块九大功能。依托平台强化内部协同监管，落实预警监管措施。创新全市首个三级联动“闭环式”管理机制，使用强检不合格计量器具的行为得到有效遏制。 （胡开明）

■**发出区内首张“一窗通”营业执照** 通过上海市工商行政管理局牵头搭建的上海市统一企业开办网上申报平台——开办企业“一窗通”服务平台，企业开办时间由原先的22天缩短为5天。青浦区将流程进一步压缩为3天。“一窗通”平台预审通过后，采用格式文本递交申请，材料齐全的当日可核发营业执照。3月30日，召开面向各经济小区及招商单位150余人的“一窗通”平台培训会，内容涉及平台实务操作和平台业务指南。3月31日，“一窗通”服务平台上线开通。平台窗口工作人员放弃午间休息，加班加点，当天成功受理区内首家企业设立申请。

（胡开明）

■**优化区域营商环境** 坚持改革创新、机制创新、服务创新，激发企业创业创新活力。深化食品经营领域“放管服”改革，落实上海市食品药品监督管理局“十二条”措施，从加强针对性办证指导、扩大根据申请材料作出许可决定的范围、精简许可申请材料、规范许可审查标准等方面入手，将审批时限缩短40%以上。完善健全区域住所登记管理新路径，《青浦区住所登记管理细则》公布实施，为区内创业创新和疏导无证无照经营工作提供有力的政策依据。帮助上海绿地全球商品贸易港有限公司、上海盒马网络科技有限公司青浦第一分公司等55家“进博会”重点配套企业解决登记难题。 （胡开明）

3月15日，区市场监管局在城区桥梓湾广场举行纪念“3·15国际消费者权益日”大型咨询活动 （区市场监管局供稿）

■**维护“双十一”期间网络交易市场秩序** 为有效应对“双十一”（11月11日网络促销日）网购高峰，规范网络商品交易秩序，开展“双十一”专项行动，实行线上+线下“双轨”并行、网络+网格“双网”联动，保护消费者合法权益，净化网络交易市场秩序。开展行政指导，强化网络主体责任。剖析职业投诉举报情况，将前期梳理的辖区内53家交易类平台网站及网店名单下发至各基层市场所，要求开展自查自纠，作出规范经营承诺。53家网站中6家网站在“双十一”当天的交易总额为36.8万元，“双十一”期间累计交易总额66.5万元，其他47家交易网站均未发生交易行为。对参加“双11”集中促销网店（网站）的商品价格进行定期监控，加强事中事后监管，打击“双十一”期间侵犯消费者权益的违法行为。 （胡开明）

■**营造安全放心的消费环境** “3·15”消费者权益保护日期间，启动以“诚信兴商·品质消费”为主题的放心消费创建活动，聚焦民生问题开展系列工作。聚焦群体性消费纠纷问题，促进消费纠纷及时和解，推动消费纠纷和解在企业、化解在一线。聚焦网络交易平台等网络经营主体问题。针对网络消费纠纷多发性、多样性、复杂性等特点，向辖区内网店经营者宣传《中华人民共和国广告法》、国家工商行政管理总局《网络交易管理办法》（国家工商行政管理总局令第60号）、《中华人民共和国食品安全法》等法律法规，要求各经营者履行承诺，自觉抵制虚假广告、刷单炒信、销售不合格商品等违法违规行为，落实“七日无理由退货”等有关规定。聚焦重点领域价格秩序问题，确保政策落实到位。 （胡开明）

■**队伍建设** 制定《青浦区市场监督管理局关于推进干部交流工作的实施办法》，完成31名科级领导岗位的内部交流。落实行政执法类公务员专项招录工作。强化从严治党，激发支部党建活力。各党支部开展大讨论128场次,组织主题党日200余次,形成“22项基础工作+34项季度重点工作+X项支部特色工作”的标准化建设体系。开展上海市文明单位创建工作,各党支部与共建单位共同开展各类活动50余次。深化党风廉政建设。修订《关于科级干部操办婚丧喜庆事宜有关规定》,建立礼品拒收(退还)登记制度,确定25个廉政责任项目,制定103条具体推进措施。结合巡查组进驻对基层单位党风廉政情况开展自查和资料检查,及时纠正部分不规范的问题。（胡开明）

■开展“网剑行动” 10月,开展“网剑行动”,提高网络市场监管效能,营造诚实守信、公平竞争的网络市场环境。实施定向搜索,提升违法线索发现能力。实施专项巡查,提升违法线索发现处置效能。网络涉嫌违法关键词搜索结果涉及主体网站514家,关键词964个。监管人员快速响应、线上核查,探索“人力监管”模式向“技术监管”模式转变。找准关键突破口,打击网络违法行为。通过专项监测、专项巡查、专项出击,依托网络监管技术支撑,对涉网主体进行全方位网络巡查。报请关闭非法网站23个,删除无效链接网站200条,对涉嫌违反《广告法》规定的3家企业,实施立案调查。（胡开明）

12月21日,“嘉兴—青浦”市场监管局战略合作框架协议签约仪式举行

（区市场监管局供稿）

质量技术监督管理

■概况 2018年,青浦区市场监督管理局守住质量安全底线,加强从生产到流通的全链条质量监管,全区质量安全形势平稳有序。

加强特种设备安全监管。针对特种设备事故发生规律、数量分布特点等,集中开展地铁沿线电梯安全保障攻坚战,场(厂)内专业机动车辆、起重机械专项整治等工作。检查使用单位1173家次,检查企业覆盖率30%;检查设备2463台,发现安全隐患2353处,下达特种设备安全监察指令书106份。

推进工业产品质量安全监管。加大母婴用品、儿童用品商品质量监督抽样。抽取样品97批次,总合格率91.75%,及时做好不合格后处理工作。组织开展“质检利剑”行动,检查生产企业193家次,检查销售、使用企业932家次,对涉及的农资产品、日用消费品、成品油、“拼(改)装车辆企业”、计量器具、气瓶充装单位等专项全面开展执法检查。

2月11日,青浦区质量提升行动工作研讨会举行。3月16日,召开2018年街镇质量提升工作专题部署会。5月10日,依托区质量安全工作领导小组平台,以“中国品牌·世界共享”为主题,联合区发改委、区经委和区文广局等,在吾悦广场举办“中国品牌日”现场宣传咨询服务活动。5月,区委办、区府办发布《青浦区城市管理精细化标准化三年行动计划》(青委办〔2018〕26号)。6月,与昆山市市场监管局签订《团体标准对标共建协议》。区消保委与江浙皖多城市签署《环太湖毗邻城市消保委加快快递物流行业放心消费及维权合作备忘录与宣言》。7月,正式发布《2017年青浦区质量状况分析报告》。（胡开明）

7月30日,“电梯困人应急处置综合演练”在国家会展中心举行

（区市场监管局供稿）

■培育地方特色品牌 推进上海品牌认证、知名品牌示范区等品牌项目的申报工作,上海熊猫机械、书香门地2家企业的2项产品获得首批上海品牌认证。全年新申报上海市知名品牌创建示范区4家。全年新申报区级标准化试点企业11家,市级标准化试点企业5家,农业3家,工业2家。牵头建立区级城市精细化管理标准体系,建立全市

首个12345热线处置规范标准化

（胡开明）

■保障三八国际妇女节消费市场秩序 以区妇联广泛征求女性消费者意见为基础，选取消费者关注度较高的女式内衣、卫生巾、孕妇防辐射服等消费品进行专项监督抽查。抽样18批次，其中流通领域抽取防辐射、束缚带、内衣、卫生巾等14批次样品，生产领域企业抽取卫生巾4批次。经检测，合格16批次，合格率为88.88%。卫生巾6个批次样品中，2个批次为流通领域抽取，4个批次为生产领域抽取，检测结果为全部合格。防辐射服5个批次和女式内衣7个批次，全部为流通领域抽取，其中7个批次女式内衣中的2个批次不合格，主要项目耐水色牢度、耐酸汗渍色牢度、耐碱汗渍色牢度、PH值不符合GB 18401－2010中B类标准要求。根据后处理程序对相关企业依法进行处罚。 （胡开明）

■颁发首张“先证后审”工业产品生产许可证 推进“放管服”改革，简化工业产品生产许可证审批流程。3月16日，上海哈克过滤科技股份有限公司生产的自吸过滤式防毒面具［过滤件（塑料）］获首张“先证后审”工业产品生产许可证，于3月29日完成后置现场审核。从企业提交申请至颁发证书仅4天时间，相较于以前的60天，极大地缩减企业的办证成本，减轻了企业负担。

（胡开明）

■41家企业获2017年度上海名牌称号 1月，经上海市名牌推荐委员会审议通过，2017年度“上海市名牌产品（服务）”在《解放日报》（2017年12月31日）正式对外公告，青浦区41家企业的42项产品（服务）获评2017年度“上海名牌”，其中上海美都环卫服务有限公司、上海永加汽车销售服务有限公司等13家企业首次获此称号。至此，全区有上海名牌企业86家、87项（其中产品类63项、服务类24项）。 （胡开明）

■开展“520世界计量日”宣传活动 5月20日是第19个“世界计量日”，主题为“国际单位制（SI）的量子化演进”。5月18日，计量监管科、质量管理科、计量质量检验所、夏阳市场监管所及盈浦市场监管所联合在在富绅商圈家乐福超市门口开展“520世界计量日宣传活动”。发放各类宣传单页600张、宣传纪念品350个，接待咨询500余人次，检定电子秤、血压计5台，测量血压150多人次，清洗眼镜20多副。 （胡开明）

■流通领域儿童用品质量安全整治行动 5月，开展流通领域儿童用品质量安全整治行动，涵盖青浦城区母婴用品、儿童服装、学生文玩具用品、超市等所有类型儿童用品销售门店，涉及零售店14家，6大类别产品21个品种，抽检样品83个批次，其中不合格6个批次，总合格率92.77%。6大类别产品中，电器抽检3批次（合格1批次，合格率33.33%），服装抽检12批次（合格11批次，合格率91.67%），日化用品抽检49批次（合格46批次，合格率93.88%），其他类别抽检合格率100%。比上年上升3.3个百分点。2017—2018年的2年安全行动中，儿童用品质量合格率较高，未发现严重不合格情况。

（胡开明）

4月28日，区市场监管局执法干部在青浦区青少年活动中心开展儿童游乐设施节前专项检查 （区市场监管局供稿）

■首届区长质量奖颁奖暨质量提升行动动员大会举行 7月17日，青浦区首届区长质量奖颁奖暨质量提升行动动员大会在区会务中心中心举行。市质量技术监督局党组书记、局长黄小路，区委副书记、区长夏科家，副区长顾骏出席会议。市质量技监局相关处室负责人，区质量安全工作领导小组成员单位，各街镇、相关部门的分管领导以及区重点骨干企业代表等100余人参加会议。会上授予上海熊猫机械（集团）有限公司“区长质量奖（组织）”，授予喻会蛟“区长质量奖（个人）”。

（胡开明）

■“沪、滇、藏、青青少年手拉手质量夏令营”在东方绿舟开营 7月23日，“沪、滇、藏、青青少年手拉手质量夏令营”开营仪式在上海东方绿舟举行。活动由上海市质量技术监督局干部培训中心主办，上海、云南、西藏、青海四地包括藏族、白族、傣族、哈尼族、基诺族在内的60余名青少年学生参加。市质监局总工程师陆敏出席活动。市教委和区局领导及部分支持单位相关负责人参加开营仪式。青少年学习质量知识课程，深入上海元祖启蒙乐园有限公司、上海质量监督检验技术研究院进行质量教育社会实践。 （胡开明）

■五地质量交流活动 9月27日，应昆山市质量强市工作领导小组办公室邀请，组织区内8家优质标杆企业12人，与嘉定区、松江区、金山区和太仓市的标杆企业，到昆山市的质量标杆企业——好孩子集团有限公司，学习交流优质企业的质量管理经验。五地质量标杆企业代表70余人参加观摩活动，

促进长三角地区一体化质量提升的协同发展。 （胡开明）

■2018年“质量月”现场宣传咨询服务活动举行 9月11日，依托区质量安全工作领导小组平台，牵头小组成员单位，以“质量提升助力卓越的全球城市建设”为主题，在城区桥梓湾广场、吾悦广场和朱家角银杏树广场、赵巷奥特莱斯商圈4处同时举办“质量月”现场宣传咨询服务活动。4个活动现场合计发放各类宣传资料2000余份，悬挂横幅10余幅，摆放展板40余块；接受各类消费者咨询服务800余人次。 （胡开明）

9月15日，首届青浦区质量教育成长体验营活动在“沪香果业”“书香门地”两大中小学质量教育社会实践基地开展，图为体验营学生在“书香门地”参加活动 （区市场监管局供稿）

物价管理

■概况 2018年，区发展改革委物价管理部门开展价格监测督查，加强收费标准规范和收费行为管理，转变管理思路、创新发展理念，保持物价总体水平基本稳定。

青浦区市场监管局以保障“进博会”价格行为为工作核心点，以加强市场价格行为监管为着力点，以涉及民生领域问题为突破点，以群众反映的热、难点为主攻方向，完成年初制定的工作目标。全年立案25件，结案39件，罚没款113.48元。其中：不正当价格手段21起，罚没款61万元；违反明码标价规定8起，罚没款1.40万元；不执行政府行政措施10起，罚没款51.08万元。

加强辖区内各大超市卖场的价格检查工作，对多家大型超市的价格标签和价格宣传进行检查，对4家虚构原价的行为进行查处。开展商品房销售价格行为联合专项检查，检查在售楼盘20余个、中介机构30家，发现违法行为线索2件，罚没款10万余元。国庆、中秋期间，对辖区商业综合体中心、吉盛伟邦家具村等进行监督检查100余户次。对检查中发现的问题责令整改。开展区域内居民用瓶装液化石油气零售价格行为专项检查，检查12个气站，对民营、“挂靠”的气站进行重点督查，发现存在不执行政府指导价经营行为的气站4家，罚没款20余万元。开展公共停车场收费专项检查，检查公共停车场库80余家，发现线索并立案6家，罚没款总额34万余元。 （胡开明 范欢欢）

8月，区市场监管局执法人员对朱家角安麓酒店进行价格检查 （区市场监管局供稿）

■开展价格监测 每日监测粮、油、奶、肉、水产、蔬菜等6大类、63个品种的主副食品价格及生猪出场价格。全年主副食品价格走势整体平稳，但猪肉价格高位回落，蔬菜价格季节性波动较为明显。每月公布1次超市商品价格信息、房产价格监测、劳动力价格监测。每周监测农资价格。开展对种植业和养殖业成本调查工作，种植业调查品种为粳稻，养殖业调查品种为生猪。开展“进博会”住宿价格检测工作。对重点区域18家酒店，自7月13日开展监测，其中10月26日到11月12日期间每日上报。开展新开业酒店旅馆价格审核工作，实地走访20家酒店。 （范欢欢）

■收费行为管理 完成2017年度行政事业性收费单位年度审核上报工作。清理行政事业性收费项目,根据《关于停征排污费等行政事业性收费有关事项的通知》(财税〔2018〕4号)和《财政部税务总局国家发展改革委工业和信息化部关于集成电路生产企业有关企业所得税政策问题的通知》(财税〔2018〕27号)

文件要求,取消或停征8项中央设立的行政事业性收费,青浦区涉及2项。会同区财政局发布《青浦区涉企行政事业性收费目录清单》。根据市物价局工作要求,对旅游景点收支情况、基本情况进行调查,会同区旅游局、绿化局和市容管理局制定工作方案,全面摸底和调查,将全区旅游景点调查信息汇总后以书面形式报送市物价局。会同区建管委、市场监管局对国家会展中心周边停车场进行监管和巡查,监管各停车场收费标准等各项措施的落实情况,维护"进博会"期间停车场收费价格稳定。

(范欢欢)

■推进民生行业价格执法工作 3月,坚持"深入一个领域,查处一类案件,规范一个行业"的办案理念,遏制扰乱行业正常价格竞争秩序的价格违法行为。针对近两年房地产市场出现价格"异动",捂盘现象、"电商费""茶水费"和"未按规定明码标价"等各种价格违规现象层出,部署商品房明码标价专项检查,要求房地产企业在取得预售许可后,在规定时间内一次性公开全部预售房源,商品房销售明码标价的各项规定。对房地产企业在销售中的收费情况进行实质性检查。查处利用引人误解的价格手段销售商品房案件2件,罚没款10万余元。按照规定对新开楼盘推行"价格承诺书"制度,规范商品房销售行业的价格秩序。对全区存有的73户经营性停车场库进行全面检查,逐一核对收费情况,查获2户经营性停车场库未执行首小时后按半小时计费单位收取停车费的规定,涉及多收车次58882次,涉及多收价款13.9余万元。

(胡开明)

■开展节前超市价格检查 4月23—28日,针对"五一"期间消费特点,开展节前市场价格行为专项检查整治工作,确保辖区超市行业价格秩序健康安全。出动检查人员18人次,重点检查"家乐福""麦德龙""米格外高桥进口商品超市"等多家大型超市的商品价格标签、明码标价情况、价格宣传等情形。检查中发现,各大超市卖场商品均明码标价,"一品一签",商品规格、价格等信息完整明示。部分超市卖场在标价签上公示非含税价及含税价两种价格,检查人员也对其作出提醒(5月1日起,实行新税率政策,需对商品价格作出及时修改和完善)。

(胡开明)

9月,区市场监管局联合市价监局检查四所对国家会展中心内餐饮定价进行摸底调查 (区市场监管局供稿)

■保障首届"进博会"餐饮消费价格稳定 8月17日,市价格监督检查与反垄断局联合区市场监管局,对国家会展中心内餐饮消费价格行为进行调查和指导。调查指导小组与场内餐饮代表座谈,倾听企业代表对价格工作的建议和意见,解答代表提出的问题。要求经营者严格按照《中华人民共和国价格法》、国家发展和改革委员会《关于商品和服务实行明码标价的规定》和《上海市关于商品和服务实行明码标价的实施办法》的规定,履行价格承诺;不得在明码标价之外加价出售商品;不得收取任何未予标明的费用等;严禁借"进博会"之机哄抬价格、串通涨价等行为。

(胡开明)

■检查"进博会"周边停车场所及设施 8月,开展全覆盖巡查"进博会"周边停车服务配套设施检查行动。在连续作战,集中检查,不留死角,历时3天,全面对"进博会"周边的停车场所(包括经营性停车场、临时停车场库、地铁站等公共交通枢纽配套停车场等)的收费价格行为进行检查。经检查,收费公示情况和询问相关收费人员,未发现存在违法违规收取停车费的行为。对于个别停车场收费标准内容存在的瑕疵,检查人员当场给予建议及时更换。10月,会同区发展改革委、区建管委联合对国家会展中心周边停车场,特别是临时性停车场库的收费情况进行督查。检查人员针对人工收费方式提出统一采用手机扫取二维码付款的意见,提高停车缴款效率;对于部分停车场警示桩、路锥等设备较为陈旧的情况,建议经营者进行更换。要求经营者集中对停车场服务人员进行必要的服务意识培训,防止出现消费纠纷。

(胡开明)

■开展辖区酒店广告专项检查 10月,对华新、徐泾、赵巷三镇的23家酒店进行"进博会"酒店价格干预[即市政府于首届"进博会"期间对全市酒店旅馆、网约出租汽车和部分公共停车场(库)实行的临时价格干预措施]和商标广告督查。主要对酒店内的相关证照、宣传海报、宣传册、广告标语、客房价格及房间内相关物品价格进行检查。出动执法人员66人次，检查酒店22家，发现存在问题酒店5家，问题包括未亮证亮照经营、个别酒店价格干预期间客房价格超最高限价，执法人员责令相关酒店进行整改，指导其合法经营，维护市场秩序。 （胡开明）

审计工作

■概况 2018年，区审计局设有财政审计科、绩效审计科、经济责任审计科、经贸审计科、固定资产投资审计科、内审指导科、综合法规科、办公室8个部门。编制32人，在编31人，领导职数4人。全年完成审计项目60个，其中审计项目57个、专项审计调查项目3个。查出主要问题金额1643378万元，其中：违规金额1697万元、损失浪费金额57万元、管理不规范金额1641624万元；审计发现非金额计量问题253个；损益（收支）不实金额4万元；出具审计报告和专项审计调查报告60篇，被批示、采用15篇次。审计处理处罚金额106485万元，其中应上缴财政102637万元、应减少财政拨款或补贴1034万元、应归还原渠道资金457万元、应调账处理金额2357万元；移送纪检部门、主管部门处理事项9件，移送处理人员12人，移送处理金额3728.62万元。审计促进整改落实有关问题资金1581241.83万元，核减投资4686万元，移送处理落实事项9件。审计提出建议72条，全部被采纳；推动被审计单位制定整改措施429项；促进被审计单位建立、健全规章制度23项；提交审计信息272篇，被批示、采用90篇次。向社会公告审计结果20篇。《对青浦区供销合作联合社主任汤宏波同志任期经济责任的审计》《对青浦区污水处理系统建设运营绩效情况的专项审计调查》项目分获全市优秀审计项目评比二等奖、三等奖。《接“三根线”开“三盏灯”照亮党员心中的“红色殿堂”》党建课题调研文章获全市审计机关第三十一次思想研究会评比一等奖。

完成区本级预算执行、水务局等6个预算部门预算执行等情况审计，突出财政收入收缴、财政支出结构和绩效、财政管理改革推进、财经纪律执行等效果。完成固体废物处置绩效情况审计调查，健全固体废物处置机制、严格处置管理、提升处置绩效。开展领导干部自然资源资产离任审计，推动领导干部树立绿色政绩观。 （姚真君）

■开展国家重大政策措施落实情况跟踪审计 根据上级审计机关统一部署，区委、区政府工作要求，参与开展青浦区保障性安居工程跟踪审计、长江经济带生态环境保护审计、债务审计等重大政策落实跟踪审计，组织开展生态环境综合治理、财政性资金投资信息化2个项目的绩效审计调查，促进国家、市、区重大决策部署落实到位。 （姚真君）

■开展经济责任审计 注重审计计划科学管理、推进基础规范管理、突出过程质量管理，提升经济责任审计效率效能。在区委书记专题会、区经济责任审计工作联席会议上，专题研究年度审计计划、讨论年度综合审计报告。全年围绕“权力运行”“责任落实”，完成9个单位14名领导的任期经济责任审计，坚持“一公示、三联合”（即审前公示、联合进点、联合出点、联合督查）。 （姚真君）

■开展固定资产投资审计 提高重大项目限额标准，完成“1+8”政府投资管理制度审计条款修订，健全委托项目“审计中介审核、复核中介复核、审计机关抽查”的三级控制体系，突出加强风险防控。组织开展崧泽高架、环城水系、金商公路的跟踪审计，全年完成3个跟踪审计、19个区重大实事项目、22个限额以上政府性投资项目竣工决算审计，参与66个“进博会”项目稽查，委托社会中介机构完成393个限额以下政府性投资项目竣工决算审计。 （姚真君）

■内部审计 开展工作调研，加大村级组织审计指导力度，制发《青浦区内部审计项目质量检查与考核实施办法》《内部审计机构定性及处理处罚依据手册（2011年—2016年）》，开展内审同步审计。组织开展专题讲座6人次、工作片会6次。组织内审人员到政府机关挂职，挂职8人，开展内审人员“一对一”档案实务培训，19人参加。组织内审人员参加审计专业能力提升班，67人参加。组织开展项目质量检查和评优活动，检查24个内审机构36个项目。各内审机构完成审计项目1796个、审计资金822.71亿元。 （姚真君）

3月14日，审计人员在生态环境综合治理专项审计现场实地勘察

（区审计局供稿）

3 月 22 日,审计人员在固体废物处置专项审计调查现场实地勘察
(区审计局供稿)

■审计结果利用　区领导分别在区委书记专题会、区委常委会、政府常务会议等 8 次会议中,听取审计情况汇报,研究审计结果,提出处置意见,要求开展追责问责。涉及诫勉谈话 2 人、批评教育 10 人。起草《关于区纪委监委与区审计局协作配合的实施意见(试行)》,增强工作联动,加大工作合力。总结形成投资审计闭环管理意见,探索专项审计调查闭环管理,借助部门合力推动审计结果利用。(姚真君)

■审计整改　探索制度创新,出台《审计结果整改标准认定办法》,坚持整改跟踪回访制、对账销号制、结果反馈制、分析点评制、评估报告制,以公开促整改。10 月 25 日,举行区政府审计整改推进会,会议聚焦"疑难杂症"。提升整改质量,审计查出问题的承诺整改比例由上年 32.5% 下降为零,相关部门举一反三,针对审计查出问题,建立长效管理机制,推动"审计一点、规范一片"。(姚真君)

■审计公开　在区审计局门户网站公开 2018 年度重点审计项目计划、2017 年度区本级预算执行审计工作报告、2017 年度审计整改工作报告、6 个部门 2018 年度预算执行审计结果、4 个专项审计调查结果及 4 个区重大实事项目竣工决算审计结果,推进 6 个部门公开预算执行审计整改结果。(姚真君)

统计工作

■概况　2018 年,青浦区统计工作以提高数据质量为核心、提高服务能力为目标、推进常规统计工作为基点、开展社会热点调查为抓手,夯实统计基础,推动统计事业健康快速发展。完成工业、能源、固定资产投资、房地产、服务业、劳动工资、商贸业、批发零售业等常规月度统计工作。(吴　玮)

■开展第四次全国经济普查　7 月,第四次全国经济普查(简称"四经普")工作启动,区统计局周密部署,实现"五个到位"。一是组织领导到位。区政府发文成立"四经普"领导小组,明确成员单位及其工作职责,区经普办牵头及时召开工作推进会。二是宣传动员到位。各级经普办结合各地特色,推出各种形式的普查宣传活动。印制"四经普"宣传条幅,悬挂张贴在主要交通地段及场所,营造家喻户晓、人人皆知的普查氛围。三是人员物资到位。区经普办落实普查经费、设备等物资,设置独立办公场所,选调素质高、业务硬的"两员"(指导员、普查员)。四是机制建立到位。建立部门协调机制,明确各部门普查工作职责,加强部门联动。五是摸底工作到位。按照清查摸底细则,准确界定普查区域和普查登记对象,区经普办成立清查摸底工作督查组,各级指导员和普查员 1200 余人对全区各街镇进行摸底工作。对数据比情况对进行全面督查,确保登记对象不重不漏。(吴　玮)

■开展统计专项工作　推进人口变动调查工作。于 10 月 31 日,完成人口变动调查摸底数据采集工作。11 月,开始抽取 9 个街镇 201820 个小区,抽样登记 1000 户家庭,于 11 月 20 日完成。完成住户新老样本调查点轮换后点衔接工

12 月 14 日,第四次全国经济普查培训在东方绿舟宾馆举行　(区统计局供稿)

作。2018 年 12 月起，新的 350 户国家样本调查点正式启动运行。推进国家点电子台账工作。全区电子台账 324 户，占全部户 92.6%，电子记账率在全市领先。（吴 玮）

■**增强参谋作用** 开展《统计公报》《统计月报》改版工作，内容上精简优化、重点突出、体现青浦特色；形式上改变设计样式，增强可读性，体现亲和力。为区委、区政府领导及各委办局决策提供数据支持。每月按照时间节点及时完成《统计快报》《统计月报》《统计要情》《2018 统计手册》《数据青浦 2018》小折页等统计产品的编辑工作，每月在青浦统计 APP 上及时推送统计月报数据。完成《青浦区国民经济和社会发展公报》，在《青浦报》、网站等媒体上发布。编撰完成全面反映青浦经济社会发展成果的《2018 青浦统计年鉴》，于 6 月底前印刷公布。完成《新时代谱写新篇章 新作为砥砺新跨越》图解 2017 统计公报 PPT，在微信公众平台上予以推送宣传。组织编印《数说青浦改革开放 40 周年》统计宣传册。（吴 玮）

■**统计法治建设** 5 月，配合市统计局在华新镇开展双随机执法检查。双随机执法检查 30 家工业企业。在全区开展“双随机”执法检查工作，涉及 6 个地区、5 个专业、90 户企业。运用统计法治手段，严格执法，对存在差错的 51 户企业，以文件形式通报相关街镇、区级公司。对其中的 42 户企业发放“责令改正通知书”，对部分达不到“四上”标准的企业（“四上企业”指规模以上工业企业、资质等级建筑业企业、限额以上批零住餐企业、规模以上服务业企业）作退库、转库处理，对异地经营企业作转移处理。（吴 玮）

■**统计队伍建设** 8 月 22—24 日，组织职工参加全市国家统计执法证考试培训班。10 月 10—12 日，6 人参加区法制办举办的 2018 年度基础法律知识培训，通过《上海市行政执法证》考试。举办青年干部培训。8 月下旬，区统计局、青浦调查队与区行政服务中心联合举办青年干部培训班。9 月底，开展以“争做充满激情、富于创造、勇于担当的统计人”为主题的素质拓展活动。（吴 玮）

9 月 20 日，统计开放日宣传活动在城区桥梓湾广场举行 （区统计局供稿）

海 关

■**概况** 根据国务院机构改革方案，2018 年 4 月 20 日，出入境检验检疫职责和队伍划入海关。原出入境检验检疫系统统一以海关名义对外开展工作，一线执法的公务员和参照公务员管理的人员统一着海关制服、佩戴关衔。过渡期内，原上海出入境检验检疫局青浦办事处科室暂时保留。原上海出入境检验检疫局青浦办事处所有标志标牌更换为海关标志标牌，转隶的所有窗口关员整合至青浦海关驻出口加工区办事处报关大厅办公。青浦海关本部下属科室暂不变，下设办公室、稽查科、综合业务科、加工贸易监管科和保税监管一科（派驻青浦出口加工区）5 个科室，主要业务涵盖通关管理、税费征收、减免税设备备案与审批、加工贸易监管、企业管理、特殊监管区域管理、缉私、稽查、海关统计等，在编干部职工 45 人。

青浦海关贯彻落实“五关”（政治建关、改革强关、依法把关、科技兴关、从严治关）理念，提升监管服务水平。全年受理进出口报关单 117039 票，比上年下降 1.24%；货运量 61.3 万吨，比上年增长 15.7%；货值 661.3 亿元，比上年增长 52.9%；征收税款 25.86 亿元，比上年增长 4.55%；新注册企业 563 家，比上年增长 16.3%。完成重新认证 23 家，新申请一般认证企业 5 家。办理加工贸易电子化手册 1898 份，比上年下降 17.9%；备案金额 4.6 亿美元，下降 12.6%；新增联网监管企业 3 家，比上年增长 33.3%；核销合同 2220 份，比上年减少 20%，核销补税 1.63 亿元，比上年下降 28%。稽查企业 22 家，查发问题作业 13 家；稽查补税 1602.3 万元，发出稽查建议书 1 份；开展保税核查 74 家，查发问题 31 家；移交缉私部门案件线索 10 起，立案 8 起，案值 13417 万余元，罚没收入 12.97 万元。

机构改革后，青浦海关履行检验检疫职能。2018 年，受理 17346 报检批次，56571 货物批次，30282 标箱，重量 37.09 万吨，货值 151889.48 万美元，出证 16250 份；审单放行 9949 批次，16255 标箱。与上年相比，报检批次增长 17.25%，货值增长 67.82%。签发原产地证 16757 份。实施危险品包装现场查验 184 批次；出口退运货物追溯调查 21 批，金额 26.3403 万美元。截获植物产品疫情 51 批，截获有害生物 6 种、55 种次。其中：截获检疫性有害生物新菠萝灰粉蚧 44 种次（全部作熏蒸处理）、咖啡果小蠹 3 种次；截获集装箱疫情 9 批次，截获有害生物 12 种、14 种次，其中截获禁止进境物丽纹腹链蛇，为全国首次，作熏蒸处理。检出进口食品不合格 22 批次，完成食品标签备案 21 个，完成 568 批不合格进口食品化妆品的标签整改和后续监管。

7月12日，青浦海关报关单填制规范调整工作动员暨培训会在青浦工业园区举行（青浦海关供稿）

成立服务"进博会"志愿者服务队。派驻1人支援上海海关行邮监管处和"进博会"现场，2人支援虹桥机场海关旅检现场。设立2条"进博会"专用查验通道、完成配套场地专用标志放置，出台8条上海西郊国际农产品交易中心海关查验点"进博会"通关便利措施。

（张　逸）

■提升通关时效　优化验估、查验和保证金开设等操作流程，优化人力资源配置，提升各业务环节操作效率。加大通关知识宣传，确保提升通关时效。发放宣传资料、在报关大厅张贴公告，召开宣讲会，向企业宣传，要求企业在确认理货信息后发送报关单，有纸报关单及时现场交单，涉税报关单及时缴税；引导企业开通税费电子支付，推广汇总征税；建立关企微信群，发布海关政策公告，了解企业意见建议，及时处置困难需求；设立关企联络员，对外公布联络员电话，保持沟通联系方式畅通。青浦海关全年进口通关时间（整体通关时间）45.5小时（上海海关58.8小时），比上年提升44.5%，完成压缩三分之一的目标任务。

推进贸易便利化，压缩检验检疫流程。落实审单放行制度，持续推进贸易便利化改革，利用食品检测中心西郊分中心资源，加强检验检测配套服务，形成具有青浦特色的食品农产品检验检疫监管模式，实现现场查验、采送样与实验室检测对接联动和一体化服务，食品农产品通关速度从2—3周缩短至3个工作日，促进上海西郊国际农产品交易中心农产品进口业务快速发展，2018年西郊国际进口货物重量和货值比上年有小幅增长。

（张　逸）

■支持青浦出口加工区跨境电商网购保税进口业务　发挥CT型行李物品检查设备非侵入式查验的优势，确保个人网购零售出区商品随到随验；应用自贸试验区创新监管制度，继续实施"先进区后报关"（减少口岸滞箱成本）、"统一简化进出境备案清单"（将填制备案清单项目由44项减少至29项）、"批次进出、集中申报"（由报一批出一批改为每月报一次）等政策，释放政策红利，增强企业获得感；完善海关、企业联络员机制，发挥区域物流快递企业集聚优势，培育优质跨境电商物流企业。全年有19家电商企业在青浦出口加工区注册，监管网购保税进口模式零售出区个人订单78万单；货值3.61亿元，与2017年持平，单个订单平均货值比上年增长三分之一；征收税款4184.4万元，比上年增长12.65%。

（张　逸）

■助力青浦出口加工区整合优化为综合保税区　9月4日，国务院正式批复上海青浦出口加工区整合优化为青浦综合保税区。为顺利完成验收后享受现行综合保税区税收和外汇政策，青浦海关配合区政府，根据综保区验收标准，梳理出完成未达标整改项目3条13项。

（张　逸）

■支持青浦民用航空产业园建设　对产业园重点企业上海普惠飞机发动机维修有限公司综合应用"联网监管＋电子底账""批次进出、集中申报""工单式核销"等便利化措施。创新"两次征税"作业模式，在完成维修的发动机出区时先按预付修理费征税，待交易双方核算后

7月13日，青浦海关驻青浦出口加工区办事处查验关人员在青浦出口加工区查验平台开展货物监管工作

（青浦海关供稿）

再按实付修理费退补。2018 年,上海普惠飞机发动机维修有限公司修理完毕飞机发动机 130 台,征税税款 1.74 亿元。针对财政部航材减免税政策调整,上门到企业开展调研,与职能部门协调沟通,年末完成相关航空公司 2017 年度的减免税工作,涉及东方航空股份有限公司等 8 家企业,减免货值 2.56 亿美元,减免税收 2.9 亿元。 (张　逸)

检验检疫

■概况 上海出入境检验检疫局青浦办事处成立于 2015 年 4 月。由上海浦江出入境检验检疫局托管,正处级。在编职工 15 人。职责是依法对青浦区(上海西郊国际农产品交易中心、青浦出口加工区)区域内的出入境动植物及其产品、进出口商品、运输工具等实施检验检疫和监督管理工作。下设 5 个科室,分别是办公室、综合科、业务一科、业务二科、业务三科。其中,位于华新镇上海西郊国际农产品交易中心的主要业务包括对进境水果、工业食品、动物源性食品的检验检疫监管工作,获得进境水果、肉类、冰鲜水产品、粮食、进口食用水生动物等国家质检总局指定口岸资质;位于青浦出口加工区的主要业务包括对进出口机电、轻纺、化工产品和跨境电商的检验检疫监管工作,在出口加工区有检务报检窗口。

根据国务院机构改革方案,自 2018 年 4 月 20 日起出入境检验检疫职责和队伍划入海关。上海出入境检验检疫局青浦办事处转隶至青浦海关。

(张　逸)

区级投资、开发公司选介

■概况 2018 年年末,全区有区管国有企业 7 家,与上年持平,分别是上海青浦工业园区发展(集团)有限公司、上海淀山湖新城发展有限公司、上海西虹桥商务开发有限公司、上海青浦发展(集团)有限公司、上海青浦公用事业投资控股有限公司、上海青浦现代农业园区发展有限公司和青浦区供销合作联合社。 (赵　峰)

■上海青浦工业园区发展(集团)有限公司 1995 年 11 月 25 日,青浦工业园区经上海市人民政府批准成立,规划面积 16.1 平方公里。2000 年 11 月,经区政府批准,上海青浦工业园区发展(集团)有限公司组建成立。2003 年 6 月,市政府同意青浦试点园区范围的规划方案,在原青浦工业园区基础上,青浦试点园区规划面积由 16.16 平方公里调整至约 56.2 平方公里。区政府决定重组上海青浦工业园区发展(集团)有限公司,并设董事会、监事会。2010 年 7 月,上海青浦工业园区分设为“一园三区”(青浦工业园区、张江高新区青浦园和青浦出口加工区),青浦工业园区规划面积调整为 16.1 平方公里。2017 年 6 月 27 日,青浦区“一园三区”党政干部会议举行。“一园三区”一体化改革,原上海青浦工业园区发展(集团)有限公司、上海张江高新技术产业开发区青浦园区(集团)有限公司和上海青浦出口加工区开发有限公司重组,更名为上海青浦工业园区发展(集团)有限公司,增挂上海张江高新技术产业开发区青浦园区(集团)有限公司和上海青浦出口加工区开发有限公司牌子。

规划面积 56.2 平方公里。规划四至范围(以西侧开始顺时针方向)青赵公路—沪常高速—油墩港—章泾江—通波塘—沪青平公路—油墩港—上达河—向阳河—盈港路—外青松公路—上达河,其中:城市开发边界内区域面积(即集中建设区)为 41.33 平方公里,青浦出口加工区海关特殊监管区面积为 1.64 平方公里(计划转型综合保税区),张江高新区青浦园规划面积为 13.68 平方公里。

集团公司主要开展招商引资、土地开发、厂房租赁、项目/基建审批业务代理和后续服务、房地产开发、市政建设、物业管理、企业服务等经营业务。2018 年,总部设党群工作部、行政管理部、招商管理部、规划建设部、企业服务部、财务管理部、审计部、人力资源部、经济发展部、安全监察部等 10 个职能部门。张江高新区青浦园和青浦出口加工区两公司内设部门仅保留牌子。集团公司下辖上海西部经济城有限公司、上海青浦工业园区创业投资有限公司、青浦工业园区招商中心有限公司、上海青浦商城实业有限公司、上海中纺科技城发展有限公司、上海青浦科技园发展有限公司、上海青佳经济发展有限公司、上海沁园经济发展有限公司、上海纺科投资有限公司、上海高新技术成果转化基地开发有限公司、上海浦西建设工程管理有限公司、青浦工业园区物业管理有限公司、上海中纺物业管理有限公司、上海群腾企业服务有限公司、上海青浦工业园区热电有限公司。托管青浦工业园区香花桥招商服务中心公司、青浦工业园区创业中心有限公司。2018 年年末,集团公司注册资本 150000 万元,总资产 489579 万元,净资产

7 月 5 日,区委书记赵惠琴(左六)、区人大常委会主任朱明福(左五)、副区长倪向军(左二)参观上海爱仕达汽车零部件有限公司智能谷展示厅

(青浦工业园区供稿)

258872万元。

一园三区全年实现规模产值984.03亿元,比上年增长0.2%;税收收入132.77亿元,比上年增长9.5%;合同外资3.6亿美元,到位资金1.52亿美元;固定资产投资45.22亿元,其中工业固定资产投资35.6亿元;万元产值能耗下降4.11%。以702.14的综合发展指数获得全市大型开发区第五的排名,比上年上升一位。

全年完成闲置土地开发、低效用地盘活等产业结构调整项目31个,盘活土地46.67公顷;淘汰不适合在青浦工业园区继续运营的产业,高污染、高排放企业共50个项目,盘活土地面积21.77公顷。实现上海昭和高分子有限公司地块节余分割转让项目签2公顷。完成英威达、上海博舍工业有限公司等9个项目土地收储,面积25.33公顷。

优化企业开工服务,实行项目负责人制、重点项目联合推进机制,加强协调服务,排解难点堵点,促进产业项目早开工、早竣工、早投产。优化经济小区服务,提供工商、涉税一条龙服务、全程帮办,争当“店小二”。深化政银合作,运用“一窗通”“一网通”,提高办证出照效率。以企业需求为导向,为企业办实事、解难事。举办精益生产、智能制造、财税政策解读等讲座、培训近30场。推出8条公交短驳线路,连接轨道交通17号线汇金路站等4个站点。在新高路北侧等道路新增4条道路临时停车位。园区职工家园经改造修缮,推出120套人才公寓。全年为企业高管及技术人才解决子女就学等各类诉求24项,办结率100%。

国家级生态园区建设。以中央环保督查为契机,按照创建国家级生态工业园区的标准,深化青浦工业园区精细化环境管理,梳理29项生态改造项目,通过国家环保部专家验收。推广绿色制造,实施水资源循环利用,开展清洁能源替代和危废物处理平台建设,实现大气减排和危废物的资源化、减量化。建立长效常态监管机制,引入第三方环保专业监管机构,对落户企业进行全覆盖监管,从源头上杜绝环保违法违规建设项目。年末,获环保部、商务部等部门联合审核,确认为国家级生态园区。

青浦出口加工区整合优化为青浦综合保税区。2018年,青浦出口加工区完成进出口总额85亿美元,工业产值68.16亿元,税收8.07亿元(含海关税收6.5亿元)。跨境电商总单量突破200万元。其中:民用航空园产值33.66亿元,比上年增长14.1%;税收6443万元,比上年增长12.4%。9月4日,国务院批复青浦出口加工区整合优化为青浦综合保税区。整合优化后的青浦综合保税区,发展保税展示交易、保税物流,培育跨境电商平台,扩大民用航空产业园品牌效应,推动区域新一轮高质量发展。

推进市西软件园建设。市西软件信息园于2017年12月27日举行授牌仪式。位于赵巷镇嘉松公路西侧,核心区总规划面积1.5平方公里。项目主要由青浦工业园区负责开发和建设。2018年,完成软件园城市设计,启动和推进控制性详规编制。软件园所属“漕河泾开发区赵巷园”一期工程开工建设。成功引进网易、精测半导体、悦典电子等优质企业落户。

各级领导调研。1月10日,区委常委、宣传部部长姜道荣、副部长俞峰等一行走访上海中华印刷有限公司和上海中华商务联合印刷有限公司。1月19日,副区长倪向军调研文化创意产业,走访园区重点企业安硕文教用品(上海)股份有限公司和上海比路电子有限公司。4月3日,区委书记赵惠琴,区委副书记、区长夏科家接待苏州党政代表团一行,陪同参观哈工大人工智能产业园等。4月8日,市委书记李强到青浦区调研,视察哈工大人工智能产业园。4月25日,区人大常委会主任朱明福一行到青浦工业园区调研。5月17日,副区长顾骏调研上海易毕恩生物技术有限公司。5月31日,副区长余旭峰调研市西软件信息园。7月2日,区委书记赵惠琴带领区委办、区经委、区科委、区人社局主要负责人一行,调研紫光宏茂微电子(上海)有限公司和慧石(上海)测控科技有限公司。8月16日,副区长倪向军到青浦工业园区调研制造业发展情况。8月22日,区人大常委会副主任、区总工会主席赵宏林到爱仕达公司开展产工人队伍建设调研。8月23日,区委书记赵惠琴调研青浦工业园区上市企业亚士创能科技(上海)股份有限公司。12月5日,市规划和自然资源局副局长王训国一行到青浦工业园区调研。12月15日,区委副书记、代区长余旭峰、副区长倪向军一行到青浦工业园区调研。

产业项目集中开工、签约仪式于7月5日举行。青浦区打响“四大品牌”暨服务长三角一体化发展系列活动——上海青浦工业园区及上海市西软件信息园高质量发展现场会在上海爱仕达汽车零部件有限公司二期扩建项目现场举行。区委书记赵惠琴,区人大常委会主任朱明福,安徽巢湖市委书记耿延强,区委副书记韩顺芳以及区领导何强、倪向军、马彩云、顾啸流出席活

位于青浦区崧泽大道10800弄2号的上海冠致工业自动化有限公司自动化智能生产线
(青浦工业园区供稿)

7月5日,上海青浦工业园区优化营商环境实事项目启用交接活动举行　（青浦工业园区供稿）

动。区委书记赵惠琴宣布青浦工业园区产业项目集中开工。朱明福、韩顺芳分别向10家企业代表交付轨道交通17号线站点接驳线乘车卡和青浦工业园区职工家园落户企业人才公寓钥匙。何强、倪向军、马彩云、顾啸流为市西软件信息园华为云创新中心、漕河泾开发区赵巷园区、上海市信息服务产业基地促进会、上海西虹桥导航技术有限公司4家推动高质量发展产业功能平台揭牌。同日,青浦工业园区产业项目集中签约仪式举行,青浦工业园区党委副书记、总经理曹林云分别与投资商签约。青浦工业园区集中开工项目50个,包括上海爱仕达汽车零部件有限公司二期扩建项目、上海金佐实业有限公司等,总建筑面积100万平方米,总投资50亿元。青浦工业园区集中签约15个产业项目,包括宏茂微电子研发制造中心、德国罗森伯格研发技术中心等,项目总投资约120亿元,预计可产生200亿元产值、20亿元税收。同日,青浦工业园区党委书记、董事长于海平与中新苏州工业园区开发集团股份有限公司、浙江嘉兴经济技术开发区管委会、安徽巢湖经济开发区管委会代表签署全面战略合作协议。青浦工业园区抓住长三角一体化发展的历史机遇,加强沪、苏、浙、皖四地开发区间的合作。

上药杏灵科技药业股份有限公司“银杏酮酯、人工麝香产业升级示范项目”奠基仪式于10月26日举行。副区长倪向军出席活动。项目位于张江高新技术产业开发区青浦园,总占地面积4.32公顷,投资5.8亿元,计划2020年4月竣工。

赫格纳斯(中国)有限公司成立25周年庆典仪式于11月13日举行。副区长倪向军出席活动并致辞,为公司混粉产线升级改造竣工仪式剪彩。赫格纳斯公司于1993年落户青浦,是最早一批落户青浦的外资企业之一。位于外青松公路5646号,占地面积10.75公顷,属规模以上工业企业。25年中,公司业务保持稳步发展,连续多次获得青浦区纳税百强荣誉称号。2018年,产值79542.9万元,利润13265.4万元,税收5142.21万元。　（严　升）

■上海淀山湖新城发展有限公司　上海淀山湖新城发展有限公司是上海市青浦区政府下属全国资企业,注册资金16.5亿元,股东为区国资委,主要承担淀山湖新城区域的开发建设任务,主要涉及区域规划编制、基础设施建设、公建配套建设、动迁安置房建设及房产开发、公租房管理、物业管理、招商引资、资产管理、企业服务等。公司先后吸收合并原上海青浦新城区建设发展(集团)有限公司、原上海朱家角投资开发有限公司、原上海湖区建设开发有限公司。2018年末,下设11个部门,分别是总师室、办公室、人力资源部、党群部、规划建设部、城市管理部、合约管理部、市场发展部、投资发展部、计划财务部、法务审计部。下属13家子公司,分别是上海青浦房屋管理有限公司(原直属上海盛青房地产发展有限公司、上海市青浦第一房屋征收服务事务所有限公司、上海山湖秀物业管理有限公司、上海市青浦区公共租赁住房运营有限公司已并入该公司作为子公司)、上海青浦新城区工程项目管理有限公司、上海角里资产经营有限公司、上海大观园旅游发展有限公司、上海青西投资发展有限公司、上海盛青经济发展有限公司、上海各利实业发展有限公司、上海湖区经济投资服务有限公司、上海盈港经济城、上海鹏城经济发展有限公司、上海盈港经济城城市工业扩散基地、上海青浦区新城周洁舞蹈艺术专修学校(出资80%,与上海周洁艺术专修学校合作成立)、上海复旦五浦汇实验学校(全资,委托上海复旦附属中学管理)。

年末,公司现金流入33.09亿元,现金流出35.51亿元。资产总额215亿元,负债总额123亿元,所有者权益92亿元,资产负债率57.06%。全口径税收34.61亿元,全社会固定资产投资110亿元,完成“引大引强引实”企业10家。经营性收入方面,租金收入3163万元;代建管理费2125万元。大观园1323.51万元,青西郊野公园收入354.64万元。公司信用评级维持AA+,企业整体财务状况良好,公司运行处于可控状态。

领导调研。2月26日,区委常委、副区长陈庆江到公司开展工作调研。2月28日,区人大常委会主任朱明福到

4月，赵巷商业地块酒店项目竣工　　（淀山湖新城公司供稿）

区体育文化中心、应急联动中心及青浦新城站绿地中心等轨道交通综合体项目进行现场调研。3月7日，区委书记赵惠琴，区委常委、副区长陈庆江，副区长顾骏到公司开展工作调研，听取环城水系公园项目进展情况及全区征收补偿、城中村改造工作推进情况。3月8日，区委副书记韩顺芳到公司开展党建工作大调研。3月15日，区委常委、人武部政委刘辽军走访新城公司。4月3日，兰生复旦青浦分校签约仪式在公司举行，区委书记赵惠琴，区委副书记、区长夏科家，区委副书记韩顺芳，区委常委、副区长陈庆江，副区长王凌宇等领导出席。4月12日，区委副书记、区长夏科家，区委常委、组织部部长蒋仁辉，副区长马彩云调研人才公寓项目。5月22日，区委常委、副区长陈庆江就老旧住宅小区综合改造工作召开专题调研会。6月20日，区委副书记韩顺芳现场踏勘老旧住宅小区综合改造情况。7月26日，区委常委、副区长余旭峰带队到公司开展工作调研。12月18日，沃尔玛山姆会员店青浦店签约仪式在公司举行，副区长马彩云出席。　（蒋懿宁）

■上海西虹桥商务开发有限公司　作为西虹桥商务区的开发建设主体，承担西虹桥商务区范围的整体规划建设和经营管理任务。注册资金113006.13万元。设党政办公室、计划财务部、市场发展部、规划建设部、北斗招商服务部、项目前期部6个部门，下属上海西虹桥创业服务有限公司、上海西虹桥投资管理有限公司、上海西虹桥企业服务有限公司和上海西虹桥动拆迁有限公司5个子公司。2018年，全社会固定资产投资124.6亿元，税收收入17.04亿元。

全年出让土地7公顷，涉及3个地块，出让收入8.96亿元。14－04、14－05商办地块，占地3.5公顷，由安踏体育用品集团有限公司以总价8.04亿元的价格竞得。27－07科研地块，占地2公顷，由上海西虹桥科创发展有限公司以总价6902万元的价格竞得。10－01工业地块，占地1.5公顷，由上海西虹桥投资管理有限公司以总价2260万元的价格竞得。

全区首届“进博会”配套建设保障任务清单66项、总投资约50亿元。其中：西虹桥商务区涉及实施的保障任务主要包括市政道路配套、架空线落地以及环境整治等共27项，全部按时完成验收。市政道路建设方面，蟠龙路（天山西路—盈港东路）、天山西路（华徐公路—蟠秀路）以及蟠龙路桥等市政道路全部实现通车。会展中心周边区域的架空线落地共5条道路约10.2公里长，以及4个电源控制房等的建设全部按时完成。环境整治方面，清理完成区域内零星渣土，对部分完成动迁的地块进行整治，部分区域绿化的补种。

由上海中建八局元航基础设施建设有限公司代实施的徐民路、蟠和路以及龙联路在9月30日之前建成并通车。9月30日，开发商代建的绿地全部完成，包括中建八局代建的3.7万平方米的公共绿地、上海博万兰韵投资有限公司承建的13－01绿地，以及上海联虹置业有限公司代建的3块绿地（28－02、28－04、29－01）。年末，西虹桥商务区二期能源管建设项目，涉及中建八局地块的供能管网设施建设全部完成，满足地区开发商供能的实际需求。

西虹桥科创中心项目于8月份取得土地，年底前完成项目的立项，开展设计方案的优化工作。

市、区领导调研。1月20日，副区长倪向军出席在北斗西虹桥基地召开的“2018第二届中国北斗跨界创新应用峰会暨长三角一体化发展峰会”。2月22日，区委书记赵惠琴，区委副书记、区长夏科家，区人大常委会主任朱明福，区政协主席李华桂，区委常委、副区长陈庆江、余旭峰，副区长倪向军、顾骏、

3月9日，区委书记赵惠琴（左四），区委常委、副区长余旭峰（左七），副区长王凌宇（左二）陪同上海交通大学党委书记姜斯宪（左八）到北斗西虹桥基地（高泾路）调研

（西虹桥公司供稿）

王德强等出席在徐泾镇政府召开的西虹桥商务区开发建设指挥部第十六次全体(扩大)会议。2月28日,副区长、青浦公安分局局长王德强到西虹桥商务区对智能交通工作进行调研。3月2日,青浦区人民政府与威马汽车集团战略合作协议签约仪式举行。区委书记赵惠琴,区委副书记、区长夏科家,区委常委、副区长余旭峰、副区长倪向军出席。3月9日,区委书记赵惠琴,区委常委、副区长余旭峰,副区长王凌宇陪同上海交通大学党委书记姜斯宪一行到北斗西虹桥基地考察调研。3月22日,区委副书记、区长夏科家,副区长顾骏、马彩云等到西虹桥商务区就首届"进博会"服务保障工作进展情况开展调研。3月22日,副区长倪向军到绿地虹桥世界中心现场调研。3月28日,市政府副秘书长顾金山,国家工商行政管理总局广告监督管理司司长刘敏,中国广告协会会长张国华,市委宣传部副部长、市文明办主任潘敏,市工商行政管理局局长陈学军,东浩兰生集团总裁池洪,副区长王凌宇等出席在虹桥绿地铂瑞酒店举行的首届上海国际广告节开幕式。4月3日,区委书记赵惠琴,区委副书记、区长夏科家,区委常委、副区长陈庆江,副区长倪向军等陪同苏州市委副书记、市长李亚平,市委常委、常务副市长王翔,副市长吴晓东等一行到北斗西虹桥基地考察。4月23日,区委常委、副区长余旭峰在西虹桥公司主持召开青浦区"进博会"配套项目专题会。5月14日,市交通委副主任于福林,区委常委、副区长陈庆江,申通集团副总裁毕湘利等出席在西虹桥社管中心会议室召开的"进博会"交通建设调研会。5月14日,副区长马彩云在西虹桥商务区接待天津市津南区副区长陈世忠一行。5月17日,区委副书记、区长夏科家,副区长倪向军等陪同北斗卫星导航系统总设计师杨长风,中国卫星导航系统管理办公室主任冉承其一行到北斗西虹桥基地,实地调研基地产业集群创新和北斗导航创新研究院、北斗导航功能型平台建设情况。5月17日,区委副书记、区长夏科家,副区长倪向军一行到上海市会展行业协会参观调研。6月7日,区委书记赵惠琴等领导陪同中共中央政治局委员、上海市委书记李强调研"进博会"配套交通项目。6月7日,

3月22日,区委副书记、区长夏科家(左二),副区长顾骏(左四)、副区长马彩云(左六)到西虹桥商务区徐民路道路施工工地现场察看架空线落地情况

(西虹桥公司供稿)

区委书记赵惠琴等领导陪同民进中央副主席、市政协副主席、民进市委主委黄震,民进市委专职副主委胡卫、黄山明,民进上海市委秘书长何少华一行到北斗西虹桥基地参观考察。6月29日,区委常委、区人民武装部政委刘辽军到西虹桥公司调研。7月20日,区人大常委会党组书记、主任朱明福出席区人大常委会机关党组与西虹桥公司党委开展的联组学习。7月26日,市政协副主席李逸平、区委书记赵惠琴、市国资委党委副书记肖文高、市商务委副主任申卫华出席绿地全球商品贸易港启动发布会。各国驻沪领馆官员出席仪式。7月26日,区委书记赵惠琴,市贸促会党组书记、会长杨建荣,区委副书记、区长夏科家,市贸促会副会长余晨、顾春霆,区委常委、副区长余旭峰,副区长倪向军等领导出席青浦区与上海市贸促会全面战略合作协议签约仪式,余旭峰主持。7月26日,区委常委、副区长陈庆江出席青浦区服务保障首届"进博会"新闻发布会,就"进博会"配套建设、环境整治和城市精细化管理等相关情况进行介绍并答记者问。9月10日,副区长王德强陪同斯里兰卡跨党派部长、议会代表团一行到访西虹桥商务区。10月11日,市党代表市级机关第四组和青浦组、市人大代表青浦组到北斗西虹桥基地参观考察,区委书记赵惠琴陪同。11月3日,上海华夏经济发展研究院与上海社会科学院智库研究中心、西虹桥公司共同举办"中国国际进口博览会与贸易投资合作机遇"研讨会。区长夏科家出席研讨会并致辞,区人大常委会主任朱明福、区政协副主席顾啸流出席研讨会。11月18日,首届大中华区KTM模拟赛车电子竞技冠军赛(KES线下总决赛)在西虹桥同联创新产业园开幕。副区长王凌宇,市体育总会副秘书长周炳华,市电子竞技运动协会秘书长徐波,西虹桥公司董事长顾连云、总经理池春燕、副总经理王锡璟等出席活动。12月8日,以"热跑西虹桥,无限核动力"为主题的2018西虹桥中核热力跑在西虹桥商务区举行。副区长王凌宇,区体育局局长张瑞云,西虹桥公司董事长顾连云、总经理池春燕,上海核建科创园发展有限公司党支部书记柴建新与一百多位跑步爱好者共同参加活动。

青浦区政府与威马汽车集团战略合作协议签约仪式于3月2日举行。区委书记赵惠琴、威马汽车集团董事长兼CEO沈晖出席青浦区政府与威马汽车集团战略合作协议签约仪式。区委副书记、区长夏科家主持签约仪式,区委常委、副区长余旭峰与威马汽车集团副董事长杜立刚代表签约。副区长倪向军、威马汽车集团COO徐焕新、副总裁周鹏见证签约。威马汽车(WM Motor)成立于2015年12月,是国内新能

源智能汽车全产业链创业公司及出行方案提供商，获得多家全球知名投资机构、互联网巨头及国家队基金的投资。在胡润研究院发布的“2017胡润大中华区独角兽指数”榜中排名第十六位，估值300亿。威马汽车集团已将全球总部设立于上海青浦。

青浦区服务保障中国国际进口博览会前线指挥部成立大会暨第一次全体会议于5月7日在西虹桥管理服务中心举行。区委书记赵惠琴、市商务委副主任吴星宝为前线指挥部揭牌。区委副书记、区长夏科家与虹桥商务区管委会副主任费小妹共同为“进博会”倒计时牌揭幕。

绿地全球商品贸易港于7月26日开业。绿地集团在虹桥世界中心举行“绿地全球商品贸易港”启动发布会。市政协副主席李逸平、区委书记赵惠琴、市国资委党委副书记肖文高、市商务委副主任申卫华以及各国驻沪领馆官员出席发布会。11月13日，经市商务委认定的“中国国际进口博览会‘6天+365天’常年展示交易平台”——绿地全球商品贸易港正式开港。市人大常委会副主任高小玫，市政协副主席赵雯，中国国际进口博览局副局长、国家会展中心(上海)董事长孙成海，市商务委主任尚玉英，区委书记赵惠琴，区长夏科家，市商务委副主任吴星宝，市国资委党委副书记肖文高，市工商行政管理局副局长彭文皓，绿地集团董事长、总裁张玉良以及澳洲、捷克等20多个国家驻沪总领事出席开港仪式。绿地全球商品贸易港位于与国家会展中心南侧绿地·虹桥世界中心，展出总面积超11万平方米，商业办公总面积9万平方米。

长三角军民融合高分遥感产业化基地建设可行性方案评审会于8月23日在西虹桥商务区举行。副区长倪向军主持会议。多位院士、专家组成的评审委员会对拟落户西虹桥商务区的高分遥感基地可行性方案进行评审。

“对接进博会·汇聚西虹桥”——2018青浦区投资环境推介会于10月18日在国家会展中心(上海)举行。区委书记赵惠琴，中国国际进口博览局副局长、国家会展中心(上海)有限责任公司董事长孙成海，市贸促会会长杨建荣，区委副书记、区长夏科家，区人大常委会主任朱明福，区政协主席李华桂，国家会展中心(上海)有限责任公司总裁唐贵发，区委副书记韩顺芳，市经信委副主任戎之勤，市商务委副主任杨朝，区人大常委会副主任何强，虹桥商务区管委会副主任费小妹，副区长倪向军，区政协副主席顾啸流，市贸促会副会长顾春霆等出席推介会。韩顺芳主持宣传推介和项目签约环节。倪向军专题解读青浦区对接进口博览会专项政策《青浦区对接“6+365”中国国际进口博览会实施意见(暂行)》。夏科家与国家会展中心(上海)有限公司总裁唐贵发签署战略合作协议。西虹桥公司与国家会展中心海外贸易组织办公平台、绿地全球商品贸易港、东浩兰生进口商品展销平台、小咖康养创新园等平台以及中国服贸协会等渠道合作伙伴签署合作协议。各平台与蟠龙古镇、百老汇等功能性配套项目分别作专题推介。推介会由青浦区政府主办，区委宣传部、区经委承办，市国际贸易促进委员会、中国服务贸易协会、国家会展中心(上海)有限责任公司、上海西虹桥商务开发有限公司、上海绿地全球商品贸易港有限公司共同协办。境外驻沪领事馆、海外贸易类组织、国内外贸企业代表、中外新闻媒体记者共200余人参加推介会。

“西虹桥·RAIF国际康复辅助器具产业创新论坛”于11月9日在国家会展中心举行。论坛由市民政局、区政府、上海东浩兰生集团联合主办。市民政局局长朱勤皓、区委书记赵惠琴、东浩兰生集团董事长王强，以及国家康复辅具研究中心产业促进部主任李立峰出席论坛。

上海市康复辅助器具产业园揭牌仪式于11月9日在西虹桥商务区举行。市民政局局长朱勤皓、区长夏科家等为上海市康复辅助器具产业园揭牌。产业园位于绿地虹桥世界中心L1-A座，总规划面积16300平方米。布局康复辅具上下游产业链。入驻日本国际介护协会、SUN株式会社等近30家企业，从步态分析系统到康复机器人，从养老照护到介护人才培养，覆盖康复辅具上下游的各个环节，为市民政局认定的专业康养产业园之一。

虹桥完美中心动工仪式于11月23日在西虹桥商务区举行。副区长倪向军、西虹桥公司董事长顾连云等出席仪式。虹桥完美中心位于西虹桥商务区蟠中东路南侧33-03地块，建筑面积90309.42平米。由完美(中国)有限公司投资10亿元建设，项目预计于2021年10月竣工。

绿地巴塞罗那会展公司揭牌仪式于12月17日在铂瑞酒店多功能厅举行，副区长倪向军出席揭牌仪式。西班牙驻上海总领事馆经济商务领事方少龙，市商务委员会展业处副处长陆屹，西虹桥公司党委书记、董事长顾连云，巴塞罗那国际展览中心海外首席执行

5月17日，区委副书记、区长夏科家(左一)陪同北斗卫星导航系统总设计师杨长风(左三)一行到北斗西虹桥基地(高泾路)调研　　(西虹桥公司供稿)

4月23日，区委常委、副区长余旭峰（右二）在西虹桥公司主持召开青浦区进口博览会配套项目专题会（西虹桥公司供稿）

官Ricard，巴塞罗那展览中心驻中国代表处－诺艾中国总经理屈冷圆，巴塞罗那国际展览中心国际会展经理Maria和绿地控股集团董事长、总裁张玉良，执行总裁张蕴，以及绿地酒店旅游集团领导等100多人参加揭牌活动。（姚璐怡）

■上海青浦发展（集团）有限公司 主要承担青浦区基础设施建设、国有资产经营运作、营商环境优化等任务。注册资本250000万元。2018年，本部设"一室八部"，即办公室、财务部、党群人事部、综合管理部、规划设计部、前期服务部、合约管理部、资产管理部、法务稽核部。11月，实施二级公司改革。下辖9家子公司，分别是上海青发城市建设管理有限公司、上海青发水务管理发展有限公司、上海青发市政管理有限公司、上海青资社会保障咨询服务有限公司、上海青浦资产经营股份有限公司、上海青浦农工商经济城投资管理有限公司、上海宏亮经济发展有限公司、上海蕴湖实业有限公司、上海青发投资管理有限公司。托管4家公司，分别是上海青浦公用事业投资控股有限公司、上海市西软件信息园投资开发有限公司以及夏阳街道上海天佳经济发展有限公司、上海宏城经济发展有限公司。

年末，公司资产总额852905万元，负债总额450873万元，资产负债率52.86%。主营业务收入11964万元，实现净利润10728万元。贷款余额0万元。存量资产租金收入1585万元，投资收益3904万元，代建管理费收入1290万元。

基础设施建设。2018，代建项目116项。其中："进博会"配套10项、市重大工程18项、其他项目88项，项目总投资283.93亿元。重点围绕10项进博会配套项目、5条省际"断头路"、5条区界"断头路"、1个崧泽高架西延伸推进工作。10项"进博会"配套项目于9月底完工，保障"进博会"顺利进行。5条省际对接道路分别是盈淀路、复兴路北段、胜利路出省段、东航路、外青松公路北段，项目年内开工。其中：盈淀路于9月底完工。10月1日，盈淀路道路开通、公交运营仪式在盈淀路石浦港桥举行，首批乘客乘坐新开通的昆山县C3路和C5路公交车抵达青浦城区。5条区际对接道路，分别是青昆路、华志路、嘉松路、山周路和复兴路。其中：青昆路于6月完成竣工验收并交付通车，华志路12月底完成竣工验收并交付通车，嘉松路、山周路、复兴路推进建设中。崧泽高架西延伸工程主线高架下部结构全面施工。服务保障中国首届"进博会"表现突出，下属青发城建公司获上海市"五一"劳动奖，青发前期服务部获首届进博会立功竞赛先进集体代表称号。

资产经营运作。上海青浦资产经营股份有限公司（831711，青浦资产）于5月25日成功由新三板基础层转入新三板创新层，成为上海第一家新三板创新层国有资产运营公司。9月，青浦资产获福布斯中国颁发的"新三板企业融资能力TOP50"称号。10月31日，青浦区百村私募基金成功在中国证券投资基金业协会备案，首个产品"青浦区百村私募基金"获批。年末，上海青浦发展创业投资引导基金投出基金2.58亿元，其中参股基金投资青浦区内企业9850万元，撬动社会资本24.6亿元。5月21日，上海青浦发展创业投资引导基金2018年第一次直投项目路演活动在上海夏阳湖皇冠假日酒店"夏阳湖"厅举行，活动由区发改委和青浦发展集团联合举办，区经委、科委、国资委等单位参加。6家经过创投引导基金筛选的优质企业参与［包括上海淳音信息科技有限公司、上海道客网络科技有限公司、递易（上海）智能科技有限公司、距

10月1日，盈淀路道路开通、公交运营仪式在盈淀路石浦港桥举行，昆山县C3路和C5路公交车投入运营（青浦发展集团供稿）

12 月 24 日，青发集团代建崧泽高架西延伸段工程完成首榀箱梁架设

（青浦发展集团供稿）

马(上海)科技有限公司、上海真灼科技股份有限公司、上海骏颉自动化设备有限公司]、10 家基金公司(包括德同资本、邦明资本、晨晖创投、东证资本、可可资本、普华资本、云九资本、正海资本、众灏资本和中恒星光)参与评审工作。12 月 6 日，上海青浦发展创业投资引导基金 2018 年第二次直投项目路演活动在上海夏阳湖皇冠假日酒店举办。活动聚焦大健康产业，由区发改委和青浦发展集团联合举办，区经委、科委、国资委等单位受邀参加。5 家行内企业[大连先锋生物科技有限公司、帝麦克斯(苏州)医疗科技有限公司、上海柯颂生物科技有限公司、上海蛟腾医疗投资管理有限公司、上海贞元诊断用品科技有限公司]参与活动，7 家基金公司(安芙兰资本、邦明资本、德同资本、恒赛青熙、高特佳资本、可可资本、真金资本)、6 家银行(工商银行、农业银行、建设银行、上海银行、浦发银行和农商银行)参与评审，安芙兰资本与上海柯颂生物科技有限公司顺利对接，达成投资意向。

招商引资。下属 5 家经济小区全年完成税收 36.48 亿元，比上年增长 37.8%，其中区级税收 10.13 亿元，比上年增长 31.4%。上海达尔威贸易有限公司位列青浦区 2018 年百强优秀企业首位。10 月 24 日，青浦发展集团“进博会”招商推介会暨上海市创意产业协会文创产业中心(青浦文创中心)揭牌仪式在夏阳湖皇冠假日酒店举行，市文创办副主任强荧、副区长倪向军出席活动。青发集团基金产业园引入一批优秀基金企业，包括正心谷投资、德同合心股权基金、坦道投资等。

领导调研。2 月 23 日，副区长余旭峰到青浦发展集团进行走访慰问。7 月 25 日，市交通委副主任蔡军一行到“进博会”现场调研并高温慰问汇龙路建设一线工人。10 月 26 日，区长夏科家带队开展重大项目调研，集团代建的复兴路南段新建工程接受现场检查。(戢久珩)

■上海青浦公用事业投资控股有限公司 于 2016 年 3 月 28 日登记成立，注册资本 5000 万元。职能定位为青浦区公用事业资源集成增值服务运营商。经营范围包括公用事业投资、自来水、污水处理、公交、市场管理等。11 月，实施二级公司改革。年末，下属 5 家子公司，分别是上海青浦公共交通场站管理有限公司、上海青浦自来水有限公司、上海青浦巴士公共交通有限公司、青浦污水处理公司和市场开发管理有限公司。年末，公司资产 48.12 亿元。公用事业本部为非经营性单位，下属公司营业总收入 13.75 亿元。

保驾护航“进博会”。协调下属公司完成“进博会”区域内会恒路应急公交配套通道工程、崧泽大道综合整治工程和国家会展中心周边区域水环境整治工程等“进博会”配套工程项目；根据区委、区政府要求，对西虹桥地区 5.9 平方公里实施一体化养护保洁，实现区域内绿化养护、河道养护和环卫保洁无缝衔接，保洁整治工作成果显著；不定期对各站点开展安全大检查，重点排摸徐泾东枢纽站和社会停车场安全隐患，发现问题及时整改。下属公共交通场站公司多次开展反恐、安全应急演练，提高应急管理水平和安全能级；巴士公司完善、优化“进博会”区域公交线路，购置短驳车辆 37 辆，确保“进博会”期

9 月 30 日，“进博会”配套工程崧泽大道综合整治工程竣工

（区公用事业公司供稿）

间地面公交运行安全有序。

政府性投资项目建设稳步推进。2018年,公用事业公司有28个政府性投资项目,33个完工未决算项目,涉及二次供水改造、自来水管网改造、液化气站建设、交通枢纽建设等重点民生建设项目,任务总体推进情况良好。其中:二次供水改造为公司2018年涉及民生的重点工程,是区政府实事项目,于7月中旬正式开工建设,涉及122个小区和27732户居民,改造面积298.106万平方米,于年底前全部完成,基本实现管水到表的改造。

推进股权改革。落实区委、区政府各项决策,提升公共服务供应质量,尝试、探索公用事业资源整合发展的新模式,推进二次改革工作。5月,完成下属上海青浦静园公墓有限公司与殡葬行业民企上海至尊园实业集团股份有限公司的混合所有制改革。静园公墓原股东(青浦公用事业公司和朱家角资产经营公司)以其所持有的100%产权与至尊园的定向增发股份进行置换,原股东转为持有至尊园相应股份。静园公墓成为至尊园的子公司。静园原股东以其所持静园公墓100%产权(净资产评估值30995.52万元)认购至尊园3850万股股份,占至尊园总股本21010万股(净资产评估值为185317.03万元)的18.32%。其中,青浦公用事业公司获得2002万股,占总股本9.53%;朱家角资产经营公司获得1848万股,占总股本8.79%。12月,由公用事业公司公司与上海燃气(集团)有限公司完成股权合作,成立上海青浦燃气有限公司,于12月11日完成工商变更,注册资金由原来300万元增资扩股为10亿元,其中公用事业公司占股49%、上海燃气集团占股51%。 (沈文文)

建设中的青浦青泰110kV输变电工程 (区重大办供稿)

综 述

2018年,青浦区全面贯彻落实习近平总书记在全国生态环境保护大会和考察上海时发表的重要讲话精神,紧紧围绕长三角一体化发展战略和市委书记李强关于青浦"做好生态建设、特色产业、乡村振兴三篇大文章"的指示精神,以抢的意识、拼的勇气、实的作风,落实好区委、区政府和市环保局布置的各项目标任务,认真解决影响科学发展和人民群众生活的环境问题,加快改善全区生态环境质量,不断提升人民群众的满意度和获得感。全年落实造林面积280公顷,年末全区林地面积10966.134公顷,其中森林面积9404.61公顷,森林覆盖率14.03%。全年完成公园绿地建设70公顷、绿道13公里、立体绿化1.55万平方米,全区人均公园绿地面积8.16平方米,绿化覆盖率41.4%。全面开启苏州河四期治理,完成40公里中小河道、30条断头河治理,完成4.3公里市政管网和50万平方米小区雨污混接改造任务。区域环境质量进一步改善,PM2.5(细颗粒物)平均浓度41微克/立方米,空气质量指数(AQI)优良率为72.6%;2个国考断面全面达到水质目标类别,17个市考断面中14个断面达到水质目标类别,总体达标率为84.2%。

(胡晓蒙 杜洁伟 邱晓雷)

环境建设

■概况 2018年,青浦区环境空气质量(AQI)优良率为72.6%,优于2017年(68.2%);PM2.5平均浓度为41微克/立方米,比上年(47微克/立方米)下降12.8%。河湖综合整治继续深化,苏州河四期工程项目全面启动。水污染防治行动计划的19个市级以上考断面中:2个国考断面全面达标,17个市考断面中有14个断面达标,总体达标率为84.2%(包括国考);市考断面(含国考断面)主要污染物指标氨氮、总磷比上年分别改善29.6%和6.0%;饮用水源地的水质综合污染指数为0.53,评价为优,优于上年(0.56)。 (胡晓蒙)

■生态环境投入情况 全区全年环保投入资金85.81亿元,其中:市、区财政拨款79.11亿元,占环保总投入的92.20%;其他投资6.70亿元,占环保总投入的7.80%。环保投资中,用于城市环境基础设施建设30.11亿元,占总投入的35.09%;用于污染源控制34.33亿元,占总投入的40.00%;用于生态保护和建设2.94亿元,占总投入的3.43%;用于农村环境保护15.59亿元,占总投入的18.17%;用于环境管理能力建设0.45亿元,占总投入的0.52%;环保设施运转费2.18亿元,占总投入的2.55%;其他投入0.21亿元,占总投入的0.24%。 (胡晓蒙)

■生态文明建设 梳理生态文明体制改革成员单位工作目标,在区政研室综合协调下,明确2018年工作要点,从做好生态建设文章、科学编制各类规划、加强城市设计三方面制定《2018年生态文明体制改革工作任务清单》,共计14项任务,年内全部完成;扎实做好国家生态文明建设示范区创建工作,完成《上海市青浦国家生态文明建设示范区规划》评审,根据评审意见进一步修改完善规划文本并通过人大审议。

(胡晓蒙)

10月17日,长三角地区跨界环境污染事故应急演练举行

(区生态环境局供稿)

■实施推进第七轮环保三年行动计划

按照市委、市政府的工作部署，根据任务清单，区环保局会同相关部门编制了《青浦区2018—2020年环境保护和建设三年行动计划》，至年底，74个市级项目完成3项、开工启动56项，开工启动率80%。完成第六轮环保三年行动计划终期评估工作；进一步优化水源地生态补偿转移支付资金"以奖代拨"管理办法，及时掌握项目的最新进展及推进过程中遇到的困难与问题。同时，定期汇总工作进展情况，督促相关单位落实相关工作任务；每月按要求向市推进办报送项目进展情况，每季度报送阶段性成效。（胡晓蒙）

8月9日，工作人员进行水质蓝藻采样（区生态环境局供稿）

■推进清洁空气行动计划　一是完成《青浦区打赢蓝天保卫战目标责任书（2018—2020年）》签订并分解落实任务，二是完成《青浦区清洁空气行动计划（2018—2022年）》编制，三是推进2018年大气污染防治重点工作。2018年全区环境空气质量指数AQI优良率为72.6%，PM2.5平均浓度为41微克/立方米。（胡晓蒙）

■推进水污染防治行动计划　2018年，区水污染防治行动计划7个工程项目和30个管理项目稳步推进。饮用水安全得到进一步保障。在全面完成二级水源保护排污口关闭的基础上，持续实施饮用水水源二级保护区内工业企业排查摸底和关闭清拆工作。水环境基础设施建设持续推进，全面排查苏州河四期整治范围内未纳管企业并开展整治。河湖综合整治继续深化，苏州河四期工程项目全面启动。水污染防治行动计划的19个市考断面中：2个国考断面全面达标，17个市考断面中有14个断面达标，总体达标率为84.2%（包括国考），市考断面（含国考断面）主要污染物指标氨氮、总磷比上年分别改善29.6%和6.0%；饮用水源地的水质综合污染指数为0.53，评价为优。（胡晓蒙）

■土壤污染防治工作　一是完成《青浦区土壤污染防治目标责任书》签订并分解落实任务；二是统筹全区实施完成《青浦区土壤污染防治行动计划工作方案2018年重点任务清单》中的40项工作任务；三是开展271家重点行业企业用地土壤污染状况详查；四是落实区内工业企业关停、拆除、搬迁过程中土壤环境污染防治；五是加强建设用地储备、出让、收回、续期等环节的场地环境调查评估和治理修复的监督管理；六是完成中央资金支持项目"金泽镇莲盛镀锌厂原址污染场地治理修复工程"，共支付中央资金165万。制订危险废物的规范化监管计划，并整理出58家重点监管单位，纳入2018度规范化管理对象（共计70家）。对全区275家涉危企业开展监督检查。（胡晓蒙）

6月5日，2018年青浦区"六五"环境日文艺汇演举行（区生态环境局）

■环境监测　进一步加强污染源监督性监测，地表水采样共计出动93组次，较上年（69组次）增加34.7%，且采样时间增加了一倍，由原来的两三天增至四五天。全面有序完成水、气、声、土壤等各项监测任务，共完成支队送样近99家；完成监督监测企业451家，共检测锅炉13台、废气836台、颗粒物12台、噪声43家；共完成样品15945份（包括机动车监测数据），提供监测数据数79171个，为环境监督管理起到了扎实的技术保障作用。（胡晓蒙）

■环境宣教工作　组织开展"六五"世界环境日主题系列宣传活动：举办"国旗下成长"暨"美丽青浦，我是行动者""美丽青浦，我是行动者"等环保主题汇演活动；深入社区进行环保宣讲，呼吁每个人都要成为保护环境的倡导者、践行者和推动者；《青浦报》专版刊发“青浦环境质量公报”；“青浦环境”微信平台发布推送微信493篇，微博发文1544篇。完成22家绿色家庭、4家区级绿色社区、4所绿色学校的创建工作。（胡晓蒙）

■加大政务信息公开力度 认真贯彻落实《中华人民共和国环境保护法》《政府信息公开条例》《上海市政府信息公开规定》的要求，全年共形成各类红头文件99件，其中主动公开38件、依申请公开5件；受理政府信息公开申请9件，同意公开或部分公开数8件，依申请公开的受理、告知、答复等做到了程序规范、合理；所有受理依申请公开件、已答复件均无行政复议。实时登记环境行政处罚案件办理信息系统、环境行政处罚案件办理信息系统纠错表、行政处罚决定变更标注信息表。（胡晓蒙）

环境治理和管理

■概况 2018年，青浦区精简审批制度，强化环境监管，加大环境执法力度。积极落实“放、管、服”（即简政放权、放管结合、优化服务）指导精神，根据环保部2018年危险废物的规范化督查考核要求，加大危险废物重点监管源企业的检查力度和督查考核，强化企业规范化管理工作，制订危险废物的规范化监管计划，整理出58家重点监管单位，纳入2018年度规范化管理考核对象。（胡晓蒙）

■环境审批工作 积极落实“放、管、服”指导精神。全面简化建设项目环评报批所需提交的材料，由原来的十五类简化为四类；取消试生产、竣工验收及环评登记表3项行政审批事项；豁免45个大类共200多个小类的建设项目环评审批，完成“互联网+政务服务”和“一网通办”相关工作。全年审批建设项目环境影响评价428件（其中报告表412件、报告书16件），其中13个项目开展了环评技术评估；企业环保自主竣工验收320件；环境影响登记备案3232件；另有20个项目开展玻璃幕墙光反射影响论证技术评估，夜间施工审批约20件。（胡晓蒙）

■完成第二次全国污染源普查 1月，成立青浦区第二次全国污染源普查工作领导小组和办公室，制订普查实施方案，全面部署本区普查相关工作；划分以村、居管辖范围和“二规合一”（即国土规划与城市规划）后的104工业地块普查小区309个，作为普查基本单元；共选聘普查指导员41人、普查员451人，形成区—镇（街道）—村（居委会）三级普查组织架构。共调查纳入普查范围的工业源3288家、集中式395家和移动源57家。普查本地化补充调查、普查数据质量审核与修正、结合普查工作同步开展的污染源全面达标排放计划等有序实施。（胡晓蒙）

■环境监管 发挥排污许可证的“三监联动”（即监察、监测、监管）作用。实施排污许可证与全面达标计划和第二次全国污染源普查“三合一”工作，通过核发排污许可证，明确环境管理要求。全面落实《排污许可制全面支撑打好污染防治攻坚战工作方案》，实现“一个平台、一张地图、一套数据”的污染源信息化管理。所有重点排污单位均已安装污染物在线监控设施。推动各街镇、园区引入第三方技术力量开展“专业查污”。形成“企业主体、政府监管、社会参与、公众监督”的污染源监管体系。（胡晓蒙）

■环境执法 全年调处各类信访3225件，确保信访件100%受理，100%回复，信访总量比上年下降14%，市级考核满意率位于中等偏上位置，区级考核满意率缓慢上升。全年累计出动执法人员约1670批次共7500人次，执法对象共4521户次；共立案339件，结案338件；作出行政处罚164件，处罚金额为3534.2万元。其中，设计水7件、气44件、声1件、建设项目42件、固废35件、超标或超总量排污28件、不正常使用或者擅自拆除（闲置）污染处理设施3件、违反环境影响评价制度1件、违反自动监控环境管理制2件、未按规定建立环境管理台账1件；实施查封、扣押案件16件；环境污染犯罪案件3件。（胡晓蒙）

■环保系统党风廉政建设 在坚持以往好做法、好作风的基础上，密切同人民群众联系，进一步加强组织领导，健全办理机制，强化督查督办。注重与代表委员的沟通交流，针对新情况、新要求，进一步改进办理方式方法，完成各项办理任务，办理件均已完成答复，提交至主办单位。深入学习党的十九大精神，组织全体公务员以及参公人员参加干部在线学习，开展党性教育为主的党课、警示教育、参观等活动，共有350余人次参加。根据局党委抓基层党建工作“7+6+X”（即责任清单7项+工作清单6项+特色项目）的责任清单和工作清单，制订和完善工作计划，逐项抓好落实。参加各类调研531人次，收集各类意见、建议168条；接到负责调处问题121件，予以全部解决；书面形成10个常见问题的解答，完成3篇综合和专项调研报告。如期完成民主生活会。深入开展“两学一做”常态化、制度化，开展一系列学习教育动员会。推进基层党支部规范化建设。（胡晓蒙）

12月29日，“奉献·传承”——青浦环境志愿者宣讲团新人加入仪式举行
（区生态环境局供稿）

■**环保投诉和提案办理** 全年调处各类信访3225件，信访总量比上年下降14%，市级考核满意率位于中等偏上位置，区级考核满意率缓慢上升。通过信访室平台，充分利用在线执法平台，加快信访件派单、流转、回复，确保信访件100%受理，100%回复；通过先行联系、现场调处联系、查处反馈机制，提升信访满意率。针对全区信访热点，以高频次投诉为筛选原则，定期进行梳理，进行“个体点位问题”或“区域性问题”分类，确定全区信访热点，强化废气类信访特别是城区异味源的执法。主动接受区政协的民主监督，认真听取民主党派、工商联、无党派人士和各人民团体的意见。共收到区政协建议提案办理件7件、区人大代表建议3件，均为协办件，涉及水、噪声、固体废物和环境管理等方面。办理结束后及时制定整改方案，建立台账，采取针对性措施，逐项落实到位。

（胡晓蒙）

10月30日，诸光路绿化市容景观　　（区绿化市容局供稿）

生态系统建设

■**概况** 2018年，青浦区绿化市容工作牢固树立绿色生态发展理念，以“绿化、彩化、珍贵化、效益化”为目标，全力推进生态系统建设，不断优化生态格局，促进“绿地、林地、湿地”三地融合发展，努力提升市民对生态环境空间需求的满意度和城市生态功能的宜居度。

（杜洁伟）

■**绿化规划建设** 以规划引领绿化建设，组织编制《青浦绿地系统专项规划》，通过规划布局，实现绿量明显增加，品质明显提升。牵头制定《青浦区公园绿地建设管理的若干规定（试行）》，建立公园绿地设计方案评审机制，从而在源头上把控生态项目品质。年内，完成公园绿地建设70公顷（其中公共绿地47.5公顷）、绿道13公里、立体绿化1.55万平方米。至年底，全区人均公园绿地面积8.64平方米，绿化覆盖率41.8%。

（杜洁伟）

■**绿化服务** 实施城区绿地提升改造，完成4座街心花园绿地改建提升，面积10083平方米；积极推进崧泽广场绿地打开，让市民充分融入绿地、感受绿地；漕俞路（盈港路—青赵公路）两侧绿化通过精细抚育，成功创建市级林荫道。叠加公园功能，定期开展城市公园三级巡查，建立发现—通报—整改机制。提升公园管理水平，成立南箐园、北箐园志愿者队伍，通过免费电影进公园、园艺讲堂、书画巡展、文体演出等活动，充分发挥公园服务功能。

（杜洁伟）

中山医院青浦分院屋顶绿化　　（区绿化市容局供稿）

■**林业建设** 继续拓展生态空间，开展植树造林。一是聚焦重点项目抓推进。围绕“十三五”期间市政府下达青浦区完成重点生态廊道758公顷的任务量，及早启动抓落实。编制方案和实施导则，明确实施范围、地上物腾退标准、资金补贴和腾退流程；压实工作责任，区政府与相关街镇签订目标责任书，实行目标责任管理；建立联动机制，每月走访街镇，现场踏勘实施区域，听取前期腾地情况；每月召开工作例会，通报重点生态廊道进展情况，协调解决相关问题。至年底，落实土地腾退448.3公顷，完成青松走廊方案编制并上报市局评审。二是围绕多元增量抓推进。根据2018年市政府下达的253.33公顷的造林任务，落实造林面积280公顷。至年底，全区林地面积10966.134公顷，森林面积9404.61公顷，森林覆盖率14.03%。

（潘　烨）

■**群众绿化** 坚持绿化服务“六进”要求，深入社区、学校、单位等开展绿化宣传、培训20余次，发放宣传品1500余份，赠送各类盆花、种子5000余份。积

2月2日，区林业站开展湿地日环境保护宣传　　（区绿化市容局供稿）

极组织参加上海市民海派插花花艺大赛和市绿化行业技能大赛，并获得插花比赛两个银奖、一个铜奖和优秀组织奖的荣誉。完成上海国家会计学院、福寿园两家全国绿化模范单位的复查复审工作。（杜洁伟）

■“三防”体系建设　强化“三防”（即防火、防林业有害生物、防野生动物疫源疫病）体系建设，完成“三防”分中心建设，加强林地资源生态管理，全面推进森林防火、林业有害生物监测、野生动物保护监测体系建设。完善森林防火基础设施，开展森林防火应急演练，在水源涵养林等重点区域建设3座智能监测设施。做好有害生物监测与防治工作，发挥全区市、区级测报点林业有害生物监测预警作用，年内分别在夏阳街道青东农场生态廊道、金泽拦路港生态林、南菁园、国家会展中心内发现检疫性病虫美国白蛾；全年发布《病虫简讯》10期。推进野生动物和湿地保护工作，定期开展联合巡查执法，大莲湖蛙类野生动物重要栖息地、朱家角虎纹蛙等野生动物重要栖息地生物多样性不断提升，生态环境更安全。（潘　烨）

■森林植物检疫　启用上海林业植物检疫云平台，提供林业苗圃植物检疫和绿化工程植物检疫在线申报、检疫备案、现场查验、过程查询、复检验收、结果公示等服务。加强苗木调运检疫，开具植物检疫证书3529份、木材运输证2294份，涉及苗木1361.7万株、板材7.4万立方米、草坪19.1万平方米、地被4.6万平方米；开展产地检疫60家共670公顷，涉及苗木822.3万株、草坪40万平方米；开展造林工程复检复查，受理各类绿化工程复检复查申请84项共240.1万平方米；检查木制品企业5批次，发生1起未按规定调运应施检疫森林植物及其产品的案件，按简易程序处理。（潘　烨）

■林业行政审批与执法　一是严格行政审批。全年办理行政审批事项19起，其中：办理使用林地1起，面积1.15公顷，涉及树木692株；临时使用林地事项9起，临时使用林地面积15.2公顷，迁移林木22908株及小灌木19505平方米；办理迁移林木7起，迁移林木902株及小灌木440平方米；办理采伐林木3起，采伐林木46株，蓄积量10.1883立方米。二是打击涉林违法案件。规范林政案件的严管机制，深化林政案件的发现机制，加大擅自征占用林地或无证迁移、盗伐、滥伐林木及年度监测中减少林地案件的查处。（潘　烨）

■林业服务　一是加强技术指导。指导上海先福蔬果专业合作社、上海鑫牛蔬果种植专业合作社创建“安全优质信得过果园”，指导上海野龙果业有限公司创建“上海市水果标准园”；组织参加信得过果园安全监督员培训、乡土专家交流培训；加强信得过果园果品可追溯性，促进果品安全生产。二是开展业务培训。全年组织各类技术培训4次共250余人次。开展农药推广和病虫害防治技术培训，确保果品质量安全；开展林业养护技能业务培训，提升林业精细化管养水平；开展森林资源技术培训，加强基层队伍信息化管理水平；开展植物检疫云平台操作培训，规范电子政务平台。（潘　烨）

水　务

■概况　2018年，全区水务工作以党的十九大精神和习近平新时代中国特色社会主义思想为指引，以“进博会”举办

1月13日，青浦区迎接水利部河长制中期评估核查组检查　　（区水务局供稿）

为契机，团结奋进、锐意进取，改革创新、攻坚克难，顺利完成年度各项任务目标。持续深入推进河长制，全市率先成立区级河湖管理事务中心，依托北斗导航、无人机、卫星遥感等技术手段，实现河道巡查自动化和船只监控信息化，建立"空天地"一体化的巡查监管体系；完成"进博会"水质保障，"进博会"周边河道水质从原来的劣Ⅴ类提升为Ⅲ－Ⅳ类，氨氮、总磷消减约80%，溶解氧、水体透明度提升了4倍；全面开启苏州河四期治理，完成40公里中小河道、30条断头河治理，完成4.3公里市政管网和50万平方米小区雨污混接改造任务；完成最严格水资源管理考核，完成7家节水型企业、1个节水型工业园区、28家节水型机关、8个节水型小区和3所节水型学校创建。（邱晓雷）

6月27日，2018年青浦区防汛工作会议召开　（区水务局供稿）

■汛情　2018年，汛期总降水量616.1毫米（常年567毫米），≥35℃高温日数11天（常年10天），≥37℃酷暑日数为4天，极端最高温度37.6℃（7月26日）。汛期共有5个台风，分别是"安比""云雀""摩羯""温比亚""康妮"，其中"安比""云雀""温比亚"直接登陆上海。"温比亚"台风期间，区域内多条道路和多处下立交积水、2条供电线路受损以及部分农作物受灾，未发生其他重大灾情。（邱晓雷）

■防汛防台工作　一是扎实推进防汛能力建设。巩固"三道防线"（即一线大控制工程、区域除涝工程、城镇排水工程），全面完成淀山湖大堤、西部泄洪通道和张马泵闸建设以及全区2331公里市政排水管网养护、城区三元路等排水管道提标改造，三道防线持续夯实。不断深化"1＋6"（"1"指总预案；"6"指子预案，即人员撤离、城镇等重要区域积水抢排、设施菜田应急排水、地方泵闸应急抢险、地下空间应急抢险、市容绿化应急抢险）预案修编，开展"2＋8"（"2"指两次防汛大检查；"8"指专项检查，即公路市政排水设施、在建工地、地下空间、高空构筑物、田间设施、危房、物业小区、堤防泵闸防汛专项检查）防汛安全大检查，落实专业抢险队伍2700人，更新补充抢险物资400余万元，延长防汛值班至11月中旬"进博会"结束，成功抵御了"安比""云雀""摩羯""温比亚""康妮"等台风的侵袭。二是全力保障"进博会"防汛安全。编制发布《青浦区中国国际进口博览会防汛保障专项方案》，明确保障工作重点与各相关单位职责分工；4月起，对核心区域排水管道每月抽检，对保障区域内在建工地、下立交泵站包括会展中心内部排水管道进行专项检查，确保管通水畅；7月，先后两次专题协调落实徐泾镇、西虹桥公司、国家会展中心三方养护责任，明确泵站运行管理、排水设施养护管理及国家会展中心内部排水养护相关工作要求与时间节点；以演练促抢险实战提升，紧紧围绕会卓路泵站、轨交站点保障等科目，先后组织开展7次不同背景、不同地点防汛应急演练，促进各级抢险力量的磨合度不断提升，有力提高了积水险情的实战防汛抢险速度；应急力量全面倾斜，市级排水泵车1辆、区级2台大功率移动水泵进驻保障区域，镇级落实泵车1辆、各类水泵10余台进驻保障区域，徐泾镇11支抢险队伍（近120人）随时待命。（邱晓雷）

9月15日，首届中国国际进口博览会防汛保障综合演练举行（区水务局供稿）

■完成"进博会"水域、水质保障任务　主动对标国际一流，聚焦"进博会"区域26条河道，坚持"最高标准、最好水平、最严要求、最优服务"的治理原则，引入国内顶尖技术力量，首创采用控源治污、初期雨水治理、调活水体、水下森林营造等"中西医"复合疗法，并同步实施绿化提升、驳岸柔化等措施，河道水质从原来的劣Ⅴ类提升为Ⅲ－Ⅳ类，氨氮、总磷消减约80%，溶解氧、水体透明度提升了4倍，成功实现河道清澈见底、景观丰富多彩的目标。特别是小涞

9月11日，区委常委、副区长、副总河长陈庆江（前排右一）到徐泾镇调研“进博会”重点保障河道整治情况　　（区水务局供稿）

港黑臭河道整治成果，一跃成为“进博会”的靓丽水名片，吸引了大众媒体竞相报道，得到社会公众、专家院士和各级领导的充分肯定。　　（邱晓雷）

■苏州河四期治理　苏州河四期治理范围青浦区占全市三分之一，经过三轮全覆盖水质监测，并反复论证、模拟演算，最终锁定148条重点河道，精准施策、水岸同治。主要包括新谊河、新塘港等5条骨干河道整治，94条断头河、148条中小河道整治，25公里市政管网和230万平米小区雨污混接改造以及1万户农村生活污水处理等。年内，顺利完成40公里中小河道、30条断头河治理，4.3公里市政管网和50万平方米小区雨污混接改造任务，其余项目前期工作正紧锣密鼓有序推进中。　　（邱晓雷）

■深入推进河长制工作　牢牢把握先发优势，在河长制基础上全面建立湖长制，构建完善“2+10”（“2”指河长制实施方案、湖长制实施方案，“10”指工作会议制度、信息报送和共享制度、督察督办制度、考核问责制度、村居以奖代拨奖励制度、水质监测制度、第三方评估制度、河长巡河工作制度、工作验收办法、河长湖长约谈办法）制度体系，建立区、镇两级任务和责任清单，厘清工作内容和职责边界。全市率先成立区级河湖管理事务中心，推动街镇河长办、水务所集中办公，实现专业互补、增强工作合力。完善河道日常养护3种模式（市场化模式、市场化+本地用工模式、村民自治模式），河道保洁人员增加3倍，自动化打捞设备增加10倍，并依托北斗导航、无人机、卫星遥感等技术手段，实现河道巡查自动化和船只监控信息化，建立“空、天、地”一体化的巡查监管体系，确保无盲区、无死角。全年各级河长开展巡河12237次，主动发现、及时处置河道保洁、岸上垃圾等涉河问题8000余处，河道水体感官明显好转，往年水生植物满河满江现象得到全面遏制，群众投诉量比上年减少77%。　　（邱晓雷）

■泥、水、气同治工作　认真落实国家水污染防治行动计划，按照排放标准不低于一级A的目标，在已完成5座污水厂提标改造基础上，全力推进朱家角和练塘污水厂提标改造。面对时间紧、任务重等不利因素，倒排节点、狠抓落实，成功实现年底达标通水的既定目标。同时，顺利完成全区49座公共排水泵站标准化改造，在线监测信息全部接入区级监管平台；结合区级环保产业园布局，加快推进300吨/日的独立污泥焚烧项目。　　（邱晓雷）

■雨污混接改造　积极研究制定全区雨污分流改造三年行动计划，分类施策、因地制宜、系统整治。2017年以来，以排水许可中期复核为抓手、以CCTV（即管道闭路电视系统检测）管道监测为支撑，累计完成超过1100公里的市政管网仪器调查、596个企事业单位和沿街商铺雨污混接整治；锁定231个混接严重的居民小区，进一步摸清家底、找准问题，为后续精准施策、科学整治打下良好基础。　　（邱晓雷）

■农田水利工作　围绕服务乡村振兴战略，聚焦练塘蒸淀、太泖和金泽商榻3个“万亩粮田”片区，全面启动第二轮农林水三年行动计划，其中蒸淀、商榻片区全面开工，并成功召开区级农林水暨“三秋”现场会，都市现代农业引领示范效果初步显现。在全市率先实现农业综合水价改革全覆盖，出台区级实施方案、奖补政策、考核办法等保障机制，完成灌区设施上图和无线远程电表安装试点，改革成效初步显现，农业用水比上年下降10.2%，顺利通过市级现场督察。　　（邱晓雷）

■优化营商环境　认真落实“两集中，两到位”要求，顺利实现水务审批入驻行政服务中心、入驻网上服务大厅双百分百，供排水接入服务同步进驻区行政服务中心，真正实现水务“一门式受理”。取消审批1项、优化审批2项，完成供排水接入“5·20”“1·10”改革，大幅缩减审批时限和流程。狠抓排水许可证监管，重新梳理长江经济带审计涉及的12368户排水户并全面完成整改。同时，针对复兴路、山周公路、华为项目等区级重大项目建设，建立清单、倒排节点、提前介入、重点保障，有力服务全区工作大局。全年累计办理审批和服务事项2389件，比上年增长28%，平均办结时限比上年缩减50%以上。　　（邱晓雷）

■完成最严格水资源管理考核　聚焦河湖水面率、管网漏损率等突出短板，千方百计破瓶颈、解难题。加快推动断头河治理等重点项目，加大应开未开、擅自填堵、侵占河道蓝线的执法力度，推进蓝线GIS（地理信息系统）管理系统建设，动态跟踪河湖变化，河道蓝线日常管理水平明显提升，年末河湖面积达124.784平方公里，超额完成目标任务。编制《青浦区漏损率控制计划》，加快全区供水分区计量体系建设，精准锁定漏水区域，完成22公里落后管网改造，管网漏损率从13%降低到10.88%，优于考核目标近1个百分点。顺利完成7家节水型企业、1个节水型工业园区、28家节水型机关、8个节水型小区和3所节水型学校创建，社会公众节水、爱水、护水意识进一步增强。此外，全国第一次海洋经济普查工作顺利通过市级验收，得分101分。（邱晓雷）

6月14日，市水务局局长白廷辉（前排右三）带队到青浦区开展供排水设施及相关工作大调研（区水务局供稿）

■水务质量安全监管 针对水务工程面广量大的现状，更加注重质量安全监管的规范化、科学化、制度化。完善监理考核办法，建立第三方检测监督机制，并根据工程考核情况开展差别化监管，聚焦重点、强化压力，确保全系统在建工程安全平稳受控。全年在监176项、新受监60项，开展各类检查200余次，开具停工令、整改单240余份，全区通报问题项目8个、执法立案7件，共处罚金41.4万元。（邱晓雷）

■水文科技工作 充分发挥水文"尖兵耳目"作用，聚焦保障"进博会"，进一步加大监测密度、扩大监测范围、增强监测力量，全年累计采集处理水雨情数据1400余万组、水质数据11.4万余组，人工报汛3000余组，编发水情通报20篇、水情快报47篇、各类水质监测专报32篇，为各级领导掌握情况、科学决策提供了有力支撑。同时，不断拓展水文监测站网，新建国家会展中心水情遥测点，改建泖甸站、商榻站，完成淀山港站设备安装，引进WISKI（WISKI系统水文数据管理平台）数据库，搭建水文水资源信息管理服务平台，实现水文数据的统一存储、管理与分析，信息化、智能化水平进一步提升。（邱晓雷）

■水务行政许可和执法 强化行政审批，推进网上政务大厅建设，加强批前审核和批后监管，全年行政许可1755件，其中水利行业行政许可办结149件、供排水行业行政许可1606件［其中核发《排水许可证》1240张（临时排水许可证80张）、取水许可证4件、临时停水审批7件、节水设计方案的评估报告审批19件、计划用水336件］。河道蓝线划示受理325件，办结333件，划示图纸3108张，补划图纸663张。全年"12345"市民服务热线工单1216件，其中市局热线工单1058件、区热线工单158件、"三来"（即来信、来访、来电）56件。坚持寓服务于执法之中，聚焦"进博会"、苏州河治理四期、雨污混接等重点工作开展多批次专项治理，有力保障了重大活动、重大项目的顺利推进。全年累计开展检查2424次、出动人员4469人次，立案61件、结案64件，共处罚金237万元。（邱晓雷）

■社会宣传 开设每月1期的《青浦报》"水务"专栏，每周3次更新"青浦水务"、"青浦河长"微信公众信息，及时发布各类水务信息980条，市级主流媒体先后报道20余次。深化文明创建，在原有5家基础上再创2家市级文明单位，11家持续创建区级文明单位；8条段河道、10座水闸、15个圩区申创三星级水利设施；11个水务所申创三星级文明窗口。广泛开展志愿服务活动共200余次，局护河总队先进事迹被上海市电台新闻坊《助力志愿》栏目专题报道，被评为上海市最美护河志愿服务组织，并获第四届中国青年志愿服务项目大赛铜奖。（邱晓雷）

综　述

2018年，青浦区加紧实施“全面跨越式发展”的战略目标，继续加快推动“生态宜居”的城市建设进程，稳步融入长三角一体化发展国家战略，统筹推动区域协调发展，优化区域空间发展格局，创新社会治理、加强基层建设、加大惠民工程投入，进一步增强区域发展的协同性、联动性、整体性。继续推进新形势下的规划编制工作，发挥好规划在城乡发展的引领作用；以深入推进土地减量化为主线，保障全区经济社会发展合理用地需求，在环城水系公园和“美丽家园”“美丽街区”等重大工程项目建设方面取得较好成果。2018年度列重大建设项目121项（含市在青重大项目18项），储备项目10项；实际开工项57项、竣工36项；实际完成投资250亿元。加强城市管理精细化工作，围绕“更整洁、更有序、更美观、更安全”的目标要求，强化担当、压实责任、狠抓落实，持续改善市容环境质量，扎实提升城市治理能力和水平，努力为首届“进博会”的胜利召开和全国文明城区的创建复检营造安全、整洁、有序的城市环境。积极落实安全生产责任，深入排查安全隐患，扎实开展专项整治，严厉打击安全生产违法违规行为，确保不发生重特大安全事故，确保安全生产始终处于受控状态。着力加强消防安全公共基础建设，逐步完善消防安全管控机制，高频开展消防安全宣传教育，不断提升区域消防安全整体水平。区域城乡面貌展新颜、环境更宜居，人民群众的获得感、幸福感和安全感进一步提升。

（沈佳文　蒋懿宁　朱鹏程　吴　顺　张丞辉　蒋雯雯　许佳雯　何红勇）

6月，赵巷商业地块竣工　　（淀山湖新城公司供稿）

规　划

■概况　2018年，区规划编制工作立足“双城”（即上海对外服务的门户城市和长三角一体化发展的综合性节点城市）新定位，全面实施青浦区跨越式发展战略，以推进总体规划全覆盖为抓手，努力发挥好“规划科学引领、土地适度调控”两大作用。全年开展规划编制工作80项，其中总体规划8项、控详规划21项、专项规划18项、郊野单元（村庄）规划11项、村庄规划22项。（沈佳文）

■完成《青浦区总体规划暨土地利用总体规划（2017—2035）》编制　围绕区政府年初确定的工作重点，在总体规划方面，重点抓好《青浦区总体规划暨土地利用总体规划（2017—2035）》和各新市镇总体规划编制工作。于12月完成青浦2035总规编制工作，并已提交市政府常务会议审议。（沈佳文）

■区域新市镇总体规划编制工作　继续推进赵巷、徐泾、重固、白鹤、朱家角、练塘、金泽等镇的总体规划编制工作。青西三镇（朱家角镇、练塘镇和金泽镇）的总体规划作为落实淀山湖地区中长期发展规划、主体功能区建设和三镇联动发展的重要载体，已经获批；统筹协调徐泾镇与虹桥单元规划和赵巷镇、重固镇与遗址保护之间的关系，完成徐泾镇总体规划草案和赵巷镇、重固镇总体规划初步方案;白鹤镇总体规规由于涉及“安亭—花桥—白鹤”城镇圈和申遗等问题,新市镇总体规划暂缓推进。
（沈佳文）

■**重大项目控详规划编制** 围绕重点区域发展和重点项目落地,聚焦“保重点、保民生”,有序推进相关控详规划编制工作。年内,完成朱家角华为人才公寓、西岑华为研发基地、徐泾蟠龙城中村、徐泾吉利研发项目、新城中福会、朱家角新镇区局部调整等控规编制和审批工作;完成市西软件园规划草案以及周边地块规划调整初步方案,新城盈港路北侧、外青松公路两侧的规划草案。
（沈佳文）

6月7日,市规划资源局副局长王训国(右排中)到青浦区调研“‘新江南田园’乡村振兴计划”试点工作
（区规土局供稿）

■**地名管理** 全年全区共办理审批各类地名29件,其中居住区建筑物名称23件、道路名称6件。组织编制练塘镇地名规划方案,完成方案上报审批;组织编制华为总部基地、华为人才公寓和市西软件园等控规的地名规划编制方案;积极做好《青浦行政区划图》(挂图)、《青浦区便民电子地图》的更新工作;配合区公安部门完成对全区门、弄牌的整治工作;继续推进区第二次全国地名普查工作,完成《青浦区地名公众发布系统》基础数据整合,组织编制地名普查档案;加强地名批后监管工作,配合进博会准备保障工作,会同街镇、公安、建管委等有关部门开展全区的道路名称整治工作,分类处理全区133条非标道路。
（沈佳文）

土地管理

■**概况** 2018年,土地管理工作在建设用地“负增长”的大背景下,以深入推进土地减量化为主线,通过合理安排年度用地指标、盘活存量用地、加大违法用地整治等方式,基本保障了全区经济社会发展合理的用地需求。
（沈佳文）

■**土地减量化** 区土地使用领导小组2017年第四次会议确定了“保180争210”的2018年度减量化目标。在工作过程中,以挖掘街镇潜力、推进流程进度和完善后续监管为突破,至年底,共完成198减量化立项189.11公顷,超额完成180公顷的年度目标。
（沈佳文）

■**土地收储** 根据区土地使用工作领导小组会议确定的计划,2018年全区共计划储备地块31幅(其中新增6幅),拟收储面积约为109.37公顷。至年底,共完成土地收储27幅,收储面积200.97公顷,使用新增建设用地指标141.96公顷。其中,完成华为研发基地项目、朱家角华为人才公寓项目合计收储地块14幅,土地面积约141.35公顷,使用新增建设用地指标110.4公顷;完成市西软件园项目收储地块3幅,土地面积约31.58公顷,使用新增建设用地指标5.12公顷。同时,由于新增建设用地指标有限,2018年储备计划中15幅地块未能按时完成储备,有6幅地块因控规调整及水系调整等因素暂停收储。
（沈佳文）

■**土地出让** 2018年,全区列入土地正式出让计划22幅,其中经营性用地15幅、工业用地7幅。年内,完成土地出让16幅,其中:住宅用地7幅,商业、商办用地4幅,工业用地5幅;出让完成率73%。另外,完成协议出让4幅,存量补地价项目36个。全年完成土地出让共20幅,出让面积72公顷,获得土地出让金收入139.86亿元(含补缴出让金11.6亿元),区级收入92亿元。
（沈佳文）

■**征收补偿工作** 2018年全区完成签约43个基地,征收民居1933户、企业287家;同时,合同监管、征地管理、地名管理、档案管理、信访及热线办理等工作均稳步推进。
（沈佳文）

■**土地权籍管理** 启动青浦区第三次国土调查工作,于9月成立区第三次全国国土调查领导小组及办公室,编制区第三次全国国土调查实施方案,完成镇、村级调查控制界线制作,完成调查、检查单位的招投标工作。

农村地籍更新调查方面,6月底完成所有调查任务且成果正式入库,8月底完成档案整理和报告撰写,12月底成为全市第一个通过市级验收的区。

土地权属调查方面,共完成土地勘测定界411个,完成地籍变更项目221件,完成城镇居民私房测绘项目36件。

土地成果管理方面,共完成土地勘测定界401个,其中定界227个、地下建设用地2个、地上建设用地2个、农村宅基地6个、设施农用地164个;地籍变更项目291件,其中地籍变更测量163个、地下空间地籍测量4个、私房47个、所有权地籍变更77个。

土地登记方面,共完成土地登记145件,其中:初始登记75件、变更登记9件、注销登记17件、查封登记即房地产限制37件,其他类登记4件,更正登记3件。
（沈佳文）

■**土地使用费征收管理** 坚持以“一核查、二告知、三开单、四征缴”的工作模式展开。3月,对区域范围内征收土地使用费的外商投资企业进行清理核查；4—5月，发放征缴告知书57份，将企业应缴金额以及开征日期告知企业，让企业先做好资金预算。经前期排摸，全年关闭歇业企业13家。根据市规划资源局的新要求统一收费时间，于11月开出《非税收入缴款书》共42份，全年已到账金额358.16万元。2018年，尚余8家企业未缴纳土地使用费，其中6家企业已经同意延期缴纳、2家企业已开发票未缴纳。（沈佳文）

■征地管理 严格执行“二公告一登记”（即征收土地方案公告、征地补偿安置方案公告和地上地下财物登记、房屋登记）制度和法定的补偿标准。全年完成拟征地告知项目170个、征收土地方案公告57个、征地补偿安置方案公告71个，征地结案项目59个，征地面积164.83公顷，征地补偿费用12314.1万元。

继续推进西虹桥地块、淀山湖新城地区等市政配套、基础设施建设和产业项目及其他区属重大工程项目的征地结案工作，确保地块按期供地出让及后续手续的办理。积极配合区信访等部门，认真处理征地来信、来访及历史遗留的相关问题，及时化解社会矛盾。

（沈佳文）

城市化建设

■概况 2018年，淀山湖新城公司继续加快推动新城“生态宜居”的城市目标进程，在环城水系公园和“美丽家园”“美丽街区”等重大工程项目建设及土地出让工作等方面取得较好成果。全年公司政府性投资项目72项，全年完成投资额近15亿元，完成土地储备7公顷。环城水系一期项目基本完成，二期3个标段全面开工；新城公司范围内轨道交通沿线商办综合体项目进展顺利，部分已开业；淀山湖福利院项目正在进行主体结构施工；青浦图书馆扩容工程完成施工招标；“美丽家园”建设工作持续推进。（蒋懿宁）

■政府性投资项目 2018年，淀山湖新城公司建设及代建项目中政府性投资项目72项，财政性投资代建项目20项，合计92项，其中续建项目47项、新开项目45项。（蒋懿宁）

■土地储备及出让 全年完成土地出让面积15.07公顷，出让金总额15.75亿元；完成土地储备面积约7公顷。另外，完成农户征收495户、企业征收60家（均含华为项目），确保重大项目按计划顺利推进。（蒋懿宁）

■动迁安置房建设与管理 3月，启动五浦汇D地块动迁安置房建设工作。至年底，五浦汇D地块正在进行地库及住宅地下结构施工，五浦汇E地块正在开展施工、监理招标，办理规划许可证；新城一站社区事务中心、漕盈路站社区配套设施、五浦汇菜场、新城四站小学及初中等项目正在按计划有序推进。下属物业公司已接管14个动迁安置房小区物业，总管理面积达152万平方米，总套数12317套，所有小区总体交房率87%，入住率72%。（蒋懿宁）

3月，位于业锦路与嘉松中路交界赵巷商业地块超市项目竣工

（淀山湖新城公司供稿）

■年度重点项目推进 2018年，淀山湖新城公司以环城水系公园建设为主抓手，同步推进“十大”房建、民生和交通项目。环城水系一期基本完成，二期3个标段全面开工。房建方面，新建配套设施（青浦供电抢修服务中心）、养老设施27A－10A、赵巷商业地块酒店和超市项目、区档案馆新馆、大社区南侧高中68A－06A、养老设施13A－02A等项目竣工，区体育文化中心、区应急联动中心、养老设施64A－02A等项目按计划节点在推进建设中，淀山湖福利院项目正在进行主体结构施工，青浦图书馆扩容工程已完成施工招标。道路方面，南淀浦河路目前已开工；青浦大道、华青南路、三分荡路、秀淳路、黄家埭路等正在开展施工招标，即将开工；港俞路、港周路、淀恩路等在推进初步设计审核，启动施工招标；新城一站停保（即车辆停放及其保养）场项目正在办理工程可行性研究报告审核。（蒋懿宁）

■轨道交通17号线周边站点综合体项目建设 年内，新城范围内轨道交通17号线沿线商办综合体项目进展顺利，漕盈路站富绅时代广场、汇金路站宝龙生活广场一期、二期商业均已开业；青浦新城站绿地中心住宅部分正在办理竣工验收，超高层正在进行结构施工。

（蒋懿宁）

■“美丽家园”建设 2018年，为“美丽家园”综合改造项目实施的第一年，共涉及7个镇3个街道，共14个项目，总面积为806700平方米。新开工项目10个，总面积约50万平方米。此次改造基本修缮科目包括屋面维修、外立面维修、绿化移植、雨污水改造、路面维修、卫生改造、消防设施改造等，个别情况允许的小区进行管线落地改造。金溪新村、庆华四村、盈中新村、城北新村、城东二区一标段、城东二区二标段这6个项目于5—6月完成立项、设计预招标，6月底完成项目报建，8月中旬完成施工、监理招标。金溪新村、庆华四村、盈中新村于8月底开工，城北新村、城东二区一标段、城东二区二标段于9月初开工。朱家角金泽项目、朱家角练塘项目于7月完成立项、设计预招标，8月

初完成项目报建,9月底完成施工、监理招标,10月中旬开工。青东片项目于8月完成立项、设计预招标以及项目报建,11月完成开工审核,11月中旬正式开工。“美丽家园”综合改造让区域内部分老旧小区面貌得到了较大的改善。

(蒋懿宁)

■农村低收入危旧房改造 2018年,全区共改造农村危旧房25户,其中修缮20户、翻建5户,年内全部完工。

(吴 顺)

12月,建设中的太北片(主要指大莲湖泵闸一带)水环境改善控制工程

(区重大办供稿)

重大项目建设

■概况 2018年,在区委、区政府的正确领导下,在区人大、区政协的监督支持下,各建设单位、代建单位、配合单位通力协作,区重大项目和实事工程前期审批、征收腾地、建设推进等工作全面推进。全区2018年度列重大建设项目121项(含市在青重大项目18项),储备项目10项。计划开工66项(除去5个暂停项目),实际开工项57项;计划竣工36项,实际竣工36项;计划投资299.38亿元(除去5个暂停项目),实际完成投资250亿元,投资完成率为83.51%。

年内,计划竣工项目36项,实际竣工36项,具体为:首届中国国际进口博览会配套项目、华志路(G15跨线桥—闵行区界)、青昆路(G50—青浦区界)改扩建工程、复兴路(沈砖公路—沪青平公路)、朱家角污水厂三期、练塘污水处理厂三期扩建工程、断头河治理工程、夏阳街道老旧住宅小区改造试点工程、盈浦街道小区综合改造试点工程、2017年盈港路夏阳街道段沿街环境综合整治工程、盈港路沿线店招店牌景观改造项目、2017年青浦区居民住宅二次供水设施改造工程、御澜湾幼儿园、五浦汇幼儿园新建工程、徐泾房产幼儿园、社区配套设施、大社区27A-10A养老院、大社区64A-02A养老院、徐泾镇养护院、沵阳路东侧动迁基地、赵巷商业地块、青浦区体育文化中心、赵巷体育公园、盈淀路(青赵公路—省界)、盈港路(二期、三期、六期、四期、五期)、漕盈路北段(天辰路—香大路)改建工程、练塘镇新建商城路、南淀浦河路(崧谭路—同三国道)、110千伏新科输变电工程、环城水系治理一期、2017年中小河道整治工程、青浦区2017年水系沟通工程(断头浜整治工程)、市西软件信息园项目(前期)、重固镇10-01地块配套商品房工程、华为项目(前期)、上海申能青浦热电有限公司。

年内,计划开工项目66项,实际开工57项,具体为:首届中国国际进口博览会配套项目、核建科创园项目、新谊河疏拓工程、太南片水环境改善控制工程(一期)、太北片水环境改善控制工程、朱家角污水厂三期、上海市练塘污水处理厂三期扩建工程、断头河治理工程、2018年中小河道综合整治工程、2018年农村生活污水处理工程、2018年青浦区旧管网改造工程、新城四站(45-03地块)30班小学新建工程、淀山湖社会福利院、五浦汇E区动迁安置房、华新动迁基地二期地块、朱家角镇沈巷社区体育中心新建工程、重固镇第二农贸市场项目、沈砖公路(复兴路—朱枫公路)、练塘镇新建沵甸路(老朱枫公路—朱枫公路)、练塘镇新建商城路、胜利路(上达河—青赵公路)、复兴路北延伸段新改建工程、华青路(公园路—崧泽大道)改建工程、南淀浦河路(崧谭路—同三国道)、淀恩路(青浦大道—新塘港路)、黄家埭路(盛家埭路—港周路)及周边配套道路、青浦大道(五浦路—沪青平公路)、港俞路(海盈路—沪青平公路)新建工程、港周路(淀山湖大道—沪青平公路)新改建工程、新塘港路(珠溪路—港周路)新建工程、三分荡路(青浦大道—西大盈港一路)新建工程、秀淳路(G1501—汇金路)、秀淳路(华浦路—G1501、华丝路—华青路)、上海青浦前明110kV输变电工程、上海青浦青泰110kV输变电工程、青西地区生活垃圾转运站(前期)、市西软件信息园项目(前期)、漕河泾赵巷园区二期、葛洲坝上海玉兰花园商办项目、西虹桥宝龙城项目、西虹桥银科控股总部商办项目、西虹桥金地项目、前海人寿徐南路商办项目、前海人寿蟠臻路商办项目、西虹桥百老汇项目、西虹桥完美总部商办项目、西虹桥BU商办项目、华为项目(前期)、上海申能青浦热电有限公司、书香门地新建项目、莲盛泵业新建项目、上药杏灵新建项目、中军哈工大新建项目、上海腾讯信息技术有限公司、上海云轮大数据科技有限公司、申通快递有限公司、上海威贸电子股份有限公司新建厂房项目。

(朱鹏程)

■7项市级重大项目竣工 2018年列为市级重大项目共18项,其中竣工或基本竣工7项,分别为:

首届中国国际进口博览会配套项目:总投资85.2亿元,包括66个子项目,涵盖道路交通、桥隧涂装、道路景观、公共绿地、灯光景观、河道治理、建筑立面整治、架空线入地、社会安全保障等。该项目于3月开工,9月底竣工。

华志路(G15跨线桥—闵行区界):总投资1.8亿元,全长1公里,占地面积4公顷,是“区区对接道路、打通断头路”项目之一,打通了到闵行区的断头路。该项目于2017年6月开工,2018年12月竣工。

青昆路(G50—青浦区界)改扩建工

11 月，建设中的练塘污水处理厂三期扩建工程　（区重大办供稿）

程：总投资 3.8 亿元，全长 2 公里，占地面积 2 公顷，是“区区对接道路、打通断头路”项目之一，打通了到松江区的断头路。该项目于 2016 年 12 月开工，2018 年 7 月竣工。

复兴路（沈砖公路—沪青平公路）：总投资 1.3 亿元，全长 1.97 公里，占地面积 10.29 公顷，是“区区对接道路、打通断头路”项目之一。该项目于 2016 年 12 月开工，2018 年 12 月竣工。

朱家角污水厂三期：总投资 2.76 亿元，是“郊区污水厂提标改造”项目之一。工程包括对现有的 2 座氧化沟进行加盖除臭系统改建、扩建 1 座新的污水处理设施，扩建后总规模达到 6 万立方米/日。该项目于 1 月开工，于 12 月基本竣工。

练塘污水处理厂三期扩建工程：总投资 1.12 亿元，是“郊区污水厂提标改造”项目之一。工程包括对现有的一、二期工程进行提标改造和新扩建三期工程 1 座新的污水处理设施。该项目于 1 月开工，于 12 月基本竣工。

断头河治理工程：总投资 5.27 亿元，是“苏州河环境综合整治四期工程”项目之一，实施后可打通区域内断头河 94 条段。该项目于 8 月开工，12 月竣工。

（朱鹏程）

■16 项社会民生建设重大项目竣工

2018 年列为区社会民生建设重大项目共 30 项，其中竣工或基本竣工 16 项，分别为：

夏阳街道老旧住宅小区改造试点工程：总投资 8070 万元，是区内第一批小区综合治理工程，共改造居民住宅 2359 户。该项目于 4 月开工，11 月竣工。

盈浦街道小区综合改造试点工程：总投资 5241 万元，是区内第一批小区综合治理工程，共改造居民住宅面积 112960 平方米。该项目于 4 月开工，11 月竣工。

2017 年盈港路夏阳街道段沿街环境综合整治工程：总投资 8092 万元，是“轨道交通 17 号线沿线风貌整治”项目之一，整治盈港路沿线（夏阳街道范围）3.3 公里的店招店牌。该项目于 5 月开工，12 月竣工。

盈港路沿线店招店牌景观改造项目：总投资 8126 万元，是“轨道通交 17 号线沿线风貌整治”项目之一，整治盈港路沿线（盈浦街道范围）6 公里的店招店牌。该项目于 5 月开工，12 月竣工。

2017 年青浦区居民住宅二次供水设施改造工程：总投资 1.76 亿元，共改造家庭 14994 户。该项目于 2017 年 8 月开工，2018 年 3 月竣工。

御澜湾幼儿园：总投资 4206 万元，建筑面积 6442 平方米，占地面积 0.76 公顷。该项目于 2017 年 5 月开工，2018 年 8 月竣工。

五浦汇幼儿园新建工程：总投资 3322 万元，建筑面积 5110 平方米，占地面积 0.55 公顷。该项于 2017 年 6 月开工，2018 年 8 月竣工。

徐泾房产幼儿园：总投资 3772 万元，建筑面积 5802 平方米，占地面积 0.85 公顷。该项目于 2017 年 11 月开工，2018 年 8 月竣工。

社区配套设施：总投资 6043 万元，建筑面积 10990 平方米。该项目于 2016 年 10 月开工，2018 年 9 月竣工。

社区 27A－10A 养老院：总投资 4325 万元，建筑面积 7864 平方米，占地面积 0.90 公顷。该项目于 2016 年 10 月开工，2018 年 12 月竣工。

大社区 64A－02A 养老院：总投资

11 月，已竣工的五浦汇幼儿园　（区重大办供稿）

6559 万元，建筑面积 11925 平方米，占地面积 0.90 公顷。该项目于 2016 年 10 月开工，2018 年 12 月竣工。

徐泾镇养护院：总投资 13406 万元，建筑面积 31300 平方米，占地面积 3.13 公顷。该项目于 2016 年 12 月开工，2018 年 12 月竣工。

泖阳路东侧动迁基地：总投资 7.7 亿元，建筑面积 10900 平方米，占地面积 5.16 公顷。该项目于 2016 年 9 月开工，2018 年 12 月竣工。

赵巷商业地块：总投资 5.6 亿元，建筑面积 54293 平方米，占地面积 2.84 公顷。该项目于 2015 年 12 月开工，2018 年 9 月竣工。

青浦区体育文化中心：总投资 3.5 亿元，建筑面积 32500 平方米，占地面积 3.6 公顷。该项目于 2016 年 12 月开工，2018 年 12 月竣工。

赵巷体育公园：总投资 7963 万元，占地面积 6.93 公顷。该项目于 2017 年 6 月开工，2018 年 12 月竣工。

（朱鹏程）

12 月，已竣工的断头浜治理工程　　（区重大办供稿）

■6 项基础设施建设重大项目竣工

2018 年列为区基础设施建设重大项目共 37 项，其中竣工或基本竣工 6 项，分别为：

盈淀路（青赵公路—省界）：总投资 1.32 亿元，全长 0.8 公里，占地面积 4.38 公顷，是第一条建成通车的“打通省界断头路”项目。该项目于 2016 年 12 月开工，2018 年 10 月竣工。

盈港路（二期、三期、六期、四期、五期）：总投资 25.3 亿元，全长 15.9 公里。于 2012 年 7 月开工，2018 年 5 月竣工。

漕盈路北段（天辰路—香大路）改建工程：总投资 2.1 亿元，项目全长 1.07 公里，占地面积 4 公顷。该项目于 2017 年 6 月开工，2018 年 12 月竣工。

练塘镇新建商城路：总投资 5286 万元，项目全长 1.07 公里，占地面积 1.79 公顷。该项目于 5 月开工，12 月竣工。

南淀浦河路（崧谭路—同三国道）：总投资 8107 万元，项目全长 2.7 公里。该项目于 3 月开工，12 月竣工。

110 千伏新科输变电工程：总投资 8285 万元，项目新建 10 万千伏安线缆 3.1 公里，占地面积 0.25 公顷。该项目于 2017 年开工，2018 年 6 月竣工。

（朱鹏程）

12 月，位于沪青平公路 2855 弄 1—72 号（赵巷商业园区内）的市西软件信息园　　（区重大办供稿）

■3 项环境建设重大项目竣工　2018 年列为区环境建设重大项目共 5 项，其中竣工或基本竣工 3 项，分别为：

环城水系治理一期：投资 8.1 亿元，被誉为串起青浦城区的“金腰带”，建成后新增绿地面积 160 公顷，有城市绿道 25 公里、节点性公园 6 座。该项目于 2016 年 6 月开工，2018 年 4 月竣工。

2017 年中小河道整治工程：总投资 8704 万元，整治河道 38 条段，总长 29 公里。该项目于 2017 年 7 月开工，2018 年 10 月竣工。

青浦区 2017 年水系沟通工程（断头浜整治工程）：总投资 2.9 亿元，涉及 8 个街镇。该项目于 2017 年 9 月开工，2018 年 10 月竣工。　（朱鹏程）

■4 项产业建设重大项目竣工　2018 年列为区产业建设重大项目共 31 项，其中竣工或基本竣工 4 项，分别为：

市西软件信息园项目（前期）：总投资 25 亿元，年内完成前期准备工作和部分招商工作（市西软件园公司成立于

2017年12月)。

重固镇10－01地块配套商品房工程:总投资11.4亿元,建筑面积15.78万平方米,占地面积6.39公顷。该项目于2017年1月开工,2018年11月竣工。

华为项目(前期):为土地储备基础性开发项目,于12月完成征收腾地等全部前期工作,开始上网招拍挂。

上海申能青浦热电有限公司:总投资12亿元,占地面积3.44公顷。该项目于1月开工,2月一期机组投入使用。
(朱鹏程)

交通基础设施建设与管理

■概况 2018年,编制完成《青浦区农村公路建设规划(2018—2022)》。顺利完成《青浦区白鹤镇胜利路、外青松公路和启圣公路选线专项规划》《东航路专项规划》并获批,使省界断头路建设任务具备规划条件,《莲金支路(练西公路—环湖北路)专项规划》通过市规土局审批等待批复。持续推进《青浦大道(崧泽大道—松江区界)选线专项规划》《青浦区徐盈路(S26—崧泽大道)专项规划》等道路专项规划。结合区建设和交通发展"十三五"规划与"十三五"前半段的建设成果,梳理"十三五"后半段的计划建设项目,完善2019年新开工项目计划与储备项目计划;同时,结合下一轮可实施的省界断头路建设计划与区内道路建设计划,梳理需要编制专项规划划示道路红线的项目,拟定2019年专项规划编制计划。(吴 顺)

■道路建设 2018年,青浦区计划实施的区、省对接道路项目共5项,其中:打通项目1项,即盈淀路(青赵公路—江苏省界);新开项目4项,即复兴路北延伸段(淀山湖大道—江苏省界)、外青松公路(白石公路—江苏省界)、胜利路(白石公路—江苏省界)、东航路(沪青平公路—江苏省界)。盈淀路于10月1日建成通车,同时开通了C3路、C5路2条跨省公交线路;复兴路北延伸段、外青松公路、胜利路、东航路均已开工。

2018年,计划实施的区、区对接道路(断头路)项目共4项,其中:打通项目3项,即青昆路(G50—青浦区界)、汇龙路(双联路—闵行区界)、华志路(G15跨线桥—闵行区界);续建项目1项,即复兴路(沈砖公路—G318)。青昆路于7月建成通车,汇龙路于10月完成通车,华志路于12月完工。复兴路新建桥梁下部结构完成,跨线桥施工,路基施工。

S26入城段于9月建成通车;G318跨嘉松公路桥人行天桥已开工建设;诸光路(崧泽大道—闵行区界)年内完成崧泽大道—龙联路段结构部分,龙联路—闵行区界段在结构施工中;崧泽高架西延伸正在逐步实施桩基、承台、立柱、便道等项目的施工;盈港路二期、四期、五期项目于5月竣工,6月通车;嘉松公路(沪青平公路—嘉定区界)在桥梁和路基路面施工中;山周公路(沪青平公路—嘉定区界)1标(G318—北青公路)正在强弱电施工中,2标、3标、4标涉及福泉山、青龙镇遗址保护已暂停;沈砖公路(朱枫公路—复兴路)强、弱电施工中;金商公路(沪青平—陈新路)在桥梁施工和路基施工中;漕盈路北段(天辰路—香大路)在桥梁和道路面层施工中。(吴 顺)

10月1日,盈淀路道路开通暨公交运营仪式在盈淀路石浦港桥举行。至此,上海首个省界断头路项目盈淀路正式通车 (区建交委供稿)

■道路养护管理 区管公路日常养护:2018年,区管公路养护计划投资16332万元,其中日常养护5000万元、大中修8988万元、管理项目2344万元。全年累计完成17818万元,预算执行率98.09%。连续创建纪鹤公路(8K－13K)[K代表千米。沿着道路前进方向,起点处的桩号是K0.000,每隔一定距离(如100米)做1桩号标记,并在相应有需要的地方进行标记]、赵重公路(6K－11K)为市级文明样板路,新创练西公路(0K－5K)为市级文明样板路。区管公路大中修项目共9项,其中:上年续建项目2个已竣工,年内新开工项目7个。外青松公路路面整治工程、松蒸公路等5个整治工程已基本完工,轨道交通17号线配套工程、航道桥梁助航标志和防船撞设施工程2个工程继续建设中。针对养护大中修项目短、平、快的特点,优化施工方案、交通组织方案,严把施工质量关口,创建绿色文明工地。年内,外青松公路等8条路创建路政行业文明工地。

市政道路日常养护:2018年,市政道路养护计划投资5907万元,其中日常养护4639万元、大中修995万元、小专项318万元。全年累计完成5892万元,预算执行率99.75%。海盈路新创市级文明示范路。市政道路大中修项目共3项,分别是华民路—青舟路、华浦南路和青龙路路面整治工程,已全部完工。

农村公路养护:2018年,农村公路养护计划投资23035万元,其中日常养护12635万元、大中修工程9479万元、管理项目920万元。全年累计完成16125元,预算执行率97.88%。农村公路大中修计划共13项,其中完成3项、在建10项。2018年,区级文明工地申报6项;创建区级养护示范路10条,申报朱家角镇为"四好农村路"示范镇、沈太路为"四好农村路"示范路。(吴 顺)

■**推进道路建设项目** 2018年，按目标任务推进道路建设项目进度。G1501下立交公交停车场已开工，东方绿舟站人行天桥扩初待批，徐泾北城站人行天桥扩初已批，蟠龙路站人行天桥工可已批，胜利路（上达河—青赵公路）勘察设计完成招标，青浦大道（沪青平公路—五浦路）、华青南路（崧泽大道—公园路）施工在招标办理中。（吴 顺）

■**提升交通服务水平** 2018年，对城区道路停车场广泛开展POS（刷卡机）机收费管理工作，城区内共有26个道路停车场采用POS机收费，覆盖率83%。完成青浦邮政银行停车场、区少体校停车场和城中北路如家酒店停车场等4个公共停车场（库）共计200个停车位向周边住宅小区车辆错时开放。（吴 顺）

■**道路设施改造** 全年新建公交港湾式12座、公交候车亭210座、公交首末站10座，更新公交候车亭65座。配套轨道交通17号线公交线路调整，更换公交立杆杆头信息牌3996片、调整杆身信息牌2997片、候车亭信息1000套；配合“进博会”和线路调整，更换公交立杆杆头信息牌1784片、调整杆身信息牌1193片、调整候车亭信息牌869片。完成配建停车场新改扩项目设计方案审核51件，新改扩项目设计文件审核71件，配建停车场竣工验收53件，新增机动车停车位6202个，完成充电桩建设泊位350个。共建公交充电桩110根，其中香花桥枢纽50根、徐泾东公交枢纽60根，重固枢纽、青西郊野公园充电桩在建中。（吴 顺）

■**做好道路照明设施的搬迁、验收、移交工作** 2018年，受理区管道路照明设施新改建工程申请32件，零星搬迁10件，合计有灯盏数1512盏、控制箱41只；组织隐蔽工程验收工程5项，专项验收工程6项，合计灯盏数178盏；办理道路照明设施移交接管灯盏数3010盏、灯杆数2151杆、控制箱56只。（吴 顺）

■**道路照明设施维护管理工作** 全年维修设施12863盏，对37000盏路灯进行抽检，确保全区道路照明设施的亮灯率、完好率始终保持在98%以上。强化道路照明设施案件的处置，共收到案件1662件，其中网格化案件1548件、12345投诉114件，结案完成率100%。（吴 顺）

■**架空线入地及合杆整治** 全年完成西虹桥地区8条道路、长度共约18.38公里的架空线入地工作，合计整治道路上方架空线长度约95公里。为满足架空线入地后电力部门的供电荷载需求，8条道路周边新建电力开关站10座（KT站8座、PT站2座）（KT站为KT站＝开关站，户内配电站的一种类型。KT站进出线带继电保护，采用断路器，并配຀配电变压。PT站＝环网站，户内配电站的一种类型。PT站进线不带保护，出线送变压器带熔断器保护，送环网不带保护。采用环网柜，并配ຠ配电变压器。户内配电站类型之一，进出线带继电保护，采用断路器，并配ຠ配电变压。PT站为户内配电站类型之一，进线不带保护，出线送变压器带熔断器保护，采用环网柜，并配ຠ配电变压器）。完成7条道路合杆整治工作，道路长度共6.91公里。总计建设综合杆416杆，其中3条新改建道路共建设综合杆247杆、4条已建道路建设综合杆169杆。（吴 顺）

■**公路路政执法** 全年清理违章设摊12处；清除各类非公标志13件；行政许可审批16件，收取公路路产赔（补）偿费约1193万元；行政处罚案件16件，收取罚款15.11万元。审批掘路33件，面积12776.1平方米，缴纳赔补偿费用约471.73万元；临时占路26件，面积3017平方米，临时占路费用约11.20万元；城市桥梁安全保护区施工1件，夜间施工备案20件。对发现的违章现象，及时地向区城管行政执法大队及拆违办反馈并进行书面双向告知。（吴 顺）

城市精细化管理

■**概况** 2018年，区绿化市容局、城管执法局、网格化管理中心等职能部门以加强城市管理精细化工作为指引，围绕“更整洁、更有序、更美观、更安全”和“三个美丽”（即美丽街区、美丽家园、美丽乡村）等行业要求和建设目标要求，强化担当、压实责任、狠抓落实，加强环卫精细化管控，开展市容顽症专项治理，深入推进城管进社区工作，持续改善市容环境质量，扎实提升城市治理能力和水平，努力为首届“进博会”的胜利召开和全国文明城区的创建复检营造安全、整洁、有序的城市环境。网格平台全年共立案801338件，结案率为98.54%；案件平台质量抽查5.2分，先行发现率50.42%。

（杜洁伟　张丞辉　蒋雯雯）

■**首届“进博会”市容环境保障** 9月底，“进博会”核心区绿化市容保障提升项目全面竣工，共新建9块绿地、整治提升4块绿地，面积近30万平方米；同时，完成夜间景观灯光照明改造等一系列绿化市容景观整治提升项目。制订

9月30日，环卫工人开展“进博会”区域环卫精细化作业（区绿化市容局供稿）

一体化养护保洁管理试点方案，重点推进1平方公里核心区和4.9平方公里延展区道路保洁、绿化养护、河道保洁及设施保洁一体化作业，确保精细化管理做准、做实。进一步强化责任落实，全面实施“五定”（即定岗、定人、定职、定时、定量）网格作业管理要求，完善应急保障，并多次举行市容环境应急演练和实战演练，为全面提升“进博会”城市市容环境质量，实现核心区保洁作业达到“席地而坐”发挥主力军作用。（杜洁伟）

■生活垃圾分类示范化创建 重点推进重固镇、赵巷镇生活垃圾分类整区域创建试点，持续推进达标居住区和示范村创建。全面推进以515家机关企事业单位为重点的单位生活垃圾强制分类，建立责任告知、诚信承诺、巡查通报机制，每季度开展联合执法检查，并对检查问题突出、整改工作滞后的单位予以媒体曝光。召开全区生活垃圾分类现场观摩会，分类实效逐步提升。加大宣传培训力度，覆盖11个街镇及重点单位（已开展84场次1.7万余人次的培训）。年度“绿色账户”已完成开卡62744户、开卡率达94%，累计完成17.8万户。加快“两网融合”（即生活垃圾清运体系与再生资源回收体系两个网络有效衔接并融合发展，从而实现垃圾分类后的减量化和资源化），形成全区工作实施方案。（杜洁伟）

■环卫精细化管控 加大机械化作业和巡回保洁频率，开展中小道路“365·天天净”专项整治行动。按照“属地化、差别化、一体化”作业要求，加大一类道路保洁力度，重点区域和中心城区道路环境整体管控率85%～90%。按照《建筑垃圾全程管理实施意见》，开展每月检查、督办，并引入第三方运用卫星遥感技术，全区范围实行全覆盖排查并抓好问题整改。完成装修垃圾市场化收运企业招标，确定中标服务企业，落实严惩严管措施。加强餐厨垃圾和废弃油脂申报及规范收运。指导督促作业单位开展水生植物清捞整治，规范处置和资源利用，实现水域环境质量稳步提高。（杜洁伟）

8月，区绿化市容局与区城管执法局联合开展户外广告招牌设施专项整治

（区绿化市容局供稿）

■环卫规范化建设 以“厕所革命”为契机，制定《青浦区集镇及农村地区公厕和垃圾箱房维修改造三年行动计划》，拟通过3年时间，实现新建一批、改造一批、维修一批环卫设施。完成垃圾厂300吨湿垃圾处理能力改造，通过评审，6月1日起正式复产，干、湿垃圾末端处置能力不断提升。加快推进垃圾转运站建设，西虹桥垃圾转运站项目基本完工；青西地区垃圾转运站已完成项目建议书报批、初步选址意见办理，环评、风评、稳评和工程许可完成初步编制。（杜洁伟）

■市容环境顽症专项治理 持续巩固已完成治理的187个“五乱”（即乱占道、乱张贴、乱设摊、乱抛物、乱设广告）、91个“特定区域”和31个“无序设摊”点位，加强长效管控。重点提升“小三乱”（即乱张贴、乱刻画、乱涂写）的治理效果，形成管理、执法、作业、监督联动机制。启动乱占道治理，规范非机动车停放管理。完善市容管理标准，健全巡查督查机制，指导并督促街镇对照标准加强市容环境常态化管理。深化市容环境卫生责任区制度，着力推进责任告知书上墙率、沿街门店生活垃圾定时定点投放和上门收集、责任区自律自治组织建设三个关键要素，努力提升履约率和自治率。（杜洁伟）

■户外广告招牌设施整治 持续推进全区景观照明规划编制工作，完善养护和考核机制。完成2018年市绿化市容局第一批督办的24块违法户外广告拆除任务及2018年市局进博会保障督办第二批共478块违法户外广告整治任务；开展空中坠物安全大排查，排查户外广告1493块，发现隐患357处，其中拆除244处、加固113处。调整《青浦区户外广告阵地规划实施方案》，联合城管等执法部门，重点围绕轨道交通17号沿线、“进博会”保障区域加强店招店牌执法整治，核查全区LED显示屏72块。按照2018年责任区管理工作方案，积极推进创建20条示范道路及11个示范性自律组织的目标，完成7946人次专业培训，持续完善店招店牌“一店一档”工作。（杜洁伟）

■参与“进博会”保障工作 根据“对标一流、体现双最、优于世博”的保障目标，全面抓抓落实“进博会”市容环境综合整治提升各项任务。一是高质量推进备展整治，先后关闭谢卫路57户门店和1家企业，拆除西郊家园内违规店招、店牌100余块和违章搭建61处；完成上级派发的985处问题清单、478块违法广告以及31处亭棚的销项工作。二是高标准部署展会保障，从各街镇城管中队抽调31名执法队员组建支援保障队伍，并在徐泾城管中队设立城管前线指挥部，会展期间由局领导带头实行24小时轮班值守，协调处理各项任务保障、突发事件。三是高效率处置现场状况，在徐泾中队设置指挥分中心，配合4G执法记录仪、车载视频对会展期间城管执法进行实时监控监管，规范队员执法行为，提高指挥调度效率。

（张丞辉）

“进博会”期间，在国家会展中心西侧诸光路上步行巡查的城管队员

（区城管执法局供稿）

■街面环境整治 落实道路整治，确定各辖区年度执法整治道路共90条，以“集中整治+常态化执法巡查”的方式，及时查处各类违法行为，落实常态管控措施，有效改善街面环境秩序。结合“双随机一公开”（即随机抽取检查对象、随机选派执法检查人员，抽查情况及查处结果及时向社会公开）方式强化日常管控，对跨门经营、餐厨垃圾、废弃油脂、建筑垃圾和工程渣土处置等方面加强日常监管，发现问题责令整改、立案查处。共检查路段349条、商户9518家、工地或码头153处，发现问题224家，其中责令改正177家、立案查处60家。

（张丞辉）

■主动跨前服务社区 将做实城管进社区工作列为跨前服务群众的重要举措，并取得显著成效。一是范围全覆盖。全力推进城管进社区工作室的设置工作，共建成“城管社区工作室”307个，并成功创建首批37个特色工作室。二是运行规范化。对各社区工作室的硬件设置和人员配置予以明确规范，对运行情况进行专项督察，要求队员围绕“三个助力、一个防止”（即助力村居干部有效管理、助力居民公约有效履行、助力物业公司切实履职，防止简单被动执法引发矛盾）的要求做实城管进社区工作。三是服务有实效。以社区工作站为依托，开展小区环境整治，积极回应居民诉求，不断提升群众满意度。全年受理诉件1097件，比上年下降11.9%；信访35件，比上年下降51%。

（张丞辉）

■关注城市安全 一是对应“三张清单”推进户外广告拆除。主要围绕两批市级督办清单以及空中坠物安全隐患专项整治清单开展户外广告整治工作，共计拆除各类违规户外设施2137处3140块，违规设置户外广告立案处罚1起、罚款50000元。二是对标“食品安全城市”开展食品安全整治。共开展联合整治189次，查处食品类乱设摊行为993余起，立案处罚865件，共处罚款20万元；加大对餐饮企业的执法检查，查处餐厨垃圾、食用废弃油脂类案件73起，共处罚款19.92万元。三是对照“无违村居”开展各类示范创建。无违创建方面，全区累计拆除各类违法建筑6482处共128.16万平方米，320个居村全部完成创建任务并通过街镇验收。住宅小区方面，共查处小区内各类违法行为103件，共处罚款31万元；“居改非”锁定189户整治任务，已超额整改197户；共有11个小区申报创建“环境秩序执法整治示范小区”。

（张丞辉）

■执法助推垃圾治理 与公安青浦分局交警支队、渣土管理所常态化开展联合执法检查，定期开展全区性渣土专项整治行动，不断加大查处力度，形成面上的高压态势，对建筑垃圾运处全过程保持严格管控；全年共查处渣土类案件163件、共处罚款168.96万元。同时，以执法助推生活垃圾分类实施，制作垃圾分类企业责任宣传告知单，组织企业开展专项学习培训，以广泛宣传动员结合“抓典型”的执法方式，确保生活垃圾分类落到实处；全年共查处生活垃圾强制分类案件31件，共处罚款6400元。

（张丞辉）

■“智慧城管”建设 把城管信息化建设作为拉动城市治理和服务水平新的突破口。年内，完成网上办案、网上督察、网上勤务、网上考核4个系统以及执法视频记录综合管理平台的建设，设立区城管执法局指挥中心和徐泾中队指挥分中心，基本实现市、区、街镇三级城管执法部门系统全覆盖和应用常态化。全员移动执法终端配置达到100%，执法记录仪配置达到86%，远程车载视频配置达到50%，各中队执法视频数据采集站已全部接入区局管理系统；另外，全区还配有4G执法记录仪45台、无人机3台。

（张丞辉）

■融入长三角一体化发展 6月，区城管执法局先后赴江苏省昆山市、浙江省嘉善县城管执法局学习交流，三方就如何加强跨区域执法联动，开展渣土及露天焚烧案件执法协作、深化城市精细化管理等工作进行了交流与探讨，确定跨省跨区联动框架。7月，白鹤中队携手昆山花桥中队就位于江苏、

7 月 12 日，白鹤城管中队和花桥城管中队签订“市容环境联合行动”共建协议书（区城管执法局供稿）

上海交界处的白虬江路鑫苑小区南侧聚集点进行联合整治，并签订两地市容共建协议。随着各中队与接壤外省中队联系的愈加密切，青浦区与江、浙两省毗连区域的城管合作联动格局已初步形成。（张丞辉）

■城管队伍规范化建设 依照住建部“强基础、转作风、树形象”专项行动要求，以市城管局“标准化大队”和“示范化中队”创建为标准参照，夯实各项基础建设，局大队成功创建为标准化大队。一是抓牢基层党建，围绕“不忘初心、牢记使命，贯彻落实党的十九大精神”学习实践活动，局党组领导带头深入一线、全覆盖走访徐泾镇 25 个村居；局领导班子成员定期走访基层中队，现场指导案件办理；共梳理在案问题 103 个，解决即知即改问题 5 个、转交问题 40 个。二是严格队伍管理，以“依法履职、队伍建设、智慧城管”为核心，制定 35 项考核细则，并将考核结果与各街镇年度政务工作以及评先评优相挂钩，确保各街镇城管执法工作有效开展；在加强在编队员管理同时杜绝人员外借现象，并借力区委组织部科级干部交流平台交流中队副职干部 3 人，联合区公务员局，轮岗交流一线执法队员 26 人。三是规范执法流程，认真梳理、核对相关法律法规，形成行政权力事项清单（其中行政处罚 274 项、行政强制 19 项），建立健全城管街镇法制机构与中队法制部门分工、协作机制，明确重大行政执法决定审核的范围流程与细节要求；围绕“进博会”、青浦工业园区厂房整治、单位生活垃圾强制分类等重点工作需求，及时对接属地中队给予法制指导。全年全区城管执法中队共办理案件 3699 件，罚款金额总计 380 万元。（张丞辉）

■网格化管理工作 按照“三网”（即基层党建网、城市管理网、综合治理网）融合工作要求，对全区网格进行调整，共划分责任网格 332 个，管理网格 1340 个。通过购买第三方服务，开展日常督查与专项督查工作，在日常督查方面，共上报督查案件 27414 件，全区平均先行发现率 50.42%，比上年提升 33.21%；在专项督查方面，开展进博会核心区和延展区专项督查、轨道交通 17 号线沿线站点周边市容环境卫生及农村灌溉井三类专项督查，共计发现案件 3500 余件，均流转至有关部门处置。完成 178 个村居网格工作站规范化建设和 199 个村居工作站和警务站“两站融合”建设。完成 11 个“达标网格”创建的年度目标。（蒋雯雯）

■热线办理工作 完善热线派单辅助系统建设，提高热线工单的智能化派单水平。制定热线办理“四审十二退”（“四审”即审核办结报告办理要素是否齐全、审核承办单位是否有实质性作为、审核办结报告用词是否妥当、审核办结报告相关附件材料是否完备；“十二退”即热线工单办结报告中予以发回重填的 12 种情形）标准，严把审核关。修订完善热线考核办法，加大对承办单位的考核力度。制定下发《2018 年青浦区对“12345”市民服务热线不满意工单的督办工作计划》，开展两级督办工作，其中区级督办工单 340 余件、街镇督办工单 1690 余件。与区委大调研办公室建立联动机制，深入开展市民热线疑难事项等专项治理工作，共治理不满意疑难工单 1296 件，实际解决 520 件。运用区领导专题协调、批办机制，29 件热线工单得到解决。热线平台全年共受理工单 45241 件，办结 44426 件，按时办结率 99.45%，先行联系率 95.01%（比上年上升 5.19%），实际解决率 32.5%，市民满意率 66.18%（比上年上升 11.76%）。（蒋雯雯）

■精细化工作 完成《青浦区加强城市管理精细化工作三年行动计划（2018—2020）》等相关材料的编制工作，牵头协调各项重点任务的实施。完成城市网格综合管理规范建设标准，为区网格化管理建设提供实施依据。派专人进驻首届进博会前线指挥部城市管理组进行现场办公，协调处置各类城市管理问题 1856 件。成立区网格化中心服务保障进博会领导小组，制定《服务保障进博会重点区网格精细化管理工作方案》，按照指挥部办公室要求，编制城管、市场监督、水务等 8 个部门的进博区域的巡查工作安排表，抽调 35 名监督员支援徐泾镇开展网格精细化管理工作，每天安排 2 名信息员到指挥中心网格平台工作，为服务保障进博会充分发挥网格管理平台作用。制定《青浦区网格精细化管理工作指导意见》，召开现场推进会，启动网格精细化管理工作。（蒋雯雯）

■网格化管理队伍建设 完成对 44 名第三方信息员及督查员的上岗培训，对 11 个街镇的网格从业人员进行能力测试，提高一线人员的操作技能。组织业务科室人员到黄浦区网格中心进行岗

11 月 15 日，青浦区城市管理精细化工作网格化管理专题现场推进会举行
（区网格化管理中心）

位实习，与团区委联合举办青年骨干培训班 1 期，举办 4 期业务骨干培训班，提高管理人员的工作能力。（蒋雯雯）

安全生产监督管理

■概况 2018 年，青浦区安全生产工作全面贯彻落实党的十九大精神和习近平总书记关于安全生产工作的重要思想和国务院安委会、应急管理部以及市委、市政府和区委、区政府重要指示要求，牢固树立底线思维和红线意识，坚持安全发展、源头防范、系统治理、改革创新，深入开展安全隐患排查整治，加强重点领域、重点行业的安全管理，各项工作取得新的进展。全区共发生生产安全死亡责任事故 20 起，导致 20 人死亡，造成直接经济损失约 2174.06 万元。对 29 家事故责任单位及 35 名事故责任人进行行政处罚，共处罚金 1056.84 万元，建议公安机关依法追究 19 人刑事责任。（许佳雯）

■落实“进博会”安全生产保障 以城市安全风险管控和精细化管理为重点，以“进博会”场馆、活动点、住地周边以及相关线路为重点，加强全区危险化学品和易燃易爆物品生产、经营、储存、使用、运输企业相关管控。制定综合管控方案，组织开展“3 + 6”安全专项整治，即涉爆粉尘、有限空间、化工和危险化学品生产企业安全专项整治以及危险化学品、电动自行车、大型商业综合体、打击假冒特种作业操作证、空中坠物、建筑施工安全专项整治。8 月底至 10 月底，开展 2 次全覆盖“进博会”场馆 5 公里范围内 20 家危险化学品涉及单位的专项检查；11 月 1—10 日，每天开展 1 次巡查。其间，共查获危险化学品 70 余吨，对 3 家危险化学品违法企业进行立案查处，共处罚金 15 万元。（许佳雯）

11 月 1 日，区安监局工作人员进驻“进博会”场馆
（区安监局供稿）

■安全生产宣传教育培训 制作 2018 年青浦区安全生产警示片和 2018 年青浦区生产安全伤亡事故警示片，下发到街镇和重点企业，加强安全生产宣传；制作安全生产动画公益广告在室外 LED 大屏幕、各大影院播放，充分发挥新媒体技术加大对安全生产公益宣传的力度，普及安全生产知识，营造良好的安全文化氛围。利用“青浦安监”微信公众号及时发布全区及街镇安全生产工作动态，宣传安全生产最新法律法规政策。开展“小手牵大手，安全带回家”“安康杯”和“打非治违”知识竞赛、“6·16”全国安全生产宣传咨询日各类活动。深入开展安全生产宣传教育“进企业、进学校、进社区、进机关、进农村、进家庭、进公共场所”等安全生产“七进”活动，下发 20000 册安全手册到各个街镇及区属企业。加强生产企业法人、主要负责人安全培训和重点人群持证上岗培训工作，全年共培训各类人员 6707 人，其中主要负责人 1217 人、安全生产管理人员 1761 人、电工（低压）1210 人、电工（高压）564 人、焊工 853 人、危险物品作业 1102 人。（许佳雯）

11 月 11 日，区安监局全程督导“进博会”撤展工作
（区安监局供稿）

■危险化学品管控 持续开展危险化学品企业安全风险评估，推动第二批 17 家企业完成评估。委托第三方机构完成 57 家危险化学品生产、仓储经营、自有储存设施经营企业及危险化学品使

用企业的安全风险评估诊断分级工作，完成率100%。受理危险化学品建设项目安全条件审查申请8家、设施设计审查7家，下发危险化学品建设项目安全条件审查意见书6份、安全设施设计审查意见书4份；受理危险化学品经营许可证申请155家次，办结发证155家次；受理第三类非药品类易制毒化学品备案申请25家次，发证25家次。联合消防和市场监管部门对全区34家重点监管危化企业开展检查，共计检查危险化学品企业242家次，共开具责令改正指令书27份，发现安全隐患51条，整改51条。行政处罚4家单位，处罚金额共23万元。（许佳雯）

■强化职业危害整治 在全区范围内开展职业健康执法年活动。以箱包制造和制鞋业、汽车维修业等行业领域、其他职业病危害严重的或者近两年来发生过职业病病例的用人单位为重点，共计出动检查人员2700余人次，检查用人单位1354家次，发现隐患问题2298项，下达执法文书1059份；行政处罚立案7起，罚款24万元；1家责令停止产生职业病危害的作业。开展工贸行业粉尘防爆专项整治工作，委托第三方技术服务机构对我区50家粉尘涉爆企业开展“十项重大事故隐患”甄别核验，核验结果为涉粉作业30人以上有14家，涉粉作业10—29人有23家，涉粉作业10人以下有13家。共有46家企业完成“十项重大事故隐患”的整改，对未完成整改的3家企业责令企业停止使用除尘器相关设施设备，直至整改核验通过。开展有限空间作业专项整治工作，根据第三方出具的有限空间岗位辨识报告，对5家用人单位开具责令改正通知书，查处隐患27条，立案1起，共处罚金3.6万元。（许佳雯）

消防管理

■概况 2018年，青浦区认真贯彻落实市委、市政府各项决策部署，重点围绕“进博会”安保工作、城市管理精细化，着力加强消防安全公共基础建设，逐步完善消防安全管控机制，高频开展消防安全宣传教育，层层压实消防安全责任，不断提升区域消防安全整体水平。年内，组织开展“迎接进博会，聚力保平安”火灾防控、电动自行车综合治理、消防安全大排查大整治、大型商业综合体、博物馆和文物建筑、今冬明春火灾防控等消防专项行动，消除了一大批火灾隐患顽症，完成了全国“两会”“进博会”等重大活动消防安保任务。2018年，区消防救援支队获上海市“五一”劳动奖状，连续3年被市消防救援总队评为先进支队。

全区全年共发生火灾起数345起，死亡1人，受伤1人，直接财产损失398.8万元；同比上年，火灾起数比上年下降0.8%，亡人数持平，伤人数下降了75%，直接财产损失上升44.0%。区消防救援支队共接处警2816起，出动车辆4317辆次，出动指战员35959人次，抢救被困人员218人，疏散被困人员125人，抢救财产价值1983.1万元。

（何红勇）

11月30日，区消防救援支队开展“119”消防宣传月启动仪式暨灭火救援演练（区消防救援支队供稿）

■火灾隐患排查整治 消防救援支队全年累计检查单位6963家次，督改火灾隐患8848处，临时查封单位117家，责令“三停”（即停产、停业、停止使用）单位95家，罚款809.7万元，拘留160人。一是电动自行车消防安全专项治理。提请区安委办制发《青浦区电动自行车消防安全综合治理工作方案》，组织区市场监管局、公安青浦分局、区消防救援支队以及各街镇对全区231个电动自行车销售网点开展3轮联合整治，临时查封40余家，督促居民小区、社会单位整改电动自行车违规充电停放行为2000余处。二是大型综合体消防安全专项治理。集中约谈6家建筑面积在5万平方米以上的商业综合体，组织区经委和安监、市场监管、公安、消防等部门以及属地街镇对6家大型综合体开展3轮联合检查行动，并对6家商业综合体消防治理情况进行逐一检查验收。三是博物馆和文物建筑消防专项检查。联合区文广局对全区7家三级以上博物馆和57家区级以上文物保护单位开展消防检查，逐一制定整改清单，集中约谈21家重点文博单位，切实提高文博单位的消防安全系数。四是消防安全大排查大整治活动。联合区教育、民政、文广、卫计等部门分类开展消防安全专项整治，并深入推进重点行业消防安全标准化管理工作；组织区建管委、民防办、水务局等每季度定期开展地下空间联合检查，累计督改隐患200余处；联合各街镇、公安派出所滚动对公共娱乐场所、宾旅馆、沿街商铺、“三合一”（即住宿与生产、经营、储存一种或一种以上使用功能设置在同一空间内的建筑）场所开展排查整治，有力铲除了龙联汽配城、华新小商品市场、祥腾商业街等3个区域性“三合一”场所。五是攻坚整治重大火灾隐患。将重固五金城、上海鑫海马企业发展有限公司等5处区域列为市、区两级重大火灾隐患强力整治，在全市层面率先完成整治任务，督促整改火灾隐患1300余

处，搬离、关停单位55家，拆除违章建筑面积1.1万平方米。（何红勇）

■夯实消防安全基础 一是扎实推进市政府消防实事项目。组织对7个老旧小区实施消防设施增配或改造，组织350个居民小区开展疏散逃生演练，惠及群众4.8万余人。二是深入推进电动自行车集中充电设施建设。提请区政府制发《青浦区电动自行车充电设施建设方案》，按照先期试点、召开现场会推广予以推进；至年底，全区累计建成751处电动自行车集中充电设施。三是强力推进“智慧消防”建设。落实“智慧消防”专项经费1738万元，累计安装15468只无线感烟报警器，推动65家单位安装消防感知设备并接入城市消防远程监控系统，在徐泾镇二联馨苑小区搭建3台“火眼”系统服务器，成功推动青浦区“智慧消防”的战略实施。四是加大消防基础投入。积极争取地方财力支持，年内，投入500万元用于常规消防业务装备建设，投入1472.5万元用于特种消防器材购置。全方位推动站点建设，积极推进同三消防站和重固消防站开工建设前相关审批手续的办理，妥善解决徐泾站迁建事宜，并着力开展小型消防站建设工作。组织对辖区内4419个市政消火栓开展巡查巡检工作，保持全区市政消火栓完好率99%以上。（何红勇）

■消防宣传教育活动 落实80余万元专项经费，以购买服务的形式分两批次对党政机关干部、重点单位法人、管理人以及各小区物业管理负责人开展《消防安全责任制实施办法》的宣传贯彻。实化开展“全民消防我行动”“119”消防宣传月等大型宣传活动，突出烟花爆竹管控、人员密集场所、电动自行车火灾防范等主题，累计开展集中宣传300余场次，发放各类宣传资料10万余份，制作视频宣传片6个，在全区120余家影剧院、KTV落实消防安全开机提示。利用青浦消防微博、微信公众平台，每天向4.1万人次推送消防安全提示。（何红勇）

■烟花爆竹管控 组建烟花爆竹安全管控工作领导小组，确定“十大类”禁放区域，划定423处禁放场所，动员一切社会力量参与烟花爆竹安全管控工作。全年查处非法经营、储存、运输、燃放烟花爆竹案件15起，收缴非法烟花爆竹2593箱，行政、刑事拘留7人，罚款4.03万元。完成除夕、春节期间等重点时段和全年的常态化管控工作，实现禁放区域零燃放、无烟花爆竹引发火灾的工作目标。（何红勇）

华为研发基地效果图 （区重大办供稿）

综 述

2018年,青浦区继续加强公用事业设施建设和改造,完善服务配套,塑造公共空间,提升功能品质,提高综合调控和服务能力;优化城乡公交线网,开展城市图像监控系统规划建设,着力保障城市安全运行,继续为便捷市民出行和提高市民生活质量等做好服务。电网建设投资10.27亿元,为历年来最高;110千伏新科变电站投运,12项国网里程碑项目、7项迎峰项目完工,6项世界一流配电网项目按期开工;山周公路、嘉松公路、崧泽高架西延伸等重大市政配套工程建设积极推进。继续推进居民住宅二次供水设施改造,全年完成改造小区约122个,受益居民27732户;全年完成供水11303.47万吨,出厂水水质四项综合合格率稳定在99.99%以上。继续推进天然气入户三年行动计划项目,完成金泽、白鹤、华新项目招投标,赵巷项目、练西液化站均在施工推进中。开展《轨道交通17号线公交配套方案》后评估,年内共新辟3条线路、延伸调整31条线路走向、增加9条线路运能、调整17条城区线路首末班时间。新增学校周边临时道路停车场17个,停车泊位340个。全区有邮政投递线路120条,线路单程总长度4517公里,设信箱(筒)175个。 (刘 湃 姚 玮 吴 顺 沈文文 屈嘉婧)

供 电

■**概况** 2018年,国网上海市电力公司青浦供电公司坚决贯彻上级决策部署,紧紧围绕年初确定的目标任务,攻坚克难、锐意进取,打赢首届“进博会”保电攻坚战,率先完成架空线入地,高质量完成全年各项目标任务,公司安全稳定、优质服务和电网建设等工作都取得新突破。获年度区绩效考核排名第三,创近年来最好成绩。首次获评上海市“五一”劳动奖章,连续五届获国网上海市电力公司“12345”市民服务热线综合考核优秀。

年内,电网投资10.27亿元,投资增幅153.5%,为历年来最高。完成售电量64.01亿千瓦时,比上年增长3.02%。最高负荷142.39万千瓦,与去年基本持平。城网供电可靠率99.983%。综合电压合格率100%。线损率3.90%。各项经营业绩稳步提升。 (刘 湃)

11月6日,青浦供电公司变电运维人员在智能巡检机器人的配合下对诸光变电站内设备进行巡检 (刘湃摄)

■**“进博会”供电保障** 严格贯彻上级公司保电工作部署,第一时间成立公司保电领导小组,综合协调、电网建设、调度运行、运维检修、信通网安、优质服务、后勤安保、新闻宣传、维稳保密9个工作小组紧密配合,有序落实6个方面的126项供电保障推进事项和49项重点任务。“进博会”供电保障前线指挥中心、供电服务现场指挥中心、前线支援保障基地高效运转,国家会展中心周边成为国家电网公司系统首个双环网自愈配电自动化示范供电区域。保电核心区电网主设备检修升级并开展6轮次巡视和隐患排查。协助国家会展中心开展6轮次隐患排查和用户设备升级改造,实现核心场馆“双主、双备、不间断”供电。有序开展电网侧和用户侧

10 月 31 日，已完成的“进博会”国内先进全景智慧供电保障系统 （刘湃摄）

应急演练。以“五个最”（即最高的标准、最有效的组织保障、最可靠的技术措施、最饱满的精神状态、最严明的工作纪律）要求全面实现“六零三确保”（即电网设备零缺陷、重要负荷零闪动、供电服务零投诉、安保反恐零事件、人员工作零差错、网络信息安全零漏洞；确保场馆供电万无一失、确保城市基础设施供电万无一失、确保全市生产生活用电万无一失）目标，获得市、区两级政府和上级公司的充分肯定。（刘 湃）

■安全生产管理 以安全问题为导向，围绕 2018 年安全工作思路和工作目标，重点抓好 11 个方面的 64 个任务及 193 项工作举措。全年未发生各类人身、火灾、信息安全事件，保持长周期平稳局面，累计安全天数 3287 天。深入开展春秋季大检查、保供电等各类专项安全大检查，狠抓生产过程管控和作业现场监督，整改各类问题 180 项。强化风险预警预控，狠抓线缆反外损管理，强化固定施工工地安全措施落实。深入开展安全责任清单编制、问题清单梳理，编制岗位安全责任清单，提升全员安全责任意识。成立带电作业室，大力开展不停电作业。成功应对台风、高温、寒潮考验，完成中国快递论坛、青少年国际足球联赛等 18 项重大保电任务。2018 年大面积停电事件应急处置桌面演练获国网公司高度好评。

（刘 湃）

■电网建设 主动对接青浦全面跨越式高质量发展需求，高起点编制配电网滚动规划，将规划 220 千伏绿舟（朱家角）站、秀横站纳入主网规划，加快项目立项，加大项目储备，计划新开工 35 千伏以上电网项目核准完成率 100%。110 千伏新科变电站顺利投运，12 项国网里程碑项目、7 项迎峰项目顺利完工，6 项世界一流配电网项目按期开工。山周公路、嘉松公路、崧泽高架西延伸等重大市政配套工程建设积极推进。率先完成国家会展中心周边 8 条道路 18.38 公里架空线入地，配套 8 座 10 千伏开关站、2 座 10 千伏配电站顺利投运。国家会展中心新增 10 千伏第三路电源按期投运。推进基建改革 12 项配套措施落地，成立项目管理中心，实现建管分离。（刘 湃）

■经营管理 扎实推进提质增效，全面完成年度经营目标。全面优化业扩报装流程，大力推进电能替代，加大电费回收力度，大力实施警企联动，严厉打击违章用电和窃电行为。建立低压线损治理机制，推进多维精益管理体系建设，实现人工成本的归集和分摊。开展触电案件压降专项工作，未发生新发触电伤亡案件，各类诉讼、仲裁案件处置有效。（刘 湃）

■继续提升服务质量 落实“五省五增”（“五省”即办电更省力、申请更省事、建设更省钱、接电更省时、用电更省心，“五增”即提增供电保障能力、提增业务流程透明度、提增施工协同效率、提增服务价值、提增品质管控）服务举措，全口径平均接电时间从 126 天缩短为 32 天，助力“获得电力”指标提升。完成 105 户低压小微企业装表接电，平均接电时间 20.4 个工作日，有效提升小微客户电力“获得感”。成立供电服务指挥中心，建成供电服务指挥系统，实现统一指挥，调配服务资源，提高响应效率。加快建设“全能型”供电营业站，深化“互联网＋营销”应用，实现全业务线上办理、全天候“一站式”服务。全面完成 8 座电动汽车城市快充站、64 台充电桩建设和国家会展

8 月 2 日，青浦供电公司开展不停电作业，大幅缩短停电时间 （刘湃摄）

中心快充站优化提升工程。（刘　湃）

■“双创”工作成果　落实创新型企业建设三年行动计划，建成“双创”基地青浦创新共享空间。开展2项科技项目和2批“举手制”16项创新项目研究，数量和资金创近年来新高。1项成果获上海市科技进步三等奖，2项成果分获国网上海市电力公司科技进步二、三等奖。依托科技创新成果，1项成果获国家电网公司QC三等奖和电力行业QC三等奖，1项成果获上海市QC优秀奖，2项QC成果分获国网上海市电力公司擂台赛一、三等奖，《配变卫士——10千伏油浸式配电变压器油温油位在线监测系统的研制》获国网上海市电力公司第四届青年创新创意大赛银奖。《防雷支柱绝缘子》获首届中国电力专利成果一等奖，2项成果获上海市优秀发明选拔赛银奖，1项获铜奖。完成专利申请9项，专利授权9项。IEEE能源互联网和能源系统集成会议录用论文2篇，核心期刊发表论文3篇。（刘　湃）

■党建工作　积极创新党建“实”践，深入实施“旗帜领航·三年登高”计划，守护“共产党人精神家园”领航灯。全年开展党的十九大精神学习160余次，上报典型实践案例7篇，在主流媒体发布党建宣传36篇。高标准完成党建标准化建设，完成党建信息化系统上线维护工作，有效推动基层党组织运行更加规范、活动更加有序。构建“‘党建＋业务’同心圆”活动，强化党建与业务工作深度融合，充分发挥党建工作的思想引领力、组织保障力、工作战斗力和团结凝聚力，发挥党员在进博会保电、架空线入地等重点工作的示范引领作用。形成基于“微流程”的风险防控图8份，完成协同监督项目8项。（刘　湃）

■“幸福企业”建设　全面落实推进“幸福企业”建设三年行动计划，积极参与“幸福＋”行动和“EAP＋（员工帮助计划）”活动，培育职工“快乐工作、幸福生活”的健康心态。丰富职工精神生活，常态化组织开展12个文体兴趣小组活动、举办迎新茶话会文艺汇演，组织参加国网上海市电力公司青年龙舟赛、足球赛等文体活动并取得好成绩。开辟健身房、职工书屋、篮球场、笼式足球场等多个文体活动场所。营造“两个共同”（即共同的事业、共同的家园）氛围，坚持实施以“做实事、解民忧、提管理、促和谐”为主题的“暖心工程”。多措并举，缓解青年职工住宿难问题。优化职工通勤方案，持续开展“幸福企业”后勤服务再提升工程，使职工实实在在感受到企业的温度和关怀。（刘　湃）

供　水

■概况　2018年，青浦自来水公司统一思想、明确目标，各项工作开展顺利。全年完成供水11303.47万吨，水费销售收入19330.32万元（含税），比上年减少1.98%。出厂水水质四项综合合格率稳定在99.99%以上。（姚　玮）

■供水服务　2018年，完成各部门安全协议签订工作，开展厂房、工地等各类安全检查33次，发现问题均完成整改；坚持每日公开供水水质指标，并对高峰供水方案进行修订和补充，完成供水设备摸底修缮和三定放水工作，高峰供水期间（6月15日—9月15日）累计供水量为3028.50万立方米，日均供水量32.57万立方米，7月27日最高日供水量为34.54万立方米。同时，按照“进博会”工作部署，成立“进博会”供水服务保障工作领导小组，由总经理任组长、党政班子其他领导任副组长、各相关部门负责人为小组成员，传达市、区领导对“进博会”工作的重要指示和部署要求，并对各部门供水保障工作进行布置，切实保障“进博会”期间供水平稳有序。此外，进一步加强供水产销差控制工作，通过统筹协调中西部旧管网改造、加快居民住宅二次供水设施改造进度、推进DMA（分区计量）项目实施、抓紧落实GIS（供水管网地理信息系统）建设、实行手机APP抄表、成立供水稽查队、加强出厂水压调度和抓好有效水量统计等精细化管理工作，有效降低了内部管理成本和输配水损耗。（姚　玮）

11月22日，“我们一起走过——青浦供水改革开放40周年”主题党日活动举行

（青浦自来水公司供稿）

■项目建设　居民住宅二次供水设施改造工程方面：2016年、2017年各分批项目正在进行项目后期审价或准备审价材料中；2018年工程三批项目按区委、区政府“美丽家园”建设要求基本完工，共完成改造小区约122个，建筑面积约298.11万平方米，受益居民27732户。城区旧管网改造工程方面：2015年西部地区管网改造工程项目已完成，正进行财务决算；2015年中部地区管网改造工程已完成审价，正准备审计资料；2013—2015年小口径改造绩效评价已完成；2018年青浦地区旧管网改造工程已取得施工许可证。供水信息化建设方面：完成青浦第二水厂一期、三期及青浦第三水厂一期的排放口在线监测数据接入工作，基本完成金姚泵站和商榻泵站的数据接入工作，初步完成赵巷

8月9日，“供水保障先锋行·建功立业进博会”——上海供水行业保障“进博会”誓师大会举行　　（青浦自来水供稿）

泵站自动化改造工作；供水管网地理信息系统（GIS）管网数据补充和DN1600原水管网数据纠偏工作也正同步进行中。消火栓改造工程方面：2016年改造工程正在审计中，2017年改造工程已竣工，2018年改造工程取得规划选线许可证，正在进行招标。　　（姚　玮）

■内部管理　深化体制改革方面：青浦自来水公司完成OA办公自动化系统升级和公司收费网络及办公网络VPN连通改造工程，对现有网络资源进行整合改造，有效降低了网络运行成本；根据上级部署，开展优化营商环境供水接入改革工作，通过整合流程、压缩时限和畅通渠道等措施，将供水接入业务办理周期从31个工作日缩短至无外线工程5个工作日、有外线工程20个工作日，大大提高了办事效率；全年共受理接水项目138个，属社会性投资企业的有48户，平均办结日期为4个工作日。对外服务方面：“小强抢修”共完成各类抢修7100处，青水热线接听来电31984个，客服部门处理水务防汛单941件（退单150件），“12345”市民服务热线投诉165起，网格化管理中心工单1820件。便民服务方面：继续在青浦部分小区设立志愿者服务点并开展“爱心服务卡用户走访”、设摊服务进社区等活动，为用户提供便民服务；创新缴费服务举措，微信公众号、付费通、支付宝付费方式运行良好，微信公众号还实现了用水等问题线上表达、线下服务双向互动。　　（姚　玮）

■党建工作　一是组织学习党的十九大报告、新党章和习近平总书记系列重要讲话精神，宣传了黄群、宋月才、姜开斌、王继才等同志的先进事迹；组织收看习近平总书记在“进博会”重要讲话、“庆祝改革开放40周年直播”、“习近平在上海”系列报道和《厉害了，我的国》《严管才是厚爱》等各类音频、视频党课。二是根据公用事业统一部署，开展换届选举工作，选出总支书记1人、副书记2人、委员2人，下属3个支部各选出书记1人、委员2人。三是上报8项党建廉政项目并按计划推进有序，完成“水镜鉴廉”党组织示范服务点创建工作，开展“廉情家书”“法制讲座”等清源学堂专题学习6次，完成“三个责任制”（即党建责任制、党风廉政建设责任制和意识形态责任制）台账资料收集和整理工作；四是在原有“清源五年人才规划”基础上，以“清源并育，筑水泽人”为理念，进一步拓展品牌内涵，打造“清源”党建服务品牌，并将之作为党总支今后长期的工作重心。　　（姚　玮）

供　气

■概况　2018年，全区天然气用户新增1.1万户，现有天然气用户22.8万户；天然气累计销售量1.69亿立方米，比上年增长4.6%。液化气用户减少12.6万户，现有液化气用户16.6万户；液化气累计销售量1.45万吨，比上年减少6.5%。　　（吴　顺）

8月24日，青浦自来水公司组织夏令热线服务进社区活动　　（青浦自来水公司供稿）

5月7日，白鹤液化气供应站正式运营　　（青浦公用事业公司供稿）

燃气执法检查　在液化石油气市场整治中，配合区公安部门、各街镇全年查破各类液化气类违法案件27起，查收钢瓶1466只，进一步遏制了非法经营液化气行为。对上海百斯特公司，开具责令整改通知书4份，行政处罚4起，已处罚金12万元，其中1起正在行政处罚流程中。6月，对上海伊伟市政工程有限公司未办绿卡的情况下在赵重公路郡峰路路口采用非开挖工艺施工导致燃气管道泄漏的行为，开具责令整改通知书1份，行政处罚1起，共处罚金5万元。8月，在香花桥街道动迁过程中，对上海鹏悦建设发展有限公司未办绿卡的情况下在崧泽大道外青松公路东北角施工导致燃气管道泄漏的行为和上海应越建筑工程有限公司在崧华路近北青公路施工导致燃气管道泄漏的事件，分别开具责令整改通知书并予行政处罚，共处罚金6万元。（吴　顺）

安全管理　年末，在用中压管线巡检里程46980公里、低压管线巡检里程274.6公里；全年开出施工绿卡90张；对区域调压器进行每月1次巡检，全年为居民用户安全检查共65066户；应急中心出警715次，发出违章施工告知书23张。（沈文文）

服务情况　全年完成表具安装13931户、灶具修理154台，为用户上门应急查漏、调换开关等服务5478人次。（沈文文）

财政项目实施情况　完成天然气入户工程三年行动计划中金泽、白鹤、华新项目招投标，赵巷项目在施工阶段，练塘项目在决算阶段。练西液化站即将竣工，沈砖液化站、白鹤液化站准备办理招投标。（沈文文）

公共交通

概况　2018年，开展《轨道交通17号线公交配套方案》后评估，优化调整区域公交线网，共新辟3条线路、延伸调整31条线路走向、增加9条线路运能、调整17条城区线路首末班时间。（吴　顺）

优化公交线网　根据大调研收集到的意见和建议，对区域内31条公交线路进行线路延伸、调整，首末班车时间变更，站点调整及站点名称变更，车辆数变更。对轨道交通17号线开通后的线网进行优化调整，对青浦1路、3路等9条线路增加运能、缩短班次间隔；对青浦1路、3路等17条线路进行首末班车时间调整；对虹桥枢纽6路、青浦19路等44条线路增设沿途站点或站点移位。（吴　顺）

推广慢行交通项目　为解决城区部分新建小区和商业区市民出行需求，于2017年下半年起在城区建设自行车服务二期项目，设置站点40个，投放自行车1000辆，项目于2018年上半年完成建设并投入运营。二期项目与一期项目实行并网运营。指导赵巷镇公共自行车项目前期调研设计。（吴　顺）

青浦巴士运营状况　至末，青浦巴士公司有营运车辆372辆、公交线路

10月31日，青浦巴士公司配置纯电动车为“进博会”提供公交保障服务　　（青浦公用事业公司供稿）

46 条。全年营运班次 150.8 万次，比上年增长 20.15%；营运公里 2537.25 万公里，比上年下降 1.37%；营运人次 4416.22 万人次，比上年下降 6.24%；营运收入 7184.33 万元，比上年下降 30.6%。在青浦区 2018 年度公交满意度指数测评中，该公司满意度指数 87.35，位列区内 4 家公交企业第一。

自轨道交通 17 号线地面配套公交方案实施后，该公司结合线路的运能需求，于年内先后完成青浦 1 路、青浦 19 路、青蒸线、1503 路、松重线、青浦 13 路、青浦 23 路、865 路、青纪线、773 路、徐泾 5 路共 19 辆车的增能以及沪朱高速专线 1 辆车的减能，全年共完成 12 条线路 20 辆车的运能调配任务。同时，配合区内公交线网持续优化，先后完成对青浦 13 路、青纪线 2 条线路的延伸，完成 22 组新增公交站点的配套工作，完成 18 条公交线路的走向调整；先后完成 7 条公交线路进入信息化集群调度、17 条公交线路进入上海公交 APP 发布（至年底，总计有 14 条线路受集群调度指挥、24 条线路在上海公交 APP 发布）。“进博会”期间，投放 50 辆公交车承担进博会短驳线任务，2 条短驳线共发送班次 1997 班、接送乘客 40017 人次；共派出 90 名志愿者引导 4 万多人次的乘客有序进出。

（沈文文）

9 月 29 日，区建管委举办进口博览会道路建设和交通保障“啄木鸟行动”现场巡查活动启动仪式 （区建交委供稿）

运输管理

■概况 2018 年，陆上运输：货物运输业态专业运输开业 98 户，新增车辆 2328 辆；非专业运输开业 38 户，新增车辆 532 辆。货运车辆燃料消耗量达标车型核查 1689 辆；机动车维修业态一类机动车维修开业 5 户，二类机动车维修开业 142 户，三类机动车维修开业 167 户（其中汽车快修 A 类 16 户）；一、二类机动车维修许可延续 16 户，三类机动车维修延续 45 户，二类摩托车维修业户延续 5 户；机动车维修业户歇业 2 户、注销 26 户（其中二类机动车维修业户 5 户、三类机动车维修业户 16 户、二类摩托车维修业户 5 户）。停车业态公共停车场（库）经营备案 18 户[其中 9 户为临时公共停车场（库）备案证]；道路货物运输企业年度审验（预计）473 户，车辆 6636 辆；公共汽电车线路新设调整或站点变更许可 37 件，换发区域内公交车辆营运证 485 份，校车备案车辆共计 110 辆，办理网约预约车人员资质申请 985 件。水上运输：检验船舶 166 艘。受理审批桥梁建设、通航水域堤岸维护、航道疏浚等各类区管通航水域施工作业许可 19 件，受理初审市管通航水域施工作业 6 件；受理船舶进出港报告 52970 艘次，开展船舶安全检查 1381 艘次。发放内河小型船舶驾驶员适任证书 80 本。完成辖区内局部航段应急疏浚工程，共计疏浚土方 2736 立方米、清除无主沉船 1 艘；检查航标 630 座次，修复 6 座次。

（吴　顺）

■交通和港航日常监管 陆上，全年开展省际客运、驾驶员培训及非法客运等行业进行执法检查，立案处罚 523 件，罚款 329 万元。“进博会”期间，加大国家会展中心周边区域的行业监管，尤其是公交、出租、道路运输等行业，确保交通市场稳定有序。在国家会展中心区域累计开展“铁锚系列”行动，包括市、区多部门集中进行非法客运专项整治行动 40 次，开展“青剑系列”区级专项整治行动 61 次。结合市交通执法总队关于“百日治超”的工作要求，针对国家会展中心周边重点路段，会同区交警支队每周开展至少一次的联合治理超限超载运输车辆的整治行动，共出动执法人员 137 人次、出动执法车辆 150 车次，检查运输车辆 103 车次，查处超限超载运输车辆 61 车次，上门约谈 1 家运输企业。

水上，严格执行网格化巡航制度，加强巡航检查安全管理工作。年内，网格化巡航累计 12550.35 小时，出动海巡艇 7718 艘次，执法人员 21784 次；检查船舶 6453 艘次，查处各类违章船舶 756 艘次；抢险救助 29 次，救助遇险船舶 37 艘次、遇险人员 85 人次，未发生人员伤亡事故。立案处罚 803 件，罚款 131.56 万元；对辖区 11 个街镇“无证码头”进行排查摸底，年末无证码头 24 座，发送《海事建议函》8 份，要求各街镇落实责任主体予以解决。

（吴　顺）

■交通和港航专项整治 陆上，全年加强对公交、出租、省际客运、道路危险货运等行业企业的日常监管，结合岁末年初安全生产检查及“打非治违”工作要求，开展“天网 1－12 号”非法客运专项整治、“猎豹 1－12 号”克隆出租车专项整治、“铁锚 1－19 号”、“青剑系列”非法客运整治、无证从事机动车驾驶员培训等系列整治活动。共开展日常稽查 764 次、出动执法人员 2787 人次，专项稽查 192 次、出动执法人员 1733 人次；

查获各类交通违法案件共计1219件，其中公交汽电车98件、出租汽车49件、长途客运80件、普通货运42件、网约车2件、非法营运382件。

水上，为巩固无证码头整治工作成果，对全区无证码头进行再次排摸，共发现24家无证码头企业。向相关街镇发送《海事建议函》，建议尽快落实责任主体，加大巡查力度，启动长效管理机制，防止无证码头回潮现象。“进博会”期间，开展“迎接中博会，聚力保平安”内河港航行业火灾防控、入沪船舶专项安全监管、到港船舶燃油抽样送检、“收缴非法枪支弹药爆炸物品”宣传、加强船舶进出港检查、港口码头空中坠物专项整治等相关工作。全年开展应急演习7次，出动人员108人次，加强了水上应急预案的实用性和可操作性，进一步提高了联合作战、共同抢险的团队协作能力，确保区域内水上安全形势稳定。（吴 顺）

邮　政

■概况　中国邮政集团公司上海市青浦区分公司（以下简称邮政青浦分公司），内设综合办公室（党委办公室、安全保卫部）、党建工作部（监察室）、财务部、人力资源部（党委组织部）、市场营销部（集邮与文化传媒部、渠道平台部）、运营管理部、包裹快递部、金融业务部。下辖8个支局、17个邮政所、2个揽投部。投递线路120条，线路单程总长度4517公里，其中：机动车投递线路3条，单程长137公里；摩托车投递线路55条，单程长2569公里；电动车投递线路62条，单程长1811公里；转趟邮路4条，单程长236公里。设信箱（筒）175个、ATM机17台、CRS机12台、补登折机16台。年末在册员工369人，其中专业技术人员27人（中级2人、员级9人、助级16人）、工技人员253人（高级工24人、中级工126人、初级工103人）、劳务用工96人。服务面积约668.51平方公里，服务人口约119.76万人。全年完成业务总收入14368.29万元，其中函件业务收入262.63万元、包裹快递业务收入3282.78万元、机要业务收入6.26万元、报刊发行业务收入929.75万元、集邮业务收入1693.43万元、代理金融业务收入6219.61万元、信息与代理业务收入28.56万元、分销业务收入462.2万元、其他收入1483.07万元。快递包裹当日妥投率为98.22%、3日妥投率为99.84%；银企对账单妥投率为100%、回邮率为99.98%；约投挂号当日妥投率为97.54%、3日妥投率为99.9%。（屈嘉婧）

11月13日，中国邮政集团上海市青浦区分公司与绿地集团签订全球商品贸易港入驻协议　（邮政青浦分公司供稿）

■召开一届六次职工代表大会　3月27日，邮政青浦分公司召开一届六次职代会，出席会议的正式代表52名、列席代表17名。会议听取和审议通过《不忘初心、牢记使命、奋勇争先，奋力开创青浦邮政跨越发展新征程》行政报告和其他相关报告，并对公司领导班子进行民主测评。会议全面总结了2017年邮政青浦分公司各项工作并对2018年的发展提出具体目标和要求。会议要求干部员工坚持稳中求进的总基调，围绕“一机两翼”经营发展目标，以时不我待、只争朝夕的奋斗状态，为上海邮政加速腾飞作出新的贡献。（屈嘉婧）

■组织举办领导干部学习十九大精神综合能力提升班　8月底，为全面贯彻落实党的十九大精神，进一步提升干部队伍的履职能力和综合素质，邮政青浦分公司联合兄弟单位于同济大学共同举办领导干部学习十九大精神综合能力提升培训活班。培训共分3期，主要内容包括学习十九大精神、国内国际形势及营销、管理相关课程。（屈嘉婧）

■“双绿”联手助阵“进博会”　9月21日，在首届“进博会”开幕进入倒计时45天之际，为进一步提升“中国国际进口博览会‘6天+365天’常年展示交易平台”的承载力和影响力，邮政青浦分公司与绿地集团全球商品贸易港正式签署全年入驻协议，双方将共同为众多进口博览会参展境外企业提供优质服务，助力参展企业融入中国市场，携手为进博会的顺利召开提供坚实保障。

11月13日，“中国国际进口博览会6天+365天常年展示交易平台——绿地全球商品贸易港”正式开港。邮政青浦分公司进驻服务，和绿地集团联手推出“服务保障组合拳”——打造永不落幕的进博会服务保障。开幕式当天，有海外及各地企业100多家。“双绿”联手，共同为提升上海城市能级、长三角一体化服务新水平，齐力为众多“进博会”参展境外企业提供优质服务，助推参展企业融入中国市场，携手延续后“进博会”效应，进一步打开了合作共赢的新局面。（屈嘉婧）

■举办“纪念改革开放40周年青浦区集邮展”　11月21日，由邮政青浦分公司、青浦区集邮协会、青浦区青少年活动中心联合举办的“方寸见精彩·奋楫再出发”纪念改革开放40周年青浦区集邮展开幕式在区青少年活动中心举行。在为期4天的邮展中，为参观者呈现了在世界邮展、全国邮展、上海邮展中得奖的邮集。另外，区内各中、小学校也友情赞助，呈送展会邮品共计100框。该展以方寸间邮票，纪念和呈现改革开放40周年的成果，凸显集邮的意义和价值，展现青浦集邮文化的传承和意义。　　（屈嘉婧）

11月21日，“方寸见精彩·奋楫再出发”——纪念改革开放40周年青浦区集邮展举行　　（邮政青浦分公司供稿）

新城一站停保场效果图　　（区重大办供稿）

综　述

2018 年，区房管局紧紧围绕全区住房发展“十三五”规划总体要求，严格落实市、区两级政府下达的重点工作目标任务，严格按照住房工作“一、二、三、四”（一个定位即坚持“房子是用来住的、不是用来炒的”的定位，两个体系即住房市场体系、住房保障体系，“三个为主”原则即以居住为主、以市民消费为主、以普通商品住房为主，“四位一体”住房保障体系即廉租住房、共有产权保障房、公共租赁住房、征收安置房）以及“两个不是权宜之计”（即严控高房价和高地价不是权宜之计、减少经济增长和财政收入对房地产业的依赖不是权宜之计）的总体工作要求，住房保障惠及面继续扩大，房屋管理水平进一步提升，住宅物业监管力度不断增强，人居环境得到更大的改善。（薛瑾瑜）

12 月 27 日，青浦区第六批（2016 年）共有产权保障住房签约工作正式启动　（区住房保障和房屋管理局供稿）

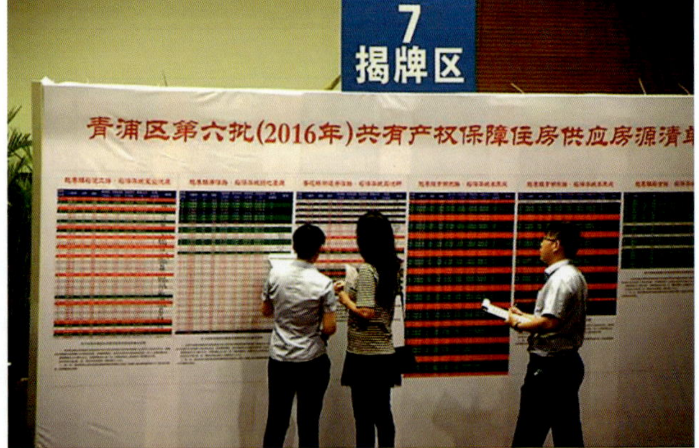

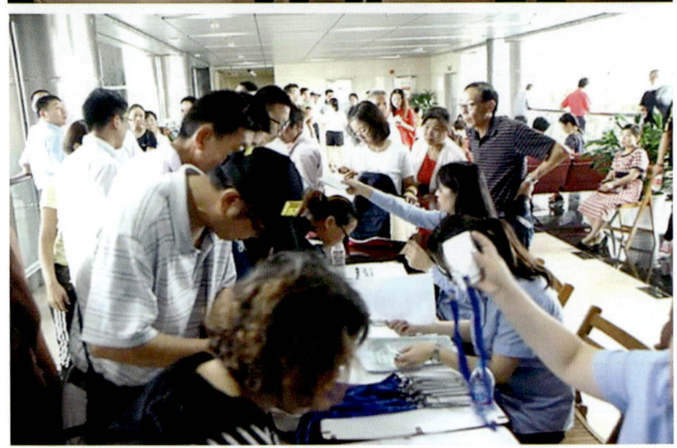

9 月 20 日，青浦区第六批（2016 年）共有产权保障住房选房仪式举行　（区住房保障和房屋管理局供稿）

住房保障

■**概况** 2018年,青浦区大力推进大型居住社区建设,从多渠道改善住房民生为切入点,逐步健全区"四位一体"住房保障体系,逐步解决城镇居民中、低收入住房困难家庭的住房困难。(薛瑾瑜)

■**市大型居住社区** 至年底,保障性住房新开工364.31万平方米共51345套,交付348.55万平方米共49237套。内配套项目228个,已开工162个,已竣工140个。区政府下达的49项内配套目标任务,已完成44项。(薛瑾瑜)

■**廉租住房** 租金补贴做到应保尽保,全年共调整102户廉租住房租金配租家庭的租赁补贴,全区累计享受租金补贴家庭358户,共计发放租金补贴591万元;实物配租做到愿配尽配,全区共有廉租住房实物配租房源242套,累计完成廉租住房实物配租家庭231户,因自身原因退出8户。(薛瑾瑜)

■**共有产权保障房** 区第六批次共有产权保障住房轮候选房现场会于9月20号开展,完成161户选房和供应工作,并开始第七批次家庭的申请受理工作。另外,全区共2个共有产权保障住房项目满足满5年上市转让条件,已受理36户购房家庭提出购买政府产权份额的申请,其中34户家庭完成签约缴款共计3172万元。(薛瑾瑜)

■**公共租赁住房** 年内,新增筹措公共租赁住房464套、新增具备供应条件367套,将全部优先用于区人才公寓。累计完成公共租赁住房核查657户。(薛瑾瑜)

■**区属动迁安置房** 年内,开工2个项目,竣工面积12.29万平方米,安置836户。不断完善管理体制,对《青浦区区属动迁安置房供应单使用和管理实施细则》进行再次修订,切实加强动迁安置房供应使用监管;出台《青浦区区属动迁安置房闲置房源统计管理办法》,对闲置房源进行规范管理;起草《青浦区在外过渡户管理办法》,确保生活困难、年龄较大、过渡期较长的过渡户得到优先解决。(薛瑾瑜)

1月30日起,青浦区不动产登记"全网通"服务改革工作正式实施

(区住房保障和房屋管理局供稿)

■**保障房5%配建** 规范实施配建房源筹措工作,全年共落实6个配建项目,共1.82万平方米、321套。至年底,累计落实配建项目61个,共21.23万平方米、3468套;移交公共租赁住房8.53万平方米、1253套。(薛瑾瑜)

房屋管理

■**概况** 2018年,青浦区从推进"城中村"改造、构建"购租并举"的市场监管体系和加大住宅建设监管力度、加快推进国有土地上房屋征收补偿、加强直管公房管理等方面,服务百姓安居,不断提升房屋管理水平。(薛瑾瑜)

■**"城中村"改造** 包括徐泾镇老集镇地块、蟠龙古镇地块、罗家小区地块,盈浦街道城西1、2组基地等地块,重固新联村、毛家角村地块5个市级试点项目,共涉及动迁户2195户,已签约2072户,签约率94.40%;涉及企业111家,已签约102家,签约率91.89%。其中,国有土地上余4户居民、1家企业未签约,涉及3个"城中村"基地,均已进入依法征收程序。(薛瑾瑜)

■**新建住宅建设** 2018年,新开工73.43万平方米,其中保障房30.12万平方米;至年底,在建住宅290.17万平方米,其中保障房70.4万平方米;全年颁发新建住宅交付使用许可证20件、98.54万平方米,其中保障房22.71万平方米。全年审核签订《公建用房建设协议》15份,涉及公建配套用房18331平方米;验收并完成协议交付14个项目的公建用房,涉及公建配套用房19841.96平方米;签订配套费支付协议15份,实际征收额3.35亿元。(薛瑾瑜)

■**商品住宅交易** 2018年,房地产市场运行总体平稳,全年全区新建商品住宅共批准上市78.07万平方米,比上年增加18.85%;共成交80.99万平方米,比上年减少12.01%;成交均价小幅下降,为40992元/平方米,比上年下降2.38%。存量房共成交61.06万平方米,与上年基本持平;成交均价25048元/平方米,比上年上涨8.32%。(薛瑾瑜)

■**房地产市场监管** 认真贯彻落实房地产市场宏观调控的各项政策措施,加强对商品住房销售价格和变动幅度等的指导和审核,严格要求各房地产开发企业按照预售申报价格明码标价、一房一价对外销售。全年共受理新申请房地产开发资质8家,办理房地产经纪公司登记备案延期手续35家,办理新登记备案194家,发放预售许可证62份,现房销售备案证明40份。(薛瑾瑜)

■住房租赁管理 年初目标任务为新建和转化租赁房源9000套、新增代理经租房源4500套。年内，完成新建和转化租赁房源9637套，完成率107.08%；筹措代理经租房源4593套（间），完成率102.07%。（薛瑾瑜）

■不动产权证登记管理 发放不动产权证34135件，预告登记5311件，抵押登记21472件，注销登记8495件；协助法院办理司法查封1826件、解封671件；房屋状况查询9236件，房地产登记查询32149件，限购审核5695件；签订二手房网上合同2337件。

（薛瑾瑜）

■国有土地上房屋征收管理 严格按照政策执行依法征收，拆迁许可证基地全部完成动迁。上海家化联合股份有限公司已启动依法征收程序，上海精元重工股份有限公司已撤销征收决定，海霸王公司正在行政诉讼中。积极配合赵巷镇完成浦西软件园征收工作。

（薛瑾瑜）

■直管公房管理 继续做好直管公房摸底、换证、管理工作，完善台账。至年底，全区共有直管公房5803户、20.62万平方米，年内陆续换发公房租赁凭证229份。（薛瑾瑜）

住宅物业管理

■概况 2018年，青浦区重点以加强小区安全和环境建设、提升物业管理水平为目标，通过统筹利用各方资源，加强职能联动，有效对接有关部门和各街镇，积极探索契合区情实际、符合小区现状的工作模式。（薛瑾瑜）

■住宅小区“美丽家园”建设 启动实施新一轮“美丽家园”三年行动计划（2018—2020年），重点侧重民生工程建设，持续精准补齐民生短板。年内，落实27项目标任务，完成10个小区雨污分流改造、二次供水设施改造324.61万平方米、7个老旧小区消防设施改造、23个电动自行车充电设施建设、321个老旧小区技防设施改造及20台老旧电梯评估等。（薛瑾瑜）

■旧住房综合改造 重点推进纳入区保障性安居工程的三类旧住房修缮改造项目实施，共涉及13个项目、80.7万平方米，受益户数12875户，总投资额4.19亿万元；持续推进朱家角成套改造项目，项目共计8幢房屋，改造受益户数215户，总投资5170万元。

（薛瑾瑜）

■“群租”综合治理工作 运用“加强居民小区管理，逐步消除群租现象”“推进无违章、无群租示范小区创建”等举措推进整治工作，“群租”现象得到有效遏制。全年涉及“群租”76户，已全部完成整治，共清退外来人口661人，“群租”户数呈现逐年下降态势，“无群租小区”累计挂牌183个，累计挂牌数占全区住宅小区总数的44%。（薛瑾瑜）

■维修资金管理 全区商品住宅项目专户上线总面积2217平方米，项目总金额18.61亿元。全区上线开户的业主大会187个，业主大会账户总余额10.25亿元。全区归集维修资金合计2.76亿，支取使用维修资金3004万元，公共收益入账878.76万元。（薛瑾瑜）

■房屋执法监督 以行政执法主体、职责、标准、时限、程序以及行政相关人的权利等为主要内容，梳理和完善行政执法权操作流程图，明确执法环节和步骤。全年为67名执法人员换发执法证；

➢ 统一着装，佩戴工标牌
➢ 用语规范，接待服务周到
➢ 外来人员、车辆进出询问、登记

门岗保安

工程人员

客服接待

巡逻保安

物业服务企业全力发动行业人员做好“创全”工作

（区住房保障和房屋管理局供稿）

2018 年“美丽家园”综合改造成果初步显现　　（区住房保障和房屋管理局供稿）

开具责令限期改正通知书共 4 份，中介未备案处罚 105 件；开发商违规处罚 1 件；区住房保障和房屋管理局机关行政诉讼 9 件，解除房地产行政限制 15 件。（薛瑾瑜）

■**加强行业监管**　严格落实“四查制度”，加强行业日常工作动态管理；委托第三方开展物业服务质量测评和一年两次的满意度测评；根据市部署对全区住宅小区进行外墙附属设施安全检查；部署落实好进博会期间住宅小区安全月活动；进一步加强区物业服务企业信用信息备案管理，完成物业服务企业“法人一证通”数字证书注册审核 101 家。（薛瑾瑜）

■**加强行政指导**　3 月，组织全区各街镇房管所全体人员开展街镇房屋管理事务机构业务规程培训，累计培训人员 192 人次；5 月，组织全区各街镇、居委会、业委会开展“美丽家园”建设工作目标任务专项培训，累计培训人员 900 人次，切实提高人员业务水平。（薛瑾瑜）

■**严格行业管理**　按照市房管局《关于住宅物业保修金清退工作的通知》的文件精神，3 月起启动住宅物业保修金清退工作；至年底，累计完成 211 笔，涉及金额 14.88 亿元。完成 17 个新项目的前期招投标和 15 个项目的中标备案工作；受理公房出售 23 户，有限产权 4 户；受理新建项目设计方案意见征询 21 个；至年底，全区住宅小区成立业主大会 221 个，其中新建 24 个、换届改选 13 个、启动组建程序 6 个。（薛瑾瑜）

■**切实有效解决居民诉求**　进一步加强物业诉求平台建设，加快解决居民诉求，全年区“962121”物业呼叫平台分中心受理维修、咨询、投诉案件共 9516 件，区房屋应急维修中心受理房屋漏、堵、水电等应急维修问题共 8755 件，全部完成报修指令，切实做到“民有所呼、我有所应”。（薛瑾瑜）

公租房建设及经营管理

■**概况**　2018 年，青浦区公共租赁住房运营有限公司在全区范围内共有 1284 套公租房具备供应条件。房源主要分布在青浦新城区、徐泾国展中心周边和华新、赵巷、朱家角三镇地区。至年底，累计入住 810 套，服务单位突破 120 家，涵盖教育、卫生、北斗导航、会展服务、新能源汽车、核电、生物医药、航空制造和在沪市属、区属大中型企事业单位及党政机关等。（蒋懿宁）

■**服务保障区域重大项目人才**　积极对接区内重点单位、推进中的重大项目，主动联系、服务，优先为各单位、项目中的人才提供阶段性住房保障。积极配合中核建总部迁移工作，为企业前期团队及时落实租赁房源；支持上海市西软件信息园的重点企业引进，主动上门指导业务办理，进行现场资料受理；提前对接平和双语学校，解决教师居住困难；全力配合首届“进博会”各单位工作，重点确保“进博会”配套单位的供应需求，为国家会展中心、中国国际进口博览局、“进博会”安保部门提供房源租赁服务。（蒋懿宁）

综 述

2018年,青浦区按照信息化工作“十三五”期间所确定的工作目标,不断夯实信息基础设施建设,加快推进信息产业发展,建立健全信息安全保障体系,深化信息化应用,医疗卫生、社会保障、城市管理等重点领域的信息化水平得到明显提高。至年底,全区固定电话总数达28.7万户,4G(即第四代移动通信技术与标准)手机用户达107.4万户,城市光网接入用户28.9万户,数字整转用户为25.8万户。 (张 峰)

电 信

■概况 2018年,中国电信股份有限公司上海青浦电信局(以下简称青浦局)紧紧围绕集团提出的“三大目标、三大任务、三化转型”(“三大目标”指建设网络强国、打造一流企业、共筑美好生活,“三个任务”指加强信息化基础设施建设、深化四个融合、提升全要素生产力,“三化转型”指网络智能化、业务生态化、运营智慧化)和上海公司提出的“1234”(“1”指可感知的产品、网络和服务的品质为中心,“2”指持续抓好保存量、激增量两大核心工作,“3”指积极践行“行之有效的方法论、务实创新的实践论和量收效匹配的结果论”,“4”指完善项目管理办公室制度、重点工作和专项工作、能力共享与效率提升平台、干部“在状态”和员工“幸福感”四大保障体系)工作主线,坚持党建引领,秉承“五个面向”(即面向市场、面向竞争、面向客户、面向经营主体、面向产业与合作),在新时代下建立新目标、新征程上落实新举措、新常态下保持新状态、新业务中实现新突破,持续保持市场份额稳定。

青浦电信局“进博会”通信保障徐泾现场指挥部 (青浦电信局供稿)

2018年,青浦局下设三处(市场服务处、人力资源处、计划财务处)、两办[办公室(含行政保卫处)、党群办(含企业文化处、纪检监督室)]、四分局(城厢分局、徐泾分局、白鹤分局、朱家角分局)、六中心[客响支撑中心、维护中心、营维渠道运营中心、政企客户中心、实体渠道运营中心(含客户服务保障中心)]。全年经营收入完成率100.18%,收入增幅达到4%,计费主营收入增幅2.16%,收入市场份额提升0.39%。2018年,青浦局连续第七次获得上海市精神文明单位。 (金 炜)

■参与区域“智慧城市”建设 3月,成功中标首个新型城域物联专网项目。在徐泾、赵巷两镇共181个小区开展“美丽家园,智慧安防”小区建设,利用大数据、物联网、云计算等先进技术通过打造智慧大脑平台,进一步提高社区治安防控能力和公共安全水平,提升小区综合布防能级,并带动电信业务收入增长。与教育、物流、卫生行业的合作相继获得突破,新兴业务产品销售排公司前列,“智慧安防”小区项目、青浦教育局混合云实践案例分别获上海公司新技术、业务最佳实践案例科技研发类一等奖、二等奖。 (金 炜)

■优化网络品质 固网、移动网络质量持续优化,进一步打造精细化管理的一流城市。全年完成千兆小区割接PON(即无源光网络)口数10483个,全力打造千兆城区,提升居民用网感知;开通

8月21日，青浦电信局对“进博会”主会场周边架空线进行整治

（青浦电信局供稿）

LTE（即通用移动通信技术的长期演进）800M（兆）147个；完成徐泾测量室所有2278线铜缆业务的迁移工作，建成市公司首个“无铜缆局站”。（金 炜）

■**做好“进博会”网络保障工作** 青浦局紧紧围绕网络建设、通信保障和进博服务三条主线，在时间紧、任务重、标准高的情况下奋战200多天，组建238人的网络保障团队，出动服务3119人次，开通144个LTE800M（兆）站点、20个进博会外围LTE1.8G（吉）宏站，35个LTE2.1G（吉）CA（即载波聚合，增加传输带宽技术）改造和扩容，新建光缆2100芯公里，完成场馆及周边18.38公里架空明线入地等工程，为首届“进博会”提供了安全稳定的网络环境和优质高效的保障服务。（金 炜）

■**安全生产工作** 深入贯彻落实上海公司安全生产工作一系列重要指示，牢固树立安全生产“红线”和“底线”。持续开展生产安全教育培训工作，提高车辆精细化管理，严格落实特种设备管理，摸索“智慧安防”管理模式。积极开展护网专项行动，落实宽带专线信息补全共计940线。开展防通讯信息诈骗专项行动，修订2018版防诈骗工作方案，确保企业和员工安全得到保障。（金 炜）

■**坚持党建统领全局** 通过全面落实青浦局2018年党建“3+3”（即以“夯实做强党建新基础、落实廉洁教育常态化、服务员工提升幸福感”三项重点工作为抓手，落实“深化共建结对助力企业发展、发挥党员作用提升党员价值、实现支部标准化建设全覆盖”三大专项任务）工作举措，聚焦年度党建责任制目标和工作任务，深入开展“大学习、大宣传、大落实”工作，制订青浦局十九大精神学习实践计划以及党委中心组学习计划并坚决贯彻落实。成立“青翼宣讲团”，开展领导班子讲党课的宣讲活动；邀请十九大代表徐爱蓉作十九大辅导报告；通过支部“三会一课”（“三会”指定期召开支部党员大会、党支部委员会和党小组会，“一课”指按时上好党课）以及线上“青翼家人”公众号平台，组织全体党员参加十九大知识线上线下学习与测试，线上参与人数1921人次，线下覆盖人数800人次。制定青浦局“123”（“1”指以党性教育为突破口，“2”指搭建以支部为单位的线下宣传阵地和“青翼家人”公众号平台线上教育阵地，“3”指贯穿无缝教育模式、领导带头宣讲模式、指导支部落实模式）教育预防长效机制，全年廉洁测试线上累计参与人数456人次，线下党员100%参与。开展廉洁宣讲活动，全年累计宣讲24场，覆盖人数达830人次。组建青浦局监督员队伍21人，多维度监督防控员工身边“微腐败”。（金 炜）

移动通信

■**概况** 2018年，上海移动青浦分公司（以下简称青浦移动）以“客户为根、服务为本”主线，围绕区域内“进博”和“创全”两大事件，打造属地服务营销新品质；树立优质服务意识，加强优质服务理念，提升优质服务质量，致力为客户提供最“优”服务。2018，青浦移动营业厅整体服务得分91.43，排名上海市各分公司第一。11月，青浦移动获得上海市“五一”劳动奖状。

7月6日，青浦电信局举办“我的初心使命”——千名（党团）书记党章学习宣讲活动

（青浦电信局供稿）

10月31日，青浦移动保障首届中国国际进口博览会誓师大会召开

（移动青浦分公司供稿）

1月，青浦移动位于清河湾路973弄56号的卓越世纪中心新办公楼顺利投入运行。下设综合部、市场部、政企客户部、建设客响部和城中区域运营部、西虹桥区域运营部，营业厅总数15家，覆盖青浦区主要街镇，有员工194人。全年营业收入8.43亿元（其中集团信息化收入5931万元），客户总数96.4万户（其中4G客户数67.2万户）。（徐晨怡）

■业务发展 青浦移动通过建立信号反馈机制，关注和加强2G、3G高流量小区及人口密集区域的深度覆盖；加强业网协同，根据用户流量示意图细分流量档次，用手段精细化开展流量经营，4G流量提升显著；充分调动内外部资源，全面抢占属地宽带市场份额，打好家庭宽带规模战。同时，全力推进全业务建装维提质增效，并完成中国移动首次双“G”贯通试点千兆用户开通。

（徐晨怡）

■服务“进博会” 9—11月，首届“进博会”期间，青浦移动积极响应号召、前后端联动，积极落实各项保障筹备工作，为主会场提供专线服务，建立安防保障，其中包括“进博会”官网互联网出口、智慧场馆项目应用、各部委固话和上网、场馆内WIFI、参展商宽带、应急通信指挥车等。及时完成6个镇共153个住宅小区的“智慧安防社区”建设及调试工作。按时、全量完成“进博会”周边8条道路的架空线入地整治、合杆及重要站点的紧急开通与调优保障工作。多方协调、及时完成“进博会”及周边14个站点5G站点的购租与开通工作。完成虹桥世界中心2/4G、轨道交通17号线沿线等覆盖“进博会”重要保障区域的基站开通工作。此外，设立服务保障小组，严格按照排班制度、服务纪律以及信息安全、保密工作等要求做好现场服务工作。在展会期间，现场5个服务点接待了35个国家和地区的客户约737人次，全面展现了移动服务风采。（徐晨怡）

联合网络通信

■概况 2018年，上海联通青浦分公司（以下简称青浦联通）坚持聚焦中国联通集团“一切为了客户、一切为了一线，一线为了市场”的战略，奋力建设“新基因、新治理、新运营、新动能、新生态”的“五新”联通，各项工作取得新的进展。下设营业中心、社会渠道中心、大客户中心、政要客户中心、商企中心、渠道中心和网络保障部、销售管理支撑部，营业厅共有19家，覆盖青浦区主要街镇；有员工123人。（杨　焜）

■L900专网建设 3月起，青浦联通启动L900专项覆盖，全年共建设L900宏站站点138个。L900专网建成后测试评估显示，小区及楼宇等室内场景深度CQT（定点测试信号质量和强度）比L1800网络提升9dB（信号强度），有效提升了LTE网络室内深度覆盖效果。

（杨　焜）

■抓好安全生产 年初，青浦联通与各级人员签订《安全生产责任书》；并制定年度安全工作计划，细化各职能部门、合作单位安全工作职责，明确安全工作任务安排等，确保了青浦联通安全工作有序平稳开展。同时，通过细化“安全生产月”活动方案、组织消防培训演练等方式强化安全意识。7月，青浦联通成立“进博会”安全保障小组，为“进博会”保驾护航；并对国家会展中心周边营业网点和机房基站开展精细化的安全大检查，严格执行上级要求，杜绝安全隐患。（杨　焜）

■做好“进博会”保障工作 青浦联通举全公司之力做好“进博会”各项保障工作，制定“大国风范、海派韵味、青浦

10月23日，青浦联通员工进驻国家会展中心服务保障“进博会”

（联通青浦分公司供稿）

特色、联通水准”的保障工作目标，成立保障工作领导小组、本地网现场通信保障小组。以“百倍用心，十分满意”的“上海服务”为目标，与7×14（一周7天，每天14小时）小时十国外语“10010”热线建立联动机制，安排青年党员支撑营业厅，展示出青浦联通国际化窗口的崭新面貌；全区9家营业厅参与由市通管局主办的“迎国际进口博览会，书香文化进营业厅”的主题活动，并设立营业厅“全员服务行动日”。进博通信保障获得了市、区两级政府和国家行业主管部门以及客户的充分肯定和好评，朱家角营业厅获市经信委系统与通讯行业“进博最美窗口”荣誉称号。（杨　烺）

■**参与全国文明城区创建**　青浦联通积极围绕上海服务、上海制造、上海购物、上海文化四大品牌建设，通过开展评选活动，提升青浦区窗口服务行业水平，提升创建全国文明城区的知晓度，展现“绿色青浦·上善之城”的城市之魂形象，营造文明城区创建氛围。青浦联通积极参与青浦区“创全”工作，桥梓湾营业厅和赵巷营业厅参与了区文明办组织的“迎盛会，助创全，争创最美服务窗口”评选活动，均获得青浦区“最美服务窗口”称号。（杨　烺）

■**志愿服务**　青浦联通有8家营业厅设有“户外职工爱心接力站”，让越来越多的户外职工切实感受上海这个城市和青浦联通这个企业的温度；响应市公司号召，组织员工参与无偿献血；开展“学雷锋”志愿活动；青浦联通党支部与相关社区党支部开展党建联建活动，为市民免费提供相关服务；组织员工参加网络信息安全宣传，增强市民网络安全法制观念；重阳节当日，员工志愿者到青浦中福会养老院为老人提供志愿服务。（杨　烺）

信息化建设

■**概况**　2018年，青浦区积极推进信息产业发展，有序推进政府信息化实事工程，优化信息化环境，用信息化手段为促进青浦经济社会全面协调发展提供了有力支撑。全区软件和信息服务业实现销售额309.9亿元，比上年增长18.1%；税收收入22.3亿元，比上年增长29.9%。（张　峰）

■**健全电子政务云安全防护体系**　进一步增强青浦区电子政务云计算平台的安全防范能力，从技术和管理层面入手，有序落实整改措施，完善多层次、立体式、一体化的电子政务云安全防护体系。扎实推进两个三级信息系统（青浦区政务公共信息平台和“上海青浦”政府网站系统）安全等级保护整改工作，确保稳定高效运行。完成“全市通办”业务接入链路优化升级，保障全区核心网络与信息系统平稳运行。拟订《青浦区电子政务网络安全保障专项行动计划方案》，加强对区域内基础信息网络和重要信息系统的网络与信息安全保障工作，预防重大网络与信息安全事件发生，维护信息安全态势的整体可控，全力保障首届“进博会”安全有序顺利召开。（张　峰）

■**提升“上海青浦”政府网站服务能级**　“上海青浦”政府网站群（门户网站和各子网站）首页全年访问量2437.8万页（次）其中[门户网站为441.1万页（次）]、页面总访问量2.5亿页（次）[其中门户网站为9047.9万页（次）]、总点击数4.2亿次（其中门户网站为2.3亿次）。门户网站发布政务新闻、便民服务信息等各类动态信息8963篇（条）。“上海青浦”政府门户网站获“2017年度中国政务网优秀奖”荣誉称号。围绕核心板块，深化政府网站内容建设，聚焦2018“两会”“大调研工作”“轨道交通17号线公交配套方案解读”“创全”等经济发展、民生热点开展专题网宣建设。（张　峰）

■**推动民政领域信息化**　协助推进“智慧社区”“智慧村庄”建设。通过建立银行卡、交通卡的实名制社区一卡通的方式，集聚社区公共服务资源、商业资源，向社区居民提供便利服务。继续开展“智慧村庄”试点建设应用，从村庄自治管理、公共服务、公共安全、旅游服务等各方面实行智慧试点应用。全区全年制发各类社保卡6297张、补换社保卡12613张。完善“青浦区社会保障卡服务中心”微信公众号服务功能，通过微信公众号发布信息104条。（张　峰）

■**协调推进重大工程和市政道路通信设施集约化建设**　协调通信运营商实施国家会展中心区域移动通信信号弱区域整改工作，严格按照时间节点要求，推进4G网络弱覆盖区域年度优化工作。配合落实国家会展中心区域架空线入地和多杆合一整治工作。配合推进2018年老旧小区改造项目中的弱电管线改造工作。（张　峰）

■**信息化项目应用建设**　全年新开信息化项目6个，总投资5285.5万元，安排年度资金484.9万元，5个项目完成招标采购。完成青浦公安智能化建设信息化项目的主体施工招标，并正式开工建设。顺利完成社会治理信息平台项目立项及设计招标、智慧城市顶层设计规划政府采购、“十二五”图像视频监控项目阶段性验收等工作。开展全区正版化软件采购和安装布置工作。（张　峰）

■**发展软件和信息服务业**　2018年，全区软件和信息服务业实现销售额309.9亿元，比上年增长18.1%；税收收入22.3亿元，比上年增长29.9%。全面推动市西软件信息园规划建设，推进产业政策制定和宣传、推广等工作，促进软件信息服务业持续快速发展。（张　峰）

■**“智慧城市”建设**　推进“互联网+”战略合作框架协议，打造智能化高速网络，夯实“无线城市”和“移动互联网”业务应用的网络基础。大力推进4G网络建设，推进全区免费无线网络覆盖建设的准备工作。优化无线网络WLAN（无线局域网络英文名Wireless Local Area Networks的缩写）在青浦城区及各街镇的覆盖布局，在现有网络基础上推进独立网络系统i－qingpu WLAN建设，实现各种基础数据统一管理和共享。完成《上海市青浦区智慧城市建设“十三五”发展规划》实施情况中期评估工作。（张　峰）

■**无线电管理工作**　探索无线电管理工作模式，利用门户网站、电视台、电梯广告及发放宣传册等形式，开展无线电

9 月 18 日,2018 年青浦区“信息安全活动周”期间举办信息安全专题培训

（区科委供稿）

知识进社区、进学校宣传活动,宣传有关无线电管理法律法规知识,普及社区居民的无线电管理和频谱资源基本常识,增强社区居民对无线电频谱资源和无线电管理工作的认知度、认可度。联系市无线电监测站对全区的高考考场进行电磁环境监测,在高考前夕对各考场听力考试的收听频率进行考前测试和收听指导。（张　峰）

■开展“信息安全活动周”活动　9 月 17—23 日,开展以“网络安全为人民,网络安全靠人民”为主题的 2018 年青浦区信息安全活动周。活动中,举办信息安全专题培训、信息安全知识竞赛、市民信息安全宣传、信息安全应急演练等系列活动,增强了全民信息安全防范意识;以信息化专管员队伍为抓手,开展专题集中培训,提高全区信息化安全技术水平。（张　峰）

整治后的苏州河四期支流——小涞港　（区重大办供稿）

综　述

2018年是教育综合改革深化之年，是“十三五”规划推进之年。青浦教育工作在党的十九大精神引领下，深入学习贯彻全国教育大会精神，按照区委、区政府工作部署，自觉融入全面跨越式发展战略，以传承和发展“青浦实验”为主线，以深化教育综合改革为抓手，提升教育教学质量，加快教育内涵建设，促进优质均衡发展，完成年度目标任务。

全区有中小学、幼儿园和特殊教育学校共152所，其中中学33所(含九年一贯制、少体校)、小学26所、幼儿园91所(含民办二级、三级幼儿园)、特殊教育学校2所，共有学生79971人。全区有中等职业技术学校2所，学生共2932人；共有成人中等文化技术学校11所，社会力量非学历办学23所，全年各类进修及培训注册人数132674人。

2018年，全区科技工作以科创中心持续建设为契机，围绕“服务好一个中心，凝聚三股合力，实施双轮驱动”的主线，坚持以自主创新和能力建设为中心，大力实施创新驱动发展战略，重构区域发展动力，激发全社会创新创造活力，推动青浦科创“一带三中心”(“一带”指轨道交通17号线沿线产业带，“三中心”指青东、青中、青西科创中心)建设。全区纳入高新技术产业统计企业276户，实现工业总产值803.2亿元，占全区规模以上工业产值的52.2%。全区软件和信息服务业实现销售额309.9亿元，比上年增长18.1%；税收收入22.3亿元，比上年增长29.9%。全区全年专利授权量达到4832件，产学研合作立项53项，新增在孵企业309家，认定技术交易额6.2亿元，全部完成预定目标。　(曹佳凤　张　峰)

教育研究与管理

■概况　2018年，青浦教育聚焦深化教育综合改革，注重机制创新与队伍培养，加快构建教育发展新格局。

持续深化教育领域改革。召开区教育综合改革领导小组会议，总结2015—2017年改革经验，部署2018—2019年改革工作，确定并实施学区化办学等新一轮20项区级综改项目。中高考改革方案稳步落实，组织开展中考改革政策系列培训，推动建立与考试制度相适应的教学新常态。制定《青浦区关于实施初中强校工程实施意见》，遴选6所初中作为实验校。支持引进品牌学校办学，积极培育本土教育品牌，在成功开办教院附属小学基础上，建成启用教院附属初中，并印发《关于加强青浦区教师进修学院附属中小学建设的通知》，促进研修一体化办学；统筹各方支持学校发展的管理机制，深化集团化办学和新优质学校集群发展，做强清河湾教育实验园区，推进多元课程体系建设。探索长三角区域教师队伍联培联建机制，深化云南省德宏傣族景颇族自治州、青海省果洛藏族自治州班玛县、新疆维吾尔自治区克拉玛依市等地区对口支援交流工作。

举办纪念“青浦实验”40年系列活动。成立领导小组，研究制定《纪念“青浦实验”1+6活动方案》，举办纪念“青浦实验”40年座谈会，承办青浦区庆祝第三十四个教师节主题活动，组织开展“新课堂”教学季等活动。

持续强化干部教师队伍建设。调整校(园)级岗位干部22人，其中提拔事业单位相当副科4人，基本完成同一岗位任职十年以上干部的交流工作，组织开展“教育管理人才”培养人选跟岗培训。开展新一轮市级名校长、名教师和区第六届名优教师培养工程，5名校长被评为“上海市特级校长”。分两个批次开展2018年教师招聘工作，录用新教师361人。有序开展2018年师德建设系列活动。召开2018教师专业发展大会，深入实施教师“1+5”专业能力提升计划，制定实施中青年骨干教师研修班培训方案。依托教师进修学院，积极推进校本研修工作，组织2018届见习教师规范化培训。不断深化职称改革，研究完善城区学校、成人学校教师在职称评定过程中的相关政策。

(曹佳凤)

■区领导调研　2月22日，副区长王凌宇一行到区教育局，慰问教育局党政班子成员和机关工作人员。

6月7日，区委书记赵惠琴，区委副书记、区长夏科家等领导视察高考组织工作。

8月7日，区政协主席会议成员集体调研基础教育工作。

8月31日，副区长王凌宇实地检查学校开学准备工作，先后到东湖中学、马雅思私立幼儿园、重固幼儿园等学校检查。

9月18日，区委书记赵惠琴带队调研上海青浦区世界外国语学校、上海青浦平和双语学校。

12 月 4 日，纪念"青浦实验"40 周年座谈会举行 （区教育局供稿）

8 月 15 日，青浦区教育综合改革领导小组会议举行 （区教育局供稿）

9 月 10 日，青浦区庆祝第三十四个教师节主题活动举行 （区教育局供稿）

10 月 17 日，区人大常委会主任会议成员集体调研义务教育优质均衡发展情况。 （曹佳凤）

■纪念"青浦实验"40 年座谈会举行 12 月 4 日，由上海市教育委员会指导，上海市教育学会、青浦区教育局主办，《上海教育丛书》编委会、青浦区教师进修学院承办的纪念"青浦实验"40 年座谈会举行。市教委副主任贾炜，青浦区副区长王凌宇、马彩云，国家督学、中国教育学会副会长、市教育学会会长尹后庆出席会议。座谈会由市教育学会秘书长苏忱主持，区教育局党委书记孙卫致欢迎辞。区教育局局长程卫国作题为《扎根、承续、奋进，不断把青浦教育事业推向前进》报告。与会者观看"青浦实验"成果专题片。"青浦实验"主要创始人顾泠沅及其核心组成员代表作团队报告、中国教育学会副会长张绪培、张民生以及华东师大教授、博士生导师王建磐分别作交流发言。 （曹佳凤）

■召开 2018 年教育综合改革领导小组会议 8 月 15 日，该会议在区会务中心召开。区委副书记韩顺芳，区委常委、宣传部部长姜道荣，区人大常委会副主任陶夏芳，副区长王凌宇，区政协副主席董永元出席会议。区教育综合改革领导小组全体成员，区教育局党政班子全体成员，各街镇分管负责人，区教育综合改革领导小组办公室全体成员参加会议。姜道荣主持会议；王凌宇作改革工作总结，部署新一轮改革重点。会上，区教育局党委书记孙卫汇报《"青浦实验"40 周年活动方案》，局长程卫国通报教育综合改革学校自主项目 2016 年、2017 年推进评审情况，并解读《青浦区学区化办学工作推进方案》。 （曹佳凤）

■举行庆祝第三十四个教师节主题活动 9 月 10 日，"教育改革在深化，青浦实验再出发"——青浦区庆祝第三十四个教师节主题活动在复旦附中青浦分校举行。区委书记赵惠琴，区委副书记、区长夏科家，区人大常委会主任朱明福，区政协主席李华桂，区委副书记韩顺芳，区委常委、宣传部部长姜道荣，区人大常委会副主任陶夏芳，副区长王凌宇，区政协副主席董永元等领导出席活动。各部委办局、区直属事业单位、人民团体、区属公司党政主要负责人，各街镇党政主要负责人、分管教育负责人，教育局党政班子成员、已退休班子成员代表及科室负责人，各教育单位党政主要负责人、优秀教师代表等600余人参加活动。活动现场，区四套班子领导会见“青浦实验”各时期代表人物、2009—2018年“教改实践先锋”荣誉称号获得者以及区内在职特级校长、特级教师和区第四届拔尖人才。（曹佳凤）

■举办“新秀教师在课堂”系列活动 10月31日、11月22日、12月13日，分别在崧文小学、博文学校、毓秀学校举行上海基础教育助力“新秀”教师教学展示与教学论坛小学数学、初中历史、初中化学专场活动。活动由市教委指导，市教师学研究会、市中小幼教师奖励基金会、青浦区教育局主办，青浦区教师进修学院和相关学校承办。区内青年教师与江苏特级教师采用同课异构的形式进行现场教学，并分别作报告。两地专家分别点评。市教师学研究会创始人、全国教书育人楷模、著名特级教师于漪出席小学数学专场活动。系列活动加强了课堂教学的交流与研讨，为优秀中青年教师脱颖而出搭建平台，更为助推全区教育的高质量发展提供良机。（曹佳凤）

■启动“教育管理人才”培养人选专题培训 根据《青浦区教育系统干部培训工作实施意见》，区教育局从全区学校单位遴选出33名“教育管理人才”培养人选。1月，培训班在教师进修学院开班。该培训由教育局党委主办、教育局党校负责组织实施，拟定培训周期1—2年，围绕党性修养、理论素养、专业领导力等专题，采用集中培训、跟岗（挂职）锻炼、论坛交流、现场观摩、课题研究等多种形式，以提高政治素质和品德修养、掌握履职必备的岗位管理实务知识、提高教育管理水平为主要目标，促进学员自我学习和自我发展能力。（曹佳凤）

■启动长三角教育一体化发展合作交流 为落实青浦区与浙江省嘉兴市、江苏省苏州市区域联动发展全面战略合作框架协议，加快推进青浦教育融入长三角教育一体化发展步伐，7月31日，区教育局局长程卫国带队到嘉兴市教育局考察交流，重点学习中小学教师“县管校聘”管理改革实践经验。8月3日，昆山市教育局局长金建鸿、上海市教育人才交流服务中心主任江明以及上海名师培训中心院长杜慧琦一行到青浦区教育局考察交流，就未来教师储备计划、教师招培聘一体化机制试点、清河湾教育实验园区改革实践案例以及课程改革、教师评聘等热点问题进行深入探讨。（曹佳凤）

■松江区领导带队考察青浦优质教育资源引进情况 4月13日，松江区副区长龙婉丽携松江区教育局党委书记姚辉、局长陈小华一行，到青浦考察优质教育资源引进情况。青浦区副区长王凌宇，区教育局党委书记孙卫、局长程卫国等陪同考察。龙婉丽一行先后考察青浦世界外国语幼儿园、青浦世界外国语学校、复旦附中青浦分校、复旦五浦汇实验学校，并在复旦附中青浦分校进行座谈。双方围绕品牌优质教育资源引进的总体考虑、主要做法、办学情况等进行深入探讨。（曹佳凤）

■云南德宏州代表团到青浦区考察交流教育工作 6月26—27日，云南省德宏傣族景颇族自治州代表团一行在州政府副秘书长、芒市市委常委、副市长江怀带领下，到青浦区开展教育考察交流。区教育局局长程卫国、党委副书记黄海忠、副局长姚金生以及局机关有关科室负责人、学校负责人分别陪同考察。考察团一行分别考察上海工商信息学校、复旦附中青浦分校和青浦区教师进修学院，围绕基础教育、职业教育以及教师队伍培养、教育信息化等主题进行深入交流研讨。双方还就两地教育对口交流工作进行沟通协商。

（曹佳凤）

基础教育

■概况 2018年，青浦教育坚持“立德树人”，持续推进基础教育优质均衡发展，不断深化内涵建设，促进学生健康成长。

不断完善德育工作体系。全面落实《中小学德育工作指南》，积极推进《青浦区学校德育综合改革三年行动计划》，开展青浦区星级行为规范示范校升级定级评估，汇编《研学笃行筑梦青浦》等区本课程，举办“迎进博，学礼仪，讲文明”修身主题活动。贯彻落实《关于进一步加强家庭教育工作的实施意见》，规范学校家长委员会建设，积极探索家庭教育指导网络微课程建设，制定发布《青浦区中小学“班级群”管理公约（试行稿）》，组织开展“家庭教育示范校”创建评估。立足区域资源优势，持续打造“上善”社会大课堂，组织开展中小学生暑期社会实践活动和研学旅行特色项目，扎实推进城市、乡村学校少年宫项目建设，成立“青浦区学校少年宫联盟”。

促进各类教育均衡发展。学前教育：办好家门口的幼儿园，秀泉幼儿园、赵巷幼儿园通过一级幼儿园评审；制定实施《青浦区托幼一体化管理服务方案》，成立区托育服务管理指导中心，在新建幼儿园试点开展托幼一体化工作。义务教育：实施公办、民办学校同步招生，严格落实课程计划，积极开展课堂教学展示、教学节等活动，深入推进“零起点”教学和等第制评价，探索考试命题的科学性和合理性。高中教育：持续深化高考综合改革，实行高中走班教学新模式，深入推进学生生涯规划和导师制建设，全面实施高中学生综合素质评价，初步建立高中班主任与全员导师制相结合的高中学生成长服务机制；深入推进普通高中特色多样化发展，青浦一中举办市级展示活动，青浦二中入选市特色普通高中创建学校。青浦高级中学、朱家角中学接受市实验性示范性高中发展性督导评估。特殊教育：制定并实施《青浦区特殊教育三年行动计划（2018—2020年）》，持续做好送教上门、随班就读等工作。民办教育：全面关停23所民办农民工子女学校和36个学前儿童看护点；青浦世界外国语学校迁入正式校舍，青浦平和双语学校借用临时校舍提前办学，青浦区协和学校启动建设，兰生复旦青浦分校正式签约；制定《青浦区加强教育培训市场监督管理实施方案》，联合多部门开展专项整治行动。（曹佳凤）

■获上海市基础教育教学成果特等奖 在2017年上海市基础教育教学成果奖评选中，青浦共获14个奖项。其中，

《驱动深度学习的教学变革:新课堂十年探索》获特等奖,另有一等奖6项、二等奖7项。(曹佳凤)

■开展中考改革政策系列培训 3月,为确保中考改革平稳有序推进,切实做好《上海市进一步推进高中阶段学校考试招生制度改革实施意见》发布工作,确保全区教师及家长全面了解上海市中考改革政策,教育局组织开展一系列中考改革政策培训、宣讲活动,就《实施意见》中所涉及的与初中学业水平考试、初中学生综合素质评价及高中阶段学校招生录取等相关新政策进行详细解读。(曹佳凤)

■兰生复旦青浦分校正式签约落户 4月3日,该签约仪式在上海淀山湖新城发展有限公司举行。区委书记赵惠琴,区委副书记、区长夏科家,区委副书记韩顺芳,区委常委、副区长陈庆江,副区长王凌宇,复旦附中校长、民办兰生复旦中学董事长吴坚等出席仪式。兰生复旦青浦分校位于朱家角镇港周路以西,根据协议,从幼儿园举办至高中,2020年9月正式开学。(曹佳凤)

■召开加强教育培训市场监督管理工作推进会 6月21日,该会议召开。副区长王凌宇出席会议,区编办、教育局、人社局、民政局、市场监管局、网格化中心、公安消防支队分管领导和各街镇分管领导参加会议。区教育局副局长江雪元对《青浦区加强教育培训市场监督管理的实施意见》进行解读。与会部门围绕落实《实施意见》进行座谈交流,并就进一步做好监管工作提出建议。(曹佳凤)

■《青浦区特殊教育三年行动计划推进方案》通过评审 7月23—24日,市教委组织专家对全市各区特殊教育三年行动计划推进方案进行评审,青浦区被确定为此次集中评审的3个典型区之一。专家组对青浦区进一步完善特殊教育体系的各项举措给予充分肯定。(曹佳凤)

■上海市推进特色普通高中建设项目学校展示活动在青浦一中举行 9月27日,该活动举行。副区长王凌宇,市教委基教处副处长应华,市教科院普教所副所长徐士强,复旦大学特聘教授、博士生导师卢宝荣,市特色高中创建项目专家组、各区教育部门领导、特色高中市级项目学校校长和创建团队,区教育局党政班子成员、相关科室负责人,教师进修学院负责人、高中学科教研员以及区内各中小学校长、课程教学负责人等300多人参加活动。与会者参观青浦一中的校园绿化、生态园区、生态探究角、创新实验室等,观看学生社团射艺、茭白叶编结、生态手工、植物标本制作等展示活动,观摩"生态素养培育"特色高中课堂教学展示。王凌宇致欢迎辞,青浦一中校长冷彩花以"和合共生,圆梦生态"为主题作关于特色学校创建的专题报告,卢宝荣和项目组专家吕星宇作点评,应华作总结讲话。(曹佳凤)

4月3日,兰生复旦青浦分校签约仪式举行 (区教育局供稿)

■2018年课程教学季开幕 10月24日,"养正务本:青浦实验再出发"——2018年青浦区课程教学季开幕式暨区校实践成果推介会活动在区教师进修学院举行。活动由开幕仪式、区域及学校实践成果分享交流、专家点评及课堂教学展示四大板块组成。区教师进修学院教育科学研修中心主任朱连云作《导向深度学习的教学变革:新课堂十年探索》主题报告,实验中学项志红、东方中学毛金华、华新小学林源、商榻幼儿园徐春霞分别作《基于为学而教的"新课堂学程手册"的设计与研究》《"非常规"实验提高初中物理教学效能的理论与实践》《有效引导表达诉求,提高学生数学语言准确度的策略研究》和《依托生活事件的幼儿信息素养培育研究》的专题交流。市教委基教处处长杨振峰和市教委教研室副主任陆伯鸿分别点评。各分会场分别展示小学语文、初中数学、初中物理及高中英语4堂优秀课例,并进行教学点评;学前段"绿色田园"项目活动展示同期举行。此次活动历时4个月,分学段、学科、学校三大专场及"新秀教师在课堂"市级展示、专家学术报告和新课堂实验成果邀约会等活动。活动期间,区级综合性活动涉及各学段学校15所,区级学科公开课199节,还有37所中小学进行学校层面的教学展示与研讨。(曹佳凤)

■召开推进公办初中强校工程工作会议 12月18日,该会议在青浦高级中学举行。区公办初中强校工程领导小组全体成员,"实验校"领导班子、"支持校"校长、强校工程首批专家以及区教师进修学院全体初中教研员等60余人参加会议。区教育局副局长王海青主持会议,局党委书记孙卫宣读青浦区实施公办初中强校工程集团化运作架构及首批专家组成员名单,局长程卫国提出期望和要求。会上,基教科负责人张臻解读该工程实施方案;区教师进修学院研修中心主任陆跃勤介绍了对"实验校"进行调研及动态档案数据采集的基本情况;金泽中学校长吴永林、毓华学校校长徐银云作为"实验校"代表,工商信息学校校长方德明作为"支持校"代表作交流发言。并举行强校工程联合培养办学集团签约仪式。（曹佳凤）

职业教育

■概况 2018年,全区职业教育聚焦"三大两高一特色"主导产业,深化产教融合、"五业"联动,积极构建专业与产业对接、学校与企业对接、课程与岗位对接、教学与生产对接的合作格局。有序开展"现代学徒制"试点工作,制定具有学徒制特征的人才培养方案、评价标准和配套管理制度,确定区内4家合作企业为现代学徒制试点。召开青浦区职业教育集团建设研讨会和校企合作基地建设工作会议,全面总结第一批校企合作基地建设经验,会同区人社、财政部门修订第二批校企合作基地建设方案。（曹佳凤）

■工商信息学校黄茂松获评2017年度全国"最美中职生" 由团中央学校部、全国学联秘书处、中国青年报社共同举办的2017年度全国"最美中职生"寻访活动结果揭晓。上海工商信息学校黄茂松同学获2017年度全国"最美中职生"称号。这是该校继诸凯杰、丁启涛之后第三次获评。（曹佳凤）

■"工业机器人技术应用"骨干教师培训举行 1月23—25日,2018年上海市中等职业学校"工业机器人技术应用"骨干教师培训在上海工商信息学校工业机器人实训室展开。培训由市教委教研室主办,北京华航唯实机器人科技股份有限公司、上海工商信息学校承办。此次培训针对工业机器人技术应用型人才岗位的技术技能要求,采用理实一体化教学培训模式,以工业机器人专业方向建设、工业机器人软硬件设备操作、工业机器人综合应用为主,让教师们能够掌握工业机器人相关知识和技能。（曹佳凤）

■区职业教育集团启动年度师资培训工作 12月14日,该培训启动。上海工商信息学校、青浦区职业学校、上海市房地产学校等3所学校领导和全体老师参加开班仪式和首次培训。区职教集团秘书长史德方作开班动员。培训邀请上海教育科学研究院研究员董奇作题为《大数据时代的教育信息化和职业教育变革》的专题讲座。（曹佳凤）

终身教育与"学习型社会"建设

■概况 2018年,全区持续深化"学习型社会"建设,扎实开展社区教育工作,编撰《青浦区推进学习型社会建设工作简报》以及《2017年社区教育工作成果汇编》,协同区文明办开展"2018年第十二届青浦市民读书节""上善讲堂"等系列活动。"青浦市民学习网"资源服务不断完善,做好"车厢课堂"资源更新、推送工作,有序推进学习型乡村建设试点项目。完成2018年青浦区市民学习团队成果展示,推进区级优秀市民学习团队建设,做好2017年区级优秀市民学习团队学习项目验收工作。认真做好老年教育工作,提升老年学校服务能力,促进老年教育可持续发展。（曹佳凤）

■老年教育艺术节合唱展演活动举行 5月8日,由区老年教育工作小组办公室主办的"走进新时代——纪念改革开放40周年"——2018年青浦区老年教育艺术节合唱展演活动在夏阳街道文体活动中心举行。区教育局副局长江雪元、区民政局副局长高峰、区老年教育工作小组办公室成员、各街镇老年学校教师及老年学员共500余人参加活动。（曹佳凤）

■街镇成校社区教育主管会议召开 5月16日,该会议在区社区学院举行。各街镇社区教育工作主管、"青浦市民学习网"信息员及社区学院社教办全体成员参与会议。会议解读《终身教育资源配送管理员职责(征求意见稿)》,部署2018年青浦区社区网上读书活动,通报全区学习团队培育工作情况并布置下阶段主要工作。（曹佳凤）

科艺体卫教育及其他

■概况 2018年,青浦教育凝聚各方共识、强化多方联动,合力促进学生全面发展,提升教育规范化管理水平。

科普艺术教育水平有效提升。加强学校拓展型、研究型科技类课程建设,完善学校美育评价制度,加大学校"三团一队"(即3个艺术社团和1个鼓号队)建设支持力度,命名新一批区级学生艺术团(队),举办区第十届学生艺术节,开展"童谣唱响新时代、童声喝彩进博会"主题活动。

学校体育卫生工作扎实开展。加强与专业职能部门协作,有效落实学校食安和疾控各项工作要求。严格实行"三课、两操、两活动",积极推进学校体育课改试点工作,高中学校体育专项化课程改革实现全覆盖,崧泽学校和华新小学被教育部认定为"全国青少年校园足球特色学校",承办2018年中国(上海)国际青少年足球邀请赛开幕式和部分赛事。

教育资源配置不断完善。推进"十三五"规划学校建设项目和新一轮区社会事业设施建设三年行动计划教育项目建设,新开办1所初中、5所幼儿园。制定教育系统建设项目管理办法、小额基建管理办法和操作流程,严格规范零星工程实施。教育设备采购与管理更趋规范,完善项目储备和申报立项机制。积极推进义务教育阶段学校"五项标准"建设,完成20个"一场一馆一池"(即:体育场、图书馆、游泳池)建设项目,制定《青浦区教育信息化工作三年行动计划(2018—2020年)》。

教育治理工作体系不断健全。深入开展创全工作,制定《青浦区教育系统创全三年行动计划》,形成工作清单,开展多轮全覆盖地毯式检查,建立健全督查"回头看"制度。强化学校安全管理和未成年人保护,贯彻落实全市教育系统安全工作会议精神,认真做好"进博会"期间护校安园工作,制定《加强中小学幼儿园公共安全教育实施方案》,进一步加强学校公共安全教育。成立青浦区教育督导委员会并召开第一次会议,实施新一轮学校办学水平督导评估;加强督学队伍建设,对全区所有公

5月5日，“追艺术之梦，寻时代之魂”——青浦区第十届学生艺术节开幕式表演 （区教育局供稿）

办、民办幼儿园配置责任督学；迎接国家级责任督学工作创新区验收，筹备义务教育优质均衡发展督导评估认定。加强教育经费科学化统筹，通过内部审计、督导检查等多种方式加强对所属学校、事业单位的监管，切实提高资金使用效率。做好教育系统信息公开工作，确保招生、入学等与人民群众密切相关的各项工作公开透明，办理涉及教育问题的人大代表书面意见8件、政协委员提案14件，受理信访案件150件、“12345”市民热线785件。 （曹佳凤）

■第十届学生艺术节开幕 5月5日，以“追艺术之梦，寻时代之魂”为主题的青浦区第十届学生艺术节开幕式在区科技文化活动中心举行。区文广影视局副局长金璀、区教育局副局长高燕、区教师进修学院院长姜虹出席开幕式。实验中学、逸夫小学等学校师生进行汇报演出，演出包括交响管乐合奏《春天森林序曲》《青春之舞》、舞蹈《江南水趣》、小合唱《上海谣》、音乐小品《小木偶的故事》、舞蹈《猫鼠之夜》、打击乐合奏《振奋》等。 （曹佳凤）

■田学军到青浦区调研校园足球等工作 5月21日，教育部副部长田学军一行到复旦附中青浦分校，实地调研青浦区校园足球和学校食育工作开展情况。教育部体育卫生与艺术教育司司长王登峰、教育部学生体育协会联合秘书处副秘书长张爱龙、教育部国际司处长贾鹏等出席，市教委副主任倪闽景、副区长王凌宇及市教委、区教育局相关领导陪同调研。田学军对青浦学校体育和食育工作给予充分肯定。 （曹佳凤）

■召开教育系统创建全国文明城区工作推进会 5月22日，该会议召开。区教育局全体党政班子成员、教育系统基层单位党政负责人、局机关全体工作人员、教育系统党建督导员和责任督学参加会议。区委常委、宣传部部长姜道荣出席会议并强调要切实发挥教育系统创全主阵地、主力军、主渠道作用。会上，区教育局局长程卫国对系统“创全”工作进行布置，局党委书记孙卫主持会议并提出具体要求。 （曹佳凤）

■2018年中国（上海）国际青少年校园足球邀请赛在复旦附中青浦分校揭幕

7月8日，该赛开幕式在复旦附中青浦分校举行，共16支代表队参加。区委副书记韩顺芳致欢迎辞。邀请赛组委会副主任、市侨联主席齐全胜致开幕词。开幕式上，区委副书记、区长夏科家，邀请赛组委会副主任、市体育局党委书记、局长徐彬为入选2018年上海市青少年校园足球夏令营最佳阵容的优秀营员代表颁发荣誉证书。中国校园足球高中联队运动员代表白皓和东华大学大学生裁判员王敏杰分别代表运动员和裁判员进行宣誓。邀请赛组委会副主任、市教委主任陆靖宣布邀请赛开幕。 （曹佳凤）

■2018年青浦区中小学生“上善”研学体验营举行 7月18—20日，该活动由区教育局和区文明办共同主办，全区中小学近100名市、区、校三级“上善小达人”美德少年参加为期3天的研学旅行。研学中，营员们记感悟、献良计、互评价，认真填写研学手册，出色完成所

7月8日，2018年中国（上海）国际青少年校园足球邀请赛开幕式在复旦附中青浦分校举行 （区教育局供稿）

有任务,展示美德少年良好的道德风尚和精神面貌。（曹佳凤）

■召开区教育督导委员会第一次工作会议 8月22日,该会议在区会务中心召开。市教委总督学、市政府教育督导室常务副主任平辉,副区长、区政府教育督导委员会主任王凌宇,市政府教育督导室副主任张慧出席会议,区政府教育督导委员会成员、各街镇分管教育领导、全体督学及人民教育督察员等参加会议。平辉强调,教育督导工作要强化政府领导,发挥区政府对区域教育发展的职责功能,要强化依法依规开展政府履行教育职责的评价和各级各类教育的督导,要整体系统地谋划义务教育优质均衡发展的创建工作。王凌宇阐述区教育督导工作的重要意义和工作使命。会上,区教育局局长程卫国解读《青浦区人民政府教育督导委员会及教育督导室主要工作职责》并汇报区政府教育督导委员会近期主要工作。

（曹佳凤）

■迎接市教委大调研 1月29日,市教委大调研第12调研小组组长、市教委秘书长王从春率队到青浦区教育局开展大调研。副区长王凌宇出席见面会,局党政班子全体成员参加调研。调研组一行实地走访区青少年活动中心、清河湾幼儿园和上海市教育学会青浦清河湾中学,详细查看校园环境及教室、专用活动室、食堂、图书馆等硬件设施,了解中心和学校办学特色,并询问办学过程中的问题和困难。下午,调研组分成4组,分别开展教育局党政班子成员、各类学校校长和局机关科室长代表、各类教师代表个别访谈,初、高中学生及家长座谈。（曹佳凤）

7月18日,青浦区中小学生"上善"研学体验营在陈云纪念馆举行红色基因教育巡访活动（区教育局供稿）

8月22日,青浦区人民政府教育督导委员会第一次工作会议召开（区教育局供稿）

科技管理

■概况 2018年,青浦区继续大力实施科技型企业培育发展计划,积极培育民营科技企业、高新技术企业等科技型企业队伍。11家企业被认定为市科技小巨人企业;新增83家市高新技术企业,全区市高新技术企业达到478家。认定登记技术交易合同223项,成交金额6.2亿元,比上年增长20.3%。新增在孵企业309家,累计孵化企业达1358家。

（张　峰）

■加强科技综合服务 促进科技与金融对接,开展科技政策培训及论坛讲座28场,参与企业1762家。加快完善与市科技创业中心等共建的区"3+X"科技信贷融资服务体系(即:"3"是指通过微贷通贷款、履约保证贷款、企业信用贷款3种产品分别服务于初创企业、成长企业、小巨人企业,"X"即根据科技型中小企业个性化需求,开发出口信用保险贷款、租赁融资贷款、转化项目贷款等产品),从根本上解决科技型中小企业贷款过程中"轻资产、信用低、渠道少"的难点问题。加快区内科技金融服务创新,推动银行创新金融产品服务科技企业,完善科技信贷产品网上审核受理平台建设。走访申请履约贷款企业共74家,其中已审批通过企业53家,获审批额度共2.4亿元。积极开展与上海工程技术大学各个领域深度合作,通过以"六、四、二"推进模式("六"指:联建大团队、构建大平台、开发大课题、承接大项目、争取大经费、申报大奖项6个目标;"四"指:重点区域、重点园区、重点企业、重点团队4个对象;“二”指:精准对接、精准服务两方面工作),为区内企业“科创”提质增效开展工作。与中军哈工大人工智能产业园共建哈工大——工程大人工智能产业联合研究院,实现高校、园区联建大团队;牵头与上海科泰电源股份有限公司共建离散式点状电源工程技术中心,实现企业与高校构建大平台;根据企业技术人才需求,与多家企业达成建立工程大产学合作教育基地、重点领域人才实训基地、研究生联合培养等引才育才新模式。

(张　峰)

■4个项目获得上海市科技进步奖　3月23日,2017年度上海市科学技术奖励大会在上海展览中心召开。会议表彰奖励了获得2017年度上海市科学技术奖的项目和个人。“北斗/GNSS精准空间信息服务集成系统关键技术及产业应用”项目获2017年度上海市科技进步奖二等奖,“汽车轻量化纳米复合长玻纤增强聚丙烯材料的研发”等3个项目获2017年度上海市科技进步奖三等奖。“北斗/GNSS精准空间信息服务集成系统关键技术及产业应用”项目由华测导航、同济大学、东南大学、北极星云空间技术股份有限公司共同参与研发。该项目针对空间信息服务需求,特别是在精准农业、数字施工方面,突破GNSS/INS组合导航定位技术等关键技术,研制出农机自动导航驾驶系统、高精度平地机系统、深松监测系统等一系列产品,并开发出农机导航信息化管理系统等配套管理、监测服务软件。

(张　峰)

科技创新

■概况　2018年,全区有50个项目被列入市创新资金项目,其中3个项目被列为上海市联盟计划项目、32个项目被认定为市高新技术成果转化项目。9家企业获“2016年度上海市高新技术成果转化项目百佳”称号,1家企业获2018年上海市电子商务“双推”创新平台立项,2个项目获市“科技创新行动计划”农业领域项目立项,4个项目获市“科技创新行动计划”生物医药领域科技支撑项目立项。(张　峰)

■新增10家高新技术研究开发中心
2018年,青浦区高新技术研究开发中心验收工作全面结束。参加验收的10家单位在2017年被认定为青浦区高新技术研究开发中心争创对象,专家组对其体制与机制、研发实力与能力及工作绩效等方面进行综合考评,最终被认定为青浦区高新技术研究开发中心。

(张　峰)

■加快北斗导航产业发展　承接市科创中心建设重大战略专项,加快建设上海西虹桥导航技术有限公司,全力打造创新功能性平台,积极促进北斗导航产业化。北斗西虹桥基地实现产值17.6亿元,比上年增长39.1%;实现税收1.1亿元,比上年增长30.1%;累计引进企业195家。(张　峰)

■“双创”建设不断深化　大力推进众创空间(含传统孵化器)建设,营造区域创新创业良好环境。全区各众创空间新增孵化企业309家,新增申请专利44个;累计孵化企业1358家,“毕业”企业122家,其中高新技术企业25家、小巨人企业9家,共上缴税收1.5亿元。至年底,全区共有经认定备案的众创空间38家,其中国家级科技企业孵化器1家、市级科技企业孵化器9家、区级科技企业孵化器18家、备案区级众创空间10家。(张　峰)

■推进“进博会”相关服务保障工作
持续开展信息化项目稽察工作,推进信息化配套项目建设,组织协调通信运营商做好通信保障工作。牵头召开市西软件信息园展览区协调会,对接区内软件企业与科创园区,研究制定市西软件园整体宣传方案,利用“进博会”加大市西软件信息园等重大项目宣传力度,培育发展软件信息服务业等特色产业辐射带动效应。(张　峰)

知识产权

■概况　2018年,全区知识产权工作根据《上海知识产权战略纲要(2011—2020年)》要求,将国家和市科技创新大会精神贯穿知识产权工作的各个环节,制定并出台《2018年青浦区知识产权战略实施推进计划》,突出企业自主创新主体地位,切实加强知识产权宣传与培训,努力提高专利申请数量和质量,鼓励发明创造,加快实施专利技术产业化,加大知识产权保护力度,着力提升知识产权创造、运用、保护和管理能力。全年全区专利申请量7175件,专利授权量4832件。(张　峰)

■召开知识产权联席会议　4月25日,2018年青浦区知识产权联席会议在区会务中心召开。会议总结2017年工作,部署2018年工作。会议提出,要明确责任分工,加强协同联动,形成工作合力;要以改革为契机,理顺知识产权工作管理体制,完善工作协调机制,打通知识产权创造、保护、运用、管理和服务全链条,持续加大知识产权保护力度,强化执法力量,大幅提高违法成本,不断优化创新和营商环境;要大力培育传播知识产权文化,在全社会营造尊重知识产权、支持创新创业的良好氛围,开创知识产权工作新局面,继续为科创“一带三中心”建设提供支撑和保障。

(张　峰)

■开展知识产权宣传　4月26日是第18个世界知识产权日,为加强知识产权宣传普及,提升全社会知识产权意识,区知识产权联席会议办公室组织区科委、科协、市场监督管理局、公安青浦分局、经委及文化执法大队等6家知识产权联席会议成员单位在青浦桥梓湾广场联合开展以“倡导创新文化,尊重知识产权”为主题的知识产权宣传活动。活动展出各类宣传展板30多块,发放各类宣传资料1000多份,咨询人数达500多人。(张　峰)

■青浦、嘉定联合开展专利行政执法检查行动　6月8日,区知识产权局会同嘉定区知识产权局在上海市知识产权局的统一安排和带领下,对苏宁易购、上海顺源同丰药房等商业单位进行专利行政执法检查及专利商品自查,对在执法检查中发现的专利权期限届满终止失效等个别商品,采取下架措施,并及时将检查情况反馈至商业单位。检查过程中,执法检查人员向企业的管理人员宣传知识产权工作的重要性,鼓励商业单位负责人积极参加市、区组织的相关培训活动,将保护知识产权意识融

入平时工作，从进货流程、销售环节等方面维护消费者权益。（张 峰）

防震减灾

■概况 2018 年，青浦区认真贯彻落实《中华人民共和国防震减灾法》《上海市实施〈中华人民共和国防震减灾法〉办法》，不断加强“地震监测预报、灾害预防、应急救援”体系建设，全面促进防震减灾工作深入持久发展，努力提高快速处置和抗御地震灾害能力。区地震办获全国地市防震减灾工作综合考核先进单位。（张 峰）

■开展纪念唐山地震 42 周年活动 7 月 28 日是纪念唐山大地震 42 周年纪念日，为加强防震减灾知识科普宣传，提高公众的防震减灾意识和避震能力，全区各街镇分别举办防震减灾宣传活动近 10 场，开展地震应急疏散演练 6 次，举办防震减灾科普知识讲座 6 场，参与市民近 300 人，发放宣传材料 1000 多份。（张 峰）

■开展主题防震减灾科普宣传活动 5 月 12 日是第十个全国防灾减灾日，为做好“防灾减灾日”宣传周工作，加强全区广大市民群众的防灾减灾意识，普及、提高民众应急防护知识和技能，提高城市整体防灾减灾能力。由区应急办牵头，区地震办、民防办、民政局等单位共同成立宣传活动领导小组，制订“5·12”活动计划，组织开展多种形式的“5·12 防灾减灾日”宣传周系列活动。宣传周期间，全区开展应急疏散逃生演练 30 余次，参演师生、居民 1 万多人；进行 10 场次设点宣传活动，展示各类展板 150 多块、横幅 100 余条，发放各类防灾减灾资料近 1 万份。（张 峰）

6 月 8 日，青浦、嘉定两区联合开展专利行政执法检查行动（区科委供稿）

综 述

2018年，区文广影视局以习近平新时代中国特色社会主义思想为指引，全面学习贯彻党的十九大精神，按照区委、区政府全面跨越式发展的战略部署，坚持以人民为中心的工作导向，创新思路举措，增强文化软实力，更好地服务区域经济社会发展，不断满足人民群众的美好生活需求。注重顶层设计，强化统筹协调推进。加强文化政策引导，先后制定《关于进一步推进青浦区街镇（村居）公共文化服务工作的指导意见》《关于加快青浦区发展文化创意产业创新发展的实施意见》《青浦区文物保护工程实施办法（试行）》《青浦区文化事业发展基金管理办法》以及《青浦区全力打响“上海文化”品牌专项行动方案（2018—2020年）》等纲领性文件，为推动青浦区文化事业和文化产业跨越式发展，使青浦从“上海之源”向“上海之门”的目标迈进有了遵循。创新文化管理模式。推进文化场馆社会化专业化运营，试点华新镇大型社区文化活动中心全委托管理，并逐步在其他中心推广经验。合理利用区公共文化建设资金，鼓励区内各类公共文化场馆、社会组织、企业、团队等积极开展文化活动。全区文化工作坚持正确导向，加大舆论引导力度；聚焦民生需求，释放公共服务活力；把握历史文脉，加强文物保护传承；围绕扶持引导，推动产业创新发展；优化审批管理，促进文化市场规范有序，较好完成年度各项工作任务。

2018年，青浦报社（以下简称报社）坚持“服务大局、贴近百姓”办报理念，以党建引领聚人心、促业务、谋发展，坚守舆论阵地，做好主旋律宣传，进一步加强基层宣传引导工作，进一步激发基层党建活力，为建设生态宜居的现代化新青浦营造良好舆论氛围。全年共出版104期，版面496个。

（邬 宏 高 芳）

文化设施建设

■概况 2018年，区文广影视局进一步推进重点项目建设。推进青浦图书馆二期扩容工程。完成区文化馆改造工程，新建成的文化剧场全年开展100余场演出活动。指导文化馆文化剧场社会化专业化运营以及图书馆总分馆制建设。推进村居综合文化活动室（中心）标准化建设，有229个村居点位通过标准化验收。赵巷镇佳福东居委会、华新镇新木桥村、朱家角镇安庄村、夏阳街道青华居委会等11个村居综合文化活动室（中心）被评为市级示范点。赵巷佳福东居委会在市政府实事项目立功竞赛中获“标兵集体”称号。完成盈浦街道和金泽镇新的社区文化活动中心建设。开展2014—2017年社区文化活动中心评估定级工作，赵巷、华新、香花桥街道社区文化活动中心被评为市级示范中心，夏阳、徐泾、朱家角、练塘、重固、白鹤等6个社区文化活动中心被评为一级中心。建成“文化青浦云”并上线。

（邬 宏）

■青浦图书馆二期扩容装修 为拓展馆舍和阅览面积，满足市民日益增长的文化需求，该馆第二期扩容工程于年底启动。建设内容主要包括：地下一层、一层和二层，装修面积5348平方米，同时对屋顶景观、室外停车场和地下停车场等进行装修，并与该馆现有设备系统进行整合，总投资3783.39万元。年内，完成设计招标、施工图设计、施工和监理上网招标等工作。

（邬 宏）

■“文化青浦云”上线 “云端”成为市民文化的新阵地，通过数字技术形成“一站式”公共文化服务，由政府“端菜”变为百姓“点单”，促使公共文化资源配送更加精准。

（邬 宏）

文化产业及市场管理

■概况 2018年，区文广影视局进一步推动文化产业创新发展。举办第七届中国工艺美术大师评选和2018年全国手工艺产业博览会暨非物质文化遗产传统技艺展；提升青浦工业园区的印刷传媒产业核心竞争力，鼓励创建国家绿色印刷创意创业园；朱家角打造“文创+基金”特色小镇，结合5A景区创建，举办2018年首届“上海·中国音乐文化非遗日——江南传统音乐及世界传统音乐非遗经典传承表演”等活动。至年底，全区有文创企业3623家，全年实现营业收入342.19亿元，比上年增长6.4%。强化资金拨付绩效评估。做好市、区两级文化创意产业园区、企业（项目）专项扶持资金的申报评审、资金拨付、跟踪服务和绩效评估等相关工作。制定《关于加快青浦区文化创意产业创新发展的实施意见》。全区获上海市促进文化创意产业发展财政扶持资金项目共28个，总扶持资金5552万元，其中市级扶持资金 3054 万元、区级扶持资金 2498 万元，预计撬动社会投资总额近 3 亿元。

规范行政审批服务。配合区行政服务中心针对互联网政务服务平台存在的问题进行清理整改，对涉及的 20 个行政审批项目从法规依据、审批流程、注意事项、联系方式等内容开展校对，明确提交材料的名称、依据、格式、份数，从“最多见一次面”向“不见面”过渡，对所有审批项目告知单重新编制，印制二维码，启用统一政务服务平台。抓好事前事中监管。全年共出动巡查员 1000 余人次，累计巡查文化市场经营单位 531 家(次)。做好行业培训工作，召集全区互联网上网服务场所和电影放映场所开展安全专项培训活动，针对安全生产，宣传推广隐患治理方面提出要求；对全区文化经营单位、电影放映场所、互联网上网服务单位进行消防安全培训暨现场演练。（邬　宏）

■召开“文创 50 条”政策宣讲暨 2018 年市文创资金申报工作培训会议　1 月 25 日，该会议召开。会上，对《关于促进本市文化创意产业创新发展的若干意见》进行解读，对 2018 年市文创资金申报的内容概要进行说明、对常见问题进行解答。区文创办副主任陈涛解读“上海市文创 50 条”政策具体内容，各街镇经发办和文体中心、市级文创园区、相关文创企业近 40 人参加会议。2012 至 2018 年，青浦区共有 43 个项目获得上海市文化创意产业扶持资金扶持，市、区两级累计投入扶持资金 9878.25 万元(其中市级扶持资金 6214 万元、区级配套资金 3664.25 万元)。（邬　宏）

■第七届中国工艺美术大师评选活动举办　4 月 13—19 日，第七届中国工艺美术大师评选在青浦区诸光路 288 号世界手工艺产业博览园举办。评选活动总展览面积近万平方米，有全国 31 个省市自治区 201 位参评者 603 件参展作品。展览以中国传统五音“宫、商、角、徵、羽”为主题，共有“玉石雕刻”“其他雕刻”“工艺陶瓷”“编织印染”“金属漆器”等五大展区。（邬　宏）

■开展三级联动以查代巡活动　7 月 25—27 日，青浦区文化市场三级联动巡查办公室分别对全区三级联动巡查组开展以查代巡活动。主要检查华新镇 KTV 包房和互联网上网服务场所，金泽镇印刷厂、出版物经营场所，青浦城区互联网上网服务场所和电影院等。巡查员对各辖区的点播影院进行排摸。巡查中，进一步规范巡查流程，检查消防安全器材、安全出口、疏散通道等，对于疏漏之处现场指出并整改。（邬　宏）

第七届中国工艺美术大师评选活动参选作品　（区文广影视局供稿）

■正式启动环淀山湖战略协同区文化一体化发展合作　11 月 30 日，“环淀山湖战略协同区文化一体化发展合作备忘录”(以下简称“备忘录”)签约仪式在上海展览中心举行。上海市青浦区文广影视局、浙江省嘉善县文广新局、江苏省苏州市吴江区文广新局和昆山市文广新局四地共同签订备忘录，标志着四地文化一体化发展合作正式开启。（邬　宏）

■开展文化娱乐场所安全生产专项检查　根据《关于进一步加强文化市场安全生产管理的通知》要求，区社文所联合文化执法、消防部门对全区文化娱乐市场进行抽样专项执法检查。共抽查 8 家场所，分别为：青浦工合建筑装潢工程有限公司雨林喔凯厅、上海芙颖娱乐有限公司、上海悦海之音娱乐有限公司、上海佳香传野娱乐有限公司、上海红霞娱乐有限公司、上海圆怡娱乐有限公司、上海双雷娱乐有限公司、上海明红娱乐有限公司。此次专项检查对场所内的控烟情况、消防通道是否畅通、灭火器材是否配备、消防栓水压是否符合标准等进行重点检查。（邬　宏）

文化艺术活动

■概况　2018 年，区文化馆持续提升文化品牌质量。举办 2018 年(青浦)市民文化节、淀山湖文化艺术节暨旅游购物节、第十二届青浦市民读书节等区级重大文化活动。开展“文化美丽乡村行”“乡音练曲，长三角田歌展示”等具有民族传统和地域特色的非遗民俗文化活动。文化馆启动“青浦有戏”“市民大课堂”“市民大展厅”“市民大舞台”“放歌淀山湖”“少儿拉丁舞精英赛”“天天演”等系列惠民服务项目，吸引市民参与 21 万人次。练塘镇、白鹤镇、盈浦街道分别以特色文化项目评弹、沪剧、龙舟顺利通过评审，被评为 2018—2020 年度“上海民间文化艺术之乡”。《青浦有戏》品牌栏目获区级公共文化建设创新项目奖。

全面开展公共文化资源配送。市级配送工作按配送额度合理分配，全年完成市级配送共 126 场，其中市级专题配送 11 场、增量配送 18 场；区级配送共 158 场。全区农村、流动数字电影共放

1月27日，青浦区"放歌淀山湖"青年歌手大赛优秀歌手签约盛典举行

（区文广影视局供稿）

映6026场次。对59家村级"农家书屋"实施集中配送，共配置4334册书籍。

（邬　宏）

■举办青浦区"放歌淀山湖"青年歌手大赛优秀歌手签约仪式　1月27日，"跨越发展新青浦，唱响时代最强音"与"放歌"同行——青浦区"放歌淀山湖"青年歌手大赛优秀歌手签约仪式在区文化馆举行。区文明办副主任盛斌、区文广影视局副局长金璀等出席活动。仪式上，15位优秀青年歌手演出并接受区文化馆颁发的聘书。（邬　宏）

■举办2018年青浦区各界人士迎春团拜会　2月7日，由区委、区政府主办，区文广影视局承办的2018年青浦区各界人士迎春团拜会在区文化馆文化剧场举行。区委书记赵惠琴，区委副书记、区长夏科家，区人大常委会主任朱明福，区政协主席李华桂以及其他区领导和离退休干部等社会各界人士出席活动。赵惠琴致新年贺词。

（邬　宏）

■推出《青浦有戏》区级特色文化品牌项目　《青浦有戏》是区文化馆2018年重点孵化、孕育、打造的品牌栏目，于3月25日市民文化节文化服务日当天在文化剧场揭幕。该品牌项目本着"名团进民间，名家近民众"的理念，透过"精品荟""好戏来""民星乐""童趣多"4个子品牌，既牵手市级院校院团，也为区域内表演者、团队提供舞台；既引进一批高质量、高品位，思想性、艺术性、观赏性俱佳的精品力作，也推出老百姓喜闻乐见的剧目和普及性演出。《青浦有戏》贯穿全年，做到周周有活动、月月有表演，让更多群众共享文化成果，共建和谐文明新青浦。并成立戏迷俱乐部，共有41名申请者通过审核成为俱乐部首批会员。会员们在获得会员福利的同时也参与到每一场演出的管理工作中，逐渐实现群众事务群众管的目标。（邬　宏）

■开展美丽乡村专题文化配送活动　3月25日，在金泽镇蔡浜村举办文化配送活动启动仪式，并进行《中国二十四节气图画展》、公益数字电影放映等各类活动，赢得群众欢迎。活动从3月起至10月，涉及全区11个（国家级、市级）美丽乡村，通过遴选一批优秀、优质的文艺、影视、图书配送资源，三管齐下，让文化青浦与美丽乡村有机融合，让文化惠民与市民修身深度叠加，既充分展示青浦美丽乡村的生态美、文化美，也着力增强城乡市民群众的获得感、幸福感。（邬　宏）

■开展2018年青浦区文化科技卫生"三下乡"暨集中示范活动　3月28日，该活动在练塘镇徐练村启动。区文化、出版、科技、司法、卫生计生、共青团、妇联等系统的领导出席仪式。外省市、市内、区内著名文艺院团、各街镇文体中心的优秀演员们为当地群众献上歌舞、杂技、魔术和戏曲等。会场外，各单位通过发放资料、现场咨询等形式开展健康教育宣传、医务人员免费义诊、法律宣传等。全区11个街镇相继启动"三下乡"活动，引导广大机关单位和企业关心基层群众，把文化科技卫生信息与服务，及时地、源源不断地送到他们的日常生活中。（邬　宏）

■文化服务保障首届"进博会"　为了号召和激发全区市民服务"进博会"，助力"创全"提升青浦城市文明程度，由区文化馆组织承办的"展进博风采，创文明家园"演出活动在全区各街镇巡演，历时4个月。

7月30日，青浦区服务保障中国国际进口博览会倒计时100天主题活动在区文化馆文化剧场举行。区文化馆全面做好服务保障、剧场开放，创作情景诗朗诵《我们的承诺》以及迎"进博会"舞蹈《最美是你》。

8月24日，由区委宣传部、区文广影视局主办，区文化馆承办的"展进博风采，创文明家园"——青浦区服务保

2月7日，2018年青浦区各界人士迎春团拜会举行　（区文广影视局供稿）

障中国国际进口博览会文艺巡演首场演出在练塘镇影剧院举行，“进博会”文艺巡演拉开帷幕。至11月2日，在全区11个街镇进行巡演。（邬　宏）

■举办2018上海青浦淀山湖文化艺术节暨旅游购物节　8月8日，该节开幕，为期50余天。以“助力进口博览会，畅享青浦新生活”为主题，集聚各领域优势和资源，串联起文化、旅游、购物三大板块，共计开展各类重点活动65项。第一板块——文化：“水韵江南、美在青浦”，集聚各地区较有地域特色的原创艺术精品，突出展示青浦文化辐射力、影响力；第二板块——旅游：“环秀淀山湖、乐享青生活”，充分发挥青浦深厚文化底蕴和独特自然风光兼具的独特资源优势，全方位呈现青浦独特的生态和人文魅力；第三板块——购物：“会聚青浦一路GO”，紧抓首届“进博会”契机，顺应长三角一体化趋势的同城效应，联动会商旅文体，聚焦国内外消费品牌，增强市民购物体验度和获得感。

（邬　宏）

8月8日，上海青浦淀山湖文化艺术节暨旅游购物节开幕式举行

（区文广影视局供稿）

图书馆事业

■概况　2018年，青浦图书馆围绕市民读书节等重大活动，不断拓展阅读体验形式、扩充阅读推广联盟，举办“阅读马拉松”等千余场品牌活动。全年新增图书藏量5.1万册；新办读者证2499张，累计有效证49326张；接待读者90万人次，借还图书749462册；社区还书箱及馆际流通便民还书36520册；举办各类读书活动220余场，参与人数8万多人次；累计为53家馆外服务点服务18次，提供图书2022册。在数字资源方面，总下载量58964次，总访问量189564人次；新购智读电子书、优谷朗读亭；续签5个数据库、新签5个，现有数据库25个。预订2018年度报刊资料1500种。每月开设“新书推荐”专栏，结合时事热点先后开设“热门图书”“畅销书榜”“各类获奖图书”“反腐倡廉”“法制宣传图书”“社科图书普及读物”“解放书单”等多种类型专架。通过总分馆制建设，形成以青浦图书馆为总馆、街镇文体中心图书馆为分馆、居村综合文化活动室（中心）为服务点的公共图书馆总分馆制服务体系，实现公共图书资源在区域内联动共享。启动“小鸡book”爱·智慧阅读成长计划，深入推进“清阅朴读”品牌建设。（邬　宏）

■推出“小鸡Book”爱·智慧阅读成长计划品牌项目　该项目是以儿童为主体，通过阅读优秀哲学和文学作品，开展提问、讨论的课堂对话，促进建立自我价值观和提升自我发展能力为目标的阅读系列活动品牌。该项目是青浦图书馆通过拓展基于“核心素养”为目标的“儿童哲学”阅读推广研究和实践。项目强调激发孩子哲学的思维，促进爱与智慧、心与智的和谐发展，围绕阅读“立人”的目标，融入儿童哲学P4C课程理念形成一套哲学阅读探究课程体系，并在图书馆、小学和社区等阅读场所进行实践应用。全年共开展活动21场，发放礼包600份。该项目被评为“2018年上半年度青浦区公共文化建设创新项目”。（邬　宏）

■举办2018年上海书展青浦分会场活动　8月15—20日，该活动举行，活动聚焦“红色文化、海派文化、江南文化”，以青浦图书馆、各街镇图书馆、农家书屋三级联动的方式，开展名家讲座、国学导读、阅读探究课、故事会、朗读活动、文化体验、文化展览等全民读书活动，覆盖社区、学校、企业、乡村等多处场所。

8月15日，“陈云与青浦”青溪讲坛名家讲座拉开上海书展青浦分会场读书活动序幕。8月18日、19日，复旦附中特级教师、复旦五浦汇实验学校校长黄玉峰的“诗歌里的人生教育”以及上海视觉艺术学院文化创意产业学院副院长楼世芳的“此生只合江南老——聊聊江南文化”在青溪讲坛开讲；8月21日，特级语文教师夏桂林的“读国学，诵经典”少儿国学公益导读开讲，青浦图书馆全新上线的品牌项目“小鸡Book”爱·智慧阅读成长计划也针对不同年龄段小读者开展活动。此外，全区各街镇读书活动蓬勃开展，如夏阳街道的“我是小小采编员”青少年采编体验活动，重固镇的“每逢八月吟诗时”暑期快乐营诗歌朗诵会，金泽镇的桥乡艺蕾手艺体验、中华经典故事阅读活动，朱家角镇的青少年“进博会”知识竞答活动，华新镇的“阅演越精彩”幼儿亲子故事展演，赵巷镇的亲子朗读比赛活动，香花桥街道的“爱我中华”——孔子文化传习活动，徐泾镇的“智慧阅读”绘本讲故事活动，白鹤镇的“悦读越心动”新书推荐活动，盈浦街道的《书籍之起源》中国篇主题展，以及林家村农家书屋读书活动等。（邬　宏）

■举办第十二届青浦区市民读书节系列活动　该活动从4月持续至11月，以“阅读：关注儿童，关注未来！”为主题，分成“爱·阅读、智·阅读、汇阅读”三大板块，由全区12家公共图书馆为

主组带，区科协、文明办、妇联、政法委等政府条线联动，在4·23世界读书日、文化遗产日、暑期、上海书展等重要时间节点陆续开展主题推广、专题讲座、文化沙龙、亲子阅读、公益课堂、文化展览、数字阅读、文献展阅等各类活动250多场，参与人次6万余人次。7家单位获2018青浦市民读书节优秀组织奖，4项活动获2018青浦市民读书节优秀项目，16名志愿者获“2018年度青浦区公共图书馆行业优秀志愿者”称号。（邬　宏）

第十二届青浦区市民读书节系列活动之一——“孔子文化进校园”现场
（区文广影视局供稿）

■首届长三角地区阅读马拉松大赛青浦赛区完赛　9月15日，该赛在青浦图书馆举行。以上海为发源地的阅读马拉松活动，拓展到浙江、江苏和安徽。此次大赛，有浙江省图书馆、安徽省图书馆、南通市图书馆、嘉兴市图书馆、无锡市图书馆、绍兴市图书馆、扬州市图书馆以及合肥市图书馆加入，参赛总人数达1700人。此次比赛是青浦图书馆第五次联合主办阅读马拉松，有50名名参赛选手参赛。比赛使用书籍为《我的同事是AI》。（邬　宏）

■“朗读亭”投入使用　为助力经典阅读推广，营造更加浓厚的书香氛围，青浦图书馆开通“朗读亭”，为读者提供身临其境的阅读体验。“朗读亭”设在该馆一层大厅总服务台对面，面向全区读者免费开放。读者可凭成人“一卡通”读者证刷卡进入，通过手机扫码登陆系统后即可使用。朗读篇目包含诗歌、散文、名著节选等，系统可对个人的朗读作品进行打分，并将作品发送到读者手机微信客户端。（邬　宏）

文博事业

■概况　2018年，区文广影视局加强文化遗产调研。开展“上海之源”古文化走廊专题规划研究，努力实现文化遗产活化利用和现实价值。完成福泉山遗址保护规划编制，启动崧泽遗址、青龙镇遗址、颐浩寺遗址保护规划方案编制工作。青龙镇遗址、陈云故居申报第八批全国重点文物单位的工作有序开展。协助重固镇中新村、新丰村开展美丽乡村建设工程，分别对中新村骆驼墩遗址、王家住宅、潘家住宅，新丰村任仁发家族墓进行规划设计。开展区非国有博物馆（美术馆）排摸、调研。

强化文物修缮保护。继续施行《青浦区文物保护工程实施办法（试行）》，启动青浦区不可移动文物保护工程三年行动计划。持续做好古籍书再生性保护工程，共完成清代康熙本《青浦县志》、民国重印本《弘治上海志》等古籍书数字化扫描1.1万页。加强馆际交流，成功策划举办《月朗山高——元代任仁发家族特展》，展出元代著名水利专家、画家任仁发及其家族文物展品近50件。

推动非遗有效传承。启动“非遗在社区”——上海市非物质文化遗产社区传承传播工作。启动对国家级非遗项目田山歌的调研，着手拍摄纪录片，创作相关作品。推进非遗项目申报，共确定5个区级项目和1个区级扩展名录项目。与11个街镇社区文化活动中心、25位非遗代表性传承人三方签订传承传播的相关工作协议。拓展非遗进校园辐射面，开展“土布进校园”等活动。（邬　宏）

9月5日，首届长三角地区阅读马拉松大赛现场　（区文广影视局供稿）

6月9日，2018年青浦区“文化和自然遗产日”主题活动举行

（区文广影视局供稿）

■“青龙镇与海上丝绸之路”展览获奖 青浦博物馆策划举办的“青龙镇与海上丝绸之路”展览被中国科学技术协会办公厅评为“2017年全国科普日优秀活动”，并被上海市博物馆评为“2017年度陈列展览精品奖”。展览以文献和考古为基础，以陈列语言和崭新视角、独特方式展示唐宋时期海上丝绸之路青龙镇的风貌，不仅向公众普及丝绸之路知识，而且通俗解读青龙镇与海上丝绸之路内在关系及其地位。展览共吸引中外观众23700多人次，还举办6场学生拓展活动和5场讲座，共计1000多名学生参与活动，3800多人聆听讲座。 （邬　宏）

■签署“‘非遗’在社区”传承传播工作三方协议 为进一步推动“非遗”融入民众日常生活，引导“非遗”传承人履行传承义务，增强“非遗”在现代城市基层社区中的传承传播活力。5月17日，区文广影视局、11个街镇社区文化活动中心和25位“非遗”代表性传承人三方共同签订传承传播工作三方协议，计划实现“布点全覆盖”“机制全覆盖”，使“非遗”传承、实践回归其孕育发展的社区，回归当地民众生活，形成每个街镇有非遗、每个社区有传人、每个社区有活动的活态传承局面。 （邬　宏）

■举办青浦博物馆建馆60周年纪念展 5月18日，是国际博物馆日，2018年也是青浦博物馆建馆60周年，青浦博物馆举办“我们的足印——青浦博物馆建馆60周年纪念展”。展览从领导关怀、场馆建设、社会教育、文物保护、业务研究、文化交流等6个方面，向观众讲述60年来青浦博物馆的发展历程，是60年来青浦地区文博事业及公共文化事业发展状况的缩影。 （邬　宏）

■举办2018年文化遗产日主题活动 6月9日，青浦区“文化和自然遗产日”主题活动在崧泽古文化遗址发源地赵巷举行。区委常委、宣传部部长姜道荣，区文广影视局党委书记、局长沈秋娟，赵巷镇党委书记王玲锦等出席活动。沈秋娟致辞。活动分为展演、展示和展板3个部分。展演节目由青浦区非遗的各个学校传承基地优选而来，有打莲湘、江南丝竹、田山歌、宣卷、船拳、评弹表演等；展示部分有烙画、剪纸、水印版画、土布衍生等；展板部分则展示“一带一路”和二十四节气等内容。 （邬　宏）

■两个项目被列入第六批上海市非物质文化遗产代表性项目扩展名录 11月3日，市文化广播影视管理局公布第六批上海市非物质文化遗产代表性项目名录推荐项目名单。青浦区“徐泾汤炒烹饪技艺”和“金泽庙会”两个项目，被列入第六批上海市非物质文化遗产代表性项目扩展名录。徐泾汤炒烹饪技艺起源于青浦徐泾蟠龙古镇，在民间素有“万里国道第一镇，精美汤炒在徐泾”的美誉。金泽庙会主要由每年农历三月二十八的“廿八汛”和九月初九的“重阳汛”两大香汛组成，形成了集信仰、娱乐、商贸于一体的盛大民俗庙会。 （邬　宏）

■《水乡遗珍——青浦博物馆馆藏文物集萃》出版 青浦博物馆编纂的《水乡遗珍——青浦博物馆馆藏文物集萃》一

市级非物质文化遗产名录之金泽庙会现场

（区文广影视局供稿）

市级非物质文化遗产名录之徐泾汤炒

（区文广影视局供稿）

书由上海人民出版社出版。该书收录馆藏陶瓷、玉石器、铜铁银器和铜造像、钱币、书画以及其他类等历代文物188件(套),见证“上海之源”青浦数千年的发展历程和深厚的文化底蕴,体现青浦第一次全国可移动文物普查的主要成果。(邬　宏)

广播影视

■概况　2018年,区广播影视事业坚持正确导向,提升舆论引导水平。坚持正面宣传为主方针,推出《新时代·新跨越》挂牌栏目,聚焦全面跨越式发展、长三角更高质量一体化、打响上海“四大品牌”、打造“上海之门”新形象等关键词,继续做好“学习贯彻十九大”挂牌栏目,推出“不忘初心、牢记使命,推动青浦全面跨越式发展”大调研系列访谈节目,聚焦问题导向和需求导向,生动报道各级各部门深入基层群众调研、梳理、解决问题的典型事例。聚焦“进博会”,派出工作专班进驻前线指挥部,报道服务保障工作进展情况。广播电视新闻被市媒录用315条、央媒录用9条,获上海广播电视奖1项。

强化安全播出保障。修订安全播出管理制度及应急预案,细化突发事件处置办法。完善技术设备设施,提高技术保障措施:完成录播车辆设备安装调试,并投入使用;安装调试摄录配套设备、播出异常报警系统;开展对调频广播电台的自查工作,确保重要保障期内广播电视的安全播出工作。全年累计安全播出10万余小时。(邬　宏)

■高清转播车改造并投入使用　大型活动的录播是青浦区广电台服务区委、区政府工作的重要内容,在电视台高清频道技术改造后,原本标清录播节目直接影响播出质量。台内记者通过技术改造,把运送设备的大通中巴车改造成高清电视转播车,并于年初完成主要设备安装并投入使用。改造不仅节省大量经费,也提升了录播节目的播出质量。(邬　宏)

■举行“防范非法信号插播”演练活动　9月11日,由区文广影视局牵头,区防范办、青浦东方有线等部门在赵巷镇金葫芦一居南崧村综合文化活动中心举行“防范非法信号插播”演练活动。演练活动全面加强了区防范办、区文广局、街镇、东方有线等多部门协调配合协同作战能力,全面提升有线电视网络非法信号插播的应急准备、应急响应和应急处置水平,达到预期效果。(邬　宏)

《青浦报》

■概况　2018年,青浦报社(以下简称报社)坚持“服务大局、贴近百姓”办报理念,以党建引领聚人心、促业务、谋发展,坚守舆论阵地,做好主旋律宣传,进一步强化基层宣传引导作用,进一步激发基层党建活力,为建设生态宜居的现代化新青浦营造良好舆论氛围。全年共出版104期,版面496个。(高　芳)

■夯实党建工作　制定和完善《领导班子议事决策规则》《“三重一大”事项集体决策制度》等制度,共召开领导班子会40次,涉及研究“三重一大”事项3次,并形成会议纪要。制定完善《每月工作量考核和质量评优奖励办法》《青浦报社稿酬标准》等。全年共修改完成15个新制度,共形成学习汇编材料4本,确定完成《选育和激励并重,推进新闻专业队伍薪火相传》《与时俱进更新版面栏目,提升报纸的可读性》《精准定位读者群体,优化和改进发行渠道》3个调研课题,有针对性地开展学习实践活动5次。(高　芳)

■增强重点工作宣传力度　认真做好青浦区第五届委员会第五次全体会议的策划宣传,开辟《贯彻五届区委五次全会精神》栏目,采写《新年伊始抓谋划,改革创新求发展》等一批稿件;策划并报道区五届人大三次会议及政协区五届二次会议的开幕及闭幕情况,采写各类新闻稿10余篇。结合大调研工作,开辟《不忘初心、牢记使命,推动青浦全面跨越式发展大调研》栏目,采写《坚持问题导向,真诚回应呼声——青浦区建管委组织百名党员乘坐公交作调研》等稿件50余篇。在《学习贯彻党的十九大精神》栏目,推出《传承红色基因,打造纪律铁军——区纪委多措并举加强纪检监察干部队伍自身建设》等稿件27篇。《全面从严治党》栏目撰写稿件6篇。为助力创全工作,开辟《上善青浦——同创全国文明城区,共建青浦美好家园》栏目,采写《为创全加油,为进博添彩——青浦区群团组织举行创全志愿者服务大放送集中行动》等新闻稿40余篇。在迎接“进博会”期间,开辟《“进博会”倒计时》栏目,采写《凝心聚力“进博会”,建功创业创一流》等新闻稿147篇。在长三角一体化发展提升为国家战略后,策划编排《聚焦长三角》栏目,开辟《长三角新闻专版》;在浙江浦江新闻专版,采写了《青浦区与嘉兴市签订区域联动发展全面战略合作框架协议》等新闻稿38篇。开辟《实施乡村振兴战略》栏目,撰写《狠下管理“绣花”功,打好环境保护战——华新镇精雕细琢城市新面貌》等稿件37篇;继续采写《全力打响四大品牌率先推动高质量发展》栏目,共采写新闻稿27篇。(高　芳)

■提升特色版面宣传内涵　继续刊出《经济新闻》《综合新闻》《社会社区》《科教文卫》《法治视窗》《文化长廊》《淀山湖畔》《青浦人家》《民生新闻》等版面,并进行优化提升。派出记者赴云南贫困地区,跟随中山医院青浦分院专家进行“对口帮扶”采访,撰写特稿《悬壶义诊济苍生——中山青浦分院专家医疗队“对口帮扶”纪实》。进一步夯实舆论监督版面《读者之声》,共刊出10期,刊出《“健身卡”消费需谨慎!》《保护野生动物刻不容缓》等稿件,收集意见建议10余条。(高　芳)

■加快融媒体发展步伐　6月中旬,区微博办整体迁至报社,逐步实现与报社采编工作的进一步整合,在工作制度等方面进行规范合理修定。完善“绿色青浦”微信公众号编发制度。包括:编发“三审”制度,一周编务安排制度,重要节点、节气、节日的提前策划制度,通讯员考核制度,栏目设置一般原则,新闻采写一般原则,条目编排一般原则,图照制发一般原则,主要领导摄影保障制度等。

全年围绕区委、区政府重点工作,制定2018年重点宣传计划,并开设重点宣传专栏:《进口博览会》专栏244

篇,《长三角一体化》专栏27篇,《创全》专栏17篇,《乡村振兴》专栏47篇,《四大品牌》专栏12篇,《重要会议》专栏74篇,《党建》专栏22篇,《媒体聚焦》专栏20篇,《优化营商环境》专栏10篇。2018年,“绿色青浦”政务微博新浪平台共发布微博1400条,粉丝数为84874人。“绿色青浦”微信公众平台共推送微信约1368条,关注人数约28600余人。9月,报社微博办接手编辑大调研信息,共发布《大调研》专栏稿件60余篇。（高　芳）

■建立健全相关制度提升传播能级 为适应新时期新闻工作特点,报社不断优化工作制度,开启“周一编务会”机制,制定《青浦报社联系服务区级单位分工表》。全年召开3次区报刊联盟全体会议,最终形成“1＋28”成员单位为基本框架的报刊联合体,建立通讯员指导锻炼制度等。同时,为进一步提高信息化水平,于4月推出网上电子版面,解决部分读者要求网上阅览的需求;同步推出“青浦报”微信公众号,形成网络、纸媒读者的多层次覆盖。（高　芳）

■提升规范服务能力 青浦报赠阅发行覆盖青浦城区全部39个社区,共约5万份。年内,持续加强自办发行队伍建设,夯实“定期考核”和“不定期暗访”的监督投递工作制度;继续加强与邮政部门联系沟通,及时发现问题总结整改,确保投递时效,提高投递质量。报社全年负责临时需要赠阅报纸读者登记工作,对所有赠阅家庭登记备案,并及时调整派送名单,避免硬性派送现象发生。此外,报社刊登公开赠阅公告,方便读者办理登记手续。（高　芳）

5 轨道交通17号线徐盈路站内景　（徐泾镇供稿）

综 述

2018年,区卫生计生工作以党的十九大精神和习近平新时代中国特色社会主义思想为引领,以人民群众的满意度和获得感为目标,在区委、区政府领导下,进一步突出预防与基层医疗为主的工作方针,加强探索细化全生命周期健康管理,以大卫生、大健康理念统领卫生计生各领域工作。

继续深化医药卫生体制改革。完善2018年公立医院财政补助机制,根据全面预算管理执行情况进行财政拨付;加强绩效管理制度建设,实施公立医院绩效工资改革,探索实施公立医院主要负责人目标年薪制;严格控制医药费用不合理增长,大力推动分级诊疗,中山医院青浦分院向社区卫生服务中心开放50%以上专家门诊号源,专科门诊号源全部开放;形成"上海市第一人民医院+社区卫生服务中心""复旦大学附属中山医院+中山医院青浦分院+朱家角人民医院+社区卫生服务中心""专科医院联盟+社区卫生服务中心""复旦大学中西医结合研究院+青浦中医医院+社区卫生服务中心"4种医联体形式;强化社区卫生综合改革制度设计,制定《青浦区基层医疗卫生服务机构标准化建设三年行动计划(2019—2021年)》;推进家庭医生签约服务,稳步推进常住居民和重点人群"1+1+1"(1名社区卫生服务中心家庭医生+1家区级医院+1家市级医院)签约服务;扩大延伸处方药品需求,全区常住居民和重点人群"1+1+1"签约率分别为17.61%、41.57%(其中60岁以上老人签约率88.45%),累计开具延伸处方数34805张,累计金额834万元;开展青浦家庭医生特色服务品牌工作和"微家医"试点服务。推进医养结合,做实社区卫生服务中心与养老服务机构、社区托养机构签约服务,签约率均为100%。

优化医疗资源配置。推进复旦大学中西医结合研究院青浦区中医医院临床基地建设,签定新一轮三年合作协议;与复旦大学附属妇产科医院签订合作协议,建设复旦大学附属妇产科医院青浦分院;深入开展儿科医联体建设,有序推进中山医院青浦分院脱筹成为复旦大学附属医院;完成急救中心朱家角分站建设,推进夏阳街道社区卫生服务中心开办;促进社会办医良性发展,启动青浦区营利性医疗机构设置指引工作,加快推进远大健康城建设;安排各级各类科研立项资助与配套经费,组织专家组对辖区内16家医疗卫生单位参加的121项科研项目进行严格评审、择优立项,最终确定科研立项31项,向区科委推荐项目31项;在重固和赵巷2家社区试点基础上,全面实施岗位设置管理工作。拟定人才队伍建设第二轮三年行动计划方案,建立以学科项目建设为纽带、人才培养为目标的人才培养工作机制,全年发放人才激励资金1995.78万元;组织实施第三届优秀院长(主任、所长、书记)以及第四届业务能手评选活动。

至年底,全区有各级各类卫生机构376所,其中卫生部门包括区政府直属医疗机构1所(复旦大学附属中山医院青浦分院),区卫生计生委所属机构24所(包括二级综合性医院1所、中医医院1所、专科防治院1所、社区卫生服务中心11所、妇幼保健所1所、医疗急救中心1所、其他卫生机构8所);工业及其他部门包括民办医疗机构56所,私立诊所44所、护理站10个,企业单位内部医疗机构36所,村卫生室204所,其他综合性医院1所(青东农场医院)。全区各级各类卫生机构卫生技术人员5540人,实有床位3993张;按户籍人口统计,每千人口医疗机构床位8.16张、执业(助理)医师4.34人、注册护士4.58人。2018年,全区各级各类卫生机构门急诊人次数为603.84万人次,比上年增加2.99%;出院病人数为56644人,比上年增加5.25%;手术人次数为29337人次,比上年增加6.42%;医疗机构床位使用率为83.83%,比上年下降1.27%。卫生计生委全年共招录卫生类专业技术人员83人,其中临床专业20人、预防专业5人、护理学专业15人、医技专业12人、药剂专业8人、定向培养乡村医师19人,定向培养急救医生4人。

2018年是贯彻党的十九大精神的开局之年,也是实施"十三五"规划承上启下的关键之年。青浦体育以改革创新为主线,以对标先进为目标,不断提高服务民生能力和创新发展水平,较好完成全年既定目标任务。群众体育蓬勃开展。成功举办青浦区第五届运动会,全区57个代表团1.5万余人次参加,奖项数、参赛面均创历史之最;举办8项全国以上赛事活动、12项市级赛事活动、62项区级赛事活动;全区组织开展各级各类群众体育赛事活动387项次,9.85万余人次参与。青少年体育创新发展。不断优化项目布局,全区有业余训练项目24个,“一条龙”布训项目5个,在训运动员7200余人,青少年注册运动员1951人;全年共有700余名运动员参加各级各类比赛,获得47金56银64铜;全区共有634名青少年运动员参加上海市第十六届运动会,获得26金22.5银34铜,总分1745.50分。体育产业初显成效。开展现代服务业体育专项扶持工作,7家单位获得专项资金扶持,提高了社会资本投资兴办体育的积极性;牵头建立环淀山湖体育联盟,与江苏省昆山市、吴江区和浙江省嘉兴市、嘉善县体育部门签订合作框架协议,不断促进长三角地区体育交流。公共体育设施日益完善。积极推进政府实事工程项目,新建6条健身步道、8片市民球场、50个益智类健身苑点;协调推进区体育文化中心项目建设;主动融入环城水系公园项目,推进球场、健身苑点和健身步道建设。体育彩票销量首次突破3亿元大关,列全市第四。

(黄　方　蔡丽萍)

医政管理

■概况　2018年,青浦区继续加强医疗服务监管,严格控制医药费用不合理增长。4家公立医院药占比为34.75%,比上年下降5.16%。进一步扩大实施临床路径的病种范围,二级及以上医院临床路径开展有23个专业114个病种,全年共开展11184例,比上年增长15.91%,完成率96.24%。进一步健全医药购销各环节制度,规范医务人员的行医行为,未发生医药购销领域商业贿赂事件。推广中医药适宜技术,提高中医药服务能力;积极申报中医优势病种培育项目和特色诊疗技术提升项目,推荐徐泾等6家社区卫生服务中心申报新一批市中医药特色示范社区卫生服务中心试点单位。推进优质护理,持续提高护理质量,中山医院青浦分院急诊科荆新获2018年上海市护理学会“杰出护理工作者”称号,中山医院青浦分院护理部主任王秀芳获“左英护理奖”提名奖。开展教育培训,举办老年护理初级培训班等各类培训14期,900余人次参训;组织第二十二期区医疗卫生系统“三基”理论考试,涉及15个科目;开展第三期为期2年的乡村医生规范化培训,17名乡村医生参训;开展药学结对帮扶进社区活动。继续安排各级各类科研立项资助与配套经费,组织专家组对区内16家医疗卫生单位参加的121项科研项目进行评审,遴选出区卫生计生委科研立项31项;推荐青浦区科委项目31项;共获得市卫生计生委科研课题立项8项,立项数在全市16个区居中上水平。承担医疗保障任务67项,派遣应急医疗队员1047人次,重点对大艺展、各类绿色护考、国家会展中心等开展医疗保障工作,确保医疗安全。

(黄　方)

■开展医疗机构设置指引　区卫生计生委积极开展医疗机构设置规划的研究。年初,作为全市三个试点区之一,开展营利性医疗机构设置指引工作,并向社会公布,进一步促进全区医疗机构设置有序、规范地向社会开放,方便社会办医,促进青浦区医疗卫生事业发展。同时,简化办事程序,缩短办事时限。实行“预登记”和领导“会审”制度,承诺时限为法定时限的50%。真正实现“以人为本,服务社会”的办事理念,切实把便民、利民措施落到实处。为更好地做好服务,推出政务公开制、公示申请书范本等一系列便民措施。

(黄　方)

■区第二批医疗队援疆　7月10日,王敏、李刘诛2名社区医疗骨干作为新疆克拉玛依市白碱滩区第二批支援医疗服务队队员赶赴新疆。白碱滩区作为青浦区对口支援地区,在两地党委政府和各有关部门努力下,双方对口支援与合作交流工作取得长足进步。此次援建内容涉及家庭医生签约服务、公共卫生管理、绩效工资改革等方面,通过不断提高当地家庭医生制服务水平,提升当地社区卫生服务能级。　(黄　方)

■区卫生计生委与市第一人民医院开展第三轮医联体合作　8月9日,区卫生计生委与市第一人民医院第三轮医联体合作签约仪式在重固镇社区卫生服务中心举行。区卫生计生委主任饶斐文、市第一人民医院副院长夏术阶等出席。区卫生计生委副主任季春华主持,重固镇副镇长陆全林为活动致辞。此次合作是在以往基础上,以家庭医生为主体,以上海市第一人民医院各专科专家技术支撑为依托,为签约居民提供安全、高效、高质的医疗服务,进一步探索全专结合模式下的分级诊疗工作,同时,为建立以全生命周期健康管理为目标的综合诊疗服务模式、打造社区服务品牌提供技术支撑。　(黄　方)

■何承志诞辰100周年暨中西医结合呼吸专科联盟工作会议及大型义诊活动举行　2018年是“何氏世医”第二十七代传人、“竿山何氏”第八代传人、青浦区中医医院首任院长何承志诞辰100周年,也是复旦大学中西医结合研究院

12月15日,复旦大学中西医结合研究院青浦区中医医院临床基地专家大型义诊活动举行

(区卫生计生委供稿)

青浦区中医医院临床基地成立并发展的关键之年。12月15日,该活动在区中医医院举行。区卫生计生委党委书记徐春余、主任饶斐文,区文联主席曹伟明,区文明办副主任盛斌,区文广局副局长金璀,复旦大学中西医结合研究院院长董竞成、副院长李文伟等出席活动。中医医院门诊大厅和中医堂专家义诊受到患者及市民欢迎。复旦大学中西医结合研究院、中医医院专家们对前来咨询的市民给予健康、就医、用药指导。义诊活动持续两个多小时,服务500余人次。 (陆闻婷)

疾病预防和控制

■概况 2018年,区卫生计生委继续发挥“社会组织参与青浦区艾滋病防治工作”优势,加强艾滋病高危人群检测干预、病人关怀、世界艾滋病日活动策划、在校学生和企业流动人口干预等工作;继续提升“糖尿病积分制管理工作”成效,服务患者14260人以上。完善公共卫生应急指挥中心建设,公共卫生应急指挥信息系统试运行。加强重点传染病防控,共报告甲乙类传染病11种1236例,比上年下降18.68%;无甲类传染病及其他重点关注传染病病例报告;加强学校、托幼机构等重点单位传染病防病知识培训和指导,落实夏秋季重点传染病的防控措施。加强慢性病全生命周期健康管理,继续巩固国家慢性病综合防控示范区创建成果,全区在册实际管理糖尿病患者21572人,高危人群筛查比例99.71%,2型患者糖化血红蛋白检测率67.52%;管理高血压患者78039人,首诊测压比例98.28%。继续做好糖尿病高危人群及并发症筛查、儿童安全座椅调查、全球老龄化与成人健康调查等项目工作。继续推行学生龋齿填充和窝沟封闭工作新模式。开展第三轮社区居民大肠癌筛查。加强免疫规划工作的规范化全程管理。继续实施儿童扩大免疫规划,积极应对长春长生疫苗事件影响,得到国家检查组好评。不断加大预防接种信息化建设力度,试点推进全程预防接种门诊建设,提供接种预约、接种提醒、接种记录查看、预约记录查看、移动付费等服务,提升社区免疫规划服务质量和管理效率。免疫规划疫苗接种率99.93%。拓展慢性传染病防控服务范围与能力,继续开展第三轮国家艾滋病综合防治示范区创建工作。加强艾滋病人的管理,报告艾滋病80例,艾滋病报告感染率6.08/10万,HIV/AIDS随访管理率99.4%,继续夯实以社区卫生服务中心为主体的干预模式,随访率达100%。加强结核病人的管理。加强严重精神障碍患者服务管理,严重精神障碍患者报告患病率3.39‰,检出患者规范管理率99.47%,面访率98.11%、服药率81.89%。对在册患者开展综合风险评估,按照风险等级落实分级分类服务管理。联合公安青浦分局、练塘镇开展严重精神障碍患者突发事件现场应对能力、紧急收治入院演练。加快推进社区服务体系建设,建设并启用心理健康服务中心,加快社区心理咨询点建设,累计完成心理咨询150人次。 (黄 方)

3月30日,青浦区卫生和计划生育委员会与复旦大学附属妇产科医院合作共建复旦大学附属妇产科医院青浦分院签约仪式举行 (区卫生计生委供稿)

■加强妇幼保健工作 加强孕产妇“妊娠风险预警评估”管理,推广全覆盖孕产妇系统保健管理模式;推进妊娠风险预警评估体系精细化管理,对重点孕妇采取分级分类管理,共确诊重点孕妇6977名,孕产妇系统管理94.36%,未发生孕产妇死亡;加强产科质量管理。继续做好儿童保健工作,降低新生儿死亡率;规范新生儿疾病、听力筛查工作,新生儿疾病初筛人数共3838例,筛查率99.30%;新生儿听力筛查3838人,筛查率99.30%。优化婚前保健服务,全年咨询数4064人,咨询率66.86%;婚检数2610人,婚检率42.94%,初婚婚检率71.23%。 (黄 方)

■做好“进博会”保障 制定“进博会”保障工作方案,加强组织领导,健全工作机制,明确工作目标任务及时间节点。加强传染病监测、评估,开展舆情监测,落实常规传染病性疾病监测、日常疫情监测及苗子事件监测工作。共设置8个医疗保障点,参与保障医务人员294人次,接诊人数596人。开展各类场所、医疗机构传染病督导检查496户次,出动人员1819人次,处理各类疫情及突发事件97起。卫生监督检查各类场所1921户次数,出动监督员3978人次数,现场检测343项次数,采集样品数288件,行政立案数143起。完成3698名精神障碍患者综合风险评估,及时落实分级分类服务管理措施,及时收治335名精神障碍患者。 (黄 方)

■实施严重精神障碍患者免费服药 制定《青浦区严重精神障碍患者免费服药实施方案(试行)》,申请纳入免费服药项目1152人,其中精神分裂症患者528人,占61.3%;免费服药门诊5981人次,总费用131.14万元。巩固社区精神科康复咨询门诊工作,为236名无业贫困免费服药患者提供就医、送药、服药疗效及安全性评估等服务。门诊服务4051人次,完成每年1次健康体检,免费服药患者规范管理率达100%。 (黄 方)

■复旦大学附属妇产科医院青浦分院合作共建签约仪式举行 3月30日,青浦区卫生和计划生育委员会与复旦大学附属妇产科医院合作共建复旦大学附属妇产科医院青浦分院签约仪式在区政府东裙楼举行。区委书记赵惠琴，市卫生计生委巡视员王磐石，区委副书记、区长夏科家，区委副书记韩顺芳，复旦大学上海医学院副院长夏景林等出席仪式。副区长王凌宇主持仪式。

（黄　方）

卫生监督与执法

■概况　2018年，全力做好“进博会”期间公共卫生监督保障工作，充分发挥区镇协同作战效能，专项监督抽检与日常巡查相结合，共出动监督员2396人次，监督检查各类场所1186户次，立案处罚167户次。开展应急演练，提升保障能力。与区体育局建立信息反馈机制，联防联动整治无证游泳场所。结合学校及托幼机构日常监管，开展传染病防控、学校饮水卫生、教学环境等检查，并对学校开展卫生监督抽检和综合评价工作。加强生活饮用水与健康相关产品监督。开展无证行医综合治理，完善联动机制，强化政府属地管理，明确街镇、村居责任，健全综治管理员、网格化巡查员、基层协管员等无证行医日常排查发现和事后巡查机制；制定关于加强无证行医查处工作专报机制，对二次处罚信息实行工作专报；联合公安、城管等部门每月开展集中取缔和专项整治行动，在全区营造高压态势；强化对街镇打非工作的考核，将防范和打击无证行医纳入区综治委对街镇考核。加强传染病防治监督，结合医疗机构评级分类监管模式，把传染病防治分类监督综合评价和日常监督的结果（包括传防、医政、放射等）用量化计分的方式串联起来，得出每个机构每年执业情况得分评价。加强医疗卫生机构医疗废物、污水监管。依法行政，提升监督执法效能，建立健全执法全过程记录制度，实现全过程留痕和可回溯管理。加强执法记录仪数据采集站的使用和培训，推进执法全记录工作；深入推进审改工作，简化流程强化服务。落实“双随机一公开”，提高依法行政水平。落实行政处罚公示制度，全年共作出各类许可2320份；开展监督检查5993户次；作出行政处罚379件，罚款293件，罚款金额1648250元；移送司法部门9件。制作罚没款催告书111件，申请强制执行65件；处理各类投诉举报案件229件，立案74件。

（黄　方）

■国家卫生健康委员会领导到青浦区调研　10月19日，国家卫生健康委员会综合监督局副局长何翔、李艳茹一行到区行政服务中心卫生计生委卫生监督窗口，就公共场所许可告知承诺制度实施情况进行专题调研。区卫生计生委副主任胡炯等陪同调研。通过调研，窗口部门理清工作思路，进一步围绕国家“放管服”改革要求，加强窗口建设，创新服务方式，优化服务流程，提高窗口信息化管理水平，提升窗口服务质量。

（黄　方）

■严厉打击重点专业“黑诊所”和无证医疗美容　全程跟踪监督保障“进博会”，严防会展期间发生无证行医和医疗美容行为。全区共出动工作人员2981人次，其中卫生计生行政部门出动1626人次、公安和城管部门出动441人次、街镇出动414人次、其他人员500人次。共监督检查无证行医点731户次，取缔无证行医点59处，立案52件，处罚38件，司法移送7人，罚款837100元，没收违法所得595元，没收医疗器械1109件、药品178箱，吊销《医师执业证书》1人。将7名涉嫌非法行医罪人员移送至公安部门。

（黄　方）

■严格落实“放管服”工作　做好“三加三减”，提升群众获得感。“三加”即：加强内部提升，完善《审核许可分级分类审核方案》相关制度，提升许可审批效能；加强提前介入，做好线上线下咨询，组建服务微信群，加强窗口指导服务；加强事后服务，落实许可后公示制度，每月定期公示许可相关项目，做到公开、透明。“三减”即：实行公共场所许可“告知承诺制”，办理时限最快从7个工作日压缩为当场办结；简化中医诊所和养老机构内设医疗机构许可流程；优化营商环境，落实社会投资项目的审批改革，运用新联审平台，新审批模式，减环节、减时间。

（黄　方）

社区卫生服务

■概况　制定实施《青浦区全科医生技能提升工作方案》，实行《青浦区社区家庭医生文化建设和宣传倡导2018年工作方案》，制订整改社区卫生服务中心APP提分计划、家庭医生效果评价测评方案等。提升2018年度社区卫生综合评价目标。探索社区卫生服务平台功能，在基本服务之外，鼓励有条件的社区积极引导市场各类资源参与社区卫生服务，以徐泾镇市场资源购买居家康复服务作为试点。推进家庭医生签约服务工作，明确60岁以上老年人和慢性病病人等重点人群作为“1+1+1”优先签约对象，逐步扩大签约覆盖面的基本原则，稳步推进常住居民和重点人群“1+1+1”签约服务工作。继续做实签约配套服务，落实预约优先转诊、延伸处方、慢病长处方等配套服务。积极对接市级转诊平台号源，各社区卫生服务中心逐步利用市级转诊平台。继续开展青浦特色家庭医生品牌服务工作，年内主推健康储值卡、糖尿病积分管理、肿瘤及家属自我管理（慈爱俱乐部）、空巢老人健康管理（牵手夕阳红）等品牌。完善镇村一体化管理工作，定向培养乡村医生，全年共招录新乡村医生201人，其中毕业166人、在校35人。开展新一轮一体化情况调查，村卫生室药品统一配送全面开展试点。规范开展乡村医生岗位培训。

（黄　方）

■“微家医”服务新模式　居民在家门口就可享受到“全科医生+专科医生”周到诊疗服务，被称为“微型家庭医生工作室”（简称“微家医”）服务新模式，是社区卫生服务站的延伸服务，自2017年11月在青浦试点以来，受百姓欢迎。每个“微家医”服务点安排5~6名家庭医生、9名专科医生，借助社区，整合专科团队力量，充实居民健康服务内涵。“微家医”成立后，每周一、三由家庭医生负责，为市民提供“1+1+1”签约、开具延伸处方和转诊、慢病精细化管理（高血压、糖尿病）、健康咨询和健康教育、上门出诊服务以及延伸服务（开具处方、配送药物）。“微家医”是设置在社区的最小单元工作站点。由家庭医生联盟（由全科医生、中医生、社区医生、乡村医生等组成）为居民提供家庭医生服务。工作室实行错时延伸服务的工作模式，内容包括：家庭医生服务、居民全生命周期健康管理和健康干预；同时，利用“微家医”APP，不断完善包括

6月29日，纪念青浦区社区卫生服务中心建院60周年暨家庭医生服务推进10周年展览举办 （区卫生计生委供稿）

居民、全科医生和专家医生端线上互通和转诊功能、签约居民病种分类管理、签约居民管理提醒功能、健康教育信息推送等。 （沈 华）

■举办社区卫生服务中心建院60周年暨家庭医生服务推行10周年纪念展 2008年6月30日，金泽户籍医生签约启动，作为全市家庭医生试点的前身，青浦区将6月30日作为家庭医生日。2018年6月29日，区卫生计生委在青浦博物馆举办为期3天的青浦区社区卫生服务中心建院60周年暨家庭医生服务推行10周年纪念展。累计参观人数400余人次，向居民展示和宣传青浦区社区卫生服务中心60周年发展沿革，社区卫生服务中心特色工作以及家庭医生特色工作，促进居民主动利用家庭医生服务。 （黄 方）

■启动基层卫生服务机构标准化建设三年行动计划编制工作 随着居民就医需求和就医要求的变化，区内10家社区卫生服务中心建设相关标准沿用的2006年的标准已很难适应社区卫生服务发展形势。由区卫生计生委社区科牵头，启动区内社区卫生服务中心标准化建设三年行动计划（2019—2021年），梳理全区社区卫生服务机构存在软件配置和硬件设施问题，从现状布局、服务水平、建设水平、人员配备、设备配置和信息化管理6个方面制定适用标准，促进社区卫生服务资源合理配置，指导社区卫生服务机构科学发展，满足居民基本医疗和公共卫生服务需求，夯实服务网底。至年底，完成该计划编制。 （黄 方）

■开展全科医师技能培训班 12月14日，区社区卫生服务管理中心在应急中心举办全科医师技能培训班（第一期）。培训班邀请市中山医院教授祝墡珠、仁济医院教授方宁远、中山医院青浦分院主任汪自龙授课。各单位35名全科医生骨干交流探讨全科医学管理理念与经验做法。 （黄 方）

爱国卫生工作

■概况 2018年，青浦区深入推进社会面控烟工作，开展《条例》普法宣传活动和分级分类培训，全年共开展培训30余场次；通过小区电子屏幕宣传、播放公益宣传短片、展板巡展、微信控烟知识竞赛，倡导健康生活方式，提升无烟环境氛围；联合区市场监管局、文化执法大队，针对辖区内商场、电影院、沿街商铺、KTV娱乐场所、大型餐饮机构等开展联合执法活动，围绕国家会展中心周边区域开展联合执法。构建基于居民健康的全生命周期健康管理工作模式，推进赵巷、重固、练塘3个镇的全生命周期健康管理试点工作。继续加强健康支持性环境建设，新创8家市级室内支持性环境；深入拓展健康自我管理小组内涵，从各街镇中评选出15个A级示范健康自管小组。推行健康促进“三进”（进社区、进学校、进单位）工作，完成区政府实事工程万人普及项目。与区文明办合作，对全区志愿者开展街镇全覆盖培训；与区委组织部合作开展处干班急救培训；与区教育局合作启动“开学第一课”校园安全伴你行活动，在东方绿舟学生军训中加入急救课程，对广大学生开展培训；与宋庆龄基金会合作，为教育系统培育骨干老师10人，每名老师年内完成100名学生的培训；与第一反应急救公司合作，推进全民“救救救”系列活动；与区红十字会合作，全区培训院前急救注册讲师83人，培训红十字救护员1787人，参与普及培训和讲座36523人次。在重点场所新增自动体外除颤器66台。1月1日起，全区推开健康促进积分管理工作模式，与糖尿病积分管理相融合，整合资源提升能效。深化体卫结合工作，市民健身与健康促进中心运作顺畅。抓好“进博会”病媒防制保障工作，编制《2018年青浦区中国国际进口博览会病媒生物保障工作实施方案》，制定相应病媒监测工作方案和应急处置预案。完善各项工作制度，坚持实战导向开展病媒防制保障工作，形成督导整改制度、会议制度和汇报制度。开展防蚊蝇、灭鼠灭蟑、血防查螺等工作，印制除四害宣传折页4万份、预防登革热宣传折页3.8万份、家庭病媒防制知识手册2.3万册、宣传纸巾等宣传品1.9万份、夏季突击灭蚊专项行动宣传海报1万张；开展全区性集中蚊蝇消杀控制活动8次，累计出动专业人员6102人次，总计消杀面积322.05万平方米，有效压制蚊虫高峰。指导徐泾镇、华新镇开展国家卫生镇迎复审工作，均通过验收。 （黄 方）

■持续推进健康城市建设 全面总结评估第五轮（2015—2017年）健康城区三年行动计划，完成35项主要指标，全区健康场所建设各项指标名列前茅，以WHO健康城市中心命名的健康场所累计达10家（全市第一）。结合《健康青浦2030规划纲要》，筹备编制第六轮（2018—2020年）健康城区三年行动计划，围绕“国家健康城市”工作要求，推动健康村镇建设,打造一系列"健康细胞",完善健康促进场所建设评估体系。年内,建设健康镇2个、健康村6个。继续推进健康自我管理小组活动多元化规范化发展,引导健康场所建设健康自我管理小组,重点挖掘提高现有示范小组的活动内涵,提升质量,打造优秀品牌,开展区、镇两级交流展示活动。（黄 方）

■实施市民健康宣传服务年活动 2018年为青浦区市民健康宣传服务年。1月26日,以"共筑健康未来,同享绿色青浦"为主题的市民健康宣传服务年活动启动。宣传服务年以贯彻新时期卫生与健康工作方针,把健康融入所有政策,广泛开展健康促进主题宣传活动,促进人民共建共享为主线,通过举办一轮健康巡讲,把健康送到农村、社区、建筑工地、企业、工业园区、学校等人口集聚区;开展一轮咨询、文艺演出等为一体的便民服务,集中宣传卫生计生政策法规、基本公共卫生计生服务政策和服务项目;制作发放一份健康服务宣传读本,把中国公民健康素养66条、卫生应急、家庭医生、家庭保健等内容送到家家户户;组织开展一次市民健康素养调查和知识竞答活动、一次健康自我管理小组和市民急救技能比拼等活动,进一步引导市民学习健康知识、掌握健康技能、树立健康观念、提高健康素养,养成健康行为和生活方式,不断满足群众健康需求,提升群众对健康服务的获得感、满意度,形成全社会关注健康的良好氛围。（沈 华）

■召开中国首届进口博览会病媒生物防制保障工作暨2018年夏季爱国卫生蚊虫防控专项行动动员大会 6月6日,该会在徐泾镇文化中心召开。市爱卫会副主任、市卫生计生委主任邬惊雷,市卫生计生委副主任闻大翔,市卫生计生委副巡视员张梅兴,市疾控中心主任付晨和副区长、区爱卫会主任王凌宇,区卫生计生委主任饶斐文等领导及各区分管领导等参加活动。闻大翔主持会议。（黄 方）

主要医院

■概况 2018年,区内主要医院有中山医院青浦分院、青浦区中医医院和朱家角人民医院,3家医院共有卫生服务部门核定床位1330张,其中中山医院青浦分院830张,占全区总床位的62.4%;区中医医院300张,占全区总床位的22.6%;朱家角人民医院200张,占全区总床位的15%;中山医院青浦分院门急诊量204.47万人次,区中医医院门急诊量63.72万人次,朱家角人民医院门急诊量22.29万人次。（黄 方）

■中山医院青浦分院 2018年,中山医院青浦分院(以下简称分院)结合区域发展规划整体需求,持续深化"十三五"规划,夯实三级乙等医院建设,逐步落实附属医院建设,紧扣医院"十三五"规划及年度工作目标任务,有序推进医院各项工作。

分院按照公立医院卫生服务绩效考核要求,以提升医疗服务质量为目的,以全面提高医疗质量为中心、以建立和谐医患关系为目标,加强内涵建设,深化公立医院改革,持续提高医疗质量,严抓医疗规范化,推进核心制度的落实,防控医疗隐患,创新思路提升能力,为切实提升服务质量而努力。鼓励临床各科开展新技术、新项目。完成2017年新技术、新项目(一类技术)的奖励,奖励科室11个,奖励项目13个;鼓励开展产科镇痛分娩和麻醉科自体血液回收项目。年内,医院改进新技术新项目申报审核,组织学术管理委员会专家针对各科申报项目进行评审,涉及15各部门的32个申报项目,最终有27个项目通过专家评审。持续推进质控工作。做好各条线常规质控,重点加强单病种质控的自查和考核。对近一年的单病种病史进行督查,共抽查340份病例数,对存在的缺陷及时整改。进入临床路径数9543例,完成数9259例,入径率97.75%,完成率97.02%,完成路径人数占医院出院人数比例为24.92%。常规质控方面,做好接待市、区二级的质控,并为各质控科室提供院方的支持。对各条线质控督查中发现的问题及时通知,并整改落实到位。严格基础考核。组织三级查房考核,落实做好三基考核。全年考核副主任医师56人(上半年考核25人、下半年考核31人),抽查率为75.68%;三基考核方面,应参加人数418人,因故请假14人,参加率95.65%,考核平均分88.32分,及格率100%。加强公共卫生传染病防治工作,进一步规范传染病门诊的各项工作,完善传染病报告制度建设,落实传染病信息化报告的各项工作,法定传染病的报告率100%。落实"进博会"举办期间分院各项传染病预防和控制措施,做好"进博会"期间疫情监测和上报工作。加强慢病防治工作,推进医院健康教育和健康促进工作;加强控烟门诊建设和无烟医院创建工作,建立慢病相关信息化系统,完善信息平台建设,实现和社区服务中心、疾控中心互联互通、信息共享。参与区域卫生信息平台建设,落实35岁以上首诊测量血压工作。深入推进优质护理服务,强化护理质量与安全管理,改善护理服务,加强管理,保障安全,提升护理质量。做好护理质量监测与管理,注重护理科研与教学,改善护理服务能力,夯实护理建设,提升优质护理内涵。加强护理质量指标监测。加强护理质量督查,进行督查30余次,各项护理质量均100%达标;定期监测护理质量指标,住院患者跌倒发生率0.036/千床日,院内压疮发生率0.003%,插管患者非计划拔管发生率0.099‰,护理不良事件发生率比上年下降5.3%。注重护理教学及科研。组织全院性业务学习20次,合计3571人次参加;选送10名护理骨干赴复旦大学附属中山医院(以下简称总院)、妇产科医院及儿科医院进行专科进修;参加各类国家级、市级学习班人75人次。接收护理实习生共计79人;急诊实训基地接收实训学员4人;接收护理进修生6人;完成32项护理课题申报,获区科委课题4项、区卫生计生委课题2项、PSBH课题10项以及院级教育类课题5项;成功举办护理国家级继续医学教育项目1项。改善护理服务。通过倡议书、细化服务举措、开展纪念"5·12"国际护士节系列活动、护理大调研等提高服务意识,住院患者满意度98.5%,投诉率明显下降。微摄影作品获上海市护理学会"天使靓影"主题微摄影一等奖1名、三等奖2名。

按照区卫生计生委规划,加快检验、影像"两个中心"建设,积极发挥区域技术引领作用,通过举办业务培训班、专业论坛等形式,提升区内二级医院、社区卫生服务中心及民办医疗机构的业务能力和技术水平。已覆盖全区包括朱家角人民医院、青浦精神卫生中心、10个社区卫生服务中心等医疗区域,持续提升服务能级,保证服务质量。以解决临床问题为导向,加快医院"六个中心建设"。创伤急救中心完善多科合作与衔接的流程,积极提高救治成功率。脑卒中中心按照高级卒中中心的标准完善内部管理和流程,开展脑血管造影及溶栓、取栓技术。开展脑血管溶栓42例、造影80例、取栓19例。内镜微创中心加大内镜下治疗力度,与外科联合开展内镜下胃造瘘术,无痛胃肠镜比例由15%增加到20%。妇幼儿童中心依托产科、儿科医联体,不断提升技术内涵,普儿科、新生儿科分科(普儿呼吸、感染专科运行)。肾病透析中心开设84台血透机,服务血透48655人次,比上年增加13.0%;腹膜透析病人86人,比上年增加7.5%;腹透10810人次,比上年增加13.4%;开展双滤过血浆置换新技术以及自动化腹膜透析机技术。胸痛中心的心脏介入等业务量不断提升,加强胸痛中心建设,成立医院胸痛中心委员会,制定胸痛中心认证工作计划和实施办法,确定工作目标,组织胸痛中心建设的区域培训,开展心内科PCI、冠脉造影557例,比上年增加10.52%;开展新技术:支架再狭窄药物球囊治疗,完成10例。积极配合二期改扩建工作、二期装修工作,完成5号楼4楼改造并投入使用,完成能源站设备改造,完成临时门诊建设并启用,完成地下室10KV变电站增容(电缆配合装修工程进度逐幢更新)。H区内科病房大楼启用,A区完成95%。F1区(1—4层)交付施工方进行拆除,启动施工。二期改扩建项目进入施工图深化,等待扩初批复。

依托总院资源,分院得到总院领导和结对科室支持,分院做好人才建设、科教研建设、信息化建设等工作,医教研专科建设得到较快发展,两院共建联系有16位结对主任、15位学科带头人。助推朱家角人民医院发展,25位科主任结对朱家角人民医院主任,有力推进朱家角人民医院管理的提升及技术项目的开展。持续推进业务、管理工作对接,指导三级查房和协助新项目、新技术的开展等。按照国家卫生计生委对口帮扶任务要求,对云南省保山市昌宁县人民医院开展帮扶支援工作,派驻支援医疗队员六批共30人。蔡屹珺作为上海市第二十一批上海赴滇服务接力队成员青浦青年志愿者,完成为期半年的服务任务;完成砚山县疾控中心检测任务5000余人次;联合分院团委,为云南省文山壮族苗族自治州砚山县第三小学捐赠爱心图书210本。根据《关于配合实施西部大开发战略全面推进青年志愿者扶贫接力计划的通知》,骨科医师傅阳、刘佐庆,妇产科李青参加为期2个月的上海市青浦区与云南省德宏傣族景颇族自治州对口支援青年志愿服务活动,在当地积极开展义诊、查房教学等,义诊服务患者600余人次。为持续开展援助青海省的帮扶工作,在区合作交流办和青海省果洛藏族自治州班玛县第三批援青干部的牵头下,6月中旬,专家组一行7人赴班玛县开展义诊,活动服务当地群众200余人次。

围绕市卫生应急核心能力建设和等级医院评审对应急工作的要求,结合医院实际,为首届"进博会"的顺利举办提供安全、有序、便捷、高效的医疗保障。分院作为"进博会"医疗保障定点医院,制定《医院中国国际进口博览会医疗卫生保障工作总体方案》和专项方案,完善《医院批量伤员救治流程》《医院批量伤员病房腾空机制》等;建立"进博会"医疗保障工作领导小组和医疗救援队伍实施24小时值守制度及工作机制。采取多种形式对各层次人员开展包括区政府大型服务保障、航空救援、场馆保障队员等培训演练工作。分院承担会展中心2号、5号医疗点医疗保障工作,共选派医务人员12人;至展会结束,2个医疗点共接诊患者591人,圆满完成医疗保障任务。此外还完成半程马拉松、区"两会"、龙舟赛、全国人大第三期代表学习班等医疗保障任务。

加强人才队伍建设,提升职工整体素质。继续以加快人才引进为主线,加快引入科室紧缺的领军人才及骨干人员,加快培养医院在职员工的专业技能与管理能力;加强总院专家的交流,推进人才柔性流动。推进落实员工出国(境)进修学习项目,3名职工赴美国等地学习、16名员工赴新加坡短期学习参访。做好上级医院下乡及分院下乡人员的相关报送、安置、考核等管理工作。共接收上级医院下乡26人,输送到下级医院31人,其中云南10人。在前两年岗位聘任的基础上,进一步完善考核积分制政策,并联合医务部、科教科对审核工作进行相应调整。根据设岗定员方案,参照上年度工作量,合理配置各岗位人员。根据各级各类岗位说明书的要求,加强考核工作,将考核结果与绩效工资挂钩。配合"脱筹工作",协调职能部门重新制定修正院部一级考核方案,在听取临床科室主任意见的基础上修订2018版院部一级考核方案;同时,要求临床各科调整科室内部二级考核和分配方案,使医院发展目标与员工发展目标相统一,并落实到每位员工。年内,新增上海市临床药学重点专科建设1个,12个学科建设与28位人才培养对象通过区卫生计生委组织的验收工作。申报上海市科委启明星项目1项、申报市卫生计生委新百人项目2项、申报全国基层名老中医药专家传承工作室建设项目1项、申报上海市杏林新星计划项目3项。

科教研协同发展,推动附属医院建设。以创建附属医院工作为抓手,以脱"筹"为目标,加强科教研建设,提升教学能力,完善临床教研室工作制度,发挥临床教研室在教学工作的核心作用,全面推进医院科教研发展。完善"临床教学管理、住培、实习进修等管理制度,每月定期召开教研室工作例会以及教学秘书工作会议,聘请复旦大学内、外、妇、儿、全科系等教授担任分院教学督导顾问,督导专家每周来院对教学全过程进行监管,如新教师试讲、听课制、集体备课、教学查房等教学活动,加强规范指导。招录研究生培养1人,授予硕士研究生学位4人,积极参与复旦大学多线程教学,完成2015级50名蚌埠医学院本科生理论课599学时、见习课607学时、技能课128学时的授课任务,接受蚌埠、南通等77人次的临床实习任务,接受云南昌宁、德宏以及辖区内各医疗机构44人进修,完成昌宁远程会诊5人次。成功举办"医院科研管理与成果保护运用"国家级继续教育学习班1次。全年完成各级各类申报项目123项,其中国自然12项、市省部级项目12项、市卫生计生委17项、市学会组织16项、区级项目66项;中标项目54项,其中国自然项目1项(分院国自然项目的零突破)、市科委自然基金项目1

项、市卫生计生委科研项目6项、区科委与区卫生计生委项目35项、美国Dreyfus健康基金会PSBH项目11项。开展院级教育课题申报42项,入围28项。2018年完成科研项目验收共有36项,其中市级10项、区级22项、PSBH项目4项。完成科技成果登记38项。完成60项在研项目年度评估,54项新立项项目开题汇报。完成登记投稿408篇,公开发表科技论文数217篇(核心期刊59篇、SCI11篇),专利申请27项(授权8项)。

完善后勤管理机制,围绕医院发展中心工作,做好医疗设备采购维修、医疗耗材的准入使用、总务的后勤保养、保卫科的平安医院等工作,为医院快速发展提供强有力的后盾保障。以"进博会"生产安全工作为契机,完善相关的安全规章制度、建立三级巡查制度,并按时完成各类安全生产自查的上报工作。落实安全工作责任。医院和各科室签订责任书,强化责任追究;开展隐患综合治理,做好日常巡查和"大排查,大整治"活动,对无法年内完成整改的,加强防护措施,确保"进博会"期间的安全。加强消防安全管理。开展消防安全标准化管理达标工作,迎接年底市卫生计生委考评验收;开展消防安全宣传教育工作,组织各类培训演练,消防设施标识化;修订消防安全应急处置预案,强化消防建设;完成第三方检测和评估工作。加强内部治安保卫工作。完善人防、技防、物防措施,加强规范"毒、麻"品和"危化品"的管理,保障医院安全;根据反恐最新工作要求,对安防设施进行整改,积极落实"智慧安防"建设工作,在门急诊人员密集区域设置防车辆冲撞保护装置;落实"医警"联动工作,确保医院正常的医疗秩序,与公安部门建设"联勤联动"工作站,明确各自责任,联合巡逻。

加快医院信息化进程,完善医疗信息功能。保障医院信息安全,助力医院整体发展。围绕医疗质量年的工作任务,推进无纸化工作,完善网络预约平台的管理,加快信息化建设步伐,排查医院信息隐患,保障医院网络安全。门诊无纸化推进。年初部署门诊电子病历,门诊病历可存于数据库中并打印给患者;4月16日,门诊处方无纸化正式推广使用,经过几个月的使用,基本实现门急诊普通处方、精麻方和收费、检查、治疗项目的无纸化,为自助收费创造条件。实现门诊的多渠道预约和付费,门诊推行一站式服务。在实现门诊扫码支付、自助挂号付费后,实现收费和检查项目的自助和在线支付(自助机、支付宝、微信等)。与上年相比,自助挂号比例从8.38%增加到28.76%,自助付费比例从5.61%增加到22.22%,门诊扫码电子支付比例从7.04%增加至32.89%。分院产科、口腔科已实行全预约门诊,该两个诊室患者等候时间下降约50%。完成卫生计生委数据质量新版2.1标准的对接,实现与卫生计生委米喜APP平台的接口对接,签约患者可通过APP预约分院专家和专科门诊号源。新物流系统2月份正式上线,可直接对接卫生实业采购平台,通过卫生实业的采购订单可扫码入库。HIS系统、LIS系统、RIS系统、电子病历系统和信息集成平台取得信息安全等级保护三级证书,网站取得二级证书。

11月16日,中山医院青浦分院徐熙春医学奖颁奖仪式暨建院70周年纪念大会举行 (中山医院青浦分院供稿)

以附属医院筹建工作为抓手,以建成附属医院为目标,加强科教研建设,成立"脱筹办公室",设立专人负责,组建领导小组,部署附属医院建设重点工作。加强与复旦大学各职能部门联系,完成复旦大学—医院师资队伍共建签约,开展"福庆师培计划"11讲;积极参与复旦多线程教学。参与复旦主干课程理论授课3人;参与复旦本科理论PBL教学授课3人;开设复旦本科选修课2门(微创外科、旅行中的医学);参与复旦大学临床初体验见习带教1人;参加复旦新生书院导师2人;参加哈佛大学医学院全球临床学者研究培训项目3人;鼓励青年医师参加2018年上海市高等学校教师资格专业课程考试,105人通过三门专业理论测试;启动医院优青师资培养28人;开展青年医师沙龙活动7期;成功举办第一届教学法竞赛活动,并在教师节对获奖人员进行表彰。推荐中华医学会教育分会教育研究课题申报6项;参加全国高校微课比赛作品7人;申报复旦大学上海医学院第四届PBL教案撰写大赛4人;医院设立教学课题28项。完成并通过复旦大学附属医院教学能力测评。

至年底,医院占地9.4万平方米,建筑面积11.9万平方米。医院核定床位830张,实际开放床位900张;医院在编人员1501人,其中卫技人员1313人(含:医师数431人);医院门急诊总量204.47万人次,比上年增长1.48%;出院病人3.74万人次,比上年增长6.31%;手术人次22738例,比上年增长7.01%。床位周转次数41.43次/床,比上年增长7.67%,床位使用率92.42%,比上年增长4.39%;平均住院日8.08天,比上年降低0.17天。全年分院业务收入119494.85万元,比上年增长2.11%;医院业务支出133610.38万元,比上年增长4.25%。 (林 巍)

■青浦区中医医院 2018年,医院以党的十九大精神为指导,深入贯彻健康中国国家战略,积极落实健康上海2030规划纲要,围绕城市公立医院改革总体部署、坚持中医发展方向,秉持“承古纳今,厚德精医;中医为本,福泽民生”的办院宗旨,持续推动中医工作纵深发展。年内,按照二级中医医院评审标准有关文件精神,完善实施方案、查缺补漏,在中医内涵建设、学科人才建设等方面持续改进。

合作共建复旦大学中西医结合研究院临床基地。医院与复旦大学附属华山医院签订三年合作协议——合作共建复旦大学中西医结合研究院临床基地。按照框架协议,1月1日启动专家专科门诊,包括呼吸科、神经科、骨伤科、皮肤科、肿瘤科、内分泌科、运动医学科、综合治疗科、疑难杂病科(中医传承)、心理科等。在专家专科门诊基础上,部分重点学科建设逐步铺开,呼吸、肿瘤、神经、老年病4个专科组与医院内科进行对接,确定专科组床位、专科组团队人员以及学术继承人。

推进城市公立医院改革。一是合理配置医疗资源。按照医院功能定位,契合二级医院迎评复审,医疗资源合理设置规划,调整骨伤科、老年病房、针灸科病房床位配置。二是积极落实各项医政监管指标。年内,老年护理床位使用率96.22%,实名制诊疗率93.25%,医药费用比上年下降4.16%;药占比(不含中药饮片)35.94%,比上年下降9.92%;百元医疗收入中耗材占比(不含药品收入)26.10%,比上年上升2.63%。三是执行全面预算管理。健全医院全面预算管理业务预算指标体系,根据2018年全面预算,修订完善科主任目标责任书,细化、量化监管指标,分解任务至各临床科室。四是完善绩效管理、薪酬分配体系。进一步修订完善医院绩效管理体系,完善医院及相关科室绩效考核及分配方案,重点加强对科主任及中层干部的绩效管理考核、分配,加强对各临床科室内部的绩效分配指导。五是全面实施分级诊疗制度。完善双向转诊平台构建,100%开放专家及普通门诊号源。完善转诊路径,加强与社区卫生服务机构的相互协作,提供优先检查、优先诊疗新举措。六是推进药品、医疗器械“阳光采购”。加强药品、医疗器械采购信息化管理,有序推进阳光采购。落实市级带量采购药品,全面贯彻落实药品“两票制”采购,完成自费药品议价等。七是信息化基础建设。对医院HIS系统进行版本升级,以解决老版本运行过程中存在的部分问题,优化系统架构,提升运行速度,并为后续项目建设提供可开发环境;主机房完成搬迁,按计划后续进行机房等级保护建设及测评;建立医院号源池,与市级1+1+1转诊平台接口调试中;更换病案首页管理系统,完成最新版本疾病代码及手术代码标准库、健康网数据质量上报版本升级、第三代社保卡刷卡机调试及安装等;分步推进银医“一站式服务”项目。

积极申报、推进实施上海市中医药事业发展三年行动计划项目。继续落实区中医药适宜技术推广基地工作,举办培训班、推广技术,并延伸至社区。一是组织中医药适宜技术推广视频网络课程培训35次,共计90人次参加;二是与区医学会联合开展“第二届中医药适宜技术推广周活动”,邀请市级适宜技术推广师资库专家,采取专题讲座、操作演示、现场指导等方式进行相关培训,共计340人次参加;三是开展中医药适宜技术推广培训,先后在香花桥、重固社区卫生服务中心等地推广,总计18次共1666人次参加;四是完成上海市中医药临床网络建设项目分中心建设任务。完成第二轮三年行动计划项目验收工作,包括中医医疗机构综合治疗工作(腰痛中医综合治疗方案)、中医药文化平台建设项目(青浦中医医院中医药文化建设方案)、上海市中西医结合临床重点扶持项目(青浦地区“何”“胡”女科诊疗的传承及发扬)、中医流派传承规律和模式研究(竿山何氏中医流派);推动杏林新星计划实施:第二轮2名杏林新星6月份完成结业考核,考核合格。积极申报第三轮三年行动计划项目,入围杏林新星1人,优势病种2项、中医特色技术1项。

落实中医对口支援工作。按照与10家社区卫生服务中心签订的对口支援及双向交流协议书,定期安排中医专家至各社区卫生服务中心开展培训、讲座及中医适宜技术指导,进一步巩固医院—社区卫生服务中心—村卫生室三级中医药服务网络体系建设,通过传帮带,提高社区中医药服务能力。年内,安排中医专家分别至香花桥、朱家角等9家社区卫生服务中心,开展24次中医药适宜技术推广与中医对口支援相关专业知识讲座,共975人次参加。

加强“治未病”服务内涵建设。“治未病”门诊中医特色优势疗法——“三九贴”“三伏贴”综合调理,增强体质,完成“三伏贴”400人次、“三九贴”220人次;积极推广中医药优势产品,如“中药驱蚊包”、耳穴埋豆治疗青少年假性近视和失眠、痛经等;年内,完成体质辨识516人次,开展中医养生保健指导350人次,下社区讲课12次、义诊12次。

加强中医药文化建设。以首任院长何承志诞辰100周年为契机,筹建医院中医堂、完成竿山何氏中医陈列馆建设,传播何氏中医理念,医院与青浦图书馆及赵巷镇文体中心合编出版《何承志口述何氏世医1000年》。12月15日,何承志先生诞辰100周年暨中西医结合呼吸专科联盟工作会议及大型义诊活动在医院举行,开幕式后举行何承志先生纪念像落成仪式;通过院刊、微信公众号、展板、宣传栏、电子屏幕、宣传折页等载体,加强中医药知识、中医适宜技术宣传。

加强医疗服务体系建设。一是加强医疗质量和安全检查。依托信息化手段,进一步完善医疗质量考核,修订服务监管关键性指标,规范检查和用药行为。落实医疗质量和医疗安全核心制度,推进医疗质量安全告诫谈话制度。二是加强中医护理管理工作。深化中医护理服务理念,推广中医护理方案实施病种,不断优化、完善中医护理方案。年内,共实施中医护理方案32个,开展辨证施护和中医护理技术操作,各科室在原有开展4项中医护理技术操作基础上,不断增加新项目;持续推进优质护理服务,“杨丽芳优质护理服务团队”工作模式不断推广、优化;深化“南丁格尔志愿者服务队”服务内涵,为社区、家庭等提供服务;积极开展护理科研工作,年内申报课题1项、结题2项;上交中医中西医护理专委会论文3篇、上交医学会论文8篇,其中1篇获得一等奖。三是加强药事管理工作。根据医院各临床科室优势病种,加大对中药协定处方及中药制剂的管理;优化各项服务流程,执行中药饮片电子条形码扫描工作，确保饮片配方合格率达100%。加大对基本药物的应用，促进基本药物配备，提高使用率，全年使用率达50.96%；对合理使用抗菌药物进行监测、监控及处方点评加大监控检查力度，下基层、走社区开展大型合理用药宣教工作46次；推进临床药师进病房；进一步完善手术药房规范化工作；开设独立药品咨询室。四是加强预防保健工作。五是提升应急能力建设。继续完善应急预案体系建设，开展各类应急培训及演练，实施风险评估，参与大型活动医疗保障，包括2018"中建东孚"环淀山湖（上海青浦）半程马拉松赛、绿色护考、青浦区第五届运动会、青浦区足协杯及首届"进博会"内宾医疗保障点医疗保障任务。

优化就医流程。推广自助挂号收费、移动支付等信息化应用，探索优化分时段就诊模式，减少患者挂号、收费、取药等环节等候时间，减缓门诊就诊压力，方便群众就医。年内，与建设银行签订合作协议书，投放6台自助终端设备。

落实教育科研和管理。年内，与上海交通大学附属第六人民医院联合举办国家中医药管理局Ⅰ类学分继续教育学习班，授权发明专利2项，课题结题6项、立项2项。

推动中医学科人才建设。一是推动上海市中医特色诊疗能力提升项目建设。包括中医特色诊疗技术建设项目——推拿加针刺疗法治疗急性期腰椎间盘突出症，以及中医薄弱领域专科建设项目——急诊科建设。二是以三级中医医院中医重点专科为龙头，以中医优势病种为纽带，加入中医优势病种专科专病联盟。三是加强领先及特色专科建设。区领先学科——针灸科，全年门诊量15893人次，比上年增长10.09%；采用已故上海市名老中医、医院首任院长何承志老先生的验方，开展冬病夏治穴位敷贴，完成8200人次。加快推动肝胆脾胃病专科、肿瘤专科、肾病专科、肺病专科、老年病专科、脑病专科、儿科专病专科、月经病专病专科等8个院级专病专科建设。内科开展的"三伏针"联合"三伏贴"预防/治疗呼吸系统疾病，全年完成"三伏贴"4355人次、"三伏针"2216人次。四是加强中医人才队伍建设。继续实施"基层名老中医药专家传承工作室""百名中医专家社区师带徒"等项目；做好区、院学科带头人、继承人培养，完成第三轮青浦区卫生计生委学科建设和人才培养对象验收工作，包括1个领先学科、2个特色专科，1个名医、2个学科带头人、8个医苑新星。

该院是龙华中医医院集团成员单位、上海市中医药大学实习医院、上海市住院医师规范化培训首批教学基地、上海市第一人民医院"医联体"单位。至年底，医院建筑面积1.9万余平方米，编制床位300张、实际开放308张。医院有在职职工458人，其中卫生技术人员351人（其中，硕士生21人，本科学历259人；中西医高级专业技术职称32人，中级专业技术职称162人）。全年门急诊量637216人次，比上年减少0.09%；出院8393人次，比上年减少2.46%；手术3444人次，比上年减少12.48%；业务总收入25756.90万元，比上年减少4.83%（其中医疗收入12101.20万元，比上年增长10.01%；药品收入13620.95万元，比上年减少14.01%）。（陈维维）

■朱家角人民医院 2018年，医院认真贯彻落实党的十九大精神，落实区卫生计生委年度工作要求和重点工作，深入实施医院"十三五"发展规划和年度计划，充分依托与中山医院青浦分院合作共建，围绕"夯实基础、提升内涵、明确目标、持续发展"总体工作思路，推进医院各项工作开展，完成年度预期任务，医院综合实力得到进一步增强。

医院管理。一是继续推行目标管理责任制。修订完善2018年目标责任，考核权重再分配，设置一票否决指标。进一步强化职能科室、临床医技科室管理责任，树立目标导向，为医院年度目标的完成和各项工作的推进奠定基础。医院与全院10个职能科室，15个临床医技科室签定年度目标责任书。二是推进重点工作和特色亮点工作。医院制定年度重点工作方案，确定10项重点工作，每项工作均明确责任领导、责任科室和配合科室，每季度召开推进工作会并将推进情况向区卫生计生委报送。2018年申报的3项特色亮点工作（现场办公、免费测血压、自助挂号）均有序推进。每周二上午在门诊大厅醒目位置开设"门办现场办公日"服务，为患者提供咨询、建议、意见等便民措施；全年共办理各类事件71起，服务92人次，做到事事有登记，件件有落实。9月，医院购置的2台电子自动测压仪开始使用，免费测压800多人次。医院自助挂号机于12月投入使用。

公立医院改革。一是积极开展分级诊疗工作。继续与区计划生育指导中心合作组织开展"相伴健康、相约幸福"青西行下乡活动，共参加下乡义诊13次，服务600人次；开展社区健康讲座13次，服务664人次；开展门诊健康大讲堂11次，服务606人次，免费测量血压520人次，发放健康宣传资料2301份。二是改善服务流程。向社区开放50%专家号源及100%普通门诊号源；5月起，开通微信、支付宝等移动支付功能。三是全面实行实名制挂号。利用医院网站、微信公众平台、各社区平台等各种渠道做好宣传和告知。全年门诊患者实名制就诊率为87.4%，比上年提高4.8%。

深入开展合作共建，创新共建方式。坚持与中山医院青浦分院临床医技科室结对、开通两院绿色通道、开展放射检验两个中心建设、委派专家定期到二级医院坐诊和临床指导、委派中级人员至二级医院开展团队建设、试行人员柔性流动、进行人员一体化培训、帮助指导科研工作等，免费接收二级医院医务人员进修。全年保持8个重点专科，7个一般专科、11个其他专科与中山医院青浦分院结对，有18名中山医院青浦分院专家至医院出诊，1名呼吸内科副主任医师至医院工作1年，下派心内科、呼吸内科、消化内科、肾内科、外科、骨科、五官科、病理科、儿科、中医科等科室14名主治医师至医院工作半年。全年专家累计出诊806次，诊治19309人次。充分发挥结对专家对医院业务指导，院内讲课3人次，科内讲课数120次，业务指导咨询217次，指导手术53人次，三级查房119次。上转患者至中山医院青浦分院23人，下转朱家角人民医院16人。病理会诊148例，放射科CT阅片1686张。

学科建设。医院持续加强康复科"一院一品"、区卫生系统重点学科和骨科重点专科建设力度，充分利用骨科与市第六人民医院建立的联合病房，开展

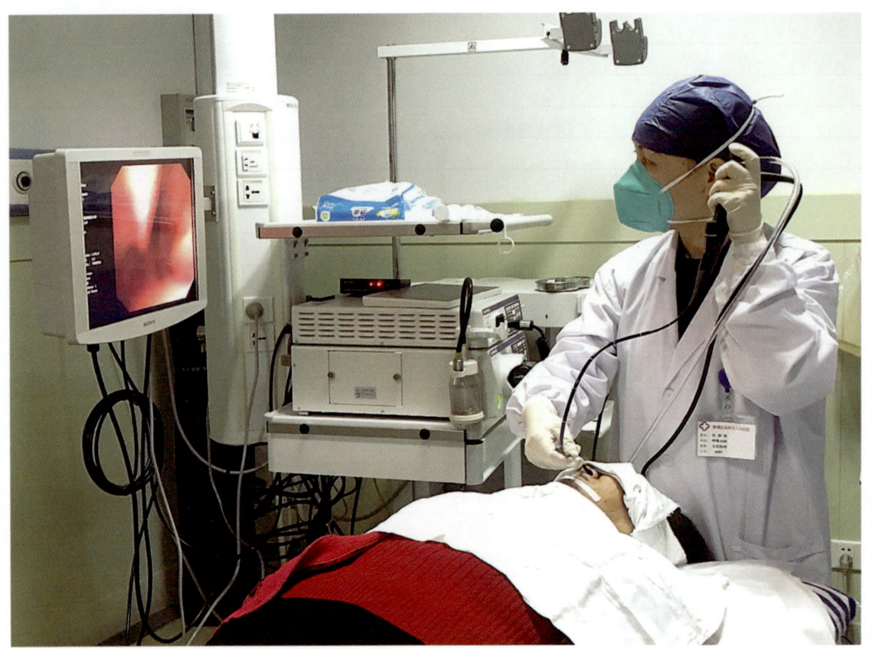

11 月 22 日,朱家角人民医院开展首例电子支气管镜检查

（区卫生计生委供稿）

医疗技术和康复合作,在手外伤治疗方面形成特色。在复旦大学附属儿科医院和中山医院的支持下,小儿脑瘫康复方面取得较大成效。积极应对朱家角急救分站设立对医院急救综合能力的新要求,选派一名急诊副主任医师至第六人民医院进修急诊外科,对所有至急诊轮转的医护人员进行急救知识和技能培训,以提高医院急救综合能力。

科研和新技术开展。医院全力支持医务人员开展医学科学研究,获区科委立项 2 个、咨询项目 2 个,区卫生计生委立项 3 个,院级课题立项 2 个。开展新业务、新技术 8 项,包括脑血流动力学状态监测、气管镜、微创大隐静脉手术、宫腔镜等,使青西患者享受更好医疗服务。

医疗质量管理。临床路径开展增加到 58 个病种,入径数 1186 例,入径率 85.76%;完成数 1172 例,完成率 98.82%,临床路径占出院人数 22.81%。处方合格率 95%,住院治愈好转率 97.9%,门急诊均次费、住院均次费均控制在合理范围。

公共卫生工作。继续完成老年人体检、妇女病普查、大肠癌筛查等区内大型公共卫生项目。全年完成妇女病普查 30429 人、老年人体检 59938 人、残疾人体检 3545 人、看守所体检 5193 人、监测点学校 7827 人,完成 A 类 D 类健康证办理 29930 人。

医疗保障工作。发挥医院公益性,积极承担上级部门下达的各类医疗保障任务,落实医疗保障 190 人次,其中绿色护考 8 人次、会议赛事 48 人次、国家会展中心保障 130 人次、“进博会”保障 4 人次;完成包括“半马”比赛、龙舟赛等大型赛事在内的各类医疗保障任务 219 天,救治 260 余人次。

人才队伍建设。医院坚持引进与培养并重,努力优化人才队伍结构。引进 1 名普外科副主任医师,新录用护理人员 1 人,康复技术人员 2 人,营养专技人员 1 人。加快院内人才培养。10 名医务人员参加三级医院业务进修,对已选拔的 14 名院内医技护骨干及 4 名学科带头人进行督导评估。

年内,外科护理组获“2016—2017 年度上海市巾帼文明岗”,放射科获“2016—2017 年度上海市青浦区巾帼文明岗”,残疾人体检志愿服获“青浦区卫生计生系统优秀志愿服务项目”,医院档案工作达到四星级标准。

该院房屋建筑面积 22718 平方米,核定床位 200 张,实际开放床位 234 张。年末,有职工 330 人,其中医生 80 人、护理 166 人、医技人员 30 人、药剂人员 19 人。医师中,主任医师 5 人、副主任医师 8 人、主治医师 47 人,有硕士及以上学历 5 人。全年门急诊量 22.29 万人次,比上年增长 7.13%;平均住院日 11.27 天,比上年增长 7.33%;床位使用率 88.31%,比上年增长 0.71%;体检 152281 人次,比上年增长 3.3%。全年医院总收入 19945.62 万元,比上年增长 3.0%;总支出 18921.31 万元,比上年增长 14.63%。（黄　蕾）

食品药品管理

■概况　2018 年,全区食品药品安全形势稳中向好。区市场监管局(以下简称“区局”)认真落实“四个最严”(最严谨的标准、最严格的监管、最严厉的处罚、最严肃的问责)要求,严把从农田到餐桌、从实验室到医院的每一道防线。一是检查监督不断加强。强化对重点领域、突出问题及飞行检查、明察暗访中发现问题的整治力度,集中组织开展食品(保健食品)欺诈和虚假宣传、药店诊所药品质量安全等专项整治;全力开展创全迎检工作,累计检查食品经营单位 12220 户次,发现问题 4156 户次,均已落实整改,全年未发生重大食品药品安全事件。二是群众关切回应有力。针对网络食品经营、菜市场等社会关注的重点领域,加强网络餐饮服务核查,落实食品安全信息追溯管理。妥善做好区应急办转派问题食品和问题单位的应急处置工作。三是监督抽检力度加大。围绕重点食品、重点指标和重点场所,完成抽检各类食品 4412 批次(含食品生产环节),其中不合格 142 批次,问题发现率 3.22%;开展食品快速检测 15325 项次,阳性率 7.66%。共抽检药品 847 件(含药品辅料、药包材),化妆品 179 件,收到药品不合格报告 12 件,化妆品不合格报告 4 件。完成医疗器械经营企业检查 2271 家次,生产企业检查 182 家次,问题发现率 7.3%;完成医疗器械不良事件监测 403 例,百万人口报告数 335 份。

无证无照食品经营治理成效明显。按照“全面消除存量、坚决遏制增量”的要求,实现全区无证无照食品生产经营户全部消除的目标。一是树立“疏堵结合,以疏为先”的原则,梯度推进无证无照食品经营整治,共治理 1568 户(其中存量 1365 户、增量 203 户),治理率 100%,治理成效得到市分管领导批示肯定。二是形成“五大工作法”，即组织发动法、目标归零法、综合施策法、督查考评法、群众路线法等。进一步巩固深化市民满意的食品安全城区建设，把食品安全党政同责和做实做强食药安办纵深推进。三是开展“常态化督查”，组建区违法违规联席会议办公室和区食药安办组成的“区级督查组”，完成覆盖全区11个街镇的督查，共督查32个路段919户次。与“五违四必”综合治理等工作相结合，建立信息共享、问题会商和执法联动长效机制。（胡开明）

■多措并举确保元旦期间食品安全 区局全面加强食品安全监管工作，确保市民欢度元旦。累计出动执法人员98人次，检查菜市场、超市、餐饮单位以及农村办酒户共52户次，开展快速检测161件。（胡开明）

■完成区“两会”食品安全保障 1月，为保障区“两会”用餐安全，区局实施多举措、全程跟踪监管，形成“科、所、队”三位联动保障模式，完成食品安全各项保障任务。此次任务夏阳市场监管所共计保障4餐次、991人次的用餐安全，开展48件食品、55件环节样品的快速检测。执法人员在会议期间进驻定点供餐单位，对食品的加工、分装、运输等进行全程跟踪监督，并与供餐单位负责人进行及时沟通，准确掌握会议饮食安排信息，对食品原料验收索证、食品留样、餐具清洗消毒等进行重点检查。（胡开明）

■全面启动2018年度国家药品评价性抽验工作 2月，该工作启动，并针对国家局的要求采取3项措施，制定周密抽验工作方案，开展抽样人员培训工作，并做好不合格产品后续跟踪处置工作，确保此项工作完成。（胡开明）

■开展进口食品专项检查 为进一步规范春节期间进口食品市场，2月，区局结合节日期间食品市场巡查，对全区市售进口食品开展专项检查。此次检查以超市、进口食品小型专卖店为重点，督促经营单位要加强日常管理，落实主体责任，确保销售的食品来源可溯、质量可靠，坚决杜绝以假充真、以次充好、来源不明的食品，营造良好消费环境。共出动执法人员58人次，检查进口食品经营者23户次，未发现有以假充真、以次充好、来源不明的食品销售。（胡开明）

■开展医疗器械生产企业质量信用分级工作 2月，根据《上海市医疗器械生产企业质量信用分级管理办法》，区局开展医疗器械生产企业质量信用分级评审工作。评审历时2个月，分为企业自评、监管部门核实、通知异议及异议处理、结果发布等多阶段，通过汇总企业行政处罚、产品抽检、日常监管、体系考核、不良事件、管代报备、第三方认证等质量信用情况，经综合分析研判后确定辖区内医疗器械生产企业的A、B、C质量信用分级。企业最终的质量信用等级会在上海医疗器械企业信息监管系统中公布，供企业和各级监管部门查询。（胡开明）

■开展校园食品安全检查 2月，区局在新学期开学第一时间启动校园食品安全专项检查，全面排查校园食品安全风险隐患。一是督促学校自查，二是开展全面排查，三是加强宣传培训。区局将持续推进“放心学校食堂”创建，不断提升辖区学校食堂规范化管理水平，为学生食品安全保驾护航。（胡开明）

■结合“雷锋日”积极宣传食品安全知识 为进一步普及食品安全知识，引导居民关注饮食健康、形成良好的消费观念，全区各街镇食安办积极参与3月5日“雷锋日”活动，联合属地市场监管所等单位，通过科普讲解、快速检测、发放宣传资料等多种形式向辖区居民宣传食品安全知识。活动中，工作人员向市民发放《食品安全法》《上海市食品安全条例》等宣传手册，并积极引导群众提高食品安全知识和维权意识，自觉抵制无证无照经营行为，为有力推动无证无照食品经营治理创造良好的社会舆论氛围。（胡开明）

■启动2018年化妆品监督抽检工作 3月，根据市食药监局“2018年化妆品监督抽检方案”部署的要求，结合2018年化妆品监管工作要点和全区实际，区局制定全区化妆品监督抽检方案并启动。全年度，区局承担化妆品监督抽检任务共计163件，其中生产环节85件，包括面膜类、抗皱抗衰老类、防晒类、祛屑类、清洁/沐浴类（适用于普通人群、婴幼儿、孕产妇的产品）、祛斑/美白类、脸部用彩妆类、眼部用彩妆类、婴儿护臀类、唇用类、精油类、眼部护肤类、香水类等13类产品；经营使用环节78件，包括普通护肤类、洗发/护发类、清洁/沐浴类、眼部护肤类、发胶类、唇用类、香水类、眼部用彩妆类、脸部用彩妆类、精油类等10类产品；此外，各市场监管所以非主渠道经营使用环节为主完成快检11件。（胡开明）

■保障“白鹤草莓文化节”举办 3月23—25日，“白鹤草莓文化节”期间，区局组合推出三大保障措施，抓好前期准备，确保商户诚信经营，抓好期间巡查，确保经营规范有序，保障活动顺利举行，共出动检查人员18人次。（胡开明）

■推进国家食品安全示范城区暨市民满意食品安全城区创建 2018年是国家食品安全示范城区暨市民满意的食品安全城区的创建验收年，青浦区食药安办、区局在不断巩固去年创建成果的基础上，继续坚持“三个结合”，即坚持将创建工作与强化日常监督巡查相结合，坚持将创建工作与督促企业落实主体责任相结合，坚持将创建工作与突破重点难点瓶颈问题相结合，统筹推进创建工作。（胡开明）

■召开集体用餐配送企业和中央厨房企业季度会议 4月，区局综合执法大队组织召开2018年第一季度集体用餐配送企业和中央厨房企业例行会议，辖区内11家中央厨房企业和14家集体用餐配送企业的主要负责人和食品安全管理人员参加会议。会议指出，一要关注热点问题，找出解决方案；二要巩固已有成效，抓好拓展延伸；三要夯实基础知识，提高综合能力。会上，执法人员组织企业一起观看《餐饮服务食品安全操作规范》视频资料，从管理概要、从业人员、场所设施、过程控制、中毒预防等5个方面向大家企业普及食品安全知识，指导餐饮企业规范操作，便于餐饮企业学习操作和自我培训。

（胡开明）

■规范网络订餐管理 4月，区局开展为期1个月的网络订餐“净网行动”专项，通过开展摸底排查、实施重点检查、规范送餐管理、加强宣传引导、依法从严查处5项工作措施，筑牢网络订餐食品安全防线。共检查网络餐饮服务提供者932家次，其中证照真实公示数690家次，对存在问题的单位采取约谈负责人、制发责改通知书、立案等措施，同时通报平台方清理下线入网餐饮单位96家次。 （胡开明）

■召开食品安全事故应急演练讨论会 为做好首届“进博会”食品安全保障工作，进一步提升全区食品安全事故现场处置能力，区食药安办于5月4日召开2018年食品安全事故应急演练第一次讨论会。会上，各单位就《2018青浦区食品安全事故应急演练方案（草案）》进行深入讨论。区食药安办依据食品安全事故现场处置流程对演练进行部署，按承办单位将任务逐项分解，明确相关任务及准备工作时间节点。

（胡开明）

■加强特殊药品监管 5月，区局结合日常监管和专项整治，狠抓麻醉药品、精神药品等特殊药品和药品类易制毒化学品监管工作，围绕生产、购进渠道、销售使用、安全管理等重点环节，认真履行监管职责，确保特殊药品“管得住、用得上、无事故”。一是重拳出击、严查违法。全面排查特殊药品监管的风险隐患和薄弱环节；3家单位入网国家局特殊药品监管系统，入网率达100%。二是齐抓共管、形成合力。加强医疗机构麻醉药品和精神药品安全监管，要求5家二级以上医疗机构、10家社区卫生中心以及18家综合性民营医院和门诊部开展自查。三是加强培训、规范操作。开展《麻醉药品和精神药品管理条例》《麻醉药品和精神药品运输管理办法》《罂粟壳管理暂行规定》以及麻精药品进、销、存以及过期产品销售等内容培训，受训人员46人，经考核全部合格。进一步严格落实销售含麻黄碱类复方制剂规定，严格执行购药者身份信息登记制度。全区在营业的180家药品零售企业开展含麻黄碱复方制剂销售培训，受训人数886人次，做到“每家销售单位明白，每个销售人员知晓”。

（胡开明）

■首次开展跨部门“双随机、一公开”联合执法检查 5月，区局牵头区环保局、安监局、绿化市容局、人社局和公安青浦分局等部门联动，在全区范围内首次开展食品相关产品生产企业跨部门“双随机、一公开”联合执法检查，完成各项检查任务。联合检查组注重细节把控，确保食品相关产品生产相对安全，共出动执法人员13人次，检查食品相关产品生产企业2户次；查见问题15件，当场给予责令改正4件，待后续处理11件；现场给予行政指导9件，解决企业难题2件，听取企业意见建议2件。

（胡开明）

5月30日，上海市市场监管工作党委书记阎祖强（前右一）在区委副书记、区长夏科家（前中）等陪同下察看青浦区检验检测中心建设进度 （区市场监管局供稿）

■阎祖强一行到青浦区调研首届“进博会”服务保障工作 5月30日，上海市市场监管工作党委书记阎祖强带领相关处室人员到青浦调研。区委副书记、区长夏科家与阎祖强会面交流。副区长顾骏及区局党政领导班子陪同调研。闵行、长宁、嘉定区局主要负责人及相关负责人参加调研座谈。阎祖强实地调研区局西虹桥地区市场监管所，听取基层市场监管所和党支部标准化建设情况，重点查看食品快检室日常工作开展情况；在青浦区检验检测中心在建工地，察看建设进度，指出检测中心的设立能够为首届“进博会”提供强有力的技术支撑，青浦区加大各项投入、加快工程建设等做法值得肯定。 （胡开明）

■杨劲松一行到青浦区调研 6月8日，市食药监局党组书记、局长杨劲松一行到青浦调研。区委副书记、区长夏科家，副区长顾骏出席调研。市食药监局协调处、餐饮处、流通处负责人，区府办、区市场监管局、徐泾镇相关领导领导陪同调研。杨劲松一行首先来到国家会展中心（上海）有限责任公司国展洲际酒店管理分公司，现场查看粗加工间、中西餐厅烹饪间、餐具清洗消毒间、冷菜专间，仔细询问食品原料收货流程及废弃油脂的回收情况，重点对该单位的半成品存放、水产品快检进行督促指导；重点查看和询问了位于国展中心点位的上海丰青餐饮有限公司的明厨亮灶落实情况；实地前往龙联汽配城、西郊家园、谢卫路等国家会展中心周边重点区域，了解无证无照食品经营治理情况，对青浦区坚持“面上推进”和“点上突破”相结合，有力推进无证无照食品经营治理工作给予充分肯定。同时，提出在下一步整治工作中，要确保按时按质实现全区基本消除无证无照食品经营的工作目标，提升全区食品安全水平以及市民食品安全获得感和满意度，净

化食品经营环境，为保障“进博会”食品安全打下扎实基础。（胡开明）

■完善食品药品应急保障体系 6月，区局充分发挥区食药安办平台作用，采取3项措施——加强系统建设，建立处置网络；开展应急演练，提升应对能力；畅通反映渠道，落实奖励政策，进一步完善食品药品应急保障体系。

（胡开明）

■首届“进博会”食品安全应急演练举办 7月10日，市食药安办联合区政府、区卫生计生委、区局以及青浦、闵行、长宁、嘉定四区食药安办，在国家会展中心洲际酒店及上述各区相关医疗机构和住宿酒店，共同开展“首届中国国际进口博览会食品安全演练”。市食药安办副主任、市食药监局副局长许瑾担任演练总指挥并宣布演练开始，青浦区副区长顾骏致辞。此次演练以模拟一起“进博会”现场某参展企业员工在餐厅用餐，引发30人细菌性食物中毒的Ⅲ级食品安全事故为背景，由市食药监局、卫生计生委、公安局，青浦、嘉定、闵行、长宁区市场监管局的主要领导或分管领导组成事故处置指挥部，主要以实战操作形式从事故报告及通报、事故响应、事故调查和危害控制、舆情控制及信息发布、后续处置和演练终止五个阶段进行全面演练。全程真实场景模拟事发状况，并实时将现场处置画面传输回总指挥部沟通处理。市食药安办主任、市食药监局局长杨劲松进行指导点评并总结讲话。（胡开明）

■开展2018年食品安全宣传周活动 为建设市民满意的食品安全城区，营造好首届“进博会”期间食品安全消费环境，动员全社会关心、支持和参与食品安全工作，增强民众对食品安全的参与意识，普及食品安全科学知识，区食药安办结合区域实际，认真研究部署2018年食品安全宣传周工作方案，落实工作措施。一是加强组织领导，周密部署方案。区食药安办紧紧围绕2018年食品安全宣传周主题“尚德守法，食品安全让生活更美好”，主动与区食药安委成员单位协商沟通，谋划宣传周工作方案，安排各项活动。二是突出宣传主题，营造良好氛围。7月21日，区食药安办会同区农委、卫生计生委、城管执法局、市场监管局等部门于富绅时代广场开展“青浦区2018年食品安全宣传周”集中宣传活动。三是创新宣传举措，形成互动传播。通过微信公众号“食安小博士”、组织各街镇食安委办与街镇市场监管所协同开展“公众开放日”活动，接受群众现场咨询投诉、发放宣传资料、观看食品安全宣传视频等，向市民介绍当前食品安全监管部门的工作职能、投诉举报工作流程；向村居、学校、工厂等区域市民普及食品安全知识，呼吁了解、关注食品安全。

（胡开明）

6月8日，市食药监局党组书记、局长杨劲松（左四）到青浦调研检查“进博会”周边餐饮场所情况（区市场监管局供稿）

■开展月饼生产经营单位节前监督检查 中秋期间，为做好月饼安全监管工作，督促生产经营企业进一步落实企业主体责任，保障月饼消费安全，区局加强行政指导，推进源头管控，加强流通领域监管，对辖区内月饼生产经营企业开展专项监督检查。（胡开明）

■开展疫苗接种单位专项检查 7—8月，为切实加强疫苗流通监管，防范质量安全风险，区局综合执法大队对辖区内疫苗接种单位进行专项检查。此次检查以疾病预防控制机构和接种单位为检查对象，采取现场察看、查阅记录、核查数据等方式。共计出动30余人次，检查疫苗接种单位6家次，未发现违反疫苗监管法律法规的行为。执法人员对接种单位疫苗使用存在的轻微缺陷，已责令相关单位立即整改。

（胡开明）

■首届中国国际进口博览会食品安全保障专题会召开 9月13日，首届中国国际进口博览会食品安全保障专题会在青浦区服务保障“进博会”前线指挥部召开，研究部署“进博会”决战决胜阶段食品安全工作。市食药监局局长杨劲松、副局长张准民，青浦区副区长顾骏出席会议。市食药监局餐饮处、流通处、协调处、办公室、执法总队等负责人，区局领导参加会议。

（胡开明）

■开展迎“进博”国展中心食品经营企业跨部门“双随机、一公开”联合检查 10月10日，区局牵头区城管局、人社局、绿化市容局、环保局、消防支队等6部门开展国展中心食品经营企业跨部门“双随机、一公开”联合检查，深度排查风险，提升安全保障能力，护航首届“进博会”。各部门抽调条线业务骨干，组成3个联合检查组，每组12人，共36名检查人员参加检查。检查内容覆盖食品安全、特种设备监察、消费者权益保障、店招店牌设置、消防安全、废弃油脂处置、劳动关系、油烟排放等方面，均围绕“安全进博”“文明进博”设定。检查过程中，始终坚持问题导向，更加突出隐患排查，更加强调风险管控。共查

见问题8件，其中予以责令改正4件、待后续处理4件。（胡开明）

■召开服务保障“进博会”食品安全工作会议暨无证无照食品经营治理专题会议 10月12日，为全力保障首届“进博会”顺利举办，区食药安委组织召开该会议。区食药安委主任、副区长顾骏出席会议并讲话。（胡开明）

■狠抓中药饮片使用安全 12月，冬令进补消费进入高峰，为切实保障人民群众用药安全，区局执法大队根据上海市食品药品监督管理局《2018年迎两节专项监督抽检的通知》要求，在全区范围内开展为期1个月的“迎两节冬令进补”中药饮片专项抽检，出动执法人员30余人次，对辖区内的中药饮片生产企业生产的40余批次中药饮片进行抽样，并送上海市食品药品检验所检验。并持续跟踪抽检不合格饮片处置情况。（胡开明）

5月26日，青浦区第五届运动会开幕式在区体育中心举行（区体育局供稿）

群众体育

■概况 2018年，青浦区群众体育工作以市民需求为导向，以增强市民体质、提高市民健康水平、不断满足人民群众日益增长的体育健身需要为目标。全年组织开展各级各类体育赛事活动387项次，共有9.85万余人次参与。（蔡丽萍）

■举办青浦区第五届运动会 以“绿色青浦，共享区运”为主题的青浦区第五届运动会于4—11月举行，全区57个代表团1.5万余人次参加。项目设置兼顾趣味性、观赏性和参与性，共设4个组别42个大项308个小项，比上届增加73%，奖项数、参赛面均创历史之最。（蔡丽萍）

■举办各级各类赛事活动 成功举办第十届上海世界华人龙舟邀请赛、2018上海市民武术节开幕式、第五届国际交互绳大奖赛等8项全国以上赛事活动；承办上海市第八届舞龙舞狮锦标赛、上海市陆上划船器比赛、上海市社区健身操大赛等12项市级赛事活动；举办青浦区春秋季徒步活动、首届亲子运动嘉年华等62项体育赛事活动。全区组织开展各级各类群众体育赛事活动达387项次9.85万余人次参与。（蔡丽萍）

9月18—23日，第十届上海世界华人龙舟邀请赛在朱家角镇举行（区体育局供稿）

■深化“体医结合”工作 依托区健身与健康促进服务中心平台，全年开展体质监测服务342次、举办科学健身知识讲座20次、健身沙龙36次，提供健身指导、名医义诊及健康咨询等服务221项次，惠及群众约1.3万人次，开展糖尿病慢病干预62次、服务9920人次，覆盖人群较去年提升70%，该中心被市体育局列为“体医联建站”试点项目并推广。（蔡丽萍）

■开展技能培训服务 加大社会体育指导员培训力度，充实体育志愿者团队，充分发挥指导员作用，开展健身指导培训“进社区、进企业、进机关”活动，惠及群众5万人次；开展持仗健走、粉红健身操、花样跳绳、练功十八法等项目培训43项次，惠及群众3300余人次。（蔡丽萍）

■加大设施建设力度 积极推进政府实事工程项目，新建6条健身步道、8片市民球场、50个益智类健身苑点；协调推进区体育文化中心项目建设，完成结构封顶，开展外立面安装及内部装饰；

11 月 17—18 日，第五届上海国际交互绳大奖赛在青浦体育馆举办

（区体育局供稿）

主动融入环城水系公园项目，推进 22 片球场、30 个健身苑点和 21 公里健身步道建设，完成步道 10398 米，新增球场 5100 多平方米。（蔡丽萍）

■加强设施巡查管理 通过第三方评估抽查、老年骑游队巡查、年度评估检查等方式，切实加强设施监管巡查力度，确保全区各类体育健身设施完好率；加大游泳场所执法检查力度，实现全年安全开放零事故，被评为年度“优秀组织管理单位”。全区各类体育场馆接待健身群众 246.34 万人次，其中区直属场馆累计接待 128 万余人次。（蔡丽萍）

青少年体育

■概况 2018 年，全区青少年体育工作以选材育人为导向，努力深化体教结合工作，创新办训机制，拓展青少年体育新格局，进一步完善业余训练布局，全面提升业余训练的质量和管理水平。成立代表团参加上海市第十六届运动会，共获得 26 金 22.5 银 34 铜，总分 1745.50 分。（蔡丽萍）

■优化项目布局 全区现有田径、水上、篮球等业余训练项目 24 个，田径、游泳、篮球等“一条龙”布训项目 5 个，在训运动员 7200 余人，青少年注册运动员 1951 人。全区共有 700 余名运动员参加各级各类比赛，共获 47 金 56 银 64 铜。（蔡丽萍）

■加强国家基地建设 立足区少体校“国家高水平体育后备人才基地”建设，开展招生工作、加强队伍管理、完善考核细则，提高教练员工作积极性。进一步规范少体校与联合办训学校的合作，在经费、器材等方面给予保障。

（蔡丽萍）

■实施运动项目进课程 以体育传统项目学校为抓手，大力实施“运动项目进课程”活动，继续推进赛艇、帆板、击剑等 6 个项目进入 13 所学校授课，培训近 3500 名学生。5 名学生获得初升高体育特长生资格。（蔡丽萍）

■创新体育公益培训活动 完成足球等 12 个项目的青少年体育项目公益培训，共有 26 所中小学校近 3000 名学生参与。区内 41 家游泳池开展中小学生游泳夏季培训班 583 班次，培训学员 2299 人，开展“人人学会游泳”达标比赛 6 次，近 400 人参赛。通过举办全国青少年乒乓球精英邀请赛、市青少年跆拳道锦标赛等 25 项赛事引领青少年学

6 月 18 日，2018 年上海城市业余联赛皮划艇系列赛暨青浦区第五届运动会龙舟、皮划艇比赛在夏阳湖举行

（区体育局供稿）

生参与体育健身，树立“终身体育”理念。（蔡丽萍）

■参加第十六届市运会 全区共有634名青少年运动员参赛，共获得26金22.5银34铜，总分1745.50分，参赛人数较上届增加34%，参赛项目28个，较上届增加6项。并承办市运会青少年组男子柔道、女子跆拳道项目比赛。（蔡丽萍）

体育产业

■概况 2018年，全区体育产业工作结合区情实际，拓空间、促发展，不断优化发展环境。积极发挥区现代服务业专项扶持资金作用，进一步扩大扶持力度和覆盖面，吸引民间资本投资兴办体育。牵头建立环淀山湖体育联盟，促进长三角地区体育交流。体育彩票销量首次突破3亿元，列全市第四。（蔡丽萍）

■政策环境不断优化 开展现代服务业体育专项扶持工作，美帆游艇俱乐部、跃浦体育文化发展公司等7家单位获得资金扶持。以创建全国运动休闲特色小镇为契机，加强对金泽帆船运动小镇的指导协调。区内万年青（上海）体育器材有限公司获“上海市体育产业示范单位”称号，上海美帆游艇俱乐部荣升上海市体育旅游休闲基地“五星”称号。（蔡丽萍）

■区域联动互惠共赢 牵头建立环淀山湖体育联盟，与江苏省昆山市、吴江区和浙江省嘉善县体育部门签订《环淀山湖体育联盟战略合作框架协议》，与浙江省嘉兴市体育局签署《体育工作全面战略合作框架协议》，旨在通过项目合作、人才互训、赛事互动等实现区域联动。年内，成功举办青浦龙舟、嘉善乒乓、昆山篮球等环淀山湖地区群众体育赛事互动交流。（蔡丽萍）

■体彩销售实现突破 以国际足联世界杯举办为契机，加大体育彩票宣传促销力度，体育彩票销量以32812万元，列全市第四；全年目标完成率176.6%，比上年增长69.3%，增幅列全市第二。（蔡丽萍）

青西郊野公园一景（区旅游局供稿）

综　述

2018年，全区加大就业和社会保障工作力度。建立区级促进就业创业政策体系，持续做好农村富余劳动力、长期失业青年等重点群体就业工作，并通过职业技能培训和职业技能竞赛等途径，对不同类别人员实施培训，提高职业技能。全年帮助长期失业青年就业237人，完成年度指标210人的112.9%；城镇登记失业人数始终控制在5000人的目标数以内；帮助成功创业508人，完成年度指标450人的112.9%；新增就业岗位19921个，完成年度指标18000个的110.7%，其中：非农就业岗位6052个，完成年度指标4000个的151.3%。中高层次培训人数6751人，完成年度指标5000人的135%；高级及以上培训人数1799人，完成年度指标1000人的179.9%；中小企业集中服务平台培训5173人，完成年度目标2500人的206.9%。为符合条件的长期护理保险参保老人提供53.3万人次的居家照护服务，完成全年10万人次的目标。

2018年，全区有养老机构19家（其中公办12家、民办7家），床位6941张（其中公办5146张、实际运营1935张、尚未运营3211张；民办1795张），入住老人1855人（其中公办1069人、民办786人）。共有长者照护之家4家，社区老年人日间服务中心125家，社区老年人助餐服务点22个，市级标准化老年活动室262个，社区老年人睦邻点127家。有6996名老人享受政府补贴的社区居家养老服务。全年向各类困难对象发放常规生活救助资金12690.26万元，救助16.9万人次。发放医疗救助资金1322.40万元，救助4385人次。完成元旦春节帮困送温暖活动，全区投入资金3742.78万元（其中涉及区财政资金1263.06万元），覆盖各类对象3.15万户。认真落实残疾人“两项补贴”政策，共计发放补贴资金2315.02万元，涉及10.69万人次。做好居民收入核对工作和流浪乞讨人员救助工作，全年救助流浪乞讨人员327人次。

（陆　明　金毓文）

劳动就业

■概况　2018年，青浦区在成功创建为市级创业型城区的基础上，继续加强就业服务，多途径、持续做好农村富余劳动力、长期失业青年等重点群体就业工作，同时通过职业技能培训、职业技能竞赛，进一步提高职工的职业技能。

■建立“1+1+N”区级促进就业创业政策体系　以提升政策针对性和实效性为目标，对区级就业政策进行全面梳理，整合有关政策措施，构建“1+1+N”的就业政策体系，出台包括“1”个区级就业创业工作总体指导意见，“1”个对接乡村振兴战略、促进农民就业创业的办法，以及出台鼓励创业带动就业、促进农村富余劳动力就业相关补贴等多个具体政策。　（陆　明）

■完成创业型城区创建工作　青浦区创业型城区创建工作（2015—2017年）在2018年一季度接受市级部门工作的终期评估考察和现场评审，经评审，成功创建为市级创业型城区。抓好创业

1月15日，青浦区2018年就业援助月活动举行　（区人社局供稿）

扶持，大力发展区级创业孵化示范基地，推荐优秀区级示范基地申报市级创业孵化示范基地。成功举办第三届创业大赛、创业"晒"场等系列活动。全年帮助成功创业508人，完成年度指标450人的112.9%。（陆　明）

■**做好重点人群就业**　2018年，多途径、持续做好农村富余劳动力、长期失业青年等重点群体就业工作。一是有效推进青年大学生职业训练营开设普训班18班次，专训班6班次，学员571人次，通过推荐就业和自主就业304人。扩大"扬帆回青"大学生实习计划的岗位征集范围和大学生对象覆盖范围，为青浦籍大学生回青实习提供更多机会。二是强化与云南省德宏州、青海省果洛藏族自治州的劳务扶贫对接，多次赴德宏州开展招聘和培训指导，组织当地创业人员、培训师资到青浦区培训。年内，帮助长期失业青年就业237人，新增就业岗位19921个（其中非农就业岗位6052个）。（陆　明）

■**推进职业技能培训**　积极推进企业新型学徒制。经市评审确定青浦区的上海普惠飞机发动机维修有限公司、上海申勤物业管理服务有限公司为上海市第三批企业新型学徒制试点单位。制定出台建立实施《青浦区农业技能人才培养实训基地的暂行办法》。推进"青能浦卓"重点项目，按企业不同类别人员实施培训。年内，中高层次培训6751人，集中服务平台培训5173人；"青能浦卓"共培训企业家132人，中高层管理人员1213人次；职工培训在线学习平台开设200多门课程，累计注册人数21210人，选课次数达到10万多次。（陆　明）

■**开展职业技能竞赛**　积极参与2018年中国技能大赛——第45届世界技能大赛全国选拔赛（上海赛区）活动，选派2名选手代表上海参加"3D数字游戏艺术"项目比赛，其中1名选手获得第二名并入选国家队，同时选送"堃金彩塑"项目作为大赛展示项目。组织实施2018年区级技能竞赛。（陆　明）

■**夯实和谐劳动关系基础**　年内，对上年度部分市级和谐劳动关系达标企业代表予以表彰和授牌，并结合劳动保障法律法规的宣传，扩大创建工作影响面，提高构建和谐劳动关系工作的社会认同度、企业参与度和职工支持度。把好企业其他工时审批关，实施"约谈制"和"承诺制"两种审核模式。深入推进基层调整组织建设，在夏阳街道推进街镇劳动争议调解综合示范工作，制定相关规范标准。推动在区管企业、镇属产业园区建立健全劳动争议调解组织。（陆　明）

■**稳妥处置各类劳资纠纷**　全年办结劳动监察案件1499件，其中立案723户、行政处理处罚100户。各街镇受理劳资纠纷调解案件5641件，调解成功4165件；受理劳动争议仲裁案件3023件，办结3114件（含上年遗留）。通过监察、调解、仲裁共为劳动者追讨各类工资报酬3.39亿元。（陆　明）

社会保险

■**概况**　2018年，青浦区开展长期护理保险试点工作，继续加大城乡居民养老保险参保续缴力度，稳步调整相关保障待遇。（陆　明）

■**推进长期护理保险试点工作**　1月，在全区范围实施长护险试点工作，制定落实实施方案，在各个街镇开展长护险政策巡讲。区人社局、民政局、卫计委、财政局及相关机构，针对评估力量不足、居家服务重叠、复核评估回避等试点工作中遇到的问题，积极协商分析研究，提出应对措施。出台《青浦区养老服务补贴实施方案》等配套政策，确保试点工作稳步推进。全年累计为符合条件的长护险参保老人提供53.3万人次的居家照护服务。（陆　明）

■**落实城乡居保参保续缴**　将以往的定时定点集中宣传调整为以居委会为重心、利用居委会集中活动机会对居民开展参保宣传，提升宣传实效。抓实重点人群参保，以上年无账户人员入户调查信息为基础，对大龄临近养老人员上门开展调查，了解人员情况。根据上海市城乡居保扶贫经办工作要求，区人社局会同区民政局，做好贫困人员政府代缴业务经办，制定并实施《关于对青浦区贫困人员参加城乡居民基本养老保险给予补贴的意见》，进一步降低贫困人员参保负担。（陆　明）

■**调整相关养老保障待遇**　2018年，征地养老人员养老金人均每月增加149.2元，调整后平均每人每月1919.2元；原乡镇办企业原居民户口退休（职）人员养老金每月增加101.2元～250.4元不等；未参保城镇老年人和未参保自理口粮户老年人养老补贴标准，由原来的每人每月820元调整为每人每月900元。（陆　明）

养老服务

■**概况**　2018年，全区养老服务工作按照"政府主导、政策扶持、社会参与、市场推动"的原则，围绕以居家为基础、社区为依托、机构为支撑的"9073"养老服务格局（即90%的老人在社会化服务协助下通过家庭照料（居家）养老，7%的老年人通过购买社区照顾服务（日间照料）养老，3%的老年人入住养老服务机构集中养老。），加快补齐养老服务短板，通过建立完善的养老服务体系，有效地满足老年人日益增长的养老服务需求。全面落实《青浦区养老设施布局专项规划（2013—2020年）》，进一步加快街镇养老院、老年人日间服务中心（老年托养所）、老年人睦邻点等各类养老服务设施建设进度，形成镇有"院"、村有"所"、组有"点"的服务网络，满足老年人集中养护、生活照料、互助服务等需求。（全毓文）

■**养老服务设施**　全区有养老机构19家（其中公办12家、民办7家），床位6941张（其中公办5146张、实际运营1935张，尚未运营3211张、民办1795张），入住老人1855人（其中公办1069人、民办786人）。共有长者照护之家4家、社区老年人日间服务中心125家、社区老年人助餐服务点22个、市级标准化老年活动室262个、社区老年人睦邻点127家。（全毓文）

■**完善养老服务供给体系**　大力推进新增公办养老床位、社区养老服务设施建设、社区综合为老服务中心建设、医养结合等政府实事项目，成效显著。完成新增公办养老床位1100张(夏阳街道541张、新城大居27A－10A204张、新城大居64A－02A309张、长者照护之家46张);1000张床位的区级福利院开工建设;新建老年人日间服务中心8家,新建(改造)老年活动室10家,新建助餐服务点3家;建设社区综合为老服务中心7家,改建50张认知症照护床位,改造1家郊区农村薄弱养老机构,培育示范睦邻点97家。按照沪卫基层(2016)15医养结合服务要求,各街镇社区卫生服务中心与全区各养老机构、居家养老服务社、老年人日间服务中心进行签约服务,覆盖率100%。落实老年综合津贴制度,为65周岁及以上10.1万名老年人发放老年综合津贴1.23亿元。 (金毓文)

■落实养老服务补贴政策 按照“长期护理保险待遇是基础、养老服务补贴是补充”的基本原则,为做好养老服务补贴政策与长期护理保险试点的衔接,对长期护理保险试点未覆盖的困难人群和未涵盖的服务项目予以兜底保障,确保困难对象原有待遇不降低。根据市民政局、财政局、人社局(市医保办)有关文件精神,经区政府常务会议讨论通过,区民政局会同区财政局、区人社局于8月初联合印发《关于本区开展长期护理保险试点进一步调整养老服务补贴政策的通知》(青民〔2018〕50号),明确养老服务补贴对象及标准、评估费以及长护险服务费用个人负担部分的补贴对象及标准、补贴资金的承担方式及有关工作要求等,并组织举办政策业务培训,为长期护理保险试点期间相关政策的顺利衔接和平稳过渡打下良好基础。 (金毓文)

■养老服务人才队伍建设 进一步建立和完善对养老护理人员队伍的培养、培训、激励等机制,实施《青浦区对养老护理从业人员参加职业培训实施补贴津贴的操作办法》,对在全区从事养老护理服务的从业人员参加相关职业工种的技能培训给予培训费补贴以及培训期间误工津贴。建立区级养老服务实训基地,组织实施养老护理员职业资格、继续教育培训等。至年底,全区有养老护理员1802人,其中机构养老护理员292人、居家养老护理员1510人。持证上岗率达到100%。机构养老护理员中102人持有初级职称证书、51人持有中级职称证书、17人持有高级职称证书、96人持有上岗证、26人持有其他证书;居家养老护理员中683人持有初级职称证书、64人持有中级职称证书、239人持有养老护理员(医疗照护)证书,524人持有上岗证。 (金毓文)

■养老机构服务质量建设 以“保安全、固成效、优服务、建机制”为主要任务,坚持问题导向、分类指导、精准施策,抓重点、补短板、强弱项,进一步解决影响养老机构服务质量的突出问题,加强养老服务机构标准化、专业化、信息化建设和精细化管理。对2017年基础性指标整治中梳理出来的问题清单,按照“一院一策”的要求,各相关部门密切配合,继续开展集中整治,确保所有养老机构基础性指标全部合格,排查发现的所有重大安全隐患全部消除。推进养老机构日常管理、护理安全和消防安全管理,守好安全底线,确保养老机构有序运行。实现养老机构等级评定全覆盖,其中1家获得三级养老机构称号、5家获得一级养老机构称号。

(金毓文)

社会救助与慈善事业

■概况 2018年,全区社会救助工作坚持以人为本的原则,不断规范管理,形成以城乡最低生活保障为主,以政策扶持、临时帮困和社会互助为辅,集医疗救助、教育救助、住房救助等多元化救助于一体的新型社会救助机制,切实维护困难群众的利益。完善城乡居民的最低生活保障机制,适时调整城乡低保标准。至年底,全区城镇低保家庭2018户,保障对象3369人;农村低保752户,保障对象1147人。全年对城乡低保、实物救助、重残无业、农婚知青、支内回沪、粮油卡(券)、医疗救助、临时救助等8项常规救助12690.26万元,救助对象16.9万人次。做好居民经济状况核对工作,开展对申请廉租房和共有产权保障住房(经济适用房)家庭的经济收入状况比对工作。对区内3名落实政策纠错人员发放生活费12.55万元,支付医疗补助费1.03万元、节日临时补助1.76万元,共计支出落政经费15.34万元。 (金毓文)

■8项常规社会救助 进一步加强社会帮扶常规救助力度,有效缓解困难群众生活难问题。全年为全区城镇低保40835人次,发放3770.64万元;全区农村低保13680人次,发放1094.94万元。实物救助1046人次,发放4.18万元。重残无业41147人次,发放5140.48万元。农婚知青2人,发放1.86万元。支内回沪2482人,发放856.94万元。发放粮油卡券55175人次,385.12万元。医疗救助4385人次,发放1322.40万元;居民医保缴费减免2213人,发放87.19万元;城乡低保家庭成员参加居民医保门急诊起付线减免共953人,发放减免资金24.32万元。全年8项常规救助16.9万人次,救助金额达12690.26万元。 (金毓文)

■元旦春节期间帮困送温暖活动 区民政局把全区帮困送温暖工作作为民生工程来抓,努力营造社会和谐的氛围,为社会弱势群体排忧解难,确保困难群众度过欢乐、祥和的中华民族传统节日。元旦春节帮困送温暖活动,全区投入资金3090.67万元(其中市财政资金147.78万元、区财政资金2677.75万元、社会组织筹措资金265.14万元),覆盖各类对象2.39万户。同时,区四套班子领导分11路走访慰问11个街镇22户不同类别的困难家庭。 (金毓文)

■提高各类救助标准 2018年,社会救助的力度继续加大,内涵得到拓展。4月1日起,城乡居民最低生活保障标准由每人每月970元调整为每人每月1070元,增幅为10.31%。4月1日起,城乡特困供养对象的日常生活费标准从每人每月不低于1270元调整为每人每月不低于1400元。 (金毓文)

■做好医疗救助工作 2018年,全区享受医疗救助人数达4385人次,救助资金1322.40万元。全年城乡低保家庭成员参加居民医保参保缴费补助共2213人,发放减免资金87.19万元;城乡低保家庭成员参加居民医保门急诊起付线减免共953人,发放减免资金24.32万元。 (金毓文)

■建章立制全力做好核对工作 所有核对项目全面实现可视化审核。2018年共产房项目于11月20日起接受咨询,12月1—20日受理,2019年1月20日起进入核对流程。至年底,廉租房家庭共接受委托172户,完成核对出具核对工作报告121份,终止核对13户,另有38户正在核对流程中。低保户家庭2018年共接受委托7125户,其中新增家庭341户,出具报告330份;复审家庭6784户,出具报告6679份。支出贫困户家庭2018年接受委托0户。医疗救助户家庭2018年共接受委托3788户,其中新增3224户,完成核对出具报告3102份;复审564户,完成核对出具报告558份。临时救助家庭全年共接受委托5户,出具报告5份。教育救助户家庭全年共接受委托75户,完成核对出具报告74份。危房改造户家庭全年共接受委托17户,完成核对出具报告17份。特困供养户全年共接受委托154户,其中:新增家庭57户,出具报告57份;复审家庭97户,出具报告87份。残疾补贴户家庭全年共接受委托319户,完成核对出具报告295份。资助参保户家庭全年共接受委托25户,完成核对出具报告25份。上述救助项目于1月底前实现新增可视化审核,7月起全面推进复审可视化审核,所有项目均实现可视化审核。在核对工作中,严格按照《青浦区居民经济状况核对中心工作制度》《经适房经济状况核对工作规范》等规定,建立完善档案管理制度和保密工作等制度。 (金毓文)

■救助管理工作 按照"自愿救助、无偿救助"原则,贯彻执行国务院颁布的"城市生活无着的流浪乞讨人员救助管理办法"和民政部"城市生活无着的流浪乞讨人员救助管理办法实施细则",以"积极救助、依法行政、条块结合、以块为主"的方法,抓住阶段重点即"寒冬送温暖""节后农民工返流后"、夏季防汛防台极端天气等重点时段,围绕"及时救助、人文关怀、心理干预、无私奉献"的工作要求,民政、公安、城管"三合一"联动开展救助服务。全年共救助流浪乞讨人员327人次,其中:男性233人次、女性94人次,老年人36人次、未成年人19人次,基本健康218人次、精神病患者99人次、痴呆傻5人次、肢体残疾5人次。 (金毓文)

■福彩管理与销售工作 2018年,福彩销售工作本着"扶老、助残、救孤、济困"的发行宗旨,继续加强对福彩代销站点和三大票种的销售管理工作,严格落实网点巡查制度,规范网点销售。持续开展福彩公益宣传,树立福彩公益形象。全区有传统福彩代销网点109个,中福在线销售厅2家。全年共销售福利彩票1.87亿,其中:电脑票13578.5万,比上年上升9.69%;即开票1173万,比上年下降18.28%;中福在线3972.14万,比上年上升4.49%。所有票种比上年上升6.29%。 (金毓文)

1月10日,2018年度青浦区慈善基金工作会议暨蓝天下的至爱启动仪式举行 (民政局供稿)

■慈善公益事业 2018年,区慈善事业与志愿者服务促进中心以学习、宣传、贯彻《中华人民共和国慈善法》为主导,着力抓好慈善文化宣传、"蓝天下的至爱"活动、慈善项目、慈善组织建设诸项工作,在全区范围内大力营造关心慈善、热心公益的良好氛围。进一步完善各项规章制度,编制《慈善业务工作制度汇编》。开展"9·5"中华慈善日特别活动,运用慈善微信公众号开展慈善箴言征集活动。开展"蓝天下的至爱"募捐活动,募集善款12256.95万元,发放各类帮困救助及公益资金9057.09万元,受益人数约136636人。开展各类慈善义工活动,走进民办幼儿园、民办小学、残疾人康育院等开展志愿服务活动,组织幼儿园义卖、贫困学生旅游,为小朋友送上学习礼包等。做好春节、高温、中秋与重阳慰问工作,继续推进白内障慈善手术项目,开展慈善篮球赛、"手拉手、慈善行—青浦区万人上街募捐活动"等。 (金毓文)

优抚工作

■概况 2018年,全区共有义务兵333人,优待金年补助标准是49979元,全区共发放义务兵及其家属优待金1560.24万元;共为全区812名重点优抚对象发放定期抚恤和补助金4295.8万元。为1389名农村退伍兵发放老年生活补助金219.3万元;为835名年满60周岁在乡老退伍军人,发放生活困难补助金150.3万元;为519名生活困难优抚对象发放春节、"八一"临时困难补助26.8万元;为982名次重点优抚对象减免医疗费103.78万元。 (梁茂颖)

■严格落实优抚政策 落实抚恤补助自然增长机制,提高优抚对象生活水平。根据市民政局、财政局《关于调整部分优抚对象抚恤补助标准的通知》(沪民规发〔2018〕7号)文件精神,从3月起调整812名优抚对象的抚恤补助标准,并将调整的标准向各位对象作书面告知,做到全区统一标准;统一落实;不错不漏;同时,优抚信息管理系统中

对812名重点优抚对象的相关信息进行同步更新。（梁茂颖）

■做好征兵和各类优待金、补助金的发放工作 征集兵员69人，完成秋季征兵工作任务，完成年度（2018年秋季）69名入伍义务兵的信息采集、系统录入和经费校对工作（其中大学生义务兵40人，外省市36人）。年内，为326名义务兵及其家属，7名直招士官，发放优待金1560.24万元；为86人（户）在乡重点优抚对象发放优待金30.39万元；为871名重点优抚对象和1673名农村籍老退伍兵发放抚恤补助金4515万元；为113户（人）重点优抚对象发放农村优待金38万元；为519名优抚对象发放临时性困难补助30多万元；为692人（次）重点优抚对象减免医药费87.37万元，为101名烈士遗属发放“烈士纪念日”慰问金10.1万元。认真落实异地祭扫烈士的烈属家庭交通补助等。（梁茂颖）

9月30日烈士公祭日当日，区四套班子领导、社会各界人士在西乡烈士陵园举行公祭活动（区退役军人事务局供稿）

■做好烈士陵园管理工作 区烈士陵园管理所认真落实《中华人民共和国英雄烈士保护法》，倡导文明祭扫新风，开展清明冬至祭扫接待活动、烈士纪念日公祭活动、烈士事迹宣教活动等一系列重点工作。成立清明、冬至祭扫接待工作小组，制定祭扫接待方案，并与东、西乡烈士陵园所在地政府职能部门协调，做好陵园环境卫生、安全秩序的管理工作，加强对烈士纪念设施的管理与维护工作。东乡烈士陵园全年共接待团体单位162家5500余人，其中：自发前来祭扫的社会各界人士84人次；接待烈士家属84户325余人。西乡烈士陵园共接待单位154家4967余人，自发前来祭扫的社会各界人士100余人次；接待烈士家属18户94余人。在开展烈士纪念日公祭活动上，社会各界人士约400余人在西乡烈士陵园的烈士纪念碑前庄严肃穆，敬献花圈，深切缅怀英烈。（吴玉琳）

环城水系淀浦河段一景（区重大办供稿）

综　述

2018年，青浦区社区建设工作按照市、区对基层政权和社区建设工作的总体要求，在各镇（街道）的配合支持下，以加强基层自治为重点，不断加大工作力度，周密部署、真抓实干、积极探索、善于创新，稳步推进基层政权建设，取得明显成效。全区的婚姻（收养）登记管理工作，在市民政局婚姻管理处的具体指导下，按照区民政局的统一部署，以为民服务为宗旨，以标准化建设为重点，以队伍建设为抓手，细心办好每一天的登记工作。以提高社会满意率为目标，依法行政，规范登记，全面加强和提高婚姻登记公共管理和公共服务水平，展示"窗口"行业良好的精神风貌，赢得社会各界的好评。年内，始终严格按照《婚姻登记条例》及《婚姻登记工作暂行规范》要求，依法办理结婚、离婚、出证、补证和收养的登记和管理工作。全年共办理结婚登记3191对，办理离婚登记1420对，颁发收养登记证12张。

（金毓文）

社区建设

■概况　2018年，围绕市、区各项目标任务的要求，以"组织建设、平台建设、标准建设、队伍建设"为四大重点内容，切实创新社会治理，加强基层建设，助力乡村振兴。

夯实组织建设，完成村居委会换届选举工作，全区选举产生新一届村居委会班子成员1155人，并分类组织培训。首次集中颁发村居委会代码证。试点平台建设、制定《青浦区"客堂间"工作规范（试行）》，全年建设110个"客堂间"，打造"巷心""平心""连心""金乡邻""香里巷情"等客堂间品牌，探索创新社会管理新模式。开展标准建设，根据《青浦区城市管理精细化标准化工作三年行动计划》要求，制定全区村务公开民主管理标准。加强队伍建设。开展社区工作者调薪工作，赵巷镇、徐泾镇、重固镇、华新镇、夏阳街道、盈浦街道、香花桥街道按7845元/月调整，其他镇按7703元/月调整。组织开展市区两级社工培训，提升社区工作者综合素质和基层社会治理专业水平。完善行政区划界线管理，组织金泽、朱家角、白鹤镇3个镇开展沪苏线沪浙线界线界桩更换工作。指导徐泾镇、赵巷镇开展基本管理单元建设，新建居委会9个。

（金毓文）

■完成村（居）委会换届选举工作　7月21—22日，全区村（居）委会进行集中换届选举。这次应换届的290个村（居）委会（村184个、居106个），均按规定的法律程序和要求顺利完成，实现预期目标。全区选举产生新一届村（居）委会班子成员1155人（其中村610人、居545人），其中主任287人、副主任219人、委员649人。换届后，村（居）书记、主任"一肩挑"104人，平均年龄43岁，大专以上文化程度的有781人。实现区委提出的3个100%的目标（即应选必选100%、自荐海选100%、妇女成员当选100%）；居委会直选比例达到88%。实现组织意图与选民意志的有机统一。年内，还新建居委会9个，并指导新建居委会完成选举工作。

（金毓文）

■开展新一届成员培训　9月，抓紧对村（居）委会主任、村务监督委员会主任的集中培训。培训内容有习近平新时代中国特色社会主义思想、党章党规、党纪与法治教育，不断强化村（居）委会成员的"四个意识"（即不断学习的意识、无私奉献的意识、开拓创新的意识、廉洁自律的意识），严守规矩底线。各街镇在此基础上，还加强对新一届村（居）委会成员的培训，加强注重公共服务、社会治理等方面的能力建设，提高村（居）委会成员的业务水平和为民服务能力。

（金毓文）

■开展村（居）委会赋码工作　《中华人民共和国民法总则》明确村（居）委会特别法人资格，村（居）委会获得统一社会信用代码。根据民政部和市民政局有关部署，区民政局承担颁证工作的主体责任，负责收集审核村（居）委会申请材料，填报民政部赋码信息系统、获取代码、印发证书及其他日常管理工作。

（金毓文）

■打造村（居）自治平台　为打造共建共治共享的社会治理格局，结合全区实际，探索实现"客堂间"品牌化、项目化。为此，制定《青浦区"客堂间"工作规范（试行）》，明确建设标准、管理标准、保障机制等方面的内容。重点在村委会推广"客堂间"建设，以街镇为单位，打造"巷心""平心""连心""金乡邻""香里巷情"等客堂间品牌，统一标牌、上墙版面。指导各村委会制定客堂间工作制度、管理手册等，探索创新社会管理新模式，把关爱老人、村民自治、社区教育等触角延伸到村民家中，成为村民自我管理、自我教育、自我服务的抓手,成为政府倾听群众声音更真实、了解群众意愿更直观、解决群众困难更快捷的平台。2018—2020 年,原则上分别按照市、区、街镇美丽乡村“70%、50%、30%”比例在村民小组中推进“客堂间”建设,其中 2018 年建设 110 个。 (金毓文)

■推进社区共治平台 各街道、基本管理单元社区召开社区代表会议,建立健全社区委员会和社区代表会议制度。在社区党委领导下,对涉及社会性、公益性、群众性的社区事务,进行评议监督、议事协商和动员整合。建立社区委员会工作制度、联席会议制度、公共议题形成制度、民主监督评议制度、工作经费保障制度。 (金毓文)

■制定村务公开标准 根据《青浦区城市管理精细化标准化工作三年行动计划》要求,聚焦村务公开程序、内容和形式等关键内容,采用标准的形式固定和完善村务公开民主管理规范化建设的经验和做法,制定涵盖村务公开民主管理全过程的标准化业务流程、标准指标,对相关附录的制定要求明确、细致、可操作,并符合 GB/T1.1-2009 的格式要求,提高村务工作的规范化和标准化水平,促进村务公开的质量和效率,更好地服务村民,为全区开展城市管理精细化标准化工作提供民政局标准化工作流程。 (金毓文)

■推进社区工作者队伍建设 1 月,开展社区工作者队伍建设调研,对社区工作者招录进行研究并报区政府,并召开建设专业化社区工作者队伍联席会议,对社工的招聘、绩效考核及其他社工方面的问题进行研究。4 月,与区人社局一起,开展社区工作者调薪工作,研究薪酬调整方案。5 月 18 日前,各街镇将调薪方案报至区联席会议办公室,并于 5 月底前调整到位。赵巷镇、徐泾镇、重固镇、华新镇、夏阳街道、盈浦街道、香花桥街道按 7845 元/月调整,其他镇按 7703 元/月调整。9 月,召开绩效考核方案分析会,分析总结上年度各街镇的考核方案,部分街镇作交流发言。根据市民政局统一安排,于 10 月安排 12 名一线社区工作者参加市级骨干培训班,强化社区工作者的为民服务意识,丰富工作技巧和工作方法,提高综合素质和基层社会治理专业水平;10 月 31 日—11 月 2 日,组织全区各街镇事务所工作人员参加 2018 年度青浦区社区工作者事务所培训班,提升业务操作能力。 (金毓文)

■开展界桩更换工作 根据民政部和市民政局工作部署,组织金泽、朱家角、白鹤 3 个镇开展沪苏线、沪浙线界线界桩更换工作。分别与毗邻区民政局召开协商会议,了解掌握现界桩的实地位置、地形、现状等情况,确定界桩更换类型,研究解决界桩更换工作中遇到的问题。做好界桩测绘工作以及更换相关文件和成果资料的整理,按照文档管理规定做好立卷归档工作。 (金毓文)

■第二批基本管理单元验收 按照基本管理单元资源配置要求,督促徐泾镇、赵巷镇做好基本管理单元工作,健全社区党委、社区委员会工作,加大建设投入,以中心、分中心、服务站的形式配置事务受理、文化、卫生、城管、公安、市场监管等资源、力量,确保按时间节点迎接市级验收。 (金毓文)

2018 年青浦区村(居)委会统计情况表

表 67

镇、街道	赵巷镇	徐泾镇	华新镇	重固镇	白鹤镇	朱家角镇	练塘镇	金泽镇	夏阳街道	盈浦街道	香花桥街道	合计
村委会数	10	16	19	9	21	28	25	30	8	5	22	184
社区居委会数	17	17	12	4	5	14	5	5	23	26	13	141

(金毓文)

来沪人员工作

■概况 2018 年,区人口办紧紧围绕年初制定的人口管理重点工作项目,在各街镇及各公安派出所的支持配合下,深入推进智慧公安项目建设,扎实推进人口服务管理各项工作,并积极探索创新思路、措施等。年末,全区登记在册的实有人口 1301307 人(比上年末增加 89231 人),其中:实际居住户籍人员 522825 人、来沪人员 760726 人、境外人员 17756 人。 (徐静雯)

■来沪人员就业管理服务 开展 2018 年春风行动,做好劳务信息的对接及重点行业和企业岗位的收集和汇总,组织开展专场招聘咨询活动,促进劳动力供需对接,引导来沪人员到符合区产业结构调整方向及劳动力紧缺的行业进行就业。开展企业用工需求摸查,依托街镇了解区域内企业用工规模情况和岗位需求,及时掌握因企业关、停、并、转、迁等原因造成来沪人员集中流入人力资源市场的情况,加强就业动态监测,做好居住证管理和做好灵活就业登记工作来积极引导来沪人员实现合法稳定就业,全年,灵活就业登记累计办理 547 人。 (陆　明)

■全力投入“进博会”安保工作 依托全区实有人口信息质量捆绑运作机制,建立村(居)委负责人、社区民警、社区综合协管员为一体的落脚点和重点人员责任包干清单,联合相关业务牵头单位开展实地督导检查等措施,进一步传导压力、压实责任,推动管控工作落到实处。其间,先后召开决战“进博会”安保“徐泾地区”“环徐泾地区”专题研商会、“冲刺进博会人口管理专题会议”和“进博会实战阶段人口管理再动员、再部署会议”,对安保备战、临战、实战 3 个阶段人口管理工作进行动员部署,进一步明确相关工作要求。开展人口清查重点攻坚。10 月 23 日—11 月 6 日,每天轮番不间断地对徐泾镇国家会展中心周边区域开展密集交叉检查,共检查 18 次,核查实有人口 60891 人、实有房屋 36475

间。同时,要求各街镇人口办结合辖区实际,自行开展地毯式人口清查,共清查49次,核查实有人口164625人、实有房屋68182间。通过以上密集清查活动,掀起全区人口清查整治高潮,切实消除潜在的信息登记薄弱区域,进一步提升全区"三个实有"(即实有人口、实有房屋、实有单位)登记率,安保控制区登记率达到99.8%以上,其他地区登记率达到98%以上。（徐静雯）

■推进"迎进博、保稳定"立功竞赛活动 7—11月,区人口办围绕"三个实有"信息核查、重点人员和落脚点管控、房东责任制建设、违令案件处罚、服务公安实战等5个方面的内容,在全区开展比数量、比质量、比成效"三比"竞赛活动。其间,社区综合协管队员共走访厂房改建宿舍221家、建筑工地748家、疑似住人的桥洞(涵洞)82个、废弃厂房273家。开展重点区域各类清查整治,核查来沪人员504653人次、境外人员4870人次,核查6人以上房屋7074间、无人居住房97563间、其他重点房屋25496间。（徐静雯）

■加大战时奖励力度 加大"一案一奖""一事一奖"和"一查一奖"的奖金额度,特别是对主动发现来青关注群体人员、主动提供违法犯罪线索的,除按规定予以奖励外,还协调属地街镇予以叠加奖励。至11月底,累计发放各类奖励25.2万余元,是上年同期的4倍,有力提升了参战人员的工作积极性。（徐静雯）

■按时保质完成警用地理信息系统建设 一是全域建模。按照核心区域、警戒区域、控制区域、疏导区域等安保4个圈层和其他区域的顺序,依次完成全区630公里航拍和三维建模。其中,国家会展中心区域1至8号场馆和中心圆楼147万平方米经多次技术完善,全部采取高精度外部立面、内部结构建模。二是获取图纸。在市局人口办的大力支持下,从市规土局获取全区各街镇商品房建筑平面图纸164193份,从电力、水务、燃气等公司,获取徐泾镇地下管线建筑CAD图纸189份及总计80余公里各类管线的相关数据,并发动各街镇采集并绘制农宅(包括农民自建房)的建筑图纸,为全区内、外部建模提供有力支撑。三是数据上图。在数据上图过程中,区人口办针对部分数据因地址信息冲突无法上图的情况,牵头建设单位加班加点进行数据清理,并提请市局人口办开放权限,协助清理数据。在各方努力下,全区200.3万条实有人口、实有房屋、实有单位"三实"数据全部上图。（徐静雯）

■完善人口服务管理 区人口办依托"智慧安防"社区建设,在徐泾镇西郊家园试点人口管理流程再造。徐泾镇西郊家园小区拥有总户数505户,实有人口(包括外来人口)7939人,该小区通过"智慧安防"社区建设,共新建微卡口、监控视频、周界报警、智能门禁等四大类安防设备和门栋、智能车棚、电子巡更、智能消防、公共设施等五大类泛感知设备共计26项、2907个设备。其间,区人口办牵头成立试点工作专班,召开8次专题会议,建立小区综治分中心和房屋租赁管理服务站。在此基础上,加强宣传发动,上门采集小区登记信息的居住人员人脸信息7000余条并上传至云数据库。至6月,人口管理再造流程管理和硬件设施基本建设完成并试运行。通过"智慧安防"的人口管理流程再造,推动人口服务管理工作的革命性转变:一是提高人口信息登记率。长期居住的来沪人员因进出便利性等原因,会主动至房屋租赁管理服务站进行基础信息登记和人脸信息上云,变"要我登记"为"我要登记",推动人口登记率不断上升。二是实现人口精准化管理。对未登记人员、疑似搬离人员,"智慧安防"后台均可以通过数据运算发现,并及时预警推送社区综合协管员进行处理,指向明确、定位精准。三是极大提高人口服务管理效率。在"智慧安防"的支撑下,社区综合协管员以往需要逐户登门、大海捞针式的排查发现问题的工作,被24小时不间断运行的前端感知设备和信息系统所替代,以往长期不断的滚动排查工作,现在只需定期开展一次检查即可,大大减轻工作量,工作效率却成倍增长。（徐静雯）

■狠抓实有人口信息质量 一是配齐配强信息采集队伍。为实现"进博年"全区人、房、单位信息质量的进一步提高,积极引导各街镇严格按照标准配齐社区综合协管员,通过新老交替、内部分流等方式,做强队伍综合素质,并在全年度通过购买服务的方式,进一步壮大队伍。至年末,招聘正式队员75人、购买第三方力量254人,显著增强专业力量。二是转变信息维护模式。区人口办积极响应"智慧公安"建设,牢牢抓住社会治理工作由数量规模型向质量效能型和人力密集型向科技密集型转变的契机,会同开发公司定制、安装、配发1288台PDA信息采集终端,并将PDA纳入社区综合协管员装备的标准配备,确保"人手一台",彻底告别原始手工采集、手工录入的信息维护模式,正式迈入"采集即录入,录入即应用"的智能阶段。三是创新信息测查手段。针对以往人口办单独开展信息测查样本偏少,聘请第三方成本较高,组织街镇社区综合协管员积极性不高等问题;8月,制定《青浦区"三个实有"交叉检查方案》,组织各街镇人口办在全区范围内开展交叉检查。明确测查登记率低于95%的,被检查单位要按照问题数向检查单位社区综合协管员发放社会化采集奖励经费。此举既提高测查覆盖面,又提高参与人员的工作积极性,倒逼各街镇落实属地责任,尽心尽力地抓好辖区内的信息维护工作。（徐静雯）

■推进"房东责任制"机制建设 年末,完成房东签约8.7万余户,签约率97.81%;推动出租房屋安装监控5611套,配备灭火器9.6万余只。其间,房屋出租人主动报告人员变动信息7825次计25320人,实际采集维护25344人,发放奖励经费100601元。根据房屋出租人报告共消除消防隐患210户,消除治安隐患117户。通过房东提供线索破案3起,通过租赁房屋监控获取线索破案5起。（徐静雯）

■加强上海市居住证管理 全年,全区累计办理上海市居住证45661张,其中:各街镇累计开具"合法居住证明"80716份,不予出具证明1522人次。区人口办每月由居住证专管员带队,对各街镇社区事务受理服务中心居住证受理网点进行检查,抽验《上海市居住证》

和“居住登记”办理材料,同时通过“上海市居住证管理信息系统(公安子系统)”实时在线查看各派出所居住证审核进程,查验覆盖率达到100%。
(徐静雯)

社会组织管理

■概况 2018年青浦区社会团体管理局以全面深化改革为主线,结合全区实际情况,坚持以研究为基础、以服务为核心、以活动为载体,以构建社会组织服务支持体系和完善社会组织综合监管体系为重点,加快社会组织培育发展,加强分类指导和规范管理,增强社会组织发展活力,充分发挥社会组织在促进经济社会发展和参与社会治理中的积极作用。 (金毓文)

■做好社会组织各项登记审批工作 至年底,全区注册登记的社会组织共有835家,其中社会团体172家、民办非企业单位663家。年内,准予社团成立登记8家,办理社团变更登记20家,办理社团到期换证40家,办理社团注销10家;共办理民非核名162家,准予民非成立登记127家,办理民非注销7家,办理民非变更登记119家,办理民非到期换证73家。 (金毓文)

■落实各项扶持政策 积极组织社会组织申报市和区项目,通过社会组织服务中心平台向市、区相关部门报送50个各类申报项目,其中:20个被批准立项,获资助600余万元。此外,根据《青浦区促进社会组织发展扶持资金暂行管理办法》,全年安排300万元资金支持社会组织通过政府购买服务方式参与社会管理服务,通过绩效评估对社会组织进行奖励。这些项目的实施和资金的支持在提升社会组织项目运作能力、激发社会组织活力方面起到积极作用。此外,区社会组织服务中心申报并获批的“青浦区创业孵化基地”“青浦区就业见习基地”,一方面针对两级服务中心在孵社会组织中开展创业培训、解读创业政策,协助社会组织办理相关扶持手续;另一方面,由区服务中心统一向社会公开招聘见习青年,分派到各中心及在孵社会组织中,其人员经费由区财政负担,一定程度上缓解社会组织招聘难和人手不足的问题。 (金毓文)

■实施“社会工作人才”能力培训项目 根据《青浦区社会工作者职业能力培训三年行动纲要(2017—2019)》(青民〔201727号〕)的目标任务,紧紧围绕青浦区基层社会治理需要,以职业化、专业化、规范化为发展方向,全年共计培训1000多名社会组织工作人员、社会团体人员、社会群众,并通过丰富培训内容、拓展培训对象、创新培训方式等手段,为社会工作人才提供专业进修、交流学习、挂职锻炼的机会,为创新社会治理、加强基层基础建设提供坚强有力的队伍保障,向社会输送一批社会工作新能量。 (金毓文)

■推进社会组织服务中心体系建设 2018年,区、街镇两级服务中心实体化运作全覆盖,在服务社会组织、承接政府转移事项、整合各方资源、满足居民需求等方面发挥积极作用。区级服务中心重点协助登记管理机关做好日常登记管理工作、指导街镇社会组织服务中心规范有效运营。并针对新成立社会组织如何强化内部治理、规范财务运作以及街镇服务中心如何有效培育社会组织,共开展培训20余次;出台《关于建立与街镇社会组织服务中心结对联系工作制度的通知》,密切区服务中心与街镇服务中心之间的关系,推动街镇社会组织服务中心实体化建设工作。街镇服务中心重点围绕社区公共事务服务、供需对接和社会组织管理等方面,做好服务社会组织培育发展工作。年内,11家服务中心分别根据自身街镇特色,孵化培育近30家社会组织,开展社区公益活动200余场,对接公益项目48个,为推动服务的品牌化和本土化起到积极的作用。 (金毓文)

■社会组织清理工作 探索创新社会组织抽查及日常监管手段,争取区财政资金为丰富社会组织管理手段提供资金保障和支持。对随机抽出的社会组织的活动开展、遵纪守法、内部治理、财务活动等进行检查,并将抽查和处理情况向社会公开。全区社会组织的评估率明显提高,社会组织评估数量40家;对区级登记的社会组织随机抽查40家,抽查比例约5%。成立以社团局为主、两级服务中心及第三方为辅的日常监管队伍,加强对社会组织党的建设、财务和人事管理、研讨活动、对外交往、接受境外捐赠资助、按章程开展活动等事项的管理。 (金毓文)

■举办青浦区第三届“公益伙伴日”活动 继续围绕“公益之城”的建设理念,进一步深挖伙伴日活动固有的展示、对接、宣传功能。深化“公益四进”(即公益进社区、公益进校区、公益进园区、公益进商区)活动形态,最大限度调动公众了解公益、参与公益的积极性,进一步将9月打造为公益伙伴月。倡导“人人公益、处处公益、随手公益、快乐公益”的公益生活方式,发掘并培养更多的公益事业伙伴,推动上海公益之城建设向纵深发展。 (金毓文)

计划生育

■概况 2018年,区卫生计生委深入推进“新家庭计划—家庭发展能力建设”项目,在原有5个试点的基础上,新增白鹤、盈浦、华新3个市级试点街镇,完成新家庭计划项目效果评估。开展部门协作,与民政合作的“集体婚礼”、与妇联合作的“家庭文化节”都取得良好的社会效果。开展多方面宣传,在《新民晚报》专版展示青浦区新家庭计划项目的工作内容,在香花桥街道、夏阳街道等部分村(居)制作新家庭计划宣传墙面,扩大市民的知晓率和参与度。同时,对孕产妇做好生育宣传指导、关怀计生特殊困难家庭及开展资料收集和数据统计以推动计生各项工作。
(黄 方)

■计划生育宣传指导 深入开展全区孕产妇的生育宣传指导服务工作。编印《健康路上,你我同行》健康基本知识与技能知识读本;完成“青西行”和“社区健康教育大讲堂”服务百姓3年行动;在全区9个街镇开展“0—3岁婴幼儿养育现状与公共服务需求”调查,为制定公共服务政策提供科学依据;积极推进出生缺陷一级预防工作,为637对计划怀孕夫妇提供免费孕前优生健康检查服务;开展奖励扶助政策业务培训,认真做好各类计生奖励扶助审核。
(黄 方)

■关怀扶助计生特殊家庭 积极落实家庭医生签约(包括“1+1+1”医疗机构组合签约)及就医绿色通道服务全覆盖。组织全区60周岁以上的计生特殊困难家庭成员进行免费健康体检和心理健康测试,共有997名人员参加体检。采取政府直接补贴的方式为特扶人员发放住院护工补贴。继续推进特殊家庭“安康通”援助服务项目,全区有183户家庭参与该项服务。增加失独家庭辅助就医项目,加强社会关怀,以向每户发放冰箱贴形式保证联系人、家庭医生、安康通信息全覆盖。利用节假日等活动契机,建立经常性的关心关爱、经济扶助、精神慰籍关怀工作机制。与青浦区精神卫生中心合作,开展金泽镇特殊家庭心理关爱试点项目。

(黄　方)

■综合治理出生性别比问题 2018年,结合“新家庭计划”、国际家庭日等活动契机,通过宣传倡导、健康服务、综合治理等一系列活动,大力营造关爱女孩的社会环境。青浦区常住人口出生性别比值111.7(其中:户籍人口113、流动人口110)。在全区范围内开展计生行政事务稽查,细化行政权力,优化办理流程,梳理计划生育行政权力清单。编印《青浦区计划生育行政事务办理指导手册》,提高行政执法的能力和水平。做好流动人口卫生计生动态监测工作、新青浦人健康需求及满意度调查工作。加强与外省市信息交流与管理,实现资源共享。

(黄　方)

■开展资料收集和数据统计 对基层每月的流动人口行政事务办理情况进行跟踪督查,加大对基层每季度上报的人口统计报表数据(尤其是流动人口计划外情况数据)的分析工作。着力做好全市通办指导工作,实时更新办事指南和操作指南,优化业务流程。开展流动人口健康促进宣教服务,形成全区关爱流动人口良好氛围。组织开展流动人口基本公共卫生计生服务均等化示范区建设,开展均等化示范街镇评选,推动形成有利的政策环境,提高流动人口健康素养。开展流动人口健康素养和健康需求调查工作。根据《青浦区流动人口健康教育和促进行动计划实施方案(2016—2020年)》工作要求,通过广泛宣传、教育和引导,不断提高流动人口健康知识、自我保护意识和健康水平,重点保障来沪农民工和流动妇女儿童的生命安全和健康权益,促进流动人口及家庭全面发展。加快推进母婴设施建设,在区妇幼保健所、朱家角人民医院、盈浦街道社区卫生服务中心、徐泾镇社区卫生服务中心和赵巷镇社区卫生服务中心完成母婴设施建设。

(黄　方)

4月10日,区计生协会工作人员走访慰问独生子女困难家庭(区卫计委供稿)

■开展“把健康带回家”流动人口卫生计生关怀关爱活动 春节前后,区卫生计生委联合盈浦街道办事处在吾悦广场开展2018年度“把健康带回家”流动人口卫生计生关怀关爱活动。活动设有医疗健康、计划生育咨询、血压测量、健康知识宣传和便民服务等,整个活动共发放宣传单页2000余份、书籍300余册、避孕药具400余份、宣传品1000余份,吸引近300人次市民群众参与。

(曹　菁)

■持续增进流动人口健康获得感 开展流动人口计划生育目标管理考核,落实计划生育在各类先进典型、优秀代表、文明单位等资格审查中的一票否决制。加强基层计划生育网络队伍建设,与健康促进、综合监督、疾病防控等工作主动融合。加强新型人口和健康文化建设,倡导家庭负责任、有计划地生育,促进社会性别平等,增强公众对个人健康负责意识。以新生代农民工、15—49周岁流动育龄妇女和6-14周岁流动学龄儿童为重点人群,开展各类健康宣教活动,提高其对基本公共卫生服务项目、孕产期保健知识、规范就医和健康素养等认识水平。做好市、区级流动人口健康家庭创建工作,落实流动人口动态监测。实施简政便民,推进计生行政事务全市通办要求的落实。实行好生育登记服务制度,畅通网上办事办理、委托代办。坚持依法行政,平稳过渡,认真做好社会抚养费征收工作。积极开展流动人口基本公共卫生计生服务均等化示范区建设申报工作,制定《青浦区流动人口基本公共卫生计生服务均等化示范区建设工作方案》,落实各项工作要求。 (田青华)

■开展纪念“国际家庭日”暨“5·29”会员活动日主题宣传活动 该活动于5月16日举行,区卫计委党委书记徐春余,金泽镇党委副书记、镇长凌敏,金泽镇人大主席徐福星,市计生协会秘书处调研员周永立等有关领导出席。活动围绕“健康家庭·健康青浦”的主题,举办家庭急救技能培训和比赛,提高家庭成员服务社会、奉献他人、关爱自我的能力;开展健康知识普及和竞答,发放健康知识读本1万册;开展“健康家庭·美丽家园”建设倡议活动,向1万多

5月16日，青浦区纪念“国际家庭日”暨“5·29”会员活动日主题宣传活动在金泽镇举办 （金泽镇供稿）

计生协会会员和会员联系家庭发出“树立健康理念、坚持健康饮食、履行社会责任”倡议；开展文艺演出，为村民提供一场汇集健康传播、戏曲演绎、文明风尚等内容的文艺节目。 （黄 方）

■保障各项奖励措施落实到位 开展奖励扶助政策业务培训，认真做好各类计生奖励扶助审核，保证各类扶助金落实率达到100%。全年共计发放各类奖励扶助金6657.15万元，惠及群众35076人次（审核年老退休时一次性奖励费2534人，发放约1275.84万元；农村奖扶金22788人，预计发放约3511.36万元；特别扶助金9496人次，发放约1794.769万元）。独生子女父母光荣证业务办理1722件。（黄 方）

婚姻与收养

■概况 2018年，婚姻（收养）登记管理工作以民政为民、民政爱民为理念，以标准化建设为重点，以队伍建设为抓手，以提高社会满意率为目标，依法行政，规范登记，全面加强和提高婚姻登记管理服务科学化水平，展示“窗口”行业良好的精神风貌。全年办理结婚登记3191对，比上年增长5.4%；补领结婚证971对，比上年下降12.9%；出具无婚姻登记记录证明33张，比上年增长450%；办理离婚登记1420对，比上年增长2.2%；补领离婚证182张，比上年下降16.5%；颁发收养登记证12张，比上年下降14.2%。 （全毓文）

■规范档案管理 严格按照婚姻、收养登记档案管理办法进行档案整理。对上年形成的全区5761件婚姻、收养材料完成归档和检查工作，并于4月与区档案局对接，按时、按质完成档案移交进馆工作。同时，对年内形成的材料按照《婚姻登记工作规范》《婚姻登记档案管理办法》《收养登记档案暂行管理办法》的规定进行实时归档，保证材料归档的及时性、完整性和准确性，确保为当事人及公、检、法等相关部门提供可靠、准确的档案信息，保障当事人的合法权益。 （全毓文）

■开展“暖心阁”婚姻家庭辅导工作 “暖心阁”婚姻家庭辅导服务项目将家庭建设与培育和弘扬社会主义核心价值观紧密结合，秉持“掌握婚姻密码·缔造幸福家庭”的服务理念，为办理离婚的当事人提供心理疏导、劝和服务，为社区居民免费提供婚姻家庭关系处理咨询及跟踪指导服务。2018年，“暖心阁”婚姻家庭辅导室共接待当事人1465对，比上年增长20%，其中：愿意调解数为132对，调解成功63对，劝和率达48%。 （全毓文）

■传播引领婚俗新风尚 策划举办“2018新语心愿”系列活动之“上善好榜样·有爱有担当”情人节主题颁证活动，特邀全国“最美家庭”担任颁证嘉宾，引领青浦新人用好家风、好家规建设和美家庭，以实际行动向榜样靠拢。8月，联合区文明办共同举办“涵养好家风·助力进博会”——2018年“我们的节日·七夕”结婚登记集体颁证仪式，使传统节日文化与“助力进博会”“争创文明城”的宣传相结合，倡议新婚青年忠于爱情、恪守承诺，自觉承担家庭责任，传承优良家风，做青浦形象的展示者和跨越式发展的建设者。9月，承办2018年上海（青浦）市民文化系列活动之“执手盟誓忆江南·修身立德树家风”——第九届青浦“情定淀山湖”大型结婚登记集体颁证活动。带领新人体验华夏唐制婚俗礼仪文化，以“上善若水、大志修身”为核心理念，发扬光大中华民族传统家庭美德，进一步加强文明婚俗婚姻文化建设。面向青年群体、新婚家庭及青少年学生全面开展六期“幸福课站”——婚姻情感大课堂活动，通过专题讲座、互动游戏等形式，积极传播健康向上的爱情、婚姻、家庭观，持续推进和谐家庭建设。 （全毓文）

双拥工作

■概况 2018年，青浦区双拥工作坚持贯彻落实党中央、国务院、中央军委关于加强军政军民团结、密切军政军民关系的指示，全面贯彻党的十九大会议精神，深入学习贯彻落实习近平新时代中国特色社会主义思想，结合新一轮“双拥模范城”创建活动的开展，围绕“强基础、创特色、重实效”的工作目标，以全面落实优抚政策为抓手，以推进拥军优属工作为重点，不断加大双拥力度，统筹协调推进军民融合深度发展，巩固和发展军政军民团结，双拥共建工作呈现新的局面。 （沈 静）

■组织领导 区委、区政府始终把双拥工作作为一项事关全局和战略的政治任务，坚持做到“五个纳入”（即纳入各级党委、政府的议事日程，纳入社会与经济发展和部队建设总体规划，纳入单位和部门目标管理责任制，纳入各级领导干部绩效考核内容，纳入全民国防教育内容），把推进双拥工作社会化、法制化、长效化建设列入党政工作议事日程，

7月11日，青浦区双拥工作领导小组（扩大）会议举行（区退役军人事务局供稿）

助推双拥工作与精神文明建设、经济社会建设共同发展，搭建协调发展推进器。

7月11日，召开双拥领导小组（扩大）会议，双拥领导小组各成员单位、各镇（街道）主要领导参加。会议全面落实新一轮双拥模范城创建工作，把每项工作细化到各单位，要求各单位依据时间进度表完成各项任务，努力营造全区争创双拥模范城氛围。一是不断健全体制、机制。为适应时代发展要求和实际需要，区双拥工作领导小组发动全区上下通力协作，共同构建区—街镇—村居三级拥军优属工作网络和人武部——驻区各部队两级拥政爱民工作网络，不断健全工作机制。二是市拥军优属基金会青浦区分会通过加强制度管理、增加资金募集、拓展服务范围，建立横向到边、纵向到底的“关爱功臣”项目服务体系，为双拥工作注入新的活力。三是根据市统一部署，扎实开展信息采集。年内，采取内部采集的方式，对退役军人和其他优抚对象基本信息进行采集。全区共分为82家大单位，区级机关企事业单位和街镇机关由组织人事部门查阅人事档案、收集汇总各自单位被采集对象的信息；村（居）委根据现有掌握对象信息进行内部填写。

（沈　静）

■**共创共建**　驻区部队广大官兵牢记宗旨，把驻地当故乡、视人民如亲人，围绕“军民同心促和谐”的主题，开展“同学创新理论、同树文明新风、同建和谐平安”活动，深化军民鱼水情谊，促进青浦经济社会全面建设。

驻区部队充分发挥自身优势，与地方学校、基层单位、村（居）委建立共建关系，主动担任校外辅导员、革命传统教育讲解员、军事训练指挥员，帮助机关、学校、企事业单位开展爱国主义和国防教育活动。武警青浦区大队积极为上海政法学院和夏阳街道后备干部组织军训活动，近7000人参加军事训练，得到受训单位的高度评价。开展“军徽映夕阳”助老爱老活动，在春节和重阳节期间，消防中队与结对敬老院开展精神文明共建活动，开展消防安全检查，认真履行共建消防平安协议，弘扬中华民族敬老爱老传统美德。

服从服务于青浦经济社会发展大局，驻区部队积极帮助地方政府开展军警民联防自治等工作。武警青浦区大队在完成本职任务的同时，主动承担维护社会稳定的任务，全年出动警力4500多人次，参与公安武装巡逻任务、进博会安保任务，以及春节、国庆节、上海淀山湖旅游节等重大节庆期间的安保任务，确保社会平安稳定。（沈　静）

■**宣传教育**　各级党委、政府以双拥传统教育为引领，广泛开展形式多样的爱国主义教育及国防教育活动。

一是开展先烈祭扫活动。各级党政机关企事业单位、学校、社会组织等在“七一”“八一”“公祭日”等时节和清明节期间，开展对革命先烈的瞻仰和祭扫活动，缅怀先烈的丰功伟绩。二是积极依托现有资源。充分利用区内陈云纪念馆、东方绿舟等一批爱国主义教育基地资源，开展阵地宣传、国防教育等活动。三是以东乡、西乡烈士陵园、陈云纪念馆等特色资源为中心，以三公里为半径，划定服务圈，把周边学校、社区、企事业、部队、社会组织等固化为服务对象，输出专题展览、学习讲座、主题活动等，多样化开展国防宣传教育活动。全区各单位积极开展以爱国主义教育为核心的国防教育和双拥宣传活动，将国防教育纳入年度工作计划，采用党委中心组深入军营开展军事课题学习活动、党委政府专题议军、组织观看军事题材影视片、组织“军营一日”等

7月30日，青浦区军人军属法律援助工作站揭牌暨法律、科技、文化、教育、拥军启动仪式举行（区退役军人事务局供稿）

形式，引导大家继承和发扬优良传统，在全社会营造爱国拥军、爱民奉献的浓厚氛围。2018 年 6 月，区委中心组理论学习专门邀请军事专家房兵来青浦为全区处级以上干部作国防知识讲座，引导大家了解国际形势和国家周边安全环境，深化对党和国家军事外交政策的理解，提高各级干部的国防意识和拥军优属的自觉性。三是多元化营造全社会双拥氛围。充分利用“七一”“八一”“十一”等重大节日开展系列活动，引导大家增强民族精神和国防意识。科委、教育局等单位组织国防知识竞赛活动，拓宽青少年学生知识面；盈浦街道、夏阳街道、朱家角镇、徐泾镇利用大型电子屏等资源开展国防技术知识和国防力量宣传；重固镇、练塘镇、金泽镇积极组织国防知识图片展。通过系列活动的开展，营造社会双拥氛围，激发全社会爱国热情和强国之志。 （沈　静）

■主动作为稳固官兵“后防线” 全区上下坚持把落实政策法规作为拥军优属的重要抓手，主动作为，真心实意为部队和优抚对象做好事、办实事。

一是坚持定期座谈和走访。每逢春节、“八一”等重大节日，区委区政府均举办“军政迎春座谈会”“团拜会”、走访慰问等活动，向部队通报全区经济社会发展情况，聆听部队意见建议。

二是发挥“故乡指导员”作用。组织“亲人慰问团”赴区内义务兵服役部队看望安抚，鼓励战士们为国防事业多作贡献。

三是服务保障到位。2018 年区慰问部队（含进博会部队）经费达 400 余万元，为驻区部队 19 名家庭生活困难的官兵发放临时生活困难补助费 3.8 万元，组织近 200 名临退伍战士“看上海”活动。7 月 30 日，成立“青浦区军人军属法律援助工作站”，不仅要在现役军人及军人家属遇到困难时，能及时给予法律援助；而且要在平时做好法律知识普及宣传工作，经常性地开展法律知识进军营活动，进社区活动，提高军民的法律意识。

四是妥善安置军转干部、随军随迁家属和退伍士兵就业的工作。全年妥善接收安置军转干部 31 名，安排 13 名随军家属在徐泾镇、华新镇、重固镇、夏阳街道及盈浦街道就业，落实部队干部子女实行就近入学入托、自由择校就学的办法，深得部队官兵好评。全年全区共接收安置退役士兵 189 人，其中义务兵 128 人，复员士官 53 人，转业士官 8 人。为此，积极搭建退伍士兵专项招聘平台，邀请 41 家企业单位参与退役士兵招聘会，有 80 多人次形成工作意向，拓展退役士兵市场化就业的路子；积极向申通地铁、保安押运等专业要求相对匹配的单位推荐退役士兵就业，鼓励退役士兵自主择业。

五是支持驻区部队建设，为部队建设办实事。文广影视局发挥专业优势，帮助部队编排文艺节目，培训文化宣传人员；卫计委为部队官兵实行免费挂号、就诊优先政策，有效解决官兵看病难的问题；双拥办为驻区部队安排实事拥军项目经费 100 万元，对下列项目进行资助，其中：武警五大队宿舍改造经费 8 万元；武警消防战勤保障大队绿化改造经费 20 万元；武警特战队、武警后勤保障大队、武警三大队、武警五大队配置图书 10 万元，电脑 30 台、彩电 8 台 24 万元；警备区青浦干休所等场所维修 41 万元。 （沈　静）

老龄工作

■概况 2018 年末，全年 60 岁及以上老年人口 15.2 万人，占户籍总人口的 30.5%；80 岁及以上高龄老年人达到 2.49 万人，占老年人口的 16.3%；纯老家庭老人 2.9 万人（其中 80 岁及以上老年人 7152 人），独居老人 6842 人。老龄工作贯彻“党政主导，社会参与，全民关怀”的方针，围绕“五个老有”（即老有所养、老有所医、老有所为、老有所学、老有所乐）积极开展各项工作，保障老年人基本生活，广泛开展为老服务，加强基层老龄工作和发挥老龄工作社团作用，提倡全社会关注老龄化，关爱老人，营造担当共同责任的社会意识。

（全毓文）

■发挥老龄办平台作用 加强对老龄工作的协调与领导。区老龄工作委员会各成员单位各负其责，依法履行职能，根据自身工作实际，积极开展各项老年活动和为老服务工作，形成部门各司其职、密切配合、齐抓共管的发展格局。区政府及相关部门坚持“党政主导、社会参与、全民关怀”的老龄工作方针，积极贯彻实施《老年人权益保障法》和《上海市老年人权益保障条例》，通过规划、宣传、统筹、协调、督促等形式，积极推进养老保障体系、养老服务体系和老龄工作体系建设。切实维护老年人的合法权益，着力丰富老年人的精神文化生活，促进老年人参与社会发展。

（全毓文）

■开展“敬老月”系列活动 组织开展 2018 年“敬老月”和全国第六个老年节、上海市第三十一个敬老日系列活动，促进形成尊老敬老的社会氛围。

10 月 15 日，区委副书记韩顺芳、区人大副主任胡海民、副区长马彩云、区政协副主席董永元分别率队带领区民政局、老干部局、妇联、人社局、总工会等有关涉老部门负责同志，走访慰问百岁老人、离休干部、市“三八红旗手”、退休干部、退休职工等社会各界老年人代

10 月 15 日，“营造敬老爱老社会氛围，纪念改革开放 40 周年”——青浦区庆祝全国第六个老年节系列活动举行

（民政局供稿）

表。10 月 17 日，由区民政局、区司法局、区卫计委、区人社局、区妇联、区总工会、区红十字会、区房管局、区法院、区社保中心等部门，在东方商厦桥梓湾广场，联合举办敬老日咨询服务活动，为 300 余人次的老年人提供民政政策、城乡居保、退休职工政策、医疗保险、法律援助、住房保障等方面的咨询服务；向老年人发放社保、医保、老年维权、住房保障、现场急救、遗体捐献等方面的宣传资料。

■**开展老年宜居社区建设试点** 一是聚焦需求，深化为老服务项目。以购买服务方式，引导辖区社会组织开展居家养老服务项目，针对高龄、独居等不同类型的老年人，为他们提供理发、心理慰藉、居家保洁、物品清洗等服务。新推医养结合服务项目，内容包括上门医疗咨询、健康检查、精神关爱、为老人测量血压、血糖、代配药等上门坐诊“一条龙”服务。二是整合资源，拓展为老服务功能。推进辖区老年人日间服务机构向社会化、专业化、科学化发展。探索“政府投资、委托运营”的日间服务中心管理新模式，以老年人日间服务中心为载体，根据老年人实际需求，结合中心设施功能和服务条件，为老年人开展教育培训、医疗服务、文化娱乐和便民助民四类服务。三是开拓创新，整合老年志愿团队。根据老年人不同的特长爱好，统筹各类老年人团队，如老年戏曲队、合唱队、舞蹈队等文化团队，以文艺活动的形式为社区中的老年人送去艺术享受。四是打造品牌，推进常态服务项目。充分利用社区资源，招募低龄老年志愿者为高龄老人提供家庭互助服务，由志愿者和 80 周岁以上的独居、纯老家庭老人结对，开展以“健康生活方式”为主题的“老伙伴”“助老一条龙”等常态服务活动，主要有理发、法律咨询、量血压、修理小家电等多项便民服务。五是创新管理，开展和谐共建活动。开展与社区、部队、医院、学校、企事业单位共建活动，组织文明敬老、爱老志愿者结对活动，共同建立符合老年人需求的养老服务体系。 （全毓文）

■**开展老年教育** 满足老年人多元化学习需求，进一步完善各级各类老年教育机构的功能定位，加强老年大学的建设和服务指导功能，拓展街镇老年学校对促进社区文化繁荣、文明建设的功能。注重特色发展，夯实村（居）委学习点的基层资源汇聚与服务能力。至年底，全区有村（居）委示范学习点 26 家、养教结合学习点 3 家（其中标准化学习点 2 家）、社会学习点 7 家、日托机构学习点 2 家。创新老年教育形式，增强老年人学习的自主性和选择性，推动网上学习、移动学习、团队学习、体检学习等多种学习形式。培育网上学习圈、移动学习群等各类新型学习组织，提高学习效果，全年培育五星级老年人学习团队 8 个、一星级老年人学习团队 127 个。全区老年人远程教育收视点 267 个，60 岁以上老年学员数 2.15 万人，占全区老年人总数的 14.1%。同时，积极搭建各类活动展示平台，展示老年教育学习成果，丰富老年人精神文化生活，满足老年人多元化学习需求。 （全毓文）

残疾人工作

■**概况** 2018 年底，青浦区共有持证残疾人 22670 人，全年新增残疾人 1367 人。按类别统计：视力残疾 2089 人、听力残疾 2484 人、言语残疾 162 人、肢体残疾 13234 人、智力残疾 2040 人、精神残疾 2371 人、多重残疾 290 人；按街镇统计：金泽镇 4154 人、练塘镇 3160 人、朱家角镇 2971 人、白鹤镇 2395 人、华新镇 2233 人、香花桥街道 1741 人、盈浦街道 1286 人、赵巷镇 1180 人、徐泾镇 1272 人、夏阳街道 1306 人、重固镇 972 人；按户籍统计：农业户籍人口 10234 人、非农业户籍人口 12436 人；按性别统计：男性 11177 人、女性 11493 人。处于就业年龄段的有 8185 人，占持证残疾人总数的 36.10%。

2018 年，残疾人工作围绕残疾人保障救助、残疾人康复、残疾人辅具适配、残疾人就业培训、残疾人宣传文体、残疾人维稳和创新工作有序开展。

（陆晟靖）

2018 年青浦区持证残疾人情况表

表 68 单位：人

年龄段	总人数	男	女	残疾类别						
				视力残疾	听力残疾	言语残疾	肢体残疾	智力残疾	精神残疾	多重残疾
合计	22670	11177	11493	2089	2484	162	13234	2040	2371	290
0—5 岁	16	9	7	0	5	0	6	2	0	3
6—15 岁	127	77	50	2	23	1	37	47	10	7
16—55 岁	8185	4299	3886	634	790	73	3994	1286	1309	99
56 岁以上	14342	6792	7550	1453	1666	88	9197	705	1052	181

（陆晟靖）

■**残疾人保障救助工作** 2018 年，重度残疾人基本社会养老保险和医疗保险实现应保尽保，共投入补贴资金 180 万元。为 19995 户次“一户多残”对象发放补贴 213.6 万元。为 258 人实施重残门急诊医疗补贴 16.43 元。落实好残疾人“两项补贴”（即：困难残疾人生活补贴和重度残疾人护理补贴）工作，发放补贴资金（困难生活）1533.66 万元。为 55864 人次残疾人发放交通补贴 766.46 万元。做好 2018 年度重残无业人员参加商业保险服务工作，为全区持证残疾人购买团体意外伤害保险。

（陆晟靖）

■**残疾人康复工作** 全年共组织8936名残疾人参加免费健康体检；完成白内障免费复明手术410例；为143名残疾儿童康复训练实施救助，救助金额达75万元；为135名重残无业残疾人实施机构养护，发放重残养护补贴128万元；为2180名重残无业人员提供每天一小时的居家养护服务，投入资金1785万余元；组织盲人定向行走训练和考核，共有30名盲人通过盲人定向行走考核；阳光心园共有注册学员107人，非注册学员31人；7994人享受护理补贴，投入资金1927万余元。（陆晟靖）

■**残疾人辅具适配工作** 全年发放普通辅具5260件，通过对辖区内残疾人全面摸底调查，共计为123人提供“组合适配”服务，适配辅具440件。为36人实施关节置换手术补贴，发放补贴36万元。全年共有221位残疾人享受护理用品配发服务，共计配发护理用品36万余片，投入资金58万余元。为25人适配电动类辅具，共计25件，其中电动护理床1件、电动轮椅车24件，补贴资金为38万余元。另外完成成人助听器安装175件，完成眼镜式助视器验配165例，完成假肢矫形器适配257例（其中假肢14例、矫形器13例、矫形鞋230例）。

（陆晟靖）

■**残疾人就业培训工作** 持续推进农村困难残疾人劳动增收工作。2018年，新增扶残涉农经济组织17家，全区总数达到67家，帮扶残疾人数达到2588人。全年安置残疾人就业452人；其中：分散就业272人、集中就业94人、个体开业1人、公益性岗位就业60人、其他25人。举办残疾人职业培训24期，其中就业孵化班11期、职业培训班13期，合计培训人数1141人。

（陆晟靖）

12月2日，“大爱无疆·温情青浦”——青浦区2018年国际残疾人日宣传活动举办

（区残联供稿）

■**残疾人宣传文体工作** 3月3日，举办全国“爱耳日”主题活动。5月25日—6月6日，开展第28次“全国助残日”及“上海助残周”系列活动。联合全区其他群团组织共同举办主题为“‘上善·乐公益’群策群力为创全，共建文明助跨越——青浦区群团组织创全志愿服务大放送集中行动暨青浦区第二十八次全国助残日主题活动”。组织千名残疾人走出家园看青浦，体验轨道交通17号线、参观东方绿舟。在曲水园举办“生命的常青藤”第二届残疾人书画展。8月25日“残疾预防日”期间，举办阳光心园展示活动。12月2日，在赵巷镇合生新天地举办国际残疾人日主题宣传活动。全年组织残疾人参加上海市残联组织的飞镖、钓鱼、黑白棋、抖空竹、轮椅柔力球、中国象棋、特奥融合跑城际邀请赛等12个体育项目比赛，开展第十二次全国特奥日活动。举办肢残人乒乓球比赛、残疾人门球联谊赛和第二届残疾人门球锦标赛；组织人员参加嘉定区残联组织的第七届“江桥杯”乒乓邀请赛。（陆晟靖）

11月9日，昆山、吴江、嘉善和青浦四地残疾人工作交流会召开（区残联供稿）

■**残疾人维稳工作** 持续完善区残疾人法律救助协调机制，加大残疾人法律援助和司法救助力度。支持区法律援助机构、公证处、律师事务所等法律服务机构为残疾人提供便利优惠的法律服务。鼓励和引导各种社会力量为残疾人提供法律服务和支持。加大普法宣传力度，形成全社会支持残疾人事业发展，保障残疾人权益的良好氛围。坚持实施“残疾人家庭无障碍改造”项目，全年为残疾人家庭无障碍改造98户。继续做好残疾人配偶户口申报、盲人乘车证换证、视力和聋人信息沟通服务等各项日常工作，办理盲人乘车证21例、聋人信息卡2例、残疾人配偶迁户16例。

（陆晟靖）

■**残疾人创新工作** 2018年，大、重病商业保险在上年的基础上，提高保险标准，住院津贴提高到每天60元，投入金额2072406元。完善优化残疾人意外保

险，将残疾人丧葬费补贴纳入保险项目，并将标准从500元提高到2500元，投入金额2795780元，进一步扩大保险收益人群。确定残疾人居家养护服务项目，并在2016年和2017年试点的基础上，通过购买社会服务，在全区全面推开。并通过引入智能管理平台和智能终端进行科学管理，采取购买服务的方式为近2000名重度残疾人提供菜单式居家服务。为深化长三角一体化协同创新发展，进一步提升残疾人工作水平，于8月区残联分别到江苏省吴江区、浙江省嘉善县残联进行考察、学习；11月9日，邀请江苏省昆山市、吴江区、浙江省嘉善县残联领导到青浦进行残疾人工作交流。（陆晟靖）

殡葬管理与服务

■概况 2018年，区殡葬管理工作紧紧围绕总体工作目标，以不断提高社会公众对殡葬服务行业的满意度为抓手，认真贯彻"丧家至上"的服务理念，从提升服务水平、加强基础建设着手，加强对薄弱环节的管理和落实整改，完善各项制度，落实各项措施。全区共有经营性公墓8家，殡仪馆1家。（金毓文）

■做好清明、冬至接待工作 按照市局"文明祭扫、优质服务、确保安全"的清明、冬至接待祭扫工作的要求，做好相关组织、协调、服务工作，层层把关，确保清明、冬至祭扫服务和安全保障工作落实到位。清明期间，全区各殡葬单位接待祭扫市民71.5万人次，车辆12.4万多辆次，落葬1551余穴；冬至期间，接待祭扫市民约29.7万左右人次，车辆约4.5万左右车辆，落葬约3221穴。（金毓文）

■开展殡葬领域突出问题专项整治工作 为深入贯彻民政部等九部门联合出台的《全国殡葬领域突出问题专项整治行动方案》（民发〔2018〕77号）和《关于印发〈上海市殡葬领域突出问题专项整治行动实施方案〉的通知》（沪民殡发〔2018〕5号）文件精神，青浦区高度重视，突出重点，坚持从实际出发，确保专项整治工作取得实效。区民政局制定下发《青浦区殡葬领域突出问题专项整治行动实施方案》（青民〔2018〕52号）。区殡管所作为联席会议办公室成员，受理《工作方案》中涉及三大类11项重点整治问题违法违规行为的投诉举报，负责整理并按部门职责移交线索。按照《工作方案》要求，先后对殡仪馆、经营性公墓及各街镇公益性公墓（深埋点）进行检查，对各单位提出的有关整治的问题，做政策上的指导。各殡葬单位、街镇按照时间节点保质、保量、认真落实整改工作。（金毓文）

■推进殡葬改革工作 利用清明契机，结合清明节"传递亲情、传递文化、展示文明"的功能宣传，积极推广生态、文明、环保、节俭的葬式和祭扫方式，引导市民错时祭扫、文明祭扫，确保殡葬改革。利用宣传单、横幅等形式宣传文明祭祀，区殡葬管理所印制通俗易懂的文明殡葬法律法规宣传横幅674条、海报1685张，发放到各村（居）委会，张贴在宣传栏里，重点宣传殡葬法规、殡葬利民惠民政策、宣传"文明殡葬、阳光殡葬、便民殡葬、绿色殡葬"的新殡葬文化。通过考核结果，将2018年殡葬管理工作补贴发放各镇、街道，共计70万元。

指导各街镇做好集中深埋点管理及"乱葬乱埋"整治工作。各镇、街道积极进行布置，成立专项整治领导小组，加强管理，严格要求。加大宣传力度，会同各街镇分管领导对各镇集中深埋点进行检查，杜绝新增乱葬乱埋苗子出现，取得较好的效果。2018年，各街镇共清理乱葬乱埋坟头约2430穴左右，平复耕地1799.77平方米左右，节约了土地资源，改善了环境。

根据习近平总书记关于"绿水青山、就是金山银山"的发展理念和国家对《火葬场大气污染物排放标准》（GB13801—2015）的相关要求，结合"十三五"规划期间的工作设想，区殡仪馆进一步加大力度推进火化实施设备更新改造工程。从4月初起，通过自筹800万、财政安排800万方式进入施工准备阶段；通过改造及新购，青浦殡仪馆火化炉设备达到6台；同时，还进行天然气改造和污水纳管改造，并于年底全部完工，达到国家新的环保要求。改造工程的完工减少了污染物排放，既造福周边地区又有利于殡仪馆可持续发展。（金毓文）

■殡葬公益服务 积极参加市殡葬行业协会开展的"二万五"（2011年3月由上海海湾寝园、福寿园、市殡葬服务中心联合发出倡议：由市殡葬行业拿出2.5万平方米土地用于上海低保人员、支出性贫困人员及其他特殊困难群体的骨灰安葬和安放工程）公益活动，徐泾西园、卫家角息园、淀山湖归园都积极参与，加入"二万五"公益活动，对符合要求的客户以公益价购买指定壁葬穴位1个。

贯彻落实殡葬惠民政策，支持引导居民参与殡葬改革。根据区民政局《青浦区关于对特殊和困难对象殡葬服务费用实行补助的方法》。区殡仪馆进一步拓展"白事天使"殡仪服务品牌，全年对特殊对象和外来务工人员服务10户，减免金额为50760元；对公安部门无名遗体处理及相关费用的减免共4具，减免各类费用为74560元；提供低消费服务（800元以下）10户，金额为6600元；青浦籍居民帮困济丧共222户，累计减免金额为239130元。全年各类帮困济丧及惠民服务总计减免金额为370740元。各经营性公墓积极推广惠民殡葬补贴政策，对上海市户籍居民去世后选择节地生态安葬的居民积极宣传、上报，全年节地生态安葬补贴申请共通过428份，补贴42800元。（金毓文）

人民生活水平与质量

■概况 2018年，青浦区城乡居民人均可支配收入47336元，比上年增长9.5%。快于同期全区经济增长速度，高于全市平均增长水平，增速排名在全市郊区靠前。其中，农村常住居民人均可支配收入31364元，比上年增长9.3%。（吴玮）

2018 年城乡居民每百户主要耐用品拥有量表

表 69

耐用品名称	单位	城乡居民	耐用品名称	单位	城乡居民
洗衣机	台	92	汽车(生活用)	台	51
空调机	台	220	移动电话	部	244
抽油烟机	台	80	彩色电视机	台	190
微波炉	台	74	计算机	台	78
热水器	台	99	#接入互联网	台	73
摩托车	辆	11			

(吴 玮)

■服务业保持较快发展态势 全年第三产业增加值比上年增长 11.9%,高于全区生产总值增幅 5.5 个百分点,支撑全区经济增长。

商贸业:全年社会消费品零售总额 581.0 亿元,比上年增长 3.0%。其中:限额以上企业 225.2 亿元,增长 6.7%,拉动全区社会消费品零售额增长 2.5 个百分点。赵巷商业商务区保持稳步增长,实现销售 67.1 亿元,增长 2.9%,其中:赵巷奥特莱斯品牌直销广场实现销售 40.0 亿元,增长 6.9%。

会展业:全年累计举办展览 45 个,展出面积 556.5 万平方米,展出接待 676.1 万人次,展出面积和接待人次分别增长 18.3% 和 34.8%。首届"进博会"顺利闭幕,青浦举全区之力胜利完成服务保障工作,同时利用展会溢出效应,加快建设运营"1+4"平台(即 1 个与国家会展中心合作建立海外贸易组织办公平台,4 个常年展示交易平台,包括东浩兰生"一带一路"进口商品展销中心、绿地全球商品贸易港、西郊国际农产品交易中心、青浦跨境电商保税展示贸易物流中心)。

旅游业:坚持抓旅游产业培育和发展、抓旅游行业管理和规范、抓旅游市场推广和宣传、抓旅游基础供给和服务,多动轮驱动旅游行业和旅游产业协调发展,全擎助力全域旅游示范区创建,加快青浦打造国内一流、世界知名旅游目的地进程。全年全区共接待游客 1004.9 万人次,比上年增长 8.0%;旅游总收入 80.7 亿元,比上年增长 7.5%。

交通运输、仓储和邮政业:全年实现交通运输和仓储业增加值 121.7 亿元,比上年增长 56.8%。全区 63 家规模以上交通运输业单位营业收入 948.8 亿元,增长 48.9%,其中:16 家快递服务企业营业收入 808.3 亿元,增长 55.1%,占总收入的 85.2%;"三通一达"4 家企业总部营业收入 779.7 亿元,占总收入的 85.2%,增长 61%,带动整个行业平稳快速增长。深化全国快递行业转型发展示范区创建,成功举办 2018 中国快递论坛。随着德邦物流成功上市,总部在青浦的上市民营快递物流企业数量已达 5 家。

全年函件业务量 166.7 万件,其中国际函件 2.7 万件;包件收寄量 2.7 万件、代理特快 7.0 万件;快递包裹 333.9 万件;报刊累计 2237.6 万份。

全区公交运营公司 4 家,运营车辆 820 辆,公交线路 132 条。全年公共交通客运总量 10421 万人次,比上年下降 3.3%。区域内运营出租车辆 380 辆,客运总量 730 万人次。全年更新纯电动公交车辆 90 台。

年末,全区公共停车场 100 家,停车泊位 33878 个;道路停车场 109 条,停车泊位 2781 个。绿色低碳出行公共自行车全区 240 个点位,5100 辆公共自行车。全年总计办卡 631 余张,累计租借近 324 万次,日均超过 8885 次。

软件和信息服务业持续快速发展,全年实现软件和信息服务业增加值 49.0 亿元,比上年增长 33.7%。全区软件和信息服务业实现销售额 309.9 亿元,比上年增长 18.1%;税收收入 22.3 亿元,增长 29.9%。全面推动市西软件信息园规划建设,推进产业政策制定和宣传、推广等工作,促进软件信息服务业持续快速发展。 (吴 玮)

■金融业 全年实现金融业增加值 54.4 亿元,比上年增长 5.3%。年末,全区 26 家银行各项存款余额 1762.8 亿元,比年初增长 4.0%,其中:单位存款余额 954.9 亿元,下降 2.4%;个人存款余额 760.5 亿元,增长 9.9%。各项贷款余额 1015.1 亿元,比上年增长 6.2%,其中:单位贷款 548.3 亿元,增长 4.7%;个人住房贷款 416.4 亿元,增长 7.4%。年末存贷比为 57.6%,比年初提高一个百分点。

全年新增场外市场挂牌企业 14 家,其中全国中小企业股份转让系统(新三板)1 家、上海股交中心 13 家。全年共 2 家企业成功上市,其中:上交所主板 1 家、港交所主板 1 家。区内 3 家保理公司共放款 30825 万元。 (吴 玮)

■房地产业 年末,全区有房地产开发企业 136 家,全年开发项目 169 个,其中:施工面积 1223.9 万平方米,比上年下降 1.5%,竣工面积 175.0 万平方米,下降 16.8%。

房屋销售面积 151.1 万平方米,比上年下降 3.7%,其中:住宅销售 108.3 万平方米,下降 17.0%。以房屋性质划分,商品房销售 114.3 万平方米,占 75.6%;保障性住房销售 36.8 万平方米,占 24.4%。

商品房销售额 440.3 亿元,比上年增长 5.8%,其中:住宅销售 310.6 亿元,下降 12.6%。以房屋性质划分,普通商品房销售 426.0 亿元,占 96.8%;保障性住房销售 14.3 亿元,占 3.2%。

新建商品住宅成交均价小幅下降,为 40992 元/平方米,比上年下降 2.4%,其中:公寓房成交均价为 40433 元/平方米,下降 5.0%;花园住宅成交均价为 50678 元/平方米,上涨 4.9%;联列住宅成交均价为 40692 元/平方米,上涨 9.3%。 (吴 玮)

青浦各板块房地产均价情况表

表 70

单位:元/平方米、%

区域	公寓		花园住宅		联列住宅		区域合计	
	均价	增减幅	均价	增减幅	均价	增减幅	均价	增减幅
青浦新城	40235	0.6			46863	4.1	40465	1.2
徐泾镇	55718	0.4	59243	-9.7	61961	51.1	56923	1.1
赵巷镇	44454	-1.9	49893	8.0	39638	-5.0	43678	-1.6
朱家角镇	26194	-2.6	38307	2.4	33512	-1.3	32756	-3.3
青浦北部	29870	-3.5			23527	0.1	29793	-3.2
合计	40433	-5.0	50678	4.9	40692	9.3	40992	-2.4

(吴　玮)

■实事工程和重大项目　2018 年度区政府实事工程项目 9 项全面完成。一是基本住房保障服务:完成 25 户农村低收入户危旧房改造;完成城东新村、城北新村、盈中新村等老旧小区约 34 万平方米的美丽家园创建工作;完成动迁安置户数 836 户。二是市政公用设施完善工程:完成徐泾镇、华新镇约 852 户老式居民小区天然气入户工程;完成约 18020 户居民住宅的二次供水设施改造。三是农村环卫设施建设:新建农村生活污水处理设施,涉及 7 个街镇 5600 户;美丽乡村厕所提升改造 10 所。四是公共绿地开放:完成夏阳湖、崧泽广场、侨鑫绿地、万寿小花园、章浜路绿地、保安路城东新村托儿所绿地等 6 块公共绿地改造。五是基本劳动就业创业服务:帮助长期失业青年就业 210 人,中高层次培训 5000 人,帮助成功创业 450 人。六是基本社会保险服务:为符合条件的长期护理保险参保老人提供 10 万人次的居家照护服务。七是基本医疗卫生服务:对 1 万人进行院前急救培训;完成 600 对符合生育政策计划怀孕夫妇的免费孕前优生健康检查;60 岁以上老年人家庭医生“1 + 1 + 1”签约服务指标新增 50000 人。八是基本公共文化体育服务:新建、更新健身步道 2282 米;全年完成区级文艺资源配送 173 场。九是小学生爱心暑托班:在各街镇开设 13 个爱心暑托班,面向社会招收 700 名小学生。

2018 年区重大建设项目 121 项(含市在青重大项目 18 项)。年内,计划开工 66 项,剔除因故暂停的 5 个项目(清河湾三期、蟠龙路站人行天桥、白鹤镇百聚桥桥梁建设、上海欣鸿基业投资有限公司、上海韵达控股总部基地),实际开工 57 项。计划竣工 36 项,实际竣工 36 项。计划投资 299.4 亿元,实际投资 250 亿元,投资完成率为 83.51%。

(吴　玮)

■环境保护　全年空气质量指数(AQI)达到二级及优于二级的天数有 268 天,空气质量指数 AQI 优良率为 73.4%,比上年提高 5.2 个百分点。全区水环境持续改善,19 个市考断面达标率为 84.2%,比上年上升 15.8 个百分点。饮用水源地的水质综合污染指数为 0.53,评价为优,优于 2017 年。

有序落实水污染防治行动计划,推进工程项目 7 个、管理项目 30 个,持续实施饮用水水源二级保护区内工业企业排查摸底和关闭清拆;全面推进清洁空气行动计划,完成新一轮《青浦区清洁空气行动计划(2018—2022 年)》编制和 2018 年大气污染防治重点工作;积极开展土壤污染防治,统筹实施《青浦区土壤污染防治行动计划工作方案 2018 年重点任务清单》40 项;完成第二次全国污染源普查阶段性目标;深入推进生态文明建设,完成《2018 年生态文明体制改革工作任务清单》和《上海市青浦国家生态文明建设示范区规划》评审;推进实施第七轮环保三年行动计划,清单内项目完成 3 项,开工启动 56 项。

(吴　玮)

■绿化建设　年末,全区绿地总面积 6719.5 万平方米,其中园林绿地面积 3791.9 万平方米、生产绿地面积为 2927.6 万平方米。全区绿化覆盖总面积 6759.8 万平方米,其中:园林绿化覆盖面积 3832.2 万平方米、生产绿地面积为 2927.6 万平方米。全区公共绿地面积 1050.7 万平方米,绿地率 41.6%,绿化覆盖率 41.8%,人均公共绿地面积 8.64 平方米。

青浦城区绿地总面积 556.4 万平方米。青浦城区绿化覆盖面积 579.4 万平方米,其中公共绿地面积 201.5 万平方米、居住区绿地面积 156.2 万平方米、道路绿地面积 76.4 万平方米。青浦城区绿地率 31.8%,青浦城区绿化覆盖率为 33.1%,城区人均公共绿地为 7.56 平方米。　(吴　玮)

综 述

2018,青浦区共有8个镇、3个街道。分别是赵巷镇、徐泾镇、华新镇、重固镇、白鹤镇、朱家角镇、练塘镇、金泽镇和夏阳街道、盈浦街道、香花桥街道。辖184个行政村和141个社区居民委员会。总面积668.52平方公里,其中常用耕地面积18053公顷。11个街镇交通便捷,基础设施较完备。经济保持平稳健康发展,全年实现地区生产总值1074.3亿元比上年增长6.4%,其中:第一产业增加值8.2亿元,比上年增长4.1%;第二产业增加值468.7亿元,增长0.2%;第三产业增加值597.5亿元,比上年增长11.9%。三次产业结构比为0.8:43.6:55.6。按常住人口计算,青浦区人均生产总值为88130元/人,比上年增长5.3%。

年内,赵巷镇主动融入青浦“一城两翼”战略布局,向东承接虹桥商务区辐射效应,向西扩大青浦新城集聚效应。以镇党代会提出的“建设宜商宜居宜业现代化新赵巷”的奋斗目标,以创新转型为导向,经济结构持续优化,社会事业全面发展,生态建设有序推进。徐泾镇依托大虹桥战略和青浦“一城两翼”发展战略,抓住首届“进博会”在国家会展中心举行之契机,发展相关的会展服务业以及贸易、物流、仓储、总部、咨询、电子商务、创意文化等“大会展经济”。并吸引上海核建科创园、中国神华华东总部等产业落户徐泾。华新镇本着以人为本的指导思想,加快对接大虹桥发展辐射圈。在框定总量、限制容量的基础上盘活存量、做优增量、提高质量。着力做好转型文章,特别是提升生产性服务业的集聚发展,加快区域经济整体转型,产业结构进一步优化,带动人居环境进一步改善,城镇乡村面貌进一步提升。重固镇在优化产业结构,促转型发展的同时,重视生态建设。年内,组织专门队伍,推进区域垃圾分类、河道治理工作,加强美丽乡村建设,加强对全国“创全”工作的督查,推进新型城镇乡村建设。白鹤镇发展经济注重生态、文化特色。利用地理位置与安亭汽车城、江苏昆山花桥镇相邻的优势,三方共谋长三角一体化发展,实现区域联动,共建共享。结合青龙镇遗址的挖掘和研究,为上海地区争取入围国家“海上丝绸之路”申遗项目提供有利佐证;发展民俗文化、古文化乡村游;与上海沪剧院合作,签约“唱享新时代”白鹤沪剧启航计划。朱家角是服务和保障进博会的重要拓展区之一,为此,该镇积极实施乡村振兴战略,在继2016年入选首批(127个)中国特色小镇后,主动融入市级“十三五”旅游大规划,着眼美在生态、富在产业、根在文化,大力发展民宿产业、休闲农业、乡村旅游等农业生态观光与生态旅游,以原汁原味的水乡特色向市乡村旅游示范点的方向发展。练塘镇在全区率先启动“上海市美丽乡村示范镇”创建,以此实现产业联动、产村融合,提高农民收入,让群众受益。金泽镇根据长三角一体化发展精神,主动对接浙江嘉善、西塘两镇和江苏吴江汾湖、周庄等毗邻地区,就规划、设施、产业、功能、环保等领域合作展开探讨、合作;积极参与环淀山湖战略协同区建设,共同保护江南水乡历史文化和自然风貌。招商引资产业化、属地化取得实效,华为研发中心项目选址金泽镇西岑社区东首,总面积约108公顷(包括道路配套设施),跨育田、西岑两个行政村和西岑集建区。农业生产走精品化路线,推动农产品品牌化建设。同时,把旅游、休闲、民居民宿结合,建设富美乡村,蔡浜村作为“特色民居村”入选中国美丽休闲乡村名录,莲湖村入选《全国生态文化村》名录。夏阳街道“不忘初心、牢记使命,围绕建设‘四宜’(即宜居、宜游、宜学、宜业)新夏阳”开展大调研。按照“产业兴旺、生态宜居、乡风文明、治理有效、生活富裕”的总要求,加快推进夏阳街道环境大提升攻坚行动,深入建设美丽乡村。盈浦街道为全面保障首届“进博会”顺利举办,做好重点人员、重点目标、重点区域管控,确保社会面安全稳定。保障城市运行安全,强化城市精细管理,优化社区共治平台。有序有力“美丽家园”“美丽街区”“美丽乡村”建设。香花桥街道强化党建引领作用,推进平安建设,着重从五方面推进综治工作,提升综治水平。落实“三个美丽”建设,推进城市文明建设,进一步落实《香花桥镇2018年度创全方案》,使城乡建设呈现新的面貌。

赵巷镇

■概况 赵巷镇位于青浦境域东部,东与徐泾毗邻,西与夏阳、香花桥街道接壤,南与松江区泗泾、佘山镇交界,北与重固、华新镇相依。全镇水陆交通便捷,基础设施完善。G50沪渝高速、轨道交通17号线、318国道、盈港东路、崧泽大道横跨东西;嘉松中路、赵重公路、山周公路贯穿南北;油墩港、淀浦河、新通波塘等纵横交错,是苏浙两省的重要水上枢纽。全镇总面积 40.47 平方公里。

赵巷镇下辖方夏、和睦、沈泾塘、崧泽、中步、金汇、南崧、垂姚 8 个村民委员会和金葫芦社区、金葫芦第二社区、北崧社区、赵巷社区、新镇社区(涉农村)、巷佳社区、崧鑫社区、崧涵社区、崧湖社区、佳福东社区、华沁社区、华秀社区、佳昱社区、龙联社区、龙秀社区、佳辉社区、佳煌社区 17 个居民委员会。户籍人口 28813 人,其中:男性 14218 人、女性 14595 人,60 岁以上老人 8790 人。

2018 年,全镇实现全口径税收收入 26.31 亿元,完成考核目标的 105.9%;全社会固定资产投资实现 26.9 亿元,完成考核目标的 149.7%;服务业固定投资完成 8.5 亿元,完成考核目标的 213.4%;社会消费品零售总额实现 107.5 亿元,比上年增长 7.2%。

赵巷镇历史人文资源丰富,境内有崧泽和刘夏两处古文化遗址。崧泽古文化遗址位于赵巷镇崧泽村。1982 年,在杭州举行的中国考古学年会上被命名为崧泽文化,属新石器时代古文化。2014 年对外开放的崧泽遗址博物馆内陈列着出土的石器、玉器、陶器等大量珍贵文物,经考证,距今近 6000 年的悠久历史,再现上海先民创造的灿烂文化,见证上海这座城市悠久的文脉与传承。刘夏古文化遗址位于方夏村刘夏境内,1976 年开挖淀浦河过程中,在刘夏附近发现不少西周至战国时期的印纹陶陶片。1977 年经市文管会考古试掘,证实为新石器时代晚期古遗址,被列为市级文物保护单位。

赵巷镇在区委、区政府的关心支持下,主动融入青浦“一城两翼”战略布局,向东承接虹桥商务区辐射效应,向西扩大青浦新城集聚效应,以镇党代会提出的“建设宜商宜居宜业现代化新赵巷”的奋斗目标,以“五区一轴联动发展”为抓手,按照建设“活力、宜居、人文、幸福”城镇的具体要求,坚持稳中求进工作总基调,坚持新发展理念,以创新转型为导向,经济结构持续优化,社会事业全面发展,生态建设有序推进,先后获得全国环境优美镇、国家卫生镇、国家级生态镇、上海市文明镇等荣誉称号。

赵巷镇人民政府驻地:赵巷镇赵兴路 90 号。 (高胜洁)

■发展动能增强 市西软件信息园 1.5 平方公里核心区于上年落户赵巷。年内,与区级公司合作成立开发公司并正式运营。7 月,漕河泾项目一期正式开工,二期地块完成出让。商业商务区品牌效应不断凸显,规模稳步扩大,熊猫双子楼、珠江凯悦酒店等竣工,元祖“梦世界”完成主体结构封顶。吉盛伟邦、合生新天地转型有序推进,宜商氛围不断浓厚。网易、印尼金光、北斗、普利特等尖端项目先后落户。华为企业云、漕河泾科创中心、纽邦物联科技等高新项目进驻。特色居住区内沃尔玛山姆会员店、开元酒店项目结构封顶,体育公园等项目顺利开工建设。新城二区转型有序推进,农户与企业征收签约率分别达 100% 和 92.2%。 (高胜洁)

7 月 28 日,赵巷镇首届市民才艺秀拉开序幕 (赵巷镇供稿)

■社会事业协调发展 大力发展教育事业,优化教师队伍建设,提升教育质量、提高学生综合素质,引进优质教育资源,顺利与协和双语学校签订四方协议,打造赵巷镇优质教育体系。开展十九大精神基层巡讲,积极参加上海市民文化节各类赛事。加强基层文化团队建设,重点培育“崧韵合唱团”以及“赵巷田歌”非遗项目。康宁养护院竣工,设置床位数 345 张。深化“睦邻点”建设,完善养老服务体系。便民服务中心建设有序推进,满足群众日常需求。充分发挥慈善基金作用,加大对困难群众的帮扶救助力度。创建创业型社区,大力推进创业带动就业工作,新增就业岗位 900 个,通过创业带动就业 30 家。推进医疗卫生体制改革,加强人口计生工作,拓展家庭医生制服务,提高群众对医疗卫生服务的满意度。 (高胜洁)

■乡村振兴推进 取得创建上海市乡村振兴示范镇资格,与西凤集团签署乡村振兴合作框架协议,全面启动村庄规划、农业布局规划、设施农用地布局规划。由西凤投资导入资本与产业,预计投资 65 亿元,打造崧泽文化承载区、健康生活服务区、现代农业示范区、都市田园样板区,全力创建特色鲜明、集中连片,组团式、全域化的乡村振兴示范镇。 (高胜洁)

■赵巷镇首届市民才艺秀 7 月 28 日,赵巷镇“巷心力 梦想舞台”暨赵巷镇首届市民才艺秀在米格天地拉开序幕。比赛设置初赛六场、决赛一场,吸引来自各村居、社区的文化团队和个人文艺爱好者参加比赛。比赛现场,选手们以歌曲、舞蹈、器乐、戏曲的形式,表演《明天更好》《我伲家乡实在美》《共圆中国梦》《我的祖国》等歌颂祖国、歌颂新时代的曲目,受到观众的喜爱。此次才艺秀为期 3 周,选手由不同年龄层的幼

9 月 13 日,赵巷镇 2018 年镇管干部专题培训班开班 （赵巷镇供稿）

儿、成人、老年组成。举办才艺秀的主要目的在于不断注重文化内涵的挖掘,全方位宣传赵巷形象,展示赵巷精气神,为“进口博览会”加油,为“创全”助力。同时通过此次才艺秀,集中展示赵巷市民风采,集合各社区的精品,让更多的市民参与文化、享有文化,不断增强市民的幸福感、获得感。 （高胜洁）

■垃圾分类减量稳步实施 全面启动垃圾分类减量整区域创建,成立工作领导小组,制定《赵巷镇生活垃圾分类整区域创建工作实施方案》。通过全覆盖排摸,落实机关科室、事业单位、镇属公司、村居、“两新”组织、社会团体等 879 家单位开展分类减量工作,并建立基础数据库。完成垃圾分类设施设备采购、58 家镇属单位办公场所设施配备,35 座公共垃圾厢房干湿分类标准化改建。结合市级智慧商圈建设,在监控系统数字化改造、人流统计大数据分析的基础上,以奥特莱斯为示范点,安装垃圾智能回收柜,高标准配置分类设施,提高垃圾分类设施科学化、智能化水平,打造商区特色城市环卫、再生资源“两网融合”体系,并推广至吉盛伟邦和合生新天地。 （高胜洁）

■镇管干部专题培训班 9 月 13 日,赵巷镇 2018 年镇管干部专题培训班正式开班,镇党委书记王玲锦等镇领导班子成员出席开班仪式,全体干部参加培训。其间,共安排有 11 堂课程。培训中,区委党校副教授鲁家峰围绕“深刻认识反腐败斗争的新形势、当前触廉案件的主要特点、进一步筑牢廉政风险防控体系”三大方面作“切实增强法纪意识,坚决防控廉政风险”的报告,与会干部深受教育和启发。镇党委委员、纪委书记姚明明以案说纪,作学习十九大精神——夺取反腐败斗争压倒性胜利的报告。通报发生在身边的 5 个案例,为大家上了一堂生动的廉政课,使广大镇管干部增强纪律意识,自我监督意识和廉政意识。为提高广大基层领导干部意识形态领域舆情应对能力,上海交通台主持人郭亮为镇管干部们作学习十九大精神牢牢掌握意识形态工作领导权的报告,讲座深入浅出,案例鲜活生动,现场互动气氛热烈,向大家传授如何应对媒体的宝贵经验,为基层领导干部在舆情应对方面提供方向,使大家深受启发。 （高胜洁）

■举办市民文化艺术节暨“党建 + 文化”主题展示活动 11 月 30 日,2018 年赵巷镇市民文化艺术节闭幕式暨“党建 + 文化”主题展示活动在镇影剧院举行。镇党委书记王玲锦,区文明办副主任盛斌,镇党委副书记沈健,区党建中心主任陆永强等领导出席活动。区、镇领导分别对 10 家优秀基层党建项目、2018 年优秀基层党建宣传集体和个人进行颁奖。活动还专题介绍《巷党新视线》花絮和功能,让大家了解该栏目主要通过《巷心先锋行》《巷心小剧场》等内容,集中宣传奋战在各条线上的党员先锋模范,大力弘扬新时期“不忘初心、继续前进”的正能量。同时还为大家传递最新鲜的党建热点资讯、提供党建知识,让党建工作惠及百姓,让百姓支持党建工作,从而真正发挥新时代互联网党建引领的效能。 （高胜洁）

11 月 30 日,2018 年赵巷镇市民文化艺术节闭幕式暨“党建 + 文化”主题展示活动举行 （赵巷镇供稿）

表 71

2018 年赵巷镇经济与社会发展基本情况表

项目	计量单位	数值	比上年增长(%)	备注
地区增加值	亿元	61.76	3.3	—
第一产业增加值	万元	1190	19.8	—
第二产业增加值	万元	110982	-9.9	—
其中:工业	万元	106159	-11.7	—
第三产业增加值	万元	505412	6.8	—
工业总产值	万元	186384	-36.6	—
农业总产值	万元	2962	12.9	—
税收收入(税务口径)	万元	263118	-5.6	—
区级税收收入	万元	93013	-10.0	—
镇结算财力收入(剔除教育统筹)	万元	87031	-15.1	—
合同外资	万美元	5549	1243.0	—
外方到位金额	万美元	51	—	—
新增内资企业注册资金	万元	32085	179.0	—
内资到位金额	万元	—	—	—
固定资产投资总额	万元	269490	-45.6	—
社会消费品零售总额	亿元	107.53	7.2	—
主要农副产品产量				
粮食	吨	1950	-3.7	—
油菜籽	吨	—	—	—
生猪出栏数	头	—	—	
家禽	万羽	—	—	—
鲜蛋	吨	—	—	—
淡水产品	吨	29	-35	—
蔬菜	吨	244	-85	—
教育事业				
其中:成校(职校)	所	1	—	—
高中	所	—	—	—
初中	所	1	—	—
小学	所	1	—	—
幼儿园	所	1	—	—
在校生(含幼儿园)	人	2899	22	—
教职工	人	367	1	—
教育事业财政支出	万元	—	—	
文化事业				
图书馆(室)	个	1	—	—
文化馆(室)	个	0	—	—

（续表）

项目	计量单位	数值	比上年增长(%)	备注
影剧院(场)	个	1	—	—
文化事业财政支出	万元	—	—	—
医疗、卫生、体育事业				
卫生院(所)	所	1	—	—
卫生室	所	12	9	—
总床位	张	99	—	—
医技人员	人	125	-3.8	—
体育场馆	座	2	—	—
健身苑(点)	个	63	21	—
居民人均可支配收入	元	—	—	—

（高胜洁）

2018 年赵巷镇经济和社会发展各类指标情况表

表 72

类别	序号	指标名称		单位	完成情况	
					总量	增幅(%)
经济实力	1	税收	税收总收入	亿元	26.31	-5.6
			区级税收收入	亿元	9.30	-10.0
	2	规模以上工业总产值		亿元	18.64	1.9
	3	社会消费品零售总额		亿元	107.53	7.2
	4	招商引资	合同外资	亿美元	0.55	1243.0
			外方到位资金	亿美元	0.005	—
	5	引大引强引实(含总部企业)		户	10	—
	6	内资实体型项目注册资金		亿元	3.2	179.0
	7	全社会固定资产投资(属地)		亿元	29.94	-45.6
		其中:工业固定资产投资		亿元	396	-97.1
		商贸服务业固定资产投资		亿元	8.54	91.4
	8	开发区单位土地全口径税收产出增幅		%	—	—
创新转型	9	有效专利拥有量		件		
	10	农业经营	家庭农场	个	5	—
			集体农场	个	8	—
			农业布局合规率	%	99	—
	11	产业结构调整项目数	调整企业数	个	36	-84.8
			调整面积数	公顷	15.7	-41.1
	12	清洁能源替代	锅炉	台	—	—
			窑炉	台	—	—
	13	土地减量化		公顷	11.55	-15.6

（续表）

类别	序号	指标名称		单位	完成情况	
					总量	增幅（%）
社会民生	14	城乡居民可支配收入		元	—	—
	15	新增就业岗位		个	1030	114.4
		其中：非农就业岗位		个	271	208.5
		残疾人就业安置岗位		个	10	100.0
	16	帮助长期失业青年就业		人	15	100.0
	17	帮助成功创业		个	32	106.7
	18	城镇登记失业人员控制数		人	238	—
	19	青年职业见习人数		个	18	100.0
	20	中高层次职业技能培训人数		个	248	124.0
		其中：高级及以上		个	40	100.0
	21	城乡居保中农村居民参保	续缴率	%	93.5	94.0
			扩覆率	%	98	99.3
	22	实有人口总量控制数		万人	14.14	13.0
		其中：实有人口（来沪人员）总量控制数据		万人	8.89	7.0
生态文明	23	工业能耗	综合能源消费控制量	万吨标煤	5718.57	-40.9
			规模以上工业万元产值能耗下降率	%	6.94	—
	24	主要污染物排放量削减率（二氧化硫、化学需氧量、氨氮、氮氧化物）		%	—	—
	25	污水处理	城镇污水处理率	%	100	—
			截污纳管户数	户	—	—
	26	生态造林	新增森林面积	公顷	24.96	-0.9
			陆域森林覆盖率	%	17.73	-9.4
	27	主要农产品"三品"认证率（有机、绿色及无公害产品）		%	100	—

（高胜洁）

徐泾镇

■概况　徐泾镇地处318国道东端第一镇，是青浦区的东大门。与虹桥综合交通枢纽直线距离1.2公里，与人民广场直线距离17公里。境域坐拥航空、高铁、高速立体交通资源。高速铁路有沪宁高铁、沪杭高铁、京沪高铁；轨道交通有2号线、17号线；高速高架公路有：G15沈海高速、G50沪渝高速、崧泽高架、嘉闵高架、建虹高架。全镇面积38.55平方公里。

徐泾镇为国家卫生镇、上海市综合经济实力十强镇、上海市标兵乡镇、上海市文明镇、青浦区经济和社会发展龙头镇。辖区内蟠龙古镇历史悠久，有古单孔石拱桥香花桥、程家祠堂和普门教寺遗迹。徐泾镇在1993年成立全区首个国家经济开发区——西郊经济技术开发区之后，逐步形成电子信息、纺织服装、机械制造、化工等众多产业。并以科学发展为引领，不断探索转型升级和现代化发展新路，取得显著成效。世界上面积最大的建筑单体和会展综合体——国家会展中心于2014年试运营首展，总占地面积86公顷，展览面积50万平方米，成为全球最大会展地标。大型会展每年数十个，商务客流超千万，产业集聚效应显著，2018年11月，首届"进博会"在国家会展中心举行。依托这些大项目，围绕"大虹桥"战略和青浦"一城两翼"发展战略，徐泾镇发展相关的会展服务业以及贸易、物流、仓储、总部、咨询、电子商务、创意文化等"大会展经济"。镇内拥有上海国家会计学院、上海核建科创园、中国北斗产业技术创新西虹桥基地、中国神华华东总部等产业。

镇域内水、电、煤气、通讯等设施齐全。建有日供水量7万吨级的自来水厂、日处理5万吨的污水处理厂、储备量60万立方米的管道煤气储气站、3.5万伏变电站2座、2万门IDD国家程控机房。

徐泾镇下辖光联、民主、联民、前明、金云、二联、金联、连庵、陆家角9个村民委员会和徐泾、宅东、蟠龙、京华、龙阳、徐安第一、徐安第二、徐安第三、徐安第四、卫家角第一、卫家角第二、高泾社区居委会、玉兰清苑社区居委会、尚泰路社区居委会、尚鸿路社区居委会、尚茂路社区居委会、仁恒西郊社区居民委员会(年内新建)共17个社区居委会。全镇户籍人口有13440户、39251人,其中男性19365人、女性19886人。

全年实现地区生产总值116.61亿元,比上年增长7%;完成规模以上工业总产值69.35亿元;完成全口径财政收入61亿元。其中:区级税收16.74亿元。镇结算财力12.66亿元。社会消费品零售总额56.8亿元;全社会固定资产投资56.98亿元;第三产业增加值比上年增长9.8%,产业结构比例优化为0.1:20:79.9。

徐泾镇人民政府驻地:徐泾镇盈港东路1800号。（全樱樱）

7月28日,徐泾镇第十届运动会开幕式举行　（徐泾镇供稿）

■**发展动能增强**　104区块实现税收14亿元,培育五天、迪丰2幢亿元楼,区域楼宇建筑体量突破135万平方米,印氏达近3万平方米的改建工程启动,鸿林、鼎沪实业有限公司共3.6万平方米的二期工程在建。德真工贸有限公司成立长三角品牌联盟综合园、太睿实业有限公司引进航空项目招商平台等,由此加快产业导入,推动产业集群发展。招商引资力度持续加大,新增外资项目22个、吸引合同外资1.13亿美元,新增注册内资项目642个,注册资金60.16亿元。吉利汽车、宝冶集团、天圣控股、国家能源集团等项目取得实质性进展。加强与进博会优质资源产业对接,与加拿大、意大利、葡萄牙等国家和地区9家商会达成注册意向。凯普狄诺公司通过与意大利中小企业协会对接,完成58家承接进博会产业溢出效应企业的注册工作,注册资金达6.23亿元。（全樱樱）

■**基层党组织换届工作结束**　5月11—12日,镇基层党组织换届,涉及59个党支部。此次村级书记平均年龄45岁。换届选举前,镇党委组成4个调研组,历时2个月,对全镇各支部各项工作和班子成员等方面情况进行梳理调研,共计考察基层党政班子316人,镇储备干部18人,大学生村干部9人,保证换届选举的顺利进行,也使全镇基层党组织班子结构进一步优化。（全樱樱）

■**“国际家庭日活动”**　5月27日,在民主村绿地广场举办“健康家庭·健康上海5·15日国际家庭日”暨“5·29计生会员活动日”主题宣传活动。区卫生和计划生育委员会、文明办、社区卫生服务中心等职能部门分发生活实用知识手册,传播健康科学知识,倡导健康生活方式,促进健康家庭建设。（全樱樱）

■**全国手工艺产业博览会开幕**　6月23日,2018年全国手工艺产业博览会暨非物质文化遗产传统技艺展在世界手工艺产业博览园开幕。此次展览以“复兴中国传统文化、创新时代新篇章”为主题,汇聚全国各地工艺美术大师、书法艺术名家、非遗传承人的上万件代表性作品。展览总面积约3万平方米,分设中国玉石雕、木雕沉香、陶瓷紫砂、编制刺绣、古典家具等主题展区,不同文化业态在此交相辉映。（全樱樱）

■**徐泾镇第十届运动会**　7月28日,徐泾镇第十届运动会开幕式在徐泾中学运动场举行。区体育局党委书记、局长张瑞云和镇党委书记、镇长潘恩华等三套班子领导、运动会组委会全体成员以及逾千名运动员共同参加。运动会以“全民健身促健康·同心共筑中国梦”为主题,历时8个月,共设田径、篮球、足球、中国象棋等20个项目,共有50个代表团报名参赛,参加对象涵盖镇各年龄段、各行业的市民。（全樱樱）

11月5—10日,“进博会”举办期间,志愿者在服务岗位上　（徐泾镇供稿）

■**服务保障首届“进博会”**　11月5—10日,首届“进博会”在国家会展中心举办。徐泾镇做了一系列的服务保障工作。完成龙联汽配城“五违”攻坚、西郊家园及谢卫路沿线综合整治等重难点工作。跟进“智慧安防社区”“天眼”系统、“智慧消防”建设,加强城市安全风险管控和精细化管理。推进路网环境提升、绿化景观设置、沿街立面美化、水岸景观和闲置地块环境改善等项目建设,加强会展网格巡查、周边区域一体化养护保洁,以焕然一新的区域面貌迎接家门口盛会的召开。展会期间820余名安保人员积极配合公安部门实行客流管控一体化,成为护航进博的一线守护者。360名网格巡查人员“三班倒”对进博会重点区域24小时不间断巡查,对城市管理部(事)件及时发现处置;880名“微笑四叶草”“进博会”志愿者在93个志愿服务岗位上共提供交通引导、信息问询、秩序服务、应急救助、语言翻译等各类服务108194人次。涌现出“四叶草”守护者王伟、“披星戴月”在路上的沈杰等一批基层先进个人,以实际作为展现“上海品格”。（金樱樱）

2018年徐泾镇经济与社会发展基本情况表

表73

项目	计量单位	数值	比上年增长(%)	备注
地区增加值	亿元	116.61	7.0	—
第一产业增加值	万元	1401	12.5	—
第二产业增加值	万元	233989	-3.1	—
其中:工业	万元	195476	-6.7	—
第三产业增加值	万元	930699	9.8	—
工业总产值	万元	780653	-16.8	—
农业总产值	万元	3404	36.3	—
税收收入(税务口径)	万元	610000	—	—
区级税收收入	万元	167400	—	—
镇结算财力收入(剔除教育统筹)	万元	126600	—	—
合同外资	万美元	11259	-47.9	—
外方到位金额	万美元	5472	-17.3	—
新增内资企业注册资金	万元	601555	-35.1	—
内资到位金额	万元	—	—	—
固定资产投资总额	万元	551518	-32.5	—
社会消费品零售总额	亿元	568025	3.8	—
主要农副产品产量				
粮食	吨	679	-9.1	—
油菜籽	吨	—	—	—
生猪出栏数	头	—	—	—
家禽	万羽	—	—	—
鲜蛋	吨	—	—	—
淡水产品	吨	186	17.7	—
蔬菜	吨	11780	14.3	—
教育事业				
其中:成校(职校)	所	1	—	—
高中	所	—	—	—
初中	所	1	—	—

（续表）

项目	计量单位	数值	比上年增长(%)	备注
小学	所	2	—	—
幼儿园	所	4	—	—
在校生(含幼儿园)	人	5625	—	—
教职工	人	536	—	—
教育事业财政支出	万元	—	—	—
文化事业				
图书馆(室)	个	1	—	—
文化馆(室)	个	1	—	—
影剧院(场)	个	1	—	—
文化事业财政支出	万元	—	—	—
医疗、卫生、体育事业				
卫生院(所)	所	1	—	—
卫生室	所	13	—	—
总床位	张	92	—	—
医技人员	人	165	—	—
体育场馆	座	4	—	—
健身苑(点)	个	18	—	—
居民人均可支配收入	元	—	—	—

（金樱樱）

2018 年徐泾镇经济和社会发展各类指标情况表

表 74

类别	序号	指标名称		单位	完成情况	
					总量	增幅(%)
经济实力	1	税收	税收总收入	亿元	61	—
			区级税收收入	亿元	16.74	—
	2	规模以上工业总产值		亿元	69.35	-18.2
	3	社会消费品零售总额		亿元	56.8	3.8
	4	招商引资	合同外资	亿美元	1.13	-47.9
			外方到位资金	亿美元	0.55	-17.3
	5	引大引强引实(含总部企业)		户	—	—
	6	内资实体型项目注册资金		亿元	0.41	-42.7
	7	全社会固定资产投资(属地)		亿元	55.15	-32.5
		其中:工业固定资产投资		亿元	2.04	7.9
		商贸服务业固定资产投资		亿元	1.8	-79.1
	8	开发区单位土地全口径税收产出增幅		%	—	—

（续表）

<table>
<tr><th rowspan="2">类别</th><th rowspan="2">序号</th><th colspan="2" rowspan="2">指标名称</th><th rowspan="2">单位</th><th colspan="2">完成情况</th></tr>
<tr><th>总量</th><th>增幅(%)</th></tr>
<tr><td rowspan="9">创新转型</td><td>9</td><td colspan="2">有效专利拥有量</td><td>件</td><td>—</td><td>—</td></tr>
<tr><td rowspan="3">10</td><td rowspan="3">农业经营</td><td>家庭农场</td><td>个</td><td>—</td><td>—</td></tr>
<tr><td>集体农场</td><td>个</td><td>—</td><td>—</td></tr>
<tr><td>农业布局合规率</td><td>%</td><td>—</td><td>—</td></tr>
<tr><td rowspan="2">11</td><td rowspan="2">产业结构调整项目数</td><td>调整企业数</td><td>个</td><td>10</td><td>—</td></tr>
<tr><td>调整面积数</td><td>公顷</td><td>7.41</td><td>—</td></tr>
<tr><td rowspan="2">12</td><td rowspan="2">清洁能源替代</td><td>锅炉</td><td>台</td><td>—</td><td>—</td></tr>
<tr><td>窑炉</td><td>台</td><td>—</td><td>—</td></tr>
<tr><td>13</td><td colspan="2">土地减量化</td><td>公顷</td><td>—</td><td>—</td></tr>
<tr><td rowspan="14">社会民生</td><td>14</td><td colspan="2">城乡居民可支配收入</td><td>元</td><td>—</td><td>—</td></tr>
<tr><td rowspan="3">15</td><td colspan="2">新增就业岗位</td><td>个</td><td>2062</td><td>—</td></tr>
<tr><td colspan="2">其中:非农就业岗位</td><td>个</td><td>352</td><td>—</td></tr>
<tr><td colspan="2">残疾人就业安置岗位</td><td>个</td><td>17</td><td>—</td></tr>
<tr><td>16</td><td colspan="2">帮助长期失业青年就业</td><td>人</td><td>24</td><td>—</td></tr>
<tr><td>17</td><td colspan="2">帮助成功创业</td><td>个</td><td>34</td><td>—</td></tr>
<tr><td>18</td><td colspan="2">城镇登记失业人员控制数</td><td>人</td><td>460</td><td>—</td></tr>
<tr><td>19</td><td colspan="2">青年职业见习人数</td><td>个</td><td>20</td><td>—</td></tr>
<tr><td rowspan="2">20</td><td colspan="2">中高层次职业技能培训人数</td><td>个</td><td>309</td><td>—</td></tr>
<tr><td colspan="2">其中:高级及以上</td><td>个</td><td>59</td><td>—</td></tr>
<tr><td rowspan="2">21</td><td rowspan="2">城乡居保中农村居民参保</td><td>续缴率</td><td>%</td><td>95.31</td><td>—</td></tr>
<tr><td>扩覆率</td><td>%</td><td>99.30</td><td>—</td></tr>
<tr><td rowspan="2">22</td><td colspan="2">实有人口总量控制数</td><td>万人</td><td>212919</td><td>—</td></tr>
<tr><td colspan="2">其中:实有人口(来沪人员)总量控制数据</td><td>万人</td><td>146247</td><td>—</td></tr>
<tr><td rowspan="8">生态文明</td><td rowspan="2">23</td><td rowspan="2">工业能耗</td><td>综合能源消费控制量</td><td>万吨标煤</td><td>6.58</td><td>-37.39</td></tr>
<tr><td>规模以上工业万元产值能耗下降率</td><td>%</td><td>22.89</td><td>—</td></tr>
<tr><td>24</td><td colspan="2">主要污染物排放量削减率(二氧化硫、化学需氧量、氨氮、氮氧化物)</td><td>%</td><td>—</td><td>—</td></tr>
<tr><td rowspan="2">25</td><td rowspan="2">污水处理</td><td>城镇污水处理率</td><td>%</td><td>100</td><td>—</td></tr>
<tr><td>截污纳管户数</td><td>户</td><td>297</td><td>—</td></tr>
<tr><td rowspan="2">26</td><td rowspan="2">生态造林</td><td>新增森林面积</td><td>公顷</td><td>18.59</td><td>—</td></tr>
<tr><td>陆域森林覆盖率</td><td>%</td><td>17.23</td><td>—</td></tr>
<tr><td>27</td><td colspan="2">主要农产品“三品”认证率(有机、绿色及无公害产品)</td><td>%</td><td>100</td><td>—</td></tr>
</table>

（金樱樱）

华新镇

■**概况** 华新镇位于青浦境域东北部，东与闵行区接壤，西与重固、白鹤镇交界，南与徐泾、赵巷镇相邻，北与嘉定区相望。华新镇水陆交通便捷，基础设施完善。距虹桥国际机场12公里、浦东国际机场38公里。沪宁高速公路、北青公路、纪鹤公路横跨全镇东西；嘉松公路、徐华公路、嘉金高速公路贯穿南北，分别与318国道、312国道连接，与G1501上海绕城高速相通。镇域内建有G2京沪（原A11沪宁高速）高速公路、S26沪常高速公路上下匝道口，有市区公交车与华新相通。境内新通坡塘纵贯全镇，内河航运四通八达。全镇总面积47.6平方公里，其中耕地面积1004公顷。

华新镇被国家六部委列为全国重点镇，被市政府列为上海市郊22个中心镇之一，是全国城镇建设先进镇、小城镇建设示范镇、国家级卫生镇、全国文明镇、全国亿万农民健身活动先进镇、上海市科普示范镇、上海市文明示范标志区域。华新镇具有光荣的革命斗争历史，青浦区最大的烈士墓地—东乡革命烈士陵园坐落于镇内火星村。

华新镇下辖徐谢、火星、周浜、嵩山、北新、朱长、淮海、新木桥、叙中、陆象、坚强、华益、凌家、白马塘、新谊、马阳、杨家庄、秀龙、叙南19个村民委员会和华新、凤溪、华腾、春江、星尚湾、悦欣、华府、宝龙、新丰、瑞和锦庭、金瑞苑、西郊半岛12个居委会和凤溪社区。全镇户籍人口11846户、45852人，来沪流动人口163781人，境外人员421人。2018年，全镇实现增加值116.3亿元，比上年增长6%；实现工业总产值217.56亿元；实现财政收入47.8亿元，比上年增长14%。

华新镇人民政府驻地：华新镇华新街318号。（李伟虹）

■**区领导走访调研华新镇“阳光家园”** 年初，副区长金俊峰、区残联理事长陆惠星等一行到华新镇阳光家园走访调研。金俊峰一行在华新镇副镇长徐剑峰的陪同下，先后参观室外活动场、心里疏导室、阅览室、文体活动室、手工劳作室等内设功能教室，详细了解“阳光家园”建设情况、人员配置情况及活动课程安排等；对家园针对残疾人开设的生活情景模拟课程予以肯定，并就丰富课程内容提出建议。（李伟虹）

■**嵩山村通过市级农村社区建设示范村验收** 1月22日，市级农村社区建设示范村验收专家组沈允良、纪晓岚、曾莉等一行到嵩山村开展验收工作。验收分为实地考察和座谈会两部分进行。专家小组现场查看嵩山村“一站两中心”建设情况及村卫生室、档案室等服务设施使用情况，并听取嵩山村工作情况和主要特色的介绍。座谈会上，专家小组就民主自治情况、外来人员管理、村民福利、社区文化等内容进行座谈交流，询问了解嵩山村在工作开展过程中的需求问题，以进一步获悉农村社区建设的现状。镇、村两级有关部门负责同志全程陪同并作汇报，嵩山村市级农村社区示范村建设顺利通过验收。（李伟虹）

■**华新镇与国创联合控股投资有限公司签订合作框架协议** 2月13日，华新镇与国创联合控股投资有限公司举行合作框架协议签订仪式。镇党委书记陆青，副书记、镇长林峰，镇人大主席吴希铭，中控北斗董事局主席丁晓岩，国创联合董事长黄书东等出席签约仪式。镇相关领导、部门负责人参加仪式。这次签约合作共有三个项目，国创联合集自身优势在华新开展实业投资、对内对外贸易、项目咨询策划等业务。涵盖一二三产业，助推华新镇加快区域经济整体转型，产业结构进一步优化，人居环境进一步改善，城镇乡村面貌进一步提升。为推动大虹桥战略和“四个（即富强、幸福、和谐、美丽）新华新”相叠加的一流新市镇建设注入强劲动力。（李伟虹）

■**华新中学OM社团获第三十九届世界头脑奥林匹克中国区决赛二等奖** 3月，第三十九届世界头脑奥林匹克活动中国区决赛在青岛市实验高级中学举行，华新中学在决赛中喜获佳绩。此次中国区决赛有北京、上海、浙江、广东、河南、福建、山东等13个省、市及德国、韩国的大中小学共497支队伍参赛，3500名学生参与角逐。决赛中，华新中学OM参赛队选择能更好地融合中国传统文化的四大名著之一《西游记》，在阅读经典的同时，深刻理解和研究故事内容并进行再创作，整个解题过程富有创意和幽默，获得一致好评，最后获初中组二等奖。（李伟虹）

■**凌云研究院落户华新** 4月16日，凌云中央研究院在华新镇举行开业庆典仪式。兵器工业集团、凌云股份有限公司相关领导、行业协会、客户代表以及华新镇党政主要领导等80多人出席庆典仪式。兵器工业集团公司民品发展

2月13日，华新镇与国创联合控股投资有限公司举行合作框架协议签订仪式（华新镇供稿）

4 月 16 日,凌云中央研究院在华新镇举行开业庆典仪式　(华新镇供稿)

部副局长范志平在致辞中强调,凌云中央研究院既是凌云在上海的新名片,也是兵器工业集团公司在上海的新亮点,凌云中央研究院和科技创新团队,以推动凌云高质量发展为己任,全面贯彻落实兵器工业集团公司“科技创新 20 条”,高水平打造科技创新平台,高标准谋划科技创新项目,下好科技研发创新的“先手棋”,抢占行业科技创新制高点,为建设中国特色先进兵器工业体系和世界一流防务集团的奋斗目标作出更大的贡献。　(李伟虹)

■“增洲杯”华新镇第十二届村级篮球赛举行　7 月 14 日,由华新镇人民政府主办、华新镇文体中心承办的“增洲杯”华新镇第十二届村级篮球赛正式开赛。19 支村级篮球参赛球队分成 4 个小组进行单循环比赛,小组前两名晋级淘汰赛。出线的 8 支球队进入第二轮比赛,争夺年度总冠军。经过 12 天 47 场的激烈比赛,北新村最终夺得第十二届篮球联赛的总冠军。　(李伟虹)

■殷一璀到华新镇中通快递公司调研　10 月 16 日,市人大常委会主任殷一璀到华新镇中通快递公司开展相关立法调研。市人大常委会副主任莫负春、秘书长陈靖、区委书记赵惠琴、区人大常委会主任朱明福、华新镇党委书记陆青以及区相关部门负责人参加调研。座谈会上,殷一璀主任详细询问快递包装生产、回收及循环利用等具体情况,了解企业在包装回收工作上的现状,并肯定中通快递在积极履行社会责任、不断推进绿色环保等方面的努力。中通快递董事长赖梅松介绍中通发展情况,以及在快递包装绿色化、减量化、可循环化方面的探索实践,并就快递环节的绿色发展提出建议。座谈结束后,殷一璀主任等一行来到中通快递上海转运中心,实地观看快件分拣作业。中通快递董事长赖梅松向参与调研的领导介绍电子面单、高运力甩挂车、可循环打包帆布袋等在快递环节中的应用。　(李伟虹)

■圆通速递启用新总部大楼　10 月 17 日,圆通速递举行新总部大楼启用典礼;同时,正式对外发布圆通蛟龙集团旗下全新的独立品牌“承诺达特快”。区委书记赵惠琴、副区长倪向军、华新镇党委书记陆青等领导出席启用典礼。新总部位于上海大虹桥板块的青浦区华新镇新协路 28 号,总占地面积 17.47 公顷。新总部大楼的启用,为圆通网络服务市场和客户提供更好支撑,标志着圆通速递站上新起点,肩负新使命,开启新征程。新总部大楼于 2016 年 3 月开工兴建,总建筑面积 29 万平方米,实际总投资 16.9 亿元。其主体建筑包括近 5 万平方米的 16 层“双子楼”以及 18 万平方米的转运中心。后者累计安装 6 套自动化分拣设备,日处理快件量可达 450 万件,是圆通全网最大的自动化分拣中心。圆通新总部凸显国际化、现代化、智能化、低碳环保等特点,集现代化办公、全球运营管理、智能化分拣、仓配一体、会议接待和员工居住生活为一体。　(李伟虹)

■7 个进博会中外商务团到访　11 月 6 日,马拉维共和国工业贸易和旅游部副部长一行、刚果民主共和国外贸部部长一行、布隆迪共和国环境农业与牧业部长一行、黑山共和国外交部部长助理一行、乌克兰行业联盟及企业代表团、中外媒体代表团、全国城市农贸中心联合会等 7 个代表团到华新镇西郊国际农产品

11 月 6 日,马拉维共和国、刚果民主共和国等 7 个“进博会”中外商务团到访华新镇　(华新镇供稿)

交易中心参观考察。马拉维、黑山及中外媒体代表团等实地参观华新西郊国际农产品交易中心的公司沙盘、监控中心；刚果(金)代表团、全国城市农贸中心联合会等参观进口水果仓储交易厅、进口肉类交易厅；乌克兰代表团等参观国家实验室(检验检测中心)和进口商品直销中心。其中，布隆迪共和国代表团一行还与华新镇、西郊农产品交易中心工作人员开展座谈，就加强合作交流、搭建沟通桥梁、推动农产品领域经贸合作进行深入交流。作为"上海市对接进博会投资促进参观路线——青浦路线"的重要点位之一，华新镇西郊国际农产品交易中心在进博会期间接待诸多国内外商务团队，发挥"6+365"常年交易平台的主战场作用。（李伟虹）

■华新镇党政代表团赴盈江县开展扶贫协作 11月20日，华新镇党委副书记、镇长林峰带领镇党政代表团赴云南省德宏傣族景颇族自治州盈江县开展对口支援及扶贫协作工作。在盈江县相关领导陪同下，实地考察对口支援帮扶项目建设、教育扶贫、扶贫产业发展、美丽乡村建设情况，并与群众亲切交谈，鼓励他们坚定信心决心，克服当前的困难。在与盈江县领导联合召开的扶贫协作联席会议会上，盈江县委副书记、县长岩补介绍盈江县经济社会发展及沪滇扶贫协作工作情况。林峰镇长介绍华新镇经济社会发展情况并表示，盈江县脱贫攻坚工作在上级党委、政府的领导下，脱贫成效明显，有很多经验值得学习和借鉴。下一步，华新镇将按照扶贫协作、对口支援及携手奔小康协议书的要求，不断完善多层次、高效率的合作交流模式、工作体系以及工作机制，广泛开展经济协作及人才交流，在做好输血的同时，更加突出造血功能，逐步形成优势互补、联动发展的合作机制。（李伟虹）

2018年华新镇经济与社会发展基本情况表

表75

项目	计量单位	完成数	比上年增长(%)	备注
地区增加值	亿元	116.3	6	—
第一产业增加值	万元	2280	-20	—
第二产业增加值	万元	625660	-1	—
其中:工业	万元	565660	-8	—
第三产业增加值	万元	535090	16	—
工业总产值	万元	2175646	—	—
农业总产值	万元	5700	-20	—
税收收入(税务口径)	万元	477963	—	—
区级税收收入	万元	135982	—	—
镇结算财力收入(剔除教育统筹)	万元	83271.8	—	—
合同外资	万美元	1545	-85	—
外方到位金额	万美元	14986	13.8	—
新增内资企业注册资金	万元	—	—	—
内资到位金额	万元	—	—	—
固定资产投资总额	万元	—	—	—
社会消费品零售总额	亿元	62.1	—	—
主要农副产品产量				
粮食	吨	3273	-8.2	—
油菜籽	吨	—	—	—
生猪出栏数	头	—	—	—
家禽	万羽	9.31	—	—
鲜蛋	吨	8.2	-55.2	—
淡水产品	吨	—	—	—
蔬菜	吨	18003	-23.5	—
教育事业				

（续表）

项目	计量单位	完成数	比上年增长(%)	备注
其中：成校(职校)	所	1	—	—
高中	所	—	—	—
初中	所	2	—	—
小学	所	3	—	—
幼儿园	所	4	—	—
在校生(含幼儿园)	人	8234	—	—
教职工	人	818	—	—
教育事业财政支出	万元	10355.17	—	—
文化事业				
图书馆(室)	个	2	—	—
文化馆(室)	个	—	—	—
影剧院(场)	个	—	—	—
文化事业财政支出	万元	776	—	—
医疗、卫生、体育事业				
卫生院(所)	所	1	—	—
卫生室	所	19	—	—
总床位	张	70	—	—
医技人员	人	163	—	—
体育场馆	座	1	—	—
健身苑(点)	个	65	—	—
居民人均可支配收入	元	—	—	—

（李伟虹）

2018年华新镇经济和社会发展各类指标情况表

表76

类别	序号	指标名称		单位	完成情况	
					总量	增幅(%)
经济实力	1	税收	税收总收入	亿元	47.8	14
			区级税收收入	亿元	13.6	19
	2	规模以上工业总产值		亿元	185.1	-3.3
	3	社会消费品零售总额		亿元	62.1	3
	4	招商引资	合同外资	亿美元	0.15	-85
			外方到位资金	亿美元	1.49	—
	5	引大引强引实(含总部企业)		户	9	-10
	6	内资实体型项目注册资金		亿元	0.55	—
	7	全社会固定资产投资(属地)		亿元	16.2	-18
		其中：工业固定资产投资		亿元	4.5	26.4
		商贸服务业固定资产投资		亿元	9.7	-22
	8	开发区单位土地全口径税收产出增幅		%	—	—

（续表）

类别	序号	指标名称		单位	完成情况	
					总量	增幅(%)
创新转型	9	有效专利拥有量		件	2556	4.8
	10	农业经营	家庭农场	个	—	—
			集体农场	个	12	—
			农业布局合规率	%	100	
	11	产业结构调整项目数	调整企业数	个	247	-2
			调整面积数	公顷	40	—
	12	清洁能源替代	锅炉	台	14	—
			窑炉	台	—	—
	13	土地减量化		公顷	83.71	56.9
社会民生	14	城乡居民可支配收入		元	—	—
	15	新增就业岗位		个	1969	—
		其中:非农就业岗位		个	579	—
		残疾人就业安置岗位		个	80	—
	16	帮助长期失业青年就业		人	15	—
	17	帮助成功创业		个	55	—
	18	城镇登记失业人员控制数		人	350	—
	19	青年职业见习人数		个	40	—
	20	中高层次职业技能培训人数		个	300	—
		其中:高级及以上		个	40	—
	21	城乡居保中农村居民参保	续缴率	%	97.88	—
			扩覆率	%	99.3	—
	22	实有人口总量控制数		万人	21	—
		其中:实有人口(来沪人员)总量控制数据		万人	16.38	7.4
生态文明	23	工业能耗	综合能源消费控制量	万吨标煤	8.43	-5
			规模以上工业万元产值能耗下降率	%	1.8	—
	24	主要污染物排放量削减率(二氧化硫、化学需氧量、氨氮、氮氧化物)		%	—	—
	25	污水处理	城镇污水处理率	%	—	—
			截污纳管户数	户	—	—
	26	生态造林	新增森林面积	公顷	20.53	
			陆域森林覆盖率	%	11.77	
	27	主要农产品“三品”认证率(有机、绿色及无公害产品)		%	85	—

（李伟虹）

重固镇

■概况 重固镇位于青浦城东北，东临华新镇，西连香花桥街道、青浦工业园区，南接赵巷镇，北靠白鹤镇，处于G1501上海绕城高速、苏虹公路交通大动脉的交汇处。水陆交通极为便利。东距上海虹桥国际机场、浦东国际机场分别为15公里、40公里。南靠318国道，北近312国道和沪宁高速公路，同三国道贯穿南北，苏虹公路横卧东西。位于境内的油墩港，南通黄浦江，北连苏州河，可供300吨级船舶通航。全镇总面积30平方公里，其中耕地面积1396公顷。下辖郏店村、毛家角村、中新村、回龙村、新丰村、章埝村、新联村、徐姚村、福泉山村9个村民委员会和福泉社区、泉山社区、福定社区、泉华社区4个居委会。总人口62436人，其中户籍人口15804人，外来人口46632人。

10月18日，区四套班子主要领导调研垃圾分类整区域创建工作

（重固镇供稿）

2018年，全镇实现地区生产总值(GDP)39.65亿元，比上年增长0.2%。其中，第一产业完成增加值0.36亿元，比上年增长19%；第二产业实现增加值5.36亿元，比上年下降37.3%；第三产业完成增加值33.93亿元，比上年增长10.5%。规模以上工业实现总产值8.2亿元。实现社会消费品零售总额21.71亿元。村级经济实力得到显著提升，9个行政村共完成税收9.67亿元，占全镇税收总量的32.1%。社会民生进一步改善，全年新增就业岗位616个，超额完成区下达任务，双困人员安置率达到100%。

重固镇境内拥有被称为“上海历史年表”的福泉山古文化遗址，它完整保留距今6000—7000年历史的各个时期文化叠压遗存，于2001年6月被国务院命名为国家重点文明保护单位。2009年，被列为上海市爱国主义教育基地。2010年，福泉山遗址被授牌，成为国家AAA级旅游景区。2013年，福泉山遗址被定为全国150处大遗址之一，也是上海市唯一一处国家级大遗址。

重固镇人民政府驻地：重固镇福泉山路628号。 （赵　宝）

12月4日，区委常委、宣传部部长姜道荣（前中）到重固督查“创全”工作

（重固镇供稿）

■区四套班子主要领导调研垃圾分类整区域创建工作 10月18日，区委书记赵惠琴率区四套班子主要领导及区精推办（即城市管理精细化推进办公室）、发改委、规土局、城管执法局等部门负责人，各街镇党政主要领导及分管领导、各街镇和村居委书记代表、物业公司经理代表一行到重固镇实地考察垃圾分类整区域创建工作，实地踏勘多个垃圾分类示范点位。在万科一期，听取重固镇党委副书记、镇长金彪和居委干部的详细介绍，赵书记希望其他街镇和职能部门吸收借鉴好重固的工作经验。在康浦动迁小区和万事发小区，赵书记充分肯定小区内志愿者、破袋员和扫码员进行的分类指导工作，对垃圾分类齐参与工作充分肯定。在重固农贸市场，赵书记强调农贸市场是干湿垃圾分类的主战场，成败的关键因素，重固农贸市场在这方面做得很全面。

（赵　宝）

■区领导到重固镇督查“创全”工作 12月4日，区委常委、宣传部部长姜道荣一行到重固实地督查重固“创全”迎

检工作。镇党委副书记、镇长金彪，区文明办副主任盛斌，镇党委委员崔卫琪陪同督查。姜道荣一行先后走访邮政、电信、农贸市场和社保、文体中心、福泉、福定社区以及小学、在建工地等多个重难点“创全”点位，详细了解基层单位在各“创全”点位上的落实情况，并及时提出整改意见。在邮政、电信服务大厅，姜道荣重点查看“创全”氛围布置，要求各窗口单位要在服务大厅秩序上完善引导，给市民创造一个整洁的环境。在农贸市场，对于市场摊位的清洁度，特别是水产区域的摊位，要严格把关好跨摊位经营以及水产平台产生的水渍，要求每天进行洗刷保洁。在福泉、福定社区，姜部长主要查看小区的停车位设置、楼道乱堆物等情况。在查看和听取各部门介绍后，对于各单位在“创全”迎检方面的工作给予充分肯定，并希望在“创全”氛围布置上多思考、多总结，多下功夫，多动脑经，整合好各类“创全”资源，依托公共文化服务平台，大力开展形式多样、内容丰富的“创全”行动。（赵　宝）

10 月 24 日，区委常委、副区长陈庆江（左二）一行到重固镇督导河道治理工作（重固镇供稿）

■区领导到重固镇督导河道治理工作

10 月 24 日，区委常委、副区长陈庆江，区人大常委会副主任何强，区政协副主席顾啸流一行到重固镇，查看并听取河道治理情况。镇党委副书记、镇长金彪，党委副书记方伟忠，镇党委委员副镇长顾荷英，镇党委委员吴志强、崔卫琪等镇领导陪同检查。陈庆江一行首先检查位于福定居委的河泾河，对整治现场的扎实举措给与充分肯定。在听取重固镇主要领导对河泾河整改措施落实情况的相关汇报后，陈庆江指出：河道整治要从水质根源抓起，在逐个摸清排水管排污情况的前提下，做好污水截流、纳入管网后，再进行河道疏浚，可事半功倍。随后，区领导一行到庄固浜，实地踏勘河道整体水质情况和排水设施。陈庆江在检查后指出，首先打通断头，修复自净循环功能，实施雨污分流、截污纳管、疏浚河道，让老百姓看到整治效果。对重固镇镇河道整体进行检查后，陈庆江要求，坚定信心、攻坚克难，清理职责边界，不断凝聚水环境治理合力，坚持打好水环境治理攻坚战，确保河长制落地生根、取得成效，不断开创重固水环境治理工作新局面，以实实在在的水环境成果回应广大人民群众期盼。（赵　宝）

■贯彻落实市委一号课题　加强基层建设，推动各项工作取得成效。顺利完成福定居民委员会、泉华居民委员会选举工作。至 7 月 21 日，重固镇 9 个村委会、2 个居委会换届选举工作顺利完成；村（居）民组长队伍建设，开展星级村（居）民小组创建、优秀村（居）民组长评选活动；组织各村（居）主任及村务监督委员会主任参加区民政局举办的“村（居）委会主任及村务监督委员会主任培训班”，促进村（居）委会自治，提高村（居）委会主任及村务监督委员会主任的工作能力、业务水平和综合素质。（赵　宝）

■优化产业结构促转型发展　全镇实现全口径税收收入 30.11 亿元，比上年增长 0.8%；实现区镇地方收入 8.78 亿元，比上年增长 7.5%；第三产业比重进一步提高，达 85.6%。招商渠道不断拓展，完成招商 945 户、注册资金 36.43 亿元、户均资金 385.52 万元，其中：亿元以上项目 7 只，引大引强引实项目 4 只。平台经济健康发展，城郊翔农危化平台累计引进企业 483 家，实现税收 1.5 亿元；万事发医疗器械平台累计引进企业 235 家、实现税收 1.7 亿元。全年共完成企业调整 37 户、调整面积达 8.13 公顷，占区下达考核目标的 108.6%；福泉山园区整体转型工作通过市产调办评审，获得市、区产业结构调整扶持资金近 1 亿元；项目储备力度不断加强，先后与德邦物流、联动 U 谷、珠江集团、瑞康医药、希诺集团等 50 多家优质企业接洽。协助申通快递、庆华蜂巢、颜钛实业、富勒信息等 13 家企业申报“上海名牌”“专精特新”“信息安全管理体系认证”等 16 项专项扶持、补贴、奖励资金项目。积极构建项目“绿色通道”，建立全程跟踪服务机制，使企业科创能力不断提升，全镇有效发明拥有量达到 36 件，有效专利拥有量达到 295 件。（赵　宝）

■创建全国文明镇　2015 年 2 月 28 日，中央文明委召开全国精神文明建设工作表彰大会，青浦区重固镇获“全国文明镇”称号。之后，重固镇建立创建督察、综治平安、服务文明、素质文明、乡村建设、市政建设、环境文明等 7 个创建工作小组，以全国文明镇创建为契机，集中开展以镇容镇貌为重点的环境文明综合整治。先后召开 10 次创建工作推进会。制作“创全”大型公益广告牌，流动宣传车等宣传，形成全镇上下齐创共建的良好氛围。依托“网格化+”创新工作模式，将文明指数测评工作纳入镇城市网格化综合管理中心和村居网格化工作站体系之中，确保巡查工作和日常管理常态化。2017 年 11

月，接中央精神文明建设指导委员会发来证书，重固镇继续保留"全国文明村镇"荣誉称号。（赵　宝）

■完成确权登记工作　按照上级部署，对全镇确权登记数据资料统一进行梳理会审，赋予农民更加充分而有保障的土地承包经营权。统计汇总：全镇应确权农户数3195户，户数登记率为99.6%，应确权面积745.43公顷，面积确权率为99.7%。这次确权登记数据汇交工作还涉及变更户数88户，核减人数71人；注销户数26户；并户4户；承包方不是共有5户，承包方代表变更21户。（赵　宝）

■美丽乡村建设工作取得新进展　制订美丽乡村建设三年行动计划。章堰村、中新村、回龙村完成区级美丽乡村方案评审；新丰村通过审核，列为区级美丽乡村示范村创建村；福泉山村、新联村、毛家角村和郏店村等4个村纳入镇级试点创建村。制定《重固镇农村村民（渔民）住房解困办法》，有效缓解建房压力；全面推进绿色农业发展，农业机械化水平达98%，无公害农产品、绿色食品、有机农产品等"三品"认证率达86%；加快培育新型生产主体，培育家庭农场37户、农村专业合作社8家；成立全区首家上海农交所农村集体产权交易中心重固分中心，进一步壮大集体经济造血机制，有效促进农民增收。（赵　宝）

■市容管理和生态环境工作成果显著　全力推进"五违四必"生态环境综合治理，建立整治情况"回头看"工作督查机制，全面开展实地走访检查，查漏补缺，切实把新增"五违"现象遏制在萌芽状态，推进常态长效机制建设。推进无违村居创建工作，全镇9村4居委完成无违村居申报，并全部完成复核验收，镇级层面通过全市第一批"无违镇"验收。共拆除在建违法建筑4处，存量违法建筑20处。坚决打击各类违法运输处置建筑渣土行为，联合第三方开展渣土运输专项整治，擅自处置建筑垃圾、工程渣土12件。严厉查处无证无照经营、食品乱设摊、餐厨垃圾、废弃油脂等违法违规行为，对屡教不改者依法从严处罚，市容市貌得到大幅改善。共拆除各类违法建筑161处，面积54538平方米。其中，在建违法建筑4处，面积73平方米；存量违法建筑157处，面积54465平方米，占区下达年度任务50000平方米的108.93%，生态环境整体提升显著。（赵　宝）

■社会民生工作水平稳步提升　着力做好民生保障。全年新增就业岗位600个，失业人数控制在129人，在全年控制目标数范围内。积极落实社会救助新政策，从4月1日起，城乡居民最低生活保障标准从每人每月970元调整到1070元。城乡居民最低生活保障等工作稳步推进，累计发放各类救助金499万元；持续推进家庭医生服务工作，稳步提升签约率；积极推进长期护理保险实施工作，完成56位老人的评估工作；有序推进"博爱家园"村居建设并实现全覆盖。双拥工作、老龄工作、残疾人工作等各项工作基础进一步夯实。加强公共文化服务体系建设，制订公共文化服务提升三年行动计划，全年共开展各类文化活动630余场次；开展"助力创全"故事巡讲活动、"垃圾分类我先行"文化三下乡巡演等各类主题群文活动。完成镇第四届运动会各项赛事；深化"一镇一品"群众体育品牌项目建设，举办手杖操、腰鼓、健身气功等多个培训班，参与群众近2000人次，举办健身操、足球等各类镇级赛事30场次，参与群众3500人次；获得市级荣誉5项，区级荣誉40项。（赵　宝）

2018年重固镇经济与社会发展基本情况表

表77

项目	计量单位	完成数	比上年增长(%)	备注
地区增加值	亿元	39.65	0.2	—
第一产业增加值	万元	3566	19	—
第二产业增加值	万元	53621	-37.3	—
其中：工业	万元	27716	-32	—
第三产业增加值	万元	339341	10.5	—
工业总产值	万元	131982	-22.9	—
农业总产值	万元	8914	23.1	—
税收收入（税务口径）	万元	275963	7.6	—
区级税收收入	万元	84834	3.8	—
镇结算财力收入（剔除教育统筹）	万元	76625	—	—
合同外资	万美元	2459	—	—
外方到位金额	万美元	1089	—	—

（续表）

项目	计量单位	完成数	比上年增长(%)	备注
新增内资企业注册资金	万元	—	—	—
内资到位金额	万元	—	—	—
固定资产投资总额	万元	340267	11.6	属地
社会消费品零售总额	万元	217132	8	—
主要农副产品产量				
粮食	吨	11572.29	16	—
油菜籽	吨	—	—	—
生猪出栏数	头	—	—	
家禽	万羽	0.42	-70	—
鲜蛋	吨	30.6	-48	—
淡水产品	吨	67	-7	—
蔬菜	吨	24711	12	—
教育事业				
其中:成校(职校)	所	1	—	—
高中	所	0	—	—
初中	所	1	—	—
小学	所	1	—	—
幼儿园	所	2	—	—
在校生(含幼儿园)	人	2677	—	—
教职工	人	253	—	—
教育事业财政支出	万元	3649.1	0.2	—
文化事业				
图书馆(室)	个	1	—	—
文化馆(室)	个	1	—	—
影剧院(场)	个	1	—	—
文化事业财政支出	万元	129	-3.6	—
医疗、卫生、体育事业				
卫生院(所)	所	1	—	—
卫生室	所	10	—	—
总床位	张	25	—	—
医技人员	人	76	—	—
体育场馆	座	1	—	—
健身苑(点)	个	27	—	—
居民人均可支配收入	元	—	—	—

（赵　宝）

2018 年重固镇经济和社会发展各类指标情况表

表 78

<table>
<tr><th rowspan="2">类别</th><th rowspan="2">序号</th><th colspan="2" rowspan="2">指标名称</th><th rowspan="2">单位</th><th colspan="2">完成情况</th></tr>
<tr><th>总量</th><th>增幅(%)</th></tr>
<tr><td rowspan="11">经济实力</td><td rowspan="2">1</td><td rowspan="2">税收</td><td>税收总收入</td><td>亿元</td><td>27.6</td><td>-7.6</td></tr>
<tr><td>区级税收收入</td><td>亿元</td><td>8.48</td><td>3.8</td></tr>
<tr><td>2</td><td colspan="2">规模以上工业总产值</td><td>亿元</td><td>8.2</td><td>-14.2</td></tr>
<tr><td>3</td><td colspan="2">社会消费品零售总额</td><td>亿元</td><td>21.71</td><td>8</td></tr>
<tr><td rowspan="2">4</td><td rowspan="2">招商引资</td><td>合同外资</td><td>亿美元</td><td>0.25</td><td>—</td></tr>
<tr><td>外方到位资金</td><td>亿美元</td><td>0.11</td><td>—</td></tr>
<tr><td>5</td><td colspan="2">引大引强引实(含总部企业)</td><td>户</td><td>4</td><td>-33.3</td></tr>
<tr><td>6</td><td colspan="2">内资实体型项目注册资金</td><td>亿元</td><td>0.5</td><td>150</td></tr>
<tr><td rowspan="3">7</td><td colspan="2">全社会固定资产投资(属地)</td><td>亿元</td><td>34.03</td><td>11.6</td></tr>
<tr><td colspan="2">其中:工业固定资产投资</td><td>亿元</td><td>1.48</td><td>96.4</td></tr>
<tr><td colspan="2">商贸服务业固定资产投资</td><td>亿元</td><td>0.89</td><td>27</td></tr>
<tr><td></td><td>8</td><td colspan="2">开发区单位土地全口径税收产出增幅</td><td>%</td><td>—</td><td>—</td></tr>
<tr><td rowspan="9">创新转型</td><td>9</td><td colspan="2">有效专利拥有量</td><td>件</td><td>295</td><td>20.7</td></tr>
<tr><td rowspan="3">10</td><td rowspan="3">农业经营</td><td>家庭农场</td><td>个</td><td>36</td><td>—</td></tr>
<tr><td>集体农场</td><td>个</td><td>9</td><td>—</td></tr>
<tr><td>农业布局合规率</td><td>%</td><td>100</td><td>10</td></tr>
<tr><td rowspan="2">11</td><td rowspan="2">产业结构调整项目数</td><td>调整企业数</td><td>个</td><td>37</td><td>19.4</td></tr>
<tr><td>调整面积数</td><td>公顷</td><td>18.1</td><td>-27.2</td></tr>
<tr><td rowspan="2">12</td><td rowspan="2">清洁能源替代</td><td>锅炉</td><td>台</td><td>0</td><td>—</td></tr>
<tr><td>窑炉</td><td>台</td><td>0</td><td>—</td></tr>
<tr><td>13</td><td colspan="2">土地减量化</td><td>公顷</td><td>14.17</td><td>18</td></tr>
<tr><td rowspan="15">社会民生</td><td>14</td><td colspan="2">城乡居民可支配收入</td><td>元</td><td>—</td><td>—</td></tr>
<tr><td rowspan="3">15</td><td colspan="2">新增就业岗位</td><td>个</td><td>616</td><td>2.7</td></tr>
<tr><td colspan="2">其中:非农就业岗位</td><td>个</td><td>200</td><td>25</td></tr>
<tr><td colspan="2">残疾人就业安置岗位</td><td>个</td><td>10</td><td>0</td></tr>
<tr><td>16</td><td colspan="2">帮助长期失业青年就业</td><td>人</td><td>5</td><td>0</td></tr>
<tr><td>17</td><td colspan="2">帮助成功创业</td><td>个</td><td>15</td><td>0</td></tr>
<tr><td>18</td><td colspan="2">城镇登记失业人员控制数</td><td>人</td><td>150</td><td>—</td></tr>
<tr><td>19</td><td colspan="2">青年职业见习人数</td><td>个</td><td>18</td><td>0</td></tr>
<tr><td rowspan="2">20</td><td colspan="2">中高层次职业技能培训人数</td><td>个</td><td>311</td><td>56</td></tr>
<tr><td colspan="2">其中:高级及以上</td><td>个</td><td>111</td><td>177</td></tr>
<tr><td rowspan="2">21</td><td rowspan="2">城乡居保中农村居民参保</td><td>续缴率</td><td>%</td><td>97.6</td><td>3.9</td></tr>
<tr><td>扩覆率</td><td>%</td><td>100</td><td>—</td></tr>
<tr><td rowspan="2">22</td><td colspan="2">实有人口总量控制数</td><td>万人</td><td>6.24</td><td>20.89</td></tr>
<tr><td colspan="2">其中:实有人口(来沪人员)总量控制数据</td><td>万人</td><td>4.6</td><td>25.93</td></tr>
</table>

（续表）

类别	序号	指标名称		单位	完成情况	
					总量	增幅(%)
生态文明	23	工业能耗	综合能源消费控制量	万吨标煤	0.44	42.7
			规模以上工业万元产值能耗下降率	%	66.4	—
	24	主要污染物排放量削减率(二氧化硫、化学需氧量、氨氮、氮氧化物)		%	—	—
	25	污水处理	城镇污水处理率	%	97.5	—
			截污纳管户数	户	6921	—
	26	生态造林	新增森林面积	公顷	334.88	
			陆域森林覆盖率	%	7.75	—
	27	主要农产品“三品”认证率(有机、绿色及无公害产品)		%	100	—

（赵　宝）

白鹤镇

■概况　白鹤镇地处青浦境域北部与江苏省交界之处。东与华新镇、重固镇毗邻，西与昆山市石浦镇、花桥镇交界，南与香花桥街道相接，北与嘉定区安亭镇接壤。地理位置优越，交通便捷。距上海虹桥枢纽17公里，北靠312国道和沪蓉高速公路，南临苏虹公路和318国道。越镇而过的南北向道路有G1501上海绕城高速公路，外青松公路、新胜路和青赵公路，东西向有S26沪常高速、纪鹤公路、白石路。水运有大盈江、油墩港和吴淞江。全镇区域总面积58.57平方公里，其中耕地面积2502.88公顷。

白鹤镇历史悠久，文化底蕴深厚，物产丰富，民风淳朴。境内有青龙寺、青龙塔及塘湾桥等名胜古迹，青龙镇遗址入选2016年全国十大考古新发现。白鹤镇还是中国民间艺术之乡、中国草莓之乡和上海非物质文化(沪剧)传承基地。

白鹤镇下辖朱浦、金项、王泾、新江、白鹤、沈联、鹤联、青龙、塘湾、胜新、杜村、赵屯、江南、南巷、太平、红旗、曙光、梅桥、响新、五里、万狮21个村民委员会和白鹤第一、白鹤第二、赵屯、新江4个居委会。2018年底，全镇实有人口总数96568人，其中来沪人员63460人。社会消费品零售总额25.96亿元，比上年增长0.4。

白鹤镇人民政府驻地：外青松公路2723弄69号。（凌玉莲）

■区领导调研长护险试点工作　7月24日，副区长金俊峰到白鹤镇就长期护理保险试点工作进行调研。区人社局、民政局、卫计委、财政局等单位及白鹤镇相关部门负责人参加调研。金俊峰一行先实地调研艾芙老人家服务中心居家照护服务和青龙养护院住养照护服务开展情况，并与老人们进行亲切交谈。随后，在镇政府召开座谈会，听取相关单位工作情况介绍，并与镇受理中心、社区办、服务机构、村居委代表进行座谈交流。对长护险试点开展的各项工作给予充分肯定，认为白鹤镇在长护险试点工作方面有力度、有成效。同时，要求重点关注以下工作：要关注服务人数，加强宣传，破解堵点、漏点；要关注服务质量，运用多种手段、方式进行监督，加强规范化管理；要解决试点工作中的长期性问题，服务机构要充分竞争，建立起的工作机制要继续有效运行。（凌玉莲）

■区领导走访白鹤镇　11月22日，区人大常委会副主任何强带领区人大常委会组成人员走访白鹤镇区人大代表，实地调研民生实事工程并进行座谈交流。镇党委副书记、镇长朱磊明，镇人大副主席凌冠军及镇人大办、规保办等相关部门负责人陪同调研。何强一行实地查看代表们反映强烈亟待解决的白鹤镇杜村村道路出行和白鹤村老年人日间照料中心建设两个民生工程。座谈会上，代表们结合自身履职和工作实际，围绕支持实体经济发展、壮大村集体实力、加大美丽乡村建设力度、规范长护险申报评估等方面畅所欲言、献计献策。何强感谢代表们的履职热情，就有关情况作了回应，表示区人大常委会将认真梳理代表们提出的意见建议，及时向区政府和相关部门反馈，推动政府提升工作成效，切实解决民生实际问题。同时，勉励代表们进一步提高政治站位，加强新理论、新知识学习，进一步紧密联系选民群众，充分了解社情民意，发挥好桥梁纽带作用。（凌玉莲）

■镇领导到嘉定区安亭镇考察学习　12月5日，白鹤镇党委书记张明率镇党政人大班子成员、总工会主席等处级领导干部，到嘉定区安亭镇考察学习。在安亭镇党委书记陆强引领下，白鹤学习考察团一行16人先后实地参观国家汽车及零部件出口基地、安亭—花桥共建长三角一体化发展先行示范区推进办公室和上海汽车博物馆。座谈会上，陆强对白鹤镇领导的到来表示欢迎。他指出，在汽车城项目建设之初，安亭就和白鹤结下渊源，希望两地能在党建、产业、社会治理等多方面加强对接交流，实现合作共赢。安亭镇党委副书记、镇长董爱华介绍安亭近年开发建设现状和未来三年的产业集群建设规划。张明对安亭镇领导层的精心安排表示感谢，并就白鹤人文历史、经济发展、生态环境建设等方面作全面介绍。表示，要充分学习安亭镇精雕细琢的工作精神和产业集群的成功打造经验，抓住用好长江三角洲区域一体化发展上升为国家战略的机会，加强互联互访，加大共建力度，推动各方面共建项目落实，促进两地经济社会事业共同进步。（凌玉莲）

■镇领导调研草莓种业研发中心 11月27日，镇党委书记张明，党委委员、副镇长陈卫群及相关部门负责人到白鹤草莓种业研发中心高架草莓基地走访调研。张明对基地建设取得的成效给予肯定，就草莓的品牌包装、销售及产业链延伸提出意见，并希望基地再接再厉，持续研发，创新草莓栽培技术，提升草莓品质，提增经济效益。（凌玉莲）

■区域联动共建共享 8月8日，白鹤镇党委副书记叶岚，副镇长陈栋辉、陈飞飞率镇部分职能部门主要负责人到江苏省昆山市花桥镇学习交流，双方就进一步加强对接展开座谈。会上双方相互介绍各自镇的经济社会发展情况。叶岚指出，花桥是江苏的东大门，而白鹤是青浦的北大门，今后双方要多交流、多沟通，白鹤要学习花桥先进的管理经验，希望两地能进一步优化对接机制，平时加强双方之间各部门的联动，推进两地经济社会共同发展。陈栋辉就白鹤镇的新一轮规划进行介绍。花桥经济开发区党工委委员、管委会副主任，花桥镇镇长浦建宏在座谈时表示，

8月8日，青浦区白鹤镇、江苏省昆山市花桥镇对接交流会召开（白鹤镇供稿）

花桥的发展离不开上海的带动，白鹤、花桥地域相连，两地要以长三角一体化建设为契机，立足现有基础、共建共享、优势互补。双方相关职能部门主要负责人围绕环境整治、道路交通等焦点问题进行深度探讨。（凌玉莲）

■2018年镇经济工作会议召开 4月12日，白鹤镇召开2018年经济工作会议，镇党委书记张明出席会议并作讲话，镇党委副书记、镇长朱磊明主持会议。会议总结2017年全镇经济工作，部署2018年工作，并表彰国广环球、绿地集团、青平药业等全镇纳税前三十强企业，镇领导为获奖企业代表颁发奖状。（凌玉莲）

■开展招商引税活动 3月28—31日，镇党委副书记、镇长朱磊明一行6人，到武汉、北京实地考察走访企业，开展招商引税活动。朱磊明一行先后实地考察走访武汉斗鱼网络科技有限公司、北京味多美食品有限责任公司等企业，并邀请北京静捷玻璃仪器有限公司、北京华证诚嘉税务师事务所等企业负责人进行合作洽谈。每到一处，实地察看公司经营状况，与企业负责人亲切交谈，认真了解企业发展与未来规划。向对方详细介绍白鹤镇产业发展政策、投资环境以及白鹤镇为前来投资的企业提供优质服务等方面的情况。进一步推进洽谈中的合作项目。（凌玉莲）

■白鹤经济联合社第一届社员代表第一次会议召开 11月9日，白鹤镇召开青浦区白鹤经济联合社第一届社员代表第一次会议。区农办、区农委主任谢辉和区农委副主任邓春兴应邀出席会议。谢辉主任代表区农办、区农委致辞，向大会的召开表示衷心祝贺。会议表决通过《青浦区白鹤经济联合社章程（草案）》，选举产生青浦区白鹤经济联合社第一届理事会和监事会。张明当选理事长，朱磊明当选常务副理事长，陈卫群当选副理事长，蔡双琪当选监事长。谢辉和张明一起为第一届白鹤经济联合社揭牌。区、镇领导为部分社员代表颁发社员证。（凌玉莲）

■开启沪剧传承新里程 1月22日，白鹤镇与上海沪剧院举办的“唱享新时代”白鹤沪剧启航计划共建签约仪式暨中心组联组学习如期举行。国家一级演员、上海沪剧院院长茅善玉，院党总支书记金雪芩，副院长黄坚强及其他沪剧表演艺术家，白鹤镇党委书记张明，镇党委副书记、镇长朱磊明，镇党委副书记张卫兴等中心组成员一起见证并

1月22日，上海沪剧院、青浦区白鹤镇举行“唱享新时代”白鹤沪剧启航计划共建签约仪式（白鹤镇供稿）

参与此次签约仪式暨中心组联组学习活动。通过联组学习，目的是更好地贯彻落实党的十九大文化工作精神，改善文化发展的不平衡不充分现状，为沪剧艺术的传承发展注入来自基层生活的新元素、新养分。（凌玉莲）

■举办第九届上海白鹤草莓文化节 3月24日，以"乐享'莓'好春光·共兴丝路小镇"为主题的第九届上海白鹤草莓文化节在白鹤草莓园开幕。随着白鹤草莓品牌的声名鹊起，吸引越来越多知名商家和企业的眼球，为草莓节活动注入新的活力，呈现出别样的风采。在整个草莓节期间，"草莓也疯狂田间集市""你好，草莓亲子活动""草莓大王评选活动""草莓时代文化主题馆展示""花香莓园家庭园艺展""草莓种植技术专业研讨会""莓色颂天香·丝路新白鹤手机摄影大赛""记忆白鹤民俗文化活动"等活动轮番上演。（凌玉莲）

3月24日，第九届上海白鹤草莓文化节开幕式举行（白鹤镇供稿）

■沈阳、彭雪调研"海上丝绸之路·中国史迹"申遗项目 6月4日，中国文化遗产研究院副总工程师沈阳、工程师彭雪到白鹤镇，就"海上丝绸之路·中国史迹"申遗项目进行调研，对青龙镇遗址、隆平寺遗址、青龙寺、青龙塔进行实地勘察。上海市文物局、上海博物馆、青浦博物馆有关领导和专家，区府办、区文广局和白鹤镇相关领导陪同调研。在调研中，沈阳对古青龙镇的各项相关数据和定位作用进行详细了解，查看考古挖掘出的大量瓷器，并听取市、区文博领域专家对青龙镇遗址发掘的情况及其在海上丝绸之路中的地位和作用的汇报。海上丝绸之路，是古代中国与外国交通贸易和文化交往的海上通道，也称"海上陶瓷之路"和"海上香料之路"，是世界文化的重要遗产。上海在对白鹤镇境域内青龙镇遗址的考古研究中获得重大突破，在该镇多处遗址中发现大量用于海上贸易的陶瓷器皿，历史上也有青龙港作为海上贸易始发港的史料留存。一系列研究发现，为上海地区争取入围国家"海上丝绸之路"申遗项目提供了有利佐证。（凌玉莲）

10月18日，"青龙流觞"文艺盛典暨"丝路名镇新白鹤建设功臣"颁奖仪式举行（白鹤镇供稿）

■市文物局到白鹤镇考察考古工作 8月23日，市文物局文保处副处长欧晓川、文物处副调研员周丽娟带队到白鹤镇，现场考察隆平寺一带考古情况和文保工作。区文广局党委书记、局长沈秋娟，副局长田惠敏，白鹤镇党委组织委员焦红心、副镇长陈飞飞及相关部门负责人陪同考察。欧晓川一行前往隆平寺遗址、陈岳万安桥、考古仓库等地进行实地察看，详细了解白鹤地区青龙古镇的范围、文化历史、出土文物保护等情况，并就未来发展规划进行讨论。（凌玉莲）

■向青浦博物馆移交5000余枚唐宋时期古钱币 8月31日，白鹤派出所将铸有"开元通宝"字样的5000多枚古钱币移交给青浦博物馆收藏。移交现场，青浦博物馆对这5000余枚唐宋时期的古钱币进行清点，将一面印有"保文物平安、塑卫士形象"的锦旗赠与白鹤派出所，感谢民警为保护文物而付出的努力。（凌玉莲）

■"青龙流觞"文艺盛典暨第六届白鹤沪剧节举行 10月18日，白鹤镇社区文化活动中心广场，随着暖场专题片《古韵青龙》的播放，"青龙流觞"文艺盛典暨第六届白鹤沪剧节闭幕演出拉开序幕。副区长王凌宇，区文广局副局长金璀，白鹤镇党委书记张明，党委副书记、镇长朱磊明，人大主席蔡双琪，党委副书记张卫兴、叶岚等镇领导出席盛典。活动现场举行颁奖仪式，袁建新等33人、镇党群办等10家单位分别获"2016—2017年度'丝路名镇新白鹤'建设功臣"优秀个人和先进集体称号。表彰这些个人和单位在城乡建设、从严治党、基层治理、经济发展、民生改善、生态文明等方面付出的辛劳和贡献。 （凌玉莲）

2018年白鹤镇经济与社会发展基本情况表

表79

项目	计量单位	数值	比上年增长(%)	备注
增加值(GDP)	亿元	44.64	-6.8	—
第一产业增加值	万元	18512	19.9	—
第二产业增加值	万元	134629	-29.4	—
其中:工业	万元	114664	-29.5	—
第三产业增加值	万元	293234	7.5	—
工业总产值	万元	593978	-5.03	—
农副业总产值	万元	40213	19.9	—
财政收入	万元	59410.97	15.74	—
其中:镇财政收入	万元	33019.69	-8.09	—
财政支出	万元	54224.61	10.21	—
利用外资金额	万美元	437.93	2637.1	—
外资到位金额	万美元	1032.8	158.2	—
新增内资企业注册资金	万元	2570	-54.1	—
内资到位金额	万元	—	—	—
固定资产投资总额	万元	23200	20.7	—
社会消费品零售总额	万元	259600	0.4	—
主要农副产品产量				
粮食	吨	7099	-12.6	—
油菜籽	吨	82.7	-48.15	—
生猪出栏数	头	—	-100	—
家禽	万羽	0.22	-63.9	—
鲜蛋	吨	22	-94.2	—
淡水产品	吨	405	-41.7	—
蔬菜	吨	94668	1.3	—
教育事业				
其中:成校(职校)	所	1	—	—
初中	所	1	—	—
小学	所	2	—	—
幼儿园	所	2	—	—
在校生(含幼儿)	人	3287	—	—
教职工	人	418	—	—
教育事业财政支出	万元	—	—	区统筹
文化事业				

（续表）

项目	计量单位	数值	比上年增长(%)	备注
图书馆(室)	个	2	—	—
文化馆(室)	个	2	—	—
影剧院(场)	所	—	—	—
文化事业财政支出	万元	951.28	19.39	—
医疗、卫生、体育事业				
卫生院(所)	所	2	—	—
卫生室	所	23	—	—
总床位	张	50	—	—
医技人员	个	125	6	—
体育场馆	座	2	—	公共运动场
健身苑(点)	个	50	11	—
农村居民年纯收入	元	—	—	

（凌玉莲）

2018 年白鹤镇经济和社会发展各类指标情况表

表 80

类别	序号	指标名称		单位	完成情况	
					总量	增幅(%)
经济实力	1	税收	税收总收入	亿元	15.31	1.6
			区级税收收入	亿元	4.82	1.7
	2	规模以上工业总产值		亿元	50.77	-5.3
	3	社会消费品零售总额		亿元	25.96	0.4
	4	招商引资	合同外资	亿美元	0.04	2637.1
			外方到位资金	亿美元	0.1	158.2
	5	引大引强引实(含总部企业)		户	6	—
	6	内资实体型项目注册资金		亿元	0.257	-54.1
	7	全社会固定资产投资(属地)		亿元	2.32	20.7
		其中：工业固定资产投资		亿元	0.61	-51.9
		商贸服务业固定资产投资		亿元	1.56	—
	8	开发区单位土地全口径税收产出增幅		%	—	—
创新转型	9	有效专利拥有量		件	1188	14.78
	10	农业经营	家庭农场	个	12	—
			集体农场	个	—	—
			农业布局合规率	%	93	—
	11	产业结构调整项目数	调整企业数	个	190	—
			调整面积数	公顷	660.73	—
	12	清洁能源替代	锅炉	台	7	—
			窑炉	台	—	—
	13	土地减量化		公顷	22.8648	-26.24

（续表）

类别	序号	指标名称		单位	完成情况	
					总量	增幅（%）
社会民生	14	城乡居民可支配收入		元	47336	
	15	新增就业岗位		个	1100	—
		其中：非农就业岗位		个	291	—
		残疾人就业安置岗位		个	13	—
	16	帮助长期失业青年就业		人	10	—
	17	帮助成功创业		个	28	—
	18	城镇登记失业人员控制数		人	224	—
	19	青年职业见习人数		个	15	—
	20	中高层次职业技能培训人数		个	260	—
		其中：高级及以上		个	40	—
	21	城乡居保中农村居民参保	续缴率	%	96.8	—
			扩覆率	%	99.3	—
	22	实有人口总量控制数		万人	—	—
		其中：实有人口（来沪人员）总量控制数据		万人	52473	20.9
生态文明	23	工业能耗	综合能源消费控制量	万吨标煤	3.77	-8.9
			规模以上工业万元产值能耗下降率	%	-3.8	—
	24	主要污染物排放量削减率（二氧化硫、化学需氧量、氨氮、氮氧化物）		%	化学需氧量削减率90%，氨氮削减率95%	—
	25	污水处理	城镇污水处理率	%	95	—
			截污纳管户数	户	532	—
	26	生态造林	新增森林面积	公顷	204	—
			陆域森林覆盖率	%	13.5	—
	27	主要农产品"三品"认证率（有机、绿色及无公害产品）		%	86	3.8

（凌玉莲）

朱家角镇

■概况 朱家角镇位于淀山湖畔，东与盈浦街道、夏阳街道接壤，西依淀山湖，与金泽镇相连，南与练塘镇、松江科技园区、佘山镇交界，北与江苏省昆山市淀山湖镇毗邻。交通便利，处于上海市与江苏省交界处，是上海通往江苏、浙江的重要通道。东西向有"318"国道、G50沪渝高速公路、沈砖公路，南北向有朱枫公路，依傍同三国道，南接G60沪昆高速公路，北通G2京沪高速公路，村村通公交。水运交通横有淀浦河，纵有拦路港、西大盈港、朱泖河，均为6级航道，可通行100吨～500吨船只，直通黄浦江，并与太湖水系相通。全境总面积138平方公里（含水域），其中耕地面积3766公顷。

朱家角镇下辖周荡、横江、盛家埭、张家圩、新旺、新华、万隆、小江、周家港、沙家埭、薛间、山湾、庆丰、淀峰、创建、山海桥、淀山湖一村、水产、安庄、先锋、沈巷、张马、李庄、建新、王金、林家、新胜和张巷村28个村民委员会及东井街、北大街、大新街、胜利街、东湖街、西湖新村、大淀湖、东大门、沈巷社区、泰安第一社区、泰安第二社区、淀湖社区、珠湖社区和珠溪社区14个社区居委会。全镇户籍总人口60443人，其中：男性29767人、女性30676人，户籍人口中60岁以上老人21431人。来沪人口年末登记总人数40883人，其中境外人员82人（其中男53人、女29人）。

2018年，朱家角镇经济和社会保持健康、持续发展。完成地区生产总值86.3亿元，比上年增长6.8%，其中：第一产业1.2亿元、第二产业30.1亿元、第三产业55亿元。社会消费品零售额实现42.79亿元，比上年增长3.3%。完成固定资产投入49.89亿元（其中属地29.15亿元）。完成税收收入27.8亿元，比上年增长10.3%；区级税收收入8.7亿元，与上一年基本持平。

古镇朱家角历史悠久,早在1700多年前的三国时期就形成村落,宋、元时形成集市,名朱家村。明万历年间正式建镇,名珠街阁,又称珠溪。曾以布业著称江南,号称"衣被天下",成为江南巨镇。明末清初,朱家角米业突起,再次带动百业兴旺,时"长街三里,店铺千家",老店名店林立,南北百货,各业齐全,乡脚遍及苏浙两省百里之外,遂有"三泾(朱泾、枫泾、泗泾)不如一角(朱家角)"之说。清嘉庆年间编纂的《珠里小志》,把珠里定为镇名,俗称角里。1991年,被列为上海市四大文化名镇之一。2004年,古镇旅游区通过国家AAAA级景区验收。2006年,获得全国小城镇建设示范镇、全国环境优美镇和国家卫生镇等荣誉称号。2007年,通过中国历史文化名镇评审。2008年,获得国家园林城镇、国际花园城市等荣誉称号。2012年,获得全国文明村镇称号。2015年,获得国家卫生镇称号。2016年,朱家角镇入选首批(127个)中国特色小镇,获得全国百佳最美志愿服务社区,"美丽乡村"张马村获"中国特色村"荣誉称号。2017年,通过全国文明村镇复审。2018年,朱家角镇再获"全国文明镇"荣誉称号,张马村荣获"中国最美村镇(产业兴旺奖)"称号。

朱家角镇旅游资源丰富,休闲设施闻名中外。淀山湖畔的上海水上运动场是具有国际现代化水上设施的活动中心;东方绿舟是全国一流的上海市青少年校外活动营地;上海太阳岛国际俱乐部是集商务、度假、休闲为一体的娱乐旅游基地。古镇区开发开放课植园、城隍庙、园津禅院、童天和药号、放生桥、北大街、大清邮局、朱家角人文艺术馆、扎西达塌藏文化体验馆等20多个景点;古镇区9条老街依水傍河,千余栋民宅临河而建,其中著名的北大街又称"一线街",是上海市郊保存得最完整的明清建筑第一街,其东起放生桥,西至美周弄的300多米,是最富有代表性的明清建筑精华所在。古镇旅游区全年接待游客714万人次,接待中外来宾758批次共37500人次。

朱家角镇基础设施完备。供电来源属华东电网,镇内建有11万伏变电站2座,3.5万伏变电站3座。朱家角处于太湖流域下游,淀山湖水源丰富,水质二级,辖区内有供水站1座;有污水处理厂1座,日处理污水3万吨。应用光缆电话通讯总装机容量约为4万门。西气东运的新疆天然气通到朱家角。

朱家角镇人民政府驻地:朱家角镇沙家埭路18号。 (朱　川)

■经济形势　全镇经济保持健康平稳发展,持续推进产业转型,提升招商引资环境。中采服务贸易产业园、华院华东互联网产业园、朱家角科创园等特色园区建设初见成效。轨道交通17号线朱家角站与东方绿舟站正式运行,复旦大学附属妇产科医院青浦分院、上海民办兰生复旦青浦分校、上海股权托管交易中心青浦中心、华为人才公寓相继落户。先后与江苏昆山市淀山湖镇、浙江平湖市广陈镇、安徽安庆市宜秀区等地方政府签署战略合作框架协议,打开结对共建、资源共享、协作发展的大格局。 (朱　川)

■城乡建设　城乡基础设施进一步完善,沈太路、沙淀中路、漕平路、漕平支路、课植园路等道路改造全部完成。民生工程稳步推进,淀浦河南岸体育公园正式开放,朱家角污水厂三期建设按照计划进度稳步开展,沈巷养护院、泖阳路动迁安置房建设如期完成。以朱家角特色小镇建设为契机,围绕AAAAA标准,积极实施景区基础设施和功能配套建设。"进博会"期间,古镇景区共接待4个"进博会"团队共109人,古镇形象、环境面貌、安保服务都获得一致好评。全镇以美丽乡村建设为抓手,全面实施乡村振兴战略,推进12个村美丽乡村创建,其中张马村和王金村成功创建为"上海市美丽乡村示范村"。张马村全年接待游客25万人次,成功承办上海市实施乡村振兴战略现场推进会,得到市委、市政府的高度关注和肯定。 (朱　川)

■社会治理　在镇党委的统一部署下,全镇28个村和14个居委会选举产生新一届村居委会班子和村民小组长。"下沉式办公"模式在村居全面推行,村级事务中心受理事项增加到35项。成立土地资源管理办公室、建立古镇景区"综合管理"的运行机制,信息化、常态化、长效化的管理模式初见成效。以首届"进博会"召开、全国文明城区创建为契机,开展各类环境整治行动。聚焦五大领域(即生产、消防、交通、环境、食品)的公共安全,加大隐患排查力度,全年累计检查各类单位8248家,整改安全隐患1174处。全镇社会治安水平提升显著,网格化平台立案51745件,结案46308件,结案率89.49%,接"12345"市民热线转办事项3508件,按时办结率100%。 (朱　川)

7月24日,朱家角镇领导班子成员带领安管中心队员对企业进行安全检查

(朱家角镇供稿)

在朱家角镇开幕的2018年上海市民武术节上的船拳表演　（朱家角镇供稿）

■公共服务　继续举办“春风行动”招聘会提供就业机会，全年新增就业岗位1222个，帮助长期失业青年就业25人、帮助成功创业60家。全面打造“阳光低保”，全年覆盖低保家庭601户、发放救助资金1153.57万元。“蓝天下的至爱”共募集资金1030.74万元，发放977.88万元，共有3200余人次得到救助。慰老综合服务中心建成运行，居家养老服务工作逐步推广。完成2018年义务教育学校招生工作，朱家角幼儿园第二分园于9月顺利开学。结合上海科技节、全国科普日等重大节日，开展各类科普活动。深化实施社区卫生服务综合改革，全镇“1+1+1”签约家庭医生的居民达到22231人。成功举办第十届世界华人龙舟赛、长三角名品展、上海市舞龙舞狮大赛、第十届“放生桥之声”文体节、第十二届水乡音乐会、上海市民武术节开幕式等品牌活动。

（朱　川）

■生态优势　全镇地表水考核断面均达到2类、3类水标准，城镇污水处理率达到98%以上。PM2.5年均浓度均完成考核目标，空气质量持续向好。“无违居”创建工作有序推进，全年累计拆除各类违法建筑647处18万平方米。加大力度打造更优生态宜居环境，完成沈太路公益林建设，为沿线美丽乡村建设增加新的亮点。全镇森林覆盖率达到19.21%。环境面貌、自然生态进一步得到改善和提升。

（朱　川）

■服务保障首届“进博会”　朱家角是服务和保障首届“进博会”的重要拓展区之一，为全力护航进博，朱家角镇召开服务保障进博会动员大会，全镇党员干部、居民群众、志愿者1000余人积极响应，主动参与，协同作为。镇党委第一时间成立镇服务和保障首届进口博览会巡查工作指挥部，制定巡查方案，落实运行机制，从发现、反馈到派单、整改，全过程协调指挥各项工作，保证各类事件得到有效处置。景区管理组营造宣传氛围，应对媒体舆论，优化景区环境、加强商铺监管。服务保障组及时对外沟通联系，做好后勤保障。应急保障组发动民兵备勤，实行24小时全天候备勤。城市管理组不分昼夜美化市容，确保古镇区等重点区域整洁美观。公共安全组对辖区内重点企业开展安全检查，督查各村居安全工作等。11个小组分别依据各自职能，领导挂帅，立足岗位，有力推动全面护航“进博会”的各项工作。

11月3日，随着“进博会”的临近，全镇各项工作进入全面升级阶段。镇党委将指挥部每周例会制升级为每日晨会制，镇领导带领全镇党员干部群众，白加黑，5+2（“5”指周一至周五，“2”指周六、周日），分区域每天不少于5次立体巡查，以最快速度部署工作，最快反应解决问题。进博会期间，朱家角镇共接待包括俄罗斯总理，白俄罗斯、阿尔巴尼亚政府代表团等中外参访团，朱家角的古镇形象、环境面貌、安保服务获得一致好评。

（朱　川）

■“公益乐学”教学点揭牌　6月5日，“公益乐学”朱家角教学点揭牌仪式在朱家角镇西湖新村居委会召开。上海市总工会宣教部部长陈必华、上海市工人文化宫主任侯伟康、朱家角镇党委副书记张小英、青浦区总工会副主席黄春风等出席活动。朱家角镇总工会主席周平主持揭牌仪式。揭牌仪式后，参会人员一起实地参观公益乐学”朱家角教学点。“公益乐学”朱家角教学点的硬件布置、微信宣传、网上约课等前期工作顺利完成，首批课程选择深受职工喜欢的瑜伽、肚皮舞、烘焙、手机摄影、插花及书法班等。

（朱　川）

■朱家角镇首家慈善超市正式开业　6月1日，朱家角镇首家慈善超市正式开业。朱家角镇党委副书记、镇长乔惠锋，区民政局副局长沈纪国为慈善超市揭牌。朱家角镇副镇长季靓、上海市慈善基金会青浦代表机构办公室副主任樊维力，以及部分爱心企业、学校代表，以及各村、居民政干部等出席活动。慈善超市位于朱家角镇浦泰路1332号，面积约为130平方米，分为活动、选购、服务、仓储等多个区域。店内货架摆设简洁、宽敞，商品既有服装、配饰，也有玩具、图书、粮油等。超市商品来自企业、机关、学校和个人捐赠，除一部分物品是八成新以外，大部分都是全新的。捐赠的爱心物品以捐赠人拟定的爱心价出售，为全镇的低保、低收入、重残无业、重点优抚军人等困难家庭送上温暖，提供实惠。此外，超市还聘用两名阳光家园的社区特殊人士当店员，帮助他们融入社会。

（朱　川）

■承办实施乡村振兴战略现场推进会

为进一步深入贯彻落实习近平总书记关于实施乡村振兴战略的重要指示精神，加快推进上海乡村振兴工作，市委、市政府于7月13日上午在朱家角镇举行实施乡村振兴战略现场推进会。会前，李强、应勇等市领导到张马村，实地察看美丽乡村建设最新进展。张马村着眼美在生态、富在产业、根在文化，大力发展农业生态观光与生态旅游，整个村庄小河纵横、粉墙黛瓦、小桥轻卧、风光怡人。市领导先后走进村社区事务服务中心、综治中心和党建服务站，同村干部和村民亲切交流，了解乡村振兴基层实践，听取他们的想法建议。市领导还察看了"张马·羲田"主题民宿项目和上海寻梦源香草农场，了解民宿产业、休闲农业、乡村旅游等发展情况。

（朱　川）

■朱家角镇获"寻秘最美小镇——淘'最'攻略""最水乡"奖　9月16日，由上海市旅游局指导，上海人民广播电台、朱家角镇人民政府、光明乳业股份有限公司主办的"寻秘最美小镇——淘'最'攻略"评选暨"寻秘朱家角"定向赛在朱家角镇举行。"最水乡""最有味""最文艺""最乡音""最人文""最活力""最用心"和"最惬意"八大奖项通过市民投票。朱家角镇放生桥获"最水乡"奖项。放生桥，位于朱家角镇，跨漕港河，建于明万历年间（1573—1620），清嘉庆十七年（1812）重建，全长70.8米、宽5.8米，为五孔石拱桥；作为上海地区最长、最大、最高的五孔联拱大桥，被称为"沪上第一桥"。放生桥结构精巧，形状美观，长如带，形如虹，"井带长虹"为朱家角十景之一。此外，朱家角镇分别推送"最人文"——"薄荷香文苑"、古镇三联书店，"最文艺"——张马村民宿，"最用心"——吴字坊臭豆腐、阿婆粽、熏青豆、芡实糕；"最乡音"——田山歌等项目参加评选活动，其中美食扎肉、珠溪园、江南第一茶楼等参选"最有味""最活力""最惬意"投票，最终皆获得人气票数第二的好成绩。

（朱　川）

■朱家角镇举行市民广场体育公园开园仪式　9月22日，朱家角镇市民广场体育公园开园仪式在朱家角镇举行。市体育局副局长赵光圣、国家体育总局社会体育指导中心业务一部副主任何懿、市社会体育管理中心书记蒋丞稷、朱家角镇党委书记高健等出席仪式。朱家角镇市民广场体育公园的建成，是筑巢引凤的又一项重大惠民利民实事工程，对提升古镇建设品位、全民健身浪潮、经济旅游市场起到积极助推作用。

（朱　川）

■朱家角镇综合为老服务中心正式挂牌成立　12月26日上午，位于人和路58号的朱家角镇综合为老服务中心正式挂牌成立。区民政局党委书记、局长施剑文，朱家角镇党委书记高健，镇党委副书记、镇长乔惠锋，区民政局副局长高峰等领导和嘉宾参加仪式。朱家角镇综合为老服务中心由原上海青浦温度厂进行综合改造建设，总建筑面积1072.3平方米，由上海九如城养老产业集团进行第三方管理，是一个提供多样化服务、方便群众办事的为老服务综合体。为老服务中心不仅提供信息化、便捷化的硬件设施和人性化的管理服务，还为老年人提供听书、阅读、活动、日间照料、长者照护、助残、康复等服务。其中，珠溪书场于9月1日先行开张，其他服务功能在年底前陆续开放。

（朱　川）

■完成村居委会换届选举工作　6月7日，全面启动村居委会换届选举工作。全镇28个村、14个社区迅速行动，通过坚持党的领导、完善工作机制、优化选举环境等措施，使换届选举工作有序、有效进行。经过成立镇指导小组、召开动员会、制定方案、宣传发动、业务培训、选民登记、自荐竞选、派驻联络员观察员、组织选举等十多个重要环节，使换届选举工作平稳、有序、依法进行，如期完成。7月21日选举日当天，共有登

朱家角镇放生桥夜景　　（朱家角镇供稿）

8 月 27 日，朱家角镇举办国学教育“行思班”学员开学典礼　（朱家角镇供稿）

记选民 53569 人参加选举。选举产生 179 名村居委会成员。随后，由新一届村民代表会议选举产生 84 名村务监督委员会成员。（朱　川）

■举办“学思践行·知行合一”国学教育“行思班”开学典礼　8 月 27 日，朱家角镇举办国学教育“行思班”学员开学典礼，区文明办副主任盛斌，镇党委副书记张小英，镇党委委员吴文娟，浦江学堂总部代表、上海电视大学原校长张德明教授等出席典礼。张德明给朱家角镇“行思班”授牌并致辞。首批招录 30 名学员。朱家角镇国学教育班取名“行思班”，旨在借用古人“行成于思毁于随”的劝诫，希望各位学生既要勇于行动也要善于思考，能从传统文化中汲取丰厚的养分、获得真诚的品质、拥有坚韧的毅力、提升国学的修养。（朱　川）

■朱家角镇江南音乐传承与实践基地揭牌成立　5 月 3 日上午，由朱家角镇人民政府、中国音乐学院贺绿汀中国音乐高等研究院、中国音乐非物质文化遗产保护与研究中心共同创办的朱家角镇江南音乐传承与实践基地在朱家角镇正式挂牌成立。副区长王凌宇，上海音乐学院党委副书记、副院长王瑞共同为基地揭牌。朱家角人杰地灵，明清建筑、非遗田歌等都是水乡文化很好的承载，有代表先民生活的乡村记忆。在青浦区文化发展三年行动规划里，有一廊一轴三区的建设，其中一区，就是特色音乐区域。江南音乐传承与实践基地的揭牌，也是对市委市政府文化三年行动计划中“三大品牌”第一时间的推进与落实。朱家角镇江南音乐传承与实践基地的成立，有助于提升江南古镇旅游价值，打造高品位音乐文化小镇，助力朱家角镇特色小镇建设与 AAAAA 级景区创建，彰显“音乐小镇”的魅力。（朱　川）

■“江南第一镇朱家角”登上《解放日报》专版　2018 年 10 月 30 日出版的《解放日报》第八版刊登题为《江南第一镇朱家角：厚植悠悠历史，创造诗和远方》专版文章，并在上观新闻网同步发布，专版介绍朱家角镇特色小镇建设、文化旅游发展、美丽乡村建设等情况。（朱　川）

5 月 3 日，朱家角镇江南音乐传承与实践基地成立揭牌仪式举行（朱家角镇供稿）

2018 年朱家角镇经济与社会发展基本情况表

表 81

项目	计量单位	数值	比上年增长(%)	备注
地区增加值	亿元	86.30	6.8	—
第一产业增加值	万元	12000	0	—
第二产业增加值	万元	301000	0.7	—
其中:工业	万元	248000	-3.1	—
第三产业增加值	万元	550000	10.7	—
工业总产值	万元	790128	-9.6	—
农业总产值	万元	25534	-3.1	—
税收收入(税务口径)	万元	278000	10.27	—
区级税收收入	万元	87000	-0.1	—
镇结算财力收入(剔除教育统筹)	万元	90600	—	—
合同外资	万美元	910	—	—
外方到位金额	万美元	735	—	—
新增内资企业注册资金	万元	10110		—
内资到位金额	万元	—	—	—
固定资产投资总额(在地)	万元	498932	0.5	—
社会消费品零售总额	亿元	42.79	3.3	—
主要农副产品产量				
粮食	吨	11072.4	1.2	—
油菜籽	吨	264.6	—	—
生猪出栏数	头	—		
家禽	万羽	2.24	-16.7	—
鲜蛋	吨	151.3	-25.1	—
淡水产品	吨	3776	-1.9	—
蔬菜	吨	46329.6	5	—
教育事业				
其中:成校(职校)	所	3	—	其中 1 所为辅读学校
高中	所	2	—	—
初中	所	2	—	—
小学	所	2	—	—
幼儿园	所	7	—	—
在校生(含幼儿园)	人	7188		—
教职工	人	899		—
教育事业财政支出	万元	258.8		
文化事业				
图书馆(室)	个	1		—
文化馆(室)	个	1		—

（续表）

项目	计量单位	数值	比上年增长(%)	备注
影剧院(场)	个	1		—
文化事业财政支出	万元	1470.65		—
医疗、卫生、体育事业				
卫生院(所)	所	1		—
卫生室	所	23		—
总床位	张	20		—
医技人员	人	119		—
体育场馆	座			—
健身苑(点)	个	80		—
居民人均可支配收入	元	无统计		—

（朱　川）

2018 年朱家角镇经济和社会发展各类指标情况表

表 82

类别	序号	指标名称		单位	完成情况	
					总量	增幅(%)
经济实力	1	税收	税收总收入	亿元	27.80	10.3
			区级税收收入	亿元	8.70	-0.1
	2	规模以上工业总产值		亿元	79	-9.6
	3	社会消费品零售总额		亿元	42.79	3.3
	4	招商引资	合同外资	亿美元	0.091	
			外方到位资金	亿美元	0.074	
	5	引大引强引实(含总部企业)		户	9	
	6	内资实体型项目注册资金		亿元	1.01	
	7	全社会固定资产投资(属地)		亿元	29.16	-7.6
		其中:工业固定资产投资		亿元	2.8	293
		商贸服务业固定资产投资		亿元	0	0
	8	开发区单位土地全口径税收产出增幅		%		
创新转型	9	有效专利拥有量		件	1100	
	10	农业经营	家庭农场	个	154	—
			集体农场	个	0	
			农业布局合规率	%	86	
	11	产业结构调整项目数	调整企业数	个	77	
			调整面积数	公顷	29.22	
	12	清洁能源替代	锅炉	台	4	
			窑炉	台	/	
	13	土地减量化		公顷	22.9	

（续表）

类别	序号	指标名称		单位	完成情况	
					总量	增幅（%）
社会民生	14	城乡居民可支配收入		元	—	—
	15	新增就业岗位		个	1500	—
		其中：非农就业岗位		个	481	—
		残疾人就业安置岗位		个	30	—
	16	帮助长期失业青年就业		人	25	—
	17	帮助成功创业		个	60	—
	18	城镇登记失业人员控制数		人	522	—
	19	青年职业见习人数		个	31	—
	20	中高层次职业技能培训人数		个	222	—
		其中：高级及以上		个	40	—
	21	城乡居保中农村居民参保	续缴率	%	96.53	—
			扩覆率	%	99.3	—
	22	实有人口总量控制数		万人	9.5	—
		其中：实有人口（来沪人员）总量控制数据		万人	4.6	—
生态文明	23	工业能耗	综合能源消费控制量	万吨标煤	2.88	-20
			规模以上工业万元产值能耗下降率	%	0.037	-9.18
	24	主要污染物排放量削减率（二氧化硫、化学需氧量、氨氮、氮氧化物）		%	—	—
	25	污水处理	城镇污水处理率	%	95	—
			截污纳管户数	户	1950	—
	26	生态造林	新增森林面积	公顷	107.07	—
			陆域森林覆盖率	%	19.11	—
	27	主要农产品“三品”认证率（有机、绿色及无公害产品）		%	87.8	—

（朱　川）

练塘镇

■概况　练塘镇地处上海西南沪、浙交界地区。东南与松江区新浜镇接壤，东与松江区石湖荡镇毗邻，东北与上海太阳岛旅游度假区隔泖河相望；西北与金泽镇境域相接，西与浙江嘉善县丁栅镇毗邻；南与金山区枫泾镇毗邻；北与朱家角镇境域相连。属太湖流域黄浦江水系，主要航道有红旗塘、大蒸港、俞汇塘、太浦河、拦路港、泖河等，其中红旗塘、大蒸塘、俞汇塘是杭嘉湖平原水系汇入黄浦江的骨干河道，太浦河是太湖洪水东泄入黄浦江的主要通道，拦路港、泖河则西连淀山湖、东接黄浦江。练塘镇区域总面积93.66平方公里，其中耕田面积3284公顷，水面积1572公顷。

练塘镇于2001年由原练塘、小蒸、蒸淀三镇撤并建成。全镇包括练塘片区、小蒸片区、蒸淀片区和工业园区。下辖练东、泾珠、北埭、金前、泖甸、太北、叶港、朱庄、东泖、东田、联农、双菱、泾花、东淇、长河、大新、东厍、张联、徐练、浦南、蒸浦、东庄、蒸夏、芦潼、星浜25个行政村和蒸淀、小蒸、湾塘、下塘、三里塘5个居委会。全镇实有人口总数59600人，其中来沪人员22893人。

练塘镇历史悠久，民风淳朴，是老一辈无产阶级革命家陈云同志的家乡。“绿色、红色、古色”成就练塘独特的风景，成为练塘对外宣传的最好名片。“红色”体现革命传统文化的主旋律，主要以“陈云纪念馆”为代表。陈云纪念馆享有“国家一级博物馆”“全国爱国主义教育示范基地”“国家AAAA级旅游景区”和“全国重点红色旅游景区”之誉。“绿色”表现为田多、林多、水多，空气清新，是盛产稻米茭白的江南水乡，“练塘牌”茭白获“国家地理标志保护产品”认证，1200公顷涵养生态林，是上海市郊最大的人造森林。“古色”表现为古镇历史遗存和文化底蕴丰富，练塘历史风貌区规划范围总面积为57.5公顷，其中核心保护范围的面积约为16.5公顷，四大历史建筑集聚区（陈云故居、上塘街、下塘街、李华港）总面积超10万平米，集中反映上海郊区商业街市、河市结合的传统江南城镇风貌特点。练塘镇先后被评为“中国历史文化名镇”“全国环境优美乡镇”“国家生态镇”“国家AAAA级旅游景区”。

2018年，全镇地区生产总值实现83.07亿元，比上年增长6.75%；完成税收26.11亿元，比上年增长5.61%；完成区级税收8.01亿元，比上年增长7.14%。规模以上工业总产值、社会消费品零售总额分别比上年增长2.3%和7.6%。全社会固定资产投资完成5.37亿元，比上年增长60.92%。农村居民人均可支配收入25561元，比上年增长9.3%。合同外资、实到外资分别完成考核指标的977%、671%。“引大引强引实”项目11个。新增招商户数1965户。完成产业结构调整项目46个，面积17.95公顷，完成考核目标的103.6%。

练塘镇人民政府驻地：练塘镇章练塘路900号。（俞祎莉）

■基础设施建设推进 11个区级重点项目及镇级项目有序推进。九峰养护院启动市场化运营。完成2154户天然气进户项目。推进一镇两社区旧住宅小区综合改造工程。完成生态林健身步道建设。开工建设商城路、推进泖甸路建设、泖南路中修工程开工建设。完成工业园区2处十字路口交通信号灯安装并投入使用。完成朱枫公路连接线、贞溪路、蒸裕路市政市容示范道路建设。实施中心渡撤渡建桥工程。启动练祥佳苑动迁基地二期建设工程前期准备工作。完成10户低收入家庭农村危房修缮工作。完善渔民历史遗留问题解决方案。扎实推进双菱村农民集中建房工作。落实农民建房管理办法，建立信息管理系统平台，完成35户危房解困的农民建房审批。（俞祎莉）

■民生保障水平提升 完成3家老年人日间照料中心建设。完成60岁以上老年人体检7287人。完成561名老人白内障筛查工作。为12024名65周岁以上老年人发放老年综合津贴。为各类困难对象发放帮扶救助资金4105万元。落实优抚安置政策，发放各类补助410.8万元。完成1200名残疾人康复体检、发放残疾人各类保障金1300万元。新增扶残涉农经济组织13家、帮扶1253名农村困难残疾人实现劳动增收。启动阳光家园建设。完成“慈善超市”规范化建设。有序推进长期护理保险试点，提供居家护理101916人次。（俞祎莉）

■美丽乡村建设推进 制定乡村振兴三年行动计划，落实各项目标任务，全年投入镇级财政资金1.7亿元，顺利完成市委第五联合督查组督查和乡村振兴市级考评。实施美丽乡村建设三年行动计划，全区第一个启动“上海市美丽乡村示范镇”创建，制定全域美丽乡村建设总体规划和村庄规划编制，形成“3+7+15”（即3个市级、7个区级、15个镇级）美丽乡村建设新格局。至年末，3个区级示范村，15个镇级达标村创建基本通过区级验收。完成叶港村市级美丽乡村示范村申报工作，扎实推进6个村村庄改造以及内部环境提升。加快推进第二轮农林水联动三年行动计划，其中蒸淀片区小型农田水利项目、河道整治项目开工建设。（俞祎莉）

4月18日，市规土局局长徐毅松（前排右二）一行到练塘镇调研　（练塘镇供稿）

■精细化管理工作加强 扎实推进“三个美丽”建设，完成“陈云纪念馆·古镇老街”美丽街区规划设计；实施美丽家园建设三年行动计划，加快落实美丽乡村建设三年行动计划。全区第一个全面完成“一站两中心”（即党建服务站、村居社区事务服务中心、村居社区综治中心）建设，全市第一个全镇域推进开放式集中办公，《解放日报》《组织人事报》等多家市级媒体予以关注和报道。完成28家村居网格化工作站规范化建设，“一标六实”警用地理信息系统深化应用。全面落实“房东责任制”，实有人口信息登记率达95%，完成人口调控目标。（俞祎莉）

■生态建设加强 启动实施第七轮环保三年行动计划。深化河长制，实行“双总河长制”。严控秸秆焚烧，完成915户农村生活污水改造，完成42家二级水源地工业企业关闭。练塘污水厂三期扩建工程建设达标。加快推进市级生态廊道工程。积极实施公益林市场化管护机制。全面推进机关企事业单位生活垃圾强制分类工作。土地减量化工作协同推进，立项14.02公顷。（俞祎莉）

■徐毅松一行到练塘镇调研 4月18日，市规土局徐毅松局长一行到练塘调研乡村振兴战略贯彻落实情况和土地减量化工作，区委副书记、区长夏科家，区规土局局长程卫东，练塘镇党委副书记、镇长方志坚，党委委员钱闪星，副镇长印剑等有关领导陪同。徐毅松一行实地视察练塘镇泖甸村，了解村容村貌、公共服务设施、文化资源、产业基础等；踏勘减量化地块，了解练塘镇历年来减量化立项、复垦、验收情况。随后召开座谈会，徐毅松指出，青浦要进一步统一思想，强化顶层设计，立足全区的生态优势、特色产业、文化资源，加快

9月29日，第十届练塘茭白节暨古镇旅游文化购物节启动仪式举行

（练塘镇供稿）

推进总体规划编制。要注重村庄规划，在村庄布点布局和风貌保护上做好文章。加大土地减量化工作力度，抓好重大项目的规划设计，提升重大项目的辐射效应。在落实乡村振兴战略上不断发力，积极探索新路径新方法。

（俞祎莉）

■九峰养护院公建民营项目签约 4月11日，九峰养护院公建民营项目签约仪式在练塘镇人民政府举行。区民政局副局长陆云棣、练塘镇副镇长肖菁、上海海阳集团副总裁孙泉龙、上海海阳集团总经理助理陈怡聆和九峰养护院规范运营联席会议成员单位负责人出席签约仪式。九峰养护院用地规模19999.4平方米，养老床位566张，通过招投标方式，委托给具备丰富养老服务管理经验、具有专业服务团队和医疗服务资源、资金雄厚的海阳集团运营。练塘镇通过规范运营，进一步转变政府职能，激发社会服务主体活力，充分发挥兜底保障和社会服务作用，为老年人提供更加优质、完善、安全的服务。

（俞祎莉）

■举办第十届练塘茭白节 9月29日，练塘镇举办2018练塘茭白节暨古镇旅游文化购物节。活动以"恋上·练塘好时光"为主题，以茭白为媒，展示练塘深厚的文化底蕴，良好的绿色生态环境，丰富多样的农产品特色，以及独具特色的乡风民俗。活动历时7天，主会场设在老朱枫公路连接地段，5个分会场分别设在陈云纪念馆、古镇老街、九洲涵养林、东庄村和金前村的"可·美术馆"。此次茭白节由"1、2、3、5、6"五大板块内容构成，分别为1场学术研讨、2大旅游体验活动、3场全民互动活动、5大展销主题街以及6场文化展演活动。茭白节参观及参与人数以及游客80794人次，实现销售额540余万元，创历届茭白节新高。

（俞祎莉）

■上海国际当代艺术邀请展在"可·美术馆"首展 5月26日，"平行·上海——国际当代艺术邀请展"在练塘镇新落成的可·美术馆开展。区委宣传部副部长、新闻办主任周思琴，区文广局副局长田慧敏，镇党委委员钱闪星，可·美术馆馆长吴可出席仪式并共同为美术馆揭幕。可·美术馆位于练塘镇金田路428号，是一座按照现代化标准建造的美术馆。此次，作为可·美术馆的开馆展，展览规格和阵容非常强大。展览由中国著名批评家李小山先生领衔艺术总监，中国著名青年策展人陈瑞担任策展人，吴彧忻任策展助理。展览集结国内外30位著名艺术家96幅作品，其中包括有比昂·诺格BjØrn NØrgaard（丹麦）、柏睿安Brian Michael Reed（美国）、斯蒂文斯·沃恩Stevens Vaughn（美国）、思故都·顾蒙逊Sigurour Guomundsson（冰岛）等的海外艺术家参展，更有中国当代艺术家陈辉、管怀宾、韩建宇、黄阿忠、林海钟、刘旭光、庞飞、邵文欢等的优秀作品。展出的作品研究与展示的内容包括水墨、油画、雕塑、版画、陶瓷、装置、影像作品。

（俞祎莉）

■青浦区"全国科普日"在练塘镇举行 9月15日，2018年青浦区"全国科普

5月26日，可·美术馆在练塘镇金田路428号落地揭幕

（练塘镇供稿）

9 月 15 日，2018 年青浦区"全国科普日"活动开幕　（练塘镇供稿）

日"活动在练塘镇陈云故里石雕广场开幕。活动由青浦区科学技术委员会、青浦区科学技术协会、练塘镇人民政府共同主办。市科协党组书记、副主席马兴发和区委副书记韩顺芳，练塘镇党委书记王永根，练塘镇党委副书记、镇长方志坚等领导出席开幕仪式。活动从 9 月 15—21 日，集中开展以"创新引领时代，智慧点亮生活"为主题，以"聚焦绿色青浦、聚焦特色产业、聚焦乡村振兴"为目标，旨在打造具有青浦特色的主题性、全民性、群众性的科普活动。活动期间，全区 11 个街镇，组织近 130 场次内容丰富、形式多样的科普活动，并利用户外视频设备、微信公众号、电梯海报、宣传栏等传播形式，普及科学知识、倡导科学方法、传播科学思想、弘扬科学精神，为提升青浦区公民科学素质持续发力。　（俞祎莉）

■举办苏、浙、沪"毗邻党建"书记沙龙活动　11 月 4 日，苏、浙、沪"毗邻党建"书记沙龙活动在练塘镇举行。练塘镇党委书记王永根，镇党委副书记镇长方志坚，镇党委副书记周文娟等班子领导、区发展改革委副主任夏骥、区农委副主任朱雪生等参加活动，并邀请嘉善县姚庄镇横港村党支部书记张林、吴江区黎里镇东联村党支部书记孙静与练塘镇村居党支部书记一起交流探讨怎样更好地推动乡村振兴战略在基层落地生根。苏、浙、沪"毗邻党建"书记沙龙活动——"共话乡村振兴新思路　共担生活富裕新使命"是深入贯彻新时代中国特色社会主义思想，特别是中央关于"三农"工作方面的重要论述，通过"毗邻党建"等平台，互通有无、同步发力，让人民群众真正享受到"乡村振兴"带来的发展成果。　（俞祎莉）

11 月 4 日，苏、浙、沪"毗邻党建"书记沙龙活动举行　（练塘镇供稿）

2018 年练塘镇经济与社会发展基本情况表

表 83

项目	计量单位	数值	比上年增长(%)	备注
地区增加值	亿元	83.07	6.75	—
第一产业增加值	亿元	1.91	9.77	—
第二产业增加值	亿元	37.04	8.02	—
其中：工业	亿元	27.15	-0.78	—
第三产业增加值	万元	44.12	5.58	—
工业总产值	万元	1085900	-0.78	—
农业总产值	万元	54594	10.02	—

（续表）

项目	计量单位	数值	比上年增长(%)	备注
税收收入(税务口径)	万元	261106	5.61	—
区级税收收入	万元	80120	7.14	—
镇结算财力收入(剔除教育统筹)	万元	—	—	—
合同外资	万美元	3909	1925	—
外方到位金额	万美元	2013	91.17	—
新增内资企业注册资金	万元	5800	-52.46	—
内资到位金额	万元			—
固定资产投资总额	万元	53707	60.92	—
社会消费品零售总额	亿元	17.22	7.60	—
主要农副产品产量				
粮食	吨	12391.5	20.64	—
油菜籽	吨	—	—	—
生猪出栏数	头	—	—	—
家禽	万羽	4.2	255.93	—
鲜蛋	吨	6.4	42.22	—
淡水产品	吨	3507	13.24	—
蔬菜	吨	143716	-5.13	—
教育事业				
其中:成校(职校)	所	1	—	—
高中	所	0	—	—
初中	所	1	—	—
小学	所	3	—	—
幼儿园	所	3	—	—
在校生(含幼儿园)	人	2487	-2.85	—
教职工	人	424	-0.93	—
教育事业财政支出	万元	8566.94	0.97	
文化事业				
图书馆(室)	个	1	—	—
文化馆(室)	个	0	—	—
影剧院(场)	个	1	—	—
文化事业财政支出	万元	750.26	38.12	—
医疗、卫生、体育事业				
卫生院(所)	所	1	—	—
卫生室	所	44	—	—
总床位	张	85	—	—
医技人员	人	121	11.01	—
体育场馆	座	0	—	—
健身苑(点)	个	89	7.23	—
居民人均可支配收入	元	—	—	—

（俞祎莉）

2018 年练塘镇经济和社会发展各类指标情况表

表 84

类别	序号	指标名称		单位	完成情况	
					总量	增幅(%)
经济实力	1	税收	税收总收入	亿元	26.11	5.61
			区级税收收入	亿元	8.01	7.14
	2	规模以上工业总产值		亿元	68.32	2.32
	3	社会消费品零售总额		亿元	17.22	7.60
	4	招商引资	合同外资	万美元	3909	1925
			外方到位资金	万美元	2013	91.17
	5	引大引强引实(含总部企业)		户	9	-43.75
	6	内资实体型项目注册资金		亿元	0.58	-52.46
	7	全社会固定资产投资(属地)		亿元	5.37	60.92
		其中:工业固定资产投资		亿元	2.94	18.21
		商贸服务业固定资产投资		亿元	—	—
	8	开发区单位土地全口径税收产出增幅		%	—	—
创新转型	9	有效专利拥有量		件	—	—
	10	农业经营	家庭农场	个	72	-11.11
			集体农场	个	—	—
			农业布局合规率	%	88	—
	11	产业结构调整项目数	调整企业数	个	46	-4.16
			调整面积数	公顷	17.95	-18.17
	12	清洁能源替代	锅炉	台	8	—
			窑炉	台	—	—
	13	土地减量化		公顷	14.02	-9.37
社会民生	14	城乡居民可支配收入		元	—	—
	15	新增就业岗位		个	1385	-7.9
		其中:非农就业岗位		个	492	-13.8
		残疾人就业安置岗位		个	33	-46.8
	16	帮助长期失业青年就业		人	25	8.7
	17	帮助成功创业		个	50	-21.9
	18	城镇登记失业人员控制数		人	342	3.3
	19	青年职业见习人数		个	32	43.8
	20	中高层次职业技能培训人数		个	232	-12.1
		其中:高级及以上		个	40	0
	21	城乡居保中农村居民参保	续缴率	%	97.97	4.2
			扩覆率	%	99.3	-78.2
	22	实有人口总量控制数		万人	5.96	-2.00
		其中:实有人口(来沪人员)总量控制数据		万人	2.29	-1.33

（续表）

类别	序号	指标名称		单位	完成情况	
					总量	增幅(%)
生态文明	23	工业能耗	综合能源消费控制量	万吨标煤	3.60	-2.02
			规模以上工业万元产值能耗下降率	%	0.05	-4.18
	24	主要污染物排放量削减率(二氧化硫、化学需氧量、氨氮、氮氧化物)		%	—	—
	25	污水处理	城镇污水处理率	%	100	—
			截污纳管户数	户	366	—
	26	生态造林	新增森林面积	公顷	4.39	-84.79
			陆域森林覆盖率	%	19.10	2.03
	27	主要农产品“三品”认证率(有机、绿色及无公害产品)		%	83	21.70

（俞祎莉）

金泽镇

■**概况**　金泽镇地处浙江省、江苏省与上海市的交界处，东与朱家角镇接壤，东南与练塘镇相接，西南与浙江省嘉善县丁栅镇、大舜镇毗邻，西北与江苏省吴江市莘塔镇、昆山市周庄镇和锦溪镇交界。水陆交通便捷，是苏、浙、沪的重要交通枢纽。318国道和沪青平高速公路贯穿全镇。国家级主航道太浦河、急水港是通往江苏、浙江、安徽等省的重要航道，也是黄浦江的黄金水道。全镇总面积108.49平方公里，其中耕地面积2092.33公顷、水域面积26.50平方公里。

金泽镇自然资源丰富，其间湖泊星罗棋布，河港纵横交错，是典型的江南水乡古镇，享有“江南第一桥乡”的美誉。有上海最大的淡水湖——淀山湖，堪称上海市郊一个品种全、规模大的淡水产品养殖基地。金泽镇风景秀丽，空气清新，水质清纯，土壤肥沃，盛产香糯、杂交水稻等优质大米。有国家AAAA级旅游景点大观园。

金泽镇拥有源远流长的庙桥文化，承载着“桥桥有庙，庙庙通桥”的独特文化景观。宋代的普济桥是上海地区保存最完整、年代最早的单孔石拱桥。金泽古桥分布之密集、形式之丰富、年代之久远，为其他古镇所无法比拟，故被誉为“江南第一桥乡”“古桥梁博物馆”，著名书法、篆刻家钱君陶先生曾为之题写“金泽古桥甲天下”。延续至今的一年两次金泽庙会（农历三月廿八和九月初九），更衍生出民俗、饮食、演艺等丰富多彩的地方文化，除了拥有市级非物质文化遗产“宣卷”和“商榻阿婆茶”之外，还有“田山歌”“打莲湘”等民间文化活动。

金泽镇下辖新港、莲湖、爱国、东天、龚都、任屯、田山庄、钱盛、淀湖、岑卜、西岑、三塘、育田、河祝、徐李、新池、金泽、东西、杨湾、建国、金姚、蔡浜、东星、淀西、王港、双祥、沙港、南新、雪米、陈东等30个行政村和西岑、莲盛、金溪、金杨、商榻等5个社区居委会。全镇户籍人口有24224户、62696人。其中：男性30807人、女性31889人，60岁以上老人20570人；常住来沪人口14836人。全镇实现增加值67.36亿元，比上年增长7.0%，其中：实现第一产业增加值14362万元，比上年增长-6.0%；实现第二产业增加值266942万元，比上年增长0.3%；实现第三产业增加值392294万元，比上年增长12.7%。全镇实现财力收入37590万元，比上年增长31.7%。

金泽镇人民政府驻地：金泽镇金中路5号。（俞薇薇）

■**长三角一体化发展融入**　深入贯彻落实市委李强书记到青浦调研长三角一体化发展座谈会精神，主动对接姚庄、西塘、汾湖、周庄等毗邻地区，就规划、设施、产业、功能、环保等领域合作展开探讨、合作。全力做好东航路、规划二路互通等省省对接交通网络建设。稳步推进金商公路改扩建工程、南新村撤渡改桥工程。积极参与环淀山湖战略协同区建设，共同保护江南水乡历史文化和自然风貌。（俞薇薇）

■**重大项目建设**　华为研发中心项目选址金泽镇西岑社区东首，总面积约108公顷（包括道路配套设施），跨育田、西岑两个行政村和西岑集建区。共涉及征收补偿集体土地宅基地218户，国有土地系统公房、直管公房53户，企业14户，农贸市场1个（门面36间，摊位29个），种养殖及苗圃21户，墓穴近千个。华为项目启动后，金泽镇党委、政府组建华为项目征收补偿指挥部，下设1个办公室、8个专项工作组和12个工作推进组。发挥“5+2”“白+黑”（即5个工作日加2个休息日、白天加夜晚）以基地为家的奉献拼搏精神，实行“挂图作战”，形成各个攻坚组“比学赶超”互帮互助的氛围，在攻坚阶段更是连续奋战24天，一鼓作气按时完成工作任务。举全镇之力推动华为项目征收补偿“头号工程”，打赢华为项目动迁攻坚战，确保项目如期供地。保证华为项目——上海海思技术有限公司顺利落地，成为助推金泽高质量发展的强劲引擎。（俞薇薇）

■**完成服务保障“进博会”任务**　作为“进博会”拓展区，牢固树立“一盘棋”

思想，全力做好各项服务保障工作。打造高质量的志愿者服务队伍，累计发动4000余人次参与进博平安志愿者、网格巡查、交通文明等各类志愿服务，展现金泽风采。细化落实“进博会”安全保障方案，划分6＋35＋X”的管理网格，强化城镇安全和风险稳控。开展核心区安保维稳力量支援工作，圆满完成服务保障进博会各项工作任务，确保社会面持续保持和谐稳定。（俞薇薇）

■美丽乡村建设 全力推进美丽乡村和乡村振兴建设，推进国家标准化委员会“美丽乡村”暨农村综合改革标准化试点工作。至年末，双祥村顺利通过区级美丽乡村示范村验收。沙港村、王港村成功获批区级美丽乡村示范村。持续做好陈东村、王港村、沙港村等村村庄改造工作。扎实推进莲湖村、沙港村市级乡村振兴试点建设，并迎接乡村振兴市级考评，获得较高评价，莲湖村被评为全国生态文化村。（俞薇薇）

■基础设施建设 35个村级社区事务代理中心、118个村村通公交候车亭新建等一批政府性投资项目全面完成建设。完成金湖路、罗田路、莲钱路、大丰路、莲龚路改造工程及罗田浜泵闸新建工程。完善西岑社区动迁服务配套，西岑临时菜场、西岑社区为民服务中心、银辉长者照护之家等一批设施投入使用。金商公路改建工程全线开工，商榻市民活动中心建设工程基本完工。商榻社区综合整治工程、天然气入户项目全面开工。莲盛市民活动中心完成规划选址，各部门方案征询工作陆续开展，商榻养护院建设抓紧办理前期手续。东航路、沪苏湖铁路沿线范围完成现状锁定，启动区域管控措施。此外，四届人大三次会议确定的实事项目推进顺利，陈新路农村公路整治及延伸段修缮工程开工建设、农村环卫设施建设项目正式开工、3.9万平方米老旧小区改造基本完工。蔡浜村、双祥村2条健身步道基本完工。6个老年人助餐点、25个社区睦邻示范点、16处残疾人无障碍设施均完成建设任务。（俞薇薇）

■社会民生 全年实现新增就业岗位1509个，超额完成区下达指标任务，失业率控制在区下达指标内。全面落实城乡居民医疗保险制度，完成投保9645人，基本实现投保全覆盖。积极推进长期护理保险试点，为全镇697位老人开展居家照护服务。受理长护险申请8029人，经评估，最终参加人数为7284人。完成40个“金乡邻·睦邻客堂间”创建任务，打造“乡邻·睦邻”特色品牌。（俞薇薇）

10月7日，上海土地政策实证研究基地金泽观测点在金泽镇正式揭牌（金泽镇供稿）

■金泽镇第六届文化艺术节启动仪式在蔡浜村举行 3月25日，2018上海（青浦）市民文化节“文化服务日”暨金泽镇第六届文化艺术节启动仪式在蔡浜村举行。市文广局副局长尼冰，副区长王凌宇，市文广局公共文化处处长杨庆红，区委宣传部副部长、区文广局局长周思琴，金泽镇党委书记谭伟，区文广局党委副书记沈秋娟等领导出席活动。此次活动围绕“文化美丽乡村行”，在蔡浜村村口广场、湿地公园、村民客堂间、农庄、篮球广场等点位设立非遗体验展示、农家趣味赛、文艺节目等文化活动。（俞薇薇）

■上海土地政策实证研究基地金泽观测点揭牌 10月7日，上海市地质调查研究院与青浦区规土局在青浦区金泽镇举行战略合作协议签订仪式，市地调院、复旦大学和金泽镇共建的上海土地政策实证研究基地金泽镇观测点在金泽镇正式揭牌。市地调院院长方国安、副院长王寒梅，复旦大学环境科学与工程系副系主任周斌教授，区规土局副局长朱永强，金泽镇党委副书记、镇长凌敏及相关领导，各单位相关科室、部门负责人出席活动。会上，上海市地质调查研究院与青浦区规划和土地管理局签订战略合作协议。双方以合作共建为起点，迈入更深入、更紧密、更前瞻的新阶段，一同为促进土地利用方式转型，服务高质量发展和高品质生活，担当新作为、探索新经验、贡献新智慧。（俞薇薇）

■青浦区农林水联动暨“三秋”工作现场会在金泽举行 12月11日，青浦区2018农林水联动暨“三秋”工作现场会在金泽镇举行。会议部署农林水联动和秋冬季农业各项工作，并要求深入贯彻落实乡村振兴战略，全力推进“三秋”以及农林水联动工作。区委常委、政法委书记赵明，副区长金俊峰出席会议。（俞薇薇）

■举办金泽镇第二届运动会 10月13日，金泽镇第二届运动会开幕式在金泽中学举行。区人大常委会副主任胡海民，副区长王凌宇，区体育局局长张瑞云、副局长杜敏，以及金泽镇三套班子领导出席开幕式。金泽镇第二届运动会历时6个月，共设三大类33项，其中竞赛类21项、趣味田径类10项，展示类2项。镇机关、35个村(居)、11家镇所属的企事业单位、8家双管单位、8家非公企业和驻地消防中队共64个代表队报名参赛，参与人数2500余人，是金泽

镇历史上参与人数最多,规模最大的一次运动会。（俞薇薇）

■金泽古镇正式被批准为国家AAA级旅游景区 年初,金泽镇党委、政府提出以“金泽古镇”AAA景区创建为抓手,提升古镇旅游发展动力。以古镇51.78公顷核心风貌保护区为范围,对照国家旅游景区质量等级标准要求,启动AAA级景区创建。在创建过程中,通过健全机构,构建“主要领导亲自抓,相关领导齐心抓,旅游企业自主抓,责任单位具体抓”的高效创建工作格局。紧紧围绕国家AAA级旅游景区目标,明确任务,落实责任,创新举措,确保各项创建工作的顺利推进。2018年11月,被上海市旅游局批准为国家AAA级旅游景区。（俞薇薇）

10月13日,金泽镇第二届运动会开幕式在金泽中学举行（金泽镇供稿）

2018年金泽镇经济与社会发展基本情况表

表85

项目	计量单位	数值	比上年增长(%)	备注
地区增加值	亿元	67.36	7.0	—
第一产业增加值	万元	14362	-6.0	—
第二产业增加值	万元	266942	0.3	—
其中:工业	万元	251224	1.4	—
第三产业增加值	万元	392294	12.7	—
工业总产值	万元	890086	-1.2	—
农业总产值	万元	35907	-6.0	—
税收收入(税务口径)	万元	207138	41.8	—
区级税收收入	万元	61870	41.7	—
镇结算财力收入(剔除教育统筹)	万元	37590	31.7	—
合同外资	万美元	5372.79	—	—
外方到位金额	万美元	3500	—	—
新增内资企业注册资金	万元	8000	—	—
内资到位金额	万元	8000	—	—
固定资产投资总额	万元	52898	-27.0	—
社会消费品零售总额	亿元	18.82	4.2	—
主要农副产品产量				
粮食	吨	13564.30	-6.5	—
油菜籽	吨	—	—	—
生猪出栏数	头	—	—	—
家禽	万羽	—	—	—
鲜蛋	吨	—	—	—
淡水产品	吨	8196	-5.0	—
蔬菜	吨	21566	4.3	—

（续表）

项目	计量单位	数值	比上年增长(%)	备注
教育事业				
其中:成校(职校)	所	1	—	—
高中	所	—	—	—
初中	所	1	—	—
小学	所	3	—	—
幼儿园	所	3	—	—
在校生(含幼儿园)	人	1308	-9.0	—
教职工	人	329	-19.2	—
教育事业财政支出	万元	6703.55	-5.8	—
文化事业				
图书馆(室)	个	3	0	—
文化馆(室)	个	1	100	—
影剧院(场)	个	1	100	—
文化事业财政支出	万元	420	1.9	—
医疗、卫生、体育事业				
卫生院(所)	所	1	0	—
卫生室	所	41	0	—
总床位	张	90	0	—
医技人员	人	160	0	—
体育场馆	座	1	100	—
健身苑(点)	个	101	7.4	—
居民人均可支配收入	元	不再统计	—	—

（俞薇薇）

2018年金泽镇经济和社会发展各类指标情况表

表86

类别	序号	指标名称		单位	完成情况	
					总量	增幅(%)
经济实力	1	税收	税收总收入	亿元	20.71	41.8
			区级税收收入	亿元	6.19	41.7
	2	规模以上工业总产值		亿元	62.35	-2.4
	3	社会消费品零售总额		亿元	18.82	4.2
	4	招商引资	合同外资	亿美元	0.54	—
			外方到位资金	亿美元	0.35	—
	5	引大引强引实(含总部企业)		户	4	-20
	6	内资实体型项目注册资金		亿元	0.80	77.8
	7	全社会固定资产投资(属地)		亿元	5.29	-27.0
		其中:工业固定资产投资		亿元	1.14	-72.0
		商贸服务业固定资产投资		亿元	—	—
	8	开发区单位土地全口径税收产出增幅		%	—	—

（续表）

类别	序号	指标名称		单位	完成情况	
					总量	增幅(%)
创新转型	9	有效专利拥有量		件	603	34
	10	农业经营	家庭农场	个	65	4.8
			集体农场	个	—	—
			农业布局合规率	%	97	9
	11	产业结构调整项目数	调整企业数	个	76	-13.6
			调整面积数	公顷	23.37	3.0
	12	清洁能源替代	锅炉	台	2015年已完成三年行动计划	
			窑炉	台		
	13	土地减量化		公顷	13.54	-37.3
社会民生	14	城乡居民可支配收入		元	不再统计	—
	15	新增就业岗位		个	1459	4.1
		其中:非农就业岗位		个	485	-15.1
		残疾人就业安置岗位		个	83	6.4
	16	帮助长期失业青年就业		人	24	9.1
	17	帮助成功创业		个	55	-6.8
	18	城镇登记失业人员控制数		人	280	-13.0
	19	青年职业见习人数		个	31	—
	20	中高层次职业技能培训人数		个	221	-17.0
		其中:高级及以上		个	60	50
	21	城乡居保中农村居民参保	续缴率	%	3208	-1.2
			扩覆率	%	80	100
	22	实有人口总量控制数		万人	7.70	-4.0
		其中:实有人口(来沪人员)总量控制数据		万人	1.43	1.0
生态文明	23	工业能耗	综合能源消费控制量	万吨标煤	3.8	-1.6
			规模以上工业万元产值能耗下降率	%	—	-0.2
	24	主要污染物排放量削减率(二氧化硫、化学需氧量、氨氮、氮氧化物)		%	完成区下达任务	—
	25	污水处理	城镇污水处理率	%	95	—
			截污纳管户数	户	267	3.9
	26	生态造林	新增森林面积	公顷	-4.55	-0.04
			陆域森林覆盖率	%	19.05	-0.02
	27	主要农产品"三品"认证率(有机、绿色及无公害产品)		%	绿色4.4、无公害9.7	绿色4

（俞薇薇）

夏阳街道

■概况 夏阳街道位于上海市西郊、青浦境域中心,距上海虹桥国际机场17公里。东接赵巷镇、香花桥街道,西连朱家角镇、盈浦街道,南邻松江区佘山镇、天马山镇,北依香花桥街道。地理位置优越,水陆交通便捷。G50沪渝(原A9、沪青平)高速公路、318国道横贯东西,G1501上海绕城高速、外青松公路纵贯南北,西可通往苏浙两省,北可直通嘉定、苏州、昆山等地。境内河港纵横交错,主要航道有淀浦河、西大盈港和油墩港,皆为六级以上航道,北连苏州河,南接黄浦江,百吨船只可通航上海港及外省市。辖区总面积35.71平方公里,其中耕地面积584.68公顷。

夏阳街道为青浦区人民政府所在地,是全区政治、经济、文化和教育中心。辖区内有青浦博物馆、区科技活动中心、区广电大楼、区信息大楼、青浦图书馆、青浦体育场、中山医院青浦分院等。有上海工商信息学校、青浦高级中学、青浦第一中学、青浦区实验中学(东校区)、青浦区实验小学青湖校区(原豫英学校)、青浦实验幼儿园等24所学校。还有万寿塔等名胜古迹和天主教堂、基督教堂等宗教文化场所,上海福寿园也坐落其中。

下辖城南、泰来、金家、塘郁、塔湾、新阳、王仙、枫泾8个村民委员会和东盛、东方、章浜、青城、祥龙、界泾港、新青浦、桂花园、华骥苑、青湖、夏阳湖、千步泾、佳乐苑、仓桥、宜达、青平、青松、青华、青乐、青安、青园、青泽、南箐园23个社区居委会。2018年末,户籍人口21319户、52512人,其中:男性25855人、女性26657人,60岁以上老人13529人。

夏阳街道办事处驻地:青浦区外青松公路6300号。 (杨 珍)

■举办十九大精神学习实践活动暨动员会 1月4日,街道党工委在社区文化活动中心二楼影剧院举办“不忘初心、牢记使命”十九大精神学习实践活动暨专题培训动员会。街道党政班子成员,正、副调研员,副处级干部,街道全体科级干部,村居两委班子成员,机关党总支党员共200多人参加专题培训动员会。街道党工委书记陈达作开班动员,党工委副书记任建荣主持开班仪式。

市委讲师团讲师袁志平教授作《开启新征程,谱写新篇章》十九大精神解读专题讲座。陈达结合自己学习十九大精神的体会,围绕“新时代当牢牢坚持党对一切工作的领导”进行详细阐述和深度剖析,并提出相关要求。

(杨 珍)

■街道领导赴练塘、重固学习考察美丽乡村建设工作 按照“产业兴旺、生态宜居、乡风文明、治理有效、生活富裕”的总要求,为进一步加快推进夏阳街道环境大提升攻坚行动,深入建设美丽乡村。1月15日,街道主要领导组织管理办、社发中心、水务所、生态办、网格化(安管)中心、拆违办、城管中队等职能部门负责人及各村支部书记、村委会主任,到练塘镇、重固镇学习考察美丽乡村建设、城乡环境整治工作的先进经验,并在塘郁村召开美丽乡村工作推进会议。

考察组一行先后前往练塘镇徐练村、东庄村、朱枫公路万亩粮田以及重固镇徐姚村,了解村情村况、村级党组织建设、村集体经济发展、美丽乡村建设、乡风民俗整治等情况,参观党员活动室、日间照料中心、手工艺品展示厅、文化活动室等,并召开座谈会学习其美丽乡村建设先进经验及如何利用当地现有的人文、地理资源对村内进行提升改造并发动广大群众积极投入到环境改造提升的活动中来,如何使老百姓的观念从“要我做”转变成“我要做”的先进经验。

在会上,党工委书记陈达对“走出去、学回来”的考察学习模式给予肯定,并提出要问需于民、问计于民,进一步提高思想认识,精细化做好美丽乡村建设。办事处主任陈晓荣从思想认识、组织构架等6个方面对美丽乡村建设提出新的奋战目标。8个村负责人就如何做好美丽乡村建设工作依次表态,各科室负责人及分管领导结合实际工作作了相关安排。 (杨 珍)

■开展大调研工作 1月24日,街道召开“不忘初心、牢记使命,推动建设‘四宜’(即宜居、宜游、宜学、宜业)新夏阳”大调研工作推进会。街道党工委书记、人大工委主任陈达,党工委副书记、办事处主任陈晓荣,党工委副书记肖飞,党工委副书记任建荣等全体班子领导,正副调研员及相关职能科室负责人出席会议,任建荣主持会议。

会上,任建荣传达1月23日区大调研工作推进会精神,详细解读街道《关于开展“不忘初心、牢记使命,推动建设‘四宜’新夏阳”大调研的实施方案》,并作具体工作部署。会议要求各单位深刻学习领会中央精神和市委、区委要求,将大调研工作作为当前的首要

1月24日,夏阳街道大调研工作推进会召开 (夏阳街道供稿)

工作予以落实；围绕“创新社会治理、加强基层建设”的总体要求，坚持“两个全面覆盖”原则，迅速行动、广泛宣传、完善制度、深化调查，力争形成重点突破、带动全局的政策举措和制度措施，助推街道各项工作全面扎实开展。（杨　珍）

■**葛超全捐献造血干细胞**　1月31日，街道信访办“90后”共产党员——葛超全在上海市第一人民医院进行造血干细胞采集，捐献给一位患有血液病的花季少年，成为上海市第三百九十九例，青浦区第十一例造血干细胞捐献者，也是青浦区街镇机关首例捐献者。

市红十字会志愿服务部部长滕桂香、区红十字会副会长黄涛、团区委副书记王琼、夏阳街道党工委副书记肖飞等一行专程赶赴医院看望葛超全并参加表彰仪式。（杨　珍）

■**夏阳街道社区老年助餐点启动仪式举行**　3月21日，街道举行社区老年助餐点启动仪式。区委副书记韩顺芳、副区长金俊峰、区民政局局长施剑文、区市场监管局副局长钟青和街道党政班子部分成员参加。

启用仪式上，韩顺芳高度肯定夏阳街道开设社区老年助餐点的做法，并要求相关部门加强指导和监管，确保把老年助餐服务的好事办好，让老年人吃得放心、吃得开心、吃得健康。启动仪式上，街道党工委副书记任建荣介绍助餐点筹建情况。夏阳街道在为老服务工作推进过程中，在区民政局和区机关事务管理局等职能部门的帮助协调下，经过半年筹划准备，开设位于城中东路58号、章浜路22号、盈港东路8300号14室的首批社区老年助餐点。助餐点统一注册“老来吃”品牌，并通过政府采购委托第三方进行运作管理，为60岁以上青浦户籍老年人提供中餐服务。社区老年助餐点正式启用后，通过优化服务，可为千名以上老年人提供助餐服务。在此基础上，街道将根据群众需求，逐步增设助餐点，扩大社区为老服务受益面。（杨　珍）

3月21日，夏阳街道社区老年助餐点启动仪式举行　（夏阳街道供稿）

5月16日，夏阳街道商会对口支援捐赠仪式暨企业家洽谈会举行（夏阳街道供稿）

■**街道召开2018年基层组织换届选举工作动员会**　3月26日，街道召开2018年基层党组织换届选举动员暨基层党组织换届部署培训会。街道党政班子成员，街道基层组织换届选举工作领导小组及督导组成员，各直属单位党组织书记、党务干部，村居委会主任，街道选举办工作人员参加会议。街道党工委副书记、办事处主任陈晓荣主持会议。街道党工委书记陈达对基层组织换届选举工作作动员、部署。（杨　珍）

■**街道商会赴云南德宏州开展对口支援帮扶工作**　为加强和支持与云南德宏州的对口支援和帮扶工作，5月16—21日，街道商会一行14人在街道党工委副书记任建荣的率领下，到云南德宏州开展对口支援帮扶工作。

在梁河县举行的对口支援捐赠仪式暨企业家洽谈会上，梁河县委副书记杨森向与会人员介绍该县基本情况和商业开发优势资源情况。任建荣和商会会长高伟华分别作致辞和发言。会上，街道商会向梁河县捐赠专项帮扶资金42万元，助推梁河脱贫攻坚。

在青浦区援滇干部的陪同下，一行人员还先后深入梁河县、盈江县、陇川县等几个贫困村，走村入户了解相关情况，并与村委会班子成员进行座谈交流。同时，还利用此次契机实地考察当地经济社会发展情况，详细了解商业开发资源。

此次对口支援帮扶工作，既是响应中央提出的“万企帮万村”精准扶贫行动，也是对非公经济人士理想信念教育实践活动的深化。通过对口支援帮扶工作，进一步发扬非公企业家“致富思源、富而思进，义利兼顾、以义为先，扶危济困、共同富裕”的光彩精神，增强非公企业家的社会责任感，树立企业家回报社会、勇于担当的良好形象。（杨　珍）

■街道开展反恐反邪应急实战演练活动　为做好“进博会”期间的安保工作，积极应对恐怖主义威胁、预防和减少恐怖活动危害，6月13日，街道在毓秀学校举行“夏阳街道‘进博会’社会面稳控系列宣传工作暨防暴反恐应急实战演练”。

区综治办副主任夏家喜，区防范办副主任郑彦、区反恐办副主任、反恐支队支队长唐建军，街道党工委副书记肖飞，毓秀学校校长周秀芳等出席活动。街道平安办、应急办、夏阳派出所负责人及各村居党组织书记、综治干部等到场观摩。此次活动有参演人员96人、工作人员45人、观摩人员720余人。

此次反恐应急实战演练，展示公安特警、夏阳街道及毓秀学校应急处突的能力，突出指挥高效、协同配合、区域联动、快速反应、紧贴实战的特点，达到检验应急机制、锻炼专业队伍、提高处置水平、增强反恐能力的目的。（杨　珍）

■区四套班子领导到街道开展安全检查工作　8月17日，区委书记赵惠琴率区四套班子领导一行，先后到街道青华社区和浦仓路沿街开展安全检查工作。街道党工委书记陈达陪同检查。

赵惠琴等区领导现场查看仁恒运杰河滨花园小区的电动车充电场所和设施，对党支部、居委会、物业“三驾马车”配合默契、工作有力表示满意。在听取街道领导关于浦仓路770－850号两个月来的“三合一”整治区域基本工作情况后，赵惠琴强调，人民生命财产安全重于泰山，不容懈怠，街道等方面整治的力度还要加大、要求还要严格。（杨　珍）

2018年夏阳街道经济与社会发展基本情况表

表87

项目	计量单位	数值	比上年增长(%)	备注
农业总产值	万元	8784	24.1	—
财政收入	万元	56418.70	6.2	—
其中:街道财政收入	万元	39959.69	83.8	—
财政支出	万元	57585.27	18.0	—
利用外资金额	万美元	—	—	—
外资到位金额	万美元	—	—	—
固定资产投资额	万元	176909	28.1	—
社会消费品零售总额	万元	711935	2.7	—
主要农副产品产量				
粮食	吨	3072	－6.4	—
油菜籽	吨	—	—	—
生猪出栏数	头	—	—	—
家禽	万羽	0.98	－0.82	—
鲜蛋	吨	64	－33.3	—
淡水产品	吨	327	－2.4	—
蔬菜	吨	15862	－0.5	—
文化事业				
图书馆(室)	座	32	3.2	—
文化馆(室)	座	32	3.2	—
影剧院(场)	座	1	—	—
医疗、卫生、体育事业				
社区服务中心(所)	所	1	—	—
卫生室	所	8	—	—
总床位	张	—	—	—
医技人员	人	114	－47	—
体育场馆	座	—	—	—

（续表）

项目	计量单位	数值	比上年增长(%)	备注
健身苑(点)	个	87	35.9	含开发商自建
农村居民人均可支配收入	元	—	—	—

（杨　珍）

2018 年夏阳街道经济和社会发展各类指标情况表

表 88

类别	序号	指标名称		单位	完成情况	
					总量	增幅(%)
经济实力	1	税收	税收总收入	亿元	—	—
			区级税收收入	亿元	—	—
	2	规模以上工业总产值		亿元	9.07	14.8
	3	社会消费品零售总额		亿元	71.19	2.7
	4	招商引资	合同外资	亿美元	—	—
			外方到位资金	亿美元	—	—
	5	引大引强引实(含总部企业)		户	—	—
	6	内资实体型项目注册资金		亿元	—	—
	7	全社会固定资产投资(属地)		亿元	2.85	256.4
		其中:工业固定资产投资		亿元	—	—
		商贸服务业固定资产投资		亿元	—	—
	8	开发区单位土地全口径税收产出增幅		%	—	—
创新转型	9	有效专利拥有量		件	—	—
	10	农业经营	家庭农场	个	21	-33.33
			集体农场	个	1	—
			农业布局合规率	%	95	5
	11	产业结构调整项目数	调整企业数	个	—	—
			调整面积数	亩	—	—
	12	清洁能源替代	锅炉	台	—	—
			窑炉	台	—	—
	13	土地减量化		公顷	—	—
社会民生	14	城乡居民可支配收入		元	—	—
	15	新增就业岗位		个	2288	—
		其中:非农就业岗位		个	710	—
		残疾人就业安置岗位		个	42	—
	16	帮助长期失业青年就业		人	32	—
	17	帮助成功创业		个	83	—
	18	城镇登记失业人员控制数		人	760	—
	19	青年职业见习人数		个	37	—
	20	中高层次职业技能培训人数		个	203	—
		其中:高级及以上		个	48	—
	21	城乡居保中农村居民参保	续缴率	%	93.87	—
			扩覆率	%	99.3	—
	22	实有人口总量控制数		万人	135313	-1.11
		其中:实有人口(来沪人员)总量控制数据		万人	42043	-3.5

（续表）

类别	序号	指标名称		单位	完成情况	
					总量	增幅（%）
生态文明	23	工业能耗	综合能源消费控制量	万吨标煤	0.23	-7.2
			规模以上工业万元产值能耗下降率	%	0.025	-19.1
	24	主要污染物排放量削减率（二氧化硫、化学需氧量、氨氮、氮氧化物）		%	—	—
	25	污水处理	镇污水处理率	%	—	—
			截污纳管户数	户	—	—
	26	生态造林	新增森林面积	公顷	18.32	2.4
			陆域森林覆盖率	%	24.2	0.57
	27	主要农产品“三品”认证率（有机、绿色及无公害产品）		%	98.4	11.31

（杨　珍）

盈浦街道

■概况　盈浦街道位于青浦境域中部，原青浦镇城厢地区。东与夏阳街道接壤，西与朱家角镇和江苏昆山市淀山湖镇交界，南至淀浦河，北与香花桥街道相连。交通便捷，临近的318国道、G50沪渝高速公路和苏虹公路，与市区及周边省市连接。东、西大盈港和淀浦河贯穿境内。辖区总面积16.36平方公里，其中耕地面积208.62公顷。

盈浦街道是青浦城区商业、服务业、行政机关的聚集地。历史悠久，文化底蕴深厚，地理位置得天独厚。区域内有始建于明万历元年（1573）的城隍庙和建于乾隆十年（1745）的曲水园两大名胜古迹，有被列为历史风貌保护区的北门街，有福泉、县前、聚星等老街。街道辖区内，商业繁华，拥有百联桥梓湾购物广场、吾悦广场、北极星广场、怀盛生活广场、世纪联华和富绅时代广场等集休闲、购物、餐饮、娱乐为一体的大型商城，还有在建的万达茂、东渡悦来城等文旅商综合体，复旦附中青浦分校也紧邻街道西部城区。交通便捷，邻近的318国道、G50沪渝高速公路和苏虹公路与市区及周边省市连接；轨道交通17号线及东、西大盈港和淀浦河贯穿境内；区域内的盈港路、公园路、城中路和漕盈路、城中南路、青安路构成三纵三横的主要交通网络；西大盈港双桥，既是交通要道，又是区域标志性建筑。

盈浦街道下辖贺桥、天恩桥、南横、俞家埭、南厍5个村民委员会和庆华、庆新、城北、龙威、复兴、解放、三元河、西部花苑、尚美、万寿、盈港、盈中、盈联、上达、民乐、民佳、绿舟、浩泽、民欣、华浦、怡澜、双桥、东渡、赵屯浦、崧子浦、贺桥26个社区居委会。大小居住区共计148个、各类学校23所。实有人口12.69万，其中常住户籍人员8.88万、来沪人员3.73万、境外人员802人。

盈浦街道办事处驻地：青浦区环城东路128号。　（凌佳晨）

■社会稳定局面持续巩固　为全面保障首届“进博会”顺利举办，盈浦街道做好重点人员、重点目标、重点区域管控，确保社会面安全稳定。一是突出信访矛盾清单式销项管理，化解“四重”攻坚矛盾重案6起、一般个案5起。全年受理信访件批次及人次分别比上年下降23.68%和18.68%。二是加大人口综合调控力度，扎实推进“两个实有”（即实有人口、实有房屋）全覆盖、常态、长效建设。开展“房东责任制”建设，累计签约7048户，占总数的98.85%；完成31户群租整治，守住人口规模底线。

（凌佳晨）

■保障城市运行安全　落实安全生产责任体系，加强重点区域、重点领域隐患排查和监管，确保“进博会”期间城市运行安全和生产生活安全。围绕五大安全领域，常态化开展安全大检查，共检查门店和企业5813家，整改各类问题3979个。对“三合一”场所进行拉网式隐患排查，完成整治128家；推进市民满意的食品安全城区建设，完成无证无照食品经营治理36户；加大破案打击和扫黑除恶力度，全力维护社会治安秩序；扎实做好防汛防台、地下空间管理等安全工作，确保人民群众生命财产安全。　（凌佳晨）

■城市精细管理　扎实推进“雪亮工程”，老旧小区监控视频系统建设取得阶段性成效，基本完成23个居村1436个高清摄像机安装和115个“智慧安防小区”建设。健全属地为主、条块联动的城市网格化管理体制，增强网格化管理实效。加强热线督办制度，全天候24小时巡查派单，全年共收到工单3308件，按时办结率100%。强化网格督查，网格化案件上报立案91224件，结案率97.92%，提升热线和网格工作的实际解决率。精准治理市容环境难题顽症，推进空中坠物隐患排查户外广告1500余处，拆除135处，加固53处。巩固12个点位“特定区域”和2个点位无序设摊治理成果，拆除盈朱路疏导点。

（凌佳晨）

■社区共治平台再优化　深化协商共治平台，顺利召开五届一次社区代表大会，梳理和落实代表提出的20条意见、建议，确定8个社区公共设施项目。落实四届三次社区代表大会23条意见、建议，10个民生实事项目均完成竣工验收。强化公益服务平台，开展三大类9个社区基金会公益项目，即亲子教育服务项目、绿色家园、盈浦故事、癌症病人关怀服务、法律事务服务、文艺团队培育、交通安全宣教队扶持、便民服务、阳光助学服务。优化组织孵化平台，探索社会组织服务中心与第三方合作管理模式，不断增强社会组织规范化建设。

（凌佳晨）

■提升社区自治水平 深入推进党建引领下的社区自治共治。25 个社区、5 个村划分为 7 个片区，探索实施党建网格、管理网格、治理网格“三网”融合。落实“1＋7＋33＋X”〔即“1”是街道党工委办事处，其他指 7 个片区、33 个村居委会（包括筹备组）和 X 个社区自治团组管理模式〕，提升网格化管理水平。完成 7 家业委会换届和 4 家业委会新建工作。健全基层民主协商议事体系，建立 26 个“工作室”、6 个“客堂间”、6 个“睦邻点”。持续做强“神经末梢”（即村居民小组长、党员干部、志愿者），全覆盖开展居村民小组长和业委会主任培训，提升业务水平。

（凌佳晨）

■基层管理力量再增强 成立 12 个督查工作组，指导基层换届工作，通过梳理摸底、周密部署、严格程序等步骤，完成居村“两委”班子换届选举工作。30 位居（村）书记平均得票率为 99.5%，31 位居委会主任平均得票率为 80%；66 名优秀社区工作者通过换届选举进入居（村）“两委”班子。13 个居民区 5 个村完成“一站两中心”〔即党建服务站、村级社区事务受理中心、居（村）综治中心〕建设，进一步加强居村网格工作站、社区警务室、城管工作室规范化建设，使服务、管理、治理力量进一步下沉。

（凌佳晨）

4 月 19 日，区委副书记、区长夏科家（前右二）到盈浦街道调研老旧小区综合改造

（盈浦街道供稿）

■“美丽家园”建设深入实施 庆丰新村及庆华一、二、三村老旧小区综改试点工程完成验收（涉及改造户数 2258 户、改造面积 120306 平方米）。启动城北新村、庆华四村及北门街 155 弄、盈中新村 1、3、4 号门老旧小区综改工程（涉及改造户数 3571 户、改造面积 319088 平方米），年末进入收尾阶段。全面完成庆华、城北、庆新、盈中社区 557 间小车库整治工作，开展庆华一路 18 家经营门店违法搭建和破墙开门违法行为整治。扎实推进综改小区晾衣架改装工程。试点引入第三方评估机制，提升综改后小区物业服务水平。配合做好双鹏大楼、银河大楼等 7 处房屋修缮工程。

（凌佳晨）

■“美丽街区”建设有序有力 聚焦“一环一路两区”（“一环”即环城水系；“一路”即盈港路；“两区”即老城厢、新城区），加快推进区域城市更新，配合环城水系公园建设，完成西大盈港、上达河、老朱青路等 8 处地块整治和沿线征收补偿工作。持续做好盈港路沿线景观提升工作。推进老城乡风貌建设和城中村改造，结合城市重大基础设施建设，不断完善城市公共服务功能，打造“15 分钟社区生活圈”。

（凌佳晨）

8 月 23 日，盈浦街道与昆山市淀山湖镇人民政府签署战略合作框架协议

（盈浦街道供稿）

■大调研工作取得实效 年内，设立 4 个调研小组，围绕老城区改造与更新等 12 个重点课题，班子成员每周不少于 2 次下基层开展调研。157 名机关干部全覆盖走访辖区内 15493 户居村民、1215 户商贸企业。累计收集 10 大类 806 个问题，其中上报 112 个问题；同时，接收有关上级部门下转 624 个问题，解决 1250 个，解决率为 94.84%，其余问题均在落实中。

（凌佳晨）

■“美丽乡村”建设加快推进 推进天恩桥村“美丽乡村”三年行动计划，持续加大农村地区环境整治力度，做好各项前期工作。郊野地区单元（村庄）规划编制稳步推进。土地承包经营委托流转140.73公顷，流转率达100%。推进农民居住解困工作，审定危房翻建9户。农村集体经济"造血"功能不断增强，完成镇级集体资产产权制度改革和农村集体资产清产核资工作，成立"盈浦经济联合社"。落实9条农村公路、13座农村桥梁设施养护管理工作。积极融入长三角区域一体化战略，与江苏省昆山市淀山湖镇签订合作框架协议，两地协同发展。

（凌佳晨）

■**民生保障持续改善** 社区事务受理服务中心全面实施"全市通办"，深化创业型城区创建工作。2018年，新增就业岗位1740人，完成全年指标的133.8%。城镇登记失业人员控制在区下达指标内，帮助成功创业50家。社区综合为老服务中心扎实推进，新建1家老年人助餐服务点和崧子浦社区老年人日间服务中心。庆华、庆丰小区首创全市"微型家庭医生工作室"，推进"1+1+1"家庭医生签约服务，累计开展延伸处方6347张。稳妥有序关停2家学前儿童看护点，保护学前儿童安全。切实保障困难群众、残疾人等基本生活，累计发放各类帮困金、救助金等共计1500余万元。

（凌佳晨）

■**服务功能不断提升** 年内，制定实施社会事业三年行动计划。一是推进垃圾分类减量工作，新推绿色账户12777户，完善城乡垃圾分类收集和运处体系。二是巩固提升垃圾分类样板居住区创建成果，新推怀盛怡庭、忆华里1期、2期、西部花苑1区、3区生活垃圾分类样板小区创建。三是积极推进社区文化活动中心建设，形成"1+3+X"（即以社区文化活动中心为主体，依托"图书馆""市民健身房""市民大舞台"三大委托单位，做大做强X个项目活动）管理模式。2018年6月试运营以来共开展活动613次，参与人数2.2万人次。持续培育文化团队，每个居（村）拥有不少于3支文化团队，总数超过150支。新建、更新社区健身苑点53处，健身器材490件。开展覆盖各居村的30场纳凉晚会，成功举办社区龙舟赛等活动。（凌佳晨）

■**生态环境建设** 深入开展"五违四必"综合整治，顺利完成4万平方米违法建筑整治任务，确保违法建筑零增长。26个居委会5个村委会成功创建"无违居村"，争创市级"无违街道"。落实"居改非"三年行动计划，全年共整治38户，累计完成三年任务总量的81.65%。辖区内53条（段）河道全面实行"河长制"，落实"河长"巡河制度。完成9条黑臭河道整治，清理绿萍420吨、水葫芦5660吨、蓝藻915吨、水草和白色垃圾13760吨，进一步提升生态质量。（凌佳晨）

■**创建文明城区** 结合全国文明城区创建，制定《盈浦街道2018年同创全国文明城区工作方案》，全力推进文明创建各项工作。全方位开展文明城区主题宣传、实践活动、大整治行动。落实挂图作战、巡查督导、兵团作战、宣传发动、奖优罚懒"五项机制"，班子成员每日带队督查、指导联系点位开展整治行动，督查组和市民巡访团每日开展"创全"督查，累计督查问题照片4460张，整改完成4396张，整改率达99%。迎检阶段，出动人员485人次，清理各类垃圾800余吨。（凌佳晨）

■**城乡发展布局得到优化** 启动征收——减量化"百日攻坚"行动，重点锁定环城水系、城中村等地块，坚持公平、公正、公开，全力推进征收减量工作。全年共完成环城水系，朱家浜、城西1组、2组等5个存量地块，共82户农户、9家企业征收补偿任务。加强土地节约集约利用，完成集建区外建设用地减量化立项3.1公顷、验收1.85公顷，顺利完成年度指标任务。实施违法用地综合整治，消除违法用地6宗、23.03公顷。（凌佳晨）

■**党建工作** 牢固树立"四个意识"，深入落实党风廉政、基层党建和意识形态3个责任制建设，层层传导压力、逐级压实责任。有效推进5家人大代表工作站建设，认真办理人大代表书面建议、政协提案和社情民意9件。持续推进非公企业工会改革，组建满天星399广场工会联合会。成功举办"盈浦杯"职工羽毛球大赛。统战工作进一步加强，完成"同心家园"阵地建设。联合驻区单位开展"我为盈浦添绿""书送希望·放飞梦想""上善家园·区域联动"研讨会等14场团建活动，参与团员青年达180余名。持续深化"爱心暑托班""扬帆回青""国旗下的成长"等项目活动。开展7家"妇女之家"示范点创建工作，细化服务内容，打造"家课堂""家文化""家平台""家风景"品牌项目。精心谋划、扎实推进，完成30个村居妇联换届选举工作。高质量完成征兵任务，加强应急演练和"进博会"备勤工作，开展国防教育活动。（凌佳晨）

10月15日，盈浦街道社区文化活动中心、职工文体中心揭牌仪式举行

（盈浦街道供稿）

2018 年盈浦街道经济与社会发展基本情况表

表 89

项目	计量单位	数值	比上年增长(%)	备注
工业总产值(规模以上)	万元	24626.30	-10.66	—
农业总产值	万元	1118.00	-6.83	—
财政收入	万元	—	—	—
其中:街道财政收入	万元	—	—	—
财政支出	万元	48274.96	43.06	—
利用外资金额	万美元	—	—	—
外资到位金额	万美元	—	—	—
固定资产投资总额	万元	—	—	—
社会消费品零售总额	万元	849481	-4.30	—
主要农副产品产量				
粮食	吨	980.0	-1.05	取消小麦种植
油菜籽	吨	—	—	—
生猪出栏数活猪	头	—	—	—
家禽肉禽	万羽	0.12	-40	—
鲜蛋禽蛋	吨	0.2	-94.95	—
淡水产品	吨	8	-84.62	可食用
蔬菜(不包括食用菌)	吨	1950	-24.71	—
教育事业				
其中:成校(职校)	所	1	—	—
高中	所	2	—	—
初中	所	5	—	—
小学	所	5	—	—
幼儿园	所	10	—	—
在校生(含幼儿)	人	—	—	—
教职工	人	—	—	—
教育事业财政支出	万元	—	—	—
文化事业				
图书馆(室)	个	31	3.33	—
文化馆(室)	个	30	—	—
影剧院(场)	所	4	—	—
文化事业财政支出	万元	—	—	—
医疗、卫生、体育事业				
卫生院(所)	所	1	—	—
卫生室	所	2	—	—
总床位	张	—	—	—
医技人员	人	210	1.94	—
体育场馆	所	—	—	—
健身苑(点)	个	91	5.81	—
农村居民可支配收入	元	31364	9.3	区统筹

(凌佳晨)

2018 年盈浦街道经济和社会发展各类指标情况表

表 90

类别	序号	指标名称		单位	完成情况	
					总量	增幅(%)
经济实力	1	税收	税收总收入	亿元	—	—
			区级税收收入	亿元	—	—
	2	规模以上工业总产值		亿元	2.46	10.66
	3	社会消费品零售总额		亿元	84.9	-4.3
	4	招商引资	合同外资	亿美元	—	—
			外方到位资金	亿美元	—	—
	5	引大引强引实(含总部企业)		户	—	—
	6	内资实体型项目注册资金		亿元	—	—
	7	全社会固定资产投资(属地)		亿元	—	—
		其中:工业固定资产投资		亿元	—	—
		商贸服务业固定资产投资		亿元	—	—
	8	开发区单位土地全口径税收产出增幅		%	—	—
创新转型	9	有效专利拥有量		件	—	—
	10	农业经营	家庭农场	个	14	7.69
			集体农场	个	1	—
			农业布局合规率	%	85	—
	11	产业结构调整项目数	调整企业数	个	8	33.33
			调整面积数	公顷	2.7	14.81
	12	清洁能源替代	锅炉	台	—	—
			窑炉	台	—	—
	13	土地减量化		公顷	3.11	-59.45
社会民生	14	城乡居民可支配收入		元	47336	2.27
	15	新增就业岗位		个	1740	-13.6
		其中:非农就业岗位		个	650	41.92
		残疾人就业安置岗位		个	45	-6.25
	16	帮助长期失业青年就业		人	25	—
	17	帮助成功创业		个	50	-7.41
	18	城镇登记失业人员控制数		人	764	-4.86
	19	青年职业见习人数		个	—	—
	20	中高层次职业技能培训人数		个	297	-2.3
		其中:高级及以上		个	40	—
	21	城乡居保中农村居民参保	续缴率	%	97.39	—
			扩覆率	%	99.3	—
	22	实有人口总量控制数		万人	12.70	6.01
		其中:实有人口(来沪人员)总量控制数据		万人	3.73	13.03

（续表）

类别	序号	指标名称		单位	完成情况	
					总量	增幅(%)
生态文明	23	工业能耗	综合能源消费控制量	万吨标煤	1.4	19.66
			规模以上工业万元产值能耗下降率	%	—	—
	24	主要污染物排放量削减率(二氧化硫、化学需氧量、氨氮、氮氧化物)		%	—	—
	25	污水处理	城镇污水处理率	%	95.62	—
			截污纳管户数	户	—	—
	26	生态造林	新增森林面积	公顷	10.15	69.17
			陆域森林覆盖率	%	12.58	5.18
	27	主要农产品“三品”认证率(有机、绿色及无公害产品)		%	85	—

（凌佳晨）

香花桥街道

■概况 香花桥街道区域范围东至重固镇、赵巷镇，西至白鹤镇、盈浦街道，南至盈浦街道、夏阳街道、赵巷镇，北至白鹤镇。香花桥街道区域位置优越，交通便捷。东靠建设中的虹桥综合交通枢纽，南连318国道和G50沪渝高速公路，北接S26沪常高速公路。南北向的G1501上海绕城高速公路与街道相连，并与上述高速公路形成环网。街道辖区面积62.18平方公里，其中耕地总面积1286.53公顷。

香花桥街道下辖杨元、袁家、七汇、陈桥、盈中、石西、胜利、天一、新姚、新桥、向阳、郏一、朝阳、曹泾、金星、泾阳、大联、金米、爱星、东方、东斜、燕南22个村民委员会及青山、大盈、香花桥、金巷、民惠、都汇华庭、民惠二期、桃源埔、清河湾、友爱、民惠三期、玫瑰湾、玉兰花园13个社区居民委员会。户籍人口12057户、38002人，其中，男性18357人，女性19645人，60岁以上老人13321人。

香花桥街道办事处驻地：青浦区新桥路786号。 （周　霞）

■党建工作 结合建党90周年系列活动，开展“缅怀革命先烈，重温入党誓词，不忘初心跟党走”“进博先锋·党员行动”“全面从严治党向基层延伸”等各类主题党日活动，开展主题党课80余次，覆盖党员9600人次。年内新成立居民区党支部1个，调整党总支结构10个，22个村居完成“一站两中心”集体下沉办公。进一步做强党建特色品牌，成立外资企业“红星”支部联盟，两新支部联盟数量达到4个（另外3个是“凝心”“聚力”“红流”）。全年搭建平台促成结对支部12个，并顺利完成70家“两新”党组织换届选举工作。

（周　霞）

■开展大调研工作 街道构建“1+5+14”（1个大调研领导小组、5个调研课题组、14个走访组）工作框架，抽调186人参与调研，分组走访企业174家，农户、居户12932户，完成目标数100%。收集问题1089个，需解决问题1021个，实际解决问题1016个，解决率为99.51%。 （周　霞）

■完成村居换届选举 按照上级部门要求，紧扣时间节点和各项要求，完成村居“两委”换届选举。35个村(居)共

5月18日，“聚力”支部联盟与青浦邮政支部联合玫瑰湾居民党支部开展“党员共建美丽社区”活动

（香花桥街道供稿）

4月12日，街道党工委书记朱建忠（右三）深入基层开展调研　（香花桥街道供稿）

有班子成员150人，平均年龄41.2岁，较换届前年轻5.3岁，其中50人为新进班子成员。换届后，及时开展新一届两委班子、新任村居基层干部培训，切实提升班子队伍的能力水平。开展村居换届选举情况督查，共完成联审"回头看"情况表218份，实现150人"联审"全覆盖，并不断健全常态化联审机制。（周　霞）

■**加大社会救济保障力度**　2018年，共发放各类奖扶资金共计1000万元，惠及奖扶对象近1700人。发放城乡低保、医疗救助等帮困补助共计603.85万元。完成2018年度"残疾人送康复上门"签约工作，共1597名残疾人签约，占街道持证残疾人数的94%；发放残疾人补助237.70万元。积极推进长期护理试点工作，街道长护险申请受理通过评估1014人，办理城乡居民医保参保手续586人、大病登记239人。完成老年人"银发无忧"投保工作，参保人数14111人，投保金额30.28万元。（周　霞）

■**加强违法违规查处**　巩固8大网格体系，落实综合队伍职能。整合村居网格工作站、社区警务站等资源，进一步夯实网格化管理基础。检查生产企业1426家次，发现并整改安全生产隐患912条，巡查特种设备2982台。完成75处"居改非"（即擅自将居住房屋改变为非居住使用）整改，开展祥腾街"三合一"（即居住与生产、销售场所相通连）整治工作，整改违规场所163处；针对崧盈路"厂改居"现象返潮，开展集中整治2次，清退租户156人；整改违规堆放集装箱及箱内违规住人企业27家，搬离集装箱280只，清退违规居住人员352人。对45家餐饮企业进行审批，巡查无证行医点119户次，协助区卫监所查处取缔无证行医点3户次，没收医疗器械89件。开展违规户外广告排查，共拆除高空广告32处、36块。（周　霞）

■**推动社会事业发展**　举办第三届文体节，开展12场大型活动和1900余场小型活动。年内，街道社区文化活动中心被上海市文广影视局评定为示范中心，16家村居综合活动室通过市级标准化建设验收，其中2家为示范点。新创建区级科普教育基地2家，围绕全国科普日"创新引领时代，智慧点亮生活"的主题，开展各类科普活动和社区创新屋活动，参与人数逾千人。成立香花桥街道社会组织联合会，吸纳辖区55家社区社会组织参与，并通过建设客堂间、睦邻点自治阵地、打造"一品一居"社区品牌、修订《村居民自治章程》，不断提升街道村居民自治共治水平。（周　霞）

■**落实"三个美丽"建设**　"美丽乡村"建设方面，做好爱星村305户、燕南村207户的村庄改造项目设计、整体规划和项目预算工作。围绕村庄环境综合整治，做好宅前屋后、村宅河沟、农田道路的保洁，改善农村人居环境。"美丽家园"建设方面，完善联席会议制度，开展"美丽楼道"创建。完成75个高层住宅消防安全隐患排查、11个小区装修垃圾临时堆放点设立等15项目标任务；同时，开展垃圾分类联合执法检查5次，提升17个重点单位垃圾分类工作质量。"美丽街区"建设方面，全面接管

4月19日，香花桥街道第三届文体节开幕式暨"孔子文化书画展"现场　（香花桥街道供稿）

"一园三区"环卫养护工作,引进规范化、标准化、作业队伍,巩固提升道路保洁质量水平。完成香居地区、大盈(民惠)地区"美丽街区"提升改造总体设计方案。(周　霞)

■推进城市文明建设　2018年,香花桥街道获评2016—2017年度"上海市文明社区"称号。在此基础上,街道进一步细化2018年度"创全"方案,成立街道"创全"办公室,以村居为单位划分创全网格,完善领导包干、巡查整改、激励问责等制度,整体统筹、推进创全工作;结合城市精细化管理、"进博会"保障等重点工作,提升创全检查整改的覆盖面和精准度。全年共开展街道领导班子"创全"检查百余次。强化志愿服务体系建设,部署122名进博志愿者、690余名平安志愿者、近百名"两新"志愿者参与"进博会"期间服务保障。(周　霞)

■提升综治工作水平　2018年,街道着重从5个方面推进综治工作。一是全面提升安防能力,在原有基础上进一步优化街道平安队伍整体素质,不断织密技防网络。全年完成1204只高清摄像头安装,实现100%图像联通。启动"智慧安防"小区建设35个,安装电动车防盗芯片4200辆。二是大力推进房东责任制。摸清底数,广泛宣传,年内发放宣传资料8000余份,完成租户签约6701户,签约率100%。针对辖区建筑工地、闲置仓库等区域进行查漏补缺,共涉及来沪人员16394人。三是深入开展禁毒控毒。制定《关于组织开展严厉打击整治涉毒违法活动的工作方案》,走访排查企业1569家,排摸出易制毒化学品和相关设备企业92家、排查居民出租房户数5999户、涉及租赁人数40531人,闲置废弃仓库、饲养场等场所152个。四是严格管控精神病患者。针对辖区内在册225例患者进行面对面综合风险评估,严格按照分类分级管理的随访要求,对6名橙色风险患者实行每两周一次随访工作。五是有效管理民办教育。主动落实属地责任,对辖区格林童话无证幼儿园进行取缔,并配合教育局有序推进辖区5所纳民小学的关停及后续各项工作。(周　霞)

2018年香花桥街道经济与社会发展基本情况表

表91

项目	计量单位	数值	比上年增长(%)	备注
地区增加值	亿元	—	—	—
第一产业增加值	万元	—	—	—
第二产业增加值	万元	—	—	—
其中:工业	万元	—	—	—
第三产业增加值	万元	—	—	—
工业总产值	万元	—	—	—
农业总产值	万元	10935	-34	—
税收收入(税务口径)	万元	—	—	—
区级税收收入	万元	—	—	—
镇结算财力收入(剔除教育统筹)	万元	—	—	—
合同外资	万美元	—	—	—
外方到位金额	万美元	—	—	—
新增内资企业注册资金	万元	—	—	—
内资到位金额	万元	—	—	—
固定资产投资总额	万元	—	—	—
社会消费品零售总额	亿元	68.8	0.7	—
主要农副产品产量				
粮食	吨	6298.7	-15.6	—
油菜籽	吨	0		—
生猪出栏数	头	30330	10.8	—
家禽	万羽	1.56	-66.9	—
鲜蛋	吨	159.7	-51.8	—
淡水产品	吨	0		—
蔬菜	吨	14477	-52.3	—

（续表）

项目	计量单位	数值	比上年增长(%)	备注
教育事业				
其中:成校(职校)	所	1	—	—
高中	所	0	—	—
初中	所	2	—	—
小学	所	2	—	—
幼儿园	所	4	—	—
在校生(含幼儿园)	人	3169	—	—
教职工	人	463	—	—
教育事业财政支出	万元	—	—	—
文化事业				
图书馆(室)	个	1	—	—
文化馆(室)	个	—	—	—
影剧院(场)	个	—	—	—
文化事业财政支出	万元	210.8	-12	—
医疗、卫生、体育事业				
卫生院(所)	所	2	—	—
卫生室	所	12	—	—
总床位	张	20	—	—
医技人员	人	97	—	—
体育场馆	座	—	—	—
健身苑(点)	个	46	10	—
居民人均可支配收入	元			—

（周　霞）

2018年香花桥街道经济和社会发展各类指标情况

表92

类别	序号	指标名称		单位	完成情况	
					总量	增幅(%)
经济实力	1	税收	税收总收入	亿元	—	—
			区级税收收入	亿元	—	—
	2	规模以上工业总产值		亿元	—	—
	3	社会消费品零售总额		亿元	—	—
	4	招商引资	合同外资	亿美元	—	—
			外方到位资金	亿美元	—	—
	5	引大引强引实(含总部企业)		户	—	—
	6	内资实体型项目注册资金		亿元	—	—
	7	全社会固定资产投资(属地)		亿元	—	—
		其中:工业固定资产投资		亿元	—	—
		商贸服务业固定资产投资		亿元	—	—
	8	开发区单位土地全口径税收产出增幅		%	—	—

（续表）

<table>
<tr><th rowspan="2">类别</th><th rowspan="2">序号</th><th rowspan="2" colspan="2">指标名称</th><th rowspan="2">单位</th><th colspan="2">完成情况</th></tr>
<tr><th>总量</th><th>增幅(%)</th></tr>
<tr><td rowspan="12">创新转型</td><td>9</td><td colspan="2">有效专利拥有量</td><td>件</td><td>—</td><td>—</td></tr>
<tr><td rowspan="3">10</td><td rowspan="3">农业经营</td><td>家庭农场</td><td>个</td><td>—</td><td>—</td></tr>
<tr><td>集体农场</td><td>个</td><td>—</td><td>—</td></tr>
<tr><td>农业布局合规率</td><td>%</td><td>—</td><td>—</td></tr>
<tr><td rowspan="2">11</td><td rowspan="2">产业结构调整项目数</td><td>调整企业数</td><td>个</td><td>47</td><td>—</td></tr>
<tr><td>调整面积数</td><td>公顷</td><td>8.87</td><td>—</td></tr>
<tr><td rowspan="2">12</td><td rowspan="2">清洁能源替代</td><td>锅炉</td><td>台</td><td>—</td><td>—</td></tr>
<tr><td>窑炉</td><td>台</td><td>—</td><td>—</td></tr>
<tr><td>13</td><td colspan="2">土地减量化</td><td>公顷</td><td>—</td><td>—</td></tr>
<tr><td rowspan="14">社会民生</td><td>14</td><td colspan="2">城乡居民可支配收入</td><td>元</td><td></td><td></td></tr>
<tr><td rowspan="3">15</td><td colspan="2">新增就业岗位</td><td>个</td><td>4030</td><td>120.3</td></tr>
<tr><td colspan="2">其中:非农就业岗位</td><td>个</td><td>1269</td><td>158.6</td></tr>
<tr><td colspan="2">残疾人就业安置岗位</td><td>个</td><td>40</td><td>100</td></tr>
<tr><td>16</td><td colspan="2">帮助长期失业青年就业</td><td>人</td><td>32</td><td>128</td></tr>
<tr><td>17</td><td colspan="2">帮助成功创业</td><td>个</td><td>40</td><td>114.3</td></tr>
<tr><td>18</td><td colspan="2">城镇登记失业人员控制数</td><td>人</td><td>367</td><td>-53 个</td></tr>
<tr><td>19</td><td colspan="2">青年职业见习人数</td><td>个</td><td>30</td><td>150</td></tr>
<tr><td rowspan="2">20</td><td colspan="2">中高层次职业技能培训人数</td><td>个</td><td>322</td><td>107.3</td></tr>
<tr><td colspan="2">其中:高级及以上</td><td>个</td><td>59</td><td>147.5</td></tr>
<tr><td rowspan="2">21</td><td rowspan="2">城乡居保中农村居民参保</td><td>续缴率</td><td>%</td><td>95.37</td><td>102</td></tr>
<tr><td>扩覆率</td><td>%</td><td>99.3</td><td>101.3</td></tr>
<tr><td rowspan="2">22</td><td colspan="2">实有人口总量控制数</td><td>万人</td><td>—</td><td>—</td></tr>
<tr><td colspan="2">其中:实有人口(来沪人员)总量控制数据</td><td>万人</td><td>—</td><td>—</td></tr>
<tr><td rowspan="8">生态文明</td><td rowspan="2">23</td><td rowspan="2">工业能耗</td><td>综合能源消费控制量</td><td>万吨标煤</td><td>—</td><td>—</td></tr>
<tr><td>规模以上工业万元产值能耗下降率</td><td>%</td><td>—</td><td>—</td></tr>
<tr><td>24</td><td colspan="2">主要污染物排放量削减率(二氧化硫、化学需氧量、氨氮、氮氧化物)</td><td>%</td><td>—</td><td>—</td></tr>
<tr><td rowspan="2">25</td><td rowspan="2">污水处理</td><td>城镇污水处理率</td><td>%</td><td>—</td><td>—</td></tr>
<tr><td>截污纳管户数</td><td>户</td><td>—</td><td>—</td></tr>
<tr><td rowspan="2">26</td><td rowspan="2">生态造林</td><td>新增森林面积</td><td>公顷</td><td>—</td><td>—</td></tr>
<tr><td>陆域森林覆盖率</td><td>%</td><td>—</td><td>—</td></tr>
<tr><td>27</td><td colspan="2">主要农产品“三品”认证率(有机、绿色及无公害产品)</td><td>%</td><td>—</td><td>—</td></tr>
</table>

（周　霞）

国家部、委级先进集体

获奖单位(项目)	奖项名称	颁奖单位及时间
上海市青浦区林业站	全国林业系统先进集体	人力资源社会保障部、国家林业局,2018年1月
青浦区发展和改革委员会	2017年全国价格监测工作先进单位	国家发展改革委价格监测中心,2018年1月
上海市青浦区劳动保障监察大队	全国三八红旗集体	中华全国妇女联合会,2018年3月
上海市青浦区市场监督管理局	全国工商和市场监督管理部门广告工作表现突出单位	国家工商总局,2018年3月16日
申通快递有限公司申瑞车队(上海片区)	2018年全国工人先锋号	中华全国总工会,2018年4月
国网上海市电力公司青浦供电公司营业班	2018年全国工人先锋号	中华全国总工会,2018年4月
赵巷镇中步村	全国民主法治示范村(社区)	中华人民共和国司法部、中华人民共和国民政部,2018年7月
青浦区人民法院	2018年度全国法院司法宣传先进单位	最高人民法院政治部、人民法院新闻传媒总社,2018年8月
上海泖河水产品专业合作社	2018“王宝和杯”全国河蟹大赛金蟹奖	上海海洋大学、全国河蟹大赛组委会,2018年11月
青浦区侨联	全国侨联系统先进组织	中华全国归国华侨联合会,2018年8月
上海福寿园实业发展有限公司工会委员会	全国模范职工之家	中华全国总工会,2018年9月
青浦区人民检察院	2018年度全国检察宣传先进单位	最高人民检察院、检察日报社,2018年9月
青浦图书馆	“‘小鸡book’爱·智慧阅读成长计划”案例获评2018出版界图书馆界全民阅读年会“2018年全民阅读优秀案例奖项”	中国图书馆协会、韬奋基金会、中国书刊发行业协会、中国新华书店协会、中国出版集团公司,2018年11月
青浦区市场监督管理局	作品《一图看懂企业信息公示那点事》在“第二届优秀企业年报公示宣传评选活动”中获评“十大优秀年报微信宣传作品”	国家市场监管总局、中国工商出版社,2018年12月
青浦区市场监督管理局	《研发“体检报告”构建生产型企业社会共治大格局》获评首届市场监管领域社会共治政府类优秀案例(提名奖)	中国工商出版社,2018年12月

国家部、委级先进个人

获奖者(单位)	奖项名称	颁奖单位及时间
朱芳华(青浦区安全生产监督管理局)	安全生产监管监察先进个人	国家安全生产监督管理总局、国家煤矿安全监察局,2018 年 1 月
陈强(青浦区人民法院)	全国法院办案标兵	最高人民法院,2019 年 1 月
邵志凯(青浦区税务局)	全国百佳办税服务厅主任	国家税务总局,2018 年 1 月
韦贵莲(青浦区人民检察院)	2017 年度全国检察宣传先进个人	检察日报社,2018 年 3 月
顾丽萍(青浦区发展和改革委员会)	2017 年全国农产品成本调查工作优秀个人	国家发展改革委,2018 年 3 月
丁昆源家庭(夏阳街道)	第十一届全国五好家庭	中华全国妇女联合会,2018 年 5 月
王芳家庭(朱家角镇)	第十一届全国五好家庭	中华全国妇女联合会,2018 年 5 月
石侃家庭(华新镇)	2018 年度全国“最美家庭”	中华全国妇女联合会,2018 年 5 月
张依军家庭(机关党工委)	2018 年度全国“最美家庭”	中华全国妇女联合会,2018 年 5 月
徐仰新(夏阳街道塘郁村)	全国人民调解工作先进个人	中华人民共和国司法部,2018 年 5 月
袁曦敏(青浦区归国华侨联合会)	全国归侨侨眷先进个人	中国侨联、国务院侨务办公室,2018 年月
李黎(青浦区工人文化宫)	全国优秀工会工作者	中华全国总工会,2018 年 9 月
许众芳(青浦区教师进修学院)	民进全国宣传思想工作先进个人	中国民主促进会中央委员会,2018 年 10 月
黄茂松(工商信息学校)	2017 年度全国“最美中学生”	团中央学校部、全国学联秘书处、中国青年报社,2018 年 12 月
陶彦川(青浦区市场监督管理局)	在“第二届优秀企业年报公示宣传评选活动”中获评“全国十大优秀年报人物”	国家市场监管总局、中国工商出版社,2018 年 12 月
张溢(青浦瀚文小学)	2018 年度全国优秀少先队员	共青团中央,教育部,全国少工委,2018 年 12 月 26 日
周慧兰(青浦区徐泾中学)	2018 年度全国优秀少先队辅导员	共青团中央,教育部,全国少工委,2018 年 12 月 26 日
王林辉(农业服务中心)	摄影作品《安全监管每一天》在 2018 年“我与农产品质量安全这十年”征文活动获三等奖	农业农村部农产品质量安全监管司,2018 年 12 月 28 日

中共上海市青浦区委员会文件目录

青委〔2018〕1 号	关于成立青浦区第五届人民代表大会第三次会议临时党委的通知
青委〔2018〕2 号	关于学习贯彻十一届市委三次全会精神的报告
青委〔2018〕3 号	关于学习贯彻市“两会”精神的报告
青委〔2018〕20 号	关于 2017 年度区委常委会民主生活会的情况报告
青委〔2018〕24 号	关于成立青浦区基层组织换届选举工作领导小组的通知
青委〔2018〕32 号	青浦区认真贯彻落实李强书记调研讲话精神情况的报告
青委〔2018〕33 号	关于印发青浦区着力优化营商环境实施方案的通知
青委〔2018〕34 号	关于成立中共青浦区委全面从严治党工作领导小组的通知
青委〔2018〕39 号	青浦区认真贯彻落实决战中国国际进口博览会 200 天全市动员大会精神情况的报告
青委〔2018〕40 号	关于调整青浦区创建全国文明城区工作领导小组的通知
青委〔2018〕41 号	关于成立青浦区服务保障中国国际进口博览会前线指挥部的通知
青委〔2018〕42 号	关于终止陈伟慧上海市第十一次党代会代表资格的请示
青委〔2018〕43 号	关于贯彻落实市全面从严治党“四责协同”机制建设推进会精神的报告
青委〔2018〕44 号	青浦区关于贯彻落实上海市环境保护督察反馈意见整改方案的报告
青委〔2018〕48 号	关于印发青浦区质量提升行动工作方案的通知
青委〔2018〕49 号	关于全面落实打响上海“四大品牌”实现跨越式发展的指导意见
青委〔2018〕50 号	关于青浦区深度融入长三角一体化发展的若干意见
青委〔2018〕51 号	关于开展纪念建党九十七周年系列活动的通知
青委〔2018〕53 号	关于成立青浦区城市管理精细化工作推进领导小组的通知
青委〔2018〕58 号	印发关于在本区深入开展扫黑除恶专项斗争的工作方案的通知
青委〔2018〕65 号	关于推进全面从严治党健全“四责协同”机制的实施意见
青委〔2018〕66 号	中共青浦区委关于学习贯彻十一届市委四次全会精神的报告
青委〔2018〕69 号	批转区人大常委会党组关于区五届人大常委会第十四次会议（扩大）有关事宜的请示的通知
青委〔2018〕70 号	中共青浦区委青浦区人民政府关于首届进口博览会期间市治安管理服务中心改建项目的复函
青委〔2018〕92 号	关于服务保障首届中国国际进口博览会工作转段情况的报告
青委〔2018〕98 号	关于贯彻落实李强书记重要批示精神的情况报告
青委〔2018〕100 号	关于设立青浦区党政机构改革工作领导小组及其组成人员的通知
青委〔2018〕102 号	关于批转中共青浦区人大常委会党组关于召开青浦区第五届人民代表大会第四次会议的请示的通知
青委〔2018〕106 号	印发关于青浦区区管国有企业下属公司深化改革实施方案的通知
青委〔2018〕109 号	关于青浦区推进乡村振兴战略实施情况的报告
青委〔2018〕110 号	关于青浦区 2018 年度河长制湖长制工作总结的报告
青委〔2018〕111 号	关于上海市青浦区机构改革方案的请示
青委〔2018〕112 号	关于青浦区监察职能向镇（街道）延伸的实施意见的通知

青委发〔2018〕1 号　印发《中共青浦区委常委会 2018 年工作要点》的通知
青委发〔2018〕3 号　关于进一步规范区管处级领导干部选拔任用工作的若干意见
青委发〔2018〕4 号　关于推进乡村振兴战略的实施意见
青委发〔2018〕6 号　关于加强新形势下党的督促检查工作的实施办法

中共上海市青浦区委员会办公室文件目录

青委办〔2018〕1 号　关于印发《上海市青浦区国家保密局主要职责内设机构和人员编制方案》的通知
青委办〔2018〕2 号　印发《关于进一步推进青浦区街镇（村居）公共文化服务工作的指导意见》的通知
青委办〔2018〕3 号　关于印发《青浦区领导联系基层点制度》的通知
青委办〔2018〕4 号　关于印发《〈中共青浦区委常委会 2018 年工作要点〉责任分工方案》的通知
青委办〔2018〕5 号　关于印发《青浦区国有企业招聘工作实施意见》的通知
青委办〔2018〕6 号　关于认真贯彻落实《上海市信访工作责任制实施细则》的通知
青委办〔2018〕8 号　关于印发《2018 年度中共青浦区委同各民主党派、无党派人士政党协商计划》的通知
青委办〔2018〕9 号　印发《关于认真做好基层党组织换届工作的意见》的通知
青委办〔2018〕11 号　关于印发《2018 年度区委工作部门及有关单位重点工作目标任务》的通知
青委办〔2018〕13 号　关于印发青浦政协 2018 年度协商计划的通知
青委办〔2018〕14 号　印发《2018 年区委、区政府重点工作任务分工方案》的通知
青委办〔2018〕15 号　关于印发中共青浦区委巡察工作实施办法的通知
青委办〔2018〕16 号　关于印发青浦区委巡察工作规划（2017—2021 年）的通知
青委办〔2018〕19 号　关于印发青浦区深入贯彻落实中央八项规定精神的实施细则的通知
青委办〔2018〕20 号　印发关于进一步规范科级干部选拔任用工作的若干意见的通知
青委办〔2018〕21 号　印发关于加强和改进人民政协民主监督工作的实施意见的通知
青委办〔2018〕22 号　关于印发青浦区创新社会治理加强基层建设 2018 年工作要点的通知
青委办〔2018〕23 号　印发关于开展“上善先锋行 · 护航进博会”主题活动的实施意见的通知
青委办〔2018〕24 号　关于印发中共青浦区委全面深化改革领导小组 2018 年工作要点的通知
青委办〔2018〕25 号　关于启用“青浦区服务保障中国国际进口博览会前线指挥部”等印章的通知
青委办〔2018〕26 号　关于印发青浦区加强城市管理精细化工作三年行动计划（2018—2020 年）的通知
青委办〔2018〕27 号　关于认真做好本区村民委员会和居民委员会换届选举工作的通知
青委办〔2018〕28 号　关于印发青浦区村（居）委会换届选举工作突发事件应急处置预案的通知
青委办〔2018〕29 号　青浦区委办公室贯彻落实全市党委秘书长、办公室（厅）主任会议精神的情况报告
青委办〔2018〕30 号　关于聘任区委法律顾问的通知
青委办〔2018〕31 号　印发中共青浦区委、青浦区人民政府法律顾问管理办法（试行）的通知
青委办〔2018〕32 号　印发青浦区关于开展“无违居村（街镇）”创建工作的实施意见的通知
青委办〔2018〕33 号　印发关于加快青浦区文化创意产业创新发展的实施意见的通知
青委办〔2018〕34 号　印发关于加强党的工作部门职能监督工作的意见的通知
青委办〔2018〕35 号　印发关于 2018 年度对区委直属党组织全面从严治党工作开展专项考核的实施办法（暂行）的通知
青委办〔2018〕36 号　印发关于开展廉情抄告回告工作的实施办法（试行）的通知
青委办〔2018〕37 号　印发关于建立青浦区党风廉政建设责任制项目审核制度的通知
青委办〔2018〕39 号　印发中共青浦区委托各民主党派区级组织对美丽乡村长效管理工作开展专项民主监督的方案的通知
青委办〔2018〕43 号　印发关于实行国家机关“谁执法谁普法”普法责任制的实施办法的通知
青委办〔2018〕45 号　关于转发《青浦区进一步深化完善河长制落实湖泊湖长制实施方案》的通知
青委办〔2018〕46 号　关于印发 2018—2020 年青浦区“美丽街区”建设三年行动计划的通知
青委办〔2018〕47 号　关于开展学习宣传贯彻《中国共产党纪律处分条例》教育活动的通知
青委办〔2018〕48 号　关于加强首届中国国际进口博览会期间值班工作的通知
青委办〔2018〕49 号　印发关于进一步加强群团改革工作的若干意见的通知
青委办〔2018〕50 号　印发关于落实党政同责加强食品安全工作的意见的通知
青委办〔2018〕51 号　印发关于建立青浦区环境保护督察制度的通知
青委办〔2018〕52 号　印发关于加强本区统计工作的实施意见的通知

上海市青浦区人民代表大会常务委员会文件目录

青会〔2018〕4 号　　青浦区人大常委会 2018 年度工作要点

青会〔2018〕15 号　　青浦区人民代表大会常务委员会《上海市青浦区总体规划暨土地利用总体规划(2017—2035)》的决议

青会〔2018〕16 号　　青浦区人民代表大会常务委员会关于批准《青浦区 2017 年区本级决算》的决议

青会〔2018〕20 号　　关于报送备案青浦区人大常委会同意《上海市青浦区总体规划暨土地利用总体规划(2017—2035)》决议的报告

青会〔2018〕26 号　　青浦区人民代表大会常务委员会关于批准青浦区 2018 年区本级预算调整方案的决议

青会〔2018〕32 号　　青浦区人民代表大会常务委员会关于同意《上海市青浦区徐泾镇总体规划暨土地利用总体规划(2017—2035)》的决议

上海市青浦区人民代表大会常务委员会办公室文件目录

青会办〔2018〕1 号　　关于转交区人大常委会对建议区人大监督推进本区生活垃圾分类和末端处置等管理工作的代表议案审议结果报告的函

青会办〔2018〕2 号　　关于转交区人大常委会对建议区人大监督推进建立水环境管理长效机制的代表议案审议结果报告的函

青会办〔2018〕4 号　　关于通报区五届人大常委会第十一次会议对区城市管理行政执法局局长陈瑜同志履职情况满意度测评结果的函

青会办〔2018〕7 号　　关于印发《关于开展青浦区“十三五”规划实施情况中期评估监督工作方案》的通知

青会办〔2018〕9 号　　关于通报区五届人大常委会第十二次会议对区财政局局长徐英同志履职情况满意度测评结果的函

青会办〔2018〕10 号　　关于通报区五届人大常委会第十二次会议对区绿化和市容管理局局长履职情况满意度测评结果的函

青会办〔2018〕13 号　　关于转送《区人大代表评议区政府上半年工作的有关意见建议》的函

青会办〔2018〕14 号　　关于印发《青浦区关于贯彻〈上海市实施宪法宣誓制度办法〉的实施细则》的通知

青会办〔2018〕18 号　　关于印发《青浦区人民代表大会常务委员会组成人员守则》的通知

青会办〔2018〕19 号　　关于通报区五届人大常委会第十五次会议对区民政局局长履职情况满意度测评结果的函

青会办〔2018〕20 号　　关于印发《区人大内司委、区人大常委会人事工委关于加强“两院”人事任免监督工作的若干规定(试行)》的通知

上海市青浦区人民政府文件目录

青府发〔2018〕1 号　　上海市青浦区人民政府关于同意青浦区徐泾镇金云村村庄规划的批复

青府发〔2018〕2 号　　上海市青浦区人民政府关于对市政协十二届五次会议第 0812 号提案的会办意见

青府发〔2018〕4 号　　上海市青浦区人民政府关于举办 2018 中国快递论坛的请示

青府发〔2018〕5 号　　上海市青浦区人民政府关于印发 2018 年区政府重点工作安排的通知

青府发〔2018〕6 号　　上海市青浦区人民政府关于 2017 年计划生育工作的情况报告

青府发〔2018〕8 号　　上海市青浦区人民政府关于授予申通快递有限公司等 100 家企业“2017 年度上海市青浦区纳税百强企业”荣誉称号的通知

青府发〔2018〕9 号　　上海市青浦区人民政府关于同意徐泾镇人民政府新建仁恒西郊社区居民委员会的批复

青府发〔2018〕10 号　　上海市青浦区人民政府关于印发青浦区长期护理保险试点工作实施方案的通知

青府发〔2018〕11 号　　上海市青浦区人民政府关于青浦区解决在外过渡动迁居民安置问题推进情况的报告

青府发〔2018〕12 号　　上海市青浦区人民政府关于提请任命马彩云同志职务的议案

青府发〔2018〕17 号　　上海市青浦区人民政府关于传达贯彻上海市智慧公安建设推进会暨领导小组第一次会议精神的情况报告

青府发〔2018〕19 号　　上海市青浦区人民政府关于编制《苏州河－黄渡国考断面青浦区支流联动整治方案》的报告

青府发〔2018〕21 号　　上海市青浦区人民政府关于取消区级设立的行政审批事项的决定

青府发〔2018〕25 号　　上海市青浦区人民政府青浦区人民武装部关于印发《青浦区民兵调整改革实施方案》的通知

青府发〔2018〕29 号　上海市青浦区人民政府关于同意重固镇与香花桥街道局部行政区域界线变更的批复
青府发〔2018〕30 号　上海市青浦区人民政府关于提请审议上海市青浦区总体规划暨土地利用总体规划（2017—2035）的议案
青府发〔2018〕32 号　上海市青浦区人民政府关于青浦区 2017 年保障性安居工程计划、投资、建设、分配和运营情况跟踪审计整改情况的报告
青府发〔2018〕33 号　上海市青浦区人民政府关于本区开展第四次经济普查的通知
青府发〔2018〕34 号　上海市青浦区人民政府关于做好当前和今后一段时期就业创业工作的实施意见
青府发〔2018〕35 号　上海市青浦区人民政府关于印发青浦区第一批当场办结和提前服务事项目录的通知
青府发〔2018〕36 号　上海市青浦区人民政府关于命名第一批“无违居村”的通知
青府发〔2018〕39 号　上海市青浦区人民政府关于推进区与镇财政事权和支出责任划分改革的指导意见（试行）
青府发〔2018〕41 号　上海市青浦区人民政府关于对青浦区创建市民满意的食品安全城区开展市级评价验收的请示
青府发〔2018〕42 号　上海市青浦区人民政府关于命名第二批“无违建居村”的通知
青府发〔2018〕49 号　上海市青浦区人民政府关于同意赵巷镇人民政府新建华沁等七个社区居民委员会的批复
青府发〔2018〕50 号　上海市青浦区人民政府关于政府定价事项有关工作的通知
青府发〔2018〕54 号　上海市青浦区人民政府关于同意撤销香花桥街道办事处西村二组、九组村民小组行政建制的批复
青府发〔2018〕56 号　上海市青浦区人民政府关于命名第三批“无违建居村”的通知
青府发〔2018〕59 号　上海市青浦区人民政府关于印发青浦区镇级财政资金管理办法的通知
青府发〔2018〕62 号　上海市青浦区人民政府关于印发青浦区“马上办、网上办、就近办、一次办”审批服务事项目录的通知
青府发〔2018〕63 号　上海市青浦区人民政府关于提请审议《青浦区 2018 年区本级预算调整方案（草案）》的议案
青府发〔2018〕64 号　上海市青浦区人民政府印发《关于本区建立健全涉农资金统筹整合长效机制的实施办法》的通知
青府发〔2018〕65 号　上海市青浦区人民政府关于同意白鹤镇人民政府新建白虬江社区居民委员会的批复
青府发〔2018〕66 号　上海市青浦区人民政府关于青浦区信访工作专项督查自查的报告
青府发〔2018〕67 号　上海市青浦区人民政府关于提请审议上海市青浦区徐泾镇总体规划暨土地利用总体规划（2017—2035）的议案
青府发〔2018〕68 号　上海市青浦区人民政府关于同意成立白鹤经济联合社的批复
青府发〔2018〕69 号　上海市青浦区人民政府关于提请审议《上海市青浦区国家生态文明建设示范区规划》的议案
青府发〔2018〕70 号　上海市青浦区人民政府关于同意成立徐泾经济联合社的批复
青府发〔2018〕71 号　上海市青浦区人民政府关于请予批准青浦区徐泾镇总体规划暨土地利用总体规划（2017—2035）的请示
青府规发〔2018〕1 号　上海市青浦区人民政府关于印发《上海青浦发展创业投资引导基金管理办法》的通知
青府规发〔2018〕2 号　上海市青浦区人民政府关于印发青浦区文物保护工程实施办法（试行）的通知
青府规发〔2018〕3 号　上海市青浦区人民政府关于印发青浦区政府性投资项目审计监督管理办法的通知
青府规发〔2018〕4 号　上海市青浦区人民政府关于印发青浦区百强优秀企业认定办法的通知
青府规发〔2018〕5 号　上海市青浦区人民政府关于印发青浦区文化事业发展基金管理办法的通知

上海市青浦区人民政府办公室文件目录

青府办发〔2018〕1 号　上海市青浦区人民政府办公室关于成立青浦区人民政府教育督导委员会的通知
青府办发〔2018〕3 号　上海市青浦区人民政府办公室转发区住房保障房屋管理局关于青浦区老旧住宅小区综合改造实施方案的通知
青府办发〔2018〕5 号　上海市青浦区人民政府办公室转发区经委关于青浦区产业结构调整和转型升级三年行动计划（2018—2020）的通知
青府办发〔2018〕7 号　上海市青浦区人民政府办公室转发区经委关于《青浦区生活必需品市场供应应急预案》的通知
青府办发〔2018〕12 号　上海市青浦区人民政府办公室转发区人力资源社会保障局关于公益性劳动组织转制工作实施意见的通知
青府办发〔2018〕17 号　上海市青浦区人民政府办公室关于印发青浦区承接首届中国国际进口博览会工作方案的通知
青府办发〔2018〕18 号　上海市青浦区人民政府办公室转发区财政局关于青浦区全面加强财务监管若干意见的通知
青府办发〔2018〕19 号　上海市青浦区人民政府办公室关于印发 2018 年青浦区经济和社会发展指导性计划目标及分解任务的通知

青府办发〔2018〕20 号	上海市青浦区人民政府办公室关于印发《青浦区关于促进民宿业发展指导意见(试行)》的通知
青府办发〔2018〕21 号	上海市青浦区人民政府办公室关于转发《青浦区 2018 年无证无照食品经营治理工作方案》的通知
青府办发〔2018〕22 号	上海市青浦区人民政府办公室关于公布第六批青浦区非物质文化遗产名录的通知
青府办发〔2018〕23 号	上海市青浦区人民政府办公室转发区经委关于招商引资“以商引商”实施意见的通知
青府办发〔2018〕24 号	上海市青浦区人民政府办公室转发区住房保障管理局关于加强老旧住房(一般损坏房)安全隐患处置实施意见的通知
青府办发〔2018〕26 号	上海市青浦区人民政府办公室关于印发《上海市青浦区企业住所登记管理细则》的通知
青府办发〔2018〕27 号	上海市青浦区人民政府办公室关于上报《青浦区人民政府与上海政法学院全面战略合作框架协议》的请示
青府办发〔2018〕28 号	上海市青浦区人民政府办公室转发区住房保障房屋管理局关于青浦区住宅小区建设“美丽家园”三年行动计划(2018—2020 年)的通知
青府办发〔2018〕29 号	上海市青浦区人民政府办公室关于印发青浦区复制推广上海浦东综合配套改革试点工作 2018 年实施方案的通知
青府办发〔2018〕30 号	上海市青浦区人民政府办公室转发区建设管理委关于《青浦区地下空间突发事件应急预案》的通知
青府办发〔2018〕31 号	上海市青浦区人民政府办公室关于调整房产税征收范围的通知
青府办发〔2018〕34 号	上海市青浦区人民政府办公室转发区民政局关于青浦区自然灾害救助应急预案的通知
青府办发〔2018〕38 号	上海市青浦区人民政府办公室关于印发《青浦区食品安全事故专项应急预案》的通知
青府办发〔2018〕39 号	上海市青浦区人民政府办公室印发青浦区关于开展“十三五”规划实施情况中期评估工作方案的通知
青府办发〔2018〕40 号	上海市青浦区人民政府办公室转发区发展改革委关于青浦区百村基金管理办法的通知
青府办发〔2018〕42 号	上海市青浦区人民政府办公室转发审计局关于青浦区审计结果整改标准认定暂行办法的通知
青府办发〔2018〕43 号	上海市青浦区人民政府办公室关于印发《青浦区“十三五”期间推进市级重点生态廊道建设的工作方案》的通知
青府办发〔2018〕44 号	上海市青浦区人民政府办公室关于做好 2018 年青浦区无偿献血工作意见的通知
青府办发〔2018〕47 号	上海市青浦区人民政府办公室关于青浦区 2018 年村民委员会和居民委员会换届选举工作实施意见的通知
青府办发〔2018〕48 号	上海市青浦区人民政府办公室关于 2018 年开斋节放假的通知
青府办发〔2018〕49 号	上海市青浦区人民政府办公室关于转发区教育局等八部门制定的《青浦区特殊教育三年行动计划(2018—2020 年)》的通知
青府办发〔2018〕51 号	上海市青浦区人民政府办公室转发区发展改革委关于做好新时代青浦金融工作加快打造“上海之门”实施意见的通知
青府办发〔2018〕52 号	上海市青浦区人民政府办公室关于印发《青浦区人大代表建议和政协提案办理结果公开试行办法》的通知
青府办发〔2018〕54 号	上海市青浦区人民政府办公室转发区发展改革委关于青浦区加快特色产业集群发展培育经济增长新动能实施意见的通知
青府办发〔2018〕55 号	上海市青浦区人民政府办公室转发区人力资源社会保障局关于青浦区推进乡村振兴战略促进农村富余劳动力就业创业行动计划的通知
青府办发〔2018〕56 号	上海市青浦区人民政府办公室转发区财政局关于 2018 年区对镇财政转移支付方案的通知
青府办发〔2018〕58 号	上海市青浦区人民政府办公室转发《关于建立完善青浦区生活垃圾全程分类体系的实施方案》的通知
青府办发〔2018〕59 号	上海市青浦区人民政府办公室关于青浦区社会诚信体系建设联席会议更名为青浦区社会信用体系建设联席会议并调整组成人员的通知
青府办发〔2018〕60 号	上海市青浦区人民政府办公室关于开展规范性文件清理工作的通知
青府办发〔2018〕61 号	上海市青浦区人民政府办公室关于印发修订后的《青浦区空气重污染专项应急预案》的通知
青府办发〔2018〕64 号	上海市青浦区人民政府办公室关于转发《实施环保网格化监管工作意见的通知》
青府办发〔2018〕65 号	上海市青浦区人民政府办公室转发区水务局关于青浦区苏州河环境综合整治四期支流水环境综合治理工作方案的通知
青府办发〔2018〕66 号	上海市青浦区人民政府办公室关于转发《青浦区打赢蓝天保卫战目标责任书(2018—2020 年)任务分解表》的通知
青府办发〔2018〕68 号	上海市青浦区人民政府办公室转发区财政局关于编制本级 2019 年部门预算及 2019—2021 年支出规划的通知

青府办发〔2018〕71号	上海市青浦区人民政府办公室转发区水务局关于青浦区县域节水型社会达标建设工作实施方案的通知
青府办发〔2018〕72号	上海市青浦区人民政府办公室关于印发《青浦区全面开展空中坠物安全隐患专项整治实施方案》的通知
青府办发〔2018〕75号	上海市青浦区人民政府办公室关于印发《青浦区清洁空气行动计划(2018—2022年)》的通知
青府办发〔2018〕76号	上海市青浦区人民政府办公室关于转发《青浦区2018—2020年环境保护和建设三年行动计划》的通知
青府办发〔2018〕78号	上海市青浦区人民政府办公室转发区科委关于青浦区“一带三中心”科技创新三年行动计划(2018—2020)的通知
青府办发〔2018〕79号	上海市青浦区人民政府办公室关于成立青浦区都市现代绿色农业项目联席会议制度的通知

政协上海市青浦区委员会文件目录

青协〔2018〕2号	关于印发《青浦区政协2018年工作要点》的通知
青协〔2018〕3号	关于印发《关于同意接受倪健、周瑜同志辞去政协上海市青浦区第五届委员会常委职务请求的决定》的通知
青协〔2018〕4号	关于印发《中国人民政治协商会议上海市青浦区第五届委员会不再担任委员名单》的通知
青协〔2018〕5号	关于印发《中国人民政治协商会议上海市青浦区第五届委员会委员增补名单》的通知
青协〔2018〕9号	关于印发《关于调整、增补区政协反映社情民意信息特邀信息员、工作联络员的决定》的通知
青协〔2018〕10号	关于优化我区营商环境的建议案
青协〔2018〕11号	关于打造“上海之源”古文化走廊的建议案
青协〔2018〕12号	关于印发《关于同意接受叶明同志辞去政协上海市青浦区第五届委员会副主席职务请求的决定》的通知
青协〔2018〕13号	关于印发《中国人民政治协商会议上海市青浦区第五届委员会不再担任委员名单》的通知
青协〔2018〕14号	关于表彰2018年度优秀提案和反映社情民意信息工作先进集体、先进个人的决定

政协上海市青浦区委员会办公室文件目录

青协办〔2018〕1号	关于政协委员在五届二次会议上讨论《区政府工作报告》所提意见建议情况的报告
青协办〔2018〕2号	关于印发调整后的政协青浦区第五届委员会界别活动组组成人员名单的通知
青协办〔2018〕3号	关于印发调整后的政协青浦区第五届委员会各专门委员会组成人员名单的通知
青协办〔2018〕4号	关于印发调整后的政协青浦区第五届委员会地区委员活动小组组成人员名单的通知
青协办〔2018〕7号	关于“环保督察整改落实情况”监督式常委会意见建议汇总
青协办〔2018〕8号	关于印发《青浦区政协办公室经费使用管理办法(试行)》的通知
青协办〔2018〕9号	关于政协委员讨论《区政府关于上半年工作情况和下半年重点工作安排的报告》所提意见建议的函
青协办〔2018〕10号	关于“十三五”规划中期评估的意见建议

2018年青浦区经济社会主要指标情况表

表93

指标	单位	2018年	2017年
(一)地区生产总值	亿元	1074.3	1009.2
第一产业增加值	亿元	8.2	7.9
农业	亿元	6.7	5.9
林业	亿元	0.1	0.1
牧业	亿元	0.1	0.3
渔业	亿元	1.2	1.5
第二产业增加值	亿元	468.7	467.6
#工业	亿元	432.2	434.5
第三产业增加值	亿元	597.5	533.7
(二)财政、金融	亿元		
一般公共预算收入	亿元	572.4	517.1
#地方一般公共预算收入	亿元	203.1	188.0
一般公共预算支出	亿元	333.5	383.9
#农林水事务	亿元	31.0	24.5
科学技术	亿元	6.7	5.0
医疗卫生	亿元	13.7	13.6
教育支出	亿元	26.4	27.3
税收收入	亿元	528.4	472.0
年末金融机构各项存款余额	亿元	1762.8	1694.2
#城乡居民储蓄存款余额	亿元	760.5	692.1
年末金融机构各项贷款余额	亿元	1015.1	956.5

2018 年青浦区经济发展情况表

表 94

指标	数值	比 1980 年增长倍数	比 1990 年增长倍数	比 2000 年增长倍数
地区生产总值	10743077 万元	394.4 倍	78.0 倍	7.6 倍
一般公共预算收入	5724012 万元	752.5 倍	230.9 倍	23.3 倍
工农业总产值(现行价)	18209821 万元	345.3 倍	49.0 倍	3.8 倍
工业总产值(现行价)	18002188 万元	508.4 倍	59.4 倍	4.1 倍
农业总产值(现行价)	207633 万元	11.0 倍	2.2 倍	—
社会消费品零售总额	5809736 万元	406.3 倍	120.7 倍	11.4 倍
年末人均储蓄存款	155467 元	3549.4 倍	144.2 倍	11.2 倍

2018 年青浦区相关行业一天的产值、产出量等情况表

表 95

地区生产总值	29433	万元
农业总产值	569	万元
规模工业总产值	43724	万元
一般公共预算收入	15682	万元
社会消费品零售总额	15917	万元
外贸出口创汇	1.1	亿元
全社会固定资产投资额	15886	万元
全社会用电量	1825	万千瓦时
自来水供水量	48.1	万吨
门急诊人次	15426	人次
出生人口	9	人
死亡人口	11	人
结婚人数	9	对

2018 年青浦区行政区划面积情况表

表 96

镇(街道)	区域面积(平方公里)	居委会数(个)	居民小组(个)	村委会数(个)	村民小组(个)
全区	668.52	141	3239	184	2508
夏阳街道	35.93	23	794	8	77
盈浦街道	16.13	26	881	5	57
香花桥街道	67.95	13	144	22	267
赵巷镇	40.44	17	292	8	156
徐泾镇	38.54	17	258	9	145
华新镇	47.61	12	252	19	228
重固镇	24.02	4	53	9	139
白鹤镇	58.74	5	62	21	323
朱家角镇	136.85	14	390	28	284
练塘镇	93.89	5	59	25	408
金泽镇	108.42	5	54	30	424

2018 年年末青浦区户籍总户数、总人口情况表

表 97　　单位:户、人

镇(街道)	年末总户数	年末总人口								年平均人口	平均每户人口
			男	女	18 岁以下	18—35 岁	35—60 岁	60 岁以上	非农业人口		
全区	177114	489200	240721	248479	56693	78970	199671	153866	364932	486340	2.76
夏阳街道	21319	52493	25847	26646	10034	10458	19668	12333	47001	52322	2.46
盈浦街道	19002	45751	22875	22876	8644	7796	17068	12243	44624	45593	2.41
香花桥街道	12055	38068	18391	19677	3199	5811	15703	13355	29800	39690	3.16
赵巷镇	9820	28695	14164	14531	3581	4501	11858	8755	23729	27651	2.92
徐泾镇	13440	39251	19365	19886	5760	6525	15651	11315	38653	38331	2.92
华新镇	11846	38578	18953	19625	4638	5884	15897	12159	30592	38150	3.26
重固镇	6826	20659	10237	10422	2129	3015	8603	6912	11699	19018	3.03
白鹤镇	15007	47080	22918	24162	4025	6790	19287	16978	24457	46956	3.14
朱家角镇	21423	61097	30100	30997	5420	9479	25444	20754	44378	60997	2.85
练塘镇	22233	54826	27052	27774	4420	8778	23206	18422	33193	54905	2.47
金泽镇	24143	62702	30819	31883	4843	9933	27286	20640	36806	62730	2.60

2018 年青浦区户籍人口变动情况表

表 98　　单位:人

镇(街道)	出生人口			死亡人口			迁入人口	迁出人口	移入人口	移出人口	出生率(‰)	死亡率(‰)	自然增长率(‰)
		男	女		男	女							
全区	3286	1657	1629	3839	2039	1800	2826	553	15745	11745	6.76	7.89	-1.14
夏阳街道	367	174	193	264	140	124	743	423	1337	1418	7.01	5.05	1.97
盈浦街道	355	192	163	326	198	128	203	12	1232	1135	7.79	7.15	0.64
香花桥街道	179	92	87	362	174	188	103	9	350	3504	4.51	9.12	-4.61
赵巷镇	218	97	121	211	109	102	244	9	4890	3043	7.88	7.63	0.25
徐泾镇	357	186	171	278	154	124	541	54	1868	594	9.31	7.25	2.06
华新镇	315	160	155	287	126	161	322	6	788	276	8.26	7.52	0.73
重固镇	140	77	63	185	98	87	121	6	3404	191	7.36	9.73	-2.37
白鹤镇	298	139	159	423	225	198	192	4	596	410	6.35	9.01	-2.66
朱家角镇	364	195	169	537	291	246	172	8	702	493	5.97	8.80	-2.84
练塘镇	311	150	161	459	251	208	76	12	278	351	5.66	8.36	-2.70
金泽镇	382	195	187	507	273	234	109	10	300	330	6.09	8.08	-1.99

2018 年青浦区地区生产总值(GDP)情况表

表 99　　单位:万元

指标	2018 年	增长(%)
地区生产总值	10743077	6.4
按产业分		
第一产业	81968	4.1
第二产业	4686590	0.2
第三产业	5974520	11.9
按行业分		
农林牧渔业	81968	4.1
工业	4322051	-0.5
建筑业	364538	9.9
批发和零售业	1508397	2.3
交通运输、仓储和邮政业	1217476	56.8
住宿和餐饮业	211454	1.7
信息传输、软件和信息技术服务业	489670	33.7
金融业	543942	5.3
房地产业	666495	1.0
其他服务业	1337086	0.1
三次产业比重	0.8:43.6:55.6	

2018 年青浦区国民经济主要比例关系情况表

表 100　　单位:%

指标	2018 年	2017 年
一、地区生产总值(GDP)	100.0	100.0
第一产业	0.8	0.8
第二产业	43.6	46.3
第三产业	55.6	52.9
二、农业总产值(现行价)	100.0	100.0
种植业	71.8	65.6
林业	3.1	3.1
牧业	2.5	5.4
渔业	16.4	22.2
农林牧渔服务业	6.2	3.7
三、全社会固定资产投资	100.0	100.0
第一产业	0.3	0.1
第二产业	9.0	8.8
第三产业	90.7	91.1
四、财政收入与地区生产总值的比例	53.3	51.2

2018 年青浦区全社会固定资产投资完成情况表

表 101 单位:个、万元

指标	本年投资项目数(个)	投资完成额		
		2018 年	2017 年	比上年增长(%)
合计	506	5798387	5157215	12.4
一、建设项目分类				
基本建设	278	1960073	1302459	50.5
更新改造	57	168453	123919	35.9
房地产开发建设项目	169	3662422	3710030	-1.3
其他固定资产投资	2	7439	20807	-64.2
二、建设项目产业分类				
第一产业	1	15000	642	2236.4
第二产业	157	523071	456022	14.7
工业	157	523071	456022	14.7
第三产业	348	5260316	4700551	11.9
#批零和住餐业	3	29164	36360	-19.8
交通运输、仓储和邮政业	19	844792	231140	265.5
房地产业	169	3662422	3710030	-1.3
三、建设项目性质分类				
新建	393	5373129	4643455	15.7
扩建	51	230749	317724	-27.4
改建	57	168453	123919	35.9
其他	5	26056	72117	-63.9

2018 年青浦区社会消费品零售总额情况表

表 102 单位:万元

指标	2018 年	所占比重(%)
社会消费品零售总额	5809736	—
一、按商品用途分		
吃的商品	1685608	29.0
穿的商品	1009637	17.4
用的商品	2807392	48.3
烧的商品	307099	5.3
二、按经济类型分		
国有经济	96531	1.7
集体经济	453942	7.8
私营经济	3351941	57.7
其他	1907322	32.8

（续表）

指标	2018 年	所占比重(%)
三、按企业标准分		
限额以上企业零售额	1472723	25.3
商品交易市场零售额	330756	5.7
市级连锁企业零售额	779196	13.4
个体户零售额	1579324	27.2
限额以下法人零售额	1086739	18.7
其他	560998	9.7

2018 年青浦区限额以上住宿餐饮业基本情况表

表 103

指标	单位	2018 年	2017 年
一、经营状况			
单位数	户	88	55
客房数	间	7076	4071
床位数	张	11039	6404
营业额	万元	150072	104471
客房收入	万元	57080	29472
餐费收入	万元	81519.3	52187
商品销售额	万元	1455	16957
其他收入	万元	10018	5856
二、财务状况			
主营业务收入	万元	140834	99417
主营业务成本	万元	63179	52670
主营业务税金及附加	万元	804	518
营业利润	万元	-1981	-27069
利润总额	万元	-1561	-26184
销售费用	万元	35478	22620
管理费用	万元	41990	46431
财务费用	万元	3752	3360
流动资产合计	万元	135230	58085
固定资产合计	万元	131576	107709
固定资产原价	万元	208005	169037
资产总计	万元	303875	202191
负债合计	万元	339058	243151
所有者权益合计	万元	-35183	-40960
三、年末拥有餐位数	个	21953	19124
年末餐饮营业面积	平方米	114534	119955

2018 年青浦区 A 级旅游景点、旅行社接待情况表

表 104

指标	单位	2018 年	2017 年	比上年增长(%)
A 级景点个数	个	9	9	—
A 级景点接待游客	万人次	320.5	287.7	11.4
A 级景点旅游收入	亿元	1.7	1.9	-7.0
旅行社组织接待人次	万人次	35.2	40.9	-13.9
旅行社营业收入	亿元	18.3	17.5	4.9

2018 年青浦区星级宾馆基本情况表

表 105

指标	单位	合计				
			五星级	四星级	三星级	二星级
宾馆数	个	12	1	2	8	1
客房数	间	1791	189	614	932	56
床位数	张	2814	217	897	1588	112
客房平均出租率	%	55.6	40.9	81.5	44.9	0.0

2018 年青浦区居民人均收支情况表

表 106

指标	单位	2018 年	2017 年	比上年增长(%)
人均可支配收入	元	47336	43225	9.5
工资性收入	元	32057	29751	7.8
经营净收入	元	878	788	11.4
财产净收入	元	6391	5691	12.3
转移净收入	元	8010	6995	14.5
人均生活消费支出	元	32600	27462	18.7
食品烟酒	元	9207	8029	14.7
衣着	元	1856	1321	40.5
居住	元	7420	9069	-18.2
生活用品及服务	元	1749	1219	43.5
交通通信	元	5819	3849	51.2
教育文化娱乐	元	2893	1800	60.7
医疗保健	元	2823	1697	66.4
其他用品及服务	元	833	479	73.9

说 明

(1)本索引分条目索引、表格索引、串文图片索引和串文照片索引4个部分。

(2)条目索引采用主题分析索引方法,按主题词汉语拼音字母顺序排列。索引名称后的数字表示内容所在的页码,数字后面的a、b、c表示每页中栏别排序,其中:页面上有两列的,左为a,右为b;页面上有三列的,左为a,中为b,右为c。

(3)在主题分析索引下,为便于读者检索,在青浦的党政机关、企事业单位和在青浦发生的事件名称前的“上海”“青浦”字样,除易产生歧义者外一般予以省略;内容有交叉的,将重复出现。

(4)表格索引、串文图片索引和串文照片索引按页码顺序排列。

条目索引

A

B

C

D

E

F

G

H

J

K

L

M

N

P

Q

R

S

T

X

Z

表格索引

图片索引

照片索引